História da Loucura

Coleção Estudos
Dirigida por J. Guinsburg
(*in memoriam*)

Imagem de abertura Otto Dix, *Encontro com um louco à noite*, gravura, 1924
Imagem de encerramento Francisco de Goya, *Louco Furioso*, desenho a carvão, 1824-1828.

Tradução dos textos dos Apêndices J. Guinsburg e Gita Guinsburg
Coordenação de texto Luiz Henrique Soares e Elen Durando
Preparação Raquel F. Abranches
Revisão Marcio Honorio de Godoy
Capa Sergio Kon
Editoração A Máquina de Ideias/Sergio Kon
Produção Ricardo W. Neves e Sergio Kon.

Michel Foucault

HISTÓRIA DA LOUCURA
NA IDADE CLÁSSICA

TRADUÇÃO
José Teixeira Coelho Netto

REVISÃO DA TRADUÇÃO
Newton Cunha

APRESENTAÇÃO
Vladimir Safatle

Título do original em francês *Histoire de la folie à l'Âge Classique*
Copyright © Éditions Gallimard, 1972

Dados Internacionais de Catalogação na Publicação (CIP)
(Câmara Brasileira do Livro, SP, Brasil)

Foucault, Michel, 1926-1984
História da loucura na Idade clássica / Michel Foucault ; tradução José Teixeira Coelho Netto ; revisão da tradução Newton Cunha; apresentação Vladimir Safatle. – 12. ed. – São Paulo: Perspectiva, 2019. – (Coleção Estudos; 61 / coordenação J. Guinsburg [in memoriam])

Título original: Histoire de la folie à l'âge classique
Bibliografia.
ISBN 978-85-273-1165-6

1. Foucault, Michel, 1926-1984. História da Loucura na Idade Clássica 2. Psiquiatria - História I. Safatle, Vladimir. II. Guinsburg. J. III. Título. IV. Série.

19-30186   CDD-616.89

Índices para catálogo sistemático:
1. Loucura : História : Psiquiatria : Medicina 616.89
Cibele Maria Dias - Bibliotecária - CRB-8/9427

EDIÇÃO ESPECIAL – REVISTA E ATUALIZADA
12ª edição – 5ª reimpressão

Direitos reservados em língua portuguesa à
EDITORA PERSPECTIVA LTDA.

Pç. Dom José Gaspar, 134, cj. 111
01047-912 São Paulo SP Brasil
Tel.: (55 11) 3885-8388
www.editoraperspectiva.com.br

2025

Sumário

Arqueologias das Sombras da Razão – *Vladimir Safatle* ix
Prefácio xxi

PRIMEIRA PARTE

  1 *Stultifera navis* 3
  2 A Grande Internação 45
  3 O Mundo Correcional 79
  4 Experiências da Loucura 111
  5 Os Insensatos 137

SEGUNDA PARTE

    Introdução 169
  6 O Louco no Jardim das Espécies 183
  7 A Transcendência do Delírio 217
  8 Figuras da Loucura 261
  9 Médicos e Doentes 309

TERCEIRA PARTE
> Introdução..................................355
> 10 O Grande Medo.............................365
> 11 A Nova Divisão.............................393
> 12 Do Bom Uso da Liberdade....................431
> 13 Nascimento do Asilo........................475
> 14 O Círculo Antropológico....................525

ANEXO
> História do Hospital Gera......................555

APÊNDICES
> A Loucura, Ausência de Obra....................573
> Meu Corpo, Este Papel, Este Fogo...............583
> Resposta a Derrida............................609

Notas..626
Bibliografia.....................................653

Arqueologias das Sombras da Razão

O projeto de *História da Loucura* ocupa um lugar singular no interior da tradição filosófica ocidental. Ele faz parte das estratégias de pensar os limites do potencial emancipatório da razão moderna a partir da análise das modalidades de sofrimento que essa mesma razão produz. Pois se trata de lembrar como as promessas de emancipação produziram também novas formas de sofrimento, novas formas de descrever e classificar tais sofrimentos. Um pensamento crítico não poderia orientar-se sem levar em conta tal solidariedade entre sofrimento e emancipação, que explicita o que há de disciplinar naquilo que nos fora apresentado como portador de um potencial eminentemente liberador.

Mas o que efetivamente singulariza *História da Loucura* é sua maneira de levar a cabo tal projeto graças a uma articulação cerrada entre epistemologia, crítica à filosofia do sujeito e, não menos importante, teoria sobre a emergência do discurso literário. Foucault lembra inicialmente como há uma *história da emergência da razão moderna*. História composta de decisões administrativas de racionalização social, de práticas sociais de intervenção e governo, de disposições vinculadas aos modos de reprodução da sociedade do trabalho. Ou seja, há uma perspectiva claramente materialista a orientar o projeto de Foucault. Mas essa história material da razão deve ser contada a partir de suas sombras, ou seja, a partir da história da desrazão, da loucura e da doença mental. Tal resolução se assenta na compreensão de que decisões clínicas a respeito da distinção entre normal e patológico são, na verdade, um setor de decisões mais fundamentais da razão a respeito do modo de definição daquilo que aparece como *seu* Outro (a patologia, a loucura etc.). Elas se inserem em configurações mais amplas de racionalização que ultrapassam o domínio restrito da clínica. A distinção entre normal e patológico, entre saúde e doença, aparece assim como o ponto mais claro no qual a razão se coloca como fundamento de processos de administração da vida, como prática de determinação do equilíbrio adequado dos corpos em suas relações consigo mesmos e com o meio ambiente que os envolve. No caso da distinção entre saúde e doença mental, vemos ainda como a razão decide, amparando práticas médicas e disciplinares, os limites da separação entre liberdade e alienação, vontade autônoma e vontade heterônoma. Tudo isso nos explica por que Foucault compreende a reflexão sobre a anatomia da clínica como setor privilegiado para entender o impacto e das estratégias dos processos de racionalização.

Mas lembremos ainda que não será um acaso ver tal projeto nascer exatamente no momento histórico de consolidação de uma nova sensibilidade clínica que encontrará seu auge até o momento em que perspectivas organicistas tomam novamente a frente, no final dos anos 1980. Pois, a partir do fim da Segunda Guerra Mundial, o saber psiquiátrico conhecerá movimentos cada vez mais fortes de questionamento de sua própria natureza. Algumas perguntas que nunca haviam sido postas começaram a aparecer: o que é um hospital psiquiátrico e em que medida ele não é solução, mas parte do problema? As relações médico-paciente, nesse caso, não deveriam ser também compreendidas como relações de poder que reproduzem dinâmicas de poder em outras esferas da vida social? Não haveria uma dimensão fundamental de revolta na loucura que deveria ser abordada em sua força produtiva, que diz muito a respeito dos limites próprios a nossas formas de vida? Pois se aceitarmos que a vida psíquica é, na verdade, um setor da vida social, com suas dinâmicas de internalização de normas, ideais e de princípios de autoridade, por que não se perguntar como tais processos sociais nos fazem sofrer, como eles podem estar na base das reações que irão levar sujeitos a hospitais psiquiátricos e consultórios?

Movimentos como a antipsiquiatria de David Cooper, Robert Laing e Thomas Szasz, a análise institucional de François Tosquelles, do grupo de La Borde, de Enrique Pichon-Rivière, as reformas propostas no sistema manicomial italiano por Franco Basaglia: todos eles pareciam indicar a emergência de um processo irreversível de reconsideração do lugar social da loucura, assim como da relação entre normalidade e patologia. O projeto de Foucault faz parte desse horizonte que muitos gostariam de crer ultrapassado e não poderia ser analisado sem levar tal contexto em conta. Ele, ao mesmo tempo, é tributário das novas dinâmicas no campo da psiquiatria e das clínicas do sofrimento psíquico e influenciará o desdobramento de tais dinâmicas.

UMA CONTRA-HISTÓRIA DA CIÊNCIA

Mas se o projeto de Michel Foucault teve tal influência é por *História da Loucura* ser inicialmente um livro de epistemologia. Seu objetivo inicial consiste em expor o lento processo de transformação da loucura em "doença mental", em objeto de um saber psiquiátrico e psicológico, produzindo, com isso, as condições de possibilidade para o advento das positividades das ciências clínicas do "mental". Na verdade, trata-se ainda de descrever a emergência do "mental" como objeto determinado de intervenção e "saber" através de uma internalização de dispositivos morais, explicitando um novo regime de articulações entre medicina e moral. Veremos, assim, como a noção mesma de "mental", com sua pretensa autonomia própria, será objeto fundamental de crítica. E não será mero acaso que as dinâmicas de autonomização do mental terão seu momento decisivo com o advento da modernidade; isso ao menos se aceitarmos essa maneira foucaultiana de definir a modernidade como aquilo que é iniciado no final do século XVIII, ou seja, a partir da constituição de uma episteme que tem na guinada transcendental kantiana, no advento das ciências humanas e na constituição do "homem" como duplo empírico-transcendental seus dispositivos maiores. O "mental" é o saldo principal da mobilização disciplinar que singularizará as gramáticas do poder com o advento da modernidade.

Por sustentar tal perspectiva crítica, *História da Loucura* será, na verdade, uma *contra-história da ciência*. Pois se trata de expor todo o processo histórico de constituição de categorias e de objetos de ciências que aspiram positividade, mas não como quem narra descobertas e experiências bem-sucedidas. Antes, essa será a narrativa da exclusão como condição para o advento de critérios de normalidade e de normal, será a narrativa da maneira como julgamentos morais vão se infiltrando, muitas vezes a toque de trombeta, em tratados técnicos e práticas que aspiram validade científica a fim de garantir, através da gestão das margens, as formas de perpetuação da norma. Uma narrativa bem descrita por Foucault nos seguintes termos, no prefácio à primeira edição do livro:

Poderíamos fazer uma história dos *limites* – desses gestos obscuros, necessariamente esquecidos desde que realizados, através dos quais uma cultura rejeita algo que será para ela o Exterior; e, ao longo de sua história, esse vazio profundo, esse espaço branco graças ao qual ela tanto se isola quanto designa seus valores. Pois tais valores, ela os recebe e os mantém na continuidade de sua história; mas nessa região a respeito da qual gostaríamos de falar, ela exerce suas escolhas essenciais, ela opera a divisão que lhe fornecerá o rosto de sua positividade; lá se encontra a espessura originária a partir da qual ela se forma.[1]

De fato, a afirmação não poderia ser mais clara. A verdadeira história da razão moderna é a história dos seus limites, da constituição do que deve funcionar como seu Exterior absoluto, no qual ela não mais se reconhece, mas que ao mesmo tempo ela criou sob o véu do esquecimento. Assim, a história da loucura será a história de uma "conjuração", de um "gesto de razão soberana" através do qual os humanos "aprisionam seu vizinho, comunicam-se e se reconhecem através da linguagem sem perdão da não razão"[2]. Daí por que a relação razão-desrazão seria uma das dimensões de originalidade da cultura ocidental.

Dessa forma, Foucault pode afirmar que as condições da doença mental não serão encontradas nem na análise da evolução orgânica, nem na compreensão da história individual, nem na situação existencial do ser humano. Até porque a doença mental só terá realidade, valor e sentido no interior de uma cultura que a reconhece como tal. As leis psicológicas, base para a separação entre o normal e o patológico em saúde mental, são, ao menos segundo Foucault, sempre relativas a situações históricas determinadas.

Aparentemente, estaríamos com Foucault diante de um certo relativismo historicista que definiria a doença mental a partir da norma positivamente enunciada por uma média fornecida pelo social. Ou seja, a doença mental seria definida de maneira negativa como desvio em relação ao normal e de maneira virtual como possibilidade do comportamento não sancionada socialmente. Mas Foucault quer complexificar essa relação entre norma e loucura. Ele lembra, por exemplo, que encontramos situações nas quais as doenças são reconhecidas como tais, mas tê-las é, ao mesmo tempo, condição necessária para que certos sujeitos possam assumir certos papéis sociais. Por exemplo, ele cita, em *Doença Mental e Psicologia*, algumas patologias necessárias para que, em certas sociedades, alguém seja reconhecido como xamã. Essa é uma maneira de mostrar como uma sociedade pode se exprimir positivamente nas doenças mentais manifestadas por seus membros, o que nos deixa com duas questões maiores: "Como nossa cultura conseguiu dar à doença o sentido de desvio e ao doente um estatuto de exclusão? E como, apesar disso, nossa sociedade se exprime nessas formas mórbidas nas quais ela recusa a reconhecer-se?"[3]

Responder a essas perguntas exigirá um método híbrido derivado de uma epistemologia histórica que compreende a história das ciências como indissociável de uma história das ideias, em uma tradição que nos remete necessariamente a Gaston Bachelard, Georges Canguilhem e Alexandre Koyré. Daí por que Foucault poderá afirmar:

> Fazer a história da loucura significará fazer um estudo estrutural do conjunto histórico – noções, instituições, medidas jurídicas e policiais, conceitos científicos – que captura uma loucura cujo estado selvagem nunca pode ser restituído em si mesmo; mas a despeito dessa inacessível pureza primitiva, o estudo estrutural deve remontar em direção à decisão que, ao mesmo tempo, liga e separa razão e loucura; ele deve tender a descobrir a troca perpétua, a obscura raiz comum, o afrontamento originário que dá sentido tanto à unidade quanto à oposição do sentido e do insensato.[4]

LITERATURA E O GRAU ZERO
DA HISTÓRIA DA LOUCURA

Mas essa história da loucura tem duas peculiaridades maiores. Primeiro, trata-se de fazer a história da loucura *na idade clássica*.

A noção de classicismo em Foucault é central para a constituição de sua compreensão da modernidade. *Grosso modo*, o classicismo é esse período que, no interior da história da filosofia, iria de Descartes a Kant. A ele e à especificidade de suas estruturas de racionalidade, que fornecerá as condições de possibilidade para o advento da modernidade, Foucault dedicará longos capítulos de *As Palavras e as Coisas*. No caso do nosso livro, Foucault fornece duas datas que marcariam a história da loucura na idade clássica, seu término e seu fim: a criação do Hospital Geral, na Paris de 1657, com suas exigências de internamento de loucos, libertinos e desempregados, e a liberação por Pinel dos loucos acorrentados em Bicêtre, sua singularização dessa conjunção anterior com a pobreza e a libertinagem, isso na França revolucionária de 1794. Dois marcos institucionais: o hospital geral e a ordem psiquiátrica do asilo. Ou seja, há fundamentalmente uma experiência de encarceramento e de internação que servirá de marco, já que, como dirá o próprio Foucault: "Procurei sobretudo ver se havia uma relação entre esta nova forma de exclusão e a experiência da loucura em um mundo dominado pela ciência e por uma filosofia racionalista"[5].

Esses dois marcos nas práticas hospitalares são acompanhados de dois momentos expressivos das estratégias fundacionistas da filosofia moderna. Primeiro, a pretensa expulsão da loucura da ordem das razões nas meditações cartesianas, expressão maior de como o sujeito moderno só poderia nascer através de um silenciamento da desrazão prenhe de consequências. Tópico que será objeto da mais violenta das polêmicas suscitadas pelo livro e levada a cabo por Jacques Derrida, para quem a leitura foucaultiana de Descartes não poderia ser sustentada[6]. Segundo, a integração da loucura pela filosofia hegeliana em um movimento dialético que seria convergente com o reconhecimento da racionalidade do louco por Pinel apenas para melhor levá-lo a recuperar a expressão de tipos sociais saídos dos horizontes mais claramente normativos de reprodução material da vida.

Esse segundo movimento é central para Foucault. Pois trata-se de defender que a "humanização" produzida por Pinel e por Samuel Tuke em York é, na verdade, peça maior de novas formas de disciplina ligadas a um modelo de poder que pode agora agir sobre o "mental", pode dissociar as práticas de intervenção corporal e os jogos de influência, de sugestão e de identificação que se desdobrarão inicialmente como "tratamento moral" e se consolidarão como um "poder psiquiátrico", tema maior de um dos cursos que Foucault ministrará no Collège de France. As intervenções corporais continuarão, pois não há poder sem corpo, mas elas não serão mais ligadas a certo monismo clínico que compreendia as mudanças de humores, os delírios, as demências como distúrbios do corpo. Ela será ligada à lógica da culpabilidade, da punição, da reparação e da gratificação.

Nesse segundo momento, o acerto de contas filosófico se dará com a consciência-de-si hegeliana, com sua forma de pretensamente ouvir a loucura (haja vista a proliferação de momentos de loucura da consciência na *Fenomenologia do Espírito*, como a lei do coração e o delírio da presunção, a bela alma, a linguagem do dilaceramento, entre outros), mas apenas para reinstaurar a razão em uma unidade menos decomposta. Se Hegel é tão entusiasta de Pinel é por ele ser a figura filosófica de uma nova exclusão, ainda mais insidiosa.

De fato, o modelo que guia Foucault em sua procura por uma experiência da loucura é outro, ele vem de outro lugar. Pois, nesse horizonte geral de objetivação da loucura sob a figura da doença mental, podemos nos perguntar como seria ainda possível as nossas formas de vida se abrirem a outros regimes de experiência da loucura. Regimes que recuperariam aquilo que Foucault nomeia, no início de seu livro, de "experiência trágica da loucura". Tragédia significa aqui a impossibilidade de a razão operar sem reconhecer que as fronteiras com seu outro são internas a ela mesma (no que compreendemos por que o acerto de contas com Hegel é tão importante, já que as operações dos dois autores parecem, em certo momento, quase convergirem). Já no prefácio à primeira edição de *História da Loucura,* Foucault confronta a "dialética da história" fundada na dinâmica conflitual entre a razão e seu Outro às "estruturas imóveis do trágico", ou seja, o espaço de uma "implicação confusa" de polos que ainda não são exatamente opostos sem serem totalmente indiferenciados:

Domínio no qual o homem de loucura e o homem de razão, separando-se, não são ainda separados e, em uma linguagem muito originária, muito frustra, bem mais matinal que a linguagem da ciência, sustentam o diálogo sem ruptura que testemunha, de uma maneira fugidia, que eles ainda se falam.[7]

De certa forma, a perspectiva de Foucault nos leva não exatamente em direção a uma clínica renovada (mesmo que sua influência clínica tenha sido considerável), mas em direção à recuperação da força de transformação da tragédia. Que Foucault se sirva de um termo vindo da estética para descrever outro modo de relação à loucura, a saber, a "tragédia" (em clara ressonância nietzschiana), eis algo que não deveria nos surpreender. Pois a *História da Loucura* porta outras linhas de força, e uma delas diz respeito à emergência do discurso literário ou, antes, à emergência do discurso literário como espaço de uma agonística específica. Pois há uma solidariedade profunda entre a emergência da literatura como discurso e os destinos de exclusão impostos à loucura nesse caminho que nos leva à modernidade. Não será por acaso que a *História da Loucura* dará um lugar privilegiado à voz da desrazão em *O Sobrinho de Rameau,* de Diderot, ou, ainda, a Sade, além de lembrar de Hölderlin, Nerval, Artaud e Roussel.

Mas notemos um ponto importante. Se Foucault insistirá que a literatura como discurso nasce com *Dom Quixote*, de Cervantes, é também para lembrar como o advento de uma episteme sempre será solidário de algo como uma "contraepisteme" na qual se alojam as experiências que uma época histórica procurará excluir ou marcar com o selo do impossível[8]. A esse respeito, lembremos como o conceito foucaultiano de "era histórica" baseava-se no primado de epistemes que definiam o padrão geral de racionalidade dos discursos científicos de uma época. Assim, por exemplo, a modernidade baseava-se no primado de uma episteme específica caracterizada, entre outras coisas, pelo pensar representativo e pela duplicação empírico-transcendental do sujeito, pela constituição de um conjunto de saberes que tomam o que condiciona o homem (na dimensão do trabalho, do desejo e da linguagem) como objeto da ciência. No entanto, não há época que não seja polarizada pela tensão entre discursos que se submetem à episteme hegemônica e aqueles que a ela não se submetem. Essa é apenas a aplicação de uma ideia importante de Foucault a respeito do fenômeno do poder, a saber:

Se não houvesse resistência, não haveria relações de poder. Pois tudo seria simplesmente uma questão de obediência. Desde o momento em que o indivíduo está em situação de não fazer o que ele quer, ele deve utilizar relações de poder. A resistência vem, pois, primeiro, e ela permanece superior a todas as forças do processo, ela obriga, sob seu efeito, à mudança nas relações de força. Considero, pois, o termo "resistência" como a palavra mais importante, a palavra-chave dessa dinâmica.[9]

Essa resistência que aparece no nível individual aparece também no nível estrutural da circulação e produção de discursos. Por isso, é importante lembrar que a episteme moderna fora sempre acompanhada de uma espécie de contraepisteme, um contradiscurso no interior do qual se aloja aquilo que terá força crítica em relação à estrutura de saberes e experiências do presente. No caso da modernidade, tal contraepisteme seria representada principalmente pela literatura. Nesse sentido, a literatura aparece como a latência de possibilidades de pensamento e forma de vida que não encontram lugar no interior dos regimes de saberes e poderes próprios à nossa época. Ela é a verdadeira "origem" que orienta a possibilidade de emergência de uma experiência trágica da loucura.

Assim, para a estratégia genealógica de Foucault funcionar, é necessário que experiências históricas identificadas como portadoras de força crítica em relação ao presente estejam, à sua maneira, ainda em estado de reverberação no interior do paradigma literário que é o nosso ou, ao menos, que é o de Foucault. Pois se a literatura é a contraepisteme fundamental da era moderna, então toda experiência crítica da modernidade deverá, à sua maneira, encontrar seu modelo nas produções literárias ou ainda, ao menos nesse momento inicial da obra de Foucault, em uma *estética da transgressão* que seria própria à experiência estética moderna.

LOUCURA E O CÓDIGO QUE SE DOBRA SOBRE SI MESMO

Ao falar sobre as formas de transgressão, Foucault sugere pensá-las a partir de quatro modalidades de interditos. Os primeiros três seriam: a impossibilidade, a blasfêmia e a censura. Mas além desses três, há um modo extremamente particular de interdito que interessa Foucault:

> existe também uma quarta forma de linguagem excluída: consiste em submeter uma palavra, aparentemente em conformidade ao código

reconhecido, a outro código cuja chave é dada na própria palavra; de sorte que essa palavra é duplicada no interior de si. Ela diz o que ela diz. Acrescenta ela, porém, um suplemento mudo que enuncia silenciosamente o que ele diz e o código segundo o qual o diz. Não se trata aí de uma linguagem cifrada, mas de uma linguagem estruturalmente esotérica[10].

Ou seja, essa forma de transgressão consiste em, ao mesmo tempo, submeter e não submeter uma palavra ao código, isso porque o mesmo termo faz parte de um código partilhado publicamente e de uma espécie de código privado que faz com que a palavra traga em si mesma sua própria medida. Essa transgressão é a mais implacável porque consegue anular a potência ordenadora do código no momento mesmo em que tal ordenação parece ser confirmada.

Foucault utiliza esse esquema a fim de dizer que a experiência da loucura no Ocidente foi se deslocando no interior desses modos de transgressão e interdito. Antes do grande internamento, ela era vivenciada como um desabamento da capacidade ordenadora de um código partilhado. Posteriormente, ao ser posta juntamente com aqueles marcados pela falta moral (desempregados, libertinos), ela aparece como a "linguagem excluída", essa que pronuncia palavras sem significação (os insensatos, os imbecis, os dementes) ou palavras blasfemas (os violentos, os furiosos) ou, ainda, que procura fazer circular significações interditas (os libertinos). Segundo Foucault, é com Freud e sua noção da linguagem patológica como linguagem submetida a uma significação privada que deve ser constituída através de processos de interpretação que a loucura aparece como a quarta forma de transgressão:

Desde Freud, a loucura ocidental tornou-se uma não linguagem, pois ela transformou-se em uma linguagem dupla (língua que não existe senão nessa fala, fala que não expressa senão sua língua) –, isto é, uma matriz de linguagem que, em senso estrito, nada diz. Dobra do falado que é uma ausência de obra.[11]

Essa noção de ausência de obra indica a impossibilidade de constituição de uma totalidade funcional através de uma linguagem cujas operações de significação sempre parecem se disseminar. Essa ausência de obra é, fundamentalmente, índice da impossibilidade de certas operações de síntese e de totalização próprias a toda formalização capaz de construir uma obra.

O salto arriscado feito por Foucault consiste em afirmar que essa operação de desaparecimento da obra é exatamente o resultado do modo de funcionamento da linguagem presente nessa tradição da literatura de vanguarda que tem em Mallarmé seu nome inicial maior, como se a literatura de vanguarda fosse tributária de uma experiência social que a coloca em linha de aproximação com uma certa experiência trágica da loucura. Daí o interesse de Foucault por escritores loucos como Nerval, Artaud e Roussel. Daí essa afirmação de uma literatura que procura se situar no espaço da forma vazia que marca a ausência de obra, que nos permite dizer "Nada terá lugar a não ser o lugar".

Antes de Mallarmé, escrever consistia em estabelecer sua palavra no interior de uma língua dada, de modo que a obra de linguagem seria da mesma natureza que qualquer outra linguagem, com os signos (e, sem dúvida, eles eram majestosos) da Retórica, do Sujeito ou das Imagens. No final do século XIX (à época do descobrimento da psicanálise ou próximo) a literatura se transformou em uma palavra que inscrevia nela seu próprio princípio de decifração ou, em todo caso, ela supunha, sob cada uma de suas frases, sob cada uma de suas palavras, o poder de modificar soberanamente os valores e as significações da língua à qual, apesar de tudo, (de fato) pertencia; ela suspendia o reino da língua na atualidade do gesto de escritura.[12]

Tal proximidade à literatura permitiria, um dia, que a loucura se livrasse de sua redução à figura da doença mental. Por outro lado, ela transforma a reconfiguração formal das potencialidades e regras da linguagem operadas pela literatura em solo de fundamentação de uma razão que não quer mais ser confundida com sua versão instrumental e identificadora em operação nos campos das ciências empíricas que tomam o homem por objeto. Pensar como essa reconfiguração formal da linguagem presente na literatura de vanguarda pode ser capaz de servir de princípio de orientação para uma reconfiguração ampla dos processos de racionalização social, eis algo que Foucault deverá responder.

De qualquer maneira, e aqui inspirado por Georges Bataille, Foucault lembra que as experiências de transgressão não são apenas vinculadas ao domínio estrito da linguagem. Elas tocam todos os processos sociais submetidos a regras e normas estruturadas *como uma linguagem*. Um caso exemplar aqui é a sexualidade, que nos fornece um campo de transgressão do corpo como espaço submetido a práticas disciplinares. Sexualidade essa à qual Foucault voltará seus olhos quando escrever outra história, quinze anos depois.

De qualquer forma, o jovem Foucault insiste que tais transgressões nos abrem para uma experiência soberana, pois experiência feita na exterioridade do ordenamento jurídico. Uma experiência que não implicaria a destruição de um mundo por outro, positivo e limitado. Pois a transgressão traria uma estranha "afirmação não positiva", ou seja, afirmação que não se realiza na disposição posicional de um mundo, mas que apenas: "se desdobra na experiência do limite, se faz e se desfaz no excesso que o transgride"[13]. Foucault chega mesmo a lembrar da distinção kantiana entre *nihil privativum* (objeto vazio de um conceito, falta) e *nihil negativum* (objeto vazio desprovido de conceito, objeto contraditório) a fim de fundamentar essa ideia de uma afirmação que não põe objeto algum, afirmação capaz de interrogar o "ser do limite", o vazio da "origem sem positividade". É certo que os desdobramentos do último Foucault, em direção à problemática do cuidado de si, representarão uma inflexão importante em tal estética da transgressão[14].

É certo ainda que, atualmente, Foucault estaria diante de novas questões, não apenas ligadas a pretensos problemas em sua abordagem histórica[15]. Pois, no campo da psiquiatria, mesmo o conceito de "doença mental" foi abandonado em prol da descrição multiplicada de "transtornos", principalmente a partir do DSM III[16]. O que a psiquiatria fez depois dos anos 1960 foi a liquidação da doença mental, mas não através da recuperação da experiência trágica da loucura. Antes, tratou-se de liquidar a compreensão etiológica do sofrimento, sua narratividade, em nome de uma descrição clínica pretensamente portadora de neutralidade axiológica e focada na individuação de complexos e na especificidade de síndromes. Esse processo mostra como dispositivos disciplinares no interior da clínica podem permanecer mesmo após a decomposição da noção de doença mental, o que nos coloca diante de novos problemas com os quais a continuidade de uma história da loucura deveria lidar.

Vladimir Safatle
Professor titular da Universidade de São Paulo

Prefácio

Deveria escrever um novo prefácio para este livro já velho. Confesso que a ideia não me agrada, pois isso seria inútil: não deixaria de querer justificá-lo por aquilo que ele era e de reinscrevê-lo, tanto quanto possível, naquilo que está acontecendo hoje. Possível ou não, hábil ou não, isso não seria honesto. Acima de tudo, não seria conforme tudo aquilo que deve ser, com relação a um livro, a reserva daquele que o escreveu. Um livro é produzido, evento minúsculo, pequeno objeto manejável. A partir daí, é aprisionado num jogo contínuo de repetições; seus duplos, à sua volta e bem longe dele, formigam; cada leitura atribui-lhe, por um momento, um corpo impalpável e único; fragmentos de si próprio circulam como sendo sua totalidade, passando por contê-lo quase todo e nos quais acontece-lhe, finalmente, encontrar abrigo; os comentários desdobram-no, outros discursos no qual enfim ele mesmo deve aparecer, confessar o que se recusou a dizer, libertar-se daquilo que, ruidosamente, fingia ser. A reedição numa outra época, num outro lugar, ainda é um desses duplos: nem um completo engodo, nem uma completa identidade consigo mesmo.

Para quem escreve o livro, é grande a tentação de legislar sobre todo esse resplandecer de simulacros, prescrever-lhes uma forma, carregá-los com uma identidade, impor-lhes uma marca que daria a todos um certo valor constante.

Sou o autor: observem meu rosto ou meu perfil; é a Isso que deverão assemelhar-se todas essas figuras duplicadas que vão circular com meu nome; as que se afastarem dele, nada valerão, e é a partir de seu grau de semelhança que poderão julgar o valor dos outros. Sou o nome, a lei, a alma, o segredo, a balança de todos esses duplos.

Assim se escreve o Prefácio, ato primeiro com o qual começa a estabelecer-se a monarquia do autor, declaração da tirania: minha intenção deverá ser seu preceito, leitor; sua leitura, suas análises, suas críticas se conformarão àquilo que pretendi fazer; entendam bem minha modéstia: quando falo dos limites de meu empreendimento, pretendo limitar sua liberdade, e se proclamo a sensação de não ter estado à altura de minha tarefa é porque não quero deixar-lhe o privilégio de contrapor a meu livro o fantasma de um outro, bem próximo dele, porém mais belo do que ele. Sou o monarca das coisas que disse e mantenho sobre elas uma soberania eminente: a de minha intenção e do sentido que lhes quis atribuir.

Gostaria que um livro, pelo menos da parte de quem o escreveu, nada fosse além das frases de que é feito; que ele não se desdobrasse nesse primeiro simulacro de si mesmo que é um prefácio, e que pretende oferecer sua lei a todos que, no futuro, venham a formar-se a partir dele. Gostaria que esse objeto-evento, quase imperceptível entre tantos outros, se recopiasse, se fragmentasse, se repetisse, se simulasse, se desdobrasse, desaparecesse enfim sem que aquele a quem aconteceu escrevê-lo pudesse alguma vez reivindicar o direito de ser seu senhor, de impor o que queria dizer, ou dizer o que o livro devia ser. Em suma, gostaria que um livro não se atribuísse a si mesmo essa condição de texto ao qual a pedagogia ou a crítica saberão reduzi-lo, mas que tivesse a desenvoltura de apresentar-se como discurso: simultaneamente batalha e arma, conjunturas e vestígios, encontro irregular e cena repetível.

É por isso que, ao pedido que me fizeram de escrever um novo prefácio para este livro reeditado, só me foi possível responder uma coisa: suprimamos o antigo prefácio. Honestidade será isso. Não procuremos nem justificar este velho livro, nem reinscrevê-lo hoje; a série dos eventos à qual ele pertence, e que é sua verdadeira lei, está longe de estar concluída. Quanto à novidade, não finjamos descobri-la nele, como uma reserva secreta, uma riqueza inicialmente despercebida: ela se fez apenas com as coisas sobre ele ditas, e dos eventos dos quais se viu prisioneiro.

(Vou me contentar com a adição de dois textos: um, já publicado, no qual eu comento uma frase que arrisquei um pouco às cegas: "loucura, a ausência de uma obra"; o outro inédito na França, na qual procuro responder às críticas notáveis de Derrida.) – Mas você acaba de fazer um prefácio! – Pelo menos é curto.

Michel Foucault

Primeira Parte

IMAGEM:
Hieronymus Bosch, estudo para *Nau dos Loucos*, desenho, 1500

1. Stultifera navis

Ao final da Idade Média, a lepra desaparece do mundo ocidental. Às margens da comunidade, às portas das cidades, abrem-se como que grandes praias que esse mal deixou de assombrar, mas que também deixou estéreis e inabitáveis durante longo tempo. Durante séculos, essas extensões pertencerão ao desumano. Do século XIV ao XVII, vão esperar e solicitar, por meio de estranhas encantações, uma nova encarnação do mal, um outro esgar do medo, mágicas renovadas de purificação e exclusão.

A partir da alta Idade Média, e até o final das Cruzadas, os leprosários tinham multiplicado, por toda a superfície da Europa, suas cidades malditas. Segundo Mathieu, Paris chegou a ter dezenove mil delas em toda a cristandade[1]. Em todo caso, por volta de 1266, à época em que Luís VIII estabelece, para a França, o regulamento dos leprosários, mais de dois mil deles encontram-se recenseados. Apenas na Diocese de Paris chegou a haver 43: entre eles, Bourg-la-Reine, Corbeil, Saint-Valère e o sinistro Champ-Pourri[2]; e também Charenton. Os dois maiores encontravam-se na periferia imediata de Paris: Saint-Germain e Saint-Lazare[3]; tornaremos a encontrar seus nomes na história de um outro mal. É que a partir do século XV, o vazio se estabelece por toda parte; a partir do século seguinte, Saint-Germain torna-se uma casa de correição para os jovens; e antes de São Vicente, em Saint-Lazare, existe apenas um único leproso, "o senhor Langlois, prático leigo da corte". O leprosário de Nancy, que figurou entre os maiores da Europa, mantém apenas quatro doentes sob a regência de Maria de Médicis. Segundo as *Memórias*, de Catel, teriam existido 29 hospitais em Toulouse por volta do fim da época medieval: sete eram leprosários, mas no começo do século XVII apenas três são mencionados: Saint-Cyprien, Arnaud-Bernard e Saint-Michel[4]. As pessoas gostam de celebrar o desaparecimento da lepra: em 1635, os habitantes de Reims fazem uma procissão solene para agradecer a Deus por ter libertado a cidade desse flagelo[5].

Nessa época, já há um século o poder real tinha assumido o controle e a reorganização dessa imensa fortuna que representavam os bens fundiários dos leprosários; através de um ordenamento de 19 de dezembro de 1543, Francisco I tinha mandado proceder a seu recenseamento e inventário "a fim de reparar a grande desordem que então havia nas gafarias"; por sua vez, Henrique IV prescreve, num édito de 1606, uma revisão das contas e destina "as quantias que resultariam desse exame ao tratamento dos gentis-homens pobres e dos soldados estropiados". O mesmo pedido de controle é feito em 24 de outubro de 1612, mas pensa-se agora em utilizar as rendas abusivas na alimentação dos pobres[6].

De fato, a questão dos leprosários na França só foi regulamentada ao final do século XVII, e a importância econômica do problema suscitou mais de um conflito. Não havia ainda, em 1677, 44 leprosários apenas na província do Dauphiné?[7] A 20 de fevereiro de 1672, Luís XIV atribui às ordens de Saint-Lazare e do Mont-Carmel os bens de todas as ordens hospitalares e militares, encarregando-as de administrar os leprosários do reino[8]. Cerca de vinte anos mais tarde, o édito de 1672 é revogado, e, por meio de uma série de medidas escalonadas entre março de 1693 e julho de 1695, os bens das gafarias passam aos outros hospitais e estabelecimentos de assistência. Os poucos leprosos, dispersos ao acaso pelas 1.200 casas ainda existentes, serão agrupados em Saint-Mesmin, perto de Orléans[9]. Essas prescrições são aplicadas primeiro em Paris, onde o Parlamento transfere as rendas em questão para os estabelecimentos do hospital geral; o exemplo é imitado pelas jurisdições provinciais: Toulouse destina os bens de seus leprosários ao hospital dos Incuráveis (1696); os de Beaulieu, na Normandia, passam para o Hôtel-Dieu (hospital principal) de Caen; os de Voley são atribuídos ao hospital de Saint-Foy[10]. Sozinho, com Saint-Mesmin, o recinto dos Ganets, perto de Bordeaux, permanecerá como testemunha.

Para um milhão e meio de habitantes no século XII, Inglaterra e Escócia tinham aberto, apenas os dois países, 220 leprosários. Mas já no século XIV, o vazio começa a se implantar: no momento em que Ricardo III ordena uma perícia sobre o hospital de Ripon (em 1342), lá não há mais leprosos, atribuindo ele aos pobres os bens da fundação. O arcebispo Puisel fundara, ao final do século XII, um hospital no qual, em 1434, apenas dois lugares tinham sido reservados aos leprosos, caso se pudesse encontrá-los[11]. Em 1348, o grande leprosário de Saint-Alban contém apenas três doentes; o hospital de Romenall, em Kent, é abandonado 24 anos mais tarde, por falta de leprosos. Em Chatham, a gafaria de São Bartolomeu, estabelecida em 1078, tinha sido uma das mais importantes da Inglaterra: sob o reinado de Elizabeth, ali são mantidas apenas duas pessoas, e ela é finalmente suprimida em 1627[12].

A mesma regressão da lepra se registra na Alemanha, talvez um pouco mais lentamente; a conversão dos leprosários foi, também, apressada, como na Inglaterra, pela Reforma, que confia à administração das cidades as obras de caridade e os estabelecimentos hospitalares. Foi o que ocorreu em Leipzig, Munique, Hamburgo. Em 1542, os bens dos leprosários de Schleswig-Holstein são transferidos para os hospitais. Em Stuttgart, o relatório de um magistrado indica, em 1589, que há cinquenta anos não há mais leprosos na casa que lhes é destinada. Em Lipplingen, o leprosário é logo povoado por incuráveis e loucos[13].

Estranho desaparecimento, que sem dúvida não foi o efeito, longamente procurado, de obscuras práticas médicas, mas sim o resultado espontâneo dessa segregação e a consequência, também, após o fim das Cruzadas, da ruptura com os focos orientais de infecção. A lepra se retira, deixando sem utilidade esses lugares obscuros e esses ritos que não estavam destinados a suprimi-la, mas sim a mantê-la a uma distância sacramentada, a fixá-la numa exaltação inversa. Aquilo que sem dúvida vai permanecer por muito mais tempo que a lepra, e que se manterá ainda numa época em que, há anos, os leprosários estavam vazios, são os valores e as imagens que tinham aderido à personagem do leproso; é o sentido dessa exclusão, a importância no grupo social dessa figura insistente e temida, que não se põe de lado sem se traçar à sua volta um círculo sagrado.

Se se retiraram os leprosos do mundo e da comunidade visível da Igreja, sua existência no entanto é sempre uma manifestação de Deus, uma vez que, no conjunto, ela indica sua cólera e marca sua bondade: "Meu companheiro", diz o ritual da Igreja de Viena, "apraz ao Senhor que estejas infestado por essa doença, e te faz o Senhor uma grande graça quando te quer punir pelos males que fizeste neste mundo."

E ao mesmo tempo que pelas mãos do padre e de seus assistentes é arrastado para fora da Igreja *gressu retrogrado*, asseguram-lhe que ele ainda é um testemunho de Deus: "E por mais que estejas separado da Igreja e da companhia dos Sãos, não estarás separado da graça de Deus." Os leprosos de Brueghel assistem de longe, mas para sempre, a essa subida do Calvário na qual todo um povo acompanha o Cristo. E, testemunhas hieráticas do mal, obtêm a salvação na e através dessa própria exclusão: uma estranha inversão que se opõe à dos méritos e das orações, eles se salvam pela mão que não se estende. O pecador que abandona o leproso à sua porta está, com esse gesto, abrindo-lhe as portas da salvação. "Por isso, tem paciência com tua doença, pois o Senhor não te despreza por tua doença, e não se separa de tua companhia; mas se tiveres paciência serás salvo, como o foi o lazarento que morreu diante da casa do novo-rico e foi levado diretamente ao paraíso."[14] O abandono é, para ele, a salvação; sua exclusão oferece-lhe uma outra forma de comunhão.

Desaparecida a lepra, apagado (ou quase) o leproso da memória, essas estruturas permanecerão. Frequentemente, nos mesmos locais, os jogos da exclusão serão reencontrados, estranhamente semelhantes aos primeiros, dois ou três séculos mais tarde. Pobres, vagabundos, presidiários e "cabeças alienadas" assumirão o papel abandonado pelo lazarento, e veremos que salvação se espera dessa exclusão, para eles e para aqueles que os excluem. Com um sentido inteiramente novo, e numa cultura bem diferente, as formas subsistirão – essencialmente, essa forma maior de uma separação rigorosa que é exclusão social, mas reintegração espiritual.

■ ■

Mas não nos antecipemos. A lepra foi substituída inicialmente pelas doenças venéreas. De repente, ao final do século XV, elas sucedem a lepra como por direito de herança. Esses doentes são recebidos em diversos hospitais de leprosos: sob Francisco I, tenta-se inicialmente colocá-los no hospital da paróquia de Saint-Eustache, depois no de Saint-Nicolas, que outrora tinham servido de gafarias. Por duas vezes, sob Carlos VIII, depois em 1559, a eles tinham sido destinadas, em Saint-Germain-des-Près, diversas barracas e casebres antes utilizados pelos leprosos[15]. Eles logo se tornam tão numerosos que é necessário pensar na construção de outros edifícios "em certos lugares espaçosos de nossa cidade e arredores, sem vizinhança"[16]. Nasceu uma nova lepra, que toma o lugar da primeira. Aliás, não sem dificuldades, ou mesmo conflitos. Pois os próprios leprosos sentem medo.

Repugna-lhes acolher esses recém-chegados ao mundo do horror: "*Est mirabilies, contagiosa et nimis formidanda infirmitas, quam etiam detestantur leprosi et ea infectos secum habitare non permittant.*" (É uma enfermidade espantosamente contagiosa e deveras temida, à qual mesmo os leprosos têm horror tal que não permitem àqueles que a contraíram permanecer entre eles)[17] Mas se os leprosos têm direitos mais antigos de se instalar nesses lugares "segregados", são pouco numerosos para fazê-los valer; os atingidos pelas doenças venéreas, um pouco por toda parte, logo ocuparam-lhes o espaço.

E, no entanto, não são as doenças venéreas que assegurarão, no mundo clássico, o papel que cabia à lepra no interior da cultura medieval. Apesar dessas primeiras medidas de exclusão, elas logo assumem seu lugar entre as outras doenças. De bom ou mau grado, os novos doentes são recebidos nos hospitais. O Hôtel-Dieu de Paris os acolhe[18]; várias vezes tenta-se escorraçá-los, mas em vão: eles lá ficam e se misturam aos outros doentes[19]. Na Alemanha, constroem para eles casas especiais, não para estabelecer a exclusão, mas para assegurar-lhes um tratamento: os Fugger, em Augsburgo, fundam dois hospitais desse gênero. A cidade de Nurembergue indica um médico que afirmava poder "*die malafrantzos vertreiben*"[20] ("banir a doença francesa"). É que esse mal, diversamente da lepra, logo se tornou cousa médica, inteiramente do âmbito do médico. Em todas as partes formulam-se tratamentos; a companhia de Saint-Côme empresta dos árabes o uso do mercúrio[21]; no Hôtel-Dieu de Paris usa-se sobretudo a teriaga. Depois é a grande moda do guáiaco, mais precioso que o ouro das Américas, a acreditar em Fracastor no seu *Syphilidis* e em Ulrich von Hutten. Por toda parte, praticam-se as curas pelo suor. Rapidamente a doença venérea se instala, no decorrer do século XVI, na ordem das doenças que exigem tratamento. Sem dúvida, ela é considerada num conjunto de juízos morais: mas essa perspectiva quase nada modifica a compreensão médica da doença[22].

Fato curioso a constatar: é sob a influência do modo de internamento, tal como ele se constituiu no século XVII, que a doença venérea se isolou, numa certa medida, de seu contexto médico e se integrou, ao lado da loucura, num espaço moral de exclusão. De fato, a verdadeira herança da lepra não é aí que deve ser buscada, mas sim num fenômeno bastante complexo, do qual a medicina demorará para se apropriar.

Esse fenômeno é a loucura. Mas será necessário um longo momento de latência, quase dois séculos, para que esse novo espantalho, que sucede à lepra nos medos seculares, suscite como ela reações de divisão, de exclusão, de purificação que no entanto lhe são aparentadas de uma maneira bem evidente. Antes de a loucura ser dominada, por volta da metade do século XVII, antes que se ressuscitem, em seu favor, velhos ritos, ela tinha estado ligada, obstinadamente, a todas as experiências maiores da Renascença.

É essa presença, e algumas de suas figuras essenciais, que é preciso agora recordar de um modo bem rápido.

■ ■

Comecemos pela mais simples dessas figuras, e também a mais simbólica.

Um objeto novo acaba de fazer seu aparecimento na paisagem imaginária da Renascença; e nela, logo ocupará lugar privilegiado: é a Nau dos Loucos, estranho barco que desliza ao longo dos calmos rios da Renânia e dos canais flamengos.

A *Narrenschiff* é, evidentemente, uma composição literária, emprestada sem dúvida do velho ciclo dos argonautas, recentemente ressuscitado entre os grandes temas míticos, e à qual se vem dar uma figura institucional nos Estados da Borgonha. Está na moda a composição dessas *naus*, cuja equipagem de heróis imaginários, de modelos éticos ou de tipos sociais embarca numa grande viagem simbólica, que lhe traz senão a fortuna, ao menos a figura de seu destino ou de sua verdade. É assim que Symphorien Champier compõe sucessivamente uma *Nau dos Príncipes e das Batalhas de Nobreza*, em 1502, depois uma *Nau das Damas Virtuosas*, em 1503; tem-se ainda uma *Nau da Saúde*, ao lado de *Blauwe Schute*, de Jacob van Oestvoren, em 1413, da *Narrenschiff* de Brant (1497) e da obra de Josse Bade, *Stultiferae naviculae scaphae fatuarum mulierum* (1498). O quadro de Bosch, evidentemente, pertence a essa onda onírica.

Mas de todas essas naves romanescas ou satíricas, a *Narrenschiff* é a única que teve existência real, pois eles existiram, esses barcos que levavam sua carga insana de uma cidade para outra. Os loucos tinham então uma existência facilmente errante. As cidades escorraçavam-nos de seus muros; deixava-se que corressem pelos campos distantes, quando não eram confiados a grupos de mercadores e peregrinos. Esse costume era frequente em particular na Alemanha: em Nurembergue, durante a primeira metade do século XV, registrou-se a presença de 62 loucos, 31 dos quais foram escorraçados. Nos cinquenta anos que se seguiram, têm-se vestígios ainda de 21 partidas obrigatórias, tratando-se aqui apenas de loucos detidos pelas autoridades municipais[23]. Eram frequentemente confiados a barqueiros: em Frankfurt, em 1399, encarregam-se marinheiros de livrar a cidade de um louco que por ela passeava nu; nos primeiros anos do século XV, um criminoso louco é enviado do mesmo modo a Mayence. Às vezes, os marinheiros deixavam em terra, mais cedo do que haviam prometido, esses passageiros incômodos; prova disso é o ferreiro de Frankfurt que partiu duas vezes e duas vezes voltou, antes de ser reconduzido definitivamente para Kreuznach[24]. Frequentemente, as cidades da Europa viam essas naus de loucos atracar em seus portos.

Não é fácil recuperar o sentido exato desse costume. Seria possível pensar que se trata de uma medida geral de expurgo que as municipalidades fazem incidir sobre os loucos em estado de vagabundagem; hipótese que por si só não dá conta dos fatos, pois certos loucos, antes mesmo que se construam casas especiais para eles, são recebidos nos hospitais e tratados como loucos. No Hôtel-Dieu de Paris, seus leitos são colocados em dormitórios[25]; por outro lado, na maior parte das cidades da Europa existiu, ao longo de toda a Idade Média e da Renascença, um lugar de detenção reservado aos insanos: é o caso do Châtelet de Melun[26] ou da famosa Torre dos Loucos de Caen[27]; são as inúmeras *Narrtürmer* da Alemanha, tal como as portas de Lübeck ou o Jungpfer de Hamburgo[28]. Portanto, os loucos não são corridos das cidades de modo sistemático. Por conseguinte, é possível supor que são escorraçados apenas os estrangeiros, aceitando cada cidade tomar conta apenas daqueles que são seus cidadãos. Com efeito, é possível encontrar na contabilidade de certas cidades medievais as subvenções destinadas aos loucos, ou donativos feitos em favor dos insanos[29]. Na verdade, o problema não é tão simples assim, pois há pontos de reunião deles onde os loucos, mais numerosos que em outras partes, não são autóctones. Em primeiro lugar, surgem os lugares de peregrinação: em Saint-Mathurin de Larchant, em Saint-Hildevert de Gournay, em Besançon, em Gheel: estas peregrinações eram organizadas e às vezes subvencionadas pelas cidades ou pelos hospitais[30]. E é possível que essas naus de loucos, que assombraram a imaginação de toda a primeira parte da Renascença, tenham sido naus de peregrinação, navios altamente simbólicos de insanos em busca da razão: uns desciam os rios da Renânia na direção da Bélgica e de Gheel; outros subiam o Reno até o Jura e Besançon.

Mas há outras cidades, como Nurembergue, que certamente não eram locais de peregrinação e que acolheram grande número de loucos, bem mais que os que podiam ser fornecidos pela própria cidade. Esses loucos são alojados e mantidos pelo orçamento da cidade, mas não tratados: são pura e simplesmente jogados na prisão[31]. É possível supor que em certas cidades importantes – lugares de passagem e de feiras – os loucos fossem levados pelos mercadores e marinheiros em número bem considerável, e que eles eram ali "perdidos", purificando-se assim de sua presença a cidade de onde eram originários. Pode ser que esses lugares de "contraperegrinação" tenham acabado por se confundir com aqueles pontos para onde, pelo contrário, os insanos eram levados a título de peregrinos. A preocupação de cura e de exclusão juntavam-se numa só: encerravam-nos no espaço sagrado do milagre. É possível que a aldeia de Gheel tenha-se desenvolvido deste modo: lugar de peregrinação que se tornou prisão, terra santa onde a loucura espera sua libertação, mas onde o homem realiza, segundo velhos temas, como que uma partilha ritual.

É que essa circulação de loucos, o gesto que os escorraça, sua partida e seu desembarque não encontram todo seu sentido apenas no nível da utilidade social ou da segurança dos cidadãos. Outras significações mais próximas do rito sem dúvida aí estão presentes; e ainda é possível decifrar alguns de seus vestígios. Assim é que o acesso às igrejas é proibido aos loucos[32], enquanto o direito eclesiástico não lhes proíbe o uso dos sacramentos[33]. A Igreja não aplica sanções contra um sacerdote que se torna insano; mas em Nurembergue, em 1421, um padre louco é expulso com uma particular solenidade, como se a impureza se acentuasse pelo caráter sacro da personagem, e a cidade retira de seu orçamento o dinheiro que devia servir-lhe de viático[34]. Acontecia de alguns loucos serem chicoteados publicamente, e, no decorrer de uma espécie de jogo, serem em seguida perseguidos numa corrida simulada e escorraçados da cidade a bastonadas[35]. Outro dos signos de que a partida dos loucos se inscrevia entre os exílios rituais.

Compreende-se melhor agora a curiosa sobrecarga que afeta a navegação dos loucos e que lhe dá sem dúvida seu prestígio. Por um lado, não se deve reduzir a parte de uma eficácia prática incontestável: confiar o louco aos marinheiros é com certeza evitar que ele ficasse vagando indefinidamente entre os muros da cidade, é ter a certeza de que ele irá para longe, é torná-lo prisioneiro de sua própria partida. Mas a isso a água acrescenta a massa obscura de seus próprios valores: ela leva embora, mas faz mais que isso, ela purifica. Além do mais, a navegação entrega o homem à incerteza da sorte: nela, cada um é confiado a seu próprio destino, todo embarque é, potencialmente, o último. É para o outro mundo que parte o louco em sua barca louca; é do outro mundo que ele chega quando desembarca. Essa navegação do louco é simultaneamente a divisão rigorosa e a Passagem absoluta. Num certo sentido, ela não faz mais que desenvolver, ao longo de uma geografia semirreal, semi-imaginária, a situação *liminar* do louco no horizonte das preocupações do homem medieval – situação simbólica e realizada ao mesmo tempo pelo privilégio que se dá ao louco de ser *fechado* às *portas* da cidade: sua exclusão deve encerrá-lo; se ele não pode e não deve ter outra *prisão* que o próprio *limiar*, seguram-no no lugar de passagem. Ele é colocado no interior do exterior, e inversamente. Postura altamente simbólica e que permanecerá sem dúvida a sua até nossos dias, se admitirmos que aquilo que outrora foi fortaleza visível da ordem tornou-se agora castelo de nossa consciência.

A água e a navegação têm realmente esse papel. Fechado no navio, de onde não se escapa, o louco é entregue ao rio de mil braços, ao mar de mil caminhos, a essa grande incerteza exterior a tudo. É um prisioneiro no meio da mais livre, da mais aberta das estradas: solidamente acorrentado à infinita encruzilhada. É o Passageiro por excelência, isto é, o prisioneiro da passagem. E a terra à qual aportará não é conhecida, assim como não se sabe, quando desembarca, de que terra vem. Sua única verdade e sua única pátria são essa extensão estéril entre duas terras que não lhe podem pertencer[36]. É esse ritual que, por esses valores, está na origem do longo parentesco imaginário que se pode traçar ao longo de toda a cultura ocidental? Ou, inversamente, é esse parentesco que, da noite dos tempos, exigiu e em seguida fixou o rito do embarque? Uma coisa pelo menos é certa: a água e a loucura estarão ligadas por muito tempo nos sonhos do homem europeu.

Já sob o disfarce de um louco, Tristão, outrora, tinha-se deixado jogar por marinheiros nas costas da Cornualha. E quando se apresenta no castelo do rei Marcos ninguém o reconhece, ninguém sabe de onde vem. Mas seus propósitos são muitos estranhos, familiares e longínquos; conhece demasiado os segredos do notório para não ser de um outro mundo, bem próximo. Não vem da terra sólida, com suas sólidas cidades, mas sim da inquietude incessante do mar, desses caminhos desconhecidos que escondem tantos estranhos saberes, dessa planície fantástica, avesso do mundo. Isolda é a primeira a saber que esse louco é filho do mar, e que marinheiros insolentes o jogaram ali, signo da desgraça: "Malditos sejam os marinheiros que trouxeram esse louco! Por que não o jogaram ao mar?"[37] E várias vezes no decorrer dos tempos o mesmo tema reaparece: entre os místicos do século XV, ele se tornou o motivo da alma-barca, abandonada no mar infinito dos desejos, no campo estéril das preocupações e da ignorância, entre os falsos reflexos do saber no meio do desatino do mundo – barca prisioneira da grande loucura do mar se não souber lançar sólidas âncoras, a fé, ou esticar suas velas espirituais para que o sopro de Deus a leve ao porto[38]. Ao final do século XVI, De Lancre vê no mar a origem da vocação demoníaca de todo um povo: o sulco incerto dos navios, a confiança apenas nos astros, os segredos transmitidos, o afastamento das mulheres, a imagem enfim dessa grande planície perturbada fazem com que o homem perca a fé em Deus bem como todas as ligações sólidas com a pátria; ele se entrega assim ao Diabo e ao oceano de suas manhas[39]. Na era clássica, explica-se de bom grado a melancolia inglesa pela influência do clima marinho: o frio, a umidade, a instabilidade do tempo, todas essas finas gotículas de água que penetram os canais e as fibras do corpo humano e lhe fazem perder a firmeza, predispõem à loucura[40]. Finalmente, deixando de lado toda uma imensa literatura que iria de Ofélia à La Lorelei, citemos apenas as grandes análises meio antropológicas, meio cosmológicas de Heinroth, que fazem da loucura como que a manifestação no homem de um elemento obscuro e aquático, sombria desordem, caos movediço, germe e morte de todas as coisas, que se opõe à estabilidade luminosa e adulta do espírito[41].

Mas se a navegação dos loucos se liga, na imaginação ocidental, a tantos motivos imemoriais, por que tão bruscamente, por volta do século XV, essa súbita formulação do tema, na literatura e na iconografia? Por que vemos surgir de repente a silhueta da Nau dos Loucos e sua tripulação insana invadir as paisagens mais familiares? Por que, da velha aliança entre a água e a loucura, nasceu um dia, e nesse dia, essa barca?

É que ela simboliza toda uma inquietude, soerguida subitamente no horizonte da cultura europeia, por volta do fim da Idade Média. A loucura e o louco tornam-se personagens maiores em sua ambiguidade: ameaça e irrisão, vertiginosa desrazão do mundo e medíocre ridículo dos homens.

Antes de mais nada, toda uma literatura de contos e moralidades. Sua origem, sem dúvida, é bem remota. Mas, ao final da Idade Média, ela assume uma superfície considerável: longa série de "loucuras" que, estigmatizando, como no passado, vícios e defeitos, aproximam-nos todos não mais do orgulho, não mais da falta de caridade, não mais do esquecimento das virtudes cristãs, mas de uma espécie de grande desatino pelo qual, ao certo, ninguém é exatamente culpável, mas que arrasta a todos numa complacência secreta[42]. A denúncia da loucura torna-se a forma geral da crítica. Nas farsas e nas sotias, a personagem do Louco, do Simplório ou do Bobo assume cada vez maior importância[43]. Ele não é mais, marginalmente, a silhueta ridícula e familiar[44]: toma lugar no centro do teatro, como o detentor da verdade – desempenhando aqui o papel complementar e inverso ao que assume a loucura nos contos e sátiras. Se a loucura conduz todos a um estado de cegueira em que todos se perdem, o Louco, pelo contrário, lembra a cada um sua verdade; na comédia em que todos enganam os outros e iludem a si próprios, ele é a comédia em segundo grau, o engano do engano. Ele pronuncia, em sua linguagem de parvo, que não se parece com a da razão, as palavras racionais que fazem a comédia desatar no cômico: ele diz o amor para os enamorados[45], a verdade da vida aos jovens[46], a medíocre realidade das coisas para os orgulhosos, os insolentes e os mentirosos[47]. As antigas festas de loucos, tão consideradas em Flandres e no Norte da Europa, não deixam de acontecer nos teatros e de organizar em crítica social e moral aquilo que podiam conter de paródia religiosa espontânea.

Igualmente na literatura erudita, a Loucura está em ação, no âmago mesmo da razão e da verdade. É ela que embarca indiferentemente todos os homens em sua nau insensata e os destina à vocação de uma odisseia comum (*Blauwe Schute* de Van Oestvoren, a *Narrenschiff* de Brant); é dela o império maléfico que Murner conjura em sua *Narrenbeschwörung*; é ela que está ligada ao Amor na sátira de Corroz, *Contre Fol Amour*, ou que está em litígio com ele para saber qual dos dois vem primeiro, qual dos dois torna o outro possível, conduzindo-o à sua vontade, como no diálogo de Louise Labé, em *Débat de folie et d'amour*. A Loucura também tem seus jogos acadêmicos: ela é objeto de discursos, ela mesma sustenta discursos sobre si mesma; é denunciada, ela se defende, reivindica para si mesma o estar mais próxima da felicidade e da verdade que a razão, o estar mais próxima da razão que a própria razão. Wimpfeling redige o *Monopolium Philosophorum*[48], e Judocus Gallus, o *Monopolium et societas, vulgo des Lichtschiffs*[49]. Enfim, no centro desses jogos sérios, os grandes textos dos humanistas: Flayder e Erasmo[50]. Diante de todos esses propósitos, de sua dialética infatigável, diante de todos esses discursos indefinidamente retomados e revirados, uma longa dinastia de imagens, desde Jerônimo Bosch, com *A Cura da Loucura* e *A Nau dos Loucos*, até Brueghel e sua *Dulle Grete*; e a gravura transcreve aquilo que o teatro e a literatura já usaram: os temas sobrepostos da Festa e da Dança dos Loucos[51]. Tanto isso é verdade que, a partir do século XV, a face da loucura assombrou a imaginação do homem ocidental.

Uma sucessão de datas fala por si mesma: a Dança dos Mortos do cemitério dos Inocentes data sem dúvida dos primeiros anos do século XV[52]; a da *Chaise-Dieu* teria sido composta por volta de 1460; e é em 1485 que Huyot Marchand publica sua *Danse Macabre*. Esses sessenta anos foram dominados, seguramente, por todas essas imagens zombeteiras da morte. E é em 1492 que Brant escreve a *Narrenschiff*, cinco anos depois traduzida para o latim. Nos últimos anos do século, Bosch compõe sua *Nau dos Loucos*. O *Elogio da Loucura* é de 1509. A ordem da sucessão é clara.

Até a segunda metade do século XV, ou mesmo um pouco depois, o tema da morte impera sozinho. O fim do homem, o fim dos tempos assume o rosto das pestes e das guerras. O que domina a existência humana é esse fim e essa ordem à qual ninguém escapa. A presença que é uma ameaça no interior mesmo do mundo é uma presença descarnada. E eis que nos últimos anos do século essa grande inquietude gira sobre si mesma: a desrazão da loucura substitui a morte e a seriedade que a acompanha. Da descoberta dessa necessidade, que fatalmente reduzia o homem a nada, passou-se à contemplação desdenhosa deste nada que é a própria existência. O medo diante desse limite absoluto da morte interioriza-se numa ironia contínua; o medo é desarmado por antecipação, tornado irrisório ao atribuir-se-lhe uma forma cotidiana e dominada, renovando-o a cada momento no espetáculo da vida, disseminando-o nos vícios, defeitos e ridículos de cada um. A aniquilação da morte não é mais nada, uma vez que já era tudo, dado que a própria vida não passava de simples fatuidade, palavras inúteis, barulho de guizos e matracas. A cabeça, que virará crânio, já está vazia. A loucura é o já-está-aí da morte[53]. Mas é também sua presença vencida, esquivada nesses signos cotidianos que, anunciando que ela já reina, indicam que sua presa será bem pobre. Aquilo que a morte desmascara era apenas uma máscara, nada mais; a fim de descobrir o *rictus* do esqueleto, bastou levantar algo que não era nem verdade, nem beleza, mas um simples rosto de gesso e ouropel. Da máscara inútil ao cadáver, é o mesmo sorriso que permanece. Mas o que existe no riso do louco é que ele ri antes do riso da morte; e pressagiando o macabro, o insano o desarma. Os gritos de *Margot la Folle* triunfam, em plena Renascença, sobre o *Triunfo da Morte*, cantado ao final da Idade Média entre os muros do Campo-Santo.

A substituição do tema da morte pelo da loucura não marca uma ruptura, mas sim uma virada no interior da mesma inquietude. Trata-se ainda do vazio da existência, mas esse vazio não é mais reconhecido como termo exterior e final, simultaneamente ameaça e conclusão; ele é sentido do interior, como forma contínua e constante da existência. E enquanto outrora a loucura dos homens consistia em ver apenas que o termo da morte se aproximava, enquanto era necessário trazê-los de volta à consciência através do espetáculo da morte, agora a sabedoria consistirá em denunciar a loucura por toda parte, em ensinar aos homens que eles não são mais que mortos, e que se o fim está próximo, é na medida em que a loucura universalizada formará uma só e mesma entidade com a própria morte. É o que profetiza Eustache Deschamps:

> On est lâches, chétifs et mols,
> Vieux, convoiteux et mal parlant.
> Je ne vois que folles et fols
> La fin approche en vérité
> Tout va mal.[54]

Agora, os elementos inverteram-se. Não é mais o fim dos tempos e do mundo que mostrará retrospectivamente que os homens eram uns loucos por não se preocuparem com isso; é a ascensão da loucura, sua surda invasão, que indica que o mundo está próximo de sua derradeira catástrofe; é a demência dos homens que a invoca e a torna necessária.

■ ■

Esse liame entre a loucura e o nada é tão estreito no século XV que subsistirá por muito tempo, e será encontrado ainda no centro da experiência clássica da loucura[55].

Sob suas formas diversas – plásticas ou literárias –, essa experiência do insensato parece de extrema coerência. Pintura e texto remetem eternamente um ao outro: aqui, comentário, e lá, ilustração. A *Narrentanz* é um único e mesmo tema que se encontra e se torna a encontrar nas festas populares, nas representações teatrais, nas gravuras, e toda a última parte do *Elogio da Loucura* é feita sobre o modelo de uma longa dança de loucos em que cada profissão e cada estado desfila por sua vez a fim de formar a grande ronda do desatino. É provável que, na *Tentação* de Lisboa, muitas figuras da fauna fantástica que invade a tela sejam tomadas de empréstimo às máscaras tradicionais; algumas talvez sejam transpostas do *Malleus*[56]. Quanto à famosa *Nau dos Loucos*, não foi ela traduzida diretamente da *Narrenschiff* de Brant, cujo título ostenta e cujo canto xxvii ela parece ilustrar de uma maneira bem precisa, canto destinado, também ele, a estigmatizar os *potatores et edaces*? Chegou-se mesmo a supor que o quadro de Bosch fazia parte de toda uma série de pinturas ilustrando os principais cantos do poema de Brant[57].

De fato, não se deve deixar-se levar pelo que há de estrito na continuidade dos temas, nem supor mais do que a própria história diz[58]. É provável que não seria possível refazer, sobre esse assunto, uma análise como a que Emile Male efetuou sobre as épocas anteriores, especialmente a respeito do tema da morte. Entre o verbo e a imagem, entre aquilo que é figurado pela linguagem e aquilo que é dito pela plástica, a bela unidade começa a se desfazer: uma única e mesma significação não lhes é imediatamente comum. E se é verdade que a Imagem ainda tem a vocação de *dizer*, de transmitir algo de consubstancial à linguagem, é necessário reconhecer que ela já não diz mais a mesma coisa; e que, através de seus valores plásticos próprios, a pintura mergulha numa experiência que se afastará cada vez mais da linguagem, qualquer que possa ser a identidade superficial do tema. Figura e palavra ilustram ainda a mesma fábula da loucura no mesmo mundo moral; mas logo tomam duas direções diferentes, indicando, numa brecha ainda apenas perceptível, aquela que será a grande linha divisória na experiência ocidental da loucura.

A ascensão da loucura ao horizonte da Renascença é percebida, de início, através da ruína do simbolismo gótico: como se este mundo, onde a rede de significações espirituais era tão apertada, começasse a se embaralhar, deixando aparecer figuras cujo sentido só se deixa apreender sob as espécies do insano. As formas góticas subsistem ainda durante algum tempo, mas, aos poucos, se tornam silenciosas, deixam de falar, de lembrar e de ensinar, e nada manifestam (fora de toda linguagem possível, mas no entanto na familiaridade do olhar) além de sua presença fantástica. Liberada da sabedoria e da lição que a ordenavam, a imagem começa a gravitar ao redor de sua própria loucura.

Paradoxalmente, essa libertação provém de uma abundância de significações, de uma multiplicação do sentido por ele mesmo, que tece entre as coisas relações tão numerosas, tão cruzadas, tão ricas que elas só podem ser decifradas no esoterismo do saber, e que as coisas, por sua vez, se veem sobrecarregadas de atributos, de índices, de alusões onde acabam por perder sua própria figura. O sentido não mais é lido numa percepção imediata, a figura deixa de falar por si mesma; entre o saber que a anima e a forma para a qual se transpõe, estabelece-se um vazio. Ela está livre para o onirismo. Um livro é testemunha dessa proliferação de sentidos no final do mundo gótico: o *Speculum humanae salvationis*[59], que, além de todas as correspondências estabelecidas pela tradição dos padres, valoriza, entre o Antigo e o Novo Testamentos, todo um simbolismo que releva não a ordem da Profecia, mas sim a equivalência imaginária. A Paixão de Cristo não é prefigurada apenas pelo sacrifício de Abraão: ela convoca ao seu redor todos os prestígios do suplício e seus inúmeros sonhos; Tubal, o ferreiro, e a roda de Isaías tomam seu lugar em torno da cruz, formando (fora de todas as lições do sacrifício) o quadro fantástico da obstinação, dos corpos torturados e da dor. Eis a imagem sobrecarregada de sentidos suplementares, e obrigada a entregá-los todos. Mas o sonho, o insensato, o destino podem esgueirar-se para dentro desse excesso de sentido. As figuras simbólicas facilmente se tornam silhuetas de pesadelo. Disso é testemunha essa velha imagem da sabedoria, tão frequentemente traduzida nas gravuras alemãs, por um pássaro de pescoço comprido cujos pensamentos, ao se elevarem lentamente do coração à cabeça, têm tempo para serem pesados e refletidos[60]; símbolo cujos valores se entorpecem por serem demasiado acentuados: o longo caminho de reflexão torna-se, na imagem, o alambique de um saber sutil, instrumento que destila as quintessências.

O pescoço do *Gutemensch* alonga-se indefinidamente a fim de melhor configurar, além da sabedoria, todas as mediações reais do saber; e o homem simbólico torna-se um pássaro fantástico cujo pescoço desmesurado se dobra mil vezes sobre si mesmo – ser insensato, a meio caminho entre o animal e a coisa, mais próximo dos prestígios próprios à imagem que do rigor de um sentido. Essa sabedoria simbólica é prisioneira das loucuras do sonho. Conversão fundamental do mundo das imagens: a coação de um sentido multiplicado o libera do ordenamento das formas. Tantas significações diversas se inserem sob a superfície da imagem, que ela passa a apresentar apenas uma face enigmática. E seu poder não é mais o do ensinamento, mas o do fascínio. Característica é a evolução do *grylle*[61], do famoso *grylle*, já familiar na Idade Média, o dos saltérios ingleses, o de Chartres e o de Bourges. Ele mostrava como, no homem tomado pelo desejo, a alma se tornava prisioneira do animal; essas caras grotescas feitas no ventre dos monstros pertenciam ao mundo da grande metáfora platônica e denunciavam o aviltamento do espírito na loucura do pecado. Mas eis que no século xv, o *grylle*, imagem da loucura humana, torna-se uma das figuras privilegiadas das inúmeras *Tentações*. O que assalta a tranquilidade do ermitão não são os objetos do desejo; são essas formas dementes, encerradas num segredo, que subiram de um sonho e ali permanecem, à superfície de um mundo, silenciosas e furtivas. Na *Tentação de Lisboa*, diante de Santo Antônio, senta-se uma dessas figuras nascidas da loucura, de sua solidão, de sua penitência, de suas privações; um frágil sorriso ilumina esse rosto sem corpo, pura presença da inquietação sob as espécies de um esgar ágil. Ora, é exatamente essa silhueta de pesadelo que é simultaneamente o sujeito e o objeto da tentação; é ela que fascina o olhar do asceta – continuando uma e outro prisioneiros de uma espécie de interrogação no espelho, a permanecer indefinidamente sem resposta, num silêncio habitado apenas pelo bulício imundo que os cerca[62]. O *grylle* não mais lembra ao homem, sob uma forma satírica, sua vocação espiritual esquecida na loucura de seu desejo. É a loucura transformada em Tentação: tudo que nele existe de impossível, de fantástico, de inumano, tudo que nele indica a contranatureza e o formigamento de uma presença insana ao rés-do-chão, tudo isso, justamente, é que lhe atribui seu estranho poder. A liberdade, ainda que apavorante, de seus sonhos e os fantasmas de sua loucura têm, para o homem do século xv, mais poderes de atração que a realidade desejável da carne.

Qual é, portanto, esse poder de fascínio que, nessa época, se exerce através das imagens da loucura?

De início, o homem descobre, nessas figuras fantásticas, como que um dos segredos e uma das vocações de sua natureza. No pensamento da Idade Média, as legiões de animais, batizados definitivamente por Adão, ostentavam simbolicamente os valores da humanidade[63]. Mas, no começo da Renascença, as relações com a animalidade se invertem: a besta se liberta, escapa do mundo da fábula e da ilustração moral a fim de adquirir um fantástico que lhe é próprio. E, por uma surpreendente inversão, é o animal, agora, que vai espreitar o homem, apoderar-se dele e revelar-lhe sua própria verdade. Os animais impossíveis, oriundos de uma imaginação enlouquecida, tornaram-se a natureza secreta do homem, e, quando no juízo final o pecador aparece em sua nudez hedionda, percebe-se que ele ostenta o rosto monstruoso de um animal delirante: são esses corujões cujos corpos de sapos misturam-se, no *Inferno* de Thierry Bouts, à nudez dos danados; são, à maneira de Stefan Lochner, insetos alados, borboletas com cabeças de gado, esfinges com élitros de besouros, pássaros com asas inquietantes e ávidas, como mãos; é o grande animal de presa de dedos nodosos que figura na *Tentação* de Grünewald. A animalidade escapou à domesticação pelos valores e pelos símbolos humanos; e se ela agora fascina o homem com sua desordem, seu furor, sua riqueza de monstruosas impossibilidades, é ela quem desvenda a raiva obscura, a loucura estéril que reside no coração dos homens.

No polo oposto a essa natureza de trevas, a loucura fascina porque é um saber. É saber, de início, porque todas essas figuras absurdas são, na realidade, elementos de um saber difícil, fechado, esotérico. Essas formas estranhas estão situadas, inicialmente, no espaço do grande segredo, e o Santo Antônio que é tentado por elas não se submete à violência do Desejo, mas sim ao aguilhão, bem mais insidioso, da curiosidade; é tentado por esse saber tão distante e tão próximo oferecido, e ao mesmo tempo esquivado, pelo sorriso do *grylle*. Seu movimento de recuo é apenas aquele através do qual ele se impede de atravessar os limites proibidos do saber; ele já sabe – e aí está a tentação – aquilo que Girolano Cardano dirá mais tarde: "A Sabedoria, como as outras matérias preciosas, deve ser arrancada das entranhas da terra."[64] Esse saber, tão inacessível e temível, o Louco o detém em sua parvoíce inocente. Enquanto o homem racional e sábio só percebe desse saber algumas figuras fragmentárias – e por isso mesmo mais inquietantes –, o Louco o carrega inteiro em uma esfera intacta: essa bola de cristal, que para todos está vazia, a seus olhos está cheia de um saber invisível. Brueghel zomba do enfermo que tenta penetrar nessa esfera de cristal[65]. Mas é ela, essa bola irisada do saber, que se balança sem nunca se quebrar – lanterna irrisória, mas infinitamente preciosa –, pendurada da vara que Margot, a Louca, carrega aos ombros. É ela também que figura no reverso do *Jardim das Delícias*. Outro símbolo do saber, a árvore (a árvore proibida, a árvore da imortalidade prometida e do pecado), outrora plantada no coração do Paraíso terrestre, foi arrancada e constitui agora o mastro do navio dos loucos tal como se pode ver na gravura que ilustra as *Stultiferae naviculae* de Josse Bade; é ela, sem dúvida, que se balança sobre *A Nau dos Loucos* de Bosch.

O que anuncia esse saber dos loucos? Sem dúvida, uma vez que é o saber proibido, prediz ao mesmo tempo o reino de Satã e o fim do mundo; a última felicidade e o castigo supremo, o todo-poder sobre a terra e a queda infernal. *A Nau dos Loucos* atravessa uma paisagem de delícias onde tudo se oferece ao desejo, uma espécie de Paraíso renovado, uma vez que nela o homem não mais conhece nem o sofrimento nem a necessidade. No entanto, ele não recobrou sua inocência. Essa falsa felicidade é o triunfo diabólico do Anticristo, é o Fim, já bem próximo. Os sonhos do Apocalipse não são novos, é verdade, no século XV; no entanto, são de natureza bem distinta da que ostentavam anteriormente. À iconografia suavemente fantasista do século XIV, onde os castelos são derrubados como as cartas, onde a Besta é sempre o Dragão tradicional, mantido à distância pela Virgem, em suma, onde a ordem de Deus e sua próxima vitória são sempre visíveis, sucede uma visão do mundo em que toda sabedoria é aniquilada. É o grande sabá da natureza: as montanhas desmoronam e tornam-se planícies, a terra vomita os mortos, os ossos afloram sobre os túmulos; as estrelas caem, a terra pega fogo, toda forma de vida seca e morre[66]. O fim não tem valor de passagem e de promessa; é o advento de uma noite na qual mergulha a velha razão do mundo. Basta observar, em Dürer, os cavaleiros do Apocalipse, exatamente aqueles que foram enviados por Deus: não são os anjos do Triunfo e da reconciliação, não são os arautos da justiça serena, mas sim os guerreiros desenfreados da louca vingança. O mundo mergulha no Furor universal. A vitória não cabe nem a Deus nem ao Diabo, mas à Loucura.

Em toda parte, a loucura fascina o homem. As imagens fantásticas que ela faz surgir não são aparências fugidias que logo desaparecem da superfície das coisas. Por um estranho paradoxo, aquilo que nasce do mais singular delírio já estava oculto, como um segredo, como uma inacessível verdade, nas entranhas da terra. Quando o homem desdobra o arbitrário de sua loucura, encontra a sombria necessidade do mundo; o animal que assombra seus pesadelos e noites de privação é sua própria natureza, aquela que porá a nu a implacável verdade do Inferno. As vãs imagens da parvoíce cega são o grande saber do mundo; e já, nessa desordem, nesse universo enlouquecido, perfila-se aquilo que será a crueldade do fim. Numa série de imagens desse tipo – e é sem dúvida isso que lhes dá seu peso, o que impõe à sua fantasia uma coerência tão grande –, a Renascença exprimiu o que ela pressentia das ameaças e dos segredos do mundo.

■ ■

Na mesma época, os temas literários, filosóficos e morais da loucura são de tipo bem diferente.

A Idade Média tinha atribuído um lugar à loucura na hierarquia dos vícios. A partir do século XIII, é comum vê-la figurar entre os maus soldados da Psicomaquia[67]. Em Paris, como em Amiens, ela participa das más tropas e dessas doze dualidades que dividem entre si a soberania da alma humana: Fé e Idolatria, Esperança e Desespero, Caridade e Avareza, Castidade e Luxúria, Prudência e Loucura, Paciência e Cólera, Suavidade e Dureza, Concórdia e Discórdia, Obediência e Rebelião, Perseverança e Inconstância. Na Renascença, a Loucura abandona esse lugar modesto, passando a ocupar o primeiro posto. Enquanto em Hugues de Saint-Victor a árvore genealógica dos Vícios, a do Velho Adão, tinha por raiz o orgulho[68], a Loucura, agora, conduz o coro alegre de todas as fraquezas humanas. Corifeu inconteste, ela as guia, as anima e as batiza:

Reconheçam-nas aqui, no grupo de minhas companheiras... A que tem as sobrancelhas franzidas é Filáucia (o Amor-Próprio). Aquela que vocês veem rir com os olhos e aplaudir com as mãos é Colacia (a Adulação). A que parece meio adormecida é Leté (o Esquecimento). A que se apoia sobre os cotovelos e cruza as mãos é Misoponia (a Preguiça). A que está coroada de rosas e untada de perfumes é Hedoné (a Voluptuosidade). Aquela cujos olhos erram sem se fixar é Anoia (a Irreflexão). A que tem bastante carne e se mantém próspera é Trifé (a Indolência). E entre essas jovens mulheres, eis dois deuses: o do Bem-Comer e o do Sono Profundo.[69]

Privilégio absoluto da loucura: ela reina sobre tudo o que há de mau no homem. Mas não reina também, indiretamente, sobre todo o bem que ele possa fazer? Sobre a ambição que faz os sábios políticos, sobre a avareza que faz crescer as riquezas, sobre a indiscreta curiosidade que anima os filósofos e cientistas? Louise Labé repete a mesma coisa depois de Erasmo; e Mercúrio, para ela, implora aos deuses: "Não deixem que se perca esta linda Senhora que tanto contentamento lhes deu."[70]

Mas essa nova realeza pouca coisa em comum tem com o reino obscuro de que falávamos ainda há pouco e que a ligava aos grandes poderes trágicos do mundo.

Por certo, a loucura atrai, mas não fascina. Ela governa tudo o que há de fácil, de alegre, de ligeiro no mundo. É ela que faz os homens "se agitarem e gozarem", assim como os deuses; foi ela quem originou "Gênio, Juventude, Baco, Sileno e esse gentil guardião dos jardins"[71]. Tudo nela é uma superfície brilhante: não há enigmas ocultos.

Sem dúvida, ela tem algo a ver com os estranhos caminhos do saber. O primeiro canto do poema de Brant é dedicado aos livros e aos sábios; e na gravura que ilustra essa passagem, na edição latina de 1497, vê-se imponente, em sua cátedra eriçada de livros, o Mestre que ostenta por trás de seu chapéu de doutor o capuz dos loucos cheio de guizos. Erasmo reserva aos homens do saber um bom lugar em sua ronda dos loucos: depois os Gramáticos, os Poetas, os Retóricos e os Escritores; depois os Jurisconsultos; em seguida, caminham os "Filósofos respeitáveis por sua barba e seu manto"; finalmente a tropa apressada e inumerável dos

Teólogos[72]. Mas se o saber é tão importante na loucura, não é que esta possa conter os segredos daquele; ela é, pelo contrário, o castigo de uma ciência desregrada e inútil. Se a loucura é a verdade do conhecimento, é porque este é insignificante, e em lugar de dirigir-se ao grande livro da experiência, perde-se na poeira dos livros e nas discussões ociosas; a ciência acaba por desaguar na loucura pelo próprio excesso das falsas ciências.

> O vos doctores, qui grandia nomina fertis
> Respicite antiquos patris, jurisque peritos.
> Non in candidulis pensebant dogmata libris,
> Arte sed ingenua sitibundum pectus alebant.[73]

Em conformidade com o tema durante muito tempo familiar à sátira popular, a loucura aparece aqui como a punição cômica do saber e de sua presunção ignorante.

É que, de um modo geral, a loucura não está ligada ao mundo e a suas formas subterrâneas, mas sim ao homem, a suas fraquezas, seus sonhos e suas ilusões. Tudo o que havia de manifestação cósmica obscura na loucura, tal como a via Bosch, desapareceu em Erasmo; a loucura não está mais à espreita do homem pelos quatro cantos do mundo. Ela se insinua nele, ou melhor, é ela um sutil relacionamento que o homem mantém consigo mesmo. A personificação mitológica da Loucura é, em Erasmo, apenas um artifício literário. De fato, há apenas loucuras – formas humanas da loucura: "Há tantas estátuas quanto homens"[74]; basta dar uma olhada nas cidades, mesmo as mais prudentes e as melhor governadas. "Tantas formas de loucura nelas abundam, e são tantas e novas a nascer todo dia, que mil Demócritos não seriam suficientes para zombar delas."[75] A loucura só existe em cada homem porque é o homem que a constitui no apego que ele demonstra por si mesmo e através das ilusões com que se alimenta. A *Philautia* é a primeira das figuras que a Loucura arrasta para sua dança, mas isso porque estão ligadas uma à outra por um parentesco privilegiado: o apego a si próprio é o primeiro sinal da loucura, mas é porque o homem se apega a si próprio que ele aceita o erro como verdade, a mentira como sendo a realidade, a violência e a feiura como sendo a beleza e a justiça: "Este aqui, mais feio que um macaco, vê-se tão belo quanto Nireia: aquele pensa ser Euclides por traçar três linhas com um compasso; aquele outro acredita cantar como Hermógenes, quando na verdade é um asno diante de uma lira, sua voz soando tão em falso quanto a do galo que morde sua galinha."[76]

Nesta adesão imaginária a si mesmo, o homem faz surgir sua loucura como uma miragem. O símbolo da loucura será doravante esse espelho que, nada refletindo de real, refletiria secretamente, para aquele que nele se contempla, o sonho de sua presunção. A loucura não diz tanto respeito à verdade e ao mundo quanto ao homem e à verdade de si mesmo que ele acredita distinguir.

Ela desemboca, portanto, num universo inteiramente moral. O Mal não é o castigo ou o fim dos tempos, mas apenas erro e defeito. Cento e dezesseis dos cantos do poema de Brant destinam-se a traçar o retrato dos insanos passageiros da Nau: são os avaros, os delatores, os bêbados. São os que se entregam à desordem e à devassidão; os que interpretam mal as Escrituras, os que praticam o adultério. Locher, o tradutor de Brant, indica em seu prefácio em latim o projeto e o sentido da obra; trata-se de mostrar *quae mala, quae bona Sint; quid vitia; quo virtus, quo ferat error*: e isso fustigando, conforme a maldade que cada um demonstrar, *impios, superbos, avaros, luxuriosos, lascivos, delicatos, iracundos, gulosos, edaces, invidos, veneficos, fidefrasos...*[77], em suma, tudo o que o próprio homem pode inventar como irregularidades da conduta.

No domínio da expressão da literatura e da filosofia, a experiência da loucura, no século XV, assume sobretudo o aspecto de uma sátira moral. Nada lembra essas grandes ameaças de invasão que assombravam a imaginação dos pintores. Pelo contrário, toma-se o cuidado de pô-las de lado: não é disso que se está falando. Erasmo desvia os olhos dessa demência "que as Fúrias desencadeiam dos Infernos todas as vezes que lançam suas serpentes". Não são essas formas insensatas que ele quis elogiar, mas sim a "doce ilusão" que libera a alma "de suas penosas preocupações e que a entrega às diversas formas de voluptuosidade"[78]. Esse mundo calmo é facilmente dominado; ele exibe sem segredos seus ingênuos prestígios aos olhos do sábio, e este, graças ao riso, guarda sempre suas distâncias. Enquanto Bosch, Brueghel e Dürer eram espectadores terrivelmente terrestres, e implicados nesta loucura que viam brotar à sua volta, Erasmo observa-a a uma distância suficiente para estar fora de perigo; observa-a do alto de seu Olimpo, e se canta seus louvores é porque pode rir dela com o riso inextinguível dos deuses. Pois a loucura dos homens é um espetáculo divino:

Em suma, se pudessem olhar da Lua as inúmeras agitações da Terra, como outrora Menipo, acreditariam ver um enxame de moscas ou mosquitos que lutam entre si, combatem-se e preparam-se armadilhas, voam, brincam, pulam, caem e morrem, e não se pode imaginar que perturbações, que tragédias produz um tão minúsculo animalzinho destinado a logo perecer.[79]

A loucura não é mais a estranheza familiar do mundo, é apenas um espetáculo bem conhecido pelo espectador estrangeiro; não é mais figura do *cosmos*, mas traço de caráter do *aevum*.

■ ■

Tal pode ser, apressadamente reconstituído, o esquema da oposição entre uma experiência cósmica da loucura na proximidade dessas formas fascinantes e uma experiência crítica dessa mesma loucura, na distância intransponível da ironia. Sem dúvida, em sua vida real, essa oposição não foi assim tão nítida, nem tão visível. Durante muito tempo, os fios da trama se entrecruzaram, com constantes intercâmbios.

O tema do fim do mundo, da grande violência final, não é estranho à experiência crítica da loucura tal como ela é formulada na literatura. Ronsard evoca esses tempos últimos que se debatem no grande vazio da Razão:

Au ciel est revolée et Justice et Raison,
Et en leur place, hélas, règne le brigandage,
La haine, la rancoeur, le sang et le carnage.[80]

Ao final do poema de Brant, todo um capítulo é dedicado ao tema apocalíptico do Anticristo: uma imensa tempestade arrasta o navio dos loucos numa corrida insana que se identifica com a catástrofe dos mundos[81]. Inversamente, muitas figuras da retórica moral são ilustradas, de maneira bastante direta, entre as imagens cósmicas da loucura: não nos esqueçamos do famoso médico de Bosch, ainda mais louco que aquele a quem pretende curar – com toda sua falsa ciência não tendo feito outra coisa senão depositar sobre ele os piores despojos de uma loucura que todos podem ver, menos ele. Para seus contemporâneos e para as gerações que se seguirão, é uma lição de moral o que proporcionam as obras de Bosch: todas essas figuras que nascem do mundo não denunciam, da mesma forma, os monstros do coração?

A diferença que existe entre as pinturas desse homem e as dos outros consiste em que os outros mais frequentemente procuram pintar o homem tal como ele surge do exterior, enquanto Bosch tem a audácia de pintá-los tais como são em seu interior.

E o símbolo dessa sabedoria denunciadora, dessa ironia inquieta, o mesmo comentador do princípio do século XVII pensa ver expresso, em quase todos os quadros de Bosch, na dupla figura do archote (luz do pensamento em vigília) e do mocho, cujo estranho olhar fixo "eleva-se na calma e no silêncio da noite, consumindo mais óleo que vinho"[82].

Apesar de tantas interferências ainda visíveis, a divisão já está feita: entre as duas formas de experiência da loucura, a distância não mais deixará de aumentar. As figuras da visão cósmica e os movimentos da reflexão moral, o elemento *trágico* e o elemento *crítico* irão doravante separar-se cada vez mais, abrindo, na unidade profunda da loucura, um vazio que não mais será preenchido. De um lado, haverá uma Nau dos Loucos cheia de rostos furiosos que aos poucos mergulha na noite do mundo, entre paisagens que falam da estranha alquimia dos saberes, das surdas ameaças da bestialidade e do fim dos tempos. Do outro lado, haverá uma Nau dos Loucos que constitui, para os prudentes, a Odisseia exemplar e didática dos defeitos humanos.

De um lado, Bosch, Brueghel, Thierry Bouts, Dürer e todo o silêncio das imagens. É no espaço da pura visão que a loucura desenvolve seus poderes. Fantasmas e ameaças, puras aparências do sonho e destino secreto do homem – a loucura tem, nesses elementos, uma força primitiva de revelação: revelação de que o onírico é real, de que a delgada superfície da ilusão se abre sobre uma profundeza irrecusável, e que o brilho instantâneo da imagem deixa o mundo às voltas com figuras inquietantes que se eternizam em suas noites; e revelação inversa, mas igualmente dolorosa, de que toda a realidade do mundo será reabsorvida um dia na Imagem fantástica, nesse momento mediano do ser e do nada que é o delírio da destruição pura; o mundo não existe mais, porém sobre ele o silêncio e a noite ainda não se abateram inteiramente; ele vacila num último clarão, no ponto extremo da desordem que precede imediatamente a ordem monótona da realização. É nessa imagem logo abolida que se vem perder a verdade do mundo. Toda essa trama do visível e do secreto, da imagem imediata e do enigma reservado, desenvolve-se, na pintura do século XV, como sendo *a trágica loucura do mundo*.

De outro lado, com Brant, Erasmo e toda a tradição humanista, a loucura é considerada no universo do discurso. Aí ela se apura, torna-se mais sutil e também se desarma. Muda de escala; ela nasce no coração dos homens, organiza e desorganiza sua conduta; embora governe as cidades, a verdade calma das coisas, a grande natureza a ignora. Logo desaparece, quando aparece o essencial que é vida e morte, justiça e verdade. Pode ser que todos os homens estejam submetidos a ela, mas seu império será sempre mesquinho e relativo, pois ela se revela em sua medíocre verdade aos olhos do sábio. Para este, ela se torna objeto, e do pior modo, pois se torna objeto de seu riso. Por essa razão, os louros que se tecem sobre sua cabeça a aprisionam. Mesmo que seja mais sábia que toda ciência, terá de inclinar-se diante da sabedoria para quem ela é loucura. Ela pode *ter* a última palavra, mas não é nunca a última palavra da verdade e do mundo; o discurso com o qual se justifica resulta apenas de uma *consciência crítica do homem*.

Esse confronto entre a consciência crítica e a experiência trágica anima tudo o que pôde ser sentido sobre a loucura e formulado a seu respeito no começo da Renascença[83]. No entanto, esse confronto logo desaparecerá, e essa grande estrutura, ainda tão nítida, tão bem recortada no começo do século XVI, terá desaparecido, ou quase, menos de cem anos mais tarde. Desaparecer não é bem o termo para designar com mais justeza o que se passou. Trata-se antes de um privilégio cada vez mais acentuado que a Renascença atribuiu a um dos elementos do sistema: àquele que fazia da loucura uma experiência no campo da linguagem, uma experiência onde o homem era confrontado com sua verdade moral, com as regras próprias à sua natureza e à sua verdade. Em suma, a consciência crítica da loucura viu-se cada vez mais posta sob uma luz mais forte, enquanto penetravam progressivamente na penumbra suas figuras trágicas. Em breve estas serão inteiramente afastadas. Será difícil encontrar vestígios delas durante muito tempo; apenas algumas páginas de Sade e a obra de Goya são testemunhas de que esse desaparecimento não significa uma derrota total: obscuramente, essa experiência trágica subsiste nas noites do pensamento e dos sonhos, e aquilo que se teve no século XVI foi não uma destruição radical, mas apenas uma ocultação. A experiência trágica e cósmica da loucura viu-se mascarada pelos privilégios exclusivos de uma consciência crítica. É por isso que a experiência clássica e, através dela, a experiência moderna da loucura, não pode ser considerada como uma figura total, que finalmente chegaria, por esse caminho, à sua verdade positiva; é uma figura fragmentária que, de modo abusivo, se apresenta como exaustiva; é um conjunto desequilibrado por tudo aquilo de que carece, isto é, por tudo aquilo que o oculta. Sob a consciência crítica da loucura e suas formas filosóficas ou científicas, morais ou médicas, uma abafada consciência trágica não deixou de ficar em vigília.

Foi ela que as últimas palavras de Nietzsche e as últimas visões de Van Gogh despertaram. É sem dúvida ela que Freud, no ponto mais extremo de sua trajetória, começou a pressentir: são seus grandes dilaceramentos que ele quis simbolizar através da luta mitológica entre a libido e o instinto de morte. E ela, enfim, essa consciência, que veio exprimir-se na obra de Artaud, nessa obra que deveria propor, ao pensamento do século XX, se ele prestasse atenção, a mais urgente das questões, e a menos suscetível de deixar o questionador escapar à vertigem, nessa obra que não deixou de proclamar que nossa cultura havia perdido seu berço trágico desde o dia em que expulsou para fora de si a grande loucura solar do mundo, os dilaceramentos nos quais se cumpre incessantemente a "vida e morte de Satã, o Fogo".

Enfim, são essas descobertas extremas, e apenas elas, que nos permitem, atualmente, considerar que a experiência da loucura que se estende do século XVI até hoje deve sua figura particular, e a origem de seu sentido, a essa ausência, a essa noite e a tudo o que a ocupa. A bela retidão que conduz o pensamento racional à análise da loucura como doença mental deve ser reinterpretada numa dimensão vertical; e, nesse caso, verifica-se que sob cada uma de suas formas ela oculta de uma maneira mais completa, e também mais perigosa, essa experiência trágica que tal retidão não conseguiu reduzir. No ponto extremo da opressão, essa explosão, a que assistimos desde Nietzsche, era necessária.

■ ■

Mas como se constituíram, no século XVI, os privilégios da reflexão crítica? Como é que a experiência da loucura se viu finalmente confiscada por eles, de tal maneira que no limiar da era clássica todas as imagens trágicas evocadas na época anterior se dissiparam na sombra? Como terminou esse movimento que fazia Artaud dizer: "A Renascença do século XVI rompeu com uma realidade que tinha suas leis, sobre-humanas talvez, mas naturais; e o Humanismo da Renascença não foi um engrandecimento, mas uma diminuição do homem"?[84]

Resumamos o que há de indispensável nessa evolução a fim de compreender a experiência que o classicismo teve da loucura.

1. A loucura torna-se uma forma relativa à razão, ou melhor, loucura e razão entram numa relação eternamente reversível que faz com que toda loucura tenha sua razão que a julga e controla e toda razão, sua loucura, na qual encontra sua verdade irrisória. Cada uma é a medida da outra, e nesse movimento de referência recíproca elas se recusam, mas uma fundamenta a outra.

O velho tema cristão, segundo o qual o mundo é uma loucura aos olhos de Deus, rejuvenesce no século XVI, nessa dialética estrita da reciprocidade. O homem acredita ver claramente, e que ele é a medida das coisas; o conhecimento que ele tem, que acredita ter do mundo, confirma-o em sua complacência: "Se olharmos para baixo, em plena luz do dia, ou se olharmos à nossa volta, por aqui ou por ali, parece que temos o olhar mais aguçado em que possamos pensar; mas se olharmos para o próprio sol, somos obrigados a confessar que nossa compreensão das coisas terrestres é 'temporã e inconveniente quando se trata de ir ao sol'". Essa conversão, quase platônica, na direção do sol do ser, não descobre entretanto, com a verdade, o fundamento das aparências; ela revela apenas o abismo de nosso próprio desatino: "Se começarmos a elevar nossos pensamentos a Deus... aquilo que nos causava prazer sob o título de sabedoria se revelará apenas loucura, e aquilo que tinha um belo rosto de virtude revelará ser apenas debilidade."⁸⁵ Ascender, pelo espírito, até Deus, e sondar o abismo insensato em que estamos mergulhados constitui uma única coisa; na experiência de Calvino, a loucura é a medida própria do homem quando este é comparado à razão desmesurada de Deus.

O espírito do homem, em sua finitude, não é tanto uma fagulha da grande luz quanto um fragmento de sombra. A verdade parcial e transitória da aparência não está aberta para sua inteligência limitada; sua loucura descobre apenas o avesso das coisas, seu lado noturno, a imediata contradição de sua verdade. Elevando-se até Deus, o homem não deve apenas superar a si mesmo, mas sim desgarrar-se completamente de sua essencial fraqueza, dominar de um salto a oposição entre as coisas do mundo e sua essência divina, pois o que transparece da verdade na aparência não é seu reflexo, mas sua cruel contradição. "Todas as coisas têm duas faces [diz Sébastien Franck], porque Deus resolveu opor-se ao mundo, deixar a aparência a este e tomar para si mesmo a verdade e a essência das coisas... É por isso que todas as coisas são o contrário do que parecem ser no mundo: um Sileno invertido."⁸⁶ O abismo da loucura em que estão mergulhados os homens é tal que a aparência de verdade que nele se encontra é simultaneamente sua rigorosa contradição. Mas há mais ainda: essa contradição entre aparência e verdade já está presente no próprio interior da aparência, pois se a aparência fosse coerente consigo mesma, ela seria pelo menos uma alusão à verdade e como que sua forma vazia. É nas próprias coisas que se deve descobrir essa inversão – inversão que, a partir desse momento, não terá direção única nem termo preestabelecido; não da aparência em direção à verdade, mas da aparência em direção dessa outra que a nega, depois novamente na direção daquilo que contesta e renega essa negação, de modo que o movimento não se detém nunca, e antes mesmo dessa grande conversão que exigia Calvino ou Franck, Erasmo se sabe detido pelas mil conversões menores que a aparência lhe prescreve em seu próprio nível. O Sileno invertido não é o símbolo da verdade que Deus nos retirou, é muito mais e muito menos do que isso: é o símbolo, a um nível bem chão, das próprias coisas, essa implicação dos contrários que nos impossibilita, talvez para sempre, o único e reto caminho na direção da verdade. Cada coisa "mostra duas faces.

A face exterior mostra a morte; olhem no interior, e lá há vida, ou inversamente. A beleza recobre a feiura; a riqueza, a indigência; a infâmia, a glória; o saber, a ignorância... Em resumo, abram o Sileno e encontrarão o contrário daquilo que ele mostra"[87]. Nada há que não esteja mergulhado na imediata contradição, nada que não incite o homem a aderir, por vontade própria, à sua própria loucura; comparada com a verdade das essências e de Deus, toda a ordem humana é apenas uma loucura[88].

E é loucura ainda, nessa ordem, o movimento através do qual se tenta subtrair-se a essa situação para chegar a Deus. No século XVI, mais do que em qualquer outra época, a *Epístola aos Coríntios* assume um prestígio incomparável: "Falo na condição de louco, e o sou mais que ninguém." Loucura é essa renúncia ao mundo; loucura, o abandono total à vontade obscura de Deus; loucura, essa procura cujo fim não se conhece – esses são outros tantos temas caros aos místicos. Tauler já evocava esse percurso do abandono das loucuras do mundo, mas entregando-se, nesse mesmo ato, a loucuras mais sombrias e mais desoladoras: "A pequena nau é levada ao largo e como o homem se encontra nesse estado de abandono, ressurgem nele todas as angústias e todas as tentações, e todas as imagens, e a miséria..."[89] É essa mesma experiência que Nicolas de Cues comenta: "Quando o homem abandona o sensível, sua alma torna-se como que demente." No caminho para Deus, mais do que nunca o homem se oferece à loucura, e o porto da verdade, para o qual finalmente a graça o empurra, o que é para ele senão um abismo de desatinos? A sabedoria de Deus, quando é possível perceber seu brilho, não é uma razão ocultada por muito tempo: é uma profundeza sem medida. O segredo aí mantém todas as dimensões do secreto; nela a contradição não cessa de contradizer-se sempre, sob o signo desta contradição maior que quer que o próprio centro da sabedoria seja a vertigem de toda loucura. "Senhor, teu conselho é um abismo profundo demais."[90] E aquilo que Erasmo sabia (mas de longe), ao dizer secamente que Deus escondeu mesmo dos sábios o mistério da salvação, com isso salvando o mundo através da própria loucura[91], Nicolas de Cues já o tinha dito longamente no movimento de seu pensamento, perdendo sua fraca razão humana, que não passa de loucura, na grande loucura abissal que é a sabedoria de Deus:

Nenhuma expressão verbal pode exprimi-la, nenhum ato do entendimento pode fazer entendê-la, nenhuma medida medi-la, nenhuma realização realizá-la, nenhum termo terminá-la, nenhuma proporção proporcioná-la, nenhuma comparação compará-la, nenhuma figura figurá-la, nenhuma forma informá-la... Inexprimível através de qualquer expressão verbal, podem-se conceber frases desse gênero até o infinito, pois nenhuma concepção pode concebê-la, esta Sabedoria pela qual, na qual e a partir da qual procedem todas as coisas.[92]

Agora o grande círculo fechou-se. Em relação à Sabedoria, a razão do homem não passava de loucura; em relação à estreita sabedoria dos homens, a Razão de Deus é considerada no movimento essencial da Loucura. Em grande escala, tudo não passa de Loucura; em pequena escala, o próprio Todo é Loucura. Isto é, a loucura só existe com relação à razão, mas toda a verdade desta consiste em fazer aparecer por um instante a loucura que ela recusa, a fim de perder-se por sua vez numa loucura que a dissipa. Num certo sentido, a loucura não é nada: a loucura dos homens não é nada diante da razão suprema que é a única a deter o ser; e o abismo da loucura fundamental nada é, pois esta só é o que é em virtude da frágil razão dos homens. Mas a razão não é nada, dado que aquela em cujo nome a loucura humana é denunciada revela-se, quando finalmente se chega a ela, apenas como uma vertigem onde a razão deve calar-se.

Assim, e sob a influência maior do pensamento cristão, encontra-se conjurado o grande perigo que o século XV tinha visto crescer. A loucura não é um poder abafado, que faz explodir o mundo revelando fantásticos prestígios; ela não revela, no crepúsculo dos tempos, as violências da bestialidade, ou a grande luta entre o Saber e a Proibição. Ela é considerada no ciclo indefinido que a liga à razão; elas se afirmam e se negam uma à outra. A loucura não tem mais uma existência absoluta na noite do mundo: existe apenas relativamente à razão, que as perde uma pela outra, enquanto as salva uma com a outra.

2. A loucura torna-se uma das próprias formas da razão. Aquela integra-se nesta, constituindo seja uma de suas forças secretas, seja um dos momentos de sua manifestação, seja uma forma paradoxal na qual pode tomar consciência de si mesma. De todos os modos, a loucura só tem sentido e valor no próprio campo da razão.

A presunção é nossa doença natural e original. O homem é a mais calamitosa e frágil dentre todas as criaturas, e a mais orgulhosa. Ela se sente e se vê aqui alojada pela lama e pelo excremento do mundo, amarrada e pregada ao pior, depois morta e atolada como parte do universo, no último andar do abrigo e o mais distanciado da abóbada celeste, com os animais da pior condição das três, e vai-se plantando pela imaginação acima do círculo da lua e pondo o céu sob seus pés. É pela vaidade dessa mesma imaginação que ele se iguala a Deus.[93]

Tal é a pior loucura do homem: não reconhece a miséria em que está encerrado, a fraqueza que o impede de aproximar-se do verdadeiro e do bom; não saber que parte da loucura é a sua. Recusar esse desatino que é o próprio signo de sua condição é privar-se para sempre do uso razoável de sua razão. Pois se existe razão, é justamente na aceitação desse círculo contínuo da sabedoria e da loucura, e na clara consciência de sua reciprocidade e de sua impossível separação. A verdadeira razão não está isenta de todo compromisso com a loucura; pelo contrário, ela tem mesmo de tomar os caminhos que esta lhe traça: "Aproximem-se um pouco, filhas de Júpiter! Vou demonstrar que o único acesso a essa sabedoria perfeita, a que chamamos a cidadela da felicidade, é através da loucura."[94] Mas esse caminho, mesmo quando não leva a nenhuma sabedoria final, mesmo quando a cidadela que ele promete não passa de miragem e loucura renovadas, esse caminho é, em si mesmo, o caminho da sabedoria, se for seguido sabendo-se que se trata justamente do caminho da loucura. O espetáculo inútil, os ruídos frívolos, essa algazarra de sons e cores que faz com que o mundo seja sempre apenas o mundo da loucura, é preciso aceitá-los, acolhê-los em si mesmos, porém na clara consciência de sua fatuidade, dessa fatuidade que é tanto a do espectador quanto a do espetáculo. É preciso ouvir esse barulho tão seriamente quanto se ouve a verdade, mas com essa atenção ligeira, mistura de ironia e complacência, de facilidade e de secreto saber que não se deixa enganar e com a qual se ouvem normalmente os espetáculos da feira: não com ouvidos que servem para ouvir as prédicas sacras, mas com aqueles que se prestam, na feira, aos charlatães, aos palhaços e aos bufões, ou mesmo as orelhas de asno que nosso rei Midas exibiu diante do Deus Pan[95]. Aí, nesse imediato colorido e barulhento, nessa aceitação cômoda que é uma imperceptível recusa, se desenvolve – de modo mais seguro do que nas longas procuras da verdade oculta – a própria essência da sabedoria. Sub-repticiamente, pela própria acolhida que ela lhe faz, a razão assume a loucura, delimita-a, toma consciência dela e pode situá-la.

Onde, pois, situá-la senão na própria razão, como uma de suas formas e talvez um de seus recursos? Sem dúvida, entre formas de razão e formas da loucura, grandes são as semelhanças. E inquietantes: como distinguir, numa ação prudente, se ela foi cometida por um louco, e como distinguir, na mais insensata das loucuras, se ela pertence a um homem normalmente prudente e comedido? "A sabedoria e a loucura", diz Charron, "estão muito próximas. Ha apenas uma meia-volta entre uma e outra. Isso se vê nas ações dos homens insanos."[96] Mas essa semelhança, ainda que deva confundir as pessoas razoáveis, serve à própria razão. E arrastando em seu movimento as maiores violências da loucura, a razão chega, através dele, a seus fins últimos. Visitando Tasso em seu delírio, Montaigne sente mais desilusão que piedade: porém, no fundo, e mais que tudo, admiração. Desilusão, sem dúvida, por ver que a razão, no ponto mesmo em que atinge o máximo de suas possibilidades, está infinitamente próxima da mais profunda loucura: "Quem sabe quão imperceptível é a vizinhança entre a loucura, com as joviais elevações de um espírito livre, e os efeitos de uma virtude suprema e extraordinária?" Mas nisso existe motivo para uma paradoxal admiração. Pois isso é o signo que dessa mesma loucura a razão tirava os recursos mais estranhos. Se Tasso, "um dos mais judiciosos e engenhosos homens, mais bem formados nesse ambiente da antiga e pura poesia do que qualquer outro italiano jamais o foi", encontra-se agora "num estado tão lamentável, sobrevivendo a si mesmo", não deve ele tal situação à "sua vivacidade mortífera, a essa clareza que o cegou? A essa exata e terna apreensão da razão que o fez perder a razão? A essa curiosa e laboriosa busca das ciências que o levou à estupidez? A essa rara aptidão para os exercícios da alma que o deixou sem exercícios e sem alma?"[97] Se a loucura vem sancionar o esforço da razão, é porque ela já fazia parte desse esforço: a vivacidade das imagens, a violência da paixão, esse grande recolhimento do espírito para dentro de si mesmo, são todos traços da loucura e os instrumentos mais perigosos, porque os mais aguçados, da razão. Não há razão forte que não tenha de arriscar-se à loucura a fim de chegar ao término de sua obra, "não existe um grande espírito sem uma ponta de loucura... É nesse sentido que os sábios e os mais bravos poetas aprovaram a experiência da loucura e o sair, às vezes, dos trilhos normais"[98]. A loucura é um momento difícil, porém essencial, na obra da razão; através dela, e mesmo em suas aparentes vitórias, a razão se manifesta e triunfa. A loucura é, para a razão, sua força viva e secreta[99].

Aos poucos, a loucura se vê desarmada, e seus momentos, deslocados; investida pela razão, ela é como que acolhida e plantada nela. Tal foi, portanto, o papel ambíguo desse pensamento cético, ou melhor, desta razão tão acentuadamente consciente das formas que a limitam e das forças que a contradizem: ela descobre a loucura como uma de suas próprias figuras – o que é uma maneira de conjurar tudo aquilo que pode constituir-se em poder exterior, em hostilidade irredutível, em signo de transcendência. Mas, ao mesmo tempo, ela situa a loucura no âmago de sua própria obra, designando-a como um momento essencial de sua própria natureza. E para além de Montaigne e de Charron, mas nesse movimento de inserção da loucura na própria natureza da razão, vê-se desenhar a curva da reflexão de Blaise Pascal: "Os homens são tão necessariamente loucos que não ser louco significaria ser louco de um outro tipo de loucura."[100] Reflexão na qual se recolhe e se retoma todo o longo trabalho que começa com Erasmo: descoberta de uma loucura imanente à razão; depois, a partir desse ponto, desdobramento: de um lado, uma "loucura louca", que recusa essa loucura própria da razão e que, rejeitando-a, duplica-a, e nesse desdobramento cai na mais simples, na mais fechada, na mais imediata das loucuras; por outro lado, uma "loucura sábia", que acolhe a loucura da razão, ouve-a, reconhece seus direitos de cidadania e se deixa penetrar por suas forças vivas, com isso protegendo-se da loucura, de modo mais verdadeiro do que através de uma obstinada recusa sempre vencida de antemão.

É que agora a verdade da loucura faz uma só e mesma coisa com a vitória da razão e seu definitivo domínio, pois a verdade da loucura é ser interior à razão, ser uma de suas figuras, uma força e como que uma necessidade momentânea a fim de melhor certificar-se de si mesma.

Talvez seja esse o segredo de sua múltipla presença na literatura do fim do século XVI e no começo do XVII, uma arte que, em seu esforço por dominar essa razão que se procura, reconhece a presença da loucura, de *sua* loucura, cerca-a e avança sobre ela para, finalmente, triunfar. Jogos de uma era barroca.

Mas aqui, como no pensamento, realiza-se todo um trabalho que também conduzirá à confirmação da experiência trágica da loucura numa consciência crítica. Deixemos de lado por um momento esse fenômeno e examinemos, em sua indiferença, essas figuras que se podem encontrar tanto no *Dom Quixote* quanto nos romances de Scudéry[101], no *Rei Lear* tanto quanto no teatro de Rotrou[102] ou de Tristão, o Eremita[103].

Comecemos pela mais importante, e também a mais durável – uma vez que o século XVIII ainda reconhecerá suas formas apenas levemente apagadas[104]: *a loucura pela identificação romanesca*. Suas características foram fixadas para sempre por Cervantes. Mas esse tema é incansavelmente retomado: adaptações diretas (*o Dom Quixote*, de Guérin de Bouscal, é representado em 1639; dois anos mais tarde, ele leva à cena *O Governo de Sancho Pança*), reinterpretações de episódios em particular (*As Loucuras de Cardênio*, de Pichou, são uma variação sobre o tema do "Cavaleiro Esfarrapado" da Sierra Morena) ou, de modo mais indireto, sátira dos romances fantásticos (como em *A Falsa Clélia*, de Subligny, e, no próprio interior da narrativa, no episódio de *Julie d'Arviane*). As quimeras se transmitem do autor para o leitor, mas aquilo que de um lado era fantasia torna-se, do outro, fantasma; o engenho do escritor é recebido, com toda ingenuidade, como se fosse figura do real. Aparentemente, o que existe aí é apenas a crítica fácil dos romances de invenção; mas, sob a superfície, constata-se toda uma inquietação a respeito das relações, na obra de arte, entre o real e o imaginário, e talvez também acerca da confusa comunicação entre a invenção fantástica e as fascinações do delírio. "São às imaginações desenfreadas que devemos a invenção das artes: o *Capricho* dos Pintores, Poetas e Músicos não passa de um eufemismo para exprimir sua *Loucura*."[105] Loucura em que são postos em questão os valores de outra época, de outra arte, de outra moral, mas em que se refletem também, embaralhadas e agitadas, estranhamente comprometidas umas pelas outras, numa quimera comum, todas as formas, mesmo as mais distantes, da imaginação humana.

Bem próxima desta primeira, a *loucura da vã presunção*. Mas não é com um modelo literário que o louco se identifica; é com ele mesmo, e através de uma adesão imaginária que lhe permite atribuir a si mesmo todas as qualidades, todas as virtudes ou poderes de que carece. Ele recebe a herança, aqui, da velha *Philautia* de Erasmo. Sendo pobre, é rico; feio, se admira; com os grilhões ainda amarrados aos pés, acredita-se um Deus. Como o licenciado Osuma, que se considerava Netuno[106]. É o destino ridículo das *Pédant joué*, de M. de Richesource, em *Sir Politik*. Infinita loucura, que tem tantas faces quantos são, no mundo, os caracteres, as ambições, as necessárias ilusões. Mesmo em seus pontos extremos, é a menos extremada das loucuras; ela é, no coração de todos os homens, o relacionamento imaginário que ele mantém consigo mesmo. Nela engendram-se os mais quotidianos de seus defeitos. Denunciá-la é o elemento ao mesmo tempo primeiro e último de toda crítica moral[107].

É também ao mundo moral que pertence a *loucura do justo castigo*. Ela pune, através das desordens do espírito, as desordens do coração. Mas tem outros poderes: o castigo que ela inflige multiplica-se por si só na medida em que, punindo, ela mostra a verdade. A justiça dessa loucura consiste no fato de que ela é verídica. Verídica, pois o culpado já experimenta, no turbilhão inútil de seus fantasmas, aquilo que será para todo o sempre a dor de seu castigo: Erasto, em *Mélite*, já se vê perseguido pelas Eumênides, e condenado por Minos. Verídica, também, porque o crime ocultado vem à luz na noite dessa estranha punição; a loucura, nessas palavras insensatas que não se podem dominar, entrega seu próprio sentido; ela diz, em suas quimeras, sua verdade secreta: seus gritos falam por sua consciência. Assim é que o delírio de Lady Macbeth revela "àqueles que não deviam saber" as palavras que durante longo tempo foram murmuradas apenas aos "travesseiros surdos"[108].

Finalmente, último tipo de loucura: a da *paixão desesperada*. O amor decepcionado em seu excesso, sobretudo o amor enganado pela fatalidade da morte, não tem outra saída a não ser a demência. Enquanto tinha um objeto, o amor louco era mais amor que loucura; abandonado a si mesmo, persegue a si próprio no vazio do delírio. Punição de uma paixão demasiadamente entregue à sua violência? Sem dúvida; mas essa punição é também um apaziguamento; ela espalha, sobre a irreparável ausência, a piedade das presenças imaginárias. Ela reencontra, no paradoxo da alegria inocente, ou no heroísmo das perseguições desatinadas, a forma que se esfuma. Se leva à morte, trata-se de uma morte da qual aqueles que se amam não serão nunca mais separados. É a última canção de Ofélia; é o delírio de Aristo em *A Loucura do Sábio*. Mas é, sobretudo, a amarga e suave demência do *Rei Lear*.

Na obra de Shakespeare, são as loucuras que se aparentam com a morte e o assassinato. Na de Cervantes, as formas que se entregam à presunção e a todas as complacências do imaginário. Mas trata-se aqui de altos modelos que seus imitadores diminuem e desarmam. E são sem dúvida, um e outro, mais as testemunhas de uma experiência trágica da Loucura nascida no século XV do que as de uma experiência crítica e moral do Desatino que, no entanto, se desenvolve em sua própria época. Por cima da barreira do tempo, eles retomam um sentido que estava desaparecendo, e cuja continuidade só se dará através da noite. Mas é comparando suas obras e aquilo que elas mantêm com as significações que nascem em seus contemporâneos ou imitadores que se pode decifrar o que está acontecendo, nesse começo do século XVII, na experiência literária da loucura.

Em Cervantes ou Shakespeare, a loucura sempre ocupa um lugar extremo no sentido de que ela não tem recurso. Nada a traz de volta à verdade ou à razão. Ela opera apenas sobre o dilaceramento e, daí, sobre a morte. A loucura, em seus inúteis propósitos, não é vaidade; o vazio que a preenche é "um mal bem além de minha prática", como diz o médico a respeito de Lady Macbeth. Já se tem aí a plenitude da morte: uma loucura que não precisa de médico, mas apenas da misericórdia divina[109]. A alegria suave, enfim reencontrada por Ofélia, não a reconcilia com felicidade alguma; seu canto insano está tão próximo do essencial quanto "o grito de mulher" que anuncia, ao longo dos corredores do castelo de Macbeth, que "a Rainha morreu"[110]. Sem dúvida, a morte de Dom Quixote ocorre numa paisagem calma, que se reconciliou no último instante com a razão e a verdade. De repente a loucura do Cavaleiro tomou consciência de si mesma, e a seus próprios olhos se desfaz na parvoíce. Mas será essa repentina sabedoria da loucura outra coisa que não "uma nova loucura que acaba de entrar-lhe pela cabeça"? Equívoco indefinidamente reversível que só pode ser desfeito, em última instância, pela própria morte. A loucura dissipada só pode constituir uma única entidade com a iminência do fim; "y una de las señales por donde conjeturaron se moría fue el haber vuelto con tanta facilidad de loco a cuerdo"[111]. Mas a morte, em si mesma, não traz a paz: a loucura ainda triunfará – verdade irrisoriamente eterna, para lá do fim de uma vida que, no entanto, tinha-se libertado da loucura através desse mesmo fim. Ironicamente sua vida insana persegue-o e só o imortaliza em virtude de sua própria demência; a loucura ainda é a vida imperecível da morte:

> Yace aqui el Hidalgo fuerte
> Que a tanto extremo llegó
> De valiente, que se advierte
> Que la muerte no triunfó
> De su vida con su muerte.[112]

Mas a loucura logo abandona essas regiões últimas em que Cervantes e Shakespeare a tinham situado. E na literatura do começo do século XVII ela ocupa, de preferência, um lugar intermediário: constitui assim o nó antes que o desenrolar, antes a peripécia que a derradeira iminência. Deslocada na economia das estruturas romanescas e dramáticas, ela autoriza a manifestação da verdade e o retorno apaziguado da razão.

É que ela não é mais considerada em sua realidade trágica, no dilaceramento absoluto que a abre para um outro mundo, mas sim, apenas, na ironia de suas ilusões. Ela não é um castigo real, mas a imagem do castigo: portanto, uma aparência falsa. Só pode ser relacionada com a aparência de um crime ou com a ilusão de uma morte. Se Ariosto, na *Loucura do Sábio*, torna-se louco ao saber da morte da filha, é porque ela não está realmente morta. Quando Erasto, em *Mélite*, vê-se perseguido pelas Eumênides e levado diante de Minos, isso acontece em virtude de um duplo crime que ele poderia ter cometido, que ele gostaria de ter cometido, mas que de fato não provocou nenhuma morte real. A loucura é despojada de sua seriedade dramática: ela só é castigo ou desespero na dimensão do erro. Sua função dramática só subsiste na medida em que se trata de um falso drama: é uma forma quimérica, onde só se lida com faltas supostas, assassinatos ilusórios, desaparecimentos destinados aos reencontros. E, no entanto, essa ausência de seriedade não a impede de ser essencial – mais essencial ainda do que era antes, pois se ela põe fim à ilusão, é a partir dela que a ilusão se desfaz. Na loucura em que seu erro a encerra, a personagem involuntariamente começa a desvendar a trama. Ao se acusar, ela diz, contra a própria vontade, a verdade. Em *Molhe*, por exemplo, todas as artimanhas que o herói acumulou para enganar os outros se voltaram contra ele, e ele foi a primeira vítima ao acreditar ser o culpado pela morte de seu rival e de sua amante. Mas em seu delírio ele se censura por ter inventado toda uma correspondência amorosa; a verdade vem à tona, na e através da loucura que, provocada pela ilusão de um desfecho, na verdade desfaz por si só o *imbroglio* real do qual ela é simultaneamente a causa e o efeito. Em outras palavras, ela é a falsa sanção de um falso feito, mas por virtude própria faz surgir o verdadeiro problema que pode ser assim verdadeiramente levado a seu termo. Ela encobre, sob o erro, o trabalho secreto da verdade. É com essa função da loucura, ao mesmo tempo ambígua e central, que joga o autor do *Hospital de Loucos* quando representa um casal de enamorados que, a fim de escapar a seus perseguidores, fingem estar loucos e se escondem entre os insanos. Numa crise de demência simulada, a jovem, que se travestiu de rapaz, faz de conta que acredita ser uma mulher – o que ela de fato é –, com isso dizendo, através da neutralização recíproca destes dois fingimentos, a verdade que acabará por triunfar.

A loucura é a forma mais pura, mais total do *quiproquó*: ela toma o falso pelo verdadeiro, a morte pela vida, o homem pela mulher, a enamorada pelo Erineu e a vítima por Minos. Mas é também a forma mais rigorosamente necessária do quiproquó na economia dramática, pois não necessita de nenhum elemento exterior para chegar ao verdadeiro desfecho. Basta-lhe impelir sua ilusão até o ponto da verdade. Desse modo ela é, no próprio núcleo de sua estrutura, em seu centro mecânico, e simultaneamente, uma conclusão fingida (plena de um secreto recomeçar) e iniciação àquilo que urgirá como a reconciliação com a razão e a verdade. Ela marca o ponto para o qual converge, aparentemente, o destino trágico das personagens, e a partir do qual partem de fato as linhas que conduzem à felicidade reencontrada. Nela se estabelece o equilíbrio, mas ela oculta esse equilíbrio sob a névoa da ilusão, sob a desordem fingida; o rigor da arquitetura se esconde sob a disposição hábil dessas violências desregradas. Essa brusca vivacidade, o acaso dos gestos e das palavras, esse *vento de loucura* que, de repente, os empurra, quebra as linhas, rompe as atitudes e amarrota os panos – enquanto os fios são segurados de um modo ainda mais firme –, é o próprio tipo do *trompe-l'oeil* barroco. A loucura é o grande *trompe-l'oeil* nas estruturas tragicômicas da literatura pré-clássica[113].

E Georges de Scudéry sabia muito bem disso quando, querendo fazer em sua *Comédie des comédiens* o teatro do teatro, situou sua peça no jogo das ilusões da loucura. Uma parte dos comediantes deve representar o papel de espectadores, e os demais, o papel dos atores. É necessário, portanto, de um lado, fingir que se toma o cenário pela realidade, a representação pela vida, enquanto na verdade se está representando num cenário real; e, de outro lado, fingir representar e mimar o ator quando se é, na verdade, simplesmente, um ator que representa. Duplo jogo no qual cada elemento é ele mesmo desdobrado, constituindo assim essa troca renovada entre o real e a ilusão que é, ela mesma, o sentido dramático da loucura.

Não sei [deve dizer Mondory no prólogo da peça de Scudéry] que extravagância é essa, hoje, de meus companheiros, mas ela é tão grande que sou levado a crer que um encanto qualquer lhes rouba a razão, e o pior é que eles estão tentando fazer com que eu a perca e vocês também. Querem me convencer de que não estou num teatro, de que esta é a cidade de Lyon, de que ali existe uma hospedaria e aqui uma quadra de jogo de péla, onde Comediantes que não somos nós, e que no entanto somos nós, representam uma Pastoral.[114]

Nessa extravagância, o teatro desenvolve sua verdade, que é a de ser ilusão. Coisa que a loucura é, em sentido estrito.

■ ■

A experiência clássica da loucura nasce. A grande ameaça surgida no horizonte do século XV se atenua, os poderes inquietantes que habitavam a pintura de Bosch perderam sua violência. Algumas formas subsistem, agora transparentes e dóceis, formando um cortejo, o inevitável cortejo da razão. A loucura deixou de ser, nos confins do mundo, do homem e da morte, uma figura escatológica; a noite na qual ela tinha os olhos fixos e da qual nasciam as formas do impossível se dissipou. O esquecimento cai sobre o mundo sulcado pela livre escravidão de sua Nau: ela não irá mais de um aquém para um além, em sua estranha passagem; nunca mais ela será esse limite fugidio e absoluto. Ei-la amarrada, solidamente, no meio das coisas e das pessoas. Retida e segura. Não existe mais a barca, porém o hospital.

Pouco mais de um século após a fortuna das loucas barcaças, vê-se aparecer o tema literário do *Hospital dos Loucos*. Nele, cada cabeça vazia, obstinada e ordenada, segundo a verdadeira razão dos homens, fala, por exemplo, com a linguagem da contradição e da ironia, a linguagem desdobrada da sabedoria: "Hospital dos Loucos incuráveis onde são deduzidas com exatidão todas as loucuras e doenças do espírito, tanto dos homens quanto das mulheres, obra não menos útil quanto recreativa e necessária à aquisição da verdadeira sabedoria"[115]. Cada forma da loucura encontra nele um lugar marcado, suas insígnias e seu deus protetor: a loucura frenética e disparatada, simbolizada por um idiota empoleirado sobre uma cadeira, agita-se sob o olhar de Minerva; as sombras melancólicas que atravessam os campos, lobos solitários e ávidos têm Júpiter por deus, senhor das metamorfoses animais; e também os "loucos bêbados", os "loucos sem memória e entendimento", os "loucos mansos e semimortos", os "loucos avoados e sem cérebro"... Todo esse mundo de desordem, numa ordem perfeita, pronuncia, por sua vez, o *Elogio* da Razão. Nesse "Hospital", *o internamento é* uma sequência do *embarque*.

Sob controle, a loucura mantém todas as aparências de seu império. Doravante, ela faz parte das medidas da razão e do trabalho da verdade. Ela representa, superfície das coisas e à luz do dia, todos os jogos da aparência, o equívoco do real e da ilusão, toda essa trama indefinida, sempre retomada, sempre rompida, que une e separa ao mesmo tempo a verdade e o parecer. Ela oculta e manifesta, diz a verdade e a mentira, é luz e sombra. Ela cintila: figura central e indulgente, figura já precária dessa época barroca.

Não nos surpreendamos ao reencontrá-la tantas vezes nas ficções do romance e do teatro. Não nos surpreendamos ao vê-la andar de fato pelas ruas. François Colletet mil vezes a encontrou aí:

> J'aperçois, dans cette avenue
> Un innocent suivi d'enfants.
> ...Admire aussi ce pauvre hère;
> Ce pauvre fou, que veut-il faire
> D'un si grand nombre de haillons?...
> J'ai vu de ces folles bourrues
> Chanter injures dans les rues...[116]

A loucura desenha uma silhueta bem familiar na paisagem social. Sente-se um renovado e intenso prazer com as velhas confrarias dos idiotas, com suas festas, suas reuniões e seus discursos. Surgem paixões a favor ou contra Nicolas Joubert, mais conhecido sob o nome de Angoulevent, que se declara Príncipe dos Idiotas, título que lhe é contestado por Valenti, o Conde, e Jacques Resneau: panfletos, processos, defesas; seu advogado o declara e certifica que ele é "um cabeça oca, uma abóbora avoada, sem nenhum senso comum, um pedaço de cana, um cérebro desmontado, que não tem mola nem engrenagem alguma inteira na cabeça"[117]. Bluet d'Arbères, que se faz chamar de Conde de Permissão, é um protegido dos Créqui, dos Lesdiguières, dos Bouillon, dos Nemours; em 1602 publica suas obras, ou publicam por ele, nas quais adverte o leitor de que "não sabe ler nem escrever, e nunca aprendeu essas coisas", mas que está animado "pela inspiração de Deus e dos Anjos"[118]. Pierre Dupuis, de que fala Régnier em sua sexta sátira[119], é, no dizer de Brascambille, "um arquilouco de túnica comprida"[120]; ele próprio em sua "Remontrance sur le réveil de Maitre Guillaume" declara que tem "o espírito elevado até a antecâmara do terceiro degrau da lua". E há muitas outras personagens presentes na décima quarta sátira de Régnier.

Esse mundo do começo do século XVII é estranhamente hospitaleiro para com a loucura. Ela ali está presente, no coração das coisas e dos homens, signo irônico que embaralha as referências do verdadeiro e do quimérico, mal guardando a lembrança das grandes ameaças trágicas – vida mais perturbada que inquietante, agitação irrisória na sociedade, mobilidade da razão.

Mas novas exigências estão surgindo:

> J'ai pris cent et cent fois la lanterne en la main
> Cherchant en plein midi...[121]

2. A Grande Internação

Compelle intrare.

A loucura, cujas vozes a Renascença acaba de libertar, cuja violência, porém, ela já dominou, vai ser reduzida ao silêncio pela era clássica por meio de um choque inesperado e violento.

No caminho da dúvida, Descartes encontra a loucura ao lado do sonho e de todas as formas de erro. Será que essa possibilidade de ser louco não faz com que ele corra o risco de ver-se despojado da posse de seu próprio corpo, assim como o mundo exterior pode refugiar-se no erro, ou a consciência adormecer no sonho?

Como poderia eu negar que estas mãos e este corpo são meus, a menos que me compare com alguns insanos, cujo cérebro é tão perturbado e ofuscado pelos negros vapores da bílis, que eles asseguram constantemente serem reis quando na verdade são muito pobres, que estão vestidos de ouro e púrpura quando estão completamente nus, que imaginam serem bilhas ou ter um corpo de vidro?[1]

Mas Descartes não evita o perigo da loucura do mesmo modo como contorna a eventualidade do sonho ou do erro. Por mais enganadores que os sentidos sejam, eles na verdade não podem alterar nada além das "coisas muito pouco sensíveis e muito distantes"; a força de suas ilusões deixa sempre um resíduo de verdade, "que estou aqui, perto da lareira, vestido com um *robe de chambre*"². Quanto ao sonho, tal como a imaginação dos pintores, ele pode representar "sereias ou sátiros através de figuras bizarras e extraordinárias"; mas não pode nem criar nem compor, por si só, essas coisas "mais simples e mais universais" cuja combinação torna possíveis as imagens fantásticas: "A natureza corpórea e sua extensibilidade pertence a esse gênero de coisas." Estas são tão pouco fingidas que asseguram aos sonhos sua verossimilhança, inevitáveis marcas de uma verdade que o sonho não chega a comprometer. Nem o sono povoado de imagens, nem a clara consciência de que os sentidos se iludem não podem levar a dúvida ao ponto extremo de sua universalidade; admitamos que os olhos nos enganam, "suponhamos agora que estejamos adormecidos": a verdade não se infiltrará em nós durante a noite.

Com a loucura, o caso é outro; se esses perigos não comprometem o desempenho nem o essencial de sua verdade, não é porque *tal coisa*, mesmo no pensamento de um louco, não possa ser falsa, mas sim *porque eu*, que penso, não posso estar louco. Quando creio ter um corpo, posso ter a certeza de possuir uma verdade mais sólida do que aquele que supõe ter um corpo de vidro? Sem dúvida, pois "são loucos, e eu não seria menos extravagante se seguisse o exemplo deles". Não é a permanência de uma verdade que garante o pensamento contra a loucura, assim como ela lhe permitiria desligar-se de um erro ou emergir de um sonho; é uma impossibilidade de ser louco, essencial não ao objeto do pensamento, mas ao sujeito que pensa. É possível supor que se está sonhando e identificar-se com o sujeito sonhador a fim de encontrar uma "razão qualquer para duvidar": a verdade aparece ainda, como condição de possibilidade do sonho. Em compensação, não se pode supor, mesmo através do pensamento, que se é louco, pois a loucura é justamente a condição de impossibilidade do pensamento: "Eu não seria menos extravagante..."³

Na economia da dúvida, há um desequilíbrio fundamental entre a loucura, de um lado, e o sonho e o erro, de outro. A situação deles é diferente com relação à verdade e àquele que a procura; sonhos ou ilusões são superados na própria estrutura da verdade, mas a loucura é excluída pelo sujeito que duvida. Como logo será excluído o fato de que ele não pensa, que ele não existe. Uma certa decisão foi tomada, a partir dos *Essais*. Quando Montaigne encontrou-se com Tasso, nada lhe assegurava que todo pensamento não fosse ensombrado pelo desatino. E o povo? O "pobre povo abusado por essas loucuras"? O homem de pensamento estará ao abrigo dessas extravagâncias? Ele também deve ser "no mínimo, objeto de lástima". E que razão poderia torná-lo juiz da loucura?

A razão me mostrou que condenar de modo tão resoluto uma coisa como falsa e impossível é atribuir-se a vantagem de ter na cabeça os limites e os marcos da vontade de Deus e o poder de nossa mãe Natureza e, no entanto, não há loucura mais notável no mundo que aquela que consiste em fazer com que se encaixem na medida de nossa capacidade e suficiência.[4]

Entre todas as outras formas de ilusão, a loucura traça um dos caminhos da dúvida dos mais frequentados pelo século XVI. Nunca se tem certeza de não estar sonhando, nunca existe uma certeza de não ser louco: "Não nos lembramos de como sentimos a presença da contradição em nosso próprio juízo?"[5]

Ora, Descartes adquiriu agora essa certeza, e agarra-se firmemente a ela: a loucura não pode mais dizer-lhe respeito. Seria extravagante acreditar que se é extravagante; como experiência do pensamento, a loucura implica a si própria e, portanto, exclui-se do projeto. Com isso, o perigo da loucura desapareceu no próprio exercício da Razão. Esta se vê entrincheirada na plena posse de si mesma, onde só pode encontrar como armadilhas o erro, e como perigos, as ilusões. A dúvida de Descartes desfaz os encantos dos sentidos, atravessa as paisagens do sonho, sempre guiada pela luz das coisas verdadeiras; mas ele bane a loucura em nome daquele que duvida, e que não pode desatinar mais do que não pode pensar ou ser.

A problemática da loucura – a de Montaigne – se vê, com isso, modificada. De um modo quase imperceptível, sem dúvida, mas decisivo. Ei-la agora colocada numa região de exclusão, da qual não se libertará, a não ser parcialmente, na *Fenomenologia do Espírito*. A Não Razão do século XVI constituía uma espécie de ameaça aberta cujos perigos podiam sempre, pelo menos de direito, comprometer as relações da subjetividade e da verdade. O percurso da dúvida cartesiana parece testemunhar que no século XVII esse perigo está conjurado e que a loucura foi colocada fora do domínio no qual o sujeito detém seus direitos à verdade: domínio este que, para o pensamento clássico, é a própria razão. Doravante, a loucura está exilada. Se o *homem* pode sempre ser louco, *o pensamento*, como exercício de soberania de um sujeito que se atribui o dever de perceber o verdadeiro, não pode ser insensato. Traça-se uma linha divisória que logo tornará impossível a experiência, tão familiar à Renascença, de uma Razão irrazoável, de um razoável Desatino. Entre Montaigne e Descartes algo se passou: algo que diz respeito ao advento de uma *ratio*. Mas é inquietante que a história de uma *ratio*, como a do mundo ocidental, se esgote no progresso de um "racionalismo"; ela se constitui em parte equivalente, ainda que mais secreta, desse movimento com o qual o Desatino mergulhou em nosso solo a fim de nele se perder, sem dúvida, mas também de nele lançar raízes.

É esse outro aspecto do evento clássico que seria necessário, agora, manifestar.

■ ■

Mais de um signo trai sua existência, e nem todos dependem de uma experiência filosófica, nem dos desenvolvimentos do saber. Aquele sobre o qual gostaríamos de falar pertence a uma superfície cultural bastante ampla. Uma série de datas assinala-o de modo bem preciso e, com elas, um conjunto de instituições.

É sabido que o século XVII criou vastas casas de internamento; não é muito sabido que mais de um habitante em cada cem da cidade de Paris viu-se fechado numa delas, por alguns meses. É bem sabido que o poder absoluto fez uso das cartas régias e de medidas de prisão arbitrárias; é menos sabido qual a consciência jurídica que poderia animar essas práticas. A partir de Philippe Pinel, William Tuke e Heinrich Balthasar Wagnitz, sabe-se que os loucos, durante um século e meio, foram postos sob o regime desse internamento, e que um dia serão descobertos nas salas do Hospital Geral, nas celas das "casas de força"; percebe-se também que estavam misturados com a população das *Workhouses* ou *Zuchthäusern*. Mas nunca aconteceu de seu estatuto nelas ser claramente determinado, nem qual sentido tinha essa vizinhança que parecia atribuir uma mesma pátria aos pobres, aos desempregados, aos correcionários e aos insanos. É entre os muros do internamento que Pinel e a psiquiatria do século XIX encontrarão os loucos; é lá, – não nos esqueçamos –, que eles os deixarão, não sem antes se vangloriarem por tê-los "libertado". A partir da metade do século XVII, a loucura esteve ligada a essa terra de internamentos, e ao gesto que lhe designava essa terra como seu local natural. Consideremos os fatos em sua formulação mais simples, já que o internamento dos alienados é a estrutura mais visível na experiência clássica da loucura, e dado que será ele o motivo de escândalo, quando essa experiência vier a desaparecer da cultura europeia.

Vi-os nus, cobertos de trapos, tendo apenas um pouco de palha para abrigarem-se da fria umidade do chão sobre o qual se estendiam. Vi-os mal alimentados, sem ar para respirar, sem água para matar a sede e sem as coisas mais necessárias à vida. Vi-os entregues a verdadeiros carcereiros, abandonados à sua brutal vigilância. Vi-os em locais estreitos, sujos, infectos, sem ar, sem luz, fechados em antros onde se hesitaria em fechar os animais ferozes, e que o luxo dos governos mantém com grandes despesas nas capitais.[6]

Uma data pode servir de referência: 1656, decreto da fundação, em Paris, do Hospital Geral. À primeira vista, trata-se apenas de uma reforma – de uma reorganização administrativa. Diversos estabelecimentos já existentes são agrupados sob uma administração única: a Salpêtrière[7], reconstruída no reinado anterior a fim de abrigar um arsenal[8], Bicêtre, que Luís XIII quis dar à confraria de São Luís para dela fazer uma casa de retiro destinada aos inválidos do exército[9]. "A Casa e o Hospital tanto da grande e da pequena Misericórdia quanto do Refúgio, no bairro de Saint-Victor, a Casa e o Hospital de Cipião, a casa da Savonnerie, com todos os lugares, praças, jardins, casas e construções que deles dependem."[10] Todos são agora destinados aos pobres de Paris, "de todos os sexos, lugares e idades, de qualquer qualidade de nascimento, e seja qual for sua condição, válidos ou inválidos, doentes ou convalescentes, curáveis ou incuráveis"[11]. Trata-se de recolher, alojar, alimentar aqueles que se apresentam de espontânea vontade, ou aqueles que para lá são encaminhados pela autoridade real ou judiciária. É preciso também zelar pela subsistência, pela boa conduta e pela ordem geral daqueles que não puderam encontrar seu lugar ali, mas que poderiam ou mereciam ali estar. Essa tarefa é confiada a diretores nomeados por toda a vida, e que exercem seus poderes não apenas nos prédios do Hospital como também em toda a cidade de Paris sobre todos aqueles que dependem de sua jurisdição: "Têm todos os poderes de autoridade, direção, administração, comércio, polícia, jurisdição, correção e punição sobre todos os pobres, de Paris, tanto no interior quanto no exterior do Hospital Geral."[12] Os diretores nomeiam, além do mais, um médico com o salário de mil libras por ano; ele reside na Misericórdia, mas deve visitar cada uma das casas do Hospital duas vezes por semana. De saída, um fato é evidente: o Hospital Geral não é um estabelecimento médico. É antes uma estrutura semijurídica, uma espécie de entidade administrativa que, ao lado dos poderes já constituídos, e além dos tribunais, decide, julga e executa. "Para tanto, os diretores disporão de: postes, golilhas de ferro, prisões e celas no dito Hospital Geral e nos lugares dele dependentes conforme for de seu parecer, sem que se possa apelar das ordens por eles dadas dentro do dito Hospital; e quanto às ordens que interfiram com o exterior, serão executadas em sua forma e disposição não obstante quaisquer oposições ou apelações feitas ou que se possam fazer e sem prejuízo daquelas, e para as quais não obstante não se concederá nenhuma defesa ou exceção."[13] Soberania quase absoluta, jurisdição sem apelações, direito de execução contra o qual nada pode prevalecer – o Hospital Geral é um estranho poder que o rei estabelece entre a polícia e a justiça, nos limites da lei: é a terceira ordem da repressão. Os alienados que Pinel encontrou em Bicêtre e na Salpêtrière pertenciam a esse universo.

Em seu funcionamento, ou em seus propósitos, o Hospital Geral não se assemelha a nenhuma ideia médica. É uma instância da ordem, da ordem monárquica e burguesa que se organiza na França nessa mesma época. Está diretamente ligado ao poder real que o colocou sob a autoridade única do governo civil; o Grande Dispensário do Reino, que constituía antes, na política da assistência, a mediação eclesiástica e espiritual, vê-se repentinamente posto para fora de circuito. O rei decreta:

Entendemos ser conservador e protetor do dito Hospital Geral como sendo de nossa função real e não obstante que ele não depende de modo algum de nosso Grande Dispensário, nem de nenhum de nossos grandes oficiais, mas que ele seja totalmente isento da superioridade, visita e jurisdição dos oficiais da Reforma Geral e outros do Grande Dispensário, e de todos os outros aos quais proibimos todo conhecimento e jurisdição, seja de que modo e maneira possa ser.[14]

A primeira origem do projeto tinha sido parlamentar[15], e os dois primeiros chefes de direção então designados foram o primeiro presidente do parlamento e o procurador geral. Mas são logo substituídos pelo arcebispo de Paris, pelo presidente do Tribunal da Ajuda, pelo presidente do Tribunal de Contas, pelo tenente da polícia e pelo preposto dos comerciantes. A partir daí, o *Grand Bureau* tem um papel apenas deliberativo. A administração real e as verdadeiras responsabilidades são confiadas a gerentes recrutados por cooptação. São eles os verdadeiros diretores, os delegados do poder real e da fortuna burguesa junto ao mundo da miséria. A Revolução pôde prestar-lhes este testemunho: "Escolhidos entre a melhor burguesia... eles levaram para a administração pontos de vista desinteressados e intenções puras."[16]

Essa estrutura própria da ordem monárquica e burguesa, contemporânea de sua organização sob a forma do absolutismo, logo amplia sua rede por toda a França. Um édito do rei, datado de 16 de junho de 1676, prescreve o estabelecimento de um "Hospital Geral em cada cidade do reino". Algumas autoridades locais já se tinham adiantado à medida; a burguesia de Lyon já havia organizado, em 1612, um estabelecimento de caridade que funcionava de maneira análoga[17]. O arcebispo de Tours sente-se orgulhoso por poder declarar, a 10 de julho de 1676, que sua "cidade metropolitana previu com felicidade as pias intenções do Rei com a ereção deste Hospital Geral chamado de Caridade antes do de Paris, e com uma ordem que serviu de modelo para todos os que se estabeleceram depois, dentro e fora do Reino"[18]. A Caridade de Tours, com efeito, havia sido fundada em 1656, e o Rei tinha-lhe feito um donativo de quatro mil libras de renda. Por toda a superfície da França abrem-se hospitais gerais: às vésperas da Revolução, é possível enumerar 32 cidades do interior que os apresentam[19].

Ainda que tenha deliberadamente ficado à margem da organização dos hospitais gerais – sem dúvida, de cumplicidade entre o poder real e a burguesia[20] –, a Igreja, no entanto, não permanece estranha ao movimento. Ela reforma suas instituições hospitalares, redistribui os bens de suas fundações; cria mesmo congregações que se propõem finalidades análogas às dos hospitais gerais. Vicente de Paula reorganiza Saint-Lazare, o mais importante dos antigos leprosários de Paris; a 7 de janeiro de 1632, em nome dos Congregados da Missão, assina um contrato com o "Priorado" do Saint-Lazare; a partir de então deve-se receber nele "as pessoas detidas por ordem de Sua Majestade". A ordem dos Bons Filhos abre hospitais desse gênero no norte da França. Os irmãos Saint-Jean de Dieu, chamados para a França em 1602, fundam inicialmente a Caridade de Paris no subúrbio Saint-Germain, e depois Charenton, onde se instalam a 10 de maio de 1645[21]. Não longe de Paris, ainda são eles que mantêm a Caridade de Senlis, aberta a 27 de outubro de 1670[22]. Alguns anos antes, a duquesa de Bouillon havia-lhes doado os prédios e os benefícios da Maladrerie (Gafaria) fundada no século XIV por Thibaut de Champagne, em Château-Thierry[23]. Eles administram também as Caridades de Saint-Yon, de Pontorson, de Cadillac, de Romans[24]. Em 1699, fundação em Marselha, pelos Lazaristas, do estabelecimento que iria transformar-se no Hospital São Pedro. Depois, no século XVIII: Armentières (1712), Maréville (1714), o Bom Salvador de Caen (1735); Saint-Meins de Rennes foi aberto pouco antes da Revolução (1780).

Instituições singulares, cujos objetivos e estatuto são, frequentemente, de difícil definição. Muitas, como se pôde ver, ainda são mantidas por ordens religiosas; no entanto, entre elas se encontram às vezes espécies de associações leigas que imitam a vida e os costumes das congregações sem delas fazerem parte[25]. Nas províncias, o bispo é membro de direito do Bureau Geral, mas o clero está longe de deter a maioria nesse órgão: a gestão é, sobretudo, burguesa[26]. Entretanto, em cada uma dessas casas, leva-se uma vida quase de convento, escandida por leituras, ofícios, orações, meditações: "Faz-se a oração em comum de manhã e à noite nos dormitórios; e, em diferentes momentos do dia, fazem-se exercícios pios, orações e leituras espirituais."[27] Há mais: desempenhando um papel ao mesmo tempo de assistência e de repressão, esses hospícios destinam-se a socorrer os pobres, mas comportam quase todas as células de detenção e casernas nas quais se encerram pensionários pelos quais o rei ou a família pagam uma pensão: "Só se receberão nas casas de detenção dos religiosos da Caridade aqueles que para lá sejam levados por ordem do Rei ou da Justiça." Muitas vezes essas novas casas de internamento são estabelecidas dentro dos próprios muros dos antigos leprosários; herdam seus bens, seja em decorrência de decisões eclesiásticas[28], seja por força de decretos reais baixados no fim do século[29]. Mas também são mantidas pelas finanças públicas: doações do Rei, quotas-partes retiradas das multas que o Tesouro recebe[30]. Nessas instituições também vêm-se misturar, muitas vezes não sem conflitos, os velhos privilégios da Igreja na assistência aos pobres e nos ritos da hospitalidade, e a preocupação burguesa de pôr em ordem o mundo da miséria; o desejo de ajudar e a necessidade de reprimir; o dever de caridade e a vontade de punir; toda uma prática equívoca cujo sentido é necessário isolar, sentido simbolizado sem dúvida por esses leprosários, vazios desde a Renascença, mas repentinamente reativados no século XVII e que foram rearmados com obscuros poderes. O classicismo inventou o internamento um pouco como a Idade Média, a segregação dos leprosos; o vazio deixado por estes foi ocupado por novas personagens no mundo europeu: são os "internos". O leprosário tinha um sentido apenas médico; muitas outras funções representaram seu papel nesse gesto de banimento que abria espaços malditos. O gesto que aprisiona não é mais simples: também ele tem significações políticas, sociais, religiosas, econômicas, morais. E que dizem respeito provavelmente a certas estruturas essenciais do mundo clássico em seu conjunto.

Pois o fenômeno tem dimensões europeias. A constituição da Monarquia absoluta e a acentuada renascença católica no tempo da Contrarreforma atribuíram-lhe na França um caráter bem particular, ao mesmo tempo de concorrência e cumplicidade entre o poder e a Igreja[31]. Em outros lugares, ele assume formas bem diferentes, mas sua localização no tempo é igualmente precisa. Os grandes hospícios, as casas de internamento, obras de religião e de ordem pública, de auxílio e punição, caridade e previdência governamental são um fato da era clássica: tão universais quanto ela e quase contemporâneos de seu nascimento. Nos países de língua alemã, é o caso da criação das casas de correção, as *Zuchthäusern*; a primeira é anterior às casas francesas de internação (com exceção da Caridade de Lyon): é aberta em Hamburgo por volta de 1620[32]. As outras foram criadas na segunda metade do século: Bâle (1667), Breslau (1668), Frankfurt (1684), Spandau (1684), Königsberg (1691). Continuam a multiplicar-se no século XVIII; de início Leipzig, em 1701, depois Halle e Cassel, em 1717 e 1720, mais tarde Brieg e Onasbrück (1756) e enfim Torgau, em 1771[33].

Na Inglaterra, as origens da internação são mais distantes. Um ato de 1575 (18 Eliz. c. 3) referente ao mesmo tempo à "punição dos vagabundos e alívio dos pobres" prescreve a construção de *houses of correction* à razão de pelo menos uma por condado. Sua manutenção deve ser assegurada por um imposto, mas encoraja-se a população a fazer donativos voluntários[34]. De fato, parece que sob essa forma a medida não foi aplicada, dado que, alguns anos mais tarde, decide-se autorizar a ação da empresa privada: não é mais necessário obter a permissão oficial para abrir um hospital ou casa de correção – todos podem fazê-lo à vontade[35]. No começo do século XVII, reorganização geral: multa de 5 libras a todo juiz de paz que não a tiver preparado nos limites de sua jurisdição; obrigação de instalar profissões, ateliês, manufaturas (moinho, fiação, tecelagem) que auxiliem na manutenção das casas e assegurem trabalho a seus pensionistas, cabendo ao juiz decidir quem merece ser para lá enviado[36]. O desenvolvimento dessas *Bridwells* não foi muito considerável: foram frequentemente assimiladas às prisões às quais estavam ligadas[37]; seu uso não chega a atingir a Escócia[38]. Em compensação, as *workhouses* estavam fadadas a um sucesso maior. Datam da segunda metade do século XVII[39]. É um ato de 1670 (22-23 Car II, c. 18) que define o estatuto das *workhouses*, encarrega os oficiais de justiça de verificar a entrada dos impostos e a gestão das somas que devem permitir seu funcionamento e confia ao juiz de paz o controle supremo de sua administração. Em 1697, várias paróquias de Bristol unem-se para formar a primeira *workhouse* da Inglaterra e designar a corporação que deverá geri-la[40]. Uma outra é estabelecida em 1703 em Worcester, uma terceira no mesmo ano em Dublin[41]. A seguir, em Plymouth, Norwich, Hull, Exeter. Ao final do século XVIII, chegavam a um total de 126. O *Gilbert's Act* de 1792 dá todas as facilidades às paróquias para a criação de novas casas, reforçando-se ao mesmo tempo o controle e a autoridade do juiz de paz; a fim de evitar que as *workhouses* se transformem em hospitais, recomenda-se expulsar delas, rigorosamente, os doentes contagiosos.

Em alguns anos, toda uma rede se espalhou pela Europa. Howard, ao final do século XVIII, estabelecerá o projeto de percorrê-la toda; através da Inglaterra, Holanda, Alemanha, França, Itália, Espanha, fará a peregrinação de todos esses lugares de internamento – "hospitais, prisões, casas de detenção" –, e sua filantropia se declarará indignada com o fato de que tenham podido relegar entre os mesmos muros os condenados de direito comum, jovens que perturbavam o descanso de suas famílias (ou que lhes dilapidavam os bens), vagabundos e insanos. Prova de que já nessa época se tinha perdido uma certa evidência: a que, de modo tão apressado e espontâneo, fizera surgir em toda a Europa essa categoria da ordem clássica que é o internamento. Em cinquenta anos, o internamento tornou-se um amálgama abusivo de elementos heterogêneos. No entanto, em sua origem, ele devia comportar uma unidade que justificasse sua urgência; entre essas formas diversas e a era clássica que as suscitou deve existir um princípio de coerência que não basta pôr de lado sob o escândalo da sensibilidade pré-revolucionária. Qual era, portanto, a realidade visada através de toda essa população que, quase de um dia para o outro, viu-se reclusa e banida de modo mais severo que os leprosos? Não se deve esquecer que poucos anos após sua fundação, o único Hospital Geral de Paris agrupava seis mil pessoas, ou seja, cerca de 1% da população[42]. Para tanto foi necessário formar, de modo abafado e no decorrer de longos anos, sem dúvida, uma sensibilidade social, comum à cultura europeia e que bruscamente atingiu seu limiar de manifestação na segunda metade do século XVII: foi ela que isolou de repente essa categoria destinada a povoar os lugares de internamento. A fim de habitar as plagas durante tanto tempo abandonadas pela lepra, designou-se todo um povo a nosso ver estranhamente misturado e confuso. Mas aquilo que para nós parece apenas uma sensibilidade indiferenciada, seguramente era, no homem clássico, uma percepção claramente articulada. É esse modo de percepção que cabe interrogar a fim de saber qual foi a forma de sensibilidade à loucura de uma época que se costuma definir através dos privilégios da Razão. O gesto que, ao traçar o espaço de internamento, conferiu-lhe um poder de segregação e atribuiu à loucura uma nova pátria, por mais coerente e ordenado que seja, não é simples. Ele organiza, numa unidade complexa, uma nova sensibilidade à miséria e aos deveres da assistência, novas formas de reação diante dos problemas econômicos do desemprego e da ociosidade, uma nova ética do trabalho e também o sonho de uma cidade onde a obrigação moral se uniria à lei civil, sob as formas autoritárias da coação. Obscuramente, esses temas estão presentes na construção das cidades de internamento e em sua organização. São eles que dão sentido a esse ritual e explicam em parte o modo pelo qual a loucura é percebida e vivida pela era clássica.

■ ■

A prática do internamento designa uma nova reação à miséria, um novo patético – de modo mais amplo, um outro relacionamento do homem com aquilo que pode haver de inumano em sua existência. O pobre, o miserável, o homem que não pode responder por sua própria existência, assumiu, no decorrer do século XVI, uma figura que a Idade Média não teria reconhecido.

A Renascença despojou a miséria de sua positividade mística. E isso através de um duplo movimento do pensamento que retira à Pobreza seu sentido absoluto e à Caridade o valor que ela obtém dessa Pobreza socorrida. No mundo de Lutero, e sobretudo no de Calvino, as vontades particulares de Deus – essa "singular bondade de Deus para com cada um de nós" – não deixam à felicidade ou à infelicidade, à riqueza ou à pobreza, à glória ou à miséria o dom de falar por si mesmas. A miséria não é a Dama humilhada que o Esposo vem tirar da lama a fim de elevá-la; ela tem no mundo um lugar que lhe é próprio – lugar que não testemunha por Deus nem mais nem menos do que o faz a riqueza. Deus está tão presente, sem dúvida, sua mão generosa tão próxima da abundância quanto da miséria, conforme lhe aprouver "alimentar uma criança abundantemente ou escassamente"[43]. A vontade singular de Deus, quando se dirige ao pobre, não lhe fala da glória prometida, mas sim de predestinação. Deus não exalta o pobre numa espécie de glorificação inversa: ele o humilha voluntariamente em sua cólera – esse ódio que ele tinha contra Esaú antes mesmo de ele nascer e em virtude do qual ele o despojou dos rebanhos que lhe cabiam pela primogenitura. Pobreza designa castigo: "É por ordem sua que o céu se endurece, que as frutas são comidas e consumidas pelas chuvas e outras corrupções; e todas as vezes que as vinhas, os campos e os prados forem batidos pelas geadas e tempestades, também isso seja testemunho de alguma punição especial que ele exerce."[44] No mundo, pobreza e riqueza cantam o mesmo poder absoluto de Deus; mas o pobre só pode invocar o descontentamento do Senhor, pois sua existência traz o sinal de sua maldição. Do mesmo modo, é preciso exortar "os pobres à paciência a fim de que aqueles que também não se satisfazem com o estado em que estão tratem, tanto quanto possam, de aliviar o jugo que lhes é imposto por Deus"[45].

Quanto à obra de caridade, de onde retira seu valor? Nem da pobreza que ela socorre, pois esta não possui mais uma glória própria; nem daquele que a realiza, pois através de seu gesto é ainda uma vontade particular de Deus que surge à luz do dia. Não é a obra que justifica, mas a fé que a enraíza em Deus. "Os homens não podem se justificar diante de Deus com seus estornos, seus méritos e suas obras, mas sim gratuitamente, por causa do Cristo e pela fé."[46] Conhece-se essa recusa das obras em Lutero, cuja proclamação deveria ressoar bem longe no pensamento protestante: "Não, as obras não são necessárias. Não, elas de nada servem para a santidade." Mas essa recusa concerne apenas ao sentido das obras com relação a Deus e à salvação; como todo ato humano, elas carregam os signos da finitude e os estigmas da queda. Sob esse aspecto, "não passam de pecados e máculas[47]". Mas ao nível humano, elas têm um sentido: se têm eficácia em relação à salvação, têm valor de indicação e de testemunho da fé: "A fé não apenas não nos torna negligentes com as boas obras como também é a raiz com que estas são produzidas."[48] Donde essa tendência, comum a todos os movimentos da Reforma, de transformar os bens da Igreja em obras profanas. Em 1525, Michel Geismayer pede a transformação de todos os monastérios em hospitais; a Dieta de Espiro recebe no ano seguinte petições que exigem a supressão dos conventos e o confisco de seus bens, que deverão servir para aliviar a miséria[49]. Com efeito, durante muito tempo é nos antigos conventos que se estabelecerão os grandes asilos da Alemanha e Inglaterra: um dos primeiros hospitais que um país luterano destinou aos loucos (*arme Wahnsinnige and Presshafte*) foi estabelecido pelo landgrave Philippe de Hainau em 1533, num antigo convento dos cistercienses secularizado uma dezena de anos antes[50]. As cidades e os Estados substituem a Igreja nas tarefas de assistência. Instauram-se impostos, fazem-se coletas, favorecem-se as doações, suscitam-se doações testamentárias. Em Lübeck decide-se, em 1601, que todo testamento de certa importância deverá ter uma cláusula em favor das pessoas ajudadas pela cidade[51]. Na Inglaterra, o uso do *poor rate* torna-se geral no século

XVI; quanto às cidades que organizaram casas de correção ou de trabalho, receberam o direito de perceber um imposto especial, e o juiz de paz designa os administradores – *guardians of Poor* – que gerirão essas finanças, distribuindo seus lucros.

É lugar-comum dizer que a Reforma levou, nos países protestantes, a uma laicização das obras. Mas, colocando sob seus cuidados toda essa população de pobres e incapazes, o Estado ou a cidade preparam uma forma nova de sensibilidade à miséria: iria nascer uma experiência do patético, que não falaria mais da glorificação da dor, nem de uma salvação comum à Pobreza e à Caridade, mas que faz com que o homem se ocupe de seus deveres para com a sociedade e mostra no miserável, ao mesmo tempo, um efeito da desordem e um obstáculo à ordem. Portanto, não se trata mais de exaltar a miséria no gesto que a alivia mas, simplesmente, de suprimi-la. Dirigida à Pobreza como tal, a Caridade também é uma desordem. Mas se a iniciativa privada, como o exige na Inglaterra o ato de 1575[52], ajuda o Estado a suprimir a miséria, ela então se inscreverá na ordem e a obra terá um sentido. Pouco antes do ato de 1662[53], Sir Matthew Hale escrevera um *Discourse Touching Provision for the Poor*[54], que define muito bem essa nova maneira de perceber a significação da miséria: contribuir para seu desaparecimento é "uma tarefa altamente necessária a nós, ingleses, e esse é o nosso primeiro dever como cristãos". A tarefa deve ser entregue aos oficiais de justiça: eles ficarão encarregados de dividir os condados, agrupar as paróquias, estabelecer casas de trabalho forçado. Ninguém mais deverá mendigar: "E ninguém será tão fútil, nem quererá parecer tão pernicioso aos olhos do público, que dê esmolas a esses mendigos ou os encoraje."

Doravante, a miséria não é mais considerada numa dialética da humilhação e da glória, mas numa certa relação entre a desordem e a ordem que a encerra numa culpabilidade. Ela que, desde Lutero e Calvino, já ostentava as marcas de um castigo intemporal, no mundo da caridade estatizada se tornará complacência consigo mesma e falta contra a boa marcha do Estado. Ela passa de uma experiência religiosa que a santifica para uma concepção moral que a condena. As grandes casas de internamento encontram-se ao final dessa evolução: laicização da caridade, sem dúvida – mas, de modo obscuro, também um castigo moral da miséria.

Por caminhos diferentes – e não sem inúmeras dificuldades – o catolicismo chegará, aproximadamente na época de Matthew Hale (isto é, na própria época da "Grande Internação"), a resultados inteiramente análogos. A conversão dos bens eclesiásticos em obras hospitalares, que a Reforma realizara através da laicização, a partir do Concílio de Trento, a Igreja queria obtê-la espontaneamente dos bispos. No decreto de reforma, é-lhes recomendado "bonorum omnium operum exemplo pascere, pauperum aliarumque miserabilium personarum curam paternam gerere"[55]. A Igreja nada abandona da importância que a doutrina havia tradicionalmente concedido às obras, mas procura ao mesmo tempo atribuir-lhes um alcance geral e avaliá-las conforme sua utilidade para a ordem dos Estados. Pouco antes do concílio, Juan Luis Vives formulara, sem dúvida o primeiro entre os católicos, uma concepção quase inteiramente profana da caridade[56]: crítica das formas privadas de ajuda aos miseráveis, perigos de uma caridade que alimenta o mal, parentesco demasiado frequente entre a pobreza e o vício. Cabia antes aos magistrados tomar o assunto em mãos: "Assim como é indecoroso para um pai de família permitir a alguém em sua morada confortável a desgraça de estar nu ou coberto de andrajos, do mesmo modo não convém que os magistrados de uma cidade tolerem uma condição na qual os cidadãos sofram fome e miséria."[57] Vives recomenda designar em cada cidade os magistrados que devem percorrer as ruas e os bairros pobres, registrar os miseráveis, informar-se sobre suas vidas, sua moralidade, colocar nas casas de internamento os mais obstinados, criar para os outros as casas de trabalho. Vives acha que, solicitada como o deve ser, a caridade dos particulares pode bastar para essa obra. Caso contrário, será necessário taxar os mais ricos. Essas ideias tiveram muita repercussão no mundo católico, a ponto de sua obra ter sido retomada e imitada, inicialmente por Medina, na própria época do Concílio de Trento[58], e ao final do século XVI por Cristóbal Pérez de Herrera[59]. Em 1607, surge na França um texto, ao mesmo tempo um panfleto e um manifesto, *La Chimère ou Fantasme de la mendicité*, exigindo a criação de um hospício onde os miseráveis pudessem encontrar "a vida, a roupa, uma profissão e o *castigo*". O autor prevê uma taxa a ser cobrada dos cidadãos mais ricos, sendo que os que se recusarem a pagá-la deverão pagar uma multa equivalente ao dobro de seu montante[60].

Mas o pensamento católico resiste, bem como as tradições da Igreja. Repugna-lhes essas formas coletivas de assistência, que parecem tirar do gesto individual seu mérito particular, e à miséria sua eminente dignidade. Não se está transformando a caridade em dever do Estado sancionado pelas leis, e a pobreza em falta contra a ordem pública? Essas dificuldades aos poucos cairão: apela-se para o julgamento das Faculdades. A de Paris aprova as formas de organização pública de assistência submetidas à sua arbitragem. Sem dúvida, trata-se de uma coisa "árdua, porém útil, pia e salutar, que não repugna nem às escrituras evangélicas ou apostólicas, nem aos exemplos dos antepassados"[61]. O mundo católico logo vai adotar um modo de percepção da miséria que se havia desenvolvido sobretudo no mundo protestante. Vicente de Paula aprova inteiramente, em 1657, o projeto de "reunir todos os pobres em lugares próprios para sua manutenção, instruí-los e dar-lhes uma ocupação. É um grande objetivo" no qual, no entanto, ele hesita em comprometer sua ordem "pois não sabemos ainda muito bem se o bom Deus assim o quer"[62]. Alguns anos mais tarde, toda a Igreja aprova a grande internação prescrita por Luís XIV. A partir daí, os miseráveis não mais são reconhecidos como o pretexto enviado por Deus para suscitar a caridade do cristão e com isso dar-lhe a oportunidade para sua salvação; todos os católicos passam a ver neles, a exemplo do arcebispo de Tours, "a ralé e o rebotalho da República, não tanto por suas misérias corporais, de que devemos ter compaixão, quanto espirituais, que nos horrorizam"[63].

A Igreja tomou partido e, fazendo-o, dividiu o mundo cristão da miséria que a Idade Média em sua totalidade havia santificado[64]. De um lado, haverá a região do bem, que é a da pobreza submissa e conforme à ordem que lhe é proposta. Do outro, a região do mal, isto é, da pobreza insubmissa, que procura escapar a essa ordem. A primeira aceita o internamento e aí encontra seu descanso. A segunda se recusa a tanto, e por isso o merece.

Essa dialética é ingenuamente exposta num texto inspirado pela corte de Roma, em 1693, traduzido em francês no final do século sob o título de *La Mendicité abolie*[65]. O autor distingue entre os bons e os maus pobres, os de Jesus Cristo e os do Demônio. Uns e outros dão provas da utilidade das casas de internamento, os primeiros porque aceitam com reconhecimento tudo aquilo que a autoridade lhes possa dar gratuitamente: "pacientes, humildes, modestos, satisfeitos com sua condição e com os auxílios que o *Bureau* lhes dá, agradecem a Deus"; quanto aos pobres do Demônio, é fato que eles se queixam do Hospital Geral e da coação que ali os mantém; "Inimigos da boa ordem, vagabundos, mentirosos, bêbados, impudicos, que não saberiam ter outra linguagem que não a do Demônio, seu pai, amaldiçoam mil vezes os instituidores e diretores desse *Bureau*." É essa a razão pela qual devem ser privados dessa liberdade de que fazem uso apenas para a glória de Satã. O internamento se justifica assim duas vezes, num indissociável equívoco, a título de benefício e a título de punição. E ao mesmo tempo recompensa e castigo, conforme o valor moral daqueles sobre quem é imposto. Até o final da era clássica, a prática do internamento será considerada nesse equívoco: ela terá essa estranha convertibilidade que a faz mudar de sentido conforme o mérito daqueles a quem se aplica. Os bons pobres fazem dela um gesto de assistência e obra de reconforto; os maus – pela única razão de serem maus – transformam-na num empreendimento da repressão. A oposição entre os bons e maus pobres é essencial à estrutura e à significação do internamento. O Hospital Geral designa-os como tais e a própria loucura é dividida segundo essa dicotomia que pode entrar assim, conforme a atitude moral que parece manifestar, ora na categoria da beneficência, ora na da repressão[66]. Todo interno é colocado no campo dessa valoração ética – e muito antes de ser objeto de conhecimento ou piedade, ele é tratado como *sujeito moral*.

Mas o miserável só pode ser sujeito moral na medida em que deixou de ser, na terra, o invisível representante de Deus. Até o fim do século XVII, essa será ainda a maior objeção para as consciências católicas. Não diz a Escritura: "Aquilo que fizeres ao menor de meus irmãos..."? E os Padres da Igreja não comentaram sempre esse texto dizendo que não se deve recusar esmola a um pobre sob o receio de se estar repudiando o próprio Cristo? Padre Guevarre não ignora essas objeções. Mas sua resposta – e através dela a da Igreja da era clássica – é bem clara: desde a criação do Hospital Geral e dos *Bureaux* de Caridade, Deus não mais se oculta sob os farrapos dos pobres. O medo de recusar um pedaço de pão a Jesus moribundo, medo que fora alimentado pela mitologia cristã da caridade e atingira seu sentido absoluto no grande ritual medieval da hospitalidade, "seria infundado:

quando um *Bureau* de Caridade se estabelece na cidade, Jesus Cristo não assumirá a figura de um pobre que, para manter sua vagabundagem e sua má vida, não quer se submeter a uma ordem tão santamente estabelecida para o auxílio de todos os verdadeiros pobres"[67]. Dessa vez, a miséria perdeu seu sentido místico. Nada, em sua dor, remete mais à milagrosa e fugidia presença de um deus. Ela se vê despojada de seu poder de manifestação. E se para o cristão ela ainda é oportunidade para a caridade, ele só pode dirigir-se a ela conforme a ordem e a previdência dos Estados. Por si só, ela não faz mais que mostrar seus próprios erros e, se surge, fá-lo no círculo da culpabilidade. Reduzi-la será, de início, fazê-la entrar para a ordem da penitência.

Esse é o primeiro dos grandes aros nos quais a era clássica irá fechar a loucura. Existe o hábito de dizer que o louco da Idade Média era considerado como uma personagem sagrada, porque possuído. Nada mais falso[68]. Se era sagrado é porque, para a caridade medieval, ele participava dos obscuros poderes da miséria. Mais que qualquer outro, ele a exaltava. Não faziam com que ostentasse, tosquiado nos cabelos, o sinal da cruz? Foi sob esse signo que Tristão se apresentou pela última vez na Cornualha – sabendo muito bem que assim ele teria direito à mesma hospitalidade que todos os miseráveis. E, peregrino do desatino, com o bastão pendurado no pescoço, e com a marca da cruz talhada na cabeça, ele tinha certeza de poder entrar no castelo do rei Marcos: "Ninguém ousou barrar-lhe a porta, e ele atravessou o pátio, imitando um bobo para grande alegria dos servidores. Continuou sem se emocionar e chegou até a sala onde estavam o rei, a rainha e todos os cavaleiros. Marcos sorriu..."[69] Se a loucura no século XVII está como que *dessacralizada* é de início porque a miséria sofreu essa espécie de degradação que a faz ser encarada agora apenas no horizonte da moral. A loucura só terá hospitalidade doravante entre os muros do hospital, ao lado de todos os pobres. É lá que a encontraremos ainda ao final do século XVIII. Com respeito a ela, nasceu uma nova sensibilidade: não mais religiosa, porém moral. Se o louco aparecia de modo familiar na paisagem humana da Idade Média, era como que vindo de um outro mundo. Agora, ele vai destacar-se sobre um fundo formado por um problema de "polícia", referente à ordem dos indivíduos na cidade. Outrora ele era acolhido porque vinha de outro lugar;

agora, será excluído porque vem daqui mesmo, e porque seu lugar é entre os pobres, os miseráveis, os vagabundos. A hospitalidade que o acolhe se tornará, num novo equívoco, a medida de saneamento que o põe fora do caminho. De fato, ele continua a vagar, porém não mais no caminho de uma estranha peregrinação: ele perturba a ordem do espaço social. Despojada dos direitos da miséria e de sua glória, a loucura, com a pobreza e a ociosidade, doravante surge, de modo seco, na dialética imanente dos Estados.

■ ■

O internamento, esse fato maciço cujos indícios são encontrados em toda a Europa do século XVII, é assunto de "polícia". Polícia, no sentido preciso que a era clássica atribui a esse termo, isto é, conjunto das medidas que tornam o trabalho ao mesmo tempo possível e necessário para todos aqueles que não poderiam viver sem ele. A pergunta que Voltaire irá logo formular já tinha sido feita pelos contemporâneos de Colbert: "O quê? Desde que vocês se estabeleceram como corpo do povo ainda não encontraram o segredo para obrigar todos os ricos a fazer todos os pobres trabalharem? Neste caso ainda não chegaram nem à cartilha da polícia."[70]

Antes de ter o sentido médico que lhe atribuímos, ou que pelo menos gostamos de supor que tem, o internamento foi exigido por razões bem diversas da preocupação com a cura. O que o tornou necessário foi um imperativo de trabalho. Nossa filantropia bem que gostaria de reconhecer os signos de uma benevolência para com a doença, lá onde se nota apenas a condenação da ociosidade.

Voltemos aos primeiros momentos da "Internação" e a esse édito real de 27 de abril de 1656 que criava o Hospital Geral. De início, a instituição atribuía-se a tarefa de impedir "a mendicância e a ociosidade, bem como as fontes de todas as desordens". De fato, essa era a última das grandes medidas que tinham sido tomadas a partir da Renascença a fim de pôr termo ao desemprego ou, pelo menos, à mendicância[71]. Em 1532, o parlamento de Paris decidiu mandar prender os mendigos e obrigá-los a trabalhar nos esgotos da cidade, amarrados, dois a dois, por correntes. A crise intensifica-se rapidamente, pois a 23 de março de 1534 ordena-se "aos pobres escolares e indigentes" que saíssem da cidade, enquanto se proibia "entoar doravante diante das imagens das ruas qualquer oração"[72]. As guerras de religião multiplicam essa multidão duvidosa onde se misturam camponeses escorraçados de suas terras, soldados em licença ou desertores, operários sem trabalho, estudantes pobres, doentes. No momento em que Henrique IV empreende o cerco de Paris, a cidade, que tem menos de cem mil habitantes, conta com mais de trinta mil mendigos[73]. Uma retomada econômica se esboça no começo do século XVII. Decide-se absorver pela força os desempregados que não retomaram seu lugar na sociedade. Uma decisão do parlamento datada de 1606 firma que os mendigos de Paris serão chicoteados em praça pública, marcados nos ombros, terão a cabeça raspada e serão expulsos da cidade. Para impedi-los de voltar, um ordenamento de 1607 estabelece nas portas da muralha da cidade companhias de arqueiros que devem impedir a entrada a todos os indigentes[74]. Quando desaparecem, com a guerra dos Trinta Anos, os efeitos da renascença econômica, os problemas da mendicância e da ociosidade se recolocam de novo; até meados do século, o aumento regular das taxas incomoda as manufaturas e aumenta o desemprego. Ocorrem então as revoltas de Paris (1621), Rouen (1639), Lyon (1652). Ao mesmo tempo, o mundo operário se vê desorganizado com o aparecimento das novas estruturas econômicas; à medida que se desenvolvem grandes manufaturas, as associações perdem seus poderes e seus direitos, os "Regulamentos gerais" proíbem toda assembleia de operários, toda liga, toda "associação". Em muitas profissões, no entanto, as associações se reconstituem[75]. Processam-nas, mas parece que os parlamentos demonstram uma certa brandura: o da Normandia declina toda competência para julgar os revoltosos de Rouen. É por isso, sem dúvida, que a Igreja intervém e assemelha os agrupamentos secretos dos operários às práticas de feitiçaria. Um decreto da Sorbonne, em 1655, declara "sacrílegos e culpados de pecado mortal" todos aqueles que se liguem aos maus camaradas.

Nesse conflito abafado que opõe a severidade da Igreja à indulgência dos parlamentos, a criação do Hospital é, sem dúvida, pelo menos na origem, uma vitória parlamentar. Em todo caso, é uma solução nova: é a primeira vez que se substituem as medidas de exclusão puramente negativas por uma medida de detenção; o desempregado não é mais escorraçado ou punido; toma-se conta dele, às custas do país, mas também de sua liberdade individual.

Entre ele e a sociedade, estabelece-se um sistema implícito de obrigações: ele tem o direito de ser alimentado, mas deve aceitar a coação física e moral do internamento.

É toda essa massa um tanto indistinta que visa o édito de 1656: população sem recursos, sem ligações sociais, classe que se viu abandonada ou em disponibilidade durante um certo tempo pelo novo desenvolvimento econômico. Menos de quinze dias após ter sido assinado, o édito é lido e proclamado nas ruas. Parágrafo 9:

> Fazemos expressa proibição a todas as pessoas de todos os sexos, lugares e idades, de toda qualidade de nascimento e seja qual for sua condição, válidos ou inválidos, doentes ou convalescentes, curáveis ou incuráveis, de mendigar na cidade e nos subúrbios de Paris, ou nas igrejas e nas portas das igrejas, nas portas das casas ou nas ruas, em nenhum lugar público, nem em segredo, de dia ou de noite... sob pena de chicoteamento para os transgressores na primeira vez e, pela segunda vez, as galeras para homens e meninos e banimento para as mulheres e meninas.

No domingo seguinte – 13 de maio de 1657 – é celebrada, na igreja Saint-Louis de la Pitié, uma missa solene do Espírito Santo e, na segunda-feira, 14 de maio, pela manhã, a milícia, que na mitologia dos receios populares iria transformar-se nos "arqueiros do Hospital", começa a caçar os mendigos e a mandá-los para os diferentes prédios do Hospital. Quatro anos depois, a Salpêtrière abriga 1.460 mulheres e crianças; na Misericórdia, há 98 meninos, 897 moças entre sete e dezessete anos e 95 mulheres; em Bicêtre, 1.615 homens adultos; na Savonnerie, 305 meninos entre oito e treze anos; e, finalmente, em Scipion foram colocadas as mulheres grávidas, as amas e as crianças de pouca idade, totalizando 530 pessoas. No início, as pessoas casadas, ainda que necessitadas, não são admitidas: a administração se encarrega de alimentá-las a domicílio. Mas logo, graças a uma doação de Mazarino, é possível alojá-las na Salpêtrière. No total, entre cinco e seis mil pessoas.

Em toda a Europa, o internamento tem o mesmo sentido, se for considerado pelo menos em suas origens. Constitui uma das respostas dadas pelo século XVII a uma crise econômica que afeta o mundo ocidental em sua totalidade: diminuição dos salários, desemprego, escassez de moeda, devendo-se esse conjunto de fatos, muito provavelmente, a uma crise na economia espanhola[76]. Mesmo a Inglaterra, o menos dependente desse sistema dentre todos os países da Europa Ocidental, vê-se às voltas com os mesmos problemas. Apesar de todas as medidas tomadas para evitar o desemprego e a queda dos salários[77], a pobreza não deixa de aumentar no país. Em 1622, aparece um panfleto, *Grevious Groan for the Poor*, atribuído a Dekker e que, ressaltando o perigo corrido, denuncia a incúria geral: "Embora o número de pobres aumente diariamente, todas as coisas que poderiam aliviá-los vão de mal a pior;... muitas paróquias impelem seus pobres e os operários válidos que não querem trabalhar... a mendigar, trapacear ou roubar para viver, de modo que o país se vê miseravelmente infestado por eles."[78] Teme-se que eles congestionem o país; e como eles não têm a possibilidade, como no continente, de passar de um país para outro, propõe-se "bani-los e comboiá-los para as terras recém-descobertas, nas Índias orientais e ocidentais"[79]. Em 1630, o rei estabelece uma comissão que deve zelar pela execução rigorosa das leis dos pobres. No mesmo ano, ela publica uma série "de ordens e mandamentos"; recomenda-se processar mendigos e vagabundos, bem como "todos aqueles que vivem na ociosidade e não querem trabalhar em troca de soldos razoáveis ou que gastam o que têm nos cabarés". Deve-se puni-los de acordo com as leis e pô-los nas casas de correção; quanto aos que têm mulher e filhos, é preciso verificar se se casaram, se seus filhos são batizados, "pois essas pessoas vivem como selvagens, sem se casarem, se enterrarem ou se batizarem; é esta liberdade licenciosa que faz com que tantas pessoas sintam prazer em ser vagabundos"[80]. Apesar da recuperação da Inglaterra em meados do século, o problema ainda não foi resolvido na época de Cromwell, uma vez que o Lord Prefeito se queixa dessa "praga atropelando-se na cidade, perturbando a ordem pública, assediando as viaturas, pedindo esmolas em altos brados às portas das igrejas e das casas particulares"[81].

Ainda durante muito tempo as casas de correção ou as dependências do Hospital Geral servirão para acomodar os sem-teto, os desempregados e os vagabundos. Toda vez que se produz uma crise, e que o número de pobres sobe verticalmente, as casas de internamento retomam, pelo menos por algum tempo, sua original significação econômica. Em meados do século XVIII, está-se de novo em plena crise: doze mil operários mendigos em Rouen, outro tanto em Tours. Em Lyon, as manufaturas fecham. O conde d'Argenson, "que tem o departamento de Paris e a direção dos marechais de França", ordena "prender todos os mendigos do reino; os marechais atuam no interior para fazer cumprir a ordem, enquanto se faz o mesmo em Paris, para onde se tem certeza de que eles não refluirão, cercados por todos os lados"[82].

Mas fora dos períodos de crise, o internamento adquire um outro sentido. Sua função de repressão vê-se atribuída de uma nova utilidade. Não se trata mais de prender os sem trabalho, mas de dar trabalho aos que foram presos, fazendo-os servir, com isso, à prosperidade de todos. A alternativa é clara: mão de obra barata nos tempos de pleno emprego e de altos salários; e em período de desemprego, reabsorção dos ociosos e proteção social contra a agitação e as revoltas. Não nos esqueçamos de que as primeiras casas de internamento surgem na Inglaterra nas regiões mais industrializadas do país: Worcester, Norwich, Bristol; que o primeiro Hospital Geral foi aberto em Lyon, quarenta anos antes de Paris[83]; que a primeira de todas as cidades alemãs, Hamburgo, tem sua *Zuchthaus* desde 1620. Seu regulamento, publicado em 1622, é bastante preciso. Os internos devem trabalhar, todos. Determina-se o valor exato de sua produção e dá-se-lhes a quarta parte. Pois o trabalho não é apenas ocupação: deve ser produtivo. Os oito diretores da casa estabelecem um plano geral. O *Werkmeister* atribui uma tarefa a cada um em particular, e deve verificar ao final da semana se ela foi bem realizada. A regra do trabalho será aplicada até o fim do século XVIII, dado que Howard pode constatar ainda que "ali se fia, fazem-se meias, tece-se a lã, a crina, o linho, rala-se madeira tintória, o chifre de veado. A tarefa do homem robusto que lida com essa madeira é de 45 libras por dia. Alguns homens e cavalos ocupam-se com um moinho a pisão. Um ferreiro trabalha sem parar"[84]. Cada casa de internamento na Alemanha tem sua especialidade: fiação se tem sobretudo em Bremen, Brunswick, Munique, Breslau, Berlim; em Hanover se tece. Os homens ralam madeira em Bremen e Hamburgo. Em Nurembergue faz-se o polimento dos vidros ópticos; em Mayence, o trabalho principal é moer farinha[85].

Quando se abrem as primeiras casas de correção na Inglaterra, está-se em plena recessão econômica. O ato de 1610 recomenda apenas reunir a todas as casas de correção os moinhos, as tecelagens, os ateliês de cardadura a fim de ocupar os pensionários. Mas a exigência moral torna-se uma tática econômica quando,

1651, com o Ato de Navegação e a redução das taxas de desconto, a situação econômica se restabelece, e o comércio e a indústria desenvolvem-se. Procura-se utilizar do melhor modo possível, isto é, do modo mais barato possível, toda a mão de obra válida. Quando John Carey estabelece seu projeto de *workhouse* para Bristol, ele coloca em primeiro lugar a urgência do trabalho: "Os pobres dos dois sexos e de todas as idades podem ser utilizados para bater o cânhamo, preparar e tecer o linho, fazer a cardadura e fiação da lã."[86] Em Worcester, fabricam-se roupas e lonas; estabelece-se um ateliê para as crianças. Tudo isso não deixa de apresentar problemas. Pode-se fazer com que as *workhouses* lancem mão das indústrias e do comércio locais; pensa-se talvez que essa fabricação barata terá um efeito regulador sobre o preço de venda. Mas as manufaturas protestam[87]. Daniel Defoe observa que, com essa concorrência desleal das *workhouses*, criam-se pobres numa região a pretexto de acabar com eles em outra: "é dar a um o que se retira de outro, pôr um vagabundo no lugar de um homem honesto e forçar este a encontrar outro trabalho a fim de sustentar a família"[88]. Diante desse perigo da concorrência, as autoridades deixam que esse trabalho progressivamente desapareça. Os pensionistas não podem nem mesmo ganhar o necessário para seu sustento; às vezes torna-se necessário jogá-los na prisão a fim de que tenham pelo menos o pão gratuito. Quanto às *Bridwells*, poucas há "onde se faça alguma coisa, e mesmo onde se possa fazer alguma coisa. Aqueles que nelas são colocados não têm nem material nem instrumentos com os quais trabalhar; passam o tempo na ociosidade e na devassidão"[89].

Quando se cria o Hospital Geral de Paris, pensa-se sobretudo na supressão da mendicância, mais do que na ocupação dos internos. Parece, no entanto, que Colbert, tal como seus contemporâneos ingleses, viu na assistência pelo trabalho ao mesmo tempo um remédio para o desemprego e um estimulante para o desenvolvimento das manufaturas[90]. O fato é que no interior os intendentes devem continuar a atentar para a situação econômica das casas de caridade, que devem ter alguma significação. "Todos os pobres que são capazes de trabalhar devem fazê-lo durante os dias de trabalho, tanto para evitar a ociosidade, que é a mãe de todos os males, como para acostumar-se ao trabalho e também ganhar parte de sua alimentação."[91] Às vezes há mesmo arranjos que permitem aos empresários privados utilizar, para proveito próprio, a mão de obra dos asilos. Por exemplo, mediante um acordo feito em 1708, um empresário fornece lã à Caridade de Tulle, e ainda sabão e carvão, sendo-lhe entregue de volta a lã cardada e fiada. Todo o lucro é dividido entre o hospital e o empresário[92]. Mesmo em Paris, tentou-se várias vezes transformar em manufaturas as grandes construções do Hospital Geral. A acreditar-se no autor de um ensaio anônimo publicado em 1790, tentou-se na Misericórdia "todos os tipos de manufaturas que a capital se podia permitir"; finalmente, "em desespero de causa, chegou-se a um trabalho com laços, o menos dispendioso"[93]. Em outras partes, as tentativas não foram mais frutíferas. Fizeram-se numerosas tentativas em Bicêtre: fabricação de fio e corda, polimento de vidros e, sobretudo, o famoso "grande poço"[94]. Teve-se mesmo a ideia, em 1781, de substituir os cavalos, que faziam subir a água, por equipes de prisioneiros que se revezavam das cinco da manhã às oito da noite: "Que motivos puderam determinar essa estranha ocupação? Motivos de economia ou apenas os referentes à necessidade de ocupar os prisioneiros? Se a única necessidade era ocupar os prisioneiros, não seria mais adequado ocupá-los num trabalho mais útil, para eles e para a casa? Se o motivo era a economia, não vemos motivo algum."[95] No decorrer do século XVIII, a significação econômica que Colbert desejara dar ao Hospital Geral não deixou de se esfumar; esse centro de trabalho obrigatório tornou-se o lugar privilegiado da ociosidade. "Qual a fonte das desordens de Bicêtre?", perguntaram-se os homens da Revolução. E eles responderão aquilo que já tinha sido respondido no século XVII: "A ociosidade. O modo de remediar a situação? O trabalho."

A era clássica utiliza o internamento de um modo equívoco, fazendo com que represente um duplo papel: reabsorver o desemprego, ou pelo menos ocultar seus efeitos sociais mais visíveis, e controlar os preços quando eles ameaçam ficar muito altos. Agir alternadamente sobre o mercado da mão de obra e os preços de produção. Na verdade, não parece que as casas de internamento tenham podido representar eficazmente o papel que delas se esperava. Se elas absorviam os desempregados, faziam-no sobretudo para ocultar a miséria e evitar os inconvenientes políticos ou sociais de sua agitação. Mas no exato momento em que se colocavam essas pessoas nos ateliês obrigatórios, aumentava-se o desemprego nas regiões vizinhas ou em setores similares[96]. Quanto à ação sobre os preços, ela só podia ser artificial, com o preço de mercado dos produtos assim fabricados não tendo uma proporção com o custo real, se calculado de acordo com as despesas provocadas pelo próprio internamento.

■ ■

Avaliada apenas de acordo com seu valor funcional, a criação das casas de internamento pode ser considerada um fracasso. Seu desaparecimento em quase toda a Europa no começo do século XIX, como centros de recepção de indigentes e prisão da miséria, sancionará seu fracasso final: remédio transitório e ineficaz, precaução social muito mal formulada pela industrialização nascente. No entanto, com esse mesmo fracasso a era clássica realizava uma experiência irredutível. Aquilo que encaramos hoje como dialética inábil da produção e dos preços tinha na época sua significação real de uma certa consciência ética do trabalho, em que as dificuldades dos mecanismos econômicos perdiam sua urgência em proveito de uma afirmação do valor.

Nesse primeiro impulso do mundo industrial, o trabalho não parece ligado a problemas que ele mesmo suscitaria; é percebido, pelo contrário, como solução geral, panaceia infalível, remédio para todas as formas da miséria. Trabalho e pobreza situam-se numa oposição simples; suas amplitudes estão na razão inversa uma da outra. Quanto a esse poder, que de fato lhe pertence, de fazer desaparecer a miséria, o trabalho (para o pensamento clássico) não o retira tanto de seu poder produtor quanto de uma certa força de encantamento moral. A eficácia do trabalho é reconhecida porque é baseada em sua transcendência ética. Após a queda do homem, o trabalho-punição recebeu um valor de penitência e resgate. Não é uma lei da natureza que força o homem a trabalhar, mas sim o efeito de uma maldição. A terra é inocente dessa esterilidade onde acabaria por adormecer se o homem permanecesse ocioso: "A terra não tinha pecado, e se ela é maldita é por causa do trabalho do homem maldito que a cultiva; não se tira nenhum fruto dela, sobretudo o mais necessário, a não ser pela força e através de contínuos trabalhos."[97]

A obrigação do trabalho não está ligada a nenhuma confiança na natureza, e não é nem mesmo por uma obscura fidelidade que a terra deve recompensar o trabalho do homem. O tema é constante entre os católicos, bem como entre os reformistas: o trabalho não produz, ele próprio, seus frutos. Colheita e riqueza não estão ao final de uma dialética do trabalho e da natureza. Esta é a advertência de Calvino: "Não acreditemos que os homens, mesmo vigilantes e hábeis, mesmo tendo cumprido seus deveres, consigam fazer férteis suas terras: é a bênção de Deus que governa tudo."[98] E Bossuet, por sua vez, reconhece esse perigo do trabalho que continuaria infecundo se Deus não interviesse com sua benevolência: "A cada instante, a esperança da colheita e o fruto único de todos nossos trabalhos podem escapar-nos; estamos à mercê do céu inconstante que faz chover sobre a delicada espiga."[99] Esse trabalho precário, ao qual a natureza nunca está obrigada a responder – a não ser por vontade particular de Deus –, é, no entanto, rigorosamente, obrigatório: não ao nível das sínteses naturais, mas ao nível das sínteses morais. O pobre que, sem consentir em "atormentar" a terra, esperasse que Deus viesse em sua ajuda, pois este prometeu alimentar os pássaros do céu, estaria desobedecendo à grande lei das Escrituras: "Não tentarás o Eterno, teu Senhor." Não querer trabalhar, não é "pôr à prova o poder de Deus"?[100] É procurar obrigá-lo a fazer o milagre[101], Isso quando o milagre é outorgado diariamente ao homem como recompensa gratuita de seu trabalho. Se é verdade que o trabalho não está inscrito entre as leis da natureza, ele está envolvido na ordem do mundo decaído. É por isso que a ociosidade é revolta – a pior de todas, num certo sentido, pois ela espera que a natureza seja generosa como na inocência dos primórdios e quer obrigar uma Bondade à qual o homem não tem mais direito depois de Adão. O orgulho foi o pecado do homem antes da queda; mas o pecado da ociosidade é o supremo orgulho do homem caído, o inútil orgulho da miséria. Em nosso mundo, no qual a terra só é fértil em espinheiros e ervas daninhas, esse é o pecado por excelência. Na Idade Média, o grande pecado, *radix malorum omnium*, foi a soberba. A acreditar-se em Huizinga, houve um tempo, na aurora da Renascença, em que o pecado supremo assumiu a forma da Avareza, *a cicca cupidigia* de Dante[102]. Todos os textos do século XVII anunciam, pelo contrário, o infernal triunfo da Preguiça: é ela agora que conduz a ronda dos vícios e os provoca. Não nos esqueçamos de que, segundo o édito de criação, o Hospital

Geral deve impedir "a mendicância e a ociosidade como fontes de todas as desordens". Bourdaloue faz eco a essas condenações da preguiça, miserável orgulho do homem caído: "O que significa portanto, ainda uma vez, essa desordem da vida ociosa? Entendendo bem a Santo Ambrósio, é uma segunda revolta da criatura contra Deus."[103] O trabalho nas casas de internamento assume assim uma significação ética: dado que a preguiça tornou-se a forma absoluta da revolta, obrigam-se os ociosos ao trabalho, no lazer indefinido de um labor sem utilidade nem proveito.

É numa certa experiência do trabalho que se formulou a exigência, indissoluvelmente econômica e moral, do internamento. Trabalho e ociosidade traçaram no mundo clássico uma linha divisória que substituiu a grande exclusão da lepra. O asilo ocupou rigorosamente o lugar do leprosário na geografia dos locais assombrados, bem como nas paisagens do universo moral. Retomaram-se os velhos ritos da excomunhão, mas no mundo da produção e do comércio. É nesses lugares da ociosidade maldita e condenada, nesse espaço inventado por uma sociedade que decifrava na lei do trabalho uma transcendência ética, que a loucura vai aparecer e rapidamente desenvolver-se ao ponto de anexá-los. Dia chegará em que ela poderá recolher essas praias estéreis da ociosidade através de uma espécie de antiquíssimo e obscuro direito de herança. O século XIX aceitará, e mesmo exigirá, que se atribuam exclusivamente aos loucos esses lugares nos quais 150 anos antes se pretendeu alojar os miseráveis, vagabundos e desempregados.

O fato de os loucos terem sido envolvidos na grande proscrição da ociosidade não é indiferente. Desde o começo eles terão seu lugar ao lado dos pobres, bons ou maus, e dos ociosos, voluntários ou não. Como estes, serão submetidos às regras do trabalho obrigatório; e mais de uma vez aconteceu de eles retirarem sua singular figura dessa coação uniforme. Nos ateliês em que eram confundidos com os outros, distinguiram-se por si sós através de sua incapacidade para o trabalho e incapacidade de seguir os ritmos da vida coletiva. A necessidade de conferir aos alienados um regime especial, descoberta no século XVIII, e a grande crise da internação que precede de pouco à Revolução, estão ligadas à experiência da loucura que se pôde ter com a obrigação geral do trabalho[104]. Não se esperou o século XVII para "fechar" os loucos, mas foi nessa época que se começou a "interná-los", misturando-os a toda uma população com a qual se lhes reconhecia algum parentesco. Até a Renascença, a sensibilidade à loucura estava ligada à presença de transcendências imaginárias. A partir da era clássica, e pela primeira vez, a loucura é percebida através de uma condenação ética da ociosidade e numa imanência social garantida pela comunidade de trabalho. Essa comunidade adquire um poder ético de divisão que lhe permite rejeitar, como num outro mundo, todas as formas da inutilidade social. É nesse *outro mundo*, delimitado pelos poderes sagrados do labor, que a loucura vai adquirir esse estatuto que lhe reconhecemos. Se existe na loucura clássica alguma coisa que fala de *outro lugar e de outra coisa*, não é porque o louco vem de um outro céu, o do insano, ostentando seus signos. É porque ele atravessa por conta própria as fronteiras da ordem burguesa, alienando-se fora dos limites sacros de sua ética.

■ ■

Com efeito, a relação entre a prática do internamento e as exigências do trabalho não é definida inteiramente – longe disso – pelas condições da economia. Sustenta-a e anima-a uma percepção moral. Quando o *Board of Trade* publicou seu relatório sobre os pobres, onde eram propostos os meios de "torná-los úteis ao público", deixou-se bem claro que a origem da pobreza não era nem a escassez dos gêneros nem o desemprego, mas o "esmorecimento da disciplina e a frouxidão dos costumes"[105]. O édito de 1656, também ele, ostentava estranhas ameaças em meio a suas denúncias morais: "A libertinagem dos mendigos chegou a um ponto extremado através de um infeliz abandono a todas as espécies de crimes, que atraem a maldição de Deus sobre os Estados quando não punidos." Essa "libertinagem" não é aquela que se pode definir através da grande lei do trabalho, mas sim uma libertinagem moral: "Tendo a experiência mostrado às pessoas que se ocuparam com as obras de caridade que vários dentre eles, de um e outro sexo, moram juntos sem casamento, que muitos de seus filhos não são batizados, e que vivem quase todos na ignorância da religião, no desprezo pelos sacramentos e no hábito contínuo de todas as espécies de vícios." Do mesmo modo, o Hospital Geral não tem o aspecto de um simples refúgio para aqueles que a velhice, a enfermidade ou a doença impedem de trabalhar; ele não terá simplesmente o aspecto de um ateliê de trabalho forçado, mas antes o de uma instituição moral encarregada de castigar, de corrigir uma certa "falha" moral que não merece o tribunal dos homens, mas que não poderia ser corrigida apenas pela severidade da penitência. O Hospital Geral tem um estatuto ético. É desse encargo moral que se revestem seus diretores, e é-lhes atribuído todo o aparelho jurídico e material da repressão: "Têm todo o poder de autoridade, de direção, de administração, de polícia, jurisdição, correção e punição; e para que realizem sua tarefa, põe-se-lhes à disposição 'pelourinhos e golilhas, prisões e celas-fortes'".[106]

E, no fundo, é nesse contexto que a obrigação do trabalho assume um sentido: simultaneamente exercício ético e garantia moral. Vale como ascese, como punição, como signo de uma certa atitude do coração. O prisioneiro que pode e quer trabalhar será libertado não tanto pelo fato de ser novamente útil à justiça, mas porque de novo aderiu ao grande pacto ético da existência humana. Em abril de 1684, um ordenamento cria no interior do hospital uma seção para rapazes e moças com menos de 25 anos; esclarece-se que o trabalho deve ocupar a maior parte do dia e ser acompanhado pela "leitura de alguns livros pios". Mas o regulamento define o caráter puramente repressivo desse trabalho, distante de toda preocupação de produção: "Serão obrigados a trabalhar tanto e tão rudemente quanto o permitirem suas forças e os lugares onde estiverem." É assim, e apenas assim, que será possível ensinar-lhes uma profissão "conveniente a seu sexo e inclinações", na medida em que o zelo demonstrado nos primeiros exercícios permita "avaliar que querem corrigir-se". Toda falta "será punida com uma diminuição da comida, aumento de trabalho, prisão e outras penas usuais nos ditos hospitais, tal como seus diretores considerarem razoável"[107]. Basta ler o "regulamento geral do que deve ser a vida diária na Casa de Saint-Louis da Salpêtrière"[108] para compreender que a própria exigência do trabalho está subordinada a um exercício de reforma e coação morais que proporciona, se não o sentido último, pelo menos a justificativa essencial da internação.

Fenômeno importante essa invenção de um lugar de coação onde a moral grassa através de uma disposição administrativa. Pela primeira vez, instauram-se estabelecimentos de moralidade nos quais ocorre uma surpreendente síntese entre obrigação moral e lei civil. A ordem dos Estados não sofre mais a desordem dos corações. Por certo, não é a primeira vez na cultura europeia que a falta moral, mesmo em sua forma mais privada, assume o aspecto de um atentado contra as leis escritas ou não escritas da cidade. Mas nessa grande internação da era clássica, o essencial e o evento novo é que a lei não mais condena: interna-se nas cidadelas da moralidade pura, onde a lei que deveria imperar sobre os corações será aplicada sem compromissos nem amenidades, sob as espécies rigorosas da coação física. Supõe-se uma sorte de reversibilidade da ordem moral dos princípios à ordem física, uma possibilidade de passar da primeira para a segunda sem resíduos, nem coações, nem abuso do poder. A aplicação exaustiva da lei moral não pertence tampouco à ordem das realizações; ela pode efetuar-se a partir do nível das sínteses sociais. A moral se deixa administrar assim como o comércio ou a economia.

Vê-se assim inscrever-se nas instituições da monarquia absoluta – naquelas mesmas que durante longo tempo permaneceram como símbolo de arbitrariedade – a grande ideia burguesa, e logo republicana, segundo a qual também a virtude é um assunto de Estado, que é possível fazê-la imperar através de decretos e estabelecer uma autoridade a fim de ter-se a certeza de que será respeitada. Os muros da internação encerram de certo modo o lado negativo dessa cidade moral, com a qual a consciência burguesa começa a sonhar no século XVII: cidade moral destinada aos que gostariam, de saída, de esquivar-se dela, cidade onde o direito impera apenas através de uma força contra a qual não cabe recurso – uma espécie de soberania do bem em que triunfa apenas a ameaça, e onde a virtude (tanto ela tem seu prêmio em si mesma) só tem por recompensa o fato de escapar ao castigo. À sombra da cidade burguesa nasce essa estranha república do bem imposta pela força a todos os suspeitos de pertencer ao mal. É o avesso do grande sonho e da grande preocupação da burguesia na época clássica: as leis do Estado e as leis do coração finalmente identificadas umas com as outras. "Que nossos políticos se dignem interromper suas elucubrações... e que saibam que se tem tudo com o dinheiro, exceção feita dos costumes e dos cidadãos."[109]

Não será esse o sonho que parece ter assombrado os fundadores da casa de internamento de Hamburgo? Um dos diretores deve zelar para que "todos os que estão na casa exerçam seus deveres religiosos e neles sejam instruídos... O mestre-escola deve instruir as crianças na religião e exortá-las, encorajá-las a ler, em seus momentos de lazer, diversas partes das Santas Escrituras. Deve ensiná-las a ler, escrever, contar, a serem honestas e decentes com aqueles que visitam a casa. Deve fazer com que assistam aos ofícios divinos, e que neles se comportem moderadamente"[110]. Na Inglaterra, o regulamento das *workhouses* concede um bom lugar à vigilância dos costumes e à educação religiosa. Assim é que para a casa de Plymouth se previu a nomeação de um *schoolmaster* que deve responder à tríplice condição de ser "pio, sóbrio e discreto"; todas as manhãs e todas as tardes, numa hora fixa, terá por encargo presidir às orações; todo sábado, à tarde, e todos os feriados, deverá dirigir-se aos internos, exortá-los e instruí-los com os "elementos fundamentais da religião protestante, conforme a doutrina da Igreja anglicana"[111]. Hamburgo ou Plymouth, *Zuchthäusern* e *workhouses* – em toda a Europa protestante edificam-se essas fortalezas da ordem moral nas quais se ensina, da religião, aquilo que é necessário para o descanso das cidades.

Em terras católicas, a finalidade é a mesma, mas o domínio religioso é um pouco mais acentuado. A obra de São Vicente de Paula é testemunha disso.

A finalidade principal que permitiu que para cá se retirassem as pessoas, excluindo-as do turbilhão do mundo aberto e fazendo-as penetrar nesta solidão na qualidade de pensionistas, foi apenas a de subtraí-los à escravidão do pecado, impedi-los de serem para sempre danados e dar-lhes um meio de gozar de um pleno contentamento nesta vida e na outra, fazendo eles o possível para adorar em tudo isso a divina providência... A experiência só nos convence, infelizmente, de que a origem do desregramento que hoje vemos imperar entre a juventude reside apenas no grau de falta de instrução e de docilidade para com as coisas espirituais, preferindo antes seguir suas más inclinações do que as santas inspirações de Deus e os caridosos conselhos de seus pais.

Trata-se, portanto, de liberar os pensionistas de um mundo que é, para a fraqueza de que se revestem, apenas um convite ao pecado, trazê-los para uma solidão onde só terão por companheiros os "anjos da guarda" encarnados na presença cotidiana de seus vigias: estes, com efeito, "proporcionam-lhes os mesmos bons ofícios que lhes prestam, de modo invisível, seus anjos da guarda, a saber, instruí-los, consolá-los e proporcionar-lhes a salvação"¹¹². Nas casas de Caridade, toma-se o maior cuidado com essa ordenação da vida e das consciências, que no decorrer do século XVIII aparecerá de modo cada vez mais claro como a razão de ser da internação. Em 1765, estabelece-se um novo regulamento para a Caridade de Château-Thierry. Nele se esclarece que "o prior visitará todos os prisioneiros pelo menos uma vez por semana, um após o outro e separadamente, a fim de consolá-los e convocá-los para uma conduta melhor, e assegurar-se pessoalmente de que são tratados como o devem ser; o subprior fará o mesmo todos os dias"¹¹³.

Todas essas prisões da ordem moral poderiam ter ostentado essa divisa que Howard, mais uma vez, pôde ler na de Mayence: "Se foi possível submeter os animais ferozes, não se deve desesperar de corrigir o homem que se perdeu."¹¹⁴ Para a Igreja católica, bem como para os países protestantes, a internação representa, sob a forma de um modelo autoritário, o mito da felicidade social: uma polícia cuja ordem seria inteiramente transparente aos princípios da religião, e uma religião cujas exigências seriam satisfeitas, sem restrições, nas regras da polícia e nas coações com que se pode armar. Existe, nessas instituições, como que uma tentativa de demonstrar que a ordem pode ser adequada à virtude. Nesse sentido, a "internação" oculta ao mesmo tempo uma metafísica da cidade e uma política da religião; ela se situa, como um esforço de síntese tirânica, nessa distância que separa o jardim de Deus das cidades que os homens, escorraçados do Paraíso, construíram com suas próprias mãos. A casa de internamento na era clássica configura o símbolo mais denso dessa "polícia" que se concebia a si própria como o equivalente civil da religião para a edificação de uma cidade perfeita. Todos os temas morais do internamento não estão presentes nesse texto do *Traité de police* em que Delamare vê na religião "a primeira e a principal" das matérias que constituem o trabalho da polícia?

Seria mesmo possível acrescentar "único" trabalho, se fôssemos sábios o suficiente para desempenhar com perfeição todos os deveres que ela nos prescreve. Nesse caso, sem outra ocupação, não mais haveria corrupção nos costumes; a temperança afastaria as doenças; a assiduidade ao trabalho, a frugalidade e uma sábia previdência forneceriam sempre as coisas necessárias à vida; com a caridade banindo os vícios, a tranquilidade pública estaria assegurada; a humildade e a simplicidade poriam de lado aquilo que há de inútil e perigoso nas ciências humanas; a boa-fé reinaria nas ciências e nas artes; ...os pobres seriam enfim socorridos voluntariamente e a mendicância, banida; é correto dizer que, sendo a religião bem observada, todas as outras funções da polícia estariam cumpridas... Assim é que com muita sabedoria todos os legisladores basearam na Religião a felicidade e a duração dos Estados.[115]

■ ■

A internação é uma criação institucional própria ao século XVII. Ela assumiu, desde o início, uma amplitude que não lhe permite uma comparação com a prisão tal como essa era praticada na Idade Média. Como medida econômica e precaução social, ela tem valor de invenção. Mas na história do desatino, ela designa um evento decisivo: o momento em que a loucura é percebida no horizonte social da pobreza, da incapacidade para o trabalho, da impossibilidade de integrar-se no grupo; o momento em que começa a inserir-se no texto dos problemas da cidade. As novas significações atribuídas à pobreza, a importância dada à obrigação do trabalho e todos os valores éticos a ele ligados determinam a experiência que se faz da loucura e modificam-lhe o sentido.

Nasceu uma sensibilidade, que traçou uma linha, determinou um limiar, e que procede a uma escolha, a fim de banir. O espaço concreto da sociedade clássica reserva uma região de neutralidade, uma página em branco onde a vida real da cidade se vê em suspenso: nela, a ordem não mais enfrenta livremente a desordem, a razão não mais tenta abrir por si só seu caminho por entre tudo aquilo que pode evitá-la ou que tenta recusá-la. Ela impera em estado puro, num triunfo que lhe é antecipadamente preparado sobre um desatino desenfreado. Com isso, a loucura é arrancada a essa liberdade imaginária que a fazia florescer ainda nos céus da Renascença. Não faz muito tempo, ela se debatia em plena luz do dia: é o *Rei Lear*, era *Dom Quixote*. Mas em menos de meio século ela se viu reclusa e, na fortaleza do internamento, ligada à Razão, às regras da moral e a suas noites monótonas.

3. O Mundo Correcional

Do outro lado desses muros do internamento, não se encontram apenas a pobreza e a loucura, mas rostos, bem mais variados, e silhuetas cuja estatura comum nem sempre é fácil de reconhecer.

É evidente que o internamento, em suas formas primitivas, funcionou como um mecanismo social, e que esse mecanismo atuou sobre uma área bem ampla, dado que se estendeu dos regulamentos mercantis elementares ao grande sonho burguês de uma cidade onde imperaria a síntese autoritária da natureza e da virtude. Daí a supor que o sentido do internamento se esgota numa obscura finalidade social que permite ao grupo eliminar os elementos que lhe são heterogêneos ou nocivos, há apenas um passo. O internamento seria assim a eliminação espontânea dos "a-sociais"; a era clássica teria neutralizado, com segura eficácia – tanto mais segura quanto cega – aqueles que, não sem hesitação, nem perigo, distribuímos entre as prisões, casas de correção, hospitais psiquiátricos ou gabinetes de psicanalistas. Foi isso, em suma, o que pretendeu demonstrar, no começo do século, todo um grupo de historiadores[1], se esse termo não for, no mínimo, exagerado. Se eles tivessem sabido isolar o liame evidente que liga a polícia do internamento à política mercantil, é bem provável que teriam encontrado nesse ponto um argumento suplementar em favor de sua tese. Talvez o único argumento sério e que mereceria um exame. Teriam podido mostrar sobre que fundo de sensibilidade social a consciência médica da loucura pôde formar-se, e até que ponto ela lhe permanece ligada, dado que é essa sensibilidade que serve como elemento regulador quando se trata de decidir sobre uma internação ou libertação.

De fato, semelhante análise pressuporia a persistência imóvel de uma loucura já dotada de seu eterno equipamento psicológico, mas cuja verdade exigiria um longo tempo para ser isolada. Ignorada há séculos, ou pelo menos mal conhecida, a era clássica teria começado a apreendê-la de modo obscuro como desorganização da família, desordem social, perigo para o Estado. E aos poucos, essa primeira percepção se teria organizado, e finalmente aperfeiçoado, numa consciência médica que teria formulado como doença da natureza aquilo que até então era reconhecido apenas como mal-estar da sociedade. Seria necessário, assim, supor uma espécie de ortogênese que fosse da experiência social ao conhecimento científico, progredindo surdamente da consciência de grupo à ciência positiva, sendo aquela apenas a forma oculta desta, e como que seu vocabulário balbuciante. A experiência social, conhecimento aproximado, seria da mesma natureza que o próprio conhecimento, e já a caminho de sua perfeição[2]. Por essa mesma razão, o objeto do saber lhe preexiste, dado que já era ele que era apreendido, antes de ser rigorosamente delimitado por uma ciência positiva: em sua solidez intemporal, ele permanece abrigado da história, retirado numa verdade que continua em estado de vigília até o despertar total da positividade.

Mas não é de todo certo que a loucura tenha esperado, recolhida em sua imóvel identidade, o aperfeiçoamento da psiquiatria a fim de passar de uma existência obscura para a luz da verdade. Não é inquestionável também, por outro lado, que era à loucura, ainda que de modo implícito, que se dirigiam as medidas de internamento. Não é inquestionável, enfim, que, ao refazer no limiar da era clássica o gesto bem amigo da segregação, o mundo moderno tenha desejado eliminar aqueles que – quer mutação espontânea, quer variedade da espécie – manifestavam-se como "a-sociais". É fato que nos internos do século XVIII podemos encontrar uma semelhança com nossa personagem contemporânea do a-social, mas ela provavelmente pertence apenas à ordem do resultado, pois essa personagem foi suscitada pelo próprio gesto da segregação. Chegou o dia em que esse homem, que partiu de todos os países da Europa para um mesmo exílio por volta da metade do século XVII, foi reconhecido como estranho à sociedade que o havia escorraçado e irredutível a suas exigências; ele se tornou então, para maior tranquilidade de nosso espírito, o candidato indiferençado a todas as prisões, a todos os asilos, a todos os castigos. Na realidade, não é mais que o esquema de exclusões superpostas.

Esse gesto que proscreve é tão abrupto quanto aquele que isolou os leprosos; porém, não mais do que aconteceu com este, seu sentido não deve ser procurado em seu resultado. Os leprosos não foram caçados a fim de impedir o contágio; por volta de 1657, a centésima parte da população de Paris não foi internada a fim de que a cidade se livrasse dos "a-sociais". Esse gesto tinha, sem dúvida, outro alcance: ele não isolava estranhos desconhecidos, durante muito tempo evitados por hábito; criava-os, alterando rostos familiares na paisagem social a fim de fazer deles figuras bizarras que ninguém reconhecia mais. Suscitava o Estrangeiro ali mesmo onde ninguém o pressentira. Rompia a trama, desfazia familiaridades; através dele, algo no homem foi posto fora do horizonte de seu alcance, e indefinidamente recuado em nosso horizonte. Resumindo, pode-se dizer que esse gesto foi criador de alienação.

Nesse sentido, refazer a história desse processo de banimento é fazer a arqueologia de uma alienação. O que se trata então de determinar não é qual a categoria patológica ou policial assim abordada, o que pressupõe sempre a existência dessa alienação como um dado; é necessário saber como esse gesto foi realizado, isto é, que operações se equilibram na totalidade por ele formada, de que horizontes diversos provinham aqueles que partiram juntos sob o golpe da mesma segregação, e que experiência o homem clássico fazia de si mesmo no momento em que alguns de seus perfis mais costumeiros começavam a perder, para ele, sua familiaridade e sua semelhança com aquilo em que ele reconhecia sua própria imagem. Se esse decreto tem um sentido, através do qual o homem moderno designou no louco sua própria verdade *alienada*, é na medida em que se constituiu, bem antes de o homem apoderar-se dele e simbolizá-lo, esse campo da alienação onde o louco se vê banido, entre tantas outras figuras que para nós não mais têm parentesco com ele. Esse campo foi realmente circunscrito pelo espaço do internamento; e a maneira pela qual foi formado deve indicar-nos como se constituiu a experiência da loucura.

■ ■

Uma vez efetuada, em toda a Europa, a grande Internação, que é que se encontra nessas cidadelas do exílio construídas às portas das cidades? Que é que se encontra formando uma companhia e como que um parentesco com os loucos ali internados, de onde eles terão tanto trabalho para se libertar ao final do século XVIII?

Um recenseamento de 1690 enumera mais de três mil pessoas na Salpêtrière, grande parte constituída por indigentes, vagabundos e mendigos. Mas nos "quartéis" há elementos diversos cujo internamento não se explica, ou não se explica apenas pela pobreza: em Saint-Théodore há 41 prisioneiras por cartas régias; oito "pessoas ordinárias" na casa de detenção; vinte "mulheres caducas" em Saint-Paul; Madeleine contém 91 "velhas senis ou enfermas"; o de Sainte-Geneviève, oitenta "velhas infantis"; o de Saint-Levège, 72 pessoas epiléticas; Saint-Hilaire, oitenta mulheres senis; Sainte-Catherine, 69 "inocentes malformados e disformes"; as loucas estão divididas entre Sainte-Elizabeth, Sainte-Jeanne e nos calabouços, conforme tenham apenas "o espírito fraco" ou uma loucura que se manifeste a intervalos, ou sejam loucas violentas. Enfim, 22 "moças incorrigíveis" foram postas, por essa mesma razão, na Correção[3].

Essa enumeração é apenas exemplificativa. A população de Bicêtre é igualmente variada a ponto de, em 1737, tentar-se uma divisão racional em cinco "empregos": no primeiro, a casa de detenção, os calabouços, as celas de loucos e as celas para os internados por cartas régias; o segundo e o terceiro "empregos" são reservados aos "pobres bons", bem como aos "grandes e pequenos paralíticos", sendo os alienados e os loucos colocados no quarto; o quinto grupo, para os doentes venéreos, convalescentes e crianças da correição[4]. Quando visita a casa de trabalho de Berlim, em 1781, Howard encontra mendigos, "preguiçosos, intrujões e libertinos, doentes e criminosos, velhos indigentes e crianças"[5]. Durante um século e meio, em toda a Europa, o internamento realiza sua função monótona: as faltas são diminuídas, os sofrimentos aliviados. De 1650 à época de Tuke, Wagnitz e

Pinel, os Frades Saint-Jean de Deus, os Congregados de Saint-Lazare e os guardiões de Bethlem, de Bicêtre e das *Zuchthäusern* declinam ao longo de seus registros as litanias do internamento: "debochado", "imbecil", "pródigo", "enfermo", "espírito arruinado", "libertino", "filho ingrato", "pai dissipador", "prostituta", "insano"[6]. Entre todos, nenhum indício de alguma diferença: apenas a mesma desonra abstrata. O espanto pelo fato de doentes terem sido fechados, por ter-se confundido loucos com criminosos, surgirá mais tarde. Por ora, estamos diante de um fato uniforme.

As diferenças são agora claras para todos: a consciência indistinta que os confunde dá-nos a impressão de uma ignorância. No entanto, ela é um fato positivo. Manifesta, ao longo da era clássica, uma experiência original e irredutível; designa um estranho domínio que nos é fechado, estranhamente silencioso quando se pensa que foi a primeira pátria da loucura moderna. Não é nosso saber que se tem de interrogar a respeito daquilo que nos parece ignorância, mas sim essa experiência a respeito do que ela sabe sobre si mesma e sobre o que pôde formular com relação a si própria. Nesse caso se verá em que espécie de familiaridade a loucura se viu presa, e da qual ela aos poucos se libertou sem com isso romper com parentescos tão perigosos.

Pois o internamento não representou apenas um papel negativo de exclusão, mas também um papel positivo de organização. Suas práticas e suas regras constituíram um domínio de experiência que teve sua unidade, sua coerência e sua função. Ele aproximou, num campo unitário, personagens e valores entre os quais as culturas anteriores não tinham percebido nenhuma semelhança. Imperceptivelmente, estabeleceu uma gradação entre eles na direção da loucura, preparando uma experiência – a nossa – na qual se farão notar como já integrados ao domínio pertencente à alienação mental. A fim de que essa aproximação fosse feita, foi necessária toda uma reorganização do mundo ético, novas linhas de divisão entre o bem e o mal, o reconhecido e o condenado, e o estabelecimento de novas normas na integração social. O internamento é apenas o fenômeno desse trabalho em profundidade, que constitui um corpo unitário com todo o conjunto da cultura clássica. Com efeito, há certas experiências que o século XVI havia aceitado ou recusado, que ele havia formulado ou, pelo contrário, deixado à margem, e que, agora, o século XVII vai retomar, agrupar e banir com um único gesto, mandando-as para o exílio onde estarão próximas da loucura – formando, com isso, um mundo uniforme do Desatino. É possível resumir essas experiências dizendo que elas todas dizem respeito à sexualidade em suas relações com a organização da família burguesa, seja na profanação em seus relacionamentos com a nova concepção do sagrado e dos ritos religiosos, seja na "libertinagem", isto é, nas novas relações que começam a se instaurar entre o pensamento livre e o sistema das paixões. Esses três domínios de experiência constituem com a loucura, no espaço do internamento, um mundo homogêneo que é aquele onde a alienação mental assumirá o sentido que lhe conhecemos. Ao final do século XVIII, tornar-se-á evidente – uma dessas evidências não formuladas – que certas formas de pensamento "libertino", como a de Sade, têm algo a ver com o delírio e a loucura; admitir-se-á, de um modo igualmente fácil, que magia, alquimia, práticas de profanação ou ainda certas formas de sexualidade mantêm um parentesco direto com o desatino e a doença mental. Tudo isso entrará para o rol dos signos maiores da loucura, e ocupará seu lugar entre suas manifestações mais essenciais. Mas, a fim de que se constituíssem essas unidades significativas a nossos olhos, foi necessária essa transformação, realizada pelo classicismo, nas relações que a loucura mantém com todo o domínio da experiência ética.

■ ■

Desde os primeiros meses do internamento, os doentes venéreos pertencem de pleno direito ao Hospital Geral. Os homens são mandados para Bicêtre e as mulheres para a Salpêtrière. Era proibido aos médicos do Hôtel-Dieu recolhê-los e cuidar deles. Se, excepcionalmente, ali se aceitam as mulheres grávidas, elas que não esperem ser tratadas como as outras: para o parto terão a assistência apenas de um cirurgião aprendiz. Portanto, o Hospital Geral deve receber os "estragados", mas não os aceita sem formalidades: é preciso pagar sua dívida para com a moral pública, e deve-se estar preparado, nas sendas do castigo e da penitência, para voltar a uma comunhão da qual se foi expulso pelo pecado. Portanto, não é possível ser admitido no bairro do "grande mal" sem um atestado: não um bilhete de confissão, mas um certificado de punição. Assim decidiu, após deliberar, o *bureau* do Hospital Geral em 1679: "Todos os acometidos pela doença venérea somente serão recebidos sob a condição de se sujeitarem à correção, antes de mais nada, e a chicotadas, o que será certificado pela sua nota de envio."[7]

No princípio, os doentes venéreos tinham sido tratados do mesmo modo que as vítimas dos outros grandes males – tais como "a fome, a peste e as outras pragas" – a respeito dos quais Maximiliano dizia, na Dieta de Worms, em 1495, que tinham sido enviados por Deus para castigo dos homens. Castigo que tinha um valor universal e que não sancionava nenhuma imoralidade em particular. Em Paris, os atingidos pelo "mal de Nápoles" eram recebidos no Hôtel-Dieu; como em todos os outros hospitais do mundo católico, eram taxados apenas com uma pura e simples confissão: e com isso sua sorte era a mesma da de qualquer outro doente. É ao final da Renascença que se começa a vê-los com novos olhos. A acreditar em Thierry de Héry, nenhuma causa geralmente alegada, nem o ar poluído, tampouco a infecção das águas, podem explicar semelhante doença:

> Portanto, devemos atribuir sua origem à indignação e permissão do criador e provedor de todas as coisas, o qual, para referir à volúpia demasiado lasciva, petulante e libidinosa dos homens, permitiu que tal doença imperasse entre eles, como vingança e punição pelo enorme pecado da luxúria. Foi assim que Deus ordenou a Moisés que jogasse pólvora ao ar na presença do Faraó a fim de que em toda a terra do Egito os homens e outros animais ficassem cobertos por apostemas.[8]

Havia mais de duzentos doentes desse tipo no Hôtel-Dieu quando se decidiu excluí-los de lá, por volta de 1590. E ei-los proscritos, partindo para um exílio que não é em absoluto um isolamento terapêutico, mas sim uma segregação. De início, são abrigados perto de Notre-Dame em alguns casebres de madeira. Depois exilam-nos para os limites da cidade, em Saint-Germain-des-Prés; mas custam muito caro e fazem desordens. São novamente admitidos, não sem dificuldades, nas salas do Hôtel-Dieu, até que enfim encontram asilo entre os muros dos hospitais gerais[9].

É então, e somente então, que se codificou todo esse cerimonial onde se reúnem, com uma mesma intenção purificadora, as chicotadas, os medicamentos tradicionais e o sacramento da penitência. A intenção do castigo, e do castigo individual, torna-se então bastante precisa. O flagelo perdeu seu caráter apocalíptico: ele designa, de modo bastante localizado, uma culpabilidade. Mais ainda, o "grande mal" só exige esses ritos de purificação porque se origina nas desordens do coração, e porque pode ser assimilado ao pecado definido pela intenção deliberada de pecar. O regulamento do Hospital Geral não deixa subsistir equívoco algum: as medidas prescritas só valem, "bem entendido", para "aqueles ou aquelas que contraíram esse mal por sua própria desordem ou devassidão, e não para aqueles que o contraíram pelo casamento ou de outro modo, tal como a mulher através do marido, ou a ama através da criança"[10]. Esse mal não é mais encarado sob a perspectiva de um destino do mundo; ele se reflete na lei transparente de uma lógica das intenções.

Feitas essas distinções, e aplicados os primeiros castigos, o Hospital aceita os doentes venéreos. Para falar a verdade, empilham-nos ali. Em 1781, 138 homens ocuparão sessenta leitos em Saint-Eustache de Bicêtre; a Salpêtrière dispunha de 125 leitos na Misericórdia para 224 mulheres. Deixa-se que morram aqueles que estão em estado extremo. Aos outros, aplicam-se os "Grandes Remédios": nunca mais e raramente menos que seis semanas de cuidados. Começa-se, naturalmente, com uma sangria, logo seguida por uma purgação; destina-se uma semana aos banhos, à razão de duas horas por dia, aproximadamente; purga-se outra vez e, para encerrar essa primeira fase do tratamento, impõe-se uma boa e completa confissão. Podem começar então as fricções com mercúrio, toda a eficácia de que dispõem; prolongam-se por um mês, em cujo término duas purgações e uma sangria devem expulsar os últimos humores morbíficos. Concedem-se quinze dias de convalescença. Depois, após ter acertado as contas definitivamente com Deus, o paciente é declarado curado e mandado embora.

Essa "terapêutica" revela surpreendentes paisagens imaginárias, e sobretudo uma cumplicidade da medicina com a moral, que atribui todo o sentido a essas práticas de purificação. Na era clássica, a doença venérea tornou-se mais uma impureza que uma doença; é por ela que se ordenam os males físicos. A percepção médica é de longe comandada por essa intuição ética. E mesmo, frequentemente, por ela apagada; se é preciso cuidar do corpo para eliminar o contágio, convém castigar a carne, pois é ela que nos liga ao pecado; e não apenas castigá-la, mas pô-la à prova e mortificá-la, não recear deixar nela vestígios dolorosos, porque a saúde transforma muito facilmente nosso corpo em ocasião para o pecado. Cuida-se da doença, mas arruína-se a saúde que favorece a falta: "Infelizmente, não me surpreendo por São Bernardo temer a saúde perfeita entre seus religiosos; ele sabia para onde ela conduz, se não se souber castigar o corpo como o apóstolo e reduzi-lo à servidão através das mortificações, do jejum e das orações."[11] O "tratamento" dos doentes venéreos é desse tipo: trata-se de remédio ao mesmo tempo contra a doença e contra a saúde – em favor do corpo, mas às custas da carne. E essa é uma ideia importante para compreender-se certas terapêuticas aplicadas, em gradação, à loucura, no decorrer do século XIX[12].

Durante 150 anos, os doentes venéreos vão ficar lado a lado com os insanos no espaço de uma mesma prisão; e vão atribuir a estes durante muito tempo um certo estigma – com o qual se trairá, para a consciência moderna, um obscuro parentesco que lhes destina a mesma sorte e os mesmos lugares no mesmo sistema de punição. As famosas *Petites-Maisons* da rua de Sèvres eram quase exclusivamente reservadas aos loucos e doentes venéreos – e isso até fins do século XVIII[13]. Esse parentesco entre as penas da loucura e a punição da devassidão não é um vestígio de arcaísmo na consciência europeia. Pelo contrário, ele se definiu no limiar do mundo moderno, dado que foi o século XVII que praticamente o descobriu. Ao inventar, na geometria imaginária de sua moral, o espaço do internamento, a época clássica acabava de encontrar ao mesmo tempo uma pátria e um lugar de redenção comuns aos pecados contra a carne e às faltas contra a razão. A loucura começa a avizinhar-se do pecado, e é talvez aí que se estabelecerá, por séculos, esse parentesco entre o desatino e a culpabilidade que o alienado experimenta hoje, como sendo um destino, e que o médico descobre como verdade da natureza. Nesse espaço factício, criado inteiramente em pleno século XVII, constituíram-se alianças obscuras que cento e tantos anos de psiquiatria dita "positiva" não conseguiram romper, alianças que se estabeleceram pela primeira vez, bem recentemente, na época do racionalismo.

É estranho que tenha sido justamente o racionalismo quem autorizou essa confusão entre o castigo e o remédio, essa quase-identidade entre o gesto que pune e o gesto que cura. Ele supõe um certo tratamento que, na articulação precisa entre a medicina e a moral, será ao mesmo tempo uma antecipação sobre os castigos eternos e um esforço na direção do restabelecimento da saúde. O que se procura no fundo é a artimanha da razão médica que faz o bem ao fazer o mal. E é essa busca que sem dúvida se deve ver nesta frase que São Vicente de Paula mandou inscrever à frente dos regulamentos de Saint-Lazare, ao mesmo tempo uma promessa e uma ameaça para todos os prisioneiros: "Considerando que seus sofrimentos temporais não os eximirão dos sofrimentos eternos ...", segue-se todo o sistema religioso de controle e repressão que, ao inscrever os sofrimentos temporais nessa ordem da penitência sempre reversível em termos de eternidade, pode e deve eximir o pecador dos sofrimentos eternos. A coação humana ajuda a justiça divina, esforçando-se por torná-la inútil. A repressão adquire assim uma dupla eficácia, na cura dos corpos e na purificação das almas. O internamento torna possível esses famosos remédios morais – castigos e terapêuticas – que serão a atividade principal dos primeiros asilos do século XIX e cuja fórmula Pinel dará antes de Leuret, ao assegurar que às vezes é bom "abalar fortemente a imaginação de um alienado e imprimir-lhe um sentimento de terror[14]".

O tema de um parentesco entre medicina e moral é sem dúvida tão velho quanto a medicina grega. Mas se o século XVII e a ordem da razão cristã inscreveram-nos em suas instituições, fizeram-no em sua forma menos grega possível: na forma da repressão, da coação, da obrigação de conseguir a salvação.

■ ■

A 24 de março de 1726, o tenente de polícia Hérault, assistido pelos "senhores que constituem o conselho de direção do Châtelet de Paris", torna público um julgamento ao final do qual "Étienne Benjamin Deschauffours é declarado devidamente culpado de ter cometido os crimes de sodomia mencionados no processo. Como reparação, e outros casos, o dito Deschauffours é condenado a ser queimado vivo na Place de Grève, suas cinzas jogadas ao vento, seus bens confiscados pelo Rei". A execução ocorreu no mesmo dia[15]. Foi, na França, uma das últimas condenações à pena máxima por sodomia[16]. Mas a consciência da época já se indignava bastante contra essa severidade, a ponto de Voltaire tê-la na memória ao redigir o verbete "Amor socrático" do *Dicionário Filosófico*[17]. Na maioria dos casos, quando a sanção não é o exílio em alguma província, é o internamento no Hospital, ou numa casa de detenção[18].

Isso constitui uma singular atenuação da pena, se a compararmos com a velha punição, *ignis et incendium*, prescrita por leis ainda não abolidas segundo as quais "aqueles que incorrem nesse crime são punidos com o fogo vivo. Essa pena, adotada por nossa jurisprudência, aplica-se tanto às mulheres quanto aos homens"[19]. Mas o que dá significação particular a essa nova indulgência para com a sodomia é a condenação moral e a sanção do escândalo que começa a punir a homossexualidade, em suas expressões sociais e literárias. A época em que pela última vez se queimam os sodomitas é exatamente a época em que desaparece, com o fim da "libertinagem erudita", todo um lirismo homossexual que a cultura da Renascença havia perfeitamente suportado. Tem-se a impressão de que a sodomia, outrora condenada pela mesma razão que a magia e a heresia, e no mesmo contexto de profanação religiosa[20], só é condenada agora por razões morais, junto com a homossexualidade. É essa que se torna, agora, a circunstância maior da condenação – somando-se às práticas da sodomia, ao mesmo tempo que nascia, com relação ao sentimento homossexual, uma sensibilidade escandalizada[21]. Confundem-se então duas experiências que, até então, haviam estado separadas: os interditos sagrados da sodomia e os equívocos amorosos da sexualidade. Uma mesma forma de condenação envolve uma e outra, traçando uma linha divisória inteiramente nova no domínio do sentimento. Forma-se assim uma unidade moral, liberada dos antigos castigos, nivelada no internamento e já próxima das formas modernas da culpabilidade[22]. A homossexualidade, à qual a Renascença havia concedido liberdade de expressão, vai doravante ser posta sob uma capa de silêncio e passar para o lado do proibido, herdando as velhas condenações de uma sodomia ora dessacralizada.

Doravante, novas relações se instauram entre o amor e o desatino. Em todo o movimento da cultura platônica, o amor havia sido dividido segundo uma hierarquia do sublime que o aparentava, segundo seu nível, seja a uma loucura cega do corpo, seja a uma grande embriaguez da alma na qual o Desatino é um poder do saber. Sob suas diferentes formas, amor e loucura distribuíam-se nas diversas regiões das gnoses. A era moderna, a partir do classicismo, estabelece uma escolha diferente: o amor racional e o desatinado. A homossexualidade pertence ao segundo. E assim, aos poucos, ela toma lugar entre as estratificações da loucura. Ela se instala no desatino na idade moderna, colocando no centro de toda sexualidade a exigência de uma escolha na qual nossa época repete incessantemente sua decisão. À luz de sua ingenuidade, a psicanálise viu acertadamente que toda loucura se enraíza em alguma sexualidade perturbada; mas isso só tem sentido na medida em que nossa cultura, por uma escolha que caracteriza seu classicismo, colocou a sexualidade na linha divisória do desatino. Em todos os tempos, e provavelmente em todas as culturas, a sexualidade foi integrada num sistema de coações; mas é apenas no nosso, e em data relativamente recente, que ela foi dividida de um modo tão rigoroso entre a Razão e o Desatino, e logo, por via de consequência e degradação, entre a saúde e a doença, o normal e o anormal.

Sempre dentro dessas categorias da sexualidade, seria necessário acrescentar tudo o que diz respeito à prostituição e à devassidão. É nesses dois campos que se recruta, na França, o povinho miúdo dos hospitais gerais. Como explica De La Mare, em seu *Traité de la Police*, "era preciso um remédio poderoso para livrar o público dessa corrupção, e não se pôde encontrar coisa melhor, mais rápida e mais segura do que uma casa de força para ali fechá-los e fazê-los viver sob uma disciplina proporcional a seus sexos, idades e faltas"[23]. O tenente de polícia tem o direito absoluto de prender sem processo toda pessoa que se entrega à devassidão pública, até que intervenha a sentença do Châtelet, então sem recurso[24]. Mas todas essas medidas só são tomadas se o escândalo é público ou se o interesse das famílias corre o risco de ver-se comprometido; trata-se, antes de mais nada, de evitar que o patrimônio seja dilapidado, ou que passe para mãos indignas[25]. Num certo sentido, o internamento e todo o regime policial que o envolve servem para controlar uma certa ordem na estrutura familiar, que vale ao mesmo tempo como regra social e norma da razão[26]. A família, com suas exigências, torna-se um dos critérios essenciais da razão; e é ela, sobretudo, que pede e obtém o internamento.

Assiste-se nessa época ao grande confisco da ética sexual através da moral da família. Confisco que não se faz sem debates ou reticências. Durante muito tempo o movimento "precioso" opôs-lhe uma recusa cuja importância moral foi considerável, ainda que seu efeito tenha sido precário e passageiro: o esforço por despertar os ritos do amor cortês, mantendo sua integridade para além das obrigações do casamento, a tentativa de estabelecer ao nível dos sentimentos uma solidariedade e como que uma cumplicidade sempre prestes a prevalecer sobre as ligações de família deviam finalmente fracassar diante do triunfo da moral burguesa. O amor dessacraliza-se através do contrato. Saint-Évremond sabe muito bem disso quando zomba das "preciosas"[27] para quem "o amor ainda é deus...; ele não suscita mais nenhuma paixão em suas almas; constitui, antes, uma espécie de religião"[28]. Logo desaparece essa inquietação ética que tinha sido comum ao espírito cortês e ao espírito "precioso", e à qual Molière responde, por sua classe e pelos séculos futuros: "O casamento é uma coisa santa e sagrada, e é próprio das pessoas honestas começar por esse ponto." Não é mais o amor que é sagrado, mas apenas o casamento, e diante do tabelião: "Fazer amor só com o contrato de casamento."[29] A instituição familiar traça o círculo de sua razão: para além dele surgem como ameaça todos os perigos do desatino; lá o homem se entrega à insanidade e a todos seus furores. "Infeliz a terra de onde saem continuamente uma fumaça tão espessa, vapores tão negros que se elevam dessas paixões tenebrosas, e que nos ocultam o céu e a luz; de onde partem também os clarões e os relâmpagos da justiça divina contra a corrupção do gênero humano."[30]

As velhas formas do amor ocidental são substituídas por uma nova sensibilidade: a que nasce da família e na família; ela exclui, como pertencendo à ordem do desatino, tudo aquilo que não é conforme à sua ordem ou ao seu interesse. Já podemos ouvir as ameaças de Mme. Jourdain: "Sois um louco, senhor meu marido, com todas as vossas fantasias." E mais adiante: "São meus direitos que estou defendendo, e terei a meu lado todas as mulheres."[31] Essas declarações não são vãs; a promessa feita será mantida. Um dia, a marquesa d'Espart poderá solicitar a interdição de seu marido apenas com algumas aparências de uma ligação contrária aos interesses de seu patrimônio; não perdeu ele sua razão, aos olhos da justiça?[32] Devassidão, prodigalidade, ligação inconfessável, casamento vergonhoso: tudo isso está entre os motivos mais numerosos do internamento. Esse poder de repressão, que não pertence inteiramente ao domínio da justiça nem exatamente ao da religião, esse poder arrancado diretamente à autoridade real não representa, no fundo, a arbitrariedade do despotismo, mas sim o caráter doravante rigoroso das exigências familiares. O internamento foi colocado pela monarquia absoluta à disposição da família burguesa[33]. Moreau o afirma claramente em seu *Discours sur la justice*, em 1771: "Uma família vê crescer em seu seio um indivíduo covarde, pronto a desonrá-la. Para subtraí-lo à infâmia, ela se apressa a antecipar, com seu próprio julgamento, o dos tribunais, e esta deliberação familiar é uma opinião que o soberano deve examinar favoravelmente."[34] É apenas no final do século XVIII, no ministério de Breteuil, que começa a haver uma oposição a esse princípio, e que o poder monárquico tenta dessolidarizar-se das exigências da família. A circular de 1784 declara: "O fato de uma pessoa maior de idade aviltar-se num casamento vergonhoso, ou arruinar-se através de gastos impensados, ou entregar-se aos excessos da devassidão e viver como um crápula, nada disso me parece constituir motivos suficientemente fortes para privar da liberdade aqueles que são *sui juris*."[35] No século XIX, o conflito entre o indivíduo e sua família torna-se assunto particular, e assumirá o aspecto de um problema psicológico. Durante todo o período do internamento, esse assunto esteve, no entanto, ligado à ordem pública; punha em causa uma espécie de estatuto moral universal – toda a cidade interessava-se pelo rigor da estrutura familiar. Todo aquele que feria essa estrutura passava para o mundo do desatino. E foi assim, tornando-se a forma maior da sensibilidade ao desatino, que a família, um dia, pôde constituir-se no *tópos* dos conflitos onde nascem as diversas formas da loucura.

Quando a época clássica internava todos aqueles que, em virtude de uma doença venérea, da homossexualidade, da devassidão ou da prodigalidade, manifestava uma liberdade sexual que a moral dos antepassados condenava (sem com isso nem sequer sonhar com assimilá-los, de perto ou de longe, aos insanos), ela estava realizando uma estranha revolução moral: descobria um denominador comum, a insanidade, para experiências que durante muito tempo estiveram bastante afastadas umas das outras. Agrupava todo um conjunto de condutas condenadas, formando uma espécie de halo de culpabilidade em torno da loucura. A psicopatologia inutilmente tentará reencontrar essa culpabilidade misturada na doença mental, dado que ela foi posta aí exatamente por esse obscuro trabalho preparatório que se realizou no decorrer do classicismo. Tanto isso é verdade, que nosso conhecimento científico e médico da loucura repousa implicitamente sobre a constituição anterior de uma experiência ética do desatino.

■ ■

Os costumes do internamento traem também a presença de outro agrupamento: o de todas as categorias da profanação.

Encontram-se nos registros observações como esta: "Um dos homens mais furiosos e sem nenhuma religião, que não vai à missa e não cumpre nenhum dos deveres do cristão, que invoca o santo nome de Deus em imprecações, dizendo que não existe um deus, mas que se existisse investiria contra ele de espada na mão."[36] Outrora, fúrias como essa teriam acarretado todos os perigos próprios da blasfêmia, e também os prestígios da profanação; adquiririam um sentido e uma seriedade no horizonte do sagrado. Durante muito tempo, em seus usos e abusos, a palavra esteve demasiado ligada aos interditos religiosos para que uma violência desse gênero não fosse encarada como próxima do sacrilégio. E até meados do século XVI as violências do verbo e do gesto ainda dependem das velhas penas religiosas: golilha, pelourinho, incisão nos lábios com ferro em brasa, seguida pela ablação da língua e enfim, em caso de nova reincidência, a fogueira. A Reforma e as lutas religiosas sem dúvida tornaram relativa a blasfêmia; a linha das profanações não é mais uma fronteira absoluta. Sob o reinado de Henrique IV, só se previam, de modo muito vago, multas, depois "punições exemplares e extraordinárias". Mas a Contrarreforma e os novos rigores religiosos conseguem uma volta aos tradicionais castigos, "conforme a enormidade das palavras proferidas"[37]. Entre 1617 e 1649, houve 34 execuções por causa de blasfêmias[38].

Mas eis o paradoxo: sem que a severidade das leis diminua de modo algum[39], de 1653 a 1661 há apenas quatorze condenações públicas, das quais sete são seguidas por execuções. Aos poucos, chegam mesmo a desaparecer[40]. Mas não foi a severidade das leis que diminuiu a frequência do crime: as casas de internamento estarão cheias de "blasfemadores" até o fim do século XVIII, e cheias daqueles que cometeram atos de profanação. A blasfêmia não desapareceu: ela recebeu, fora das leis e apesar delas, um novo estatuto, no qual se vê despojada de seus perigos. Tornou-se um caso de desordem: extravagância da palavra que está a meio caminho entre a perturbação do espírito e a ausência de piedade do coração. Tal é o grande equívoco desse mundo dessacralizado onde a violência pode ser decifrada tão bem, e sem contradição, nos termos da insensatez ou nos da religião. Entre loucura e impiedade, a diferença é imperceptível ou, em todo caso, pode-se estabelecer uma equivalência prática que justifique o internamento. É o que se verifica num relatório feito a d'Argenson, sobre Saint-Lazare, a propósito de um pensionista que se queixou várias vezes de ter sido fechado lá dentro quando não é "nem extravagante nem insano"; a isso os guardiães objetam que "ele não quer ajoelhar-se nos momentos mais sagrados da missa…; e enfim, na medida do possível, ele guarda uma parte da comida das quintas à noite para as sextas-feiras, e isso indica que se ele não é extravagante, manifesta uma disposição para tornar-se um ímpio"[41]. Desse modo, se define toda uma região ambígua que o sagrado acaba de abandonar à própria sorte, mas que ainda não foi ocupada pelos conceitos médicos e pelas formas da análise positivista, região um pouco indiferençada onde imperam a impiedade, a irreligião, a desordem na razão e no coração. Nem a profanação, nem o patológico, mas entre suas fronteiras, domínio cujas significações, mesmo sendo reversíveis, se veem sempre colocadas sob o império de uma condenação ética. Esse domínio que, a meio caminho entre o sagrado e o mórbido, é inteiramente dominado por uma recusa ética fundamental, é o da insanidade clássica. Ela abrange assim não apenas todas as formas excluídas da sexualidade como também todas essas violências contra o sagrado que perderam a significação rigorosa das profanações; ela designa, portanto, ao mesmo tempo, um novo sistema de opções na moral sexual e novos limites nos interditos religiosos.

Essa evolução no regime das blasfêmias e das profanações poderia ser observada igualmente em relação ao suicídio, que durante muito tempo pertenceu à esfera do crime e do sacrilégio[42];

por essa razão, o suicídio fracassado devia ser punido com a morte: "Aquele que empregou mãos violentas sobre si próprio e tentou matar-se não deve evitar a morte violenta que pretendeu dar-se."[43] A ordenança de 1670 retoma a maior parte dessas disposições, assimilando "o homicídio de si mesmo" a tudo o que pode ser considerado "crime de lesa-majestade humana ou divina"[44]. Mas aqui, como nas profanações e nos crimes sexuais, o próprio rigor da ordenança parece autorizar toda uma prática extrajudiciária na qual o suicídio não mais tem valor de profanação. Nos registros das casas de internamento, frequentemente se encontra a menção: "Quis desfazer-se", sem que seja mencionado o estado de doença ou de furor que a legislação sempre considerou como desculpa[45]. Em si mesma, a tentativa de suicídio indica uma desordem da alma, que é preciso reduzir através da coação. Não mais se condenam aqueles que procuraram o suicídio[46]: são internados, impõe-se-lhes um regime que é simultaneamente uma punição e um meio de impedir qualquer outra tentativa. Foi neles que se aplicou, pela primeira vez no século XVIII, os famosos aparelhos de coação que a era positivista utilizará como terapêutica: a jaula de vime, com um buraco feito na parte superior para a cabeça, e à qual as mãos estão amarradas[47], ou o "armário" que fecha o indivíduo em pé, até o pescoço, deixando apenas a cabeça de fora[48]. Com isso, o sacrilégio do suicídio vê-se anexado ao domínio neutro da insanidade. O sistema de repressão com o qual se sanciona esse ato libera-o de qualquer significação profanadora e, definindo-o como conduta moral, o conduzirá progressivamente para os limites de uma psicologia. Pois sem dúvida pertence à cultura ocidental, em sua evolução nos três últimos séculos, o fato de haver fundado uma ciência do homem baseada na moralização daquilo que para ela, outrora, tinha sido sagrado.

Deixemos de lado, por um momento, o horizonte religioso da feitiçaria e sua evolução no decorrer da era clássica[49]. Ao nível apenas dos rituais e das práticas, toda uma massa de gestos viu--se desprovida de seus sentidos e esvaziada de seus conteúdos: procedimentos mágicos, receitas de feitiçaria benéfica ou prejudicial, segredos ventilados de uma alquimia elementar que aos poucos caiu no domínio público, tudo isso designa agora uma impiedade difusa, uma falta moral, e como que a possibilidade permanente de uma desordem social.

Os rigores da legislação não se atenuaram no decorrer do século XVII. Uma ordenança de 1628 infligia a todos os adivinhos e astrólogos uma multa de quinhentas libras e uma punição corporal. O édito de 1682 é bem mais temível[50]. "Toda pessoa que se ocupe com adivinhações deverá abandonar o Reino imediatamente"; toda prática supersticiosa deverá ser punida exemplarmente e "conforme a exigência do caso"; e "se forem encontradas no futuro pessoas suficientemente más a ponto de misturar à superstição a impiedade e o sacrilégio... desejamos que as que forem culpadas sejam punidas com a morte". Finalmente, essas penas serão aplicadas a todos os que utilizarem poções ou venenos, "quer ocorra a morte ou não". Ora, dois fatos são característicos: primeiro, que as condenações por práticas de feitiçaria ou trabalhos mágicos tornam-se bem raras ao final do século XVII e após o episódio dos venenos; assinalam-se ainda alguns casos, sobretudo no interior – mas rapidamente as severidades das punições diminuem. No entanto, as práticas condenadas não desaparecem: o Hospital Geral e as casas de internamento recebem em grande número pessoas que mexeram com feitiçaria, magia, adivinhação, às vezes mesmo alquimia[51]. Como se, por baixo de uma regra jurídica severa, se tramassem aos poucos uma prática e uma consciência sociais de um tipo bem diferente que percebem nessas condutas uma significação bem diversa. Coisa curiosa é que essa significação que permite evitar a lei e suas antigas severidades está formulada pelo próprio legislador nos *consideranda* do édito de 1682. O texto, com efeito, dirige-se contra "aqueles que se dizem adivinhos, mágicos, encantadores", pois teria sido o caso de que "sob o pretexto dos horóscopos e de adivinhações e através de operações pretensamente mágicas, e outras ilusões das quais essas pessoas costumam servir-se, teriam surpreendido diversas pessoas ignorantes ou crédulas que insensivelmente se tinham comprometido com eles". Pouco depois, o texto designa aqueles que, "sob a vã profissão de adivinhos, mágicos, feiticeiros ou outros nomes semelhantes, condenados pelas leis humanas e divinas, corrompem e infeccionam o espírito das pessoas com seus discursos e práticas e com a profanação daquilo que a religião tem de mais sagrado"[52]. Encarada deste modo, a mágica vê-se esvaziada de toda sua eficácia sacrílega: ela não mais profana, ilude. Seu poder é o da ilusão: num duplo sentido, a saber, que ela é destituída de realidade, mas que também cega os que não têm o espírito reto nem uma vontade firme. Se ela pertence ao domínio do mal, não é mais porque manifesta poderes obscuros e transcendentais em sua ação, mas sim na medida em que toma lugar num sistema de erros que tem seus artesãos e seus bobos, seus ilusionistas e seus ingênuos. Ela pode ser o veículo de crimes reais[53], mas em si mesma não é nem um gesto criminoso nem uma ação sacrílega. Despida de seus poderes sacros, ostenta apenas intenções maléficas: uma ilusão do espírito a serviço das desordens do coração. Não é mais julgada conforme seu prestígio de profanadora, mas segundo aquilo que ela provoca como insanidade.

Essa é uma modificação importante. Rompe-se a unidade que outrora agrupava, sem descontinuidade, o sistema das práticas, a crença daquele que as utilizava e o juízo daqueles que faziam imperar as condenações. Doravante, existirá o sistema denunciado do exterior como sendo um conjunto ilusório. E, por outro lado, o sistema vivido a partir do interior, por uma adesão que não é mais uma peripécia ritual, mas evento e escolha individual: quer seja um erro virtualmente criminoso, quer seja um crime que se aproveita voluntariamente do erro. Em todo caso, a cadeia de figuras que assegurava, nos malefícios da magia, a transmissão ininterrupta do mal, vê-se rompida e como que dividida entre um mundo exterior que permanece vazio ou encerrado na ilusão, e uma consciência delimitada na culpabilidade de suas intenções. O mundo das operações onde se defrontavam perigosamente o sagrado e o profano desaparece; está nascendo um mundo onde a eficácia simbólica se reduz a ilusórias imagens que ocultam mal a vontade culpada. Todos esses velhos ritos da magia, da profanação, da blasfêmia, todas essas palavras, doravante ineficazes, deslizam de um domínio da eficácia, onde tinham sentido, para um domínio da ilusão, onde se tornam sem sentido[54] e condenáveis ao mesmo tempo: o da insanidade. Dia virá em que a profanação e toda sua gestualidade trágica terá apenas o sentido patológico da obsessão.

Existe uma certa tendência para acreditar que os gestos da magia e as condutas profanatórias tornam-se patológicas a partir do momento em que uma cultura deixa de reconhecer sua eficácia. De fato, pelo menos em nossa cultura, a passagem para o patológico não se realizou de uma maneira imediata, mas sim através da transição de uma época que neutralizou sua eficácia, culpabilizando sua crença. A transformação dos interditos em neuroses passa por uma etapa em que a interiorização se faz sob as espécies de uma citação moral: condenação ética do erro. Durante todo esse período, a magia não mais se inscreve, no sistema do mundo, entre as técnicas e as artes do sucesso; mas ela não é ainda, nas condutas psicológicas do indivíduo, uma compensação imaginária do fracasso. Situa-se exatamente no ponto onde o erro articula-se sobre a falta, nessa região (para nós difícil de apreender) da insanidade, mas a respeito da qual o classicismo havia formado uma sensibilidade suficientemente fina para ter inventado um modo de reação original: o internamento. Todos esses signos que se tornariam, a partir da psiquiatria do século XIX, os sintomas inequívocos da doença, durante quase dois séculos ficaram divididos "entre a impiedade e a extravagância", a meio caminho entre o profanatório e o patológico – ali onde o desatino assume suas dimensões próprias.

■ ■

A obra de Bonaventure Forcroy teve certa repercussão nos últimos anos do reinado de Luís XIV. Na própria época em que Bayle compunha seu *Dicionário*, Forcroy foi uma das últimas testemunhas da libertinagem erudita, ou um dos primeiros filósofos no sentido que o século XVIII atribuirá a esse termo. Escreveu uma *Vie d'Apollonius de Thyane*, inteiramente dirigida contra o milagre cristão. Mais tarde entregou "aos srs. doutores da Sorbonne" uma dissertação sob o título *Doutes sur la religion*. Essas dúvidas eram em número de dezessete; na última, Forcroy interrogava-se para saber se a lei natural não é "a única religião verdadeira"; o filósofo da natureza é representado como sendo um segundo Sócrates e um outro Moisés, "um novo patriarca reformador do gênero humano, fundador de uma nova religião"[55]. Semelhante "libertinagem", em outras circunstâncias, tê-lo-ia levado à fogueira, a exemplo de Vanini, ou à Bastilha, como tantos outros autores de livros ímpios no século XVIII. Ora, Forcroy não foi nem queimado nem embastilhado, mas internado durante seis anos em Saint-Lazare e enfim libertado, com ordens de retirar-se para Noyon, de onde era originário. Seu erro não pertencia à esfera da religião: não era censurado por ter escrito um livro faccioso. Se Forcroy foi internado é porque se percebia em sua obra outra coisa: um certo parentesco entre a imoralidade e o erro. O fato de sua obra ser um ataque contra a religião revelava um abandono moral que não era nem heresia, nem incredulidade. O relatório redigido por d'Argenson é claro: no caso de Forcroy, a libertinagem de seu pensamento é apenas a forma derivada de uma liberdade de costumes que nem sempre consegue, se não efetivar-se, pelo menos satisfazer-se: "Às vezes entediava-se sozinho, e em seus estudos constituía um sistema de moral e de religião misturado com devassidão e magia." E se o põem em Saint-Lazare e não na Bastilha ou em Vincennes, é para que ele reencontre, no vigor de uma regra moral que lhe será imposta, as condições que lhe permitirão reconhecer a verdade. Ao cabo de seis anos, chega-se enfim ao resultado: é libertado no dia em que os padres de Saint-Lazare, seus anjos da guarda, podem atestar que ele se mostrou "bastante dócil e que se aproximou dos sacramentos"[56].

Na repressão do pensamento e no controle da expressão, o internamento não é apenas uma variante cômoda das condenações habituais. Tem um sentido preciso, e deve representar um papel particular: o de conduzir de volta à verdade através da coação moral. E com isso ele designa uma experiência do erro que deve ser compreendida antes de tudo como ética. A libertinagem não é mais um crime: continua a ser uma falta, ou antes, tornou-se uma falta num novo sentido. Outrora, ou era a descrença, ou aproximava-se da heresia. Quando Fontanier foi julgado, no começo do século XVII, talvez se sentisse certa indulgência para com seu pensamento demasiado livre, ou para com seus costumes demasiado libertinos; mas aquele que foi queimado na praça de Grève foi o antigo reformado que se tornara noviço dos Capuchinhos, depois judeu e finalmente, segundo diziam, maometano[57]. Nesse caso, a desordem da vida assinalava, traía a infidelidade religiosa; mas essa desordem não era nem uma razão de ser dela, nem um gravame principal. Na segunda metade do século XVII, começa-se a denunciar um novo relacionamento, em que a descrença não passa de uma sequência de licenciosidades na vida. E é em nome destas que se vai condenar. Risco mortal mais do que um perigo para a religião. A crença é um elemento da ordem, o que significa que se zela por ela. Para o ateu ou ímpio, de quem mais se teme a fraqueza dos sentimentos e a confusão da vida do que a força da descrença, o internamento tem a função de reforma moral em prol de um apego mais fiel à verdade. Há todo um aspecto, quase pedagógico, que faz da casa de internamento uma espécie de casa de força para a verdade: aplicar uma coação moral tão rigorosa quanto necessária para que a luz se torne inevitável: "Gostaria de ver um homem sóbrio, moderado, casto, equilibrado, dizer que Deus não existe; no mínimo ele falaria sem nenhum interesse, mas esse homem não existe."[58] Durante muito tempo, até d'Holbach e Helvécio, a era clássica vai ter certeza de que esse homem não existe; durante muito tempo ela terá certeza de que, tornando sóbrio, moderado e casto aquele que diz que Deus não existe, ser-lhe-ia retirado todo o interesse que ele pode ter em falar desse modo, sendo levado a reconhecer que há um Deus. Essa é uma das significações maiores do internamento.

E o uso que se fez dele trai um curioso movimento de ideias, através do qual certas formas da liberdade de pensar, certos aspectos da razão irão aparentar-se com a insanidade. No começo do século XVII, a libertinagem não era exclusivamente um racionalismo nascente: era igualmente uma inquietação diante da presença do desatino no interior da própria razão – um ceticismo cujo ponto de aplicação não era o conhecimento, em seus limites, mas a razão em seu todo: "Toda nossa vida, bem considerada, não passa de uma fábula; nossos conhecimentos, bobagens; nossas certezas, contos: em suma, todo o mundo é uma farsa e uma eterna comédia."[59] Não é mais possível estabelecer uma divisão entre o sentido e a loucura; apresentam-se conjuntamente, numa unidade indecifrável em que podem passar indefinidamente de um para outro: "Nada existe, por mais frívolo que seja, que não seja de algum modo bastante importante; não há loucura, contanto que seja bem seguida, que não passe por sabedoria." Mas essa tomada de consciência de uma razão sempre comprometida não torna inútil a procura de uma ordem; mas de uma ordem moral, uma medida, um equilíbrio de paixões que assegure a felicidade através da polícia do coração. Ora, o século XVII rompe essa unidade ao realizar a grande cesura essencial entre a razão e o desatino – da qual o internamento é apenas a expressão institucional. A "libertinagem" do começo do século, que vivia da experiência inquieta da proximidade entre ambos e frequentemente da confusão entre eles, por isso mesmo desaparece. Somente subsistirá, até o fim do século XVIII, sob duas formas estranhas uma à outra: de um lado, um esforço da razão para formular-se num racionalismo onde toda insanidade assume o aspecto do irracional; e de outro lado, um desatino do coração que dobra os discursos da razão aos ditames de sua lógica desatinada. A iluminação e a libertinagem se justapuseram no século XVIII, mas sem se confundir. A divisão simbolizada pelo internamento tornava sua comunicação difícil. A libertinagem, na época em que triunfavam as luzes, viveu uma existência obscura, traída e acuada, quase informulável antes de Sade ter escrito *Justine* e especialmente *Juliette* como formidável panfleto contra os "filósofos" e como expressão primeira de uma experiência que, ao longo do século XVIII, só havia recebido um estatuto de tipo policial entre os muros do internamento.

A libertinagem deslizou agora para o lado da insanidade. Fora de um certo uso superficial da palavra, não há no século XVIII uma filosofia coerente da libertinagem; esse termo só será encontrado e utilizado de modo sistemático nos registros dos internamentos. E o que ele então designa não é exatamente o livre pensamento, nem exatamente a liberdade de costumes, mas, pelo contrário, um estado de servidão no qual a razão se torna escrava dos desejos e servente do coração. Nada mais afastado dessa nova libertinagem que a livre escolha de uma razão que examina. Tudo nela fala, pelo contrário, das sujeições da razão: à carne, ao dinheiro, às paixões. E quando Sade, pela primeira vez no século XVIII, tentará uma teoria coerente dessa libertinagem, cuja existência até então permanecera meio secreta, é exatamente essa escravidão que será exaltada. O libertino que entra na *Sociedade dos Amigos do Crime* deve comprometer-se a cometer todas as ações, "mesmo as mais execráveis... ao mais leve desejo de suas paixões"[60]. O libertino deve colocar-se no próprio âmago dessas servidões; está convencido de que "os homens não são livres; acorrentados pelas leis da natureza, são todos escravos dessas leis primeiras"[61]. A libertinagem, no século XVIII, é o uso da razão alienada no desatino do coração[62]. E, nessa medida, não há nenhum paradoxo em deixar que se aproximem, como o fizera o internamento clássico, os "libertinos" daqueles que professem o erro religioso: protestantes ou inventores de qualquer outro sistema novo. Colocam-nos sob o mesmo regime e tratam-nos do mesmo modo, pois nuns e noutros a recusa à verdade deriva do mesmo abandono moral. Essa mulher de Dieppe de que fala d'Argenson é protestante ou libertina?

Não posso duvidar de que essa mulher que se vangloria de sua teimosia não é uma pessoa muito ruim. Mas, como os fatos que lhe são censurados não são suscetíveis de uma instrução judiciária, parece-me mais justo e conveniente encerrá-la por algum tempo no Hospital Geral, a fim de que lá possa encontrar tanto a punição por suas faltas como o desejo da conversão.[63]

Desse modo, a insanidade anexa para si um novo domínio: aquele no qual a razão se sujeita aos desejos do coração e seu uso se aparenta aos desregramentos da imoralidade. Os livres discursos da loucura vão aparecer na escravidão das paixões; e é aí, nessa citação moral, que vai nascer o grande tema de uma loucura que seguiria não o livre caminho de suas fantasias, mas a linha de constrangimento do coração, das paixões e, finalmente, da natureza humana. Durante muito tempo, o insano tinha ostentado as marcas do inumano: descobre-se agora um desatino bastante próximo do homem, demasiado fiel às determinações de sua natureza, um desatino que seria como que o abandono do homem a si mesmo. Sub-repticiamente ela tende a tornar-se aquilo que será para o evolucionismo do século XIX, isto é, a verdade do homem, vista porém sob o ângulo de seus afetos, seus desejos, das formas mais rudes e constrangedoras de sua natureza. Ela se inscreve nessas regiões obscuras em que a conduta moral ainda não pode dirigir o homem para a verdade. Desse modo se abre a possibilidade de delimitar a razão nas formas de um determinismo natural. Mas não se deve esquecer que essa possibilidade assumiu seu sentido inicial numa condenação ética da libertinagem e nessa estranha evolução que fez de uma certa liberdade do pensamento um modelo, uma primeira experiência da alienação do espírito.

■ ■

Estranha superfície, a que comporta as medidas de internamento. Doentes venéreos, devassos, dissipadores, homossexuais, blasfemadores, alquimistas, libertinos: toda uma população matizada se vê repentinamente, na segunda metade do século XVII, rejeitada para além de uma linha de divisão, e reclusa em asilos que se tornarão, em um ou dois séculos, os campos fechados da loucura. Bruscamente, um espaço social se abre e se delimita: não é exatamente o da miséria, embora tenha nascido da grande inquietação com a pobreza. Nem exatamente o da doença, e no entanto será um dia por ela confiscado. Remete-nos, antes, a uma singular sensibilidade, própria da era clássica. Não se trata de um gesto negativo de "pôr de lado", mas de todo um conjunto de operações que elaboram em surdina, durante um século e meio, o domínio da experiência no qual a loucura irá reconhecer-se, antes de apossar-se dele.

O internamento não tem nenhuma unidade institucional além daquela que lhe pode conferir seu caráter de "polícia". Está claro que não tem mais nenhuma coerência médica, psicológica ou psiquiátrica – se pelo menos consentimos em encará-lo sem anacronismos. E, no entanto, o internamento só pode identificar-se com o arbitrário aos olhos de uma crítica política. De fato, todas essas operações diversas que deslocam os limites da moralidade, estabelecem novas proibições, atenuam as condenações ou diminuem os limites do escândalo, todas essas operações sem dúvida são fiéis a uma coerência implícita: uma coerência que não é nem a de um direito nem a de uma ciência, mas sim a coerência mais secreta de uma *percepção*. Aquilo que o internamento e suas práticas móveis desenham, como em pontilhado, na superfície das instituições, é aquilo que a era clássica percebe da insanidade. A Idade Média e a Renascença tinham sentido, em todos os pontos frágeis do mundo, a ameaça do desatino; tinham-na temido e invocado sob a delgada superfície das aparências. Suas tardes e suas noites tinham sido assombradas por ela, e emprestaram a essa ameaça todos os bestiários e todos os Apocalipses de sua imaginação. Mas, por estar tão presente e exercer tanta pressão, o mundo da insanidade era, exatamente por isso, percebido de uma maneira difícil; era sentido, apreendido e reconhecido antes mesmo de existir; era sonhado e indefinidamente prolongado nas paisagens da representação. Sentir sua presença tão próxima era não percebê-lo: era uma certa maneira de experimentar o mundo em sua totalidade, uma certa tonalidade atribuída a toda percepção. O internamento destaca a razão, isola-a dessas paisagens nas quais ela sempre estivera presente e onde era, ao mesmo tempo, evitada. O internamento libera-a igualmente desses equívocos abstratos que, até Montaigne, até a libertinagem erudita, implicavam-na necessariamente no jogo da razão. Através apenas do movimento do internamento, o desatino se vê libertado: libertado das paisagens nas quais estava presente por toda parte; – e ei-lo por conseguinte *localizado*; mas libertado também de suas ambiguidades dialéticas e nessa medida delimitado em sua *presença concreta*. Toma-se agora um recuo necessário a fim de que a insanidade se torne objeto da percepção.

Mas em que horizonte ela é percebida? No de uma realidade social, é evidente. A partir do século XVII, o desatino não é mais a grande assombração do mundo; deixa também de ser a dimensão natural das aventuras da razão. Assume o aspecto de um fato humano, de uma variedade espontânea no campo das espécies sociais. O que outrora constituía um inevitável perigo das coisas e da linguagem do homem, de sua razão e de sua terra, assume agora figura de personagem. Ou melhor, de personagens. Os homens do desatino são tipos que a sociedade reconhece e isola: existe o devasso, o dissipador, o homossexual, o mágico, o suicida, o libertino. O desatino começa a ser avaliado segundo um certo distanciamento da norma social. Mas não havia personagens também na *Nau dos Loucos*, e esse grande embarque que os textos e a iconografia do século XV apresentavam não é a prefiguração simbólica do internamento? A sensibilidade para esse problema já não era a mesma quando a sanção era diferente? Na verdade, a *Stultifera Navis* tem a bordo apenas personagens abstratas, tipos morais: o glutão, o sensual, o ímpio, o orgulhoso. E se foram colocados à força no meio dessa equipagem de insanos, para uma navegação sem destino, é porque foram designados por uma consciência do mal sob sua forma universal. A partir do século XVII, pelo contrário, o homem desatinado é uma personagem concreta tomada num mundo social real, julgado e condenado pela sociedade de que faz parte. Esse é, assim, o ponto essencial: o fato de a loucura ter sido bruscamente investida num mundo social onde encontra agora seu lugar privilegiado e quase exclusivo de aparecimento; de lhe ter sido atribuído, quase da noite para o dia (em menos de cinquenta anos em toda a Europa), um domínio limitado onde todos podem reconhecê-la e denunciá-la – ela que foi vista perambulando por todos os confins, habitando sub-repticiamente os lugares mais familiares; o fato de se poder, a partir daí, e em cada uma das personagens em que ela se materializa, exorcizá-la de vez através de uma medida de ordem e precaução de polícia.

É tudo isso que serve para designar, numa primeira abordagem, a experiência clássica da loucura. Seria absurdo procurar sua causa no internamento, pois é justamente ele, com suas estranhas modalidades, que indica essa experiência no momento de sua constituição. A fim de se poder denunciar esses homens desatinados como estrangeiros em sua própria pátria, é necessário que essa primeira alienação tenha sido realizada, que arranque o desatino à sua verdade e o confine apenas ao espaço do mundo social. Na base de todas essas obscuras alienações em que de bom grado embaraçamos nossa ideia da loucura, há pelo menos o seguinte: é nessa sociedade, que um dia deveria designar esses loucos como "alienados", que inicialmente o desatino se alienou; é nela que a insanidade se exilou e ficou em silêncio. Alienação: esse termo, pelo menos aqui, preferiria não ser inteiramente metafórico. Em todo caso, ele procura designar esse movimento pelo qual o desatino deixou de ser experiência na aventura de toda razão humana, e através do qual ela se viu contornada e como que encerrada numa quase-objetividade. E então ela não pôde mais animar a vida secreta do espírito, nem acompanhá-lo com sua constante ameaça. Ela é posta à distância; distância que não é apenas simbolizada, mas realmente assegurada, na superfície do espaço social, pelo cerco das casas de internação.

É que essa distância, justamente, não é libertação para o saber iluminado, nem abertura pura e simples das vias do conhecimento. Ela se instaura num movimento de proscrição que lembra, que reitera mesmo aquele pelo qual os leprosos foram escorraçados da comunidade medieval. Mas os leprosos eram portadores do visível emblema do mal; os novos proscritos da era clássica ostentam os estigmas mais secretos da insanidade. Se é verdade que o internamento circunscreve a área de uma objetividade possível, é num domínio já afetado pelos valores negativos do banimento. A objetividade tornou-se a pátria do desatino, mas como um castigo. Quanto aos que professam que a loucura só caiu sob o olhar serenamente científico do psiquiatra após ser libertada das velhas participações religiosas e éticas nas quais a Idade Média a havia encerrado, esses devem ser constantemente remetidos a esse momento decisivo em que a insanidade conquistou suas dimensões de objeto, ao partir para esse exílio onde durante séculos ficou muda; deve-se pôr-lhes diante dos olhos esse pecado original, e fazer reviver para eles a obscura condenação que lhes permitiu, e só ela, manter sobre o desatino, afinal, reduzido ao silêncio, esses discursos cuja neutralidade é proporcional à capacidade que eles têm para se esquecer dos fatos. Não é importante para nossa cultura que o desatino só tenha podido tornar-se objeto de conhecimento na medida em que foi, preliminarmente, objeto de excomunhão?

Mais ainda: se ele indica o movimento pelo qual a razão se distancia do desatino e se liberta de seu velho parentesco com este, o internamento manifesta também a sujeição do desatino a coisa bem diferente da apreensão pelo conhecimento. Ele o sujeita a toda uma rede de obscuras cumplicidades. É essa sujeição que vai atribuir lentamente ao desatino o rosto concreto e indefinidamente cúmplice da loucura, tal como o conhecemos agora em nossa experiência. Entre os muros do internamento encontravam-se misturados os doentes venéreos, devassos, "pretensas feiticeiras", alquimistas, libertinos – e também, vamos vê-lo, os insanos. Parentescos se formam, comunicações se estabelecem; e aos olhos daqueles para os quais a insanidade está se tornando um objeto, um campo quase homogêneo se vê assim delimitado. Da culpabilidade e do patético de cunho sexual aos velhos ritos obsedantes da invocação e da magia, aos prestígios e aos delírios da lei do coração, estabelece-se uma rede subterrânea que esboça como que as fundações secretas de nossa experiência moderna da loucura. Sobre esse domínio assim estruturado se colocará a etiqueta do desatino: "Para ser internado." Esse desatino do qual o pensamento do século XVI tinha feito o ponto dialético de inversão da razão, no itinerário de seu discurso, recebe com isso um conteúdo secreto. Esse desatino se vê ligado a todo um reajustamento ético onde o que está em jogo é o sentido da sexualidade, a divisão do amor, a profanação e os limites do sagrado, da pertinência da verdade à moral. Todas essas experiências, de horizontes tão diversos, compõem, em sua profundidade, o gesto bastante simples do internamento; num certo sentido, ele não passa do fenômeno superficial de um sistema de operações subterrâneas que indicam todas a mesma orientação: suscitar no mundo ético uma divisão uniforme que até então permanecera desconhecida. Pode-se dizer, de modo aproximado, que até à Renascença o mundo ético, além da divisão entre o Bem e o Mal, assegurava seu equilíbrio numa unidade trágica, que era a do destino ou da previdência e predileção divina. Essa unidade vai agora desaparecer, dissociada pela divisão decisiva entre a razão e o desatino. Começa uma crise do mundo ético, que duplica a grande luta entre o Bem e o Mal com o conflito irreconciliável entre a razão e o desatino, multiplicando assim as figuras do dilaceramento: Sade e Nietzsche, pelo menos, são testemunhos disso. Toda uma metade do mundo ético deságua assim no domínio do desatino, atribuindo-lhe um imenso conteúdo concreto de erotismo, profanações, ritos e magias, saberes iluminados secretamente investidos pelas leis do coração. No exato momento em que se liberta o suficiente para tornar-se objeto de percepção, o desatino vê-se preso em todo esse sistema de servidões concretas.

São essas servidões que, sem dúvida, explicam a estranha fidelidade temporal da loucura. Há gestos obsessivos que soam hoje como velhos rituais mágicos, conjuntos delirantes que são colocados sob a mesma luz das antigas iluminuras religiosas; numa cultura da qual desapareceu há muito tempo a presença do sagrado, encontra-se por vezes um apego mórbido à profanação. Essa persistência parece interrogar-nos sobre a obscura memória que acompanha a loucura, condena suas invenções a serem apenas retornos e designa-a frequentemente como a arqueologia espontânea das culturas. O desatino seria a grande memória dos povos, a maior fidelidade deles para com o passado; nele, a história lhes será indefinidamente contemporânea. Basta inventar o elemento universal dessas persistências. Mas fazer isso é deixar-se aprisionar nos prestígios da identidade; de fato, a continuidade é apenas o fenômeno de uma descontinuidade. Se essas condutas arcaicas puderam manter-se, foi na própria medida em que foram alteradas. Apenas um enfoque retrospectivo diria que se trata de um problema de reaparecimento; seguindo a própria trama da história, compreende-se que se trata antes de um problema de transformação do campo da experiência. Essas condutas foram eliminadas, não porém no sentido de terem desaparecido, mas no sentido em que se constitui para elas um domínio ao mesmo tempo de exílio e de eleição; abandonaram o solo da experiência cotidiana apenas para serem integradas no campo do desatino, donde deslizaram aos poucos para a esfera de pertinência da doença. Não é às propriedades de um inconsciente coletivo que se deve pedir contas por essa sobrevivência, mas sim às estruturas desse domínio da experiência que é o desatino, e às mudanças nele ocorridas.

Assim, o desatino aparece, com todas as significações que o classicismo nele elaborou, como um campo de experiência, demasiado secreto sem dúvida para ter sido alguma vez formulado em termos claros, demasiado combatido também, da Renascença à era moderna, para receber o direito à expressão, mas bastante importante para ter sustentado não apenas uma instituição como a do internamento, não apenas as concepções e as práticas referentes à loucura, mas todo um reajuste do mundo ético. É a partir dele que se torna necessário compreender a personagem do louco tal como ele surge na época clássica e a maneira pela qual se constitui aquilo que o século XIX acreditará reconhecer, entre as verdades imemoriais de seu positivismo, como a alienação mental. Nesse campo, a loucura, da qual a Renascença tivera experiências tão diversas a ponto de ter sido simultaneamente não sabedoria, desordem do mundo, ameaça escatológica e doença, nesse campo a loucura encontra seu equilíbrio e prepara essa unidade que se oferecerá, talvez de modo ilusório, ao conhecimento positivo; a loucura encontrará desse modo, mas através de uma interpretação moral, esse distanciamento que autoriza o saber objetivo, essa culpabilidade que explica a queda na natureza, essa condenação moral que designa o determinismo do coração, de seus desejos e paixões. Anexando ao domínio do desatino, ao lado da loucura, as proibições sexuais, os interditos religiosos, as liberdades do pensamento e do coração, o classicismo formava uma experiência moral do desatino que serve, no fundo, de solo para nosso conhecimento "científico" da doença mental. Através desse distanciamento, através dessa dessacralização, a loucura atinge uma aparência de neutralidade já comprometida, dado que só é alcançada nos propósitos iniciais de uma condenação.

Mas essa nova unidade não é decisiva apenas para a marcha do conhecimento; ela teve sua importância na medida em que constituiu a imagem de uma certa "existência de desatino" que tinha, ao lado do castigo, seu correlato naquilo que se poderia chamar de "existência correcional". A prática do internamento e a existência do homem que será internado não são mais separáveis. Elas se exigem uma à outra por uma espécie de fascínio recíproco que suscita o movimento próprio da existência correcional: isto é, um certo estilo que já se possui antes do internamento e que finalmente o torna necessário. Não é exatamente a existência de criminosos, nem a de doentes; mas, assim como acontece ao homem moderno refugiar-se na criminalidade ou na neurose, é provável que essa existência de desatino sancionada através do internamento tenha exercido sobre o homem clássico um poder de fascínio; e é ela sem dúvida que vagamente percebemos nessa espécie de fisionomia comum que é preciso reconhecer nos rostos de todos os internos, de todos os que foram encerrados "por desarranjo em seus costumes e em seu espírito", como dizem os textos numa enigmática confusão. Nosso saber positivo nos deixa incapazes para decidir se se trata de vítimas ou doentes, de criminosos ou loucos: estavam todos ligados a um mesmo modo de existência, que podia levar eventualmente tanto à doença quanto ao crime, mas que não lhes pertencia desde o início. É desse tipo de existência que dependiam os libertinos, devassos, dissipadores, blasfemadores, loucos. Em todos eles, havia apenas uma certa maneira, bastante pessoal e variada em cada indivíduo, de modelar uma experiência comum: a que consiste em experimentar o desatino[64]. Nós, os modernos, começamos a nos dar conta de que, sob a loucura, sob a neurose, sob o crime, sob as inadaptações sociais, corre uma espécie de experiência comum da angústia. Talvez, para o mundo clássico, também houvesse uma economia do mal, uma experiência geral do desatino. E, nesse caso, ela é que serviria de horizonte para aquilo que foi a loucura durante os 150 anos que separam a grande Internação da "liberação" de Pinel e Tuke.

Em todo caso, é dessa liberação que data o momento em que o homem europeu deixa de experimentar e compreender o que é o desatino – que é também a época em que ele não mais apreende a evidência das leis do internamento. Esse momento é simbolizado por um estranho encontro: o do homem que, sozinho, formulou a teoria dessas existências do desatino e um dos primeiros homens que quis fazer da loucura uma ciência positiva, isto é, fazer calar os propósitos do desatino para ouvir apenas as vozes patológicas da loucura. Esse confronto se produz no começo do século XIX, quando Royer-Collard quer expulsar Sade da casa de Charenton que ele pretende transformar em hospital. Ele, o filantropo da loucura, quer protegê-la da presença do desatino, pois se dá conta de que essa existência, de modo tão normal internada no século XVIII, não tem mais lugar no asilo do século XIX: ele exige a prisão. "Existe em Charenton", escreve a Fouché a 1º de agosto de 1808,

um homem cuja audaciosa imoralidade o tornou demasiado célebre e cuja presença neste hospício acarreta inconvenientes dos mais graves. Refiro-me ao autor do infame romance *Justine*. Esse homem não é um alienado. Seu único delírio é o do vício, e não é numa casa destinada ao tratamento médico da alienação que essa espécie de vício pode ser reprimida. É preciso que o indivíduo por ela atingido seja submetido ao mais severo sequestro.

Royer-Collard não entende mais a existência correcional; procura seu sentido do lado da doença e não o encontra; remete-o ao mal em estado puro, um mal sem outra razão além de seu próprio desatino: "Delírio do vício." No dia dessa carta a Fouché, o desatino clássico se fechou sobre seu próprio enigma; sua estranha unidade, que agrupava tantos rostos diversos, se perdeu para nós, definitivamente.

4. Experiências da Loucura

A partir da criação do Hospital Geral, da abertura (na Alemanha e na Inglaterra) das primeiras casas de correção, e até o fim do século XVIII, a era clássica interna. Interna os devassos, os pais dissipadores, os filhos pródigos, os blasfemadores, os homens que "procuram se destruir", os libertinos. E traça, através dessas aproximações e dessas estranhas cumplicidades, o perfil de sua experiência própria do desatino.

Mas em cada uma dessas cidades se encontra, além do mais, toda uma população de loucos. A décima parte aproximadamente das prisões feitas em Paris, com destino ao Hospital Geral, diz respeito a "insanos", homens "em demência", pessoas "de espírito alienado", "pessoas que se tornaram inteiramente loucas"[1]. Entre estas e as outras, nenhum signo de diferença. Seguindo-se o fio dos registros, dir-se-ia que uma mesma sensibilidade os localiza, que um mesmo gesto os põe de lado. Deixemos aos cuidados dos arqueólogos a tarefa de determinar se era doente ou não, alienado ou criminoso, esse que entrou para o Hospital por "desarranjo nos costumes" ou aquele que "maltratou sua mulher" e quis "arruinar-se" por diversas vezes. A fim de colocar esse problema, é preciso aceitar todas as deformações que nossa observação retrospectiva impõe. Queremos crer que é por havermos conhecido mal *a natureza* da loucura, permanecendo cegos a seus signos positivos, que lhe foram aplicadas as formas mais gerais e mais diversas de internamento. E com isso impedimo-nos de ver o que esse "conhecimento errôneo" – ou pelo menos que assim se apresenta para nós – comporta, na realidade, de consciência explícita. Pois o problema real é exatamente o de determinar o conteúdo desse juízo que, sem estabelecer *nossas* distinções, expatria do mesmo modo aqueles que teríamos tratado e aqueles que teríamos preferido condenar. Não se trata de localizar o erro que autorizou semelhante *confusão*, mas de seguir *a continuidade* que nosso atual modo de julgar rompeu. É ao cabo de cento e cinquenta anos de internamento que se acreditou perceber que entre esses rostos prisioneiros havia caretas singulares, gritos que invocavam uma outra cólera e clamavam uma outra violência. Mas durante toda a era clássica existe apenas um internamento; em todas essas medidas tomadas, e de um extremo a outro, oculta-se uma experiência homogênea.

Uma palavra assinala-a – simboliza-a quase –, uma das mais frequentes que se encontram nos livros do internamento: "furioso". "Furor", como veremos, é um termo técnico da jurisprudência e da medicina; designa, de modo preciso, uma das formas da loucura. Mas no vocabulário do internamento ele diz muito mais e muito menos que isso. Alude a todas as formas de violência que escapam à definição rigorosa do crime e à sua apreensão jurídica: o que visa é uma espécie de região indiferençada da desordem – desordem da conduta e do coração, desordem dos costumes e do espírito –, todo o domínio obscuro de uma raiva ameaçadora que surge aquém de uma possível condenação. Noção confusa para nós, talvez, mas suficientemente clara para ditar o imperativo policial e moral do internamento. Internar alguém dizendo que é um "furioso", sem especificar se é doente ou criminoso, é um dos poderes que a razão clássica atribui a si mesma, na experiência que teve da loucura.

Esse poder tem um sentido positivo: quando os séculos XVII e XVIII internam a loucura pela mesma razão que a devassidão ou a libertinagem, o essencial não é que ela seja desconhecida como doença, mas que seja percebida sob outra perspectiva.

∎ ∎

No entanto, corre-se aqui o risco de uma simplificação. O mundo da loucura não era uniforme na era clássica. Não seria falso, mas apenas parcial, dizer que os loucos eram tratados, pura e simplesmente, como prisioneiros da polícia.

Alguns deles têm uma condição especial. Em Paris, um hospital reserva-se o direito de tratar dos pobres que perderam a razão. Se se acredita que um alienado pode ser curado, ele pode ser recebido no Hôtel-Dieu. Ali lhe serão dados os cuidados costumeiros: sangrias, purgações e, em certos casos, vesicatórios e banhos[2]. Trata-se de uma velha tradição, dado que, já na Idade Média, alguns lugares haviam sido reservados aos loucos nesse mesmo Hôtel-Dieu. Os "fantásticos frenéticos" eram encerrados em espécies de compartimentos fechados em cujas paredes abriam-se "duas janelas para ver e dar"[3]. Ao final do século XVIII, quando Tenon redige suas *Mémoires sur les hôpitaux de Paris*, os loucos tinham sido agrupados em duas salas: a dos homens, a sala São Luís, comportava dois leitos de um lugar e dez que podiam receber simultaneamente quatro pessoas. Diante desse formigueiro humano, Jacques-René Tenon se inquieta (é a época em que a imaginação médica atribui poderes maléficos ao calor, atribuindo pelo contrário valores físicos e moralmente curativos ao frescor, ao ar puro, à pureza dos campos): "Como conseguir ar fresco nessas camas onde se deitam três ou quatro loucos que se acotovelam, se agitam, se batem?"[4] Para as mulheres, não se trata propriamente de uma sala que lhes é reservada; construiu-se, no grande quarto das febris, uma fina parede, e esse lugar comporta seis grandes leitos de quatro lugares, e oito pequenos. Mas se ao fim de algumas semanas o mal não foi vencido, os homens são mandados para Bicêtre, e as mulheres para Salpêtrière. No total, e no conjunto da população de Paris e dos arredores, previram-se portanto 74 lugares para os loucos que podem ser tratados – 74 lugares que constituem a antecâmara de um internamento que significa justamente a queda para fora do mundo da doença, dos remédios e da eventual cura.

Em Londres, do mesmo modo, Bethleem está reservado para os denominados "lunáticos". O hospital fora fundado em meados do século XIII, e já em 1403 assinala-se nele a presença de seis alienados que eram mantidos a correntes e ferros; em 1598, há vinte. Quando das ampliações de 1642, constroem-se doze novos quartos, oito dos quais expressamente destinados aos insanos. Após a reconstrução de 1676, o hospital pode comportar entre 120 e 150 pessoas. Está, agora, reservado aos loucos: as duas estátuas de Gibber são testemunhas disso[5]. Não se aceitam os lunáticos "considerados incuráveis"[6], isto até 1733, quando para eles se construirá, dentro do recinto do hospital, dois prédios especiais. Os internos recebem tratamento regular – mais exatamente, periódico: os grandes medicamentos são aplicados apenas uma vez por ano, e em todos ao mesmo tempo, na época da primavera. T. Monro, médico de Bethleem desde 1783, traçou as linhas gerais de sua prática para a Comissão de Inquérito das Comunas: "Os doentes devem ser sangrados no mais tardar até o fim do mês de maio, conforme o tempo que fizer; após a sangria, devem tomar vomitórios uma vez por semana, durante um certo número de semanas. Após o quê, os purgamos. Isso foi praticado durante anos antes de mim, e me foi transmitido por meu pai; não conheço prática melhor."[7]

Seria falso considerar que o internamento dos insanos nos séculos XVII e XVIII seja uma medida de polícia que não se coloca problemas, ou que pelo menos manifesta uma insensibilidade uniforme ao caráter patológico da alienação. Mesmo na prática monótona do internamento, a loucura tem uma função variada. Ela já periclita no interior desse mundo do desatino que a envolve em seus muros e a obseda com sua universalidade. Pois se é fato que, em certos hospitais, os loucos têm lugar reservado, o que lhes assegura uma condição quase médica, a maior parte deles reside em casas de internamento, nelas levando praticamente uma existência de correcionais.

Por mais rudimentares que sejam os tratamentos médicos feitos nos insanos do Hôtel-Dieu ou do Bethleem, eles são, no entanto, a razão de ser ou pelo menos a justificativa para sua presença nesses hospitais. Em compensação, o mesmo não acontece nos diferentes prédios do Hospital Geral. Os regulamentos tinham previsto um único médico que deveria residir na Misericórdia, com a obrigação de visitar duas vezes por semana cada uma das casas do Hospital[8]. Só podia tratar-se de um controle médico à distância, que não estava destinado a curar os internos enquanto tais, porém apenas aqueles que caíam doentes: prova suficiente disso é que os loucos internados não eram considerados doentes apenas em virtude de sua loucura. Em seu *Essai sur la topographie physique et médicale de Paris*, que data do fim do século XVIII, Audin Rouvière explica como

a epilepsia, os humores frios, a paralisia entram na casa de Bicêtre; mas... não se tenta a cura desses males com remédio algum... Assim é que uma criança de dez a doze anos, admitida várias vezes nessa casa com convulsões nervosas que se consideram epiléticas, no meio de verdadeiros epiléticos acaba pegando a doença da qual não está acometida, e na longa carreira que sua idade lhe abre não tem outra esperança de cura além dos esforços raramente completos da natureza.

Quanto aos loucos, "eles são considerados incuráveis quando chegam a Bicêtre e lá não recebem tratamento algum... Apesar da nulidade do tratamento dos loucos... vários deles recobram a razão"[9].

De fato, essa ausência de cuidados médicos, exceção feita à visita prescrita, põe o Hospital Geral quase na mesma situação de uma prisão. As regras nele impostas são em suma aquelas que a ordenação criminal de 1670 prescreve para a boa ordem de todas as casas de detenção:

Queremos que as prisões sejam seguras e dispostas de modo que a saúde dos prisioneiros não seja incomodada. Encarecemos aos carcereiros que visitem os prisioneiros fechados nas celas pelo menos uma vez por dia, e avisem nossos procuradores sobre aqueles que estiverem doentes para que sejam visitados pelos médicos e cirurgiões das prisões, se houver.[10]

Se há um médico no Hospital Geral, não é porque se tem consciência de que aí são internados doentes, é porque se teme a doença naqueles que já estão internados. Teme-se a famosa "febre das prisões". Na Inglaterra, gostavam de citar o caso de prisioneiros que tinham contaminado seus juízes durante as sessões do tribunal; lembrava-se que os internos, após a libertação, haviam transmitido a suas famílias o mal contraído nas prisões[11]: "Existem exemplos", assegura Howard, "desses efeitos funestos sobre os homens acumulados em antros ou torres, onde o ar não pode ser renovado... Esse ar putrefato pode corromper o coração de um tronco de carvalho, onde ele só penetra através da casca e da madeira."[12] Os cuidados médicos são enxertados à prática do internamento a fim de prevenir alguns de seus efeitos; não constituem nem o sentido, nem o projeto do internamento.

O internamento não é um primeiro esforço na direção da hospitalização da loucura, sob seus variados aspectos mórbidos. Constitui antes uma homologação dos alienados aos outros correcionais, como demonstram essas estranhas fórmulas jurídicas que não entregam os insanos aos cuidados do hospital, mas os condenam a uma temporada neles. Nos registros de Bicêtre, encontram-se menções como esta: "Transferido da Conciergerie em virtude de despacho do Parlamento condenando-o à detenção perpétua no castelo de Bicêtre e a nele ser tratado como os outros insanos."[13] Ser tratado como os outros insanos: isso não significa submeter-se a tratamento médico[14], mas sim seguir o regime da correção, praticar seus exercícios, obedecer às leis de sua pedagogia. Pais que haviam colocado seus filhos na Caridade de Senlis por causa de seus "furores" e "desordens do espírito" pedem sua transferência para Saint-Lazare, "não querendo pôr seu filho em perigo quando solicitaram a ordem para interná-lo, mas apenas corrigi-lo e salvar seu espírito quase perdido"[15]. O internamento destina-se a corrigir, e se lhe é fixado um prazo, não é um prazo de cura, mas, antes, o de um sábio arrependimento. François-Marie Bailly, "padre tonsurado, menor, músico organista", em 1772 é "transferido das prisões de Fontainebleau para Bicêtre por ordem do Rei, onde ficará preso por três anos". Mais tarde intervém uma nova sentença do Prebostado, a 20 de setembro de 1773, "mandando manter o dito Bailly entre os fracos de espírito, até seu completo arrependimento"[16]. O tempo que marca e limita o internamento é sempre apenas o tempo moral das conversões e da sabedoria, tempo para que o castigo cumpra seu efeito.

Não é de surpreender que as casas de internamento tenham o aspecto de prisões, que as duas instituições sejam mesmo confundidas a ponto de se dividir os loucos indistintamente entre umas e outras. Quando em 1806 uma comissão é encarregada de estudar a situação dos "pobres lunáticos na Inglaterra", ela enumera 1.765 loucos nas *workhouses*, 113 nas casas de correição[17]. Sem dúvida havia bem mais no decorrer do século XVIII, pois Howard evoca, como fato não raro, essas prisões

> onde se colocam os idiotas e os insanos porque não se sabe mais onde confiná-los, longe da sociedade por eles entristecida ou atormentada. Servem para a diversão cruel dos prisioneiros e dos espectadores ociosos, nas ocasiões em que se reúne muita gente. Muitas vezes causam

inquietação, assustam os que estão internados com eles. Não se dá importância ao assunto[18].

Na França é igualmente comum encontrar loucos nas prisões: primeiro, na Bastilha; a seguir, no interior, em Bordeaux, no forte do Hâ, na casa de força de Rennes, nas prisões de Amiens, Angers, Caen, Poitiers[19]. Na maioria dos hospitais gerais, os insanos são misturados, sem nenhuma distinção, a todos os outros prisioneiros ou internados; só os mais agitados são colocados em compartimentos a eles reservados:

> Em todos os hospícios ou hospitais abandonou-se, para os alienados, prédios velhos, em pedaços, úmidos e mal distribuídos e de modo algum construídos para essa finalidade, com exceção de alguns compartimentos e celas expressamente construídos para tanto; os furiosos habitam esses quartéis separados; os alienados tranquilos e os alienados ditos incuráveis confundem-se com os indigentes e os pobres. Num pequeno número de hospícios onde se internam prisioneiros no quartel chamado quartel de força, esses internos habitam com os prisioneiros e estão submetidos ao mesmo regime.[20]

São esses os fatos, no que têm de esquemático. Aproximando-os, agrupando-os conforme suas linhas de semelhança, tem-se a impressão de que duas experiências da loucura se justapuseram nos séculos XVII e XVIII. Os médicos da era seguinte também só se mostraram sensíveis ao tom "patético" geral da situação dos alienados: por toda parte perceberam a mesma miséria, a mesma incapacidade para curar. Para eles, não há diferença entre os locais de Bicêtre e as salas do Hôtel-Dieu, entre Bethleem e qualquer *workhouse*. No entanto, há um fato irredutível: em certos estabelecimentos, os loucos só são recebidos na medida em que sejam teoricamente curáveis; em outros, são recebidos apenas para livrarem-se deles ou recuperá-los. Sem dúvida, os primeiros são os menos numerosos e os mais restritos: há menos de oitenta loucos no Hôtel-Dieu, e várias centenas, talvez um milhar, no Hospital Geral. Contudo, por mais desequilibradas que possam ser em sua extensão e importância numérica, estas duas experiências têm cada uma sua própria individualidade. A experiência da loucura como doença, por mais restrita que seja, não pode ser negada. Ela é paradoxalmente contemporânea de uma outra experiência na qual a loucura resulta do internamento, do castigo, da correção. É essa justaposição que constitui um problema. Sem dúvida é ela que pode ajudar a compreender qual era a condição do louco no mundo clássico e a definir o modo de percepção que dele se tinha.

■ ■

É-se tentado pela solução mais simples: resolver essa justaposição num tempo implícito, no tempo imperceptível de um progresso. Os insanos do Hôtel-Dieu e os lunáticos de Bethleem seriam aqueles que já receberam o estatuto de doentes. Melhor, e mais cedo que os outros, teriam sido reconhecidos e isolados e, em seu favor, se teria instituído um tratamento hospitalar que já parece prefigurar aqueles que o século XIX deveria conceder de pleno direito a todos os doentes mentais. Quanto aos outros – aos que se encontram indiferentemente nos hospitais gerais, nas *workhouses*, nas casas de correção ou nas prisões –, inclinamo-nos facilmente a pensar que se trata de toda uma série de doentes que ainda não foram localizados por uma sensibilidade médica que estava justamente começando a nascer. Gostamos de pensar que velhas crenças, ou apreensões próprias do mundo burguês, fecham os alienados numa definição da loucura que os assimila confusamente aos criminosos ou a toda a classe misturada dos insociais. É um jogo ao qual se prestam com prazer os médicos-historiadores e que consiste em reconhecer nos próprios registros do internamento, e através da aproximação das palavras, as sólidas categorias médicas entre as quais a patologia dividiu, na eternidade do saber, as doenças do espírito. Os "iluminados" e "visionários" correspondem sem dúvida a nossos alucinados – "visionário que imagina ver aparições celestes", "iluminado com revelações" –; os débeis e alguns atingidos por demência orgânica ou senil são provavelmente designados nos registros como "imbecis" – "imbecis por horrível devassidão pelo vinho", "imbecil que fala sempre, dizendo-se imperador dos turcos ou papa", "imbecil sem nenhuma esperança de retorno" –; são também formas de delírio encontradas, caracterizadas sobretudo pelo seu aspecto de pitoresco absurdo – "particular perseguida por pessoas que querem matá-la", "empreendedor de projetos desmiolados"; "homem continuamente eletrizado e a quem se transmitem as ideias de outro"; "espécie de louco que deseja apresentar relatórios ao Parlamento"[21].

Para os médicos[22], é importante e reconfortante poder constatar que sempre houve alucinações sob o sol da loucura, delírios nos discursos do desatino, e reencontrar as mesmas angústias em todos esses corações sem repouso. É que a medicina mental recebe dessas constatações as primeiras certezas de sua eternidade; e se lhe acontecesse ter a consciência pesada, seria tranquilizada, sem dúvida, ao reconhecer que o objeto de sua pesquisa estava ali, esperando-a através dos tempos. Além do mais, para aquele que se preocupasse com o sentido do internamento e com a maneira pela qual ele pôde inscrever-se nas instituições da medicina, não é reconfortante pensar que, de todo modo, eram loucos que estavam sendo internados, e que nessa obscura prática já se ocultava aquilo que para nós assume o aspecto de uma justiça médica imanente? Aos insanos internados faltava apenas o nome de doentes mentais e a condição médica que se atribuía aos mais visíveis, aos mais bem reconhecidos deles. Procedendo-se a semelhante análise, consegue-se bem barato uma consciência tranquila no que diz respeito, de um lado, à justiça da história e, do outro, à eternidade da medicina. A medicina é verificada por uma prática pré-médica, e a história justificada por uma espécie de instinto social espontâneo, infalível e puro. Basta acrescentar a esses postulados uma confiança estável no progresso para não se ter que fazer nada além de traçar o obscuro percurso que vai do internamento – diagnóstico silencioso feito por uma medicina que ainda não se conseguiu formular – à hospitalização, cujas primeiras formas no século XVIII já fazem uma antecipação do progresso, indicando simbolicamente seu termo.

Mas quis o destino, infelizmente, que as coisas fossem mais complicadas. E, de um modo geral, que a história da loucura não pudesse servir, em caso algum, como justificativa e ciência auxiliar na patologia das doenças mentais. A loucura, no devir de sua realidade histórica, torna possível, em dado momento, um conhecimento da alienação num estilo de positividade que a delimita como doença mental; mas não é esse conhecimento que forma a verdade desta história, animando-a secretamente desde sua origem. E se, durante algum tempo, pudemos acreditar que essa história se concluía nele, é por não ter reconhecido nunca que a loucura, como domínio de experiência, se esgotava no conhecimento médico ou paramédico que dela se podia extrair.

No entanto, o próprio fato do internamento poderia servir como prova disso.

É necessário retornar um momento ao que foi a personagem do louco antes do século XVII. Existe uma tendência para acreditar que ele recebeu seu indício individual de um certo humanitarismo médico, como se a figura de sua individualidade pudesse ser apenas patológica. Na verdade, bem antes de ter recebido o estatuto médico que o positivismo lhe atribuiu, o louco havia adquirido – já na Idade Média – uma espécie de densidade pessoal. Individualidade da personagem, sem dúvida, mais que do doente. O louco que Tristão simula ser, o "derivado" que aparece no *Jeu de la Feuillée* já têm valores assaz singulares para constituir papéis e tomar lugar entre as paisagens mais familiares. O louco não teve necessidade das determinações da medicina para alcançar seu reino de indivíduo. O cerco que a Idade Média lhe estabeleceu bastou para tanto. Mas essa individualidade não permaneceu nem estável, nem inteiramente imóvel. Ela se desfez e, de algum modo, se reorganizou no decorrer da Renascença. Desde o fim da Idade Média, essa individualidade se viu designada para a solicitude de um certo humanismo médico. Sob que influência? Não é impossível que o Oriente e o pensamento árabe tenham representado, aqui, um papel determinante. Com efeito, parece que no mundo árabe bem cedo se fundaram verdadeiros hospitais reservados aos loucos: talvez em Fez, já no século VII[23], talvez também em Bagdá, por volta do fim do século XII[24], certamente no Cairo, no decorrer do século seguinte; neles se pratica uma espécie de cura da alma na qual intervêm a música, a dança, os espetáculos e a audição de narrativas fabulosas. São médicos que dirigem a cura, decidindo interrompê-la quando a consideram bem-sucedida[25]. Em todo caso, talvez não seja por acaso que os primeiros hospitais de insanos da Europa tenham sido fundados exatamente por volta do começo do século XV na Espanha. É significativo também o fato de terem sido os Irmãos da Mercê, bastante familiarizados com o mundo árabe, pois praticavam o resgate de cativos, a abrirem o hospital de Valência: essa iniciativa foi tomada por um membro dessa religião em 1409; alguns leigos e ricos comerciantes, como Lorenzo Salou, tinham-se encarregado de reunir os fundos necessários[26]. Mais tarde, em 1425, deu-se a fundação desse hospital de Saragoça, cuja sábia ordenação Pinel ainda iria admirar quatro séculos mais tarde: portas abertas aos doentes de todos os países, de todos os governos, de todos os cultos, como atesta a inscrição *urbis et orbis*; essa vida de jardim que ritma o desgarramento dos espíritos com a sabedoria periódica "das colheitas, do caniçado, das vindimas, da colheita de azeitonas"[27]. Ainda na Espanha haverá Sevilha (1436), Toledo (1483), Valladolid (1489). Todos esses hospitais tinham um caráter médico inexistente nas *Dollhäuse* já em funcionamento na Alemanha[28], ou na célebre casa da Caridade de Upsala[29]. O fato é que por toda parte surgem na Europa, quase na mesma época, instituições de um tipo novo, como a Casa dos Maníacos de Pádua (1410) ou o asilo de Bérgamo[30]. Nos hospitais, começa-se a reservar salas para os insanos; é no começo do século XV que se observa a presença de loucos no hospital de Bethleem, fundado na metade do século XIII e confiscado pela coroa em 1373. Na mesma época, na Alemanha, registram-se locais especialmente destinados aos insanos: de início, o *Narrhäuslein* de Nurembergue[31]; em 1477, constrói-se, no hospital de Frankfurt, um prédio para os alienados e os *ungehorsame Kranke*[32]; e em Hamburgo menciona-se, em 1376, uma *cista stolidorum*, também chamada *custodia fatuorum*[33]. Prova da singular condição que o louco adquire ao final da Idade Média é o estranho desenvolvimento da colônia de Gheel, lugar de peregrinação frequentado talvez desde o século X, constituindo uma aldeia cuja população, em sua terça parte, compõe-se de alienados.

Presente na vida cotidiana da Idade Média, e familiar ao seu horizonte social, o louco, na Renascença, é reconhecido de outro modo; reagrupado, de certa forma, segundo uma nova unidade específica, delimitado por uma prática sem dúvida ambígua que o isola do mundo sem lhe atribuir um estatuto exatamente médico. Torna-se ele objeto de uma solicitude e de uma hospitalidade que lhe dizem respeito, a ele exatamente e a nenhum outro do mesmo modo. Ora, o que caracteriza o século XVII não é o fato de haver ele avançado, menos ou mais rapidamente, pelo caminho que conduz ao reconhecimento do louco, e com isso ao conhecimento científico que se pode ter dele; é, pelo contrário, o fato de tê-lo distinguido com menos clareza; de certo modo, o louco foi absorvido numa massa indiferençada. Esse século misturou as linhas de um rosto que já se havia individualizado há séculos. Com relação ao louco dos *Narrtürmer* e dos primeiros asilos da Espanha, o louco da era clássica é internado com os doentes venéreos, os devassos, os libertinos, os homossexuais, e perdeu os índices de sua individualidade; ele se dissipa numa apreciação geral do desatino. Estranha evolução de uma sensibilidade que parece perder a finura de seu poder diferenciador e retrogradar para formas mais maciças da percepção. A perspectiva torna-se mais uniforme. Dir-se-ia que no meio dos asilos do século XVII o louco se perde na paisagem, a ponto de tornar-se difícil seguir suas pegadas, até o movimento reformador que precede de pouco a Revolução.

O século XVII pode bem fornecer os signos dessa "involução", e no próprio decorrer de seu desenvolvimento. É possível apreender diretamente a alteração que antes do fim do século experimentam os estabelecimentos que de início pareciam ter sido destinados de modo mais ou menos exclusivo aos loucos. Quando os Irmãos da Caridade se instalam em Charenton, a 10 de maio de 1645, trata-se de estabelecer um hospital que deve receber os doentes pobres, entre eles os insanos. Charenton em nada se distingue dos hospitais da Caridade, tais como estes não pararam de se multiplicar pela Europa desde a fundação, em 1640, da ordem São João de Deus. Mas antes do fim do século XVII aumentam os prédios principais destinados a todos os que são internados: correcionais, loucos, pensionistas por cartas régias. Em 1720, faz-se menção, pela primeira vez, num capitulário, a uma "casa de reclusão"[34]; ela já devia existir há algum tempo, pois nesse ano já havia, além dos próprios doentes, um total de 120 pensionistas: é toda uma população na qual os alienados vão perder-se. A evolução foi ainda mais rápida em Saint-Lazare. A crer em seus primeiros hagiógrafos, São Vicente de Paula teria hesitado, durante certo tempo, em fazer sua Congregação encarregar-se desse antigo leprosário. Um argumento o teria feito finalmente decidir-se: a presença no "priorado" de alguns insanos, os quais ele gostaria de poder tratar[35]. Retiremos desse relato aquilo que ele pode comportar de intenção voluntariamente apologética, e aquilo que se pode atribuir, por retrospecção, de sentimentos humanitários ao santo. É possível, se não provável, que se tenha querido contornar algumas dificuldades referentes à atribuição desse leprosário e de seus consideráveis bens, ainda pertencentes aos cavaleiros de Saint-Lazare, ao se fazer dele um hospital para os "insanos pobres". Mas logo ele é transformado em

"Casa de Força para as pessoas detidas por ordem de Sua Majestade"[36]; e os insanos que ali estavam passaram, nesse ato, para o regime correcional. Pontchartrain sabe muito bem disso, ao escrever ao tenente d'Argenson, a 10 de outubro de 1703: "O senhor sabe que esses Senhores de Saint-Lazare são há muito tempo acusados de tratar os prisioneiros com muita dureza, e mesmo de impedir que os que para lá são enviados como fracos de espírito ou por seus maus costumes relatem sua melhora aos parentes a fim de mantê-los lá por mais tempo."[37] E é exatamente um regime de prisão o que evoca o autor da *Relation sommaire* quando evoca o passeio dos insanos:

> Os irmãos serventes, ou anjos da guarda dos alienados, levam-nos a passear no pátio da casa após o jantar nos dias de trabalho e conduzem-nos todos juntos, de vara na mão, como se faz com um rebanho de carneiros, e se alguém se afastar por pouco que seja dos outros, ou se não puder andar tão rápido quanto eles, castigam-nos com golpes da vara, de modo tão grosseiro que vimos alguns estropiados, e outros que tiveram a cabeça quebrada e outros que morreram dos golpes que receberam.[38]

Poder-se-ia acreditar que há nisso apenas uma certa lógica própria do internamento dos loucos, na medida em que escapa a todo controle médico: ele se transforma então, necessariamente, em aprisionamento. Mas parece que se trata de coisa bem diversa de uma fatalidade administrativa, pois não são apenas as estruturas e as organizações que estão implicadas, mas a consciência que se tem da loucura. É ela que sofre uma defasagem e não mais consegue apreender um asilo de insanos como sendo um hospital, porém, no máximo, como uma casa de correição. Quando se cria um quartel de força na Caridade de Senlis, em 1675, desde logo é dito que está reservado "aos loucos, libertinos e outros que o governo do Rei manda prender"[39]. É de uma maneira bem planejada que se passa o louco do registro do hospital para o da correição, e, deixando-se com que se apaguem assim os signos que o distinguiam, vê-se ele envolvido numa experiência moral do desatino revestida por outra qualidade. Basta citar aqui o testemunho de um único exemplo. Bethleem fora reconstruído na segunda metade do século XVII; em 1703, Ned Ward põe na boca de uma de suas personagens de *London Spy*: "Para falar a verdade, creio que foram loucos os que construíram um prédio tão caro para esses miolos moles (*for a crack brain society*). Digo ainda que é pena que um edifício tão belo não seja habitado por pessoas capazes de ter ali consciência de sua felicidade."[40] O que se passou entre o fim da Renascença e o apogeu da era clássica não é, portanto, apenas uma evolução nas instituições: é uma alteração na consciência da loucura; são os asilos de internamento, as casas de força e de correição que doravante representam essa consciência.

E se há algum paradoxo no ato de encontrarem-se loucos nas salas do hospital e insanos entre os correcionais e prisioneiros, não se trata de modo algum do signo de um progresso em vias de realização, de um progresso que vai da prisão à casa de saúde, do encarceramento à terapêutica. De fato, os loucos que estão no hospital designam, ao longo da era clássica, um estado de coisas superado; eles remetem a essa época – do fim da Idade Média à Renascença – em que o louco era reconhecido e isolado como tal, mesmo fora de um estatuto médico preciso. Pelo contrário, os loucos dos hospitais gerais, das *workhouses*, das *Zuchthäusern*, remetem a uma certa experiência do desatino que é rigorosamente contemporânea da era clássica. Se é verdade que existe uma defasagem cronológica entre essas duas maneiras de tratar os insanos, não é o hospital que pertence à camada geológica mais recente; ele constitui, pelo contrário, uma sedimentação arcaica. Prova é que não deixou de ver-se atraído para as casas de internamento por uma espécie de gravitação e que foi como que assimilado a ponto de ser quase inteiramente confundido com elas. A partir do dia em que Bethleem, hospital para os lunáticos curáveis, foi aberto aos que não o eram (1733), não apresentou mais nenhuma diferença notável em relação a nossos hospitais gerais ou qualquer outra casa de correição. O próprio Saint Luke, ainda que tardiamente fundado, em 1751, para duplicar Bethleem, não escapa a essa atração do estilo correcional. Quando Tuke o visita, ao final do século, escreve no caderno onde anota o que pôde observar: "O superintendente nunca viu muita vantagem na prática da medicina... Acredita que o sequestro e a coação podem ser impostos de modo mais vantajoso a título de punição, e de modo geral acha que o medo é o princípio mais eficaz para reduzir os loucos a uma conduta ordenada."[41]

Analisar o internamento, como se faz de modo tradicional, atribuindo ao passado tudo o que diz respeito ao aprisionamento e a um futuro em formação, ao que já permite prever o hospital psiquiátrico, é trocar os dados do problema. De fato, talvez sob a influência do pensamento e da ciência árabes, os loucos foram colocados em estabelecimentos que lhes eram especialmente destinados e dos quais alguns, sobretudo na Europa meridional, aproximavam-se bastante da categoria dos hospitais, o que lhes permitia que ali fossem tratados, pelo menos parcialmente, como doentes. Alguns hospitais irão testemunhar sobre a existência desse estatuto, através da era clássica e até a época da grande Reforma. Mas ao redor dessas instituições-testemunhas, o século XVII instaura uma nova experiência, na qual a loucura retoma parentescos desconhecidos com figuras morais e sociais que ainda lhe eram estranhas.

Não se trata aqui de estabelecer uma hierarquia, nem de mostrar que a era clássica foi uma regressão com referência ao século XVI no conhecimento que teve da loucura. Como veremos, os textos médicos dos séculos XVII e XVIII seriam suficientes para provar o contrário. Trata-se apenas, isolando as cronologias e as sucessões históricas de toda perspectiva de "progresso", restituindo à história da experiência um movimento que nada toma emprestado do conhecimento ou da ortogênese do saber – trata-se de deixar aparecer o desenho e as estruturas dessa experiência da loucura, tal como o classicismo realmente a sentiu. Essa experiência não é nem um progresso, nem um atraso em relação a alguma outra. Se é possível falar de uma queda do poder de discriminação na percepção da loucura, se é possível dizer que o rosto do insano tende a se apagar, não existe aí um juízo de valor, nem mesmo o enunciado puramente negativo de um *déficit* do conhecimento; é uma maneira, ainda de todo exterior, de abordar uma experiência bastante positiva da loucura – experiência que, retirando do louco a precisão de uma individualidade e de uma estatura com as quais a Renascença o caracterizara, engloba-o numa nova experiência e lhe prepara, para além do campo de nossa experiência habitual, um novo rosto: exatamente aquele em que a ingenuidade de nosso positivismo acredita reconhecer a natureza de toda loucura.

■ ■

A hospitalização justaposta ao internamento deve alertar-nos para o índice cronológico próprio dessas duas formas institucionais e demonstrar com bastante clareza que o hospital não é a verdade próxima da casa de correição. Nem por isso, no entanto, na experiência global do desatino na era clássica, essas duas estruturas deixam de se manter: se uma é mais nova e mais vigorosa, a outra nunca é totalmente reduzida. E na percepção social da loucura, na consciência sincrônica que a apreende, deve-se, portanto, poder reencontrar essa dualidade – simultaneamente cesura e equilíbrio.

O reconhecimento da loucura no direito canônico, bem como no direito romano, estava ligado a seu diagnóstico pela medicina. A consciência médica estava implicada em todo julgamento sobre a alienação. Em suas *Questões Médico-Legais*, redigidas entre 1624 e 1650, Zacchias levantava o balanço exato de toda a jurisprudência cristã referente à loucura[42]. Em relação a todas as causas de *dementia et rationis laesione et morbis omnibus qui rationem laedunt*, Zacchias é formal: apenas o médico é competente para julgar se um indivíduo está louco, e que grau de capacidade lhe permite sua doença. Não é significativo que essa obrigação rigorosa, admitida como evidente por um jurista formado na prática do direito canônico, venha a constituir um problema cento e cinquenta anos mais tarde, com Kant[43], e que inflame uma polêmica à época de Heinroth e, depois, de Elias Régnault?[44] Essa participação médica num exame para declaração de loucura não mais será reconhecida como evidente; será necessário estabelecê-la, novamente. Ora, para Zacchias a situação continua nítida: um jurisconsulto pode reconhecer um louco por suas palavras quando este não é capaz de colocá-las em ordem. Pode reconhecê-lo também por suas ações, incoerência dos gestos ou o absurdo de seus atos civis: seria possível adivinhar que Cláudio estava louco simplesmente pelo fato de ter ele preferido Nero a Britannicus como herdeiro. Mas trata-se aí apenas de pressentimentos: somente o médico poderá transformá-los em certeza. À disposição de sua experiência existe todo um sistema de sinalização: na esfera das paixões, uma tristeza contínua e imotivada denuncia a melancolia. No domínio do corpo, a temperatura permite distinguir o frenesi de todas as outras formas apiréticas do furor. A vida do indivíduo, seu passado, os juízos que se puderam formar sobre ele a partir da infância, tudo isso cuidadosamente pesado pode autorizar o médico a fazer um juízo e decretar a existência ou ausência da doença. Mas a tarefa do médico não se esgota nesta decisão: um trabalho mais apurado deve então começar. É necessário determinar quais são as faculdades atingidas (memória, imaginação ou razão), de que modo e em que grau. Assim, a razão é diminuída na *fatuitas*; é pervertida superficialmente nas paixões e profundamente no frenesi e na melancolia. Enfim, a mania, o furor e todas as formas mórbidas do sono abolem-na completamente.

Seguindo o fio dessas diferentes questões, é possível interrogar as condutas humanas e determinar em que medida se pode atribuí-las à loucura. Casos há, por exemplo, em que o amor é alienação. Antes mesmo de apelar para a peritagem médica, pode o juiz suspeitar de sua existência se observar no comportamento da pessoa uma *coquetterie* excessiva, uma preocupação contínua com ornamentos e perfumes, ou ainda se tem oportunidade de constatar sua presença numa rua pouco frequentada por onde passa uma bonita mulher. Mas todos esses indícios apenas esboçam uma probabilidade: mesmo reunidos, não poderiam provocar uma decisão. Cabe ao médico descobrir as marcas indubitáveis da verdade. A pessoa perdeu o apetite e o sono, seu olhar está parado, entrega-se a longos momentos de tristeza? É porque sua razão já se perverteu, estando ela acometida por essa melancolia do amor que Hucherius define como "a doença atrabiliária de uma alma que desatina, enganada pelo fantasma e pela falsa avaliação da beleza". Mas se, quando o indivíduo percebe o objeto que o consome e seus olhos se tornam esgazeados, seu pulso se acelera e ele se comporta como prisioneiro de grande agitação desordenada, deve ser considerado um irresponsável, nem mais nem menos que qualquer outro maníaco[45].

Os poderes de decisão são entregues ao juízo médico: apenas ele nos introduz no mundo da loucura. Apenas ele permite que se distingam o normal do insano, o criminoso do alienado irresponsável. Ora, a prática do internamento está estruturada segundo um outro tipo: de modo algum ela se pauta por uma decisão médica. Depende de outra consciência. A jurisprudência do internamento é bastante complexa no que respeita aos loucos. Considerando-se os textos ao pé da letra, parece que uma análise médica é sempre necessária: em Bethleem, até 1773 se exige um certificado comprovando que o doente pode ser tratado, isto é, que ele não é um idiota de nascença ou não está acometido por doença permanente[46]. Nas *Petites-Maisons*, em compensação, pede-se um certificado declarando que a pessoa foi tratada em vão e que sua doença é incurável. Os parentes que desejam colocar um membro da família entre os insanos de Bicêtre devem dirigir-se ao juiz, que "ordenará em seguida a visita do insano pelo médico e pelo cirurgião, que farão seus relatórios entregando-os ao escrivão"[47]. Mas por trás dessas precauções administrativas, a realidade é bem diferente. Na Inglaterra, é o juiz de paz que toma a decisão de decretar o internamento, seja por ter sido solicitado pelo círculo da pessoa, seja porque ele mesmo considera a medida necessária para a boa ordem de seu distrito. Na França, o internamento é decretado às vezes por sentença do tribunal quando a pessoa foi condenada por um delito ou crime[48]. O comentário ao código penal de 1670 prevê a loucura como fato justificativo, cuja prova só se admite após exame do processo; se após uma informação sobre a vida do acusado se constata desarranjo em seu espírito, os juízes decidem se se deve mantê-lo em sua família ou interná-lo, tanto no hospital como numa casa de força, "para lá ser tratado como os outros insanos". É raro ver os magistrados recorrendo a um exame médico, embora a partir de 1603 se tenham nomeado "em todas as boas cidades do reino duas pessoas da arte da medicina e da cirurgia da melhor reputação, probidade e experiência para fazer as visitas e relatórios diante do tribunal"[49]. Até 1692, todos os internamentos em Saint-Lazare são feitos por ordem do magistrado e ostentam, sem nenhum certificado médico, as assinaturas do primeiro-presidente, do tenente civil, do tenente do Châtelet ou dos tenentes-gerais do interior; quando se trata de religiosos, as ordens são assinadas pelos bispos e capítulos. A situação ao mesmo tempo se complica e se simplifica ao final do século XVII: em março de 1667, cria-se o cargo de tenente de polícia[50]; muitos internamentos (a maioria deles em Paris) serão feitos a seu pedido e sob a condição única de serem subscritos por um ministro. A partir de 1692, o procedimento mais frequente é, evidentemente, a Carta Régia. A família ou o círculo da pessoa faz o pedido ao rei, que o concede e outorga após assinatura de um ministro. Alguns desses pedidos fazem-se acompanhar de certificados médicos. Mas são os casos menos numerosos[51]. Normalmente, é a família, a vizinhança e o cura da paróquia que são convidados a dar seus depoimentos. Os parentes mais próximos têm maior autoridade para fazer valer suas queixas ou apreensões no memorial em que pedem o internamento. Tanto quanto possível, procura-se obter o consentimento de toda a família ou, em todo caso, saber das razões da rivalidade ou do interesse que impedem, se for o caso, que se consiga essa unanimidade[52]. Mas acontece de um círculo mais distante de pessoas, como os vizinhos, conseguir um internamento no qual a família não quer consentir[53]. Tanto Isso é fato que no século XVII a loucura se tornou assunto de sensibilidade social[54]; aproximando-se do crime, da desordem, do escândalo, ela pode ser julgada, como estes, pelas formas mais espontâneas e mais primitivas dessa sensibilidade.

O que pode determinar e isolar a loucura não é tanto uma ciência médica quanto uma consciência suscetível de escândalo. Nesse aspecto, os representantes da Igreja têm uma situação privilegiada, mais ainda que os representantes do Estado, para fazer um julgamento de loucura[55]. Quando, em 1784, Breteuil limita o uso das cartas reais, deixando que logo saiam de uso, ele insiste para que, na medida do possível, o internamento não ocorra antes do procedimento jurídico da interdição. É uma precaução com relação à arbitrariedade do memorial da família e das ordens do rei. Porém isso não é feito a fim de submeter o assunto de modo mais objetivo à autoridade da medicina, mas, ao contrário, para fazer com que o poder de decisão passe por uma autoridade judiciária que não recorre ao médico. A interdição, de fato, não comporta nenhum exame médico: é um assunto a ser resolvido inteiramente entre as famílias e a autoridade judiciária[56]. O internamento e as práticas de jurisprudência que se enxertaram à sua volta de modo algum permitiram uma ascendência médica mais rigorosa sobre o insano. Pelo contrário, parece que a tendência foi no sentido de cada vez mais dispensar-se o controle médico que estava previsto, no século XVII, pelo regulamento de certos hospitais, "socializando" cada vez mais o poder de decisão que deve reconhecer a loucura ali onde ela existe. Não surpreende o fato de ainda se discutir, no começo do século XIX – como se se tratasse de questão ainda não resolvida –, sobre a capacidade dos médicos para reconhecer a alienação e diagnosticá-la. Aquilo que Zacchias, herdeiro de toda a tradição do direito cristão, atribuía sem hesitar à autoridade da ciência médica, um século e meio mais tarde Kant poderá contestar e Régnault, a seguir, recusá-lo inteiramente. O classicismo e mais de um século de internamento tinham feito todo o trabalho.

Considerando-se as coisas ao nível de seus resultados, parece existir uma defasagem apenas entre uma teoria jurídica da loucura, bastante elaborada para discernir a respeito, com a ajuda da medicina, seus limites e suas formas, e uma prática social, quase policial, que a apreende de um modo global, utiliza formas de internamento já preparadas pela repressão e deixa de proceder, em suas sutilezas, a distinções preparadas pela e para a arbitragem judiciária. Defasagem que à primeira vista poderia parecer perfeitamente normal ou, pelo menos, bastante comum: a consciência jurídica estava habituada a ser mais elaborada e mais apurada do que as estruturas que a devem servir ou as instituições nas quais ela parece realizar-se. Mas essa defasagem assume uma importância decisiva e um valor particular quando vemos que a consciência jurídica da loucura já estava elaborada há muito tempo, após ter sido constituída, no decorrer da Idade Média e da Renascença, através do direito canônico e dos remanescentes do direito romano, antes de instaurar-se a prática do internamento. Tal consciência não antecipa essa prática. Uma e outra pertencem a dois mundos diferentes.

Uma depende de certa experiência da pessoa como sujeito de direito, cujas formas e obrigações são analisadas; a outra pertence a certa experiência do indivíduo como ser social. Num caso, é preciso analisar a loucura nas modificações que ela não pode deixar de fazer no sistema das obrigações; no outro, é necessário considerá-la com todos os parentescos morais que justificam sua exclusão. Enquanto sujeito de direito, o homem se liberta de suas responsabilidades na própria medida em que é um alienado; como ser social, a loucura o compromete nas vizinhanças da culpabilidade. O direito, portanto, apurará cada vez mais sua análise da loucura; e, num sentido, é justo dizer que é sobre o fundo de uma experiência jurídica da alienação que se constituiu a ciência médica das doenças mentais. Já nas formulações da jurisprudência do século XVII veem-se emergir algumas das estruturas apuradas da psicopatologia. Zacchias, por exemplo, na velha categoria da *fatuitas*, da imbecilidade, distingue níveis que parecem pressagiar a classificação de Esquirol e, logo, toda a psicologia das debilidades mentais. No primeiro posto de uma ordem decrescente, ele coloca os "parvos" que podem testemunhar, testamentar e casar-se, porém não entrar para as ordens nem administrar, "pois são como crianças que se aproximam da puberdade". Os imbecis propriamente ditos (*fatui*) vêm a seguir; não se lhes pode confiar responsabilidade alguma; seus espíritos estão abaixo da idade da razão, como as crianças de menos de sete anos. Quanto aos *stolidi*, os estúpidos, são nada mais nada menos que pedras: não se lhes pode autorizar nenhum ato jurídico, salvo talvez o testamento, se pelo menos tiverem discernimento suficiente para reconhecer seus parentes[57]. Sob a pressão dos conceitos do direito, e com a necessidade de delimitar de modo exato a personalidade jurídica, a análise da alienação não deixa de apurar-se e parece antecipar as teorias médicas que a seguem de longe.

A diferença é profunda, se se comparar com essas análises os conceitos em vigor na prática do internamento. Um termo como *imbecilidade* só tem valor num sistema de equivalências aproximadas, que exclui toda determinação precisa. Na Caridade de Senlis, encontraremos um "louco que se tornou imbecil"; um "homem outrora louco, e agora de espírito fraco e imbecil"[58]; o tenente d'Argenson manda prender "um homem de um tipo muito raro que reúne em si coisas bem opostas: a aparência do bom senso em muitas coisas e a aparência de um animal em muitas outras"[59]. Mais curioso ainda, porém, é confrontar com uma jurisprudência como a de Zacchias os raros certificados médicos que acompanham os dossiês de internamento. Dir-se-ia que coisa alguma das análises da jurisprudência passou para esses juízos. Justamente a respeito da fatuidade pode-se ler, com a assinatura de um médico, um certificado como este:

Vimos e visitamos o dito Charles Dormont, e após ter examinado sua condição, o movimento de seus olhos, seu pulso e tê-lo observado em todas as suas atitudes, ter-lhe feito diversas perguntas e recebido suas respostas, convencemo-nos de que o dito Dormont tinha o espírito desordenado e extravagante, e que ele caiu numa inteira e absoluta demência e fatuidade.[60]

Ao se ler esse texto, tem-se a impressão de que existem dois usos, quase dois níveis de elaboração da medicina, conforme seja ela considerada no contexto do direito ou conforme deva pautar-se pela prática social do internamento. Num caso, ela põe em jogo as capacidades do sujeito de direito, e com isso prepara uma psicologia que misturará, numa unidade indecisa, uma análise filosófica das faculdades e uma análise jurídica da capacidade para elaborar contratos e contrair obrigações. Ela se dirige às estruturas mais apuradas da liberdade civil. Noutro caso, ela põe em jogo as condutas do homem social, preparando assim uma patologia dualista, em termos de normal e anormal, de sadio e mórbido, que cinde em dois domínios irredutíveis a simples fórmula: "Para ser internado." Estrutura espessa da liberdade social.

Um dos constantes esforços do século XVIII consistiu em ajustar a velha noção jurídica de "sujeito de direito" com a experiência contemporânea do homem social. Entre ambas, o pensamento político do Iluminismo postula ao mesmo tempo uma unidade fundamental e uma reconciliação sempre possível sobre todos os conflitos de fato. Esses temas conduziram silenciosamente à elaboração da noção de loucura e à organização das práticas que lhe dizem respeito. A medicina positivista do século XIX herda todo esse esforço da *Aufklärung*. Ela admitirá como algo já estabelecido e provado o fato de que a alienação do sujeito de direito pode e deve coincidir com a loucura do homem social, na unidade de uma realidade patológica que é ao mesmo tempo analisável em termos de direito e perceptível às formas mais imediatas da sensibilidade social. A doença mental, que a medicina vai atribuir-se como objeto, se constituirá lentamente como a unidade mítica do sujeito juridicamente incapaz e do homem reconhecido como perturbador do grupo, e Isso sob o efeito do pensamento político e moral do século XVII. Essa aproximação já é percebida em seus efeitos pouco antes da Revolução, quando, em 1784, Breteuil pretende fazer com que o internamento dos loucos seja precedido de um procedimento judiciário mais minucioso que comporte a interdição e a determinação da capacidade do sujeito como pessoa jurídica: "Em relação às pessoas cuja detenção for solicitada por razões de alienação do espírito, a justiça e a prudência exigem (escreve o ministro aos intendentes) que os senhores proponham as ordens (do rei) apenas quando houver uma interdição proposta pelo tribunal."[61] O que o esforço liberal da última monarquia absoluta prepara será realizado pelo código civil, ao fazer da interdição a condição indispensável para todo internamento.

O momento em que a jurisprudência da alienação se torna a condição preliminar de todo internamento é também o momento em que, com Pinel, está nascendo uma psiquiatria que pela primeira vez pretende tratar o louco como um ser humano. O que Pinel e seus contemporâneos sentirão como uma descoberta ao mesmo tempo da filantropia e da ciência é, no fundo, apenas a reconciliação da consciência dividida do século XVIII. O internamento do homem social preparado pela interdição do sujeito jurídico significa que pela primeira vez o homem alienado é reconhecido como incapaz e como louco; sua extravagância, de imediato percebida pela sociedade, limita – porém sem obliterá--la – sua existência jurídica. Com isso, os dois usos da medicina são reconciliados – o que tenta definir as estruturas mais apuradas da responsabilidade e da capacidade, e o que apenas ajuda a pôr em movimento o decreto social do internamento.

Tudo isso é de extrema importância para o desenvolvimento ulterior da medicina do espírito. Essa, em sua forma "positiva", é no fundo apenas a superposição de duas experiências que o classicismo justapôs sem nunca reuni-las definitivamente: uma experiência social, normativa e dicotômica da loucura, que gira ao redor do imperativo do internamento e se formula apenas em termos de "sim ou não", "inofensivo ou perigoso", "para ser internado ou não"; e uma experiência jurídica, qualitativa, finamente diferenciada, sensível às questões de limites e gradações e que procura, em todos os setores da atividade do sujeito, os rostos polimorfos que a alienação pode assumir. A psicopatologia do século XIX (e talvez ainda a nossa) acredita situar-se e tomar suas medidas com referência num *homo natura* ou num homem normal considerado como dado anterior a toda experiência da doença. Na verdade, esse homem normal é uma criação. E se é preciso situá-lo, não é num espaço natural, mas num sistema que identifique o *socius* ao sujeito de direito; e, por conseguinte, o louco não é reconhecido como tal pelo fato de a doença tê-lo afastado para as margens do normal, mas sim porque nossa cultura situou-o no ponto de encontro entre o decreto social do internamento e o conhecimento jurídico que discerne a capacidade dos sujeitos de direito. A ciência "positiva" das doenças mentais e esses sentimentos humanitários que promoveram o louco à categoria de ser humano só foram possíveis uma vez solidamente estabelecida essa síntese. De algum modo ela constitui o *a priori* concreto de toda a nossa psicopatologia com pretensões científicas.

■ ■

Tudo o que, após Pinel, Tuke e Wagnitz, indignou a boa consciência do século XIX, nos ocultou por muito tempo como podia ser polimorfa e variada a experiência da loucura na época do classicismo. Fascinamo-nos com a doença desconhecida, os alienados acorrentados e toda essa população de presos por cartas régias ou solicitações do tenente de polícia. Mas não vimos todas as experiências que se entrecruzavam, nessas práticas, com todas as aparências de uma prática de massa em relação às quais foi possível acreditar, à primeira vista, que eram pouco elaboradas. De fato, a loucura na era clássica foi considerada sob duas formas de hospitalização: a dos hospitais propriamente ditos e a do internamento. Foi submetida a duas formas de localização: uma que era tomada de empréstimo ao universo do direito e usava seus conceitos, e outra que pertencia às formas espontâneas da percepção social. Entre todos esses aspectos diversos da sensibilidade à loucura, a consciência médica não é inexistente – mas não é *autônoma*; com maior razão, não se deve supor que é ela que sustenta, ainda que obscuramente, todas as outras formas de experiência. Ela está simplesmente localizada em certas práticas da hospitalização; ela ocorre também no interior da análise jurídica da alienação, mas não constitui a parte essencial desta, nem de longe. No entanto, seu papel é importante na economia de todas essas experiências e para o modo pelo qual elas se articulam umas com as outras. É ela, com efeito, que comunica as regras da análise jurídica e a prática da colocação dos loucos em estabelecimentos médicos. Em compensação, dificilmente penetra no domínio constituído pelo internamento e pela sensibilidade social que nele se exprime.

Tanto que se veem esboçar duas esferas estranhas uma à outra. Parece que durante toda a idade clássica a experiência da loucura foi vivida de dois modos diferentes. Teria havido como que um halo de desatino que envolve o sujeito de direito; ele é cercado pelo reconhecimento jurídico da irresponsabilidade e da incapacidade, pelo decreto de interdição e pela definição da doença. Teria havido um outro halo de desatino, aquele que envolve o homem social, cercado simultaneamente pela consciência do escândalo e pela prática do internamento. Aconteceu, sem dúvida, de esses dois domínios se recobrirem parcialmente. Mas, um em relação ao outro, permaneceram excêntricos e definiram duas formas de alienação inteiramente diferentes.

Uma é considerada como limitação da subjetividade – linha traçada nos confins dos poderes do indivíduo e que isola as regiões de sua irresponsabilidade. Essa alienação designa um processo pelo qual o sujeito se vê despojado de sua liberdade através de um duplo movimento: aquele, natural, de sua loucura, e um outro, jurídico, da interdição, que o faz cair sob os poderes de um Outro – o outro em geral, no caso representado pelo curador. A outra forma de alienação designa, pelo contrário, uma tomada de consciência através da qual o louco é reconhecido, pela sociedade, como estranho à sua própria pátria: ele não é liberado de sua responsabilidade; atribui-se-lhe, ao menos sob as formas do parentesco e de vizinhanças cúmplices, uma culpabilidade moral; é designado como sendo o Outro, o Estranho, o Excluído. O conceito tão estranho de "alienação psicológica", que se considerará baseado na psicopatologia, não sem ser beneficiado por equívocos com os quais poderia ter-se enriquecido num outro setor da reflexão, tal conceito é, no fundo, apenas a confusão antropológica dessas duas experiências de alienação: uma que concerne ao ser caído sob o poder do Outro e acorrentado à sua liberdade; a segunda, que diz respeito ao indivíduo que se tornou um Outro, estranho à semelhança fraterna dos homens entre si. Uma aproxima-se do determinismo da doença, a outra assume antes o aspecto de uma condenação ética.

Quando o século XIX decidir fazer com que o homem desatinado passe para o hospital, e quando ao mesmo tempo fizer do internamento um ato terapêutico que visa a curar um doente, fa-lo-á por um choque extremado que reduz a uma unidade confusa, e para nós difícil de deslindar, esses temas diversos da alienação e os múltiplos rostos da loucura, sob os quais o racionalismo clássico sempre havia permitido a possibilidade de aparecer.

IMAGEM:
A *Cadeira Tranquilizadora* de Benjamin Rush, 1811.

5. Os Insensatos

As duas grandes formas de experiência da loucura que se justapõem no decorrer da idade clássica têm cada uma seu índice cronológico. Não no sentido de que uma seria uma experiência elaborada e a outra, uma espécie de consciência rude e mal formulada; elas se articulam claramente numa prática coerente, mas uma foi herdada, e foi sem dúvida um dos dados mais fundamentais do desatino ocidental, e a outra – e é esta que se deve examinar agora – é uma criação própria do mundo clássico.

Apesar do prazer reconfortante que podem ter os historiadores da medicina ao reconhecer no grande livro do internamento o rosto familiar, e para eles eterno, das psicoses alucinatórias, das deficiências intelectuais e das evoluções orgânicas ou dos estados paranoicos, não é possível dividir sobre uma superfície nosográfica coerente as fórmulas em nome das quais os insanos foram presos. De fato, as fórmulas de internamento não pressagiam nossas doenças; elas designam uma experiência da loucura que nossas análises patológicas podem atravessar sem nunca levá-la em conta na sua totalidade. Ao acaso, eis alguns internados por "desordem do espírito", a respeito dos quais se podem encontrar menções nos registros: "demandante obstinado", "homem mais processado", "homem muito mau e chicaneiro", "homem que passa os dias e as noites a atordoar os outros com suas canções e a proferir as blasfêmias mais horríveis", "pregador de cartazes", "grande mentiroso", "espírito inquieto, triste e ríspido". Inútil perguntar se se trata de doentes, e até que ponto. Deixemos ao psiquiatra o trabalho de reconhecer que o "ríspido" é um paranoico ou de diagnosticar uma bela neurose obsessiva nesse "espírito desordenado que elabora uma devoção a seu gosto". O que é designado nessas fórmulas não são doenças, mas formas de loucura que seriam percebidas como o extremo de *defeitos*. Como se, no internamento, a sensibilidade à loucura não fosse autônoma, mas ligada a uma certa ordem moral onde ela só aparece a título de perturbação. Lendo-se todas essas menções que, nos registros, são colocadas diante do nome dos insanos, tem-se a impressão de que se está ainda no mundo de Brant ou de Erasmo, um mundo onde a loucura conduz toda uma ronda dos defeitos, a dança insana das vidas imorais.

No entanto, a experiência que se tem é diferente. Em 1704, é internado em Saint-Lazare um certo abade Bargedé; tem setenta anos e foi preso para que seja "tratado como os outros insanos":

sua principal ocupação era emprestar dinheiro a juros altos, enriquecendo-se com as usuras mais odiosas e mais ultrajantes para a honra do sacerdócio e da Igreja. Não foi possível convencê-lo a arrepender-se de seus excessos nem a acreditar que a usura era um pecado. Insiste em ser um avarento[1].

Foi totalmente impossível "descobrir nele algum sentimento de caridade". Bargedé é um insano, mas não como são insanas as personagens embarcadas na *Nau dos Loucos*, que o são na medida em que foram arrastadas pela força viva da loucura. Bargedé é insano não porque perdeu o uso da razão, mas porque ele, homem da Igreja, pratica a usura, não dando mostras de nenhuma caridade e não sentindo remorsos; porque caiu à margem da ordem moral que lhe é própria. Nesse julgamento, o que transparece não é a impotência de baixar um decreto de doença, tampouco uma tendência para condenar moralmente a loucura, mas sim o fato, essencial sem dúvida para compreender-se a era clássica, de que a loucura torna-se perceptível, para ela, na forma da ética.

Num ponto extremo, o racionalismo poderia paradoxalmente conceber uma loucura na qual a razão não seria perturbada, mas que seria reconhecida pelo fato de toda vida moral ser falsificada, de a vontade ser má. É na qualidade da vontade, e não na integridade da razão, que reside finalmente o segredo da loucura. Um século antes do caso de Sade levantar perguntas na consciência médica de Royer-Collard[2], é curioso observar que o tenente d'Argenson também se interroga sobre um caso algo análogo – exceção feita à genialidade: "Uma mulher de dezesseis anos cujo marido se chama Beaudoin... declara em alto e bom som que nunca amará seu marido, que lei nenhuma pode ordená-la a tanto, que todos são livres de dispor de seu coração e de seu corpo como melhor lhes aprouver, mas que é uma espécie de crime dar um sem dar o outro." E o tenente de polícia acrescenta: "Falei-lhe duas vezes, e embora acostumado há alguns anos aos discursos impudentes e ridículos, não pude deixar de ficar surpreso com os raciocínios nos quais essa mulher apoia seu sistema. Para ela, o casamento não é, propriamente, mais que uma tentativa..."[3] No começo do século XIX, deixar-se-á que Sade morra em Charenton; hesita-se ainda, nos primeiros anos do século XVIII, em prender uma mulher em relação à qual é-se forçado a reconhecer que a única coisa que ela tem é espírito demais. O ministro Pontchartrain recusa mesmo a d'Argenson o internamento dela por alguns meses no Refúgio: "É demasiado forte", observa ele, "falar-lhe severamente." E, no entanto, d'Argenson não está muito longe de fazer com que seja tratada como os outros insanos: "Ouvindo tanta impertinência, estava inclinado a acreditá-la uma louca." Estamos na trilha daquilo que o século XIX chamará de "loucura moral"; mas ainda mais importante é que se vê surgir aqui o tema de uma loucura que repousa inteiramente sobre uma má vontade, sobre um *erro ético*. Durante toda a Idade Média, e por muito tempo no decorrer da Renascença, a loucura estivera ligada ao Mal, mas sob a forma de transcendências imaginárias; doravante, ela se comunica com ele pelas vias mais secretas da escolha individual e das más intenções.

Não se deve ficar surpreso diante dessa indiferença que a era clássica parece opor à divisão entre a loucura e a falta, a alienação e a maldade. Essa indiferença não pertence a um saber ainda muito rude, mas sim a uma equivalência escolhida de modo ordenado e proposta com conhecimento de causa. Loucura e crime não se excluem, mas não se confundem num conceito indistinto; implicam-se um ao outro no interior de uma consciência que será tratada, com a mesma racionalidade, conforme as circunstâncias o determinem, com a prisão ou com o hospital.

Durante a Guerra de Sucessão na Espanha, tinha-se colocado na Bastilha um certo Conde d'Albuterre, que na verdade se chamava Doucelin. Dizia ser herdeiro da coroa de Castela, porém

> por mais desvairada que seja sua loucura, sua engenhosidade e sua maldade vão ainda mais longe; ele afirma sob juramento que a Santa Virgem lhe aparece a cada oito dias; que Deus lhe fala frequentemente cara a cara... Creio... que esse prisioneiro deve ficar fechado no hospital para o resto da vida, como insano dos mais perigosos, ou que deve ser esquecido na Bastilha, como celerado de primeira ordem; creio mesmo que a última alternativa é a mais segura e, por conseguinte, a mais conveniente[4].

Não há exclusão entre loucura e crime, mas sim uma implicação que os une. O indivíduo pode ser um pouco mais insano, ou um pouco mais criminoso, mas até o fim a "loucura mais extremada será assombrada pela maldade". Ainda a respeito de Doucelin, d'Argenson observa mais tarde: "quanto mais dócil parece, mais legítimo é acreditar que em suas extravagâncias havia muito de fingimento e de malícia". E, em 1709, "ele é muito menos firme na retratação de suas quimeras, e um pouco mais imbecil". Esse jogo de complementariedade aparece de modo mais claro num outro relatório do tenente d'Argenson a respeito de Tadeu Cousini, "mau monge"; tinha sido colocado em Charenton e, em 1715, "ele continua a ser ímpio quando raciocina e absolutamente imbecil quando deixa de raciocinar. Assim, embora a paz geral devesse libertá-lo, como espião que era, a situação de seu espírito e a honra da religião não o permitem"[5]. Estamos no extremo oposto dessa regra fundamental do direito segundo a qual "a verdadeira loucura tudo desculpa"[6]. No mundo do internamento, a loucura não explica nem desculpa coisa alguma; ela entra em cumplicidade com o mal a fim de multiplicá-lo, torná-lo mais insistente e perigoso e atribuir-lhe novas caras.

De um caluniador que é louco, diríamos que suas calúnias são provenientes do delírio, tanto estamos acostumados a considerar a loucura como a verdade ao mesmo tempo mais profunda e inocente do homem; no século XVII, a desordem do espírito se adiciona à calúnia na mesma totalidade do mal; prende-se na Caridade de Senlis, por "calúnias e fraquezas do espírito", um homem que tem "um caráter violento, turbulento e supersticioso, além de ser grande mentiroso e caluniador"[7]. No furor, tantas vezes mencionado nos registros de internamento, a violência não retira da maldade aquilo que procede da loucura, mas seu conjunto constitui como que a unidade do mal entregue a si mesmo, numa liberdade desenfreada. D'Argenson exige o internamento de uma mulher no Refúgio, "não apenas pelo desregramento de seus costumes mas por sua loucura, que chega frequentemente ao furor e que aparentemente a levará, ou a se desfazer de seu marido, ou a matar-se a si mesma na primeira oportunidade"[8]. Tudo se passa como se a explicação psicológica duplicasse a incriminação moral, quando há muito tempo nos acostumamos a estabelecer entre elas uma relação de subtração.

Se ela conspira de modo tão espontâneo com a maldade, a loucura involuntária, aquela que parece apoderar-se do homem contra sua vontade, não é em nada diferente, em sua essência secreta, daquela que é fingida intencionalmente por indivíduos lúcidos. Entre elas existe, em todo caso, um parentesco fundamental. O direito, pelo contrário, procura distinguir com o maior rigor possível a alienação fingida da autêntica, uma vez que não se condena à pena que seu crime mereceria "aquele que está *verdadeiramente* atingido pela loucura"[9]. No internamento, essa distinção não é feita: a loucura real não vale mais do que a fingida. Em 1710 foi internado em Charenton um rapaz de vinte e cinco anos que se fazia chamar Dom Pedro de Jesus e que se dizia filho do rei do Marrocos. Até então tinha sido considerado simplesmente um louco. Mas passou-se a suspeitar que ele fingia ser louco; não passou um mês em Charenton sem testemunhar que estava em seu perfeito juízo; admite que não é o filho do rei do Marrocos, mas afirma que seu pai é um governador do interior, e não consegue resolver-se a pôr de lado todas as suas quimeras. Loucura real e demência imitada se justapõem, como se mentiras interessadas viessem completar as quimeras do desatino. Em todo caso, "a fim de puni-lo por sua impostura e por sua loucura fingida, penso", escreve d'Argenson a Pontchartrain, "que vem a propósito levá-lo para a Bastilha". Ao final, é para Vincennes que o mandam; cinco anos mais tarde, as quimeras parecem mais numerosas que as mentiras, mas ele terá de morrer em Vincennes, entre os outros prisioneiros: "Sua razão está bastante desordenada, fala sem parar e frequentemente vê-se acometido por acessos de raiva, o último dos quais quase custou a vida a um de seus companheiros; desse modo, tudo parece concorrer para fazer sua detenção continuar."[10] A loucura sem a intenção de parecer um louco ou a simples intenção sem loucura merecem o mesmo tratamento, talvez pelo fato de obscuramente terem a mesma origem: o mal ou, pelo menos, uma vontade perversa. Por conseguinte, a passagem de uma para outra será fácil, e admite-se facilmente que alguém se torna louco pelo simples fato de ter desejado ser um louco. A respeito de um homem "que tem a loucura de querer falar ao rei sem nunca ter desejado dizer a um ministro o que tem a dizer ao rei", d'Argenson escreve: "tanto fez esse desatinado, na Bastilha ou em Bicêtre, que de fato se tornou um louco, e quer sempre falar com o rei em particular, e quando tentam fazer com que se explique a respeito, ele se expressa em termos que aparentemente não são nada racionais"[11].

Vê-se assim como a experiência da loucura que se expressa na prática do internamento, e que sem dúvida também se forma através dela, é estranha à que, desde o direito romano e os juristas do século XIII, se encontra formulada na consciência jurídica. Para os homens da lei, a loucura atinge essencialmente a razão, com isso alterando a vontade ao mesmo tempo em que a inocenta: "Loucura ou extravagância é uma alienação do espírito, um desarranjo da razão que nos impede de distinguir o verdadeiro do falso e que, através de uma agitação contínua do espírito, deixa aquele que é por ela atingido sem condições para poder dar qualquer consentimento."[12] O essencial, portanto, é saber se a loucura é real e qual o seu grau: quanto mais profunda for, mais a vontade do indivíduo será considerada inocente. Bouchet transcreve diversos despachos ordenando que pessoas que em estado de furor matassem mesmo seus parentes mais próximos não seriam punidas[13]. Pelo contrário, no mundo do internamento pouco importa saber se a razão está de fato atingida; caso esteja, e seu uso está com isso impedido, é sobretudo por uma flexão da vontade que não pode ser inteiramente inocente, pois não pertence à esfera das consequências. O fato de pôr-se em causa a vontade na experiência da loucura, tal como é denunciada pelo internamento, não está evidentemente explícito nos textos conservados, mas transparece através das motivações e dos modos de internamento. Aquilo de que se trata é todo um obscuro relacionamento entre a loucura e o mal, relacionamento que não é mais considerado, como na época da Renascença, como relacionado com todos os poderes ocultos do mundo, mas com esse poder individual do homem que é sua vontade. Assim, a loucura lança raízes no mundo moral.

■ ■

Mas a loucura é bem diferente do pandemônio de todos os defeitos e de todas as ofensas feitas à moral. Na experiência que o classicismo tem dela e na recusa que ele lhe opõe, não se trata apenas de regras morais, mas de toda uma consciência ética. É ela, e não uma sensibilidade escrupulosa, que observa a loucura. E se o homem clássico percebe seu tumulto, não é a partir de um ponto constituído por uma pura e simples consciência razoável, mas do alto de um ato de razão que inaugura uma escolha ética.

Considerado em sua formulação mais simples e sob seus aspectos mais exteriores, o internamento parece indicar que a razão clássica conjurou todos os poderes da loucura e que conseguiu estabelecer uma linha divisória decisiva ao próprio nível das instituições sociais. Num certo sentido, o internamento aparece como um exorcismo bem-sucedido. No entanto, essa percepção moral da loucura, sensível até nas formas do internamento, deixa transparecer sem dúvida uma divisão ainda mal assegurada. Essa divisão prova que o desatino, na era clássica, não é rechaçado para os confins de uma consciência razoável solidamente voltada sobre si mesma, mas que sua oposição à razão se mantém sempre no espaço aberto de uma escolha e de uma liberdade. A indiferença a toda forma de distinção rigorosa entre a falta e a loucura indica uma região mais profunda, na consciência clássica, onde a divisão razão-desatino se realiza como uma opção decisiva, na qual está presente a vontade mais essencial e, talvez, mais responsável do indivíduo. Essa consciência, evidentemente, não se encontra enunciada de modo explícito nas práticas do internamento nem em suas justificativas. Mas não permaneceu em silêncio durante o século XVII. A reflexão filosófica atribuiu-lhe uma formulação que permite compreendê-la sob um outro ângulo.

Vimos a decisão com que Descartes evitava, no caminho de sua dúvida, a possibilidade de estar louco; enquanto todas as outras formas do erro e da ilusão envolviam uma região da certeza, mas liberavam, por outro lado, uma forma da verdade, a loucura era excluída, não deixando vestígio algum, nenhuma cicatriz na superfície do pensamento. No regime da dúvida e em seu movimento em direção à verdade, a loucura não tinha eficácia alguma. É tempo, agora, de indagar o porquê disso e se Descartes contornou o problema na medida em que era insuperável ou se essa recusa da loucura como instrumento da dúvida não tem sentido ao nível da história da cultura – deixando transparecer um novo estatuto do desatino no mundo clássico. Parece que, se a loucura não intervém na economia da dúvida, é porque ela ao mesmo tempo está sempre presente e sempre excluída do propósito de duvidar e da vontade que o anima desde o começo. Todo o percurso que vai do projeto inicial da razão aos primeiros fundamentos da ciência costeia as margens de uma loucura que ele evita incessantemente através de um *parti pris* ético que não é outra coisa senão a vontade de manter-se desperto, o propósito de vagar "apenas em busca da verdade"[14]. Existe a eterna tentação do sono e do abandono às quimeras que ameaçam a razão e que são conjuradas pela decisão sempre renovada de abrir os olhos para o verdadeiro: "Uma certa preguiça me arrasta insensivelmente para o ritmo da vida comum. E assim como um escravo, que no sono goza de uma liberdade imaginária, receia acordar quando começa a supor que sua liberdade é apenas um sonho... eu também receio acordar desse torpor."[15] No percurso da dúvida, é possível desde logo pôr de lado a loucura, pois a dúvida, na própria medida em que é metódica, é envolvida por essa vontade de despertar que, a todo momento, é um desgrudar voluntário das complacências da loucura. Assim como o pensamento que duvida implica o pensamento e aquele que pensa, *a vontade* de duvidar já excluiu os encantamentos involuntários do desatino e a possibilidade nietzschiana do filósofo louco. Bem antes do *Cogito*, existe a arcaica implicação da vontade e da opção entre razão e desatino. A razão clássica não encontra a ética no ponto terminal de sua verdade, sob a forma de leis morais: a ética, como escolha contra o desatino, está presente desde o começo em todo pensamento ordenado, e sua superfície, indefinidamente prolongada ao longo de sua reflexão, indica a trajetória de uma liberdade que é a própria iniciativa da razão.

Na era clássica, a razão nasce no espaço da ética. E é isso, sem dúvida, que dá ao renascimento da loucura nessa época – ou, se se preferir, ao seu não renascimento – seu estilo particular. Toda loucura oculta uma opção, assim como toda razão oculta uma escolha livremente realizada. Isso pode ser percebido no imperativo insistente da dúvida cartesiana, mas a própria escolha, esse movimento constitutivo da razão no qual o desatino é livremente excluído, se desenvolve na reflexão de Spinoza e nos esforços inacabados da *Réforme de l'entendement*. Aí, a razão se afirma, antes de mais nada, como decisão contra todo o desatino do mundo, na clara consciência de que "todas as ocorrências mais frequentes da vida comum são vãs e fúteis"; trata-se portanto de partir em busca de um bem "cuja descoberta e posse tivessem por fruto uma eternidade de alegria contínua e soberana". Espécie de aposta ética que será vencida quando se descobrir que o exercício da liberdade se realiza na plenitude concreta da razão que, por sua união com a natureza considerada em sua totalidade, é acesso a uma natureza superior. "Qual é então essa natureza? Mostraremos que ela é o conhecimento da união que a alma pensante tem com toda a natureza."[16] A liberdade da aposta termina assim numa unidade onde ela desaparece como escolha e se realiza como necessidade da razão. Mas essa realização só foi possível sobre o fundo constituído pela loucura conjurada, e até o fim ela manifesta o perigo incessante desta. No século XIX, a razão procurará situar-se, com relação ao desatino, na base de uma necessidade positiva, e não mais no espaço livre de uma escolha. A partir daí, a recusa da loucura não será mais uma exclusão ética, mas sim uma distância já concedida; a razão não terá mais de distinguir-se da loucura, mas de reconhecer-se como tendo sido sempre anterior a ela, mesmo que lhe aconteça de alienar-se nela. Mas enquanto o classicismo mantém essa escolha fundamental como condição do exercício da razão, a loucura transparece no brilho da liberdade.

No momento em que o século XVIII interna como insana uma mulher que "faz uma devoção à sua moda", ou um padre porque não se percebe nele nenhum dos indícios da caridade, o juízo que condena a loucura sob essa forma não esconde um pressuposto moral: ele simplesmente manifesta a divisão ética entre a razão e a loucura. Somente uma consciência "moral", no sentido em que será entendida no século XIX, poderá indignar-se com o tratamento inumano que a época anterior impôs aos loucos – ou surpreender-se com o fato de não terem sido tratados nos hospitais numa época em que os médicos escreviam doutas obras sobre a natureza e o tratamento da raiva, da melancolia e da histeria. De fato, a medicina, como ciência positiva, não podia ter influência sobre a divisão ética da qual nascia toda razão possível. O perigo da loucura, para o pensamento clássico, nunca designa o tremor, o *páthos* humano da razão encarnada, mas remete a essa região da qual o dilaceramento da liberdade deve fazer nascer com a razão o próprio rosto do homem. Na época de Pinel, quando a relação fundamental da ética com a razão será convertida numa segunda relação – da razão com a moral –, e quando a loucura não será mais que um avatar involuntário que chega, do exterior, à razão, se descobrirá com horror a situação dos loucos nas celas dos hospícios. Vem a indignação pelo fato de os "inocentes" terem sido tratados como "culpados". O que não significa que a loucura recebeu finalmente seu estatuto humano ou que a evolução da patologia mental sai pela primeira vez de sua pré-história bárbara, mas sim que o homem modificou seu relacionamento originário com a loucura e não a percebe mais a não ser enquanto refletida na superfície dele mesmo, no acidente humano da doença. Ele considera então inumano que se deixem apodrecer os loucos no fundo das casas de correição e dos quartéis de força, não mais entendendo que, para o homem clássico, a possibilidade da loucura é contemporânea à escolha constituinte da razão e, por conseguinte, do próprio homem. E tanto que nos séculos XVII ou XVIII não há margem para tratar-se a loucura "humanamente", pois ela é, de pleno direito, inumana, formando, por assim dizer, o outro lado de uma escolha que possibilita ao homem o livre exercício de sua natureza racional. Os loucos entre os correcionais: não há nisso nem cegueira, nem confusão, nem preconceito, mas sim o propósito deliberado de deixar que a loucura fale a linguagem que lhe é própria.

■ ■

Essa experiência de uma escolha e de uma liberdade, contemporâneas da razão, estabelece com clareza evidente para o homem clássico uma continuidade que se estende sem rupturas ao longo do desatino: desordem nos costumes e desordem do espírito, loucura verdadeira e simulada, delírios e mentiras pertencem, no fundo, à mesma terra natal e têm direito ao mesmo tratamento.

No entanto, não se deve esquecer que os "insanos" têm, enquanto tais, um lugar particular no mundo do internamento. Seu estatuto não se resume ao fato de serem tratados como prisioneiros. Na sensibilidade geral ao desatino, existe como que uma modulação particular que diz respeito à loucura propriamente dita e que se dirige àqueles denominados, sem distinção semântica precisa, insanos, espíritos alienados, ou desordenados, extravagantes, pessoas em demência.

Essa forma particular da sensibilidade desenha o rosto próprio da loucura no mundo do desatino. Ela diz respeito, em primeiro lugar, ao escândalo. Em sua forma mais geral, o internamento se explica ou, em todo caso, se justifica pela vontade de evitar o escândalo. Indica mesmo, além disso, uma mudança importante na consciência do mal. A Renascença tinha deixado vir livremente à luz do dia as formas do desatino; a exposição pública dava ao mal um poder de exemplo e de resgate. Gilles de Rais, acusado no século XV de ter sido e de ser "herético, relapso, sortílego, sodomita, invocador de maus espíritos, adivinho, assassino de inocentes, apóstata da fé, idólatra, mal que leva ao desvio da fé"[17], acaba por confessar ele mesmo esses crimes, "que são suficientes para fazer morrer dez mil pessoas" numa confissão extrajudiciária: recomeça sua confissão em latim diante do tribunal, depois solicita, ele mesmo, que como a maior parte dos assistentes ignorava o latim, "que a dita confissão fosse publicada em língua vulgar e a eles exibida, para sua vergonha, a publicação e a confissão dos ditos delitos perpetrados a fim de obter mais facilmente a remissão de seus pecados e o favor de Deus para a abolição dos pecados por ele cometidos"[18]. No processo civil, a mesma confissão é exigida diante do público reunido: "foi-lhe dito pelo Senhor Presidente que ele contasse seu caso abertamente, e a vergonha daí oriunda valeria como alívio parcial da pena que por isso ele deveria sofrer". Até o século XVII, o mal, em tudo aquilo que pode ter de mais violento e mais inumano, só pode ser compensado e castigado se for trazido para a luz do dia. Somente as luzes nas quais se executam a confissão e a punição podem equilibrar as trevas de onde se originou. Existe um ciclo de realização do mal que deve passar necessariamente pela confissão pública e pela manifestação, antes de alcançar o acabamento que o suprime.

O internamento, pelo contrário, trai uma forma de consciência para a qual o inumano só pode provocar a vergonha. Há aspectos do mal que têm um poder de contágio, uma força de escândalo tais que toda publicidade os multiplicaria ao infinito. Apenas o esquecimento pode suprimi-los. A respeito de um caso de prisão, Pontchartrain prescreve não o tribunal público, mas o segredo de um asilo:

> Como as informações produzidas interessavam uma parte de Paris, o Rei considerou que não devia processar tantas pessoas, das quais muitas tinham incorrido em crimes sem o saber e outras só se tinham entregue a eles pela facilidade de realizá-los; Sua Majestade convenceu-se disso tanto mais que está persuadida de que há certos crimes que se deveria deixar cair no esquecimento.[19]

Além do perigo do exemplo, a honra das famílias e da religião basta para recomendar um indivíduo para uma casa de internamento. A respeito de um padre que se pensa mandar para Saint-Lazare: "Assim, um eclesiástico como este só pode ser oculto cuidadosamente, para honra da religião e do sacerdócio."[20] Tarde ainda no século XVIII, Malesherbes defenderá o internamento como um direito das famílias que desejam subtrair-se à desonra. "O que chamamos de baixeza é colocado ao nível das ações que a ordem pública não permite tolerar... Parece que a honra de uma família exige que se faça desaparecer da sociedade aquele que, através de costumes vis e abjetos, faz empalidecer seus pais."[21] Inversamente, a ordem de libertação é dada quando o perigo do escândalo está afastado e quando a honra das famílias ou da Igreja não mais pode ser atingida. O abade Bargedé já estava preso havia muito tempo; nunca, apesar de suas solicitações, haviam autorizado sua saída. Mas eis que a velhice e a enfermidade tornaram o escândalo impossível: "De resto, sua paralisia continua", escreve d'Argenson: "Ele não pode nem escrever nem assinar seu nome; penso que haveria justiça e caridade no ato de libertá-lo."[22] Todas essas formas do mal que se aproximam do desatino devem ser mantidas em segredo. O classicismo experimenta um pudor diante do inumano que a Renascença jamais havia sentido.

Ora, nesse segredo existe uma exceção. A que é feita em relação aos loucos[23]. O hábito da Idade Média de mostrar os insanos era sem dúvida muito antigo. Em algumas das *Narrtürmer* da Alemanha tinham sido abertas janelas gradeadas que permitiam observar, do lado de fora, os loucos que lá estavam. Constituíam eles, assim, um espetáculo às portas das cidades. Fato estranho é que esse costume não tenha desaparecido no momento em que se fechavam as portas dos asilos mas que, pelo contrário, ele se tenha desenvolvido, assumindo em Paris e em Londres um caráter quase institucional. Em 1815, ainda, a acreditar num relatório apresentado na Câmara dos Comuns, o hospital de Bethleem exibe os furiosos por um *penny*, todos os domingos. Ora, a renda anual dessas visitas elevava-se a 400 libras, o que pressupõe a cifra espantosamente alta de 96 mil visitas por ano[24]. Na França, até à Revolução, o passeio por Bicêtre e o espetáculo dos grandes insanos continua a ser uma das distrações dominicais dos burgueses da *rive gauche*. Mirabeau relata em suas *Observations d'un voyageur anglais* que os loucos de Bicêtre eram mostrados "como animais curiosos ao primeiro campônio que aceitasse pagar um *liard*". Vai-se ver o guardião mostrar os loucos como, na feira de Saint-Germain, o saltimbanco domador de macacos[25]. Alguns carcereiros tinham grande reputação pela habilidade com que faziam os loucos executar passos de dança e acrobacias, ao preço de algumas chicotadas. A única atenuação que se encontrou ao final do século XVIII foi a de atribuir aos insanos o cuidado de mostrar os loucos, como se coubesse à própria loucura prestar testemunho com relação àquilo que ela era.

Não caluniemos a natureza humana. O viajante inglês tem razão de encarar o ofício de mostrar os loucos como indignos da humanidade mais aguerrida. Já o tínhamos dito. Há remédio para tudo. Os próprios loucos é que são encarregados de, em seus intervalos lúcidos, mostrar seus companheiros que, por sua vez, lhes prestam o mesmo serviço. Assim, os guardiães desses infelizes gozam dos benefícios que esse espetáculo lhes fornece sem ter uma força de insensibilidade à qual, sem dúvida, nunca poderiam ascender.[26]

Eis a loucura erigida em espetáculo acima do silêncio dos asilos e tornando-se, para alegria geral, escândalo público. O desatino se ocultava na discrição das casas de internamento, mas a loucura continua a estar presente no teatro do mundo, com mais brilho que nunca. No Império, ir-se-á mesmo mais longe do que tinham ido a Idade Média e a Renascença: a estranha confraria do Navio Azul oferecia outrora espetáculos nos quais se representava a loucura[27]; agora é a própria loucura, a loucura em carne e osso, que representa. Coulmier, diretor de Charenton, havia organizado, nos primeiros anos do século XIX, esses famosos espetáculos em que os loucos representavam ora o papel de atores, ora o de espectadores observados. "Os alienados que assistiam a essas representações teatrais eram objeto da atenção e da curiosidade de um público leviano, inconsequente e às vezes maldoso. As atitudes bizarras desses infelizes, sua condição, provocavam risos de troça e a piedade insultante dos assistentes."[28] A loucura torna-se puro espetáculo num mundo sobre o qual Sade estende sua soberania[29] e que se oferece como distração à consciência tranquila de uma razão segura de si mesma. Até o começo do século XIX, e até a indignação de Royer-Collard, os loucos continuam a ser monstros – isto é, seres ou coisas que merecem ser mostrados.

O internamento oculta o desatino e trai a vergonha que ele suscita, mas designa explicitamente a loucura: aponta-a com o dedo. Se, em relação ao desatino, o que se propõe acima de tudo é evitar o escândalo, em relação à loucura ela é organizada. Estranha contradição: a era clássica envolve a loucura numa experiência global do desatino; assimila suas formas singulares, bem individualizadas na Idade Média e na Renascença, numa apreensão geral onde ela constitui vizinhança com todas as formas do desatino. Mas ao mesmo tempo ela aplica a essa mesma loucura um índice particular: não o da doença, mas o do escândalo exaltado. No entanto, nada de comum existe entre essa manifestação organizada da loucura no século XVIII e a liberdade na qual ela aparecia à luz do dia durante a Renascença. Nessa época, ela estava presente em toda parte e misturada a todas as experiências com suas imagens ou seus perigos. Durante o período clássico, ela é mostrada, mas do lado de lá das grades; se ela se manifesta, é à distância, sob o olhar de uma razão que não tem mais nenhum parentesco com ela e que não deve mais sentir-se comprometida por uma semelhança demasiado marcada. A loucura tornou-se algo para ser visto: não mais um monstro no fundo de si mesmo, mas animal de estranhos mecanismos, bestialidade da qual o homem, há muito tempo, está abolido. "Posso muito bem conceber um homem sem mãos, pés, cabeça (pois é apenas a experiência que nos ensina que a cabeça é mais necessária que os pés). Mas não posso conceber o homem sem pensamentos: seria uma pedra ou uma besta."[30]

■ ■

Em seu *Rapport sur le service des aliénés*, Desportes descreve os alojamentos de Bicêtre tal como existiam ao final do século XVIII: "O infeliz, que por mobília tinha apenas esse catre coberto de palha, vendo-se espremido contra a muralha, na cabeça, nos pés ou no corpo, não podia gozar do sono sem ser molhado pela água que vertia desse monte de pedra." Quanto aos de Salpêtrière, o que tornava sua

> habitação ainda mais funesta e frequentemente mais mortal é que no inverno, quando das cheias do Sena, os cômodos situados ao nível dos esgotos tornavam-se não apenas bem mais insalubres como, além disso, refúgio para uma multidão de grandes ratos que à noite se jogavam sobre os infelizes ali presos, roendo-os onde podiam; encontraram-se muitas loucas com os pés, as mãos e o rosto dilacerados por mordidas muitas vezes perigosas, muitas das quais morreram.

Mas trata-se aí de celas e cômodos que há muito tempo eram destinados aos alienados mais perigosos e mais agitados. Se são calmos e se ninguém tem nada a temer deles, são amontoados em células mais ou menos amplas. Um dos discípulos mais ativos de Tuke, Godfrey Higgins, tinha obtido o direito, mediante o pagamento de vinte libras, de visitar o asilo de York a título de inspetor benévolo. No decorrer de uma visita, descobre uma porta que havia sido cuidadosamente ocultada e encontra um cômodo que não chegava a oito pés de lado (cerca de seis metros quadrados) que treze mulheres costumavam ocupar durante a noite; de dia, deviam ocupar um cômodo pouca coisa maior[31].

Se, pelo contrário, os insanos são particularmente perigosos, mantêm-nos num sistema de coação que sem dúvida não tem natureza punitiva, mas deve apenas fixar rigidamente os limites físicos de uma loucura enraivecida. Normalmente são acorrentados às paredes e às camas. Em Bethleem, as loucas agitadas eram acorrentadas pelos tornozelos à parede de uma comprida galeria; por vestimenta tinham apenas uma roupa de burel. Num outro hospital, em Bethnal Green, uma mulher era sujeita a violentas crises de excitação: era então colocada num estábulo de porcos, os pés e as mãos amarrados; passada a crise, era amarrada na cama, protegida apenas por uma coberta; quando autorizada a dar alguns passos, ajustava-se entre suas pernas uma barra de ferro, fixada por anéis aos tornozelos e ligada a algemas através de uma corrente curta. Samuel Tuke, em seu *Rapport sur la situation des aliénés indigents*, conta os detalhes de um laborioso sistema instalado em Bethleem a fim de conter um louco considerado furioso: ficava amarrado a uma longa corrente que atravessava a muralha, permitindo assim ao guardião dirigi-lo, mantê-lo na coleira, por assim dizer, do exterior; em seu pescoço havia sido colocado um anel de ferro ligado a um outro anel por uma curta corrente; esse segundo anel deslizava ao longo de uma grossa barra de ferro vertical fixada em suas extremidades ao chão e ao teto de sua cela. Quando se começou a reformar Bethleem, encontrou-se um homem que durante doze anos vivera nessa cela submetido a esse sistema coercitivo[32].

Quando atingem esse paroxismo de violência, torna-se claro que essas práticas não são mais animadas pela consciência de uma punição que deva ser exercida, e tampouco pelo dever de corrigir. A ideia de uma "resipiscência" é totalmente estranha a esse regime. Mas é uma espécie de imagem da animalidade que assombra, então, os hospícios. A loucura extrai seu rosto da máscara da besta. Os que são amarrados às paredes das celas não são tanto homens de razão extraviada, mas bestas presas de uma raiva natural: como se, em seu limite extremo, a loucura, libertada desse desatino moral – em que suas formas mais atenuadas estão encerradas –, viesse reunir-se, por um evento funesto, à violência imediata da animalidade. Esse modelo de animalidade impõe-se nos asilos e lhes atribui seu aspecto de jaula e zoológico. Coguel descreve a Salpêtrière ao fim do século XVIII:

As loucas acometidas por um acesso de raiva são acorrentadas como cachorros à porta de suas celas e separadas das guardiãs e dos visitantes por um comprido corredor defendido por uma grade de ferro; através dessa grade é que lhes entregam comida e palha, sobre a qual dormem; por meio de ancinhos, retira-se parte das imundícies que as cercam.[33]

No Hospital de Nantes, o "zoológico" tem o aspecto de jaulas individuais para animais ferozes. Nunca Esquirol vira um

tal luxo em fechaduras, ferrolhos, barras de ferro para fechar as portas das celas... Pequenas aberturas feitas ao lado da porta eram guarnecidas com barras de ferro e postigos. Perto dessa abertura, uma corrente presa à parede ostentando na sua extremidade um vaso em ferro fundido muito semelhante a um tamanco, no qual se colocavam os alimentos a seguir passados através das barras das aberturas[34].

Quando Fodéré chega ao hospital de Estrasburgo, em 1814, encontra instalado, com muito cuidado e habilidade, uma espécie de estábulo humano: "Para os loucos importunos e que se sujam", pensou-se em estabelecer, nas extremidades das grandes salas, "espécies de jaulas ou armários com prateleiras que no máximo podem conter um homem de estatura média." Essas jaulas têm um soalho em forma de claraboia que não repousa diretamente sobre o chão, encontrando-se elevado cerca de quinze centímetros. Sobre essas ripas jogou-se um pouco de palha "sobre a qual dorme o insano, nu ou seminu, onde come e onde ficam seus dejetos..."[35]

O que existe aí é, sem dúvida, todo um sistema de segurança contra a violência dos alienados e o desencadeamento de sua raiva. Esse desencadeamento é entendido, de início, como perigo social. Mas o que é sobretudo importante é que esse perigo é imaginado sob as espécies de uma liberdade animal. O fato negativo que é "o louco ser tratado não como um ser humano" tem um conteúdo bastante positivo. Essa inumana diferença tem, na realidade, valor de obsessão: suas raízes estão nos velhos temores que, desde a Antiguidade, e sobretudo desde a Idade Média, deram ao mundo animal sua estranha familiaridade, suas maravilhas ameaçadoras e todo seu peso de abafada inquietude. No entanto, esse medo animal, que acompanha, com toda sua paisagem imaginária, a percepção da loucura, não tem mais o mesmo sentido de dois ou três séculos antes: a metamorfose animal não é mais o signo visível dos poderes infernais, nem o resultado de uma alquimia diabólica do desatino. O animal no homem não funciona mais como um indício do além; ele se tornou sua loucura, que não mantém relação alguma a não ser consigo mesma: sua loucura em estado natural. A animalidade que assola a loucura despoja o homem do que nele pode haver de humano; mas não para entregá-lo a outros poderes, apenas para estabelecê-lo no grau zero de sua própria natureza. A loucura, em suas formas últimas, é, para o classicismo, o homem em relacionamento imediato com sua animalidade, sem outra referência qualquer, sem nenhum recurso[36].

1. Dia virá em que essa presença da animalidade na loucura será considerada, em sua perspectiva evolucionista, como signo – mais ainda, como a própria essência – da doença. Na época clássica, pelo contrário, ela manifesta com singular brilho justamente o fato de que *o louco não é um doente*. Com efeito, a animalidade protege o louco contra tudo o que pode haver de frágil, de precário, de doentio no homem. A solidez animal da loucura, e essa espessura que ela toma emprestado do mundo cego do animal, endurece o louco contra a fome, o calor, o frio, a dor. É notório, até o final do século XVIII, que os loucos podem suportar indefinidamente as misérias da existência. Inútil protegê-los: não é necessário nem cobri-los, nem aquecê-los. Quando, em 1811, Samuel Tuke visita uma *workhouse* dos condados do sul, vê celas nas quais o dia só chega através de frestas feitas nas portas. Todas as mulheres estavam inteiramente nuas. Ora, "a temperatura era extremamente rigorosa, e na véspera o termômetro havia marcado 18° de frio. Uma dessas infelizes estava deitada sobre um pouco de palha, sem coberta". Essa aptidão dos alienados para suportar, como os animais, as piores intempéries, ainda para Pinel será um dogma médico; ele sempre admirará

a constância e a facilidade com que alienados de um e outro sexo suportam o frio mais rigoroso e mais prolongado. No mês de Nivoso do ano III[37], durante alguns dias em que o termômetro indicava 10, 11 e mesmo 16° abaixo de zero, um alienado do hospício de Bicêtre não podia ficar com sua coberta de lã e permanecia sentado sobre o chão gelado de sua célula. De manhã, mal sua porta era aberta viam-no correr sem camisa pelo interior dos pátios, pegar gelo e neve nas mãos, aplicá-los no peito e deixar que se fundissem com uma espécie de deleite[38].

A loucura, com tudo o que pode comportar de ferocidade animal, preserva o homem dos perigos da doença; ela o faz ascender a uma invulnerabilidade semelhante àquela que a natureza, com sua previdência, forneceu aos animais. Curiosamente, a perturbação da razão restitui o louco à bondade imediata da natureza, pelos caminhos do retorno à animalidade[39].

2. É por isso que, nesse ponto extremo, a loucura depende menos que nunca da medicina; tampouco pode pertencer ao mundo correcional. Animalidade desenfreada, só se pode dominá-la pela *domesticação* e pelo *embrutecimento*. O tema do louco-animal foi efetivamente realizado no século XVIII, na pedagogia que às vezes se tentou impor aos alienados. Pinel cita o caso de um "estabelecimento monástico muito renomado, numa das regiões meridionais da França", onde o insano extravagante via-se intimado com "a ordem precisa de mudar"; se se recusasse a deitar ou comer, "era prevenido de que sua obstinação nesses desvios da conduta seria punida no dia seguinte com dez chicotadas com nervo de boi". Em compensação, se era submisso e dócil, faziam--no "tomar as refeições no refeitório, ao lado do preceptor", mas à menor falta era advertido no mesmo instante por "um golpe de vara bem forte nos dedos"[40]. Assim, numa curiosa dialética cujo movimento explica todas essas práticas "inumanas" do internamento, a livre animalidade da loucura só é dominada por essa domesticação cujo sentido não consiste em elevar o bestial até o humano, mas sim em restituir o homem àquilo que ele pode ter de puramente animal. A loucura torna-se um segredo de animalidade que é sua verdade e no qual, de algum modo, ela se reabsorve. Por volta da metade do século XVIII, um fazendeiro do Norte da Escócia teve seu momento de glória. Atribuía-se--lhe a arte de curar a mania. Pinel observa *en passant* que esse Gregory tinha a estatura de um Hércules: "seu método consistia em entregar os alienados aos trabalhos mais árduos da agricultura, usando uns como bestas de carga, outros como domésticos, reduzindo-os enfim à obediência com uma saraivada de golpes ao menor ato de revolta"[41]. Na redução à animalidade, a loucura encontra ao mesmo tempo sua verdade e sua cura. Quando o louco se torna um animal, essa presença do animal no homem, que constituía o escândalo da loucura, desaparece: não que o animal se tenha calado, mas é que o homem se aboliu. No ser humano que se transforma em besta de carga, a ausência de razão segue a sabedoria e sua ordem: a loucura é então curada, pois se alienou em algo que é nada mais nada menos que sua verdade.

3. Virá um momento em que dessa animalidade da loucura se deduzirá a ideia de uma psicologia mecanicista e o tema da remissão das formas da loucura às grandes estruturas da vida animal. Mas nos séculos XVII e XVIII a animalidade que empresta seu rosto à loucura não prescreve de modo algum um aspecto determinista a seus fenômenos. Pelo contrário, ela a coloca num *espaço de imprevisibilidade libertada* onde a raiva se desencadeia; se o determinismo pode ter uma ascendência sobre ela, é sob a forma de uma coação, da punição ou da domesticação. Através da animalidade, a loucura não se reúne às grandes leis da natureza e da vida, mas, sobretudo, às mil formas de um Bestiário. No entanto, diversamente daquele que percorria a Idade Média e que relatava, através de tantos rostos simbólicos, as metamorfoses do mal, esse é um Bestiário abstrato; nele o mal não mais assume seu corpo fantástico; nele se apreende apenas a forma mais extremada, a verdade sem conteúdo do animal. Esse Bestiário é escoimado de tudo o que podia constituir sua riqueza de fauna imaginária a fim de conservar um poder geral de ameaça: o abafado perigo de uma animalidade em vigília e que, de repente, desenlaça a razão na violência e a verdade no furor do insano. Apesar do esforço contemporâneo para constituir uma zoologia positiva, essa obsessão de uma animalidade percebida como o espaço natural da loucura não deixou de povoar o inferno da era clássica. É ela que constitui o elemento imaginário do qual nasceram todas as práticas do internamento e os aspectos mais estranhos de sua selvageria.

Na Idade Média, antes dos primórdios do movimento franciscano, e sem dúvida durante muito tempo depois dele, e apesar dele, o relacionamento entre o ser humano e a animalidade foi o relacionamento imaginário do homem com os poderes subterrâneos do mal. Em nossa época, o homem reflete esse relacionamento na forma de uma positividade natural: ao mesmo tempo hierarquia, ordenamento e evolução. Mas a passagem do primeiro tipo de relacionamento para o segundo fez-se justamente na época clássica, quando a animalidade foi percebida ainda como negatividade, porém negatividade natural: isto é, no momento em que o homem só sentia seu relacionamento com o animal através do perigo absoluto de uma loucura que abole a natureza do homem numa indiferenciação natural. Essa maneira de conceber a loucura é a prova de que mesmo no século XVIII o relacionamento da natureza humana não era nem simples, nem imediato – e que ele passava pelas formas da negatividade mais rigorosa[42].

Sem dúvida, foi essencial para a cultura ocidental ligar, como ela fez, sua percepção da loucura às formas imaginárias do relacionamento entre o homem e o animal. Desde logo, ela não colocou como evidente que o animal participava da plenitude da natureza, de sua sabedoria e de sua ordem: essa foi uma ideia tardia e que durante muito tempo permanecerá à superfície da cultura; e talvez ainda não tenha penetrado de modo profundo nos espaços subterrâneos da imaginação. De fato, para aquele que o observar bem, torna-se claro que o animal pertence antes à contranatureza, a uma negatividade que ameaça a ordem e põe em perigo, por seu furor, a sabedoria positiva da natureza. A obra de Lautréamont é um testemunho disso. O fato de o homem ocidental ter vivido durante dois mil anos sobre sua definição de animal racional – por que razão esse fato deveria significar necessariamente que ele reconheceu a possibilidade de uma ordem comum à razão e à animalidade? Por que teria ele de ter designado nessa definição a maneira pela qual se insere na positividade natural? E independentemente daquilo que Aristóteles quis dizer realmente, não é possível garantir que esse "animal racional" designou durante muito tempo, para o mundo ocidental, a maneira pela qual a liberdade da razão se movimentava no espaço de um desatino desenfreado e destacava-se dele a ponto de formar o termo contraditório a esse desatino? A partir do momento em que a filosofia se tornou antropológica e em que o homem quis reconhecer-se numa plenitude natural, o animal perdeu seu poder de negatividade para constituir, entre o determinismo da natureza e a razão do homem, a forma positiva de uma evolução. A fórmula do animal racional mudou inteiramente de sentido: o desatino que ela indicava na origem de toda razão possível desapareceu inteiramente. A partir de então, a loucura teve de obedecer ao determinismo do homem reconhecido como ser natural em sua própria animalidade. Na era clássica, se é verdade que a análise científica e médica da loucura, como veremos mais adiante, procura inscrever-se nesse mecanismo natural, as práticas reais que dizem respeito aos insanos são testemunhos suficientes de que a loucura era ainda considerada na violência contranatural da animalidade.

■ ■

Em todo caso, é essa *animalidade da loucura* que o internamento exalta, ao mesmo tempo que se esforça por evitar o escândalo da *imoralidade do irracional*. Isso é indício suficiente da distância que se instaurou, na era clássica, entre a loucura e as outras formas de desatino, ainda que seja verdade que de um certo ponto de vista elas foram confundidas ou assimiladas. Se todo um estádio do desatino foi reduzido ao silêncio, enquanto se deixa que a loucura fale livremente a linguagem de seu escândalo, que ensinamento pode ela dar que o desatino em geral não seja capaz de transmitir? Que sentido têm esses furores e toda a raiva do insano que não se poderia encontrar nos propósitos, provavelmente mais sensatos, dos outros internos? Em que, portanto, é a loucura mais particularmente significativa?

A partir do século XVII, o desatino, em seu sentido mais amplo, não traz mais nenhum ensinamento. Essa perigosa reversibilidade da razão, que a Renascença sentia de modo ainda bem próximo, deve ser olvidada, e seus escândalos devem desaparecer. O grande tema da loucura da Cruz, que pertencera de modo tão estreito à experiência cristã da Renascença, começa a desaparecer no século XVII, apesar do jansenismo e de Pascal. Ou melhor, ele subsiste, mas alterado em seu sentido e como que invertido. Não se trata mais de exigir da razão humana o abandono de seu orgulho e de suas certezas a fim de que ela se perca no grande desatino do sacrifício. Quando o cristianismo clássico fala da loucura da Cruz, é apenas para humilhar uma falsa razão e fazer jorrar a luz eterna da verdadeira razão; a loucura de Deus feito homem é apenas uma sabedoria que os homens desatinados não reconhecem, eles que vivem neste mundo: "Jesus crucificado... foi o escândalo do mundo e surgiu como ignorância e loucura aos olhos do século." Mas o mundo que se tornou cristão e essa ordem de Deus que se revela através das peripécias da história e da loucura dos homens bastam para mostrar agora que "Cristo se tornou o ponto mais alto de nossa sabedoria"[43]. O escândalo da fé e da humilhação cristãs, ao qual Pascal atribuía ainda seu vigor e seu valor de manifestação, em breve não terá mais sentido para o pensamento cristão, salvo talvez o de mostrar em todas essas almas escandalizadas outras tantas almas cegas: "Não sofram, que sua cruz que lhes submeteu o universo ainda é a loucura e o escândalo dos espíritos soberbos." O desatino cristão é agora repudiado pelos próprios cristãos para as margens da razão que se tornou idêntica à sabedoria do Deus encarnado. Depois de Port-Royal, será necessário esperar dois séculos – Dostoiévski e Nietzsche – para que o Cristo reencontre a glória de sua loucura, para que o escândalo tenha novamente um poder de manifestação, para que o desatino deixe de ser apenas a vergonha pública da razão.

Mas no momento em que a razão cristã se liberta de uma loucura com a qual durante muito tempo constituíra um único corpo, o louco, em sua razão abolida, na raiva de sua animalidade, recebe um singular poder de demonstração: como se o escândalo, escorraçado dessa região acima do homem, lá onde ele mantém relações com Deus e onde se manifesta a Encarnação, reaparecesse na plenitude de sua força e encarregado de um novo ensino nessa região em que o homem tem relações com a natureza e sua animalidade. O ponto de aplicação da lição se deslocou para as regiões mais baixas da loucura. A cruz não mais deve ser considerada em seu escândalo; mas não se deve esquecer que Cristo, ao longo de sua vida humana, como que honrou essa loucura; ele a santificou como santificou a enfermidade curada, o pecado perdoado, a pobreza à qual se prometem as riquezas eternas. Àqueles que nas casas de internamento devem zelar pelos homens dementes, São Vicente de Paula lembra que "sua regra é, aqui, Nosso Senhor, que quis ficar rodeado por lunáticos, endemoniados, loucos, tentados, possuídos"[44]. Esses homens entregues aos poderes do inumano formam, ao redor daqueles que representam a Sabedoria eterna, ao redor daquele que a encarna, uma eterna ocasião para glorificação: pois, cercando-o, eles exaltam ao mesmo tempo a razão que lhes foi negada e fornecem-lhe a ocasião para humilhar-se, para reconhecer que essa razão só é atribuída por graça divina. Contudo, há mais ainda: Cristo não quis apenas cercar-se de lunáticos, ele mesmo quis passar aos olhos de todos por demente, percorrendo assim, em sua encarnação, todas as misérias da degradação humana: a loucura torna-se assim a forma última, o último degrau do Deus feito homem, antes da realização e da libertação da Cruz:

Oh, meu Salvador, quiseste ser o escândalo dos judeus e a loucura dos gentios; quiseste parecer alienado; sim, Nosso Senhor quis passar por insano, como está escrito nos Santos Evangelhos, e acreditou-se que ele havia se tornado um furioso. *Dicebant quoniam in furorem versus est.* Seus apóstolos o encararam como um homem encolerizado e assim lhes apareceu a fim de que fossem testemunhas de que ele tinha padecido de todas as nossas doenças e santificado todos os nossos estados de aflição para lhes ensinar, e a nós também, que devemos mostrar compaixão por aqueles que sucumbem a essas enfermidades.[45]

Vindo a este mundo, Cristo aceitava retomar todos os signos da condição humana e os próprios estigmas da natureza degradada; da miséria à morte, percorreu todo o caminho da Paixão, que era também o caminho das paixões, da sabedoria esquecida e da loucura. E por ter sido uma das formas da Paixão – a forma última, num certo sentido, antes da morte –, a loucura deve transformar-se, naqueles que agora a sofrem, em objeto de respeito e compaixão.

Respeitar a loucura não é decifrar nela o acidente involuntário e inevitável da doença; é reconhecer esse limite inferior da verdade humana, limite não acidental, mas essencial. Como a morte é o fim da vida humana no plano do tempo, a loucura é o fim da vida no plano da animalidade. E assim como a morte foi santificada pela morte de Cristo, a loucura, naquilo que tem de mais bestial, foi também santificada. A 29 de março de 1654, São Vicente de Paula anunciava a Jean Barreau, ele também um congregado, que seu irmão acabava de ser internado em Saint-Lazare como demente: "É preciso honrar a Nosso Senhor no estado em que ele se viu, quando quiseram prendê-lo, dizendo *quoniam in frenesim versus est*, a fim de santificar esse estado naqueles que Sua divina providência nele colocar."[46] A loucura é o ponto mais baixo da humanidade ao qual Deus consentiu em sua encarnação, querendo mostrar com isso que nada existe de inumano no homem que não possa ser resgatado e salvo; o ponto último da queda foi glorificado pela presença divina, e é essa lição que a loucura ainda fornece para o século XVII.

Compreende-se por que o escândalo da loucura pode ser exaltado quando o das outras formas do desatino é ocultado com tanto cuidado. Este comporta apenas o exemplo contagioso da falta e da imoralidade; aquele indica aos homens até que ponto bem próximo da animalidade sua queda pôde arrastá-los, e ao mesmo tempo até onde pôde vergar-se a complacência divina quando consentiu em salvar o homem. Para o cristianismo da Renascença, todo o valor de ensino do desatino e de seus escândalos estava na loucura da Encarnação de um Deus feito homem; para o classicismo, a encarnação não é mais loucura; o que é loucura é essa encarnação do homem no animal que é, enquanto degrau último da queda, o signo mais manifesto de sua culpa, e, enquanto objeto último da complacência divina, o símbolo do perdão universal e da inocência reencontrada. Doravante, todas as lições da loucura e a força de seus ensinamentos deverão ser procuradas nessa região obscura, nos confins inferiores da humanidade, lá onde o homem se articula com a natureza e onde ele é ao mesmo tempo degradação última e absoluta inocência. A solicitude da Igreja com os insanos, durante o período clássico, tal como a simbolizam São Vicente de Paula e sua Congregação, ou os Irmãos da Caridade, todas essas ordens religiosas debruçadas sobre a loucura e exibindo-a ao mundo, não indicam que a Igreja encontrava nela um ensinamento difícil, porém essencial, a culposa inocência do animal no homem? É essa lição que devia ser lida e compreendida nesses espetáculos em que se exaltava no louco a raiva da besta humana. Paradoxalmente, essa consciência cristã da animalidade prepara o momento em que a loucura será tratada como um fato da natureza; logo se esquecerá aquilo que essa "natureza" significava para o pensamento clássico: não o domínio sempre aberto de uma análise objetiva, mas essa região onde nasce para o ser humano o escândalo sempre possível de uma loucura que é ao mesmo tempo sua verdade última e a forma de sua abolição.

■ ■

Todos esses fatos, essas práticas estranhas enlaçadas ao redor da loucura, esses hábitos que a exaltam e ao mesmo tempo a domam, reduzindo-a à animalidade enquanto a fazem ostentar a lição da Redenção, colocam a loucura numa estranha situação com relação à totalidade do desatino. Nas casas de internamento, a loucura é vizinha de todas as formas do desatino, que a envolvem e definem sua verdade mais geral; e no entanto, ela é isolada, tratada de modo singular, manifestada naquilo que ela pode ter de único, como se, pertencendo ao desatino, ela o atravessasse incessantemente num movimento que lhe seria próprio, levando a si mesma, com suas próprias forças, a seu mais paradoxal extremo.

Isso não teria muita importância para quem quisesse fazer a história da loucura no estilo do positivismo. Não foi através do internamento dos libertinos e nem da obsessão com a animalidade que se tornou possível o reconhecimento progressivo da loucura em sua realidade patológica. Pelo contrário, é isolando-se de tudo o que podia envolvê-la no mundo moral do classicismo que ela conseguiu definir sua verdade médica: é isso, pelo menos, o que pressupõe todo positivismo que se vê tentado a refazer o projeto de seu próprio desenvolvimento; como se toda a história do conhecimento só atuasse através da erosão de uma objetividade que se descobre aos poucos em suas estruturas fundamentais; e como se não fosse justamente um postulado admitir, de saída, que a forma da objetividade médica pode definir a essência e a verdade secreta da loucura. Talvez o fato de a loucura pertencer à patologia deva ser considerado antes como um confisco – espécie de avatar que teria sido preparado, de longa data, na história de nossa cultura, mas não determinado de modo algum pela própria essência da loucura. Os parentescos que os séculos clássicos lhe atribuem com a libertinagem, por exemplo, e que a prática do internamento consagra, sugerem um rosto da loucura que, para nós, se perdeu inteiramente.

Acostumamo-nos agora a ver na loucura uma queda num determinismo onde se abolem progressivamente todas as formas da liberdade; ela só nos mostra agora as regularidades naturais de um determinismo, com o encadeamento de suas causas e o movimento discursivo de suas formas, pois a única ameaça que a loucura faz ao homem moderno é esse retorno ao mundo tépido dos animais e das coisas, a sua liberdade impedida. Não é nesse horizonte da *natureza* que os séculos XVII e XVIII reconhecem a loucura, mas sobre um fundo de *desrazão*. Ela não desvenda um mecanismo, revela, antes, uma liberdade que se abate sobre as formas monstruosas da animalidade. Não entendemos mais desrazão, em nossos dias, a não ser em sua forma epitética: o *Irracional*, cujo indício afeta o comportamento ou os propósitos e trai, aos olhos do profano, a presença da loucura e todo seu cortejo patológico; o irracional é, para nós, apenas um dos modos de aparecimento da loucura. Pelo contrário, desrazão, para o classicismo, tem um valor nominal: forma uma espécie de função substancial. É em relação a ele, e apenas a ele, que se pode compreender a loucura. O desatino é o suporte da loucura; digamos, melhor, que ele define o espaço de sua possibilidade. Para o homem clássico, a loucura não é condição natural, a raiz psicológica e humana do desatino; ela é apenas a forma empírica. E o louco, percorrendo até o furor da animalidade a curva da degradação humana, desvenda esse fundo de desatino que ameaça o homem e envolve, de há muito, todas as formas de sua existência natural. Não se trata mais de um deslizar para um determinismo, mas da abertura para uma noite. Mais que qualquer outra coisa, melhor que nosso positivismo em todo caso, o racionalismo clássico soube como zelar (e perceber o perigo subterrâneo do desatino) por esse espaço ameaçador de uma liberdade absoluta.

Se o homem contemporâneo, a partir de Nietzsche e Freud, encontra no fundo de si mesmo o ponto de contestação de toda verdade, podendo ler, no que ele agora sabe de si mesmo, os indícios de fragilidade através dos quais o desatino é uma ameaça, o homem do século XVII, pelo contrário, descobre, na presença imediata de seu pensamento em si mesmo, a certeza na qual se enuncia a razão em sua forma primeira. Mas isso não significa que o homem clássico estava, com sua experiência da verdade, mais afastado do desatino que nós. É verdade que o *Cogito* é um começo absoluto; mas não se deve esquecer que o gênio maligno lhe é anterior. E o gênio maligno não é o símbolo no qual são resumidos e levados para o sistema todos os perigos desses eventos psicológicos que são as imagens dos sonhos e os erros dos sentidos. Entre Deus e o homem, o gênio maligno tem um sentido absoluto: em todo seu rigor, ele é a possibilidade do desatino e a totalidade de seus poderes. É mais que a refração da finitude humana: ele designa o perigo que, bem além do homem, poderia impedi-lo de modo definitivo de chegar à verdade: o obstáculo maior, não de tal espírito, mas de tal razão. E não é porque a verdade, que no *Cogito* assume sua iluminação, acaba por mascarar inteiramente a sombra do gênio maligno que se deve esquecer seu poder eternamente ameaçador: até à existência e à verdade do mundo exterior, esse perigo pairará sobranceiro sobre o caminho de Descartes. Como é que, nessas condições, o desatino na era clássica poderia estar à altura de um evento psicológico ou mesmo à medida de um patético humano, isso quando ele constitui o elemento no qual o mundo nasce para sua própria verdade, o domínio no interior do qual a razão terá de responder por si própria? Para o classicismo, a loucura nunca poderá ser considerada como a própria essência do desatino, ainda que na mais primitiva de suas manifestações; nunca uma psicologia da loucura poderá pretender dizer a verdade do desatino. Pelo contrário, é preciso substituir a loucura no horizonte livre do desatino a fim de poder restituir-lhe as dimensões que lhe são próprias.

Se se misturavam com os libertinos, profanadores, devassos e pródigos aqueles a que chamaremos "doentes mentais", não é porque se dava pouca importância à loucura, a seu determinismo próprio e à sua inocência: é porque ainda se atribuía ao desatino a plenitude de seus direitos. Libertar os loucos, "liberá-los" desses compromissos não é desvestir velhos preconceitos: é fechar os olhos e abandonar num "sono psicológico" essa vigília sobre o desatino que dava seu sentido mais aguçado ao racionalismo clássico. Nessa confusão de hospícios que só será desfeita no começo do século XIX, temos a impressão de que o louco era mal conhecido na verdade de seu perfil psicológico; mas isso na própria medida em que se reconhecia nele seu parentesco profundo com todas as formas do desatino. Prender o insano com o devasso ou o herético oculta o *fato* da loucura, mas revela a *possibilidade* eterna do desatino, e é essa ameaça em sua forma abstrata e universal que a prática do internamento tenta dominar.

O que a queda do homem é para as diversas formas do pecado, a loucura o é para os outros aspectos do desatino: o princípio, o movimento originário, a maior culpabilidade em seu contato instantâneo com a maior inocência, o grande modelo incessantemente repetido daquilo que deveria ficar esquecido na vergonha. Se a loucura é um exemplo no mundo do internamento, se ela é manifestada enquanto se reduz ao silêncio todos os outros signos do desatino, é porque ela atrai sobre si todos os poderes do escândalo. Ela percorre todo o domínio do desatino, reunindo suas duas margens opostas, a da escolha moral, da falta relativa, de todas as fraquezas, e a da raiva animal, da liberdade acorrentada ao furor, da queda inicial e absoluta: a margem da liberdade clara e a margem da liberdade escura. Acumulada num único ponto, a loucura é o todo do desatino: o dia culpado e a noite inocente.

Nisso consiste, sem dúvida, o paradoxo maior da experiência clássica da loucura; ela é retomada e envolvida na experiência moral de uma desrazão que o século xvii proscreveu através do internamento; mas ela está ligada também à experiência de uma desrazão animal que forma o limite absoluto da razão encarnada e o escândalo da condição humana. Colocada sob o signo de todos os desatinos menores, a loucura se vê ligada a uma experiência ética e a uma valorização moral da razão; mas, ligada ao mundo animal e a seu desatino maior, ela toca em sua inocência monstruosa. Experiência contraditória, se se quiser, e bastante distanciada das definições jurídicas da loucura, que procuram estabelecer a divisão entre a responsabilidade e o determinismo, entre a falta e a inocência. Distanciada também dessas análises médicas que, na mesma época, prosseguem em sua análise da loucura como um fenômeno da natureza. No entanto, na prática e na consciência concreta do classicismo existe essa experiência singular da loucura, percorrendo num átimo toda a distância do desatino; baseada numa escolha ética e, ao mesmo tempo, inclinada para o furor animal. Dessa ambiguidade o positivismo não conseguirá sair, ainda que de fato ele a tenha simplificado: retomou o tema da loucura animal e sua inocência numa teoria da alienação mental como mecanismo patológico da natureza. E mantendo o louco nessa situação de internamento que a era clássica havia inventado, ele o manterá, de modo obscuro e sem o admitir, no aparelho da coação moral e do desatino dominado.

A psiquiatria positiva do século xix, e também a nossa, se renunciaram às práticas, se deixaram de lado os conhecimentos do século xviii, herdaram em segredo todas essas relações que a cultura clássica em seu conjunto havia instaurado com o desatino; modificaram essas relações, deslocaram-nas; acreditaram falar apenas da loucura em sua objetividade patológica, mas, contra a vontade, estavam lidando com uma loucura ainda habitada pela ética do desatino e pelo escândalo da animalidade.

IMAGEM:
Hieronymus Bosch, *O Homem-Árvore*, desenho, c. 1455

Introdução

Verdade trivial à qual é hora de voltar: a consciência da loucura, pelo menos na cultura europeia, nunca foi um fato maciço, formando um bloco e se metamorfoseando como um conjunto homogêneo. Para a consciência ocidental, a loucura surge simultaneamente em pontos múltiplos, formando uma constelação que aos poucos se desloca e transforma seu projeto, e cuja figura esconde talvez o enigma de uma verdade. Sentido sempre despedaçado.

Mas que forma do saber, afinal, é suficientemente singular, esotérica ou regional para não se propor se não num ponto e numa formulação única? Que conhecimento é ao mesmo tempo bastante bem e bastante mal conhecido para não ser conhecido senão uma única vez, de um único modo e segundo um único tipo de apreensão? Qual é a figura da ciência, por mais coerente e cerrada que seja, que não deixa gravitar ao seu redor formas mais ou menos obscuras da consciência prática, mitológica ou moral? Se não fosse vivida numa ordem dispersa e reconhecida somente através de perfis, toda verdade acabaria adormecendo.

No entanto, talvez uma certa não coerência seja mais essencial à experiência da loucura do que em qualquer outro lugar; talvez essa dispersão diga respeito, mais do que a diversos modos de elaboração entre os quais é possível sugerir um esquema evolutivo, àquilo que existe de mais fundamental nessa experiência e de mais próximo de seus dados originários. E enquanto na maior parte das outras formas de saber se esboça uma convergência através de cada perfil, aqui a divergência se inscreveria nas estruturas, só autorizando uma consciência da loucura já rompida, fragmentada desde o início num debate que não se pode concluir. Pode acontecer de alguns conceitos ou uma certa pretensão do saber recobrirem essa dispersão primeira de um modo superficial: testemunho disso é o esforço que faz o mundo moderno para falar da *loucura* apenas nos termos serenos e objetivos da *doença mental*, e para obliterar os valores *patéticos* nas significações mistas da *patologia* e da *filantropia*. Mas o sentido da loucura numa determinada época, inclusive na nossa, não deve ser solicitado à unidade pelo menos esboçada de um projeto, mas sim a essa presença dilacerada. E se aconteceu de a experiência da loucura procurar superar-se e equilibrar-se, projetando-se sobre um plano da objetividade, nada conseguiu apagar os valores dramáticos, desde o começo presentes em seu debate.

Esse debate, no curso do tempo, retorna com obstinação: incansavelmente, ele põe em jogo, sob formas diversas, mas com a mesma dificuldade de conciliação, as mesmas formas de consciência, sempre irredutíveis.

1. *Uma consciência crítica da loucura*, que a reconhece e a designa sobre um fundo de coisa razoável, refletida, moralmente sábia; consciência que se compromete inteiramente em seu julgamento, antes mesmo da elaboração de seus conceitos; consciência que não *define*, que *denuncia*. A loucura é aí sentida a partir do modo de uma oposição imediatamente experimentada; ela explode em sua visível aberração, mostrando abundantemente e numa pletora de provas "que ela tem a cabeça vazia e o sentido de cabeça para baixo"[1]. Nesse ponto ainda inicial, a consciência da loucura está segura de si mesma, isto é, segura de não estar louca. Mas ela se precipitou, sem medida nem conceito, no próprio interior da diferença, no ponto mais acentuado da oposição, no âmago desse conflito onde loucura e não loucura trocam sua linguagem mais primitiva; e a oposição se torna reversível: nessa ausência de ponto fixo, pode ser que a loucura seja razão, e que a consciência da loucura seja presença secreta, estratagema da própria loucura.

> Ceux qui pour voyageur s'embarquent dessus l'eau
> Voient aller la terre et non pas leur vaisseau.[2]

Mas como não existe para a loucura a certeza de estar louca, há aí uma loucura mais geral que todas as outras e que abriga, pela mesma razão que a loucura, a mais obstinada das sabedorias.

> Mais plus tant je me lime et plus je me rabote
> Je crois qu'à mon avis tout le monde radote.[3]

Sabedoria frágil, porém suprema. Ela pressupõe, exige o eterno desdobramento da consciência da loucura, sua absorção pela loucura e sua nova emergência. Ela se apoia em valores, ou melhor, sobre o valor, desde logo colocado, da razão, mas o abole para logo reencontrá-lo na lucidez irônica e falsamente desesperada dessa abolição. Consciência crítica que finge levar o rigor até o ponto extremo de fazer-se crítica radical de si mesma, e até a arriscar-se no absoluto de um combate duvidoso, mas que ela evita secreta e antecipadamente ao se reconhecer como razão apenas pelo fato de aceitar o risco. Num certo sentido, o compromisso da razão é total nessa oposição simples e reversível à loucura, mas só é total a partir duma secreta possibilidade de um total descomprometimento.

2. *Uma consciência prática da loucura*: aqui o descompromisso não é nem virtualidade nem virtuosidade da dialética. Ele se impõe enquanto realidade concreta porque é dado na existência e nas normas de um grupo; mais ainda, impõe-se como uma escolha, escolha inevitável, pois é necessário estar deste lado ou do outro, no grupo ou fora do grupo. Mesmo essa escolha é uma falsa escolha, pois apenas aqueles que estão no interior do grupo têm o direito de apontar aqueles que, considerados como estando fora do grupo, são acusados de terem escolhido estar aí. A consciência, apenas crítica, de que eles se *desviaram*, apoia-se sobre a consciência de que *escolheram uma outra vida*, e com isso ela se justifica – ao mesmo tempo se esclarece e torna-se mais sombria – num dogmatismo imediato. Não é uma consciência perturbada por ter-se comprometido *na* diferença e na homogeneidade da loucura e da razão; é uma consciência *da* diferença entre loucura e razão, consciência que é possível *na* homogeneidade do grupo considerado como portador das normas da razão. Sendo social, normativa,

e solidamente apoiada desde o início, essa consciência prática da loucura não deixa de ser menos dramática; se ela implica a solidariedade do grupo, indica igualmente a urgência de uma divisão.

Nessa divisão, cala-se a liberdade sempre arriscada do diálogo; dela resta apenas a tranquila certeza de que é preciso reduzir a loucura ao silêncio. Consciência ambígua – serena, pois tem a certeza de possuir a verdade, mas inquieta por reconhecer os perturbados poderes da loucura. Contra a razão, a loucura aparece agora como desarmada; mas contra a ordem, contra aquilo que a razão pode manifestar por si mesma nas leis das coisas e dos homens, ela revela estranhos poderes. É essa ordem que essa consciência da loucura sente como ameaçada, e a divisão por ela efetuada corre seus riscos. Mas estes são limitados, e mesmo falsos desde o princípio: não existe um confronto real, mas o exercício, sem compensação, de um direito absoluto que a consciência da loucura se outorga desde o começo ao se reconhecer como homogênea à razão e ao grupo. A cerimônia predomina sobre o debate, e não são os avatares de uma luta real que essa consciência da loucura exprime, mas apenas os ritos imemoriais de uma conjuração. Essa forma de consciência é ao mesmo tempo a mais e a menos histórica; ela se apresenta a todo momento como uma reação imediata de defesa, mas essa defesa não faz mais que reativar todas as velhas obsessões do horror. O asilo moderno, se pelo menos pensarmos na consciência obscura que o justifica e que fundamenta sua necessidade, não está isento da herança dos leprosários. A consciência prática da loucura, que parece definir-se através da transparência de sua finalidade, é sem dúvida a mais espessa, a mais carregada em antigos dramas em sua cerimônia esquemática.

3. *Uma consciência enunciativa da loucura*, que possibilita dizer de pronto, sem nenhuma recorrência ao saber: "Esse aí é um louco." Não se trata aqui de qualificar ou desqualificar a loucura, mas apenas de indicá-la numa espécie de existência substantiva: sob o olhar está alguém que é irrecusavelmente um louco, alguém que é evidentemente um louco, existência simples, imóvel, obstinada, que é a loucura antes de toda qualidade e de todo julgamento. A consciência não está mais, aqui, ao nível dos valores, dos perigos e dos riscos; está ao nível do ser, não passando de um conhecimento

monossilábico reduzido à constatação. Num certo sentido, é a mais serena de todas as consciências da loucura, pois em suma não passa de simples apreensão perceptiva. Não passando pelo saber, ela evita mesmo as inquietudes do diagnóstico. É a consciência irônica do interlocutor d'*O Sobrinho de Rameau*[4], é a consciência reconciliada consigo mesma que, mal saindo do poço da dor, conta, entre fascinada e amargurada, os sonhos de *Aurélia*. Por mais simples que seja, essa consciência não é pura: ela comporta um eterno recuo, já que pressupõe e ao mesmo tempo demonstra não ser uma loucura pelo simples fato de ser sua consciência imediata. A loucura só estará presente e designada numa evidência irrefutável na medida em que a consciência na qual ela está presente já a tiver recusado, definindo-se em relação e em oposição a ela. Ela só é consciência da loucura na base de uma consciência de não ser loucura. Por mais livre de preconceitos que possa estar, por mais distanciada de todas as formas de coação e de repressão, ela é sempre uma certa maneira de já ter dominado a loucura. Sua recusa em qualificar a loucura pressupõe sempre uma certa consciência qualitativa de si mesma como não sendo loucura; só é uma simples percepção na medida em que essa oposição é sub-reptícia: "Não podemos estar loucos porque outros já o estiveram", dizia Blake[5]. Mas não nos devemos deixar iludir por essa aparente anterioridade da loucura dos outros: ela aparece, no tempo, carregada de antiguidade porque, para além de toda memória possível, a consciência de não ser louco já havia espalhado sua calma intemporal: "As horas da loucura são medidas pelo relógio, mas as da sabedoria nenhum relógio pode medir."[6]

4. *Uma consciência analítica da loucura*, consciência isolada de suas formas, de seus fenômenos, de seus modos de aparecimento. Sem dúvida, o conjunto dessas formas e desses fenômenos nunca está presente nessa consciência; durante muito tempo, e talvez para sempre, a loucura ocultará a parte essencial de seus poderes e de suas verdades no mal conhecido, mas é nesta consciência analítica que ela alcança a tranquilidade do bem sabido. Ainda que de fato não se consiga nunca esgotar seus fenômenos e suas causas, ela pertence de pleno direito ao olhar que a domina. A loucura é, aí, apenas a totalidade pelo menos virtual de seus fenômenos; não comporta mais nenhum perigo, não implica mais nenhuma

divisão; não pressupõe mesmo nenhum outro recuo além do existente em qualquer outro objeto do conhecimento. É essa forma de consciência que lança as bases de um saber objetivo da loucura.

Cada uma dessas formas de consciência é ao mesmo tempo suficiente em si mesma e solidária com todas as outras. Solidárias porque não podem deixar de apoiar-se sub-repticiamente umas nas outras; não há um saber da loucura, por mais objetivo que pretenda ser, por mais baseado que afirme estar nas formas do conhecimento científico e apenas nelas, que não pressuponha, apesar de tudo, o movimento anterior de um debate crítico onde a razão se mede com a loucura, experimentando-a ao mesmo tempo na simples oposição e no perigo da reversibilidade imediata. Esse saber pressupõe também, como virtualidade sempre presente em seu horizonte, uma separação prática na qual o grupo confirma e reforça seus valores através da conjuração da loucura. Inversamente, pode-se dizer que não existe consciência crítica da loucura que não tente basear-se ou superar-se num conhecimento analítico no qual se acalmará a inquietação do debate, onde serão dominados os riscos, onde as distâncias serão definitivamente estabelecidas. Cada uma das quatro formas de consciência da loucura indica uma ou várias outras que lhe servem de constante referência, justificativa ou pressuposto.

Mas nenhuma delas pode ser absorvida inteiramente por uma outra. Por mais íntimo que seja, o relacionamento entre elas nunca pode reduzi-las a uma unidade que as aboliria a todas numa forma tirânica, definitiva e monótona de consciência. É que por sua natureza, sua significação e seu fundamento, cada uma tem sua autonomia: a primeira delimita de imediato toda uma região da linguagem onde se encontram e se defrontam ao mesmo tempo o sentido e o não sentido, a verdade e o erro, a sabedoria e a embriaguez, a luz do dia e o sonho cintilante, os limites do juízo e as presunções infinitas do desejo. A segunda, herdeira dos grandes horrores ancestrais, retoma, sem saber, sem querer e sem dizer, os velhos ritos mudos que purificam e revigoram as consciências obscuras da comunidade; envolve em si toda uma história que não diz seu nome, e apesar das justificativas que ela mesma pode apresentar, permanece mais próxima do rigor imóvel das cerimônias que do labor incessante da linguagem. A terceira não pertence à ordem do conhecimento, mas do reconhecimento; é um espelho (como no *Sobrinho de Rameau*) ou lembrança (como em Nerval ou Artaud) – é sempre, no fundo, uma reflexão sobre si mesma no momento em que acredita designar ou o estranho ou aquilo que nela existe de mais estranho; o que ela põe à distância, em sua enunciação imediata, nessa descoberta inteiramente perceptiva, era seu segredo mais profundo; e nessa existência simples e não na da loucura, que está presente como coisa oferecida e desarmada, ela reconhece sem o saber a familiaridade de sua dor. Na consciência analítica da loucura efetua-se o apaziguamento do drama e encerra-se o silêncio do diálogo; não há mais nem ritual nem lirismo; os fantasmas assumem sua verdade; os perigos da contranatureza tornam-se signos e manifestações de uma natureza; aquilo que evocava o horror convoca agora apenas as técnicas da supressão. A consciência da loucura não pode mais aqui encontrar seu equilíbrio a não ser na forma do conhecimento.

■ ■

Depois que, com a Renascença, desapareceu a experiência trágica do insano, cada figura histórica da loucura implica a simultaneidade dessas quatro formas de consciência – ao mesmo tempo o conflito obscuro entre elas e sua unidade incessantemente desfeita. A todo momento se faz e se desfaz o equilíbrio daquilo que, na experiência da loucura, resulta de uma consciência dialética, de uma divisão ritual, de um reconhecimento lírico e, finalmente, do saber. As faces sucessivas que a loucura assume no mundo moderno recebem o que existe de mais característico em seus traços da proporção e das ligações entre esses quatro elementos maiores. Nenhum deles em momento algum desaparece inteiramente, mas pode acontecer de algum dentre eles ser privilegiado, ao ponto de manter os outros numa quase-obscuridade onde nascem as tensões e os conflitos que imperam abaixo do nível da linguagem. Pode acontecer também que se estabeleçam agrupamentos entre esta ou aquela forma da consciência, constituindo nesse caso amplos setores de experiência com sua autonomia e estrutura próprias. Todos esses movimentos desenham os traços de um devir histórico.

Se se adotasse uma longa cronologia, da Renascença aos dias de hoje, é provável que se pudesse encontrar um movimento de amplo alcance responsável por um desvio da experiência da loucura a partir das formas críticas da consciência até suas formas analíticas. O século XVI privilegiou a experiência dialética da loucura: mais que qualquer outra época, essa mostrou-se sensível ao que podia haver de indefinidamente reversível entre a razão e a razão da loucura, e tudo o que havia de próximo, de familiar, de semelhante na presença do louco em tudo aquilo que sua existência podia finalmente denunciar como ilusão e que ela podia fazer explodir com sua irônica verdade. De Brant a Erasmo, a Louise Labé, a Montaigne, a Charron, a Régnier enfim, é a mesma inquietação que se comunica, a mesma vivacidade crítica, o mesmo consolo na acolhida sorridente da loucura. "Assim, esta razão é um estranho animal."[7] E será apenas a experiência médica que ordenará seus conceitos e suas medidas ao movimento indefinido dessa consciência.

Os séculos XIX e XX, pelo contrário, fazem incidir todo o peso de sua interrogação sobre a consciência analítica da loucura; presumiram, mesmo, que era necessário procurar aí a verdade total e final da loucura, não passando as outras formas da experiência de simples aproximações, tentativas pouco evoluídas, elementos arcaicos. No entanto, a crítica de Nietzsche, todos os grandes valores investidos na segregação dos asilos e a grande pesquisa que Artaud, após Nerval, efetuou implacavelmente em si mesmo, são suficientes testemunhos de que todas as outras formas de consciência de loucura ainda vivem no âmago de nossa cultura. O fato de só poderem receber uma formulação lírica não prova que estão perecendo, nem que prolongam, apesar de tudo, uma existência que o saber recusou há muito tempo, mas que, mantidas (todas essas formas de consciência) nas trevas, elas vicejam nas formas mais livres e mais originárias da linguagem. E o poder de contestação que têm é sem dúvida ainda mais vigoroso.

Na época clássica, em compensação, a experiência da loucura retira seu equilíbrio de uma divisão que define dois domínios autônomos da loucura: de um lado, a consciência crítica e a consciência prática; do outro, as formas do conhecimento e do reconhecimento. Toda uma região é isolada, uma região que agrupa o conjunto das práticas e dos juízos com os quais a loucura é denunciada e oferecida à exclusão; aquilo que nela está próximo, demasiado próximo da razão, tudo que a ameaça com uma semelhança irrisória, é separado na base da violência e reduzido a rigoroso silêncio; é esse perigo dialético da consciência razoável, é essa segregação salvadora que o gesto do internamento recobre. A importância do internamento não reside no fato de ser uma nova forma institucional, mas no de resumir e manifestar uma das duas metades da experiência clássica da loucura: aquela em que se organizam, na coerência de uma prática, a inquietação dialética da consciência e a repetição do ritual de partilha. Na outra região, pelo contrário, a loucura se manifesta: ela tenta dizer sua verdade, denunciar-se lá onde ela se encontra, desdobrar-se no conjunto de seus fenômenos; procura adquirir uma natureza e um modo de presença positiva no mundo.

Depois de haver tentado, nos capítulos anteriores, analisar o domínio do internamento e as formas de consciência que essa prática recobre, nos que se seguem gostaríamos de restituir o domínio do reconhecimento e do conhecimento da loucura à era clássica: quem, com toda certeza, e numa percepção imediata, pôde ser reconhecido como louco? Como é que a loucura chegou a se manifestar em signos que não podem ser recusados? Como conseguiu assumir um sentido numa natureza?

Mas sem dúvida essa separação entre dois domínios da experiência é suficientemente característica da era clássica e bastante importante em si mesma para que nos demoremos ainda um pouco nela.

Dir-se-á, talvez, que não existe nessa cesura nada de extraordinário nem de rigorosamente próprio a uma determinada época histórica. O fato de as práticas de exclusão e de proteção não coincidirem com a experiência mais teórica que se tem da loucura constitui certamente um fato sobremodo constante na experiência ocidental. Ainda em nossos dias, na própria preocupação com que nossa boa consciência se apega a fundamentar toda tentativa de separação numa designação científica, é possível decifrar com facilidade o mal-estar provocado por uma inadequação. Mas o que caracteriza a era clássica é que nela não se encontra nem um mal-estar, nem uma aspiração a uma unidade. Durante um século e meio a loucura teve uma existência rigorosamente dividida. E disso existe uma prova concreta que surge de imediato: é que o internamento, como vimos, não foi de modo algum uma prática médica; o rito de exclusão ao qual ele procede não deságua num espaço de conhecimento positivo, e na França será necessário esperar pela grande circular de 1785 para que uma ordem médica penetre no internamento e por um decreto da Assembleia para que a respeito de cada internado se faça a pergunta: está louco ou não? Inversamente, até Haslam e Pinel não haverá praticamente nenhuma experiência médica oriunda do asilo e no asilo; o saber da loucura ocupará um lugar num *corpus* de conhecimentos médicos onde ele figura como um capítulo entre outros, sem que nada indique o modo de existência particular da loucura no mundo, nem o sentido de sua exclusão.

Essa divisão sem recursos faz da era clássica uma *era de entendimento* para a existência da loucura. Não há possibilidade alguma de qualquer diálogo, de qualquer confronto entre uma prática que domina a contranatureza e a reduz ao silêncio e um conhecimento que tenta decifrar as verdades da natureza. O gesto que conjura aquilo que o homem não pode reconhecer permaneceu estranho ao discurso no qual uma verdade surge para o conhecimento. As formas de experiência se desenvolveram por si mesmas, uma numa prática sem comentários, a outra num discurso sem contradição. Inteiramente excluída, de um lado, inteiramente objetivada, de outro, a loucura nunca se *manifesta* em si mesma e numa linguagem que lhe seria própria. Não é a contradição que permanece viva nela, mas é ela que vive dividida entre os termos da contradição. Enquanto o mundo ocidental esteve voltado para a idade da razão, a loucura permaneceu submissa à divisão do entendimento.

Sem dúvida é essa a razão do profundo silêncio que atribui à loucura da era clássica a aparência do sono: tal era a força com a qual se impunha o clima de evidências que cercava e protegia, uns dos outros, conceitos e práticas. Talvez nenhuma outra época foi mais insensível ao aspecto patético da loucura do que essa que foi, no entanto, a do extremo dilaceramento de sua vida profunda. É que, em virtude desse mesmo dilaceramento, não era possível tomar consciência da loucura como um ponto único onde iriam refletir-se – lugar imaginário e ao mesmo tempo real – as perguntas que o homem se faz a respeito de si mesmo. No século XVII, ainda que se tivesse certeza de que um internamento não fora justo, não era de modo algum a própria essência da razão que se via, com isso, comprometida; e inversamente, a incerteza sobre o que era a loucura, ou sobre o ponto a partir do qual seus limites deviam ser estabelecidos, não era experimentada como ameaça imediata à sociedade ou ao homem concreto. O próprio excesso da segregação garantia a calma de cada uma das duas formas de interrogação. Nenhuma recorrência fazia correr o risco de, pondo-as em contato, provocar a chama de uma questão fundamental e irrecorrível.

■ ■

No entanto, surpreendentes coincidências não deixam de aparecer por toda parte. Esses dois domínios, tão rigorosamente separados, não deixam de manifestar, se os examinarmos de perto, analogias bem íntimas em suas estruturas. O recuo da loucura provocado pelas práticas do internamento e o desaparecimento da personagem do louco como tipo social familiar serão encontrados facilmente nas páginas que se seguem, bem como as consequências ou as causas de tudo isso, ou melhor, para sermos mais neutros e mais exatos, as formas a isso correspondentes nas reflexões teóricas e científicas sobre a loucura. O que descrevemos como um acontecimento, de um lado, reencontraremos, de outro, como forma de desenvolvimento conceitual. Por mais separados que sejam esses dois domínios, nada existe de importante no primeiro que não seja contrabalançado no segundo. O que faz com que essa divisão só possa ser pensada através de um relacionamento com as formas de unidade cujo aparecimento ela autoriza.

Talvez não estejamos admirando, no momento, outra coisa além da unidade entre a teoria e a prática. Parece-nos, no entanto, que a divisão operada na era clássica entre as formas de consciência da loucura não corresponde à distinção entre o teórico e o prático. A consciência científica ou médica da loucura, ainda que reconheça a impossibilidade de operar uma cura, está sempre virtualmente comprometida num sistema de operações que deveria permitir eliminar seus sintomas ou dominar suas causas. Por outro lado, a consciência prática que separa, condena e faz desaparecer o Louco está necessariamente misturada a uma certa concepção política, jurídica e econômica do indivíduo na sociedade. Por conseguinte, a divisão é outra. Aquilo que se encontra de um lado da divisão – tanto teórico quanto prático – é a retomada do velho drama da exclusão, é a forma de apreciação da loucura no movimento de sua supressão: aquilo que, por si mesmo, consegue formular-se em seu aniquilamento ora organizado. E o que vamos encontrar agora é o desdobramento, também esse teórico e prático, da verdade da loucura a partir de um ser que é um não ser, dado que ela não se apresenta em seus signos mais manifestos senão como erro, fantasma, ilusão, linguagem inútil e privada de conteúdo: trata-se agora da constituição da loucura como natureza a partir dessa não natureza que é o seu ser. O que estava em causa mais acima era, portanto, a constituição dramática de um ser a partir da supressão violenta de sua existência; trata-se, agora, da constituição, na serenidade do saber, de uma natureza a partir do desvendamento de um não ser.

Mas, junto com essa constituição de uma natureza, tentaremos isolar a experiência única que serve como base tanto para as formas dramáticas da divisão quanto para o movimento calmo dessa constituição. Essa experiência única, que reside aqui e ali, que sustenta, explica e justifica a prática do internamento e o ciclo do conhecimento, é ela que constitui a experiência clássica da loucura. É ela que se pode designar através do termo desrazão. Por baixo da grande cisão da qual acabamos de falar, estende ela sua coerência secreta, pois é ao mesmo tempo a razão da cesura e a razão da unidade que se descobre de um lado e do outro da cesura. É ela que explica o fato de se encontrar as mesmas formas de experiência *de um lado e de outro*, mas de nunca encontrá--las senão de um lado *e* do outro. A desrazão na era clássica é ao mesmo tempo a unidade e a divisão dela mesma.

Poderão perguntar-nos: por que se demorou tanto para isolá-la? Por que enfim nomeou-se essa desrazão, a propósito da constituição de uma natureza, isto é, finalmente a propósito da ciência, da medicina, da "filosofia natural"? E por que somente tratá-la por alusão ou preterição enquanto se tratava da vida econômica e social, das formas da pobreza e do desemprego, das instituições políticas e policiais? Não significa isso atribuir maior importância ao devir conceitual do que ao movimento real da história?

A isso basta talvez responder que na reorganização do mundo burguês na época do mercantilismo, a experiência da loucura se apresenta somente de um modo enviesado, através de perfis longínquos e de uma maneira silenciosa; que teria sido demasiadamente ousado defini-la a partir de linhas tão parciais, no que lhe diz respeito, e tão bem integradas, em compensação, em outras figuras mais visíveis e mais legíveis; que bastava, nesse primeiro nível da pesquisa, fazer sentir sua presença e prometer uma explicação para ela. Mas quando, para o filósofo ou para o médico, se coloca o problema das relações entre a razão, a natureza e a doença, então é em toda a espessura de seu volume que a loucura se apresenta; toda a massa das experiências entre as quais ela se dispersa descobre seu ponto de coerência, e ela mesma ascende à possibilidade da linguagem. Uma experiência singular aparece enfim. As linhas simples, um pouco heterogêneas, até então traçadas, vêm assumir seu lugar exato; cada elemento pode gravitar conforme sua lei justa.

Essa experiência não é nem teórica nem prática. Ela pertence ao domínio dessas experiências fundamentais nas quais uma cultura arrisca os valores que lhe são próprios – isto é, compromete-os na contradição. E ao mesmo tempo os previne contra ela. Uma cultura como a da era clássica, em que tantos valores estavam investidos na razão, arriscou na loucura ao mesmo tempo o mais e o menos. O mais, porque a loucura formava a contradição mais imediata de tudo aquilo que a justificava; o menos, porque ela a desarmava inteiramente, tornando-a impotente. Esse máximo e esse mínimo de risco, aceito pela cultura clássica com a loucura, é exatamente aquilo que a palavra "desrazão" designa: o avesso simples, imediato da razão, logo percebido; e essa forma vazia, sem conteúdo nem valor, puramente negativa, na qual só figura a marca de uma razão que acaba de refugiar-se, mas que continua a ser, para a desrazão, a razão de ser daquilo que ela é.

IMAGEM:
Peter Bruegel, o Velho, *O Asno na Escola*, desenho, 1556.

6. O Louco no Jardim das Espécies

É necessário interrogar agora o outro lado. Não mais a consciência da loucura comprometida nos gestos da segregação – em seu ritual imobilizado, ou em seus intermináveis debates críticos; mas essa consciência da loucura que joga, só para si mesma, o jogo da divisão, essa consciência que enuncia o louco e revela a loucura.

E, antes de mais nada, o que é o louco, portador de sua enigmática loucura, entre os homens de razão, entre esses homens de razão de um século XVIII ainda em suas origens? Como é que se reconhece esse louco, tão facilmente identificável ainda um século antes em seu perfil bem recortado, e que agora deve cobrir com uma máscara uniforme tantos rostos diferentes? Como é que se pode apontá-lo, sem errar, na proximidade cotidiana que o mistura a todos os não loucos e no inextricável cadinho dos traços de sua loucura com os signos obstinados de sua razão? Questões que o prudente se coloca mais que o sábio, o filósofo mais que o médico e todo o rebanho atento dos críticos, céticos e moralistas.

Médicos e sábios, de seu lado, interrogarão antes a própria loucura, no espaço natural que ela ocupa – mal entre os males, perturbações do corpo e da alma, fenômeno da natureza que se desenvolve ao mesmo tempo na natureza e contra ela.

Duplo sistema de interrogações, que parece olhar para duas direções diferentes: questão filosófica, mais crítica que teórica; questão médica, que implica todo o movimento de um conhecimento discursivo. Questões das quais uma diz respeito à natureza da razão e à maneira pela qual ela autoriza a divisão entre o razoável e o não razoável; e a outra ao que existe de racional ou irracional na natureza e nas fantasias de suas variações.

Duas maneiras de interrogar a natureza a respeito da razão, e a razão através da natureza. E se o acaso quisesse que, experimentando-as uma após a outra, surgisse, de sua própria diferença, uma resposta comum, se uma única e mesma estrutura pudesse ser isolada, sem dúvida ela estaria bem perto daquilo que existe de essencial e de geral na experiência que a era clássica teve da loucura; seríamos então levados aos próprios limites do que se deve entender por desrazão.

■ ■

A ironia do século XVIII gosta de retomar os velhos temas céticos da Renascença, e Fontenelle se encaixa numa tradição que é a de uma sátira filosófica bem próxima ainda de Erasmo, quando faz com que a loucura diga, no prólogo de *Pigmalião*:

> Ma domination s'établit toujours mieux
> Les hommes d'à présent sont plus fous que leurs pères;
> Leurs fils enchériront sur eux
> Les petits-fils auront plus de chimères
> Que leurs extravagants aïeux.[1]

E, no entanto, a estrutura da ironia não é mais a da sátira catorze de Régnier; não mais repousa no desaparecimento universal da razão no mundo, mas no fato de que a loucura tornou-se tão sutil a ponto de ter perdido toda forma visível e assinalável. Tem-se a impressão de que, através de um efeito distante e derivado do internamento sobre a reflexão, a loucura se retirou de sua antiga presença visível, e tudo aquilo que outrora perfazia sua plenitude real desapareceu agora, deixando vazio seu lugar e invisíveis suas manifestações certas. Há, na loucura, uma aptidão essencial para imitar a razão que mascara, enfim, o despropósito que nela pode haver. Ou antes: a sabedoria da natureza é tão profunda que ela consegue servir-se da loucura como de um outro caminho da razão; torna-a o atalho da sabedoria, evitando suas formas próprias numa invisível previdência: "A ordem que a natureza quis estabelecer no universo continua sua marcha: a única coisa que se pode dizer é que aquilo que a natureza não conseguiria de nossa razão, ela consegue de nossa loucura."[2]

A natureza da loucura é ao mesmo tempo sua útil sabedoria; sua razão de ser consiste em aproximar-se tão perto da razão, ser-lhe tão consubstancial que ambas formarão um texto indissolúvel, onde só se pode decifrar a finalidade da natureza: é preciso a loucura do amor para conservar a espécie; são precisos os delírios da ambição para a boa ordem dos corpos políticos; é preciso a avidez insensata para criar riquezas. Desse modo, todas essas desordens egoístas penetram na grande sabedoria de uma ordem que ultrapassa os indivíduos: "Sendo a loucura dos homens da mesma natureza, ajustam-se tão facilmente num conjunto que serviram para constituir os mais fortes elos da sociedade humana: disso é prova esse desejo de imortalidade, essa falsa glória e muitos outros princípios sobre os quais marcha tudo que se faz no mundo."[3] A loucura, em Bayle e em Fontenelle, representa um pouco o mesmo papel que o sentimento, conforme Malebranche, na natureza decaída: essa involuntária vivacidade que alcança, bem antes da razão e por caminhos transversais, o próprio ponto ao qual ela só chegaria após duras penas. A loucura é o lado desapercebido da ordem, que faz com que o homem venha a ser, mesmo contra a vontade, o instrumento de uma sabedoria cuja finalidade ele não conhece; ela mede toda a distância que existe entre a previdência e a providência, cálculo e finalidade. Nela se oculta toda a profundidade de uma sabedoria coletiva e que domina o tempo[4]. A partir do século XVII, a loucura se deslocou imperceptivelmente na ordem das razões: outrora ela estava mais do lado do "raciocínio que bane a razão". Deslizou agora para o lado de uma razão silenciosa que precipita a racionalidade lenta do raciocínio, embaralha suas linhas aplicadas e supera, no risco, suas apreensões e suas ignorâncias. Enfim, a natureza da loucura consiste em ser uma secreta razão – em pelo menos não existir a não ser para ela e por ela, em só ter no mundo uma presença preparada antecipadamente pela razão e já alienada nela.

Mas, nesse caso, como seria possível atribuir à loucura um lugar fixo, desenhar para ela um rosto que não tivesse os mesmos traços do rosto da razão? Forma apressada e involuntária da razão, ela não pode deixar aparecer nada que a mostre irredutível. E quando Vieussens, o Filho, explica que "o centro oval" no cérebro é "a sede das funções do espírito", porque "o sangue arterial se apura a ponto de tornar-se espírito animal", e por conseguinte que "a saúde do espírito no que ela tem de material depende da regularidade, da igualdade, da liberdade do curso dos espíritos nesses pequenos canais" – Fontenelle recusa reconhecer o que pode haver de imediatamente perceptível e de decisivo num critério tão simples que permitiria de imediato a divisão entre loucos e não loucos; se o anatomista tem razão ao ligar a loucura a essa perturbação dos "pequenos vasos muito finos" –, isso não importa, tal perturbação se encontra em todo mundo: "Não existe cabeça tão sadia na qual não exista um pequeno tubo do centro oval bem entupido."[5] É verdade que os dementes, os loucos furiosos, os maníacos ou os violentos podem ser logo reconhecidos: não, porém, porque sejam loucos e na medida em que o são, mas apenas porque seu delírio tem um modo particular que acrescenta à essência imperceptível de toda loucura os signos que lhe são próprios: "Os frenéticos são apenas loucos de outro gênero."[6] Mas aquém dessas diferenciações, a essência geral da loucura não tem uma forma assinalável; o louco, em geral, não é portador de um signo; mistura-se com os outros e está presente em cada um deles, não para um diálogo ou um conflito com a razão, mas para servi-la obscuramente através de meios inconfessáveis. *Ancilla rationis*. Médico e naturalista, Boissier de Sauvages, no entanto, bem depois ainda reconhecerá que a loucura "não incide diretamente sobre os sentidos"[7].

Apesar das semelhanças aparentes no uso do ceticismo, nunca o modo de presença da loucura foi mais diferente nesse começo do século XVIII do que pôde ter sido no decorrer da Renascença. Através de inúmeros signos, ela manifestava outrora sua presença ameaçando a razão com uma contradição imediata; e o sentido das coisas era indefinidamente reversível, tão estreita era a trama dessa dialética. As coisas agora também são reversíveis, mas a loucura foi absorvida numa presença difusa, sem signos manifestos, fora do mundo sensível e no reino secreto de uma razão universal. Ela é ao mesmo tempo plenitude e ausência total: habita todas as regiões do mundo, não deixa livre nenhuma sabedoria nem ordem alguma, escapando a toda apreensão sensível; está presente em toda parte, mas nunca naquilo que a faz ser o que é.

No entanto, esse retiro da loucura, essa separação essencial entre sua presença e sua manifestação, não significa que ela se retira, sem nenhuma evidência, para um domínio inacessível onde sua verdade permaneceria oculta. O fato de não ter nem signo certo nem presença positiva faz com que se ofereça paradoxalmente num imediatismo sem inquietações, totalmente estendido em sua superfície, sem retorno possível para a dúvida. Mas nesse caso ela não se oferece como loucura; ela se apresenta sob os traços irrecusáveis do louco: "As pessoas de razão sadia têm tamanha facilidade em reconhecê-lo que mesmo os pastores sabem quais de suas ovelhas foram atingidas por semelhantes doenças."[8] Existe uma certa evidência do louco, uma determinação imediata de seus traços que parece correlativa, justamente, à não determinação da loucura. Quanto menos precisa é, mais facilmente é reconhecida. Na própria medida em que não sabemos onde começa a loucura, sabemos, através de um saber quase incontestável, o que é o louco. E Voltaire se admira ante o fato de não sabermos como uma alma raciocina em falso, nem como alguma coisa pode ser modificada em sua essência enquanto, sem hesitar, "é levada, no entanto, no seu caso, para as *Petites-Maisons*"[9].

Como se faz esse reconhecimento tão inquestionável do louco? Através de uma percepção marginal, um ponto de vista enviesado, através de uma espécie de raciocínio instantâneo, indireto e ao mesmo tempo negativo. Boissier de Sauvages tenta explicitar essa percepção tão certa e, no entanto, tão confusa: "Quando um homem age em conformidade com as luzes da razão sadia, basta atentar para seus gestos, seus movimentos, seus desejos, seus discursos, seus raciocínios, para descobrir a ligação que essas ações têm entre si e o fim para o qual tendem." Do mesmo modo, tratando-se de um louco, "não é necessário que ele elabore falsos silogismos para perceber a alucinação ou o delírio que o atingiu; seu erro e sua alucinação são facilmente perceptíveis através da discordância que existe entre suas ações e a conduta dos outros homens"[10]. O procedimento é indireto sob o aspecto da impossibilidade de perceber a loucura a não ser com referência à ordem da razão e a essa consciência que temos diante de um homem razoável e que nos assegura a coerência, a lógica, a continuidade do discurso; essa consciência permanece adormecida até a irrupção da loucura, que aparece de chofre não porque seja positiva, mas justamente porque pertence à ordem da ruptura. Ela surge de repente como discordância, o que significa que é inteiramente negativa; mas é exatamente esse caráter negativo que lhe assegura sua instantaneidade. Quanto menos a loucura se manifesta no que ela tem de positivo, mais o louco, sobre a trama contínua da razão – já quase esquecida por ter-se tornado demasiado familiar –, surge bruscamente como irrecusável diferença.

Detenhamo-nos um pouco neste primeiro ponto. A certeza tão apressada e tão presunçosa com a qual o século XVIII sabe reconhecer o louco, no próprio momento em que confessa não mais poder definir a loucura, constitui sem dúvida uma estrutura importante. Caráter imediatamente concreto, evidente e preciso do louco; perfil confuso, distante, quase imperceptível da loucura. E não se trata aí de um paradoxo, mas de uma relação bem natural de complementaridade. O louco é demasiada e diretamente sensível para que se possa reconhecer nele os discursos gerais da loucura; ele só surge numa existência pontual – espécie de loucura ao mesmo tempo individual e anônima, na qual ele se designa sem nenhum risco de errar, mas que desaparece tão logo percebida. Quanto à loucura, está infinitamente recuada; é uma essência distante, cabendo aos nosógrafos o trabalho de analisá-la em si mesma.

Essa evidência tão direta do louco sobre o fundo de uma razão concreta, esse afastamento, por outro lado, da loucura em relação aos limites mais exteriores, mais inacessíveis de uma razão discursiva, organizam-se de acordo com uma certa ausência da loucura; de uma loucura que não estaria ligada à razão através de uma finalidade profunda; de uma loucura envolvida num debate real com a razão e que, em toda a extensão que vai da percepção ao discurso, do reconhecimento ao conhecimento, seria generalidade concreta, espécie viva e multiplicada em suas manifestações. Uma certa ausência da loucura impera sobre toda essa experiência da loucura. Aí se estabeleceu um vazio que atinge talvez o essencial.

Pois o que é ausência do ponto de vista da loucura, poderia muito bem ser nascimento de outra coisa: o ponto em que se fomenta uma outra experiência, no labor silencioso do positivo.

O louco não é manifesto em seu ser: mas se ele é indubitável, é porque é *outro*. Ora, essa alteridade, na época em que nos colocamos, não é sentida de imediato como diferença experimentada a partir de uma certa certeza de si mesma. Diante desses insanos que imaginam ser "bilhas ou ter corpos de vidro", Descartes sabia que não era como eles: "Ora, são loucos..." O inevitável reconhecimento de suas loucuras surgia espontaneamente, num relacionamento estabelecido entre eles e ele próprio. O sujeito que percebia a diferença media-se a partir de si mesmo: "Eu não seria menos extravagante se seguisse o exemplo deles." No século XVIII, essa consciência de alteridade esconde, sob uma aparente identidade, uma estrutura bem diferente, que se formula não a partir de uma certeza, mas de uma regra geral: ela implica um relacionamento exterior que vai dos outros a esse outro singular que é o louco, num confronto em que o sujeito não é comprometido e nem mesmo convocado sob a forma de uma evidência: "Chamamos de loucura essa doença dos órgãos do cérebro que impede necessariamente um homem de pensar e agir como os outros."[11] O louco é o outro em relação aos outros: o outro – no sentido da exceção – entre os outros – no sentido do universal. Toda forma de interioridade é, agora, conjurada: o louco é evidente, mas seu perfil se destaca sobre o espaço exterior; e o relacionamento que o define entrega-o totalmente, através do jogo das comparações objetivas, ao olhar do sujeito razoável. Entre o louco e o sujeito que pronuncia "esse aí é um louco", estabelece-se um enorme fosso, que não é mais o vazio cartesiano do "não sou esse aí", mas que está ocupado pela plenitude de um duplo sistema de alteridade: distância doravante inteiramente povoada de pontos de referência, por conseguinte mensurável e variável; o louco é mais ou menos diferente no grupo dos outros que, por sua vez, é mais ou menos universal. O louco torna-se relativo, mas nem por isso está mais desarmado de seus poderes perigosos; ele que, no pensamento da Renascença, configurava a presença próxima e perigosa, no âmago da razão, de uma semelhança demasiado interior, é agora repelido à outra extremidade do mundo, posto de lado e mantido fora da condição de preocupar, através de uma dupla segurança, uma vez que representa *a diferença do Outro na exterioridade dos outros*.

Essa nova forma de consciência inaugura um novo relacionamento da loucura com a razão: não mais dialética contínua, como no século XVI, nem uma oposição simples e permanente, nem o rigor da divisão, como no começo da era clássica, mas ligações complexas e estranhamente estabelecidas. De um lado, a loucura existe *em relação à* razão ou, pelo menos, em relação aos "outros" que, em sua generalidade anônima, encarregam-se de representá-la e atribuir-lhe valor de exigência; por outro lado, ela existe *para a* razão, na medida em que surge ao olhar de uma consciência ideal que a percebe como diferença em relação aos outros. A loucura tem uma dupla maneira de postar-se *diante* da razão: ela está ao mesmo tempo *do outro lado e sob seu olhar*. Do outro lado: a loucura é diferença imediata, negatividade pura, aquilo que se denuncia como não ser, numa evidência irrecusável; é uma ausência total de razão, que logo se percebe como tal, sobre o fundo das *estruturas do razoável*. Sob o olhar da razão: a loucura é individualidade singular cujas características próprias, a conduta, a linguagem, os gestos, distinguem-se uma a uma daquilo que se pode encontrar no não louco; em sua particularidade, ela se desdobra para uma razão que não é termo de referência, mas princípio de julgamento; a loucura é então considerada em suas *estruturas do racional*. O que caracteriza a loucura a partir de Fontenelle é a permanência de um duplo relacionamento com a razão, essa implicação, na experiência da loucura, de uma razão considerada como norma e de uma razão definida como sujeito do conhecimento.

É possível objetar que em toda época sempre houve, do mesmo modo, uma dupla apreensão da loucura: uma moral, sobre um fundo do razoável; outra objetiva e médica, sobre um fundo de racionalidade. Se se põe de lado o grande problema da loucura grega, é fato que pelo menos desde a época latina a consciência da loucura foi dividida nesta dualidade. Cícero evoca o paradoxo das doenças da alma e sua cura: quando o corpo está doente, a alma pode reconhecer esse fato, tomar conhecimento dele e considerá-lo; mas quando a alma está doente, o corpo nada pode nos dizer sobre ela: "A alma é chamada a se pronunciar sobre seu estado justamente quando é a faculdade de julgar que está doente."[12] Contradição da qual não seria possível escapar se exatamente não existissem, a respeito das doenças da alma, dois pontos de vista rigorosamente diferentes: antes de mais nada, uma sabedoria filosófica que, sabendo discernir o louco do razoável, assimila à loucura toda forma de não sabedoria – *omnes insipientes insaniunt*[13] – e pode, através do ensino ou da persuasão, dissipar essas doenças da alma: "não é o caso, como acontece com as do corpo, de dirigir-se para o lado exterior, e devemos utilizar todos os nossos recursos e todas as nossas forças para nos colocarmos em condição de cuidar de nós mesmos"[14]; a seguir, um saber que sabe reconhecer na loucura o efeito das paixões violentas, movimentos irregulares da bílis negra e de toda "essa ordem de causas em que pensamos quando falamos de Atamas, de Alcmeón, Ajax e Orestes"[15]. A essas duas formas de experiência correspondem exatamente duas formas de loucura: *a insania*, cuja "acepção é demasiado ampla", sobretudo "quando a ela se acrescenta a estupidez", e *o furor*, doença mais grave que o direito romano conhece desde a Lei das XII Tábuas. Por opor-se ao razoável, *a insania* nunca pode atingir o sábio; *o furor*, pelo contrário, acontecimento do corpo e da alma que a razão é capaz de reconstituir no conhecimento, sempre pode alterar o espírito do filósofo[16]. Portanto, na tradição latina existe uma loucura na forma do razoável e uma loucura na forma do racional, que mesmo o moralismo de Cícero não conseguiu confundir[17].

Ora, o que aconteceu no século XVIII foi um deslizamento de perspectivas graças ao qual as estruturas do razoável e as do racional se inseriram umas nas outras a fim de finalmente formar uma trama tão estreita que durante muito tempo não será possível distingui-las. Progressivamente se organizaram de acordo com a unidade de uma única e mesma loucura, que é percebida em sua oposição ao razoável e naquilo que ela oferece de si mesma ao racional. Diferença pura, estranho por excelência, "outro" numa potência dupla, o Louco, com esse mesmo recuo, vai tornar-se objeto de análise racional, plenitude oferecida ao conhecimento, percepção evidente; e será Isso exatamente na medida em que é aquilo. A partir da primeira metade do século XVIII, e é isso que lhe dá seu peso decisivo na história da desrazão – a negatividade moral do louco começa a constituir apenas uma única e mesma coisa com a positividade daquilo que dele se pode conhecer: a distância crítica e patética da recusa, do não reconhecimento, esse vazio de características torna-se o espaço no qual vão serenamente aflorar as características que aos poucos esboçam uma verdade positiva. E é sem dúvida esse movimento que se pode descobrir sob esta enigmática definição da *Enciclopédia*: "Afastar-se da razão sem o saber, por estar privado de ideias, é ser *imbecil*; afastar-se da razão, sabendo-o, porque se é escravo de uma paixão violenta, é ser *fraco*; mas afastar-se da razão com confiança, e com a firme persuasão de estar obedecendo à razão, é o que constitui, a meu ver, o que chamamos de ser *louco*."[18]

Estranha definição, tão árida e tão próxima parece estar da velha tradição filosófica e moral. No entanto, nela encontramos, semioculto, todo o movimento que renova a reflexão sobre a loucura: a superposição e a coincidência forçada entre uma definição pela negatividade do afastamento (a loucura é sempre uma distância que se mantém em relação à razão, um vazio estabelecido e medido) e uma definição pela plenitude dos caracteres e dos traços que restabelecem, em forma positiva, as relações com a razão (confiança e persuasão, sistema de crenças que faz com que a diferença da loucura e da razão seja ao mesmo tempo uma semelhança, a oposição escapa de si mesma na forma de uma fidelidade ilusória, o vazio se preenche com todo um conjunto que é aparência, porém aparência da própria razão). Tanto que a velha e simples oposição entre os poderes da razão e os poderes do insano é agora substituída por uma oposição mais complexa e mais fugidia; loucura é a ausência de razão, mas ausência que assume forma de positividade, numa quase conformidade, numa semelhança que engana sem que, no entanto, consiga enganar. O louco afasta-se da razão, mas pondo em jogo imagens, crenças, raciocínios encontrados tais quais no homem de razão. Portanto, o louco não pode ser louco para si mesmo, mas apenas aos olhos de um terceiro que, somente este, pode distinguir o exercício da razão da própria razão.

Na percepção do louco que se tem no século XVIII, estão inextricavelmente misturados aquilo que existe de mais positivo e de mais negativo. O positivo é a própria razão, mesmo se considerada sob um aspecto aberrante; quanto ao negativo, é constituído pelo fato de que a loucura, no máximo, não é mais que o vão simulacro da razão. A loucura é a razão, mais uma extrema camada negativa; é o que existe de mais próximo da razão, e de mais irredutível; é a razão afetada por um índice indelével: a Desrazão.

Reatemos agora os fios anteriores. O que era a evidência do louco, ainda há pouco constatada, sobre o fundo paradoxal constituído por uma ausência da loucura? Nada além da bem próxima presença da razão que preenche tudo o que pode haver de positivo no louco e da qual a evidente loucura é um indício, que afeta a razão, mas que nela não introduz, afinal, nenhum elemento estranho e positivo.

E a imbricação das estruturas do racional e das estruturas do razoável? Num mesmo movimento que caracteriza a percepção da loucura na era clássica, a razão reconhece imediatamente a negatividade do louco no irracional, mas reconhece a si mesma no conteúdo racional de toda loucura. Ela se reconhece como conteúdo, como natureza, como discurso, enfim, como *razão* da loucura, ao mesmo tempo que avalia a intransponível distância entre a razão e a razão do louco. Nesse sentido, o louco pode estar inteiramente investido pela razão, dominado por ela, uma vez que é ela que secretamente o habita; mas a razão o mantém sempre fora dela mesma; se tem alguma ascendência sobre ele, é do exterior, como um *objeto*. Essa condição de objeto, que mais tarde fundará a ciência positiva da loucura, está inscrita a partir dessa estrutura perceptiva que analisamos no momento: reconhecimento da *racionalidade* do conteúdo no próprio movimento com o qual se denuncia aquilo que existe de *irracional* em sua manifestação.

É bem esse o primeiro e o mais aparente dos paradoxos do desatino: uma imediata oposição à razão que só poderia ter por conteúdo a própria razão.

■ ■

A evidência do "este aqui é louco", que não admite contestação possível, não se baseia em nenhum domínio teórico sobre o que seja a loucura.

Mas, inversamente, quando o pensamento clássico deseja interrogar a loucura naquilo que ela é, não é a partir dos loucos que ele o faz, mas a partir da doença em geral. A resposta a uma pergunta como "Então, o que é a loucura?", é deduzida de uma análise da doença, sem que o louco fale de si mesmo em sua existência concreta. O século XVIII percebe o louco, mas deduz a loucura. E no louco, o que ele percebe não é a loucura, mas a inextricável presença da razão e da não razão. E aquilo a partir do que ele reconstrói a loucura não é a experiência múltipla dos loucos, é o domínio lógico e natural da doença, um campo de racionalidade.

Dado que, para o pensamento clássico, o mal tende a não mais se definir a não ser de um modo negativo (pela finitude, limitação, falha), a noção geral de doença vê-se presa de uma dupla tentação: só ser considerada, ela também, a título de negação (e é, com efeito, a tendência para suprimir noções como as de "substâncias morbíficas"), mas destacar-se de uma metafísica do mal, doravante estéril se se quiser compreender a doença no que ela tem de real, de positivo, de pleno (e é a tendência para excluir do pensamento médico noções como as de "doenças por falhas" ou "por privação").

No começo do século XVII, Plater, em seu quadro das doenças, ainda concedia um bom espaço às doenças negativas: falhas do parto, de suor, de concepção, de movimento vital[19]. Mas Sauvages, a seguir, observará que uma falha não pode constituir nem a verdade, nem a essência de uma doença, nem mesmo sua natureza propriamente dita: "É verdade que a supressão de certas evacuações frequentemente causa doenças, mas disso não se segue que se pode dar o nome de doença a essa supressão."[20] E isso por duas razões: a primeira é que a privação não é princípio de ordem, mas de desordem, e desordem infinita, pois ela se coloca no espaço sempre aberto, sempre renovado, das negações, que não são numerosas como as coisas reais, mas tão inumeráveis como as possibilidades lógicas: "Se ocorresse esta instituição dos gêneros, os próprios gêneros cresceriam ao infinito."[21] Mais: multiplicando-se, as doenças paradoxalmente deixariam de se distinguir, pois se o essencial da doença está na supressão, a supressão que nada tem de positivo não pode atribuir à doença seu aspecto singular; ela atua do mesmo modo sobre todas as funções às quais se aplica através de um ato lógico inteiramente vazio. A doença seria a indiferença pobre da negação exercendo-se sobre a riqueza da natureza: "A falha e a privação não são nada de positivo, mas não imprimem no espírito nenhuma ideia de doença."[22] Para dar um conteúdo particular à doença, é preciso, portanto, dirigir-se aos fenômenos reais, observáveis, positivos, através dos quais ela se manifesta: "A definição de uma doença é a enumeração dos sintomas que servem para conhecer seu gênero e sua espécie, e para distingui-la de todas as outras."²³ Exatamente ali onde se deve reconhecer que há supressão, esta não pode ser a própria doença, porém apenas sua causa. Portanto, é aos efeitos positivos da supressão que se deve voltar: "Embora a ideia de doença seja negativa, como nas doenças soporosas, mais vale defini-la por seus sintomas positivos."²⁴

Mas também pertencia a essa busca da positividade o ato de libertar a doença daquilo que ela podia comportar de invisível e de secreto. Tudo o que de mal ainda se ocultava nela será doravante exorcizado, e sua verdade poderá se expor à superfície, na ordem dos signos positivos. Thomas Willis, no *De morbis convulsivis*, ainda falava das substâncias morbíficas: obscuras e estranhas realidades contra a natureza que constituem o veículo do mal e o suporte do evento patológico. Em certos casos, e particularmente no da epilepsia, a "substância morbífica" se encontra tão retirada, tão inacessível aos sentidos e mesmo às provas, que ainda mantém a marca da transcendência, podendo ser confundida com os artifícios do demônio: "Nesta afecção, a substância morbífica é muito obscura e não persiste vestígio algum daquilo que suspeitamos ser, com justa razão, o sopro do espírito dos malefícios."²⁵ Mas, ao final do século XVII, as substâncias morbíficas começam a desaparecer. A doença, ainda que comporte elementos dificilmente decifráveis, mesmo se a parte principal de sua verdade permanece oculta, não deve ser caracterizada através desse ponto; sempre há, nela, uma verdade singular que está ao nível dos fenômenos mais aparentes e a partir da qual é preciso defini-la. "Se um general ou um capitão só especificasse, na descrição que dá de seus soldados, as marcas ocultas que trazem sobre seus corpos, ou outros sinais do mesmo modo obscuros e desconhecidos que escapam à vista, seria inútil procurar pelos desertores: jamais seriam encontrados."²⁶ Portanto, o conhecimento da doença deve fazer, antes de mais nada, o inventário de tudo o que existe de mais manifesto na percepção, de mais evidente na verdade. Assim se define, como procedimento primeiro da medicina, o método sintomático, que "toma emprestado as características das doenças dos fenômenos invariáveis e dos sintomas evidentes que as acompanham"²⁷.

Ao "caminho filosófico", que é "o conhecimento das causas e dos princípios" e que, nesse entretempo, "não deixa de ser muito curioso e distingue o dogmático do empírico", deve-se preferir o "caminho histórico", mais certo e mais necessário; "muito simples e fácil de conseguir", esse caminho não é nada mais que "o conhecimento dos fatos". Se é "histórico", não é porque procura estabelecer, a partir de suas causas mais antigas, o devir, a cronologia e a duração das doenças; num sentido mais etimológico, ele procura *ver*, ver bem de perto e em detalhes, procura reconstituir a doença com a exatidão de um retrato. Ela seria um modelo tanto melhor quanto mais se procedesse como "os pintores que, quando fazem um retrato, têm o cuidado de marcar até os sinais e as menores coisas naturais que se encontram no rosto da pessoa que estão pintando"[28].

Todo um mundo patológico é organizado conforme as novas normas. Mas nada nele parece dever abrir espaço a essa percepção do louco tal como a analisamos há pouco: percepção inteiramente negativa, que sempre mantinha em estado inexplícito a verdade manifesta e discursiva da loucura. Como poderia a loucura ocupar lugar nesse mundo das doenças cuja verdade se enuncia por si mesma nos fenômenos observáveis, enquanto no mundo concreto ela só se oferece sob seu perfil mais aguçado, o menos suscetível de ser apreendido, isto é, a presença instantânea de um louco, tanto mais percebido como louco na medida em que menos deixa transparecer a verdade aberta da loucura?

Há mais ainda. A grande preocupação dos classificadores no século XVIII é animada por uma constante metáfora que tem a amplitude e a obstinação de um mito: a transferência das desordens da doença para a ordem da vegetação. Já dizia Sydenham que é preciso "reduzir todas as doenças a espécies precisas com o mesmo cuidado e a mesma exatidão com que os botânicos procederam no Tratado sobre as plantas"[29]. E Gaubius recomendava que se pusesse "o imenso número das doenças humanas, a exemplo do que fazem os escritores da história natural, numa ordem sistemática... apresentando as classes, os gêneros e as espécies, cada um com suas características particulares, constantes e distintas"[30]. Com Boissier de Sauvages[31], o tema assume toda sua significação; a ordem dos botânicos torna-se a organizadora do mundo patológico em sua totalidade, e as doenças se distribuem segundo uma ordem e um espaço que são os da própria razão. O projeto de um jardim das espécies – tanto patológicas quanto botânicas – pertence à sabedoria da previdência divina.

Outrora, a doença era permitida por Deus; ele a mandava mesmo aos homens a título de punição. Mas eis que agora ele organiza suas formas e divide, ele mesmo, as variedades. Doravante haverá um Deus das doenças, o mesmo que aquele que protege as espécies e, de acordo com a memória médica, nunca se viu morrer esse jardineiro cultivador do mal... Se é fato que do lado do homem a doença é signo de desordem, de finitude, de pecado, do lado de Deus, que as criou, isto é, do lado da verdade delas, as doenças são uma vegetação racional. E o pensamento médico deve dar-se por ocupação escapar a essas categorias patéticas da punição para atingir as categorias realmente patológicas, através das quais a doença descobre sua verdade eterna.

Estou convencido de que a razão pela qual ainda não temos uma história exata das doenças está em que a maioria dos autores consideraram-nas até aqui apenas como efeitos ocultos e confusos de uma natureza mal disposta e deposta de sua condição, e acreditaram perder tempo se se divertissem descrevendo-as. No entanto, o Ser Supremo não se submeteu a leis menos certas ao produzir as doenças, ou ao amadurecer os humores morbíficos, do que ao criar as plantas ou as doenças.[32]

Doravante, bastará que a imagem seja seguida até o fim: a doença, na menor de suas manifestações, se verá investida da sabedoria divina; ela exporá, na superfície dos fenômenos, as previsões de uma razão todo-poderosa. A doença será obra da razão, e razão em ação. Obedecerá à ordem, e a ordem estará secretamente presente como princípio organizador de cada sintoma. O universal viverá no particular:

Aquele que, por exemplo, observar atentamente a ordem, o tempo, a hora em que se iniciam o acesso de febre quartã, os fenômenos do calafrio, dos calores – resumindo, todos os sintomas que lhe são próprios – terá tanta razão em acreditar que essa doença é uma espécie quanto em acreditar que uma planta constitui uma espécie.[33]

A doença, como a planta, é a própria racionalidade da natureza: "Os sintomas são, em relação às doenças, aquilo que as folhas e os suportes (*fulcra*) são em relação às plantas."[34]

Em relação à primeira "naturalização", da qual a medicina do século XVI é testemunha, essa segunda naturalização apresenta novas exigências. Não se trata mais de uma quase natureza, ainda toda penetrada pelo irreal, por fantasmas, pelo imaginário, uma natureza de ilusão e engano, mas de uma natureza que é a plenitude total estancada da razão. Uma natureza que é a totalidade da razão presente em cada um de seus elementos.

Tal é o novo espaço onde a loucura, como doença, deve agora inserir-se.

■ ■

Constitui ainda um paradoxo, nessa história que não carece deles, a constatação de que a loucura se integrou, sem dificuldades aparentes, nessas novas normas da teoria médica. O espaço da classificação abre-se sem problemas para a análise da loucura, e a loucura, por sua vez, de imediato ali encontra seu lugar. Nenhum dos classificadores parece ter-se detido diante dos problemas que ela poderia ter colocado.

Ora, esse espaço sem profundidade, essa definição da doença apenas através da plenitude dos fenômenos, essa ruptura com os parentescos do mal, essa recusa a um pensamento negativo – não provém tudo isso de outro filão e de um nível diferente daquilo que conhecemos sobre a experiência clássica da loucura? Não há aí dois sistemas justapostos, mas que pertencem a dois universos diferentes? A classificação das loucuras não constitui um artifício de simetria ou um surpreendente avanço sobre as concepções do século? E se se pretende analisar aquilo que é a experiência clássica em sua profundidade, não seria melhor deixar na superfície o esforço de classificação e, pelo contrário, seguir com toda sua lentidão aquilo que essa experiência nos indica por si mesma, naquilo que ela tem de negativo, de parentesco com o mal e com todo o universo ético do razoável?

Contudo, negligenciar o lugar que a loucura realmente ocupou no domínio da patologia seria um postulado, portanto um erro de método. A inserção da loucura nas nosologias do século XVIII, por mais contraditória que possa parecer, não deve ser posta de lado. Ela tem, com toda certeza, uma significação. E é necessário aceitar como tal – isto é, com tudo que ela diz e tudo que oculta – essa curiosa oposição entre uma consciência perceptiva do louco (que no século XVIII foi singularmente viva, tanto era sem dúvida negativa) e um conhecimento discursivo da loucura que comodamente se inscreveria no plano positivo e ordenado de todas as doenças possíveis[35].

Contentemo-nos começando em confrontar alguns exemplos de classificação das loucuras.

Paracelso, anteriormente, havia estabelecido a distinção entre os *Lunatici*, cuja doença deve sua origem à lua e cuja conduta, em suas irregularidades aparentes, organiza-se secretamente de acordo com suas fases e seus movimentos; os *Insani*, que devem seu mal à hereditariedade, a menos que o tenham contraído, pouco antes do nascimento, no ventre de suas mães; os *Vesani*, que se viram privados dos sentidos e da razão por abuso de bebidas e mau uso dos alimentos; os *Melancholici*, com uma tendência para a loucura em virtude de um vício qualquer de suas naturezas internas[36]. Classificação de inegável coerência, onde a ordem das causas articula-se logicamente em sua totalidade: primeiro o mundo exterior, a seguir a hereditariedade e o nascimento, os defeitos da alimentação e finalmente as perturbações internas.

Mas aquilo que o pensamento clássico recusa são justamente as classificações desse gênero. Para que uma classificação seja válida é necessário, antes de mais nada, que a forma de cada doença seja determinada pela totalidade da forma das outras; a seguir, é preciso que a própria doença se determine a si mesma em suas diversas figuras, e não através de determinações externas; enfim, é preciso que a doença possa ser conhecida, se não exaustivamente, pelo menos de modo certo a partir de suas próprias manifestações.

Esse percurso na direção do ideal pode ser seguido de Plater a Linné ou Weickhard, e aos poucos pode-se ouvir uma linguagem se afirmando, na qual não se espera que a loucura formule suas divisões a partir de uma natureza que é ao mesmo tempo sua natureza e a natureza total de toda doença possível.

PLATER: *PRAXEOS TRACTATUS* (1609)

O primeiro livro das "lesões das funções" é consagrado às lesões dos sentidos; entre estes, é necessário distinguir os sentidos externos e internos (*imaginatio, ratio, memoria*). Podem ser atingidos separadamente ou em conjunto; e podem ser atingidos quer por uma simples diminuição, quer por uma abolição total, quer por uma perversão ou por um exagero. No interior desse espaço lógico, as doenças particulares se definem ora por suas causas (internas ou externas), ora por seu contexto patológico (saúde, doença, convulsão, rigidez), ora por sintomas anexos (febre, ausência de febre).

1. MENTIS IMBECILLITAS:
   - geral: *hebetudo mentis;*
   - particular:
     para a imaginação: *tarditas ingenii;*
     para a razão: *imprudentia;*
     para a memória: *oblivio.*
2. MENTIS CONSTERNATIO:
   - sono não natural:
     nas pessoas sadias: *somnus immodicus, profondus;*
     nos doentes: *coma, lethargus, cataphora;*
     estupor: com resolução (apoplexia), com convulsão (epilepsia), com rigidez (catalepsia).
3. MENTIS ALIENATIO:
   - causas inatas: *stultitia;*
   - causas externas: *temulentia, animi commotio;*
   - causas internas: sem febre: *mania, melancholia;*
     com febre: *phrenitis, paraphrenitis.*
4. MENTIS DEFATIGATIO:
   - *vigiliae; insomnia.*

JONSTON (1644 – IDÉE UNIVERSELLE DE LA MÉDECINE)
As doenças do cérebro fazem parte das doenças orgânicas, internas, particulares e não venenosas. Dividem-se em perturbações: – do sentido externo: cefalalgia; – do senso comum: vigília, coma; – da imaginação: vertigem; – da razão: esquecimento, delírio, frenesi, mania, raiva; – do sentido interno: letargia; – do movimento animal: cansaço, inquietação, tremor, paralisia, espasmo; – das excreções: catarros; – finalmente, as doenças nas quais esses sintomas se misturam: íncubos, catalepsia, epilepsia e apoplexia.

BOISSIER DE SAUVAGES (1763 – NOSOLOGIE MÉTHODIQUE)
Classe I: Vícios – II: Febres – III: Flegmasias – IV: Espasmos – V: Esfalfamentos – VI: Debilidades – VII: Dores – VIII: Loucuras – IX: Fluxos – X: Caquexias.

Classe VIII: *Vesânias ou doenças que perturbam a razão.*
Ordem I: *Alucinações*, que perturbam a imaginação. Espécies: "vertigem, miragem, lapso, inquietação, hipocondria, sonambulismo".
Ordem II: *Bizarrias (morositates)*, que perturbam o apetite. Espécies: apetite depravado, fome canina, sede excessiva, antipatia, nostalgia, terror, pânico, satiríase, furor uterino, tarentismo, hidrofobia.
Ordem III: *Delírios*, que perturbam o juízo. Espécies: congestão cerebral, demência, melancolia, demonomania e mania.
Ordem IV: *Loucuras anormais.* Espécies: amnésia, insônia.

LINNE (1763 – GENERA MORBORUM)
Classe V: *Doenças mentais*
  I *Ideais:* delírio, congestão, demência, mania, demonomania, melancolia.
  II *Imaginativas:* inquietação, visões, vertigem, terror pânico, hipocondria, sonambulismo.
  III *Patéticas:* gosto depravado, bulimia, polidipsia, satiríase, erotomania, nostalgia, tarentismo, raiva, hidrofobia, cacositia, antipatia, ansiedade.

WEICKHARD (1790 – DER PHILOSOPHISCHE ARZT)
I   *Doenças do espírito* (*Geisteskrankheiten*).
    1. Fraqueza da imaginação;
    2. Vivacidade da imaginação;
    3. Falta de atenção *(attentio volubilis);*
    4. Reflexão obstinada e persistente *(attentio acerrima et meditatio profundo);*
    5. Ausência de memória *(oblivio);*
    6. Erros de juízo *(defectus judicii);*
    7. Estupidez, lentidão do espírito *(defectus, tarditas ingenii);*
    8. Vivacidade extravagante e instabilidade do espírito *(ingenium velox, praecox, vividissimum);*
    9. Delírio *(insania).*
II *Doenças do sentimento* (*Gemütskrankheiten*).
    1. Excitação: orgulho, cólera, fanatismo, erotomania etc.
    2. Depressão: tristeza, inveja, desespero, suicídio, "doença da corte" *(Hofkrankheit)* etc.

■ ■

Embora todo esse paciente trabalho de classificação designe uma nova estrutura da racionalidade em formação, ele mesmo não deixou, de si, vestígio algum. Cada uma dessas divisões é posta de lado assim que proposta, e as que o século XIX tentará definir serão de um outro tipo: afinidade dos sintomas, identidade das causas, sucessão no tempo, evolução progressiva de um tipo na direção de outro, cada uma destas serão outras tantas famílias que agruparão, bem ou mal, a multiplicidade das manifestações – esforços para descobrir grandes unidades e para elas levar as formas conexas, porém não mais uma tentativa de cobrir em sua totalidade o espaço patológico e isolar a verdade de uma doença a partir de sua colocação. As classificações do século XIX supõem a existência de grandes espécies – mania ou paranoia, ou demência precoce –, mas não a existência de um domínio logicamente estruturado onde as doenças se definem pela totalidade do patológico. Tudo se passa como se essa atividade classificadora tivesse operado no vazio, desenvolvendo-se na direção de um resultado nulo, retomando-se e corrigindo-se incessantemente para não chegar a nada: atividade incessante que nunca conseguiu tornar--se um trabalho real. As classificações só funcionaram a título de imagens, pelo valor próprio do mito vegetal que traziam em si. Seus conceitos claros e explícitos permaneceram sem eficácia.

Mas essa ineficácia – estranha se pensarmos nos esforços desenvolvidos – é apenas o avesso do problema. Ou melhor, ela mesma é o problema. E a questão que ela coloca é a dos obstáculos com os quais se chocou a atividade classificadora quando foi exercida sobre o mundo da loucura. Que resistências se opuseram a que esse labor apreendesse seu objeto e a que, através de tantas espécies e classes, novos conceitos patológicos se elaborassem e conseguissem um equilíbrio? O que havia na experiência da loucura que a impedia de desdobrar-se na coerência de um plano nosográfico? Que profundidade ou que fluidez? Que estrutura particular tornava-a irredutível a esse projeto que, no entanto, foi essencial para o pensamento médico do século XVIII?

■ ■

A atividade classificadora chocou-se contra uma resistência profunda, como se o projeto de dividir as formas da loucura conforme seus signos e suas manifestações comportasse em si mesmo uma espécie de contradição; como se a relação da loucura com aquilo que ela pode mostrar de si mesma não fosse nem uma relação essencial, nem uma relação de verdade. Basta seguir o próprio fio dessas classificações a partir de sua ordem geral e até os detalhes das doenças classificadas: há sempre um momento em que o grande tema positivista – classificar a partir dos signos visíveis – se vê desviado ou contornado; sub-repticiamente intervém um princípio que altera o sentido da organização e que coloca, entre a loucura e suas figuras perceptíveis, quer um conjunto de denúncias morais, quer um sistema causal. A loucura não pode, por si só, responder a suas manifestações; constitui um espaço vazio onde tudo é possível, salvo a ordem lógica dessa possibilidade. Portanto, é fora da loucura que se devem procurar a origem e a significação dessa ordem. Aquilo que são esses princípios heterogêneos nos ensinará necessariamente muita coisa sobre a experiência da loucura, tal como o faz o pensamento médico no século XVIII.

Em princípio, uma classificação deve interrogar apenas os poderes do espírito humano nas desordens que lhe são próprias. Mas vejamos um exemplo. Arnold, inspirando-se em Locke, percebe a possibilidade da loucura a partir das duas faculdades maiores do espírito: há uma loucura que incide sobre as "ideias", isto é, sobre a qualidade dos elementos representativos e sobre o conteúdo de verdade de que são suscetíveis; e uma outra que incide sobre as "noções", sobre o trabalho reflexivo que as elaborou, e sobre a arquitetura de suas verdades. *A ideal insanity*, que corresponde ao primeiro tipo, engloba as vesânias frenética, incoerente, maníaca e sensitiva (isto é, alucinatória). Quando, pelo contrário, a loucura faz surgir sua desordem entre as noções, pode apresentar-se sob nove aspectos diferentes: ilusão, fantasma, bizarria, impulsão, maquinação, exaltação, hipocondria, loucura do desejo intenso e loucura patética. Até aqui, preserva-se a coerência; mas eis as dezesseis variedades dessa "loucura patética": loucura amorosa, ciumenta, avara, misantropa, arrogante, irascível, suspeitosa, tímida, vergonhosa, triste, desesperada, supersticiosa, nostálgica, aversiva, entusiasta[37]. Manifesta-se o deslizamento das perspectivas: partiu-se de uma interrogação sobre os poderes do espírito e das experiências originárias através das quais ele possuía a verdade e, aos poucos, à medida que se aproximava das diversidades concretas entre as quais se dividia a loucura, à medida que nos afastávamos de um desatino que problematiza a razão em sua forma geral, à medida que conquistávamos essas superfícies onde a loucura assume os traços do homem real, víamos que ela se diversificava numa série de "caracteres" e víamos a nosografia assumir o aspecto, ou quase, de uma galeria de "retratos morais". No momento em que quer alcançar o homem concreto, a experiência da loucura encontra a moral.

Esse fato não se limita ao trabalho de Arnold; pense-se na classificação de Weickhard: ali, para analisar a oitava classe, a das doenças do espírito, parte-se da distinção entre imaginação, memória e juízo. Mas logo se chega às caracterizações morais. A classificação de Vitet concede o mesmo espaço, ao lado das falhas simples, aos pecados e vícios. Pinel ainda manterá a lembrança disso no artigo "Nosographie" do *Dictionnaire des sciences médicales*:

> Que dizer de uma classificação… na qual o roubo, a baixeza, a maldade, o desprazer, o temor, o orgulho, a vaidade etc. se inscrevem no número das afecções doentias? Trata-se na verdade de doenças do espírito, e muito frequentemente de doenças incuráveis, mas seu verdadeiro lugar é antes entre as *Máximas* de La Rochefoucauld ou entre os *Caracteres* de La Bruyère do que numa obra de patologia.[38]

Procuravam-se as formas mórbidas da loucura, encontraram-se apenas as deformações da vida moral. Nesse percurso, é a própria noção de doença que se alterou, passando de uma significação patológica para um valor puramente crítico. A atividade racional, que repartia os signos da loucura, transformou-se secretamente numa consciência razoável que os enumera e denuncia. Basta, aliás, comparar as classificações de Vitet ou Weickhard com as listas que figuram nos registros de internamento para constatar que, aqui e ali, é a mesma função que está operando: os motivos do internamento superpõem-se exatamente aos temas da classificação, embora suas origens sejam inteiramente diferentes e nenhum dos nosógrafos do século XVIII tenha alguma vez tido contato com o mundo dos hospitais gerais e das casas de força. Mas a partir do momento em que o pensamento, em sua especulação científica, tentava aproximar a loucura de seus rostos concretos, era necessariamente essa experiência moral do desatino que ele encontrava. O princípio estranho que se introduziu entre o projeto de classificação e as formas conhecidas e reconhecidas da loucura é a desrazão.

Nem todas as nosografias propendem para essas caracterizações morais; no entanto, nenhuma delas está isenta disso; ali onde a moral não representa um papel de difração e divisão, o organismo e o mundo das causas corporais asseguram sua presença.

O projeto de Boissier de Sauvages era simples. No entanto, pode-se avaliar as dificuldades com que ele se deparou a fim de estabelecer um conjunto de sintomas sólidos das doenças mentais – como se a loucura se furtasse à evidência de sua própria verdade. Se se deixa de lado a classe das "loucuras anormais", as três ordens principais são formadas pelas alucinações, bizarrias e delírios. Aparentemente, cada uma delas é definida através de um método rigoroso, a partir de seus signos mais manifestos: as alucinações são "doenças cujo principal sintoma é uma imaginação depravada e errônea"[39]. As bizarrias devem ser entendidas como "depravação do gosto ou da vontade"[40]; o delírio, como uma "depravação da faculdade de julgar". Mas à medida que se avança na análise, os caracteres aos poucos perdem seu sentido de sintomas e assumem, com evidência cada vez maior, uma significação causal. Já desde o sumário as alucinações eram consideradas como "erros da alma ocasionados pelo vício dos órgãos situados fora do cérebro, o que faz com que a imaginação seja seduzida"[41]. Mas o mundo das causas é invocado sobretudo quando se trata de distinguir os signos uns dos outros, isto é, quando lhes é pedido que sejam outra coisa além de um sinal de reconhecimento, quando lhes é necessário justificar uma divisão lógica em espécies e classes. Assim, o delírio se distingue da alucinação pelo fato de sua origem dever ser procurada apenas no cérebro, e não nos diversos órgãos do sistema nervoso. Deseja-se estabelecer a diferença entre os "delírios essenciais" e os "delírios passageiros que acompanham as febres"? Basta lembrar que estas últimas se devem a uma alteração passageira dos fluidos, enquanto aqueles se devem a uma depravação, frequentemente definitiva, dos elementos sólidos[42]. Em nível geral e abstrato das Ordens, a classificação é fiel ao princípio do conjunto de sintomas; mas a partir do momento em que se aproxima das formas concretas da loucura, a causa física torna-se o elemento essencial das distinções. Em sua vida real, a loucura é habitada pelo movimento secreto das causas. Na verdade, ela não as apresenta por si própria, tampouco por sua natureza, uma vez que está dividida entre esses poderes do espírito que lhe dão uma verdade abstrata e geral e o trabalho obscuro das causas orgânicas que lhe dão uma existência concreta.

De qualquer maneira, o trabalho de organização das doenças do espírito nunca é feito ao nível da própria loucura. Ela não pode testemunhar em favor de sua própria verdade. É necessário que intervenham, ou o julgamento moral, ou a análise das causas físicas. Ou a paixão, a falta, com tudo o que ela pode comportar de liberdade; ou a mecânica, rigorosamente determinada, dos espíritos animais e do gênero nervoso. Mas essa é uma antinomia apenas aparente, e com existência apenas para nós: para o pensamento clássico, existe uma região onde a moral e a mecânica, a liberdade e o corpo, a paixão e a patologia encontram ao mesmo tempo sua unidade e sua medida. É a imaginação que tem seus erros, suas quimeras e suas presunções – mas na qual se resumem igualmente todos os mecanismos do corpo. E, de fato, tudo o que essas tentativas de classificação podem ter de desequilibrado, de heterogêneo, de obscuramente impuro, elas o devem a uma certa "analítica da imaginação" que intervém em segredo em seu desenvolvimento. É aí que se efetua a síntese entre a loucura em geral, cuja análise se tenta, e o louco, já familiarmente reconhecido na percepção e cuja diversidade se tenta resumir em alguns tipos maiores. É aí que se insere a experiência da desrazão, tal como já a vimos intervir nas práticas do internamento – experiência na qual o homem é, ao mesmo tempo, de modo paradoxal, apontado e inocentado em sua culpabilidade, porém condenado em sua animalidade. Essa experiência se transcreve, para a reflexão, nos termos de uma teoria da imaginação que deste modo se vê colocada no centro de todo o pensamento clássico referente à loucura. A imaginação perturbada e desviada, a imaginação a meio caminho entre o erro e a falha de um lado, e as perturbações do corpo, do outro, é exatamente aquilo que médicos e filósofos concordam em chamar, na época clássica, de delírio.

Assim se esboça, acima das descrições e classificações, uma teoria geral da paixão, da imaginação e do delírio; nela se entrelaçam as relações reais da loucura, em geral, com os loucos, em particular. Nela igualmente se estabelecem as ligações entre a loucura e o desatino. Ela é o obscuro poder de síntese que os reúne todos – desatino, loucura e loucos – numa única e mesma experiência. É nesse sentido que se pode falar de uma *transcendência do delírio* que, dirigindo do alto a experiência clássica da loucura, torna irrisórias as tentativas de analisá-la de perto apenas a partir de seus sintomas.

■ ■

É igualmente necessário levar em consideração a resistência de alguns temas maiores que, formados bem antes da época classificatória, subsistem, quase idênticos, quase imóveis, até o começo do século XIX. Enquanto à superfície os nomes das doenças mudam, bem como suas posições, suas divisões e suas articulações, um pouco mais profundamente, numa espécie de penumbra conceitual, algumas formas maciças, pouco numerosas, mas de grande extensão, se mantêm, e a cada instante sua presença obstinada torna inútil a atividade classificatória. Menos próximas da atividade conceitual e teórica do pensamento médico, estas noções estão próximas, pelo contrário, desse pensamento em seu trabalho real. São elas que se encontram no esforço de Willis, e é a partir delas que ele poderá estabelecer o grande princípio dos ciclos maníacos e melancólicos; são elas, na outra ponta do século, que reencontraremos quando se tratar de reformar os hospitais e atribuir ao internamento uma significação médica. Constituíram um corpo único com o trabalho da medicina, impondo suas figuras estáveis mais através de uma coesão imaginária do que por uma estrita definição conceitual. Viveram e se mantiveram abafadas graças a obscuras afinidades que atribuíam, a cada uma, determinada marca própria e inapagável. É fácil encontrá-las bem antes de Boerhaave, e segui-las bem depois de Esquirol.

Em 1672, Willis publica seu *De Anima Brutorum*, cuja segunda parte trata das "doenças que atacam a alma animal e sua sede, isto é, o cérebro e o gênero nervoso". Sua análise retoma as grandes doenças reconhecidas há muito pela tradição médica: *o Frenesi*, espécie de furor acompanhado por febre e que é necessário distinguir, por sua maior brevidade, do *Delírio*. A *Mania* é um furor sem febre. A *Melancolia* não conhece nem furor, nem febre:

caracteriza-se por uma tristeza e um pavor que se aplicam a objetos pouco numerosos, frequentemente a uma única preocupação. Quanto à *Estupidez*, é característica em todas as pessoas nas quais "a imaginação, bem como a memória e o juízo, estão em falta". Se a obra de Willis tem importância na definição das diversas doenças mentais, é na medida em que o trabalho se realizou no próprio interior dessas categorias maiores. Willis não reestrutura o espaço nosográfico, mas isola formas que lentamente se reagrupam, que tendem a unificar-se, quase a confundir-se, através da virtude de uma imagem. É assim que ele quase chega à noção de mania-melancolia: "Estas duas afecções estão tão próximas que frequentemente se transformam uma na outra, uma conduzindo frequentemente à outra... Estas duas doenças frequentemente se sucedem e cedem lugar uma à outra tal como a fumaça e a chama."[43] Em outros casos, Willis distingue aquilo que tinha ficado mais ou menos confuso. Divisão mais prática que conceitual, divisão relativa e gradativa de uma noção que mantém sua identidade fundamental. E o que faz com a grande família dos atingidos pela estupidez: de início, há os que não são capazes de possuir a literatura, ou qualquer outra das ciências liberais, mas que são suficientemente hábeis para aprender as artes mecânicas. A seguir, os que mal são capazes de tornar-se agricultores; depois, os que no máximo podem aprender a subsistir na vida e a conhecer os hábitos indispensáveis; quanto aos da última fila, mal conseguem compreender seja lá o que for e mal agem com alguma consciência[44]. O trabalho efetivo não foi efetuado sobre as novas classes, mas sobre as velhas famílias da tradição, lá onde as imagens eram mais numerosas, os rostos mais facilmente reconhecíveis.

Em 1785, quando Colombier e Doublet publicam sua instrução, mais de um século já se passou desde Willis. Os grandes sistemas nosológicos se edificaram. Parece que de todos esses monumentos nada ficou; Doublet se dirige aos médicos e aos diretores dos estabelecimentos, quer aconselhá-los sobre o diagnóstico e a terapêutica. Só conhece uma classificação, a que já existia na época de Willis: o frenesi, sempre acompanhado por inflamação e febre; a mania ou furor não é signo de uma afecção do cérebro; a melancolia, que difere da mania em duas coisas: "Primeiro, que o delírio melancólico limita-se a um único objeto, chamado ponto melancólico; segundo, que o delírio... é sempre pacífico." A isso vem acrescentar-se a demência, que corresponde à estupidez de Willis e agrupa todas as formas de enfraquecimento das faculdades. Um pouco mais tarde, quando o Ministro do Interior solicita a Giraudy um relatório sobre Charenton, o quadro apresentado distingue entre os casos de melancolia, mania e demência; as únicas modificações importantes dizem respeito à hipocondria, que se vê isolada, com um pequeno número de representantes (apenas oito em 476 internos), e o idiotismo, que nesse início do século XIX começa a ser distinguido da demência. Haslam, em suas *Observations sur la folie*, não leva em conta os incuráveis; por conseguinte, põe de lado dementes e idiotas e só reconhece na loucura duas imagens: mania e melancolia.

Como se vê, o quadro nosológico manteve uma estabilidade notável através de todas as tentativas do século XVIII para modificá-lo. No momento em que começarão as grandes sínteses psiquiátricas e os sistemas da loucura, será possível retomar as grandes espécies do desatino tais como foram transmitidas: Pinel enumera, entre as vesânias, a melancolia, a mania, a demência e o idiotismo – às quais acrescenta a hipocondria, o sonambulismo e a hidrofobia[45]. Esquirol acrescenta apenas esta nova família da monomania à série agora tradicional: mania, melancolia, demência e imbecilidade[46]. Os rostos já desenhados e reconhecidos da loucura não foram modificados pelas construções nosológicas; a divisão em espécies quase vegetais não conseguiu dissociar ou alterar a solidez primitiva de seus caracteres. De uma extremidade à outra da era clássica, o mundo da loucura articula-se segundo as mesmas fronteiras. Caberá a outro século descobrir a paralisia geral, dividir entre as neuroses e as psicoses, identificar a paranoia e a demência precoce; a outro ainda caberá delimitar a esquizofrenia. Esse paciente trabalho de observação não é conhecido dos séculos XVII e XVIII. Discerniram precárias famílias no jardim das espécies: mas essas noções não abalaram a solidez dessa experiência quase perceptiva feita de outro lado. O pensamento médico repousava tranquilamente sobre formas que não se modificavam e continuavam com sua vida silenciosa. A natureza hierarquizada e ordenada dos classificadores era apenas uma segunda natureza com relação a essas formas essenciais.

Fixemo-las, para maior segurança, pois o sentido que tinham, próprio da era clássica, corre o risco de ocultar-se sob a permanência das palavras que nós mesmos retomamos. Os verbetes da *Encyclopédie*, exatamente porque não constituem obra original, podem servir como ponto de referência. – Em oposição ao *frenesi*, delírio febril, *a mania é* um delírio sem febre, pelo menos essencial; ela comporta "todas essas doenças longas nas quais os doentes não apenas desatinam como não percebem o que fazem e cometem ações que são ou parecem imotivadas, extraordinárias e ridículas". – A *melancolia* também é um delírio, mas um "delírio particular, que incide sobre um ou dois objetos determinados, sem febre ou furor, no que ela difere da mania e do frenesi. Frequentemente esse delírio se vê acompanhado por uma tristeza insuperável, por um estado de espírito sombrio, por misantropia, por uma inclinação decidida pela solidão". – A *demência* opõe-se à melancolia e à mania; estas são apenas "o exercício depravado da memória e do entendimento"; em compensação, é uma rigorosa "paralisia do espírito" ou ainda "uma abolição da faculdade de raciocinar"; as fibras do cérebro não são suscetíveis de impressão e os espíritos animais não mais são capazes de movê-las. D'Amount, autor desse verbete, vê na "fatuidade" um grau menos acentuado de demência: um simples enfraquecimento do entendimento e da memória.

Apesar de algumas modificações de detalhe, vemos formar e manter-se, em toda essa medicina clássica, certas dependências essenciais, bem mais sólidas que os parentescos nosográficos, talvez porque mais experimentadas do que concebidas, já que foram imaginadas de longa data e com elas se sonhou durante muito tempo: frenesi e calor das febres; mania e agitação furiosa; melancolia e isolamento quase insular do delírio; demência e desordem do espírito. Sobre essas profundezas qualitativas da percepção médica, os sistemas nosológicos estiveram em cena, às vezes brilharam por alguns instantes. Não constituíram uma figura na história real da loucura.

■ ■

Resta, finalmente, um terceiro obstáculo, constituído pelas resistências e pelos desenvolvimentos próprios da prática médica.

Há muito tempo, e em todo o domínio da medicina, a terapêutica vinha seguindo um caminho relativamente independente.

Em todo caso, nunca, desde a Antiguidade, soubera coordenar todas as suas formas com os conceitos da teoria médica. E, mais que qualquer outra doença, a loucura manteve ao seu redor, até o final do século XVIII, todo um corpo de práticas ao mesmo tempo arcaicas pela origem, mágicas pela significação e extramédicas pelo sistema de aplicação. Tudo o que a loucura podia ocultar de poderes aterrorizantes alimentava, em sua vivacidade mal secreta, a vida abafada dessas práticas.

Mas, ao final do século XVII, produziu-se um evento que, reforçando a autonomia das práticas, deu-lhes um novo estilo e toda uma nova possibilidade de desenvolvimento. Esse evento é a definição das perturbações de início chamadas "vapores", que terão uma expansão muito grande no século XVIII sob o nome de "doenças dos nervos". Elas logo transtornam, pela força de expansão de seus conceitos, o velho espaço nosográfico, e não tardam a cobri-lo quase inteiramente. Cullen poderá escrever, em suas *Institutions de médecine pratique*:

> Proponho-me entender, sob o título de doenças nervosas, todas as afecções preternaturais do sentimento e do movimento que não se fazem acompanhar da febre como sintoma da doença primitiva; refiro-me também, sob esse título, a todas as doenças que não dependem de uma afecção local dos órgãos, mas de uma afecção mais geral do sistema nervoso e das propriedades desse sistema sobre as quais se baseiam sobretudo o sentimento e o movimento.[47]

Esse mundo novo dos vapores e das doenças dos nervos tem sua dinâmica própria; as forças que nele se desenvolvem, as classes, as espécies e os gêneros que aí se podem distinguir não mais coincidem com as formas familiares às nosografias. Parece que se acaba de abrir todo um espaço patológico ainda desconhecido, que escapa às regras habituais da análise e da descrição médica:

> Os filósofos convidam os médicos a mergulhar nesse labirinto; facilitam-lhes os caminhos libertando a metafísica do amontoado das escolas, explicando analiticamente as principais faculdades da alma, mostrando a ligação íntima entre estas e os movimentos dos corpos, voltando aos primeiros fundamentos de sua organização.[48]

Os projetos de classificação dos vapores são, eles também, inúmeros. Nenhum deles se baseia nos princípios que guiaram

Sydenham, Sauvages ou Linné. Viridet distingue-os ao mesmo tempo de acordo com o mecanismo da perturbação e sua localização: os "vapores gerais nascem por todo o corpo"; os "vapores particulares formam-se numa parte"; os primeiros "provêm da supressão do curso dos espíritos animais"; os segundos "provêm de um fermento nos ou perto dos nervos", ou ainda "da contração da cavidade dos nervos pelos quais os espíritos animais sobem ou descem"[49]. Beauchesne propõe uma classificação puramente etiológica, conforme os temperamentos, as predisposições e as alterações do sistema nervoso: de início, as "doenças com matéria e lesão orgânica", que dependem de um "temperamento bilioso-fleumático"; a seguir, as doenças nervosas histéricas, que se distinguem por "um temperamento bilioso-melancólico e lesões, particulares na matriz"; finalmente, as doenças caracterizadas por "um afrouxamento dos sólidos e pela degeneração dos humores". Aqui, as causas são antes "um temperamento sanguíneo fleumático, paixões infelizes etc."[50] Ao final do século, na grande discussão que se seguiu às obras de Tissot e Pomme, Pressavin deu às doenças dos nervos sua maior extensão: elas compreendem todas as perturbações que podem atingir as funções maiores do organismo e distinguem-se umas das outras conforme as funções perturbadas. Quando os nervos do sentimento são atingidos e sua atividade diminui, há entorpecimento, estupor e coma; quando, pelo contrário, essa atividade aumenta, há comichões, pruridos e dor. As funções motoras podem ser perturbadas do mesmo modo: uma diminuição nelas provoca paralisia e catalepsia, e um aumento, eretismo e espasmo. Quanto às convulsões, estas se devem a uma atividade irregular, ora muito fraca, ora demasiado forte – alternância esta que se encontra, por exemplo, na epilepsia[51].

Por sua própria natureza, por certo, estes conceitos são estranhos às classificações tradicionais. Mas o que constitui sua originalidade, sobretudo, é que, diversamente das noções da nosografia, estão ligados de modo imediato a uma prática, ou melhor, desde o momento de sua formação estão penetrados por temas terapêuticos, pois o que os constitui e organiza são imagens, imagens através das quais médicos e doentes podem desde logo comunicar-se: os vapores que sobem do hipocôndrio, os nervos tensos, "amassados e endurecidos", as fibras impregnadas de transpiração e umidade, os ardores queimando e secando os órgãos – tudo isso são esquemas explicativos, é verdade, mas também temas ambíguos onde a imaginação do doente atribui forma, espaço, substância e linguagem a seus próprios sofrimentos e onde a imaginação do médico logo projeta o esboço das intervenções necessárias ao restabelecimento da saúde. Nesse novo mundo da patologia, tão desacreditado e ridicularizado desde o século XIX, algo de importante está acontecendo, e sem dúvida pela primeira vez na história da medicina: a explicação teórica se vê coincidir com uma dupla projeção – a do mal, pelo doente, e a da supressão do mal, pelo médico. As doenças dos nervos autorizam as cumplicidades da cura. Todo um mundo de símbolos e imagens está nascendo, no qual o médico vai inaugurar, com seu doente, um primeiro diálogo.

A partir de então, ao longo do século XVIII, desenvolve-se uma medicina na qual o conjunto médico-doente se vai tornando o elemento constituinte. É esse par, com as figuras imaginárias através das quais se comunica, que organiza, segundo os novos modos, o mundo da loucura. As curas de aquecimento ou resfriamento, de contração ou expansão, todo o labor, comum ao médico e ao doente, das realizações imaginárias, permitem que se perfilem formas patológicas que as classificações serão cada vez mais incapazes de assimilar. Mas é no interior dessas formas, ainda que de fato tenham sido superadas, que se efetua o verdadeiro trabalho do saber.

■ ■

Voltemos a atenção para o nosso ponto de partida: de um lado, uma consciência que pretende reconhecer o louco sem mediações, sem nem mesmo essa mediação que seria um conhecimento discursivo da loucura; do outro, uma ciência que pretende poder desenvolver, segundo o plano de suas virtualidades, todas as formas da loucura, com todos os signos que manifestam sua verdade. Entre as duas, nada – um vazio: uma ausência, quase sensível (tanto é evidente) daquilo que seria a loucura como forma concreta e geral, como elemento real no qual os loucos se reencontrariam, como solo profundo do qual nasceriam, em sua surpreendente particularidade, os signos do insano. A doença mental, na era clássica, não existe, se por isso entender-se a pátria natural do insano, a mediação entre o louco percebido e a demência analisada – em suma, a ligação do louco com sua loucura. O louco e a loucura são estranhos um ao outro: cada um deles retém em si sua verdade, como que confiscando-as para si mesmos.

A desrazão é, de início, tudo isso: essa cisão profunda, que depende de uma era de entendimento e que aliena um em relação ao outro, tornando-os estranhos um em relação ao outro, o louco e sua loucura.

Portanto, já é possível apreender a desrazão nesse vazio. Não é o internamento, aliás, sua versão institucional? O internamento, como espaço indistinto de exclusão, não reinava entre o louco e a loucura, entre o reconhecimento imediato e uma verdade sempre diferida, cobrindo assim, nas estruturas sociais, o mesmo campo que o desatino nas estruturas do saber?

Mas a desrazão é mais do que esse vazio em direção ao qual se começa a vê-lo deslizar. A percepção do louco não tinha por conteúdo, finalmente, nada além da própria razão; a análise da loucura entre as espécies da doença, de seu lado, só tinha por princípio a ordem de razão de uma sabedoria natural, e tanto que ali onde se procurava a plenitude positiva da loucura só se encontrava a razão, tornando-se a loucura assim, paradoxalmente, ausência de loucura e presença universal da razão. A loucura da loucura está em ser secretamente razão. E essa não loucura, como conteúdo da loucura, é o segundo ponto essencial a ressaltar a propósito do desatino. O desatino é que a verdade da loucura é a razão.

Ou melhor, quase razão. E é esse o terceiro caráter fundamental, que as páginas seguintes tentarão explicitar até o fim. É que, se a razão é o conteúdo da percepção do louco, nem por isso deixa de estar afetada por um certo índice negativo. Uma instância está aí em ação, dando a esta não razão seu estilo singular. Em vão o louco é louco em relação à razão, para ela e por ela, em vão ele é razão para poder *ser objeto* da razão: a distância estabelecida constitui um problema; e esse trabalho do negativo não pode ser simplesmente o vazio de uma negação. Por outro lado, vimos com que obstáculos se chocou o projeto de uma "naturalização" da loucura no estilo de uma história das doenças e das plantas. Apesar de tantos esforços repetidos, a loucura nunca entrou completamente na ordem racional das espécies. É porque outras forças reinavam em profundidade. Forças estranhas ao plano teórico dos conceitos e que sabem resistir-lhe a ponto de, ao final, alterá-lo.

Quais são então essas forças que atuam aqui? Qual é, portanto, esse poder de negação que se exerce lá? Nesse mundo clássico, onde a razão parece conteúdo e verdade de tudo, mesmo da loucura, quais são essas instâncias secretas e que resistem? Aqui e ali, no conhecimento da loucura e no reconhecimento do louco, não é a mesma virtude que insidiosamente se desenvolve e representa o papel da razão? E se fosse de fato a mesma, não estaríamos então em condições de definir a essência e a força viva da desrazão como centro secreto da experiência clássica da loucura?

Mas agora, torna-se necessário proceder lentamente e por partes. Partir, com um respeito de historiador, daquilo que já conhecemos, isto é, dos obstáculos encontrados na naturalização da loucura e em sua projeção sobre um plano racional. É preciso, peça por peça, analisá-los após a enumeração quase grosseira que deles se pôde fazer: em primeiro lugar, a transcendência da paixão, da imaginação e do delírio, como formas constituintes da loucura. A seguir, as figuras tradicionais que, ao longo da era clássica, articularam e elaboraram o domínio da loucura e, finalmente, o confronto entre o médico e o doente no mundo imaginário da terapêutica. Talvez seja aí que se ocultem as forças positivas da desrazão, o trabalho que é simultaneamente o correlato e a compensação desse não ser que ele é, desse vazio, dessa ausência, cada vez maior, da loucura.

Tentaremos não descrever esse trabalho, e as formas que o animam, como sendo a evolução de conceitos teóricos na superfície de um *conhecimento*; mas atravessando a espessura histórica de uma *experiência*, tentaremos retornar o movimento pelo qual se tornou finalmente *possível* um conhecimento da loucura: este conhecimento que é o nosso e do qual o freudismo não conseguiu nos isolar inteiramente porque não estava destinado a tanto. Nesse conhecimento, a doença mental está, enfim, presente, e a desrazão desapareceu por si mesma, salvo aos olhos daqueles que se perguntam o que pode significar no mundo moderno essa presença obstinada e repetida de uma loucura necessariamente acompanhada por sua ciência, sua medicina, seus médicos, de uma loucura inteiramente incluída no patético de uma doença mental.

IMAGEM:
Honoré Daumier, *Dom Quixote e Sancho Pança (det)*, pintura, 1868.

7. A Transcendência do Delírio

"Chamamos de loucura essa doença dos órgãos do cérebro..."[1] Os problemas da loucura giram ao redor da materialidade da alma.

Nesse mal que as nosologias descrevem tão facilmente como doença, de que modo a alma se vê posta em questão? Como um segmento do corpo atacado pela doença, em pé de igualdade com qualquer outro? Como uma sensibilidade geral ligada ao conjunto do organismo e, como ele, perturbada? Como um princípio independente, espiritual, ao qual só escapariam seus instrumentos transitórios e materiais?

Questões de filósofos com as quais se encanta o século XVIII; questões indefinidamente reversíveis, cujas respostas multiplicam a ambiguidade.

Há, de início, todo o peso de uma tradição: tradição de teólogos e casuístas, tradição também de juristas e de juízes. Contanto que manifeste alguns dos signos exteriores da penitência, um louco pode ser ouvido em confissão e receber a absolvição; mesmo quando tudo indicaria que ele está fora de seus sentidos, tem-se o direito e o dever de supor que o Espírito iluminou sua alma através de caminhos que não são nem sensíveis nem materiais – caminhos "dos quais Deus se serve às vezes, a saber, o ministério dos Anjos, ou então uma inspiração imediata"[2].

Aliás, estava ele em estado de graça quando se tornou demente? Sem dúvida nenhuma, o louco será salvo, seja o que for que tenha feito durante sua loucura: sua alma esteve afastada durante esse tempo, protegida da doença e preservada, pela própria doença, do mal. A alma não está suficientemente comprometida na loucura para pecar nela.

E os juízes não contrariam essa opinião, quando não consideram crime o gesto de um louco, quando decidem sobre a curatela, pressupondo sempre que a loucura é apenas um impedimento provisório, no qual a alma não é atingida, tal como é inexistente ou fragmentária na criança. Aliás, sem a interdição, o louco, mesmo internado, nada perde de sua personalidade civil, e o Parlamento de Paris esclareceu que a prova *de facto* da alienação, que é o internamento, em nada mudava a capacidade legal do sujeito[3].

A alma dos loucos não é louca.

No entanto, para quem filosofa sobre a exatidão da medicina, sobre seus fracassos e seus sucessos, a alma não é mais e menos que essa prisioneira livre? Não é necessário que ela faça parte da matéria, se é pela matéria, através dela e por causa dela que a alma é atingida no livre exercício de suas funções mais essenciais: o próprio juízo? E se toda a tradição dos juristas está certa quando estabelece a inocência do louco, não é porque sua liberdade secreta seja protegida por sua impotência; é que o irresistível poder de seu corpo atinge sua liberdade até o ponto de suprimi-la inteiramente: "Essa pobre alma... não domina seus pensamentos, mas vê-se coagida a prestar atenção às imagens que os vestígios de seu cérebro nela formam."[4] Mas a razão restaurada, mais claramente ainda, é prova de que a alma é matéria e corpo organizados, pois a loucura é apenas, e sempre, destruição; e como provar que a alma é realmente destruída, que ela não está simplesmente acorrentada ou oculta, ou repelida para outro lugar? Mas reconduzi-la em seus poderes, restituir-lhe sua integridade, devolver-lhe força e liberdade apenas com a adição de uma matéria hábil e arrumada é ter a prova de que a alma tem na matéria sua virtude e sua perfeição, pois é um pouco de matéria acrescentada que a faz passar de uma imperfeição acidental para sua natureza perfeita: "Um ser imortal pode admitir a transposição dessas partes e suportar que se acrescente alguma coisa à simplicidade de seu todo, do qual nada pode ser retirado?"[5]

Esse diálogo, tão velho quanto o confronto, no pensamento estoicista, entre o humanismo e a medicina, é retomado por Voltaire, que trata de aperfeiçoá-lo. Doutos e doutores procuram manter a pureza da alma e, dirigindo-se ao louco, gostariam de convencê-lo de que sua loucura se limita apenas aos fenômenos do corpo. Quer queira quer não, um louco deve ter, em alguma região dele mesmo, mas que ele ignora, uma alma sadia, destinada à eternidade: "Meu amigo, embora tenhas perdido o senso comum, tua alma é tão espiritual, tão pura, tão imortal quanto a nossa; mas a nossa está bem abrigada, a tua não; as janelas da casa estão fechadas... falta-lhe ar, ela sufoca." Mas o louco tem seus bons momentos, ou melhor, ele é, em sua loucura, o próprio momento da verdade; insensato, tem mais senso comum e desatina menos que os atinados. Do fundo de sua loucura atinada, isto é, do alto de sua sabedoria louca, sabe muito bem que sua alma foi atingida. E renovando, em sentido contrário, o paradoxo de Epimênides, diz que está louco até o âmago de sua alma e, dizendo isso, enuncia a verdade.

Meus amigos, avaliais de acordo com vosso costume o que está em jogo. Minhas janelas estão tão abertas quanto as vossas, pois vejo os mesmos objetos e ouço as mesmas palavras. Portanto, minha alma deve necessariamente fazer um mau uso de seus sentidos, e minha alma deve ser, ela mesma, um sentido viciado, uma qualidade depravada. Resumindo, ou minha alma está louca, ela também, ou não tenho alma.[6]

Prudência de duas caras, a desse Epimênides voltairiano, que de certa forma diz: ou os cretenses são mentirosos, ou quem mente sou eu – quando na realidade quer dizer as duas coisas ao mesmo tempo: que a loucura atinge a natureza profunda de sua alma e que, *por conseguinte*, sua alma não existe como ser espiritual. Dilema que sugere o encadeamento que ele oculta. É esse encadeamento que é necessário tentar seguir. E ele só é simples à primeira vista.

Por um lado, a loucura não pode ser assimilada a uma perturbação dos sentidos; as janelas estão intactas, e se se enxerga mal dentro de casa não é porque elas estão obstruídas. Aqui, Voltaire atravessa de um salto todo um campo de discussões médicas. Sob a influência de Locke, muitos médicos procuravam a origem da loucura numa perturbação da sensibilidade: se se veem diabos, ou ouvem-se vozes, a alma não tem nada a ver com isso, ela recebe como pode aquilo que os sentidos lhe impõem[7]. Ao que Sauvages, entre outros, respondia: aquele que vê turvo e vê em dobro não está louco; mas aquele que, vendo em dobro, acredita que existem dois homens, está[8]. Perturbação da alma, não do olho; não é porque a janela está em mau estado, mas porque o morador está doente. Essa é a opinião de Voltaire. A prudência está em afastar um sensualismo primário, evitar que uma aplicação demasiado direta e simplista de Locke acabe por proteger uma alma cujo sensualismo quer reduzir os poderes.

Mas se a perturbação dos sentidos não é a causa da loucura, é seu modelo. Uma afecção do olho impede o exercício exato da vista; uma afecção do cérebro, órgão do espírito, perturbará a alma do mesmo modo:

Essa reflexão pode fazer com que se suspeite que a faculdade de pensar dada por Deus ao homem está sujeita ao desarranjo, tal como os outros sentidos. Um louco é um doente cujo cérebro padece, tal como aquele que sofre de gota é um doente que padece dos pés e das mãos; ele pensava com o cérebro, assim como caminhava com os pés, sem nada saber nem de seu poder incompreensível de andar nem de seu poder não menos incompreensível de pensar.[9]

Do cérebro para a alma, o relacionamento é o mesmo que do olho para a vista; e da alma para o cérebro, o mesmo que do projeto de andar para as pernas que se dobram. No corpo, a alma nada faz além de manter relacionamentos análogos aos que o próprio corpo estabelece. Ela é o sentido dos sentidos, a ação da ação. E assim como o andar é impedido pela paralisia da perna, a vista embaralhada pela perturbação do olho, a alma será atingida pelas lesões do corpo e, sobretudo, pelas lesões desse órgão privilegiado que é o cérebro, órgão de todos os órgãos – ao mesmo tempo de todos os sentidos e de todas as ações. Portanto, a alma está tão comprometida no corpo quanto a vista no olho, ou a ação nos músculos. De tal forma que se o olho for suprimido... E demonstra-se com isso que "minha alma está louca", em sua própria substância, naquilo que constitui o essencial da natureza; e que "não tenho alma", além da que é definida pelo exercício dos órgãos de meu corpo.

Em suma, Voltaire conclui que a loucura não é uma afecção dos sentidos em virtude de ela não ser de natureza diferente da de qualquer dos sentidos, tendo o cérebro por órgão. Passou sub-repticiamente de um problema médico, claramente definido em sua época (a gênese da loucura a partir de uma alucinação dos sentidos ou de um delírio do espírito – teoria periférica ou teoria central, como diríamos em nossa linguagem), para um problema filosófico que nem de direito nem de fato se sobrepõe ao primeiro: a loucura prova ou não a materialidade da alma? Voltaire fingiu repudiar, quanto à primeira questão, toda forma de resposta sensualista, a fim de melhor impô-la como solução para o segundo problema – indicando essa última retomada do sensualismo, por outro lado, que de fato ele havia abandonado a primeira questão, a questão médica do papel dos órgãos dos sentidos na origem da loucura.

Em si mesma e despojada das intenções polêmicas que oculta, essa superposição é significativa. Pois ela não pertence à problemática médica do século XVIII; mistura ao problema sentido-cérebro, periferia-centro, compatível com a reflexão dos médicos, uma análise crítica que repousa sobre a dissociação entre a alma e o corpo. Dia virá em que, para os próprios médicos, o problema da origem, da determinação causal, da sede da loucura assumirá valores materialistas ou não. Mas esses valores só serão reconhecíveis no século XIX, quando, exatamente, a problemática definida por Voltaire for aceita como evidente; então, e somente então, serão possíveis uma psiquiatria espiritualista e uma psiquiatria materialista, uma concepção da loucura que a reduz ao corpo e uma outra que a deixa valer no elemento imaterial da alma. Mas o texto de Voltaire, exatamente naquilo que tem de contraditório, de abusivo, na artimanha nele intencionalmente colocada, não é representativo da experiência da loucura naquilo que ela podia ter, no século XVIII, de vivo, de maciço, de espesso. Esse texto orienta-se, sob a coordenação da ironia, na direção de algo que transborda, no tempo, essa experiência, na direção da posição menos irônica que existe sobre o problema da loucura. Ele indica e deixa pressagiar, sob outra dialética e polêmica, na sutileza ainda vazia de conceitos, aquilo que no século XIX se tornará indubitavelmente evidente: ou a loucura é uma afecção orgânica de um princípio material, ou é a perturbação espiritual de uma alma imaterial.

O fato de Voltaire ter esboçado do exterior, e através de desvios complexos, essa problemática simples, não autoriza a reconhecê-la como essencial para o pensamento do século XVIII. A interrogação sobre a divisão entre corpo e alma não nasceu do fundo da medicina clássica; é um problema importado de uma data bem recente, e que se distingue a partir de uma intenção filosófica. Aquilo que a medicina da era clássica admite sem nenhum problema, o solo sobre o qual caminha sem fazer perguntas, é uma outra simplicidade – mais complexa para nós, habituados desde o século XIX a pensar os problemas da psiquiatria na oposição entre espírito e corpo, oposição que não é poupada e esquivada em noções como as de psico e organogênese – essa simplicidade é a que Tissot opõe às quimeras abstratas dos filósofos; é a bela unidade sensível da alma e do corpo, sobretudo essas dissociações que a medicina ignora:

> Cabe à metafísica procurar as causas da influência do espírito sobre o corpo, e do corpo sobre o espírito; a medicina penetra menos nesse campo, mas talvez enxergue mais; deixa de lado as causas e detém-se apenas nos fenômenos. A experiência ensina-lhe que tal estado do corpo produz necessariamente tais movimentos da alma, que por sua vez modificam o corpo; ela faz com que, enquanto a alma esteja ocupada em pensar, uma parte do cérebro esteja num estado de tensão; ela não leva suas pesquisas mais adiante e não procura saber mais a respeito. A união entre o espírito e o corpo é tão forte, que é difícil imaginar possa um agir sem o consentimento do outro. Os sentidos transmitem ao espírito o móvel de seus pensamentos, pondo em movimento as fibras do cérebro, e enquanto a alma se ocupa disso os órgãos do cérebro estão num movimento mais ou menos forte, numa tensão maior ou menor.[10]

Regra metodológica que logo deve ser aplicada: quando, nos textos médicos da era clássica, se trata de loucuras, vesânias e mesmo, de um modo muito explícito, de "doenças mentais" ou "doenças do espírito", o que se designa com isso não é um domínio das perturbações psicológicas, ou de fatos espirituais que se oporiam ao domínio das patologias orgânicas. Tenhamos sempre em mente que Willis classifica a mania entre as doenças da cabeça, e a histeria entre as doenças convulsivas; que Sauvages faz pertencer à classe das "vesânias" o lapso, a vertigem e a inquietação. E muitas outras coisas estranhas.

Trata-se de um jogo ao qual os médicos-historiadores gostam de entregar-se: descobrir sob as descrições dos clássicos as verdadeiras doenças ali designadas. Quando Willis falava de histeria, não estaria colocando nessa categoria também os fenômenos epiléticos? Quando Boerhaave falava das manias, não estava descrevendo paranoias? Sob os traços da melancolia de Diemerbroek, não é fácil encontrar os signos certos de uma neurose obsessiva? Mas essas são brincadeiras de príncipes[11], não de historiadores. Pode ser que, de um século para outro, não se fale *das mesmas doenças* com os mesmos nomes, mas isso é porque, fundamentalmente, não se trata *da mesma* doença. Quem diz loucura nos séculos XVII e XVIII não diz, em sentido estrito, "doença do espírito", mas algo onde o corpo e a alma estão *juntos* em questão. É mais ou menos disso que falava Zacchias quando propunha esta definição que pode, *grosso modo*, valer para toda a era clássica: *Amentiae a proprio cerebri morbo et ratiocinatricis facultatis laesione dependent*[12].

Portanto, deixando de lado uma problemática que foi acrescentada bem tardiamente à experiência da loucura, tentaremos agora isolar as estruturas que adequadamente lhe pertencem – começando pelas mais exteriores (o ciclo da causalidade), passando a seguir para as mais interiores e menos visíveis (o ciclo da paixão e da imagem) para tentar chegar, finalmente, ao âmago dessa experiência, aquilo que pôde constituí-la como tal: o momento essencial do delírio.

■ ■

A distinção entre causas longínquas e causas imediatas, familiar a todos os textos clássicos, pode muito bem, à primeira vista, parecer sem maiores consequências, proporcionando apenas, para organizar o mundo da causalidade, uma estrutura frágil. Na verdade, essa distinção teve um peso considerável; o que nela pode haver de aparentemente arbitrário oculta um poder estruturante bastante rigoroso.

Quando Willis fala das causas próximas da mania, ele entende por tal uma dupla alteração dos espíritos animais. Em primeiro lugar, alteração mecânica, que incide simultaneamente sobre a força do movimento e sobre sua trajetória: num maníaco, os espíritos movimentam-se com violência. Portanto, podem penetrar em vias nunca antes percorridas e que não o deveriam ser; esses novos caminhos suscitam um curso de ideias bastante estranho, movimentos repentinos e extraordinários, e de um vigor tão grande que parecem superar amplamente as forças naturais do doente. E também uma alteração química: os espíritos assumem uma natureza ácida que os torna mais corrosivos e mais penetrantes, também mais leves e menos carregados de matéria; tornam-se também tão agitados e impalpáveis quanto a chama, com isso atribuindo à conduta do maníaco tudo aquilo pelo qual ela se torna conhecida enquanto agitada, irregular e ardorosa[13].

Tais são as causas próximas. Tão próximas mesmo, que não parecem ser mais que uma transcrição qualitativa de tudo o que existe de mais visível nas manifestações da doença. Essa agitação, essa desordem, esse calor sem febre que pareciam animar o maníaco e que lhe atribuem, na percepção mais simples, mais imediata, um perfil tão característico, são transferidos, através da análise das causas próximas, do exterior para o interior, do domínio da percepção para o da explicação, do efeito visível para o movimento invisível das causas[14]. Mas, paradoxalmente, o que era apenas qualidade se transforma, ao penetrar no campo do invisível, em imagem; o ardor-qualidade transforma-se em chama-imagem; a desordem dos gestos e da fala solidifica-se no entrecruzamento inextricável de sulcos imperceptíveis. E valores que estavam nos confins do juízo moral, lá onde se podia ver e tocar, tornam-se *coisas* para além dos limites do tato e da visão; sem sequer mudar de vocabulário, a ética transforma-se aí em dinâmica:

A força da alma [diz Thomas Sydenham], enquanto está fechada neste corpo mortal, depende principalmente da força dos espíritos animais, que lhe servem de instrumentos no exercício de suas funções e são a porção mais fina da matéria, e aquela que mais se aproxima da substância espiritual. Assim, a fraqueza e a desordem dos espíritos causa necessariamente a fraqueza e a desordem da alma, tornando-a um joguete das paixões mais violentas, sem que ela possa de algum modo resistir.[15]

Entre as causas próximas e seus efeitos se estabelece uma espécie de comunicação qualitativa imediata, sem interrupções nem intermediação; forma-se um sistema de presença simultânea, que está do lado do efeito qualidade percebida e do lado da causa imagem invisível. E, de uma para a outra, a circularidade é perfeita: induz-se a imagem a partir das familiaridades da percepção; e deduz-se a singularidade sintomática do doente

A TRANSCENDÊNCIA DO DELÍRIO 225

a partir das propriedades físicas atribuídas à imagem causal. Na verdade, o sistema das causas próximas é apenas o avesso do reconhecimento empírico dos sintomas, espécie de valorização causal das qualidades.

Ora, aos poucos, no decorrer do século XVIII, esse círculo tão estreito, esse jogo de transposições que se volta sobre si mesmo, ao se refletir num elemento imaginário, vem a abrir-se, a distender-se segundo uma estrutura agora linear na qual o essencial não mais será uma comunicação da qualidade, mas, pura e simplesmente, um fato de antecedência; por isso mesmo, não é mais no elemento imaginário, mas no interior de uma percepção organizada, que a causa deverá ser reconhecida.

Já na patologia da fibra nervosa prevalece a preocupação de ver a causa próxima, de assegurar-lhe uma existência designável na percepção. Não que a qualidade e a imagem sejam escorraçadas dessa nova estrutura da causalidade próxima; mas elas devem ser investidas e apresentadas num fenômeno orgânico visível que possa vir disfarçado, sem o risco de um erro ou do retorno circular como fato antecedente. O tradutor de Sydenham critica-o por não ter permitido uma clara compreensão do relacionamento estabelecido entre o vigor da alma "e a força dos espíritos animais".

Ao que se pode acrescentar que a ideia que temos de nossos espíritos não é nem clara nem satisfatória... A força e a firmeza da alma, para usar os termos de nosso autor, parecem depender principalmente da estrutura dos sólidos que, tendo toda a elasticidade e a flexibilidade necessária, fazem com que a alma execute suas operações com vigor e facilidade.[16]

Com a fisiologia da fibra, tem-se toda uma malha material que pode servir de suporte perceptivo para a designação das causas próximas. De fato, se o próprio suporte é bem visível em sua realidade material, a alteração que serve de causa imediata para a loucura não é, propriamente falando, perceptível; ela é ainda, no máximo, uma qualidade impalpável, quase moral, inserida no tecido da percepção. Trata-se, paradoxalmente, de uma modificação puramente física e mesmo, muito frequentemente, de uma modificação mecânica da fibra, mas que só a altera aquém de toda percepção possível e na determinação infinitamente pequena de seu funcionamento. Os fisiólogos que *veem* a fibra sabem muito bem que não se pode constatar sobre ela ou nela nenhuma tensão ou nenhum relaxamento mensurável; mesmo quando excitava o nervo de uma rã, Morgagni não observava contração alguma, e com isso confirmava o que já sabiam Boerhaave, Van Swieten, Hoffmann e Haller, todos os adversários dos nervos-cordas e das patologias da tensão ou do relaxamento. Mas os médicos e os práticos também veem, e veem coisa diferente: veem um maníaco, músculos contraídos, um ricto no rosto, os gestos duros, violentos, responder com a mais extrema vivacidade à menor excitação; *veem* o gênero nervoso levado ao grau último da tensão. Entre essas duas formas de percepção, a da coisa modificada e a da qualidade alterada, reina o conflito, obscuramente, no pensamento médico do século XVIII[17]. Mas aos poucos a primeira forma predomina, não sem levar consigo os valores da segunda. E esses famosos estados de tensão, de ressecamento, de endurecimento, que os fisiólogos não viam, um prático como Pomme os viu com seus olhos, ouviu com seus ouvidos – acreditando triunfar sobre os fisiólogos mas, pelo contrário, fazendo triunfar com isso a estrutura de causalidade que eles mesmos procuravam impor. Debruçado sobre o corpo de uma paciente, ouviu ele as vibrações de um gênero nervoso demasiado irritado; e depois de tê-lo macerado na água à razão de doze horas por dia durante dez meses, viu que se separavam os elementos ressecados do sistema e caíam na água "porções membranosas semelhantes a porções de pergaminho empapado"[18].

Já triunfam as estruturas lineares e perceptivas; não se procura mais uma comunicação qualitativa, não mais se descreve esse círculo que parte do efeito e de seus valores essenciais para uma causa que não passa de uma significação transposta; trata-se apenas de encontrar, para *percebê-lo, o evento* simples que pode determinar, do modo mais imediato, a doença. A causa próxima da loucura, portanto, deve ser uma alteração visível desse órgão que é o mais próximo da alma, isto é, do sistema nervoso e, tanto quanto possível, do próprio cérebro. A proximidade da causa não é mais necessária na unidade do sentido, na analogia qualitativa, mas na vizinhança anatômica mais rigorosa possível. A causa será encontrada quando se puder designar, situar e perceber a perturbação anatômica ou fisiológica – pouco importa sua natureza, pouco importa sua forma ou a maneira pela qual ela afeta o sistema nervoso – que está mais próxima da junção da alma com o corpo. No século XVII, a causa próxima implica uma simultaneidade e uma semelhança de estrutura; no século XVIII, ela começa a implicar uma antecedência sem intermediários e uma vizinhança imediata.

É nesse sentido que se deve compreender o desenvolvimento das pesquisas anatômicas sobre as causas da loucura. O *Sepulchretum* de Bonet, publicado pela primeira vez em 1679, ainda propunha apenas descrições qualitativas nas quais as pressões imaginárias e o peso dos temas teóricos alteravam a percepção e carregavam-na com um sentido predeterminado. Em autópsias, Bonet viu o cérebro dos maníacos seco e quebradiço, e o dos melancólicos, úmido e congestionado de humores; na demência, a substância cerebral era muito rígida ou, pelo contrário, excessivamente solta, mas, tanto num caso como no outro, sem elasticidade[19]. Quase meio século mais tarde, as análises de Meckel pertencem ainda ao mesmo mundo: a qualidade. Ainda se fala da secura dos maníacos, do pesadume e da umidade dos melancólicos. Mas agora essas qualidades devem ser percebidas, numa percepção purificada de toda apreensão sensível através do rigor da medida. O estado do cérebro não mais representa a outra versão, a tradução sensível da loucura; ele existe como evento patológico e alteração essencial que provoca a loucura.

O princípio das experiências de Meckel é simples. Ele corta, na substância do cérebro e do cerebelo, cubos de "9, 6 e 3 linhas, pé de Paris, em todos os sentidos". Observa que um cubo de seis linhas tirado do cérebro de uma pessoa morta, mas que gozava de boa saúde e nunca teve doença grave, pesa 1 dracma e 5 grãos; num jovem morto de tísica, o cérebro pesa apenas 1 dracma, 3 grãos e 3/4, e o cerebelo, 1 dracma e 3 grãos. Num caso de pleurisia, num velho, o peso do cérebro era normal e o do cerebelo um pouco inferior. Primeira conclusão: o peso do cérebro não é constante, varia em diferentes estados patológicos. Em segundo lugar: dado que o cérebro é mais leve em doenças nas quais os humores e os fluidos escorrem no corpo, a densidade desses órgãos deve ser atribuída "ao preenchimento dos pequenos canais neles existentes". Ora, nos insanos encontram-se modificações da mesma ordem. Autopsiando uma mulher "que durante quinze anos tinha sido maníaca e estúpida, ininterruptamente", Meckel constata que "a substância cinzenta" de seu cérebro estava exageradamente pálida, e a substância medular demasiado branca; "esta aqui estava tão dura que não foi possível cortá-la em pedaços, e tão elástica que a impressão do dedo não ficava sobre ela; assemelhava-se inteiramente a uma clara de ovo endurecida". Um cubo de seis linhas cortado dessa substância medular pesava 1 dracma e 3 grãos; o corpo caloso tinha uma densidade ainda mais fraca; um cubo tirado do cerebelo pesava, como no cérebro, 1 dracma e 3 grãos. Mas as outras formas de alienação comportam outras modificações; uma mulher jovem, após ter sido "louca a intervalos", morreu furiosa; seu cérebro parecia denso ao toque; a túnica aracnoide recobria um soro avermelhado, mas a substância medular estava seca e elástica; pesava 1 dracma e 3 grãos. Deve-se concluir, portanto, que a "sequidão dos canais medulares pode perturbar os movimentas do cérebro e, por conseguinte, o uso da razão e, inversamente, que o cérebro é tanto mais adequado aos usos aos quais se destina na medida em que seus canais medulares são mais adequados à secreção do fluido nervoso"[20].

Pouco importa o horizonte teórico contra o qual se destacam os trabalhos de Meckel ou sua hipótese de um suco nervoso secretado pelo cérebro, cujas perturbações provocariam a loucura. No momento, o essencial é a nova forma de causalidade que já se esboça em suas análises. Causalidade não mais considerada no simbolismo das qualidades, na tautologia das significações transpostas na qual ela ainda permanecia nos trabalhos de Bonet; causalidade linear agora, na qual a alteração do cérebro é um evento considerado em si mesmo como um fenômeno que tem seus próprios valores locais e quantitativos, sempre identificáveis numa percepção organizada. Entre essa alteração e os sintomas da loucura não existe outro elo de pertinência, outro sistema de comunicação além de uma extrema proximidade: a que faz do cérebro o órgão mais próximo da alma. Portanto, a perturbação cerebral terá sua estrutura própria – estrutura anatômica oferecida à percepção – e a perturbação do espírito, suas manifestações singulares. A causalidade as justapõe, sem transpor, de uma para outra, elementos qualitativos. As autópsias de Meckel não se relacionam com uma metodologia materialista; ele não acredita nem mais nem menos que seus precursores e contemporâneos na determinação da loucura por uma afecção orgânica. Mas coloca o corpo e a alma numa ordem de vizinhança e sucessão causal que não autoriza nem retorno, nem transposição, nem comunicação qualitativa.

Vemos essa estrutura ser isolada de modo mais completo por Morgagni e Cullen. A massa cerebral não mais representa, em suas análises, o simples papel de um ponto de aplicação privilegiado da causalidade; ela se torna em si mesma um espaço causal diferenciado e heterogêneo que desenvolve suas estruturas anatômicas e fisiológicas, determinando, nesse jogo espacial, as formas variadas da loucura. Morgagni observa que muito frequentemente, no caso de mania ou de furor, em que o cérebro tem uma consistência extraordinariamente dura e firme, o cerebelo, pelo contrário, conserva sua flexibilidade habitual; que, mesmo em certos casos agudos, ao contrário do cérebro, ele se mostra "extremamente mole e frouxo". Às vezes, as diferenças se situam no interior do próprio cérebro; "enquanto uma parte é mais dura e mais firme do que normalmente, outras são extremamente moles"[21]. Cullen sistematiza essas diferenças e faz das diversas partes do cérebro o aspecto principal das perturbações orgânicas da loucura. Para que o cérebro esteja num estado normal, é preciso que seu estado de excitação seja homogêneo em suas diferentes regiões: seja um estado de excitação elevada (a vigília), seja um estado de excitação menor, ou de colapso, como no sono. Mas se a excitação ou o colapso se dividem de modo desigual no cérebro, se se misturam formando uma rede heterogênea de setores excitados e setores adormecidos, produzem-se, se o sujeito está adormecido, sonhos; e se está acordado, crises de loucura. Há, portanto, uma loucura crônica, quando esses estados de excitação e colapso desiguais se mantêm constantemente no cérebro, solidificados de algum modo em sua própria substância. É por isso que, num exame anatômico, o cérebro dos loucos comporta partes duras, congestionadas e, pelo contrário, outras moles e num estado de frouxidão mais ou menos completo[22].

Vê-se assim que evolução, no decorrer da era clássica, sofreu a noção de causa próxima ou, antes, a significação assumida pela causalidade no próprio interior dessa noção. Reestruturação que tornará possíveis, na época seguinte, o materialismo, o organicismo e, de certa forma, o esforço de determinação das localizações cerebrais – mas que, no momento, não significa nenhum projeto desse gênero. Trata-se, aqui, de bem mais e bem menos que isso. Bem menos que a irrupção de um materialismo; porém bem mais, uma vez que está desfeita a forma de causalidade que, desde o século XVII, organizava as relações entre a alma e o corpo; ela se isolou do círculo fechado das qualidades, e situou-se na perspectiva aberta de um encadeamento mais enigmático e mais simples ao mesmo tempo, que coloca numa ordem de sucessão inamovível o espaço cerebral e o sistema dos signos psicológicos. De um lado, todas as comunicações significativas são rompidas mas, do outro, o conjunto do corpo não mais é convocado para formar a estrutura da causa próxima; apenas o cérebro, enquanto órgão que mais *se aproxima* da alma, e alguns de seus segmentos privilegiados é que recolhem o conjunto daquilo que logo deixará de ser chamado de causas próximas.

■ ■

É uma evolução exatamente inversa que experimenta, durante o mesmo período, a noção de causa distante. De início, ela era definida apenas pela antecedência – relação de vizinhança que, sem excluir certa arbitrariedade, agrupa apenas coincidências e cruzamentos de fatos ou imediatas transformações patológicas. Ettmüller dá um exemplo significativo quando enumera as causas das convulsões: a cólica nefrítica, os humores ácidos da melancolia, o nascimento durante um eclipse da Lua, a vizinhança das minas de metal, a cólera das amas de leite, os frutos de outono, a constipação, os caroços de nêspera no reto e, de modo mais imediato, as paixões, sobretudo as do amor[23]. Aos poucos esse mundo das causas distantes se enriquece, ganha novos domínios, desdobra-se numa multiplicidade inumerável. Todo o domínio orgânico é logo invadido, não há perturbações, secreções inibidas ou exageradas, funcionamento anormal que não possam ser inscritos no registro das causas distantes da loucura. Whytt observa em particular os ventos, os fleumas ou as babas, a presença de vermes, "os alimentos de má qualidade ou ingeridos em quantidade muito grande ou muito pequena... as obstruções causadas por epiteliomas fibrosos ou de outro tipo"[24]. Todos os eventos da alma que sejam um pouco violentos ou exageradamente intensos podem tornar-se, para a loucura, causas distantes:

"As paixões da alma, as contenções do espírito, os estudos forçados, as meditações profundas, a cólera, a tristeza, o temor, os pesares longos e pungentes, o amor desprezado..."[25]. Enfim, o mundo exterior, em suas variações ou excessos, em suas violências ou artifícios, pode facilmente provocar a loucura: o ar, se estiver muito quente, muito frio ou muito úmido[26], o clima em certas condições[27], a vida em sociedade, "o amor pelas ciências e a cultura das letras, muito mais difundidos... o aumento do luxo, que acarreta uma vida muito mais fácil para os senhores e domésticos"[28], a leitura de romances, os espetáculos de teatro, tudo o que aguça a imaginação[29]. Em suma, quase nada escapa ao círculo cada vez maior das causas distantes; os mundos da alma, do corpo, da natureza e da sociedade constituem uma imensa reserva de causas na qual parece que os autores do século XVIII gostam de alimentar-se amplamente, sem grandes preocupações de observação nem de organização, seguindo apenas suas preferências teóricas ou certas opções morais. Dufour, em seu *Traité de l'entendement*, acolhe, sem detalhá-las, a maioria das causas nas quais se acreditou em sua época:

As causas evidentes da melancolia são tudo aquilo que fixa, esgota e perturba esses espíritos; grandes e repentinos pavores, violentas afecções da alma causadas por transportes de alegria ou por aguçadas afecções, longas e profundas meditações sobre um mesmo objeto, um amor violento, as vigílias e todo exercício veemente do espírito feito especialmente à noite; a solidão, o temor, a afecção histérica, tudo o que impede a formação, a reparação, a circulação, as diversas secreções e excreções do sangue, particularmente no baço, pâncreas, epíploo, estômago, mesentério, intestinos, seios, fígado, útero, vasos hemorroidais; por conseguinte, o mal hipocondríaco, doenças agudas mal curadas, principalmente o frenesi e o *causus*, todos os medicamentos ou excreções demasiado abundantes ou suprimidos, e por conseguinte o suor, o leite, a menstruação, o ptialismo e a sarna encruada. O dispermatismo produz comumente o delírio chamado erótico ou erotomania; alimentos frios, terrestres, tenazes, duros, secos, austeros, adstringentes, bebidas semelhantes, frutos crus, matérias farinhentas que não fermentaram, um calor que queima o sangue por sua duração prolongada e sua grande violência, um ar pesado, pantanoso, estagnado; a disposição do corpo negro veloso, seco, delgado, macho, a flor da idade, o espírito aguçado, penetrante, profundo, estudioso.[30]

Essa extensão quase indefinida das causas distantes tornou-se, ao final do século XVIII, uma evidência; por ocasião da grande reforma do internamento, um dos raros conhecimentos que foram transferidos, tal qual, sem alterações, do saber teórico: a nova prática dos asilos é justamente a polivalência e a heterogeneidade do encadeamento causal na gênese da loucura. Analisando os alienados de Bethleem no período de 1772 a 1787, Black já havia indicado as etiologias seguintes: "disposição hereditária, bebedeira, excesso de estudo, febres, sequelas do parto, obstrução das vísceras, contusões e fraturas, doenças venéreas, varíola, úlceras demasiado rapidamente dessecadas; reveses, inquietação, pesar; amor, ciúme; excesso de devoção e apego à seita dos metodistas; orgulho"[31]. Alguns anos mais tarde, Giraudy apresentará ao ministro do interior um relatório sobre a situação de Charenton em 1804, no qual declara ter conseguido recolher "informações certas" que lhe permitiram, em 476 casos, estabelecer a causa da doença:

151 ficaram doentes em consequência de afecções acentuadas da alma, tais como o ciúme, o amor contrariado, alegria excessiva, ambição, temor, terror, pesares violentos; 52 por disposição hereditária; 28 por onanismo; três por vírus da sífilis; doze por abuso dos prazeres de Vênus; 31 por abuso das bebidas alcoólicas; doze por abuso das faculdades intelectuais; dois pela presença de vermes nos intestinos; um por sequelas da sarna; cinco por sequelas do dartro; 29 por metástase leitosa; dois por insolação.[32]

A lista das causas distantes não para de aumentar. O século XVIII enumera-as sem ordem nem privilégios, numa multiplicidade pouco organizada. No entanto, não é inquestionável que esse mundo causal seja tão anárquico quanto parece. E se essa multiplicidade se prolonga indefinidamente, não o faz, sem dúvida, num espaço heterogêneo e caótico. Um exemplo permitirá apreender o princípio organizador que agrupa essa variedade das causas e assegura sua secreta coerência.

O lunatismo era tema constante nunca contestado, no século XVI; frequente ainda no decorrer do século XVII, aos poucos desaparece. Em 1707, Le François defende uma tese: *Estne aliquod lunae in corpora humana imperium?* ("Tem a lua algum governo sobre o corpo humano?"): após longa discussão, a Faculdade responde negativamente[33]. Mas raramente, no decorrer do século XVIII, a Lua é citada entre as causas, mesmo acessórias ou adjuvantes, da loucura. Porém, ao final desse século, o tema reaparece, talvez sob a influência da medicina inglesa, que nunca o tinha esquecido

A TRANSCENDÊNCIA DO DELÍRIO 233

de todo[34], e Daquin[35], depois Leuret[36] e Guislain[37], admitirão a influência da Lua sobre as fases da excitação maníaca ou, pelo menos, sobre a agitação dos doentes. Mas o essencial não reside tanto na volta do tema quanto na possibilidade e nas condições de seu reaparecimento. Com efeito, ele ressurge completamente transformado e carregado de significações que antes não possuía. Em sua forma tradicional, designava uma influência imediata – coincidência no tempo e cruzamento no espaço – cujo modo de ação estava situado inteiramente no poder dos astros. Em Daquin, inversamente, a influência da Lua se desenvolve segundo toda uma série de mediações que se hierarquizam e se recobrem em volta do próprio homem. A Lua atua sobre a atmosfera com tal intensidade, que pode pôr em movimento uma massa tão pesada quanto o oceano. Ora, o sistema nervoso é, dentre todos os elementos de nosso organismo, o mais sensível às variações da atmosfera, uma vez que a menor alteração de temperatura, a menor variação na umidade e na secura do ar podem influir gravemente sobre ele. Com maior razão, a Lua, cujo curso perturba tão profundamente a atmosfera, atuará com violência sobre as pessoas cuja fibra nervosa for particularmente delicada: "Sendo a loucura uma doença absolutamente nervosa, o cérebro dos loucos deve, portanto, ser infinitamente mais suscetível à influência dessa atmosfera que é, ela mesma, influenciada, em graus variados de intensidade, conforme as diferentes posições da Lua em relação à Terra."[38]

Ao final do século XVIII, o lunatismo está, como já estivera mais de um século antes, "ao abrigo de toda contestação razoável". Mas em outro estilo; não é mais tanto a expressão de um poder cósmico quanto o signo de uma sensibilidade particular do organismo humano. Se as fases da Lua podem ter uma influência sobre a loucura, é que ao redor do homem agruparam-se elementos aos quais, mesmo sem ter disso uma sensação consciente, ele é obscuramente sensível. Entre a causa distante e a loucura se inseriram, de um lado, a sensibilidade do corpo, e do outro, o meio ao qual ele é sensível, esboçando já uma quase unidade, um sistema de pertinências que organiza, numa nova homogeneidade, o conjunto das causas distantes ao redor da loucura.

O sistema das causas, portanto, experimentou uma dupla evolução no curso do século XVIII: as causas próximas não cessaram de aproximar-se, instituindo entre a alma e o corpo uma relação linear que apagava o antigo ciclo de transposição das qualidades; as causas distantes não cessavam, ao mesmo tempo, pelo menos na aparência, de ampliar-se, multiplicar-se e dispersar-se, mas de fato, sob essa ampliação, esboçava-se uma nova unidade, uma nova forma de ligação entre o corpo e o mundo exterior. No decorrer do mesmo período, o corpo tornava-se ao mesmo tempo um conjunto de localizações diferentes para sistemas de causalidades lineares, e a unidade secreta de uma sensibilidade que chama para si as influências mais diversas, mais distantes, mais heterogêneas do mundo exterior. E a experiência médica da loucura se desdobra de acordo com esta nova divisão: fenômeno da alma provocado por um acidente ou uma perturbação do corpo; fenômeno do ser humano em sua totalidade – alma e corpo ligados numa mesma sensibilidade – determinado por uma variação das influências que o meio exerce sobre ele; afecção local do cérebro e perturbação geral da sensibilidade. Pode-se e deve-se procurar a causa da loucura ao mesmo tempo na anatomia do cérebro e na umidade do ar, ou na sucessão das estações, ou nas exaltações das leituras romanescas. A precisão da causa próxima não contradiz a generalidade difusa da causa distante. São, umas e outras, apenas as extremidades de um único e mesmo movimento, a paixão.

■ ■

A paixão figura entre as causas distantes e no mesmo plano que todas as outras.

Mas de fato, em profundidade, ela representa também outro papel; e se pertence, na experiência da loucura, ao ciclo da causalidade, ela dá início a um segundo ciclo, sem dúvida mais próximo do essencial.

O papel fundamental da paixão era esboçado por Sauvages, que fazia dela uma causa mais constante, mais obstinada e como que mais merecida da loucura:

A perdição de nosso espírito provém de nos entregarmos cegamente a nossos desejos, de não sabermos refrear nossas paixões, nem moderá-las. Daí esses delírios amorosos, essas antipatias, esses gostos depravados, essa melancolia causada pelo desgosto, esses arroubos produzidos em nós por uma recusa, esses excessos no beber, no comer, esses incômodos, esses vícios corporais que causam a loucura, a pior de todas as doenças.[39]

Mas, ainda aqui, trata-se de uma presença moral da paixão; de modo confuso, é sua responsabilidade que está em jogo, porém, através dessa denúncia, aquilo que é realmente visado é a pertinência, muito radical, dos fenômenos da loucura à própria possibilidade da paixão.

Antes de Descartes, e bem depois de sua influência como filósofo e fisiólogo ter desaparecido, a paixão não deixou de ser a superfície de contato entre o corpo e a alma, o ponto onde se encontram a atividade e a passividade desta e daquele, ao mesmo tempo que é o limite que ambos se impõem reciprocamente e o lugar da comunicação entre si.

Unidade que a medicina dos humores concebe, sobretudo, como uma causalidade recíproca.

As paixões causam necessariamente certos movimentos nos humores; a cólera agita a bílis, a tristeza, a melancolia e os movimentos dos humores são às vezes tão violentos que transtornam toda a economia do corpo e causam até mesmo a morte; além disso, as paixões aumentam a quantidade dos humores; a cólera multiplica a bílis, a tristeza, a melancolia. Os humores, que costumeiramente são agitados por certas paixões, predispõem às mesmas paixões aqueles nas quais elas abundam, e predispõem a pensar nos objetos que de ordinário os excitam; a bílis predispõe à cólera e a pensar naqueles que se odeia. A melancolia predispõe à tristeza e a pensar nas coisas aborrecidas; o sangue bem temperado predispõe à alegria.[40]

A medicina dos espíritos substitui esse determinismo vago da "disposição" pelo rigor de uma transmissão mecânica dos movimentos. Se as paixões somente são possíveis num ser que tem um corpo, e um corpo que não é inteiramente penetrável pela luz de seu espírito e pela transparência imediata de sua vontade, é na medida em que, em nós e sem nós, e na maioria das vezes apesar de nós, os movimentos do espírito obedecem a uma estrutura mecânica que é a do movimento dos espíritos.

Antes de ver o objeto da paixão, os espíritos animais estavam espalhados pelo corpo todo a fim de conservar, em geral, todas as suas partes; mas, à presença do novo objeto, toda essa economia se vê perturbada. A maioria dos espíritos é levada para os músculos do braço, das pernas, do rosto e de todas as partes exteriores do corpo a fim de dar-lhe a disposição própria à paixão que domina e de dar-lhe a capacidade e o movimento necessários à aquisição do bem ou à fuga do mal que se apresentar[41].

Portanto, a paixão predispõe os espíritos, que predispõem à paixão: isso significa que, sob o efeito da paixão e na presença de seu objeto, os espíritos circulam, se dispersam e se concentram segundo uma configuração espacial que privilegia a marca do objeto no cérebro e sua imagem na alma, formando assim, no espaço corporal, uma espécie de figura geométrica da paixão que não passa de uma transposição expressiva desta, mas que, igualmente, constitui o fundo causal essencial, uma vez que, estando todos os espíritos agrupados ao redor do objeto da paixão ou, pelo menos, ao redor de sua imagem, o espírito por sua vez não mais poderá desviar o movimento de sua atenção e sofrerá, como consequência, a paixão.

Mais um passo e todo o sistema se fechará numa unidade em que o corpo e a alma se comunicam imediatamente nos valores simbólicos das qualidades comuns. É o que acontece na medicina dos sólidos e dos fluidos, que domina a prática do século XVIII. Tensões e relaxamentos, dureza e moleza, rigidez e amolecimento, ingurgitamento ou secura são outros tantos estados qualitativos que pertencem tanto à alma quanto ao corpo, e remetem, em última instância, a uma espécie de situação passional indistinta e mista, que impõe suas formas comuns ao encadeamento das ideias, ao curso dos sentimentos, ao estado das fibras, à circulação dos fluidos. O tema da causalidade surge aqui como demasiado discursivo, os elementos por ele agrupados estão demasiadamente separados para que se possa aplicar seus esquemas. "As paixões vivas, como a cólera, a alegria, a cobiça", são causas ou consequências "da força demasiado grande, da tensão demasiado grande, da excessiva elasticidade das fibras nervosas e da atividade demasiado acentuada do fluido nervoso"? Inversamente, "as paixões lânguidas, como o temor, o abatimento do espírito, o tédio, a inapetência, a frigidez que acompanham a nostalgia, o apetite incomum, a estupidez, as falhas da memória" não podem, do mesmo modo, ser tanto seguidas como precedidas pela "debilidade da medula do cérebro e das fibras nervosas que se distribuem nos órgãos, pela depauperação e inércia dos fluidos"[42]? Na verdade, não se trata mais de situar a paixão no curso de uma sucessão causal, ou a meio caminho entre o corporal e o espiritual; ela indica, num nível mais profundo, que a alma e o corpo estão num eterno relacionamento metafórico, no qual as qualidades não têm necessidade de serem comunicadas porque já são comuns, e onde os fatos de expressão não têm necessidade de adquirir valor causal simplesmente porque a alma e o corpo são sempre expressão imediata um do outro. A paixão não está mais exatamente no centro geométrico do conjunto da alma e do corpo; ela está um pouco aquém deles, ali onde a oposição entre ambos ainda não existe, nessa região onde se instauram simultaneamente a unidade e a distinção entre eles.

Mas nesse nível a paixão já não é simplesmente uma das causas, mesmo privilegiada, da loucura: constitui antes sua condição de possibilidade em geral. Se é fato que existe um domínio nos relacionamentos entre a alma e o corpo no qual causa e efeito, determinismo e expressão, se entrecruzam ainda numa trama tão cerrada que na realidade constituem um único e mesmo movimento que só depois será dissociado; se é fato que antes da violência do corpo e da vivacidade da alma, antes da moleza das fibras e do relaxamento do espírito existem espécies de *a priori* qualitativos ainda não divididos que a seguir impõem os mesmos valores ao orgânico e ao espiritual, compreende-se que possam existir doenças como a loucura que, de saída, são doenças do corpo e da alma, doenças nas quais a afecção do cérebro é da mesma qualidade, da mesma origem, da mesma natureza, enfim, que a afecção da alma.

A possibilidade da loucura se oferece no próprio fato da paixão.

É verdade que bem antes da era clássica, e durante uma longa sequência de séculos da qual sem dúvida ainda não saímos, paixão e loucura foram mantidas próximas uma da outra. Mas deixemos com o Classicismo sua originalidade. Os moralistas da tradição greco-latina tinham achado justo que a loucura fosse o castigo da paixão; e a fim de terem mais certeza disso, gostavam de fazer da paixão uma loucura provisória e atenuada. Mas a reflexão clássica soube definir entre paixão e loucura um relacionamento que não é da ordem do voto pio, de uma ameaça pedagógica ou de uma síntese moral; ela rompe mesmo com a tradição na medida em que inverte os termos do encadeamento; fundamenta as quimeras da loucura na natureza da paixão; vê que o *determinismo das paixões* não passa de uma *liberdade oferecida à loucura* para penetrar no mundo da razão; e que se a união, não posta em questão, entre a alma e o corpo, manifesta na paixão a finitude do homem, ela ao mesmo tempo abre esse mesmo homem para o movimento infinito que o perde.

Ocorre que a loucura não é simplesmente uma das possibilidades dadas pela união da alma e do corpo; ela não é, pura e simplesmente, uma das sequelas da paixão. Instituída pela unidade entre alma e corpo, ela se volta contra a paixão e a recoloca em questão. A loucura, que se tornou possível pela paixão, ameaça, por um movimento que lhe é próprio, aquilo que tornou possível a própria paixão. Ela é uma dessas formas da unidade nas quais as leis são comprometidas, pervertidas, transformadas – manifestando assim essa unidade como evidente e já dada, mas também como frágil e já destinada à perdição.

Chega um momento em que, continuando a paixão o seu caminho, as leis se suspendem como que por si mesmas, momento no qual o movimento se detém bruscamente sem que tenha havido choques, nem absorção de espécie alguma da força viva – ou então se propaga numa multiplicação que só se detém no cúmulo do paroxismo. Whytt admite que uma viva emoção pode provocar a loucura, exatamente como o choque pode provocar o movimento, pela simples razão de que a emoção é, simultaneamente, choque na alma e abalo da fibra nervosa: "É assim que as histórias, ou as narrações tristes ou capazes de emocionar o coração, um espetáculo horrível pelo qual não se espera, o grande desgosto, a cólera, o terror e as outras paixões que causam grande impressão ocasionam frequentemente os sintomas nervosos mais súbitos e violentos."[43] Mas – e é aí que começa a loucura propriamente dita – pode acontecer que esse movimento se anule em virtude de seus próprios excessos e provoque de repente uma imobilidade que pode levar à morte. Como se, na mecânica da loucura, o repouso não fosse necessariamente um movimento nulo, mas pudesse ser também um movimento em brutal ruptura consigo mesmo, um movimento que, sob o efeito de sua própria violência, chega, de repente, a um estado de contradição e à impossibilidade de prosseguir. "Exemplos existem de que as paixões, muito violentas, fazem nascer uma espécie de tétano ou de catalepsia, de modo que a pessoa se assemelhe mais a uma estátua do que a um ser vivo. Além do mais, o terror, a aflição, a alegria, a vergonha levadas ao excesso mais de uma vez foram seguidas pela morte súbita."[44]

Inversamente, acontece de o movimento, passando da alma para o corpo e do corpo para a alma, propagar-se indefinidamente numa espécie de espaço da inquietação, certamente mais próximo daquele onde Malebranche colocou as almas do que daquele em que Descartes situou os corpos. As agitações imperceptíveis, provocadas frequentemente por um choque exterior medíocre, acumulam-se, ampliam-se e acabam por explodir em convulsões violentas. Lancisi já explicava que os nobres romanos frequentemente se viam subjugados pelos vapores – recaídas histéricas, crises hipocondríacas – porque, na vida cortesã que levavam, "seus espíritos, continuamente agitados entre o temor e a esperança, nunca têm um momento de descanso"[45]. Para muitos médicos, a vida das cidades, da corte, dos salões, leva à loucura em virtude dessa multiplicidade de excitações adicionadas, prolongadas, que repercutem incessantemente sem nunca se atenuarem[46]. Mas existe nessa imagem, com a condição de que seja um pouco intensa, e nos eventos que constituem sua versão orgânica, uma certa força que, multiplicando-se, pode levar ao delírio, como se o movimento, em vez de perder sua força ao se comunicar, pudesse envolver outras forças em sua esteira e dessas novas cumplicidades tirar um vigor suplementar. É assim que Sauvages explica o nascimento do delírio: uma certa impressão de temor está ligada ao ingurgitamento ou à pressão de tal fibra medular; esse temor se limita a um objeto, assim como é estritamente localizado esse ingurgitamento. À medida que esse temor persiste, a alma atribui-lhe mais atenção, isolando-o e destacando-o cada vez mais de tudo aquilo que não é ela. Mas esse isolamento reforça-o, e a alma, por ter-lhe dado um destino muito particular, tende a atribuir-lhe progressivamente toda uma série de ideias mais ou menos distante: "Ela acrescenta a essa ideia simples todas as que são capazes de alimentá-la e aumentá-la. Por exemplo, um homem que, ao dormir, imagina que está sendo acusado de um crime, logo associa essa ideia à de uma escolta, à de juízes, carrascos, instrumentos de tortura."[47] E o fato de ver-se assim sobrecarregada com todos esses elementos novos, de arrastá-los atrás de si, dá à ideia como que um acréscimo de força que acaba por torná-la irresistível mesmo aos esforços mais bem organizados da vontade.

A loucura, que encontra sua possibilidade primeira no fato da paixão e no desdobramento dessa dupla causalidade que, partindo da própria paixão, se irradia simultaneamente na direção do corpo e da alma, é ao mesmo tempo paixão suspensa, ruptura da causalidade, liberação dos elementos dessa unidade. Ela participa ao mesmo tempo da necessidade da paixão e da anarquia daquele que, posto em movimento por essa mesma paixão, move-se bem adiante dela, chegando a contestar tudo o que ela pressupõe. Ela acaba por ser um movimento tão violento dos nervos e dos músculos, que nada, no curso das imagens, das ideias ou das vontades, parece corresponder-lhe: é o caso da mania, quando bruscamente se intensifica até às convulsões ou quando degenera definitivamente em furor contínuo[48]. Inversamente, ela pode, no repouso ou na inércia do corpo, fazer surgir e depois sustentar uma agitação da alma, sem pausas ou apaziguamento, tal como acontece na melancolia, onde os objetos exteriores não produzem sobre o espírito do doente a mesma impressão que sobre o de um homem sadio; "suas impressões são fracas e raramente ele presta-lhes atenção; seu espírito é quase totalmente absorvido pela vivacidade das ideias"[49].

Na verdade, essa dissociação entre os movimentos exteriores do corpo e o curso das ideias não indica ao certo que a unidade entre o corpo e a alma se desfez, nem que cada um dos dois reencontra, na loucura, sua autonomia. Sem dúvida a unidade está comprometida em seu rigor e em sua totalidade; mas é que ela se fende segundo linhas que, sem aboli-la, dividem-na em setores arbitrários. Pois quando o melancólico se fixa numa ideia delirante, não é apenas a alma que está em ação, mas a alma e o cérebro, a alma e os nervos, sua origem e suas fibras: todo um segmento da unidade entre a alma e o corpo, que se destaca assim do conjunto e, singularmente, dos órgãos pelos quais se efetua a percepção do real. A mesma coisa nas convulsões e na agitação; a alma não é, nelas, excluída do corpo, mas vê-se arrebatada por ele tão rapidamente que não pode manter todas as suas representações, separando-se de suas lembranças, de suas vontades, de suas ideias mais sólidas; e assim, isolada de si mesma e de tudo o que no corpo permanece estável, deixa-se levar pelas fibras mais móveis. A partir de então, nada mais em seu comportamento se adapta à realidade, à verdade ou à sabedoria; as fibras, em sua vibração, podem muito bem imitar aquilo que se passa nas percepções, mas não cabe ao doente a iniciativa: "As pulsações rápidas e desordenadas das artérias, ou qualquer outro desarranjo, imprimem o mesmo movimento às fibras (que na percepção); elas representarão como presentes objetos ausentes, como verdadeiros aqueles que são quiméricos."[50]

Na loucura, a totalidade alma-corpo se fragmenta: não segundo os elementos que a constituem metafisicamente, mas segundo figuras que envolvem, numa espécie de unidade irrisória, segmentos do corpo e ideias da alma. Fragmentos que isolam o homem de si mesmo, mas, sobretudo, que o isolam da realidade; fragmentos que, ao se destacarem, formam a unidade irreal de um fantasma, e em virtude dessa mesma autonomia o impõem à verdade. "A loucura consiste apenas no desregramento da imaginação."[51] Em outras palavras, começando com a paixão, a loucura não passa de um movimento vivo na unidade racional da alma e do corpo; é o nível do *desatino*; mas esse movimento logo escapa à razão da mecânica e, em suas violências, em seus estupores, em suas propagações insensatas, torna-se um movimento *irracional*; é então que, escapando ao peso da verdade e a suas coações, liberta-se *o Irreal*.

E com isso fica indicado para nós o terceiro ciclo que é agora necessário percorrer. Ciclo das quimeras, dos fantasmas e do erro. Após o da paixão, o do não ser.

■ ■

Ouçamos o que se diz nesses fragmentos fantásticos.

Imagem não é loucura. Ainda que verdadeiro o fato de, no arbitrário do fantasma, a alienação encontrar a primeira abertura para sua vã liberdade, a loucura só começa um pouco além, no momento em que o espírito se liga a essa arbitrariedade, tornando-se prisioneiro dessa aparente liberdade. No exato momento em que se sai de um sonho, pode-se constatar: "Imagino que estou morto"; com isso se denuncia e se avalia a arbitrariedade da imaginação: não se está louco. Há loucura quando o sujeito coloca, como afirmação, que ele está morto, e quando ele permite que valha como verdade o conteúdo, ainda neutro, da imagem "estou morto". E assim como a consciência da verdade não é apagada apenas pela presença da imagem, mas no ato que limita, confronta, unifica ou dissocia a imagem, do mesmo modo a loucura só começa no ato que dá valor de verdade à imagem. Existe uma inocência original da imaginação: *Imaginatio ipsa non errat quia neque negat neque affirmat, sed fixatur tantum in simplici contemplatione phantasmatis*[52]; e somente o espírito pode fazer com que aquilo que é dado na imagem se torne verdade abusiva, isto é, erro, ou erro reconhecido, isto é, verdade: "Um homem embriagado acredita ver duas velas onde só há uma; o possuidor de um estrabismo, e cujo espírito for cultivado, logo reconhece seu erro e habitua-se a ver apenas uma vela."[53] Portanto, a loucura está para lá da imagem, e no entanto está profundamente mergulhada nela, pois consiste somente em deixar que valha espontaneamente como verdade total e absoluta; o ato do homem razoável que, acertadamente ou não, julga verdadeira ou falsa uma imagem, está para lá dessa imagem, ele a ultrapassa e a avalia em relação àquilo que não é ela; o ato do homem louco nunca ultrapassa a imagem que se apresenta; ele se deixa confiscar por sua vivacidade imediata, e só a sustenta com sua afirmação na medida em que é envolvido por ela: "Inúmeras pessoas, para não dizer todas, somente se tornam loucas por terem se ocupado em demasia com um objeto."[54] No interior da imagem, confiscada por ele e incapaz de escapar-lhe, a loucura é, no entanto, mais do que a imagem, formando um ato de secreta constituição.

Qual é esse ato? Ato de crença, ato de afirmação e de negação – discurso que sustenta a imagem e ao mesmo tempo trabalha-a, cava nela, estende-se ao longo de um raciocínio e organiza-a ao redor de um segmento de linguagem. O homem que imagina ser de vidro não está louco, pois todo aquele que dorme pode ter essa imagem num sonho. Mas será louco se, acreditando ser de vidro, concluir que é frágil, que corre o risco de quebrar-se e que, portanto, não deve tocar em nenhum objeto demasiado resistente, que deve mesmo permanecer imóvel etc.[55] Esse raciocínio é o de um louco, mas deve-se observar que, em si mesmo, não é nem absurdo nem ilógico. Pelo contrário, as figuras mais coercitivas da lógica estão, nele, corretamente aplicadas. E Zacchias não tem dificuldade para encontrá-las, com todo o rigor de que se revestem, entre os alienados. Silogismo, como num que se deixava morrer de fome: "Os mortos não comem; ora, estou morto, portanto não devo comer." Indução indefinidamente prolongada neste perseguido: "Este, aquele e aquele outro são meus inimigos; ora, todos são homens, portanto todos os homens são meus inimigos." Entimema neste outro: "A maioria dos que moraram nesta casa estão mortos, portanto, eu, que morei nesta casa, estou morto."[56] Maravilhosa lógica dos loucos, que parece zombar da dos lógicos, pois assemelha-se a ela, ou melhor, porque é exatamente a mesma e porque, no recanto mais secreto da loucura, na base de tantos erros, de tantos absurdos, de tantas palavras e gestos sem sequência, finalmente se descobre a perfeição, profundamente oculta, de um discurso. *Ex quibus*, conclui Zacchias, *vides quidem intellectum optime discurrere*. A linguagem última da loucura é a da razão, mas envolvida no prestígio da imagem, limitada ao espaço aparente que a loucura define, formando assim, ambas, exteriormente à totalidade e à universalidade do discurso, uma organização singular, abusiva, cuja particularidade obstinada perfaz a loucura. Portanto, na verdade a loucura não está de todo na imagem, a qual em si mesma não é verdadeira ou falsa, razoável ou louca; tampouco está no raciocínio, que é forma simples, nada revelando além das figuras indubitáveis da lógica. E, no entanto, a loucura está numa e noutro. Numa figura particular do relacionamento entre ambos.

Consideremos um exemplo tomado de Diemerbroek. Um homem estava com melancolia profunda. Como todos os melancólicos, seu espírito estava apegado a uma ideia fixa e essa ideia era para ele motivo de uma tristeza sempre renovada. Acusava-se de ter matado o filho e, no auge do remorso, dizia que Deus, para castigá-lo, havia colocado às suas costas um demônio encarregado de tentá-lo como aquele que havia tentado ao Senhor. Ele via esse demônio, conversava com ele, ouvia suas censuras e respondia-lhe. Não conseguia entender como todo mundo à sua volta se recusava a admitir essa presença. Assim é a loucura: esse remorso, essa crença, essa alucinação, esses discursos. Em suma, todo esse conjunto de convicções e imagens que constituem um delírio. Diemerbroek procura saber quais são as "causas" dessa loucura, como pôde surgir. E eis o que descobre: havia levado o filho para nadar, e ele se afogara. A partir de então, considera-se responsável por essa morte. Assim, é possível reconstituir da seguinte maneira o desenvolvimento dessa loucura. Julgando-se culpado, esse homem diz que o homicídio é execrável para Deus nas Alturas, e daí imagina estar condenado para toda a eternidade. E como sabe que o maior suplício da danação consiste em ser entregue a Satã, diz que "um demônio horrível está junto dele". Ele não vê esse demônio, mas "como ele não se afasta desse pensamento" e como "o considera bastante verídico, impõe a seu cérebro uma certa imagem desse demônio; essa imagem oferece-se à sua alma através da ação do cérebro e dos espíritos e com tanta evidência que ele acredita ver continuamente o próprio demônio"[57].

Portanto, na loucura, tal como Diemerbroek a analisa, há dois níveis: um, aquele que se manifesta aos olhos de todos – uma tristeza sem fundamento num homem que se acusa erroneamente de haver assassinado seu filho; uma imaginação depravada que inventa demônios, uma razão desmantelada que conversa com um fantasma. Contudo, mais profundamente encontra-se uma organização rigorosa que segue a armadura sem falhas de um discurso. Esse discurso, em sua lógica, invoca a si as crenças mais sólidas, avançando por raciocínios e juízos que se encadeiam; é uma espécie de razão em ato. Em suma, sob o delírio desordenado e manifesto reina a ordem de um delírio secreto. Neste segundo delírio, que é, num certo sentido, pura razão, razão libertada de todos os ouropéis exteriores da demência, colhe-se a paradoxal verdade da loucura. E Isso num duplo sentido, uma vez que aí se encontra tanto aquilo que faz com que a loucura seja verdadeira (lógica irrecusável, discurso perfeitamente organizado, encadeamento sem falhas na transparência de uma linguagem virtual) e o que a faz ser verdadeiramente loucura (sua natureza própria, o estilo rigorosamente particular de todas as suas manifestações e a estrutura interna do delírio).

Contudo, mais profundamente ainda, essa linguagem delirante é a verdade última da loucura na medida em que é sua forma organizadora, o princípio determinante de todas as suas manifestações, quer sejam as do corpo ou as da alma. Pois se o melancólico de Diemerbroek conversa com seu demônio, é porque sua imagem foi profundamente gravada pelo movimento dos espíritos na matéria sempre dúctil do cérebro. Mas, por sua vez, essa figura orgânica é apenas o reverso de uma preocupação que obsedou o espírito do doente; ela é como que a sedimentação, no corpo, de um discurso indefinidamente repetido a respeito do castigo que Deus deve reservar aos pecadores culpados de homicídio. O corpo e os traços por ele ocultados, a alma e as imagens que ela percebe não passam, neste caso, de interruptores na sintaxe da linguagem delirante.

E receando que nos censurem por fazer toda essa análise repousar sobre uma única observação de um único autor (observação privilegiada, pois se trata de delírio melancólico), procuraremos uma confirmação desse papel fundamental do discurso na concepção clássica da loucura noutro autor, noutra época e a respeito de uma doença bem diferente. Trata-se de um caso de "ninfomania" observado por Bienville. A imaginação de uma moça, "Julie", havia sido inflamada por leituras precoces e alimentadas pelos propósitos de uma criada "iniciada nos segredos de Vênus..., virtuosa Inês aos olhos da mãe", mas "estimada e voluptuosa intendente dos prazeres da filha". No entanto, contra esses desejos para ela novos, Julie luta com todas as impressões que recebeu no decorrer de sua educação. À linguagem sedutora dos romances ela opõe as lições recebidas da religião e da virtude, e seja qual for a vivacidade de sua imaginação, ela não mergulha na doença enquanto tem "forças para opor a si mesma este raciocínio: não é nem permitido nem honesto obedecer a uma paixão tão vergonhosa assim"[58]. Mas os discursos culpáveis, as leituras perigosas se multiplicam; a todo momento, estes tornam mais acentuada a agitação das fibras que se enfraquecem; e assim, aos poucos, desaparece a linguagem fundamental com a qual havia resistido até então: "Somente a natureza havia *falado* até então, mas logo a ilusão, a quimera e a extravagância representaram seu papel; ela teve enfim a força infeliz de aprovar, em si mesma, esta horrível máxima: nada é tão belo ou tão suave quanto obedecer aos desejos amorosos." Esse discurso fundamental abre as portas da loucura: a imaginação se liberta, os apetites não deixam de crescer, as fibras atingem o último grau da irritação. O delírio, sob sua forma lapidar do princípio moral, conduz diretamente a convulsões que podem pôr em perigo a própria vida.

Ao final desse último ciclo que começara com a liberdade do fantasma e que se encerra agora com o rigor da linguagem delirante, podemos concluir:

1. *Na loucura clássica, há duas formas de delírio.* Uma forma particular, sintomática, própria de algumas das doenças do espírito e,

de modo especial, da melancolia; neste sentido, pode-se dizer que há doenças com ou sem delírio. Em todos os casos, esse delírio é sempre manifesto, faz parte integrante dos signos da loucura, é imanente à sua verdade e desta constitui apenas um setor. Mas há outro delírio que nem sempre aparece, que não é formulado pelo próprio doente no curso de sua doença, mas que não pode deixar de existir aos olhos daquele que, procurando a doença a partir de suas origens, tenta formular seu enigma e sua verdade.

2. *Esse delírio implícito existe em todas as alterações do espírito*, mesmo lá onde menos se espera. Ali onde tudo o que se tem são gestos silenciosos, violências sem palavras, comportamentos estranhos, não há dúvida, para o pensamento clássico, que um delírio existe continuamente, subjacente, ligando cada um desses signos particulares à essência geral da loucura. O *Dictionnaire* de James convida a considerar expressamente como delirantes

os doentes que pecam por falta ou por excesso em algumas das ações voluntárias, de uma maneira contrária à razão e à decência, como, por exemplo, quando a mão é usada para arrancar flocos de lã ou numa ação semelhante à que serve para apanhar moscas; ou quando um doente age de modo contrário a seus hábitos e sem causa alguma, ou quando fala demais ou muito pouco, contrariamente ao normal; quando diz coisas obscenas enquanto, sadio, é comedido e decente em sua fala, e quando profere palavras que não têm sequência, quando respira de modo mais suave do que o necessário ou quando descobre suas partes naturais em presença dos que o cercam. Consideramos ainda como em estado de delírio aqueles cujo espírito está afetado por algum desarranjo nos órgãos dos sentidos ou que destes fazem um uso que não é o comum – por exemplo, quando um doente é privado de alguma ação voluntária ou age fora do tempo[59].

3. *Assim entendido, o discurso abarca todo o domínio de extensão da loucura.* A loucura, no sentido clássico, não designa tanto uma mudança determinada no espírito ou no corpo como a existência, sob as alterações do corpo e a estranheza da conduta e dos propósitos, de um *discurso delirante*. A definição mais simples e mais geral que se pode dar da loucura clássica é exatamente a de delírio: "Essa palavra deriva de *lira*, sulco, de modo que *deliro* significa exatamente afastar-se do sulco, do caminho reto da razão."[60] Não se deve estranhar, portanto, quando se vê os nosógrafos do século XVIII classificarem frequentemente a vertigem

entre as loucuras, e, mais raramente, as convulsões histéricas; é que por trás destas é frequentemente impossível encontrar a unidade de um discurso, enquanto na vertigem se esboça a afirmação delirante de que o mundo está realmente girando[61]. Esse delírio é a condição necessária e suficiente para que uma doença seja chamada de loucura.

4. *A linguagem é a estrutura primeira e última da loucura.* Ela é sua forma constituinte, é nela que repousam os ciclos nos quais ela enuncia sua natureza. O fato de a essência da loucura poder ser definida, enfim, na estrutura simples de um discurso, não a remete a uma natureza puramente psicológica, mas lhe dá ascendência sobre a totalidade da alma e do corpo; esse discurso é simultaneamente linguagem silenciosa que o espírito formula a si mesmo na verdade que lhe é própria e articulação visível nos movimentos do corpo. O paralelismo, a complementaridade, todas as formas de comunicação imediata que vimos se manifestar, na loucura, entre a alma e o corpo, dependem apenas dessa linguagem e de seus poderes. O movimento da paixão que se desenrola até romper-se e voltar-se contra si mesma, o aparecimento da imagem e as agitações do corpo que eram concomitâncias visíveis a ela, tudo isso, no exato momento em que tentávamos descrevê-lo, já estava secretamente animado por essa linguagem. Se o determinismo da paixão se superou e se desenvolveu na fantasia da imagem, se a imagem, em troca, acarretou todo um mundo das crenças e dos desejos, é porque a linguagem delirante já estava presente – discurso que liberava a paixão de todos os seus limites, aderindo com todo o peso constrangedor de sua afirmação à imagem que se libertava.

Neste delírio, que é ao mesmo tempo do corpo e da alma, da linguagem e da imagem, da gramática e da fisiologia, é que começam e terminam todos os ciclos da loucura. Seu sentido rigoroso é que os organizava desde o início. Ele é ao mesmo tempo a própria loucura e, além de cada um de seus fenômenos, a transcendência silenciosa que a constitui em sua verdade.

■ ■

Permanece uma última questão: em nome do que pode essa linguagem fundamental ser considerada um delírio? Admitindo-se que ela seja *a verdade da loucura*, em que é ela uma *verdadeira loucura* e forma originária do insensato? Esse discurso, que vimos em suas formas tão fiéis às regras da razão, por que é nele que se instauram todos esses signos que vão denunciar, da maneira mais manifesta, a própria ausência da razão?

Interrogação central, mas à qual a era clássica não formulou uma resposta direta. É de través que se deve afrontá-la, interrogando-se as experiências que se encontram na vizinhança imediata dessa linguagem essencial da loucura, isto é, o sonho e o erro.

O caráter quase onírico da loucura é um dos temas constantes na idade clássica. Tema que herda sem dúvida uma tradição bastante arcaica, da qual Du Laurens, ao final do século XVI, é ainda um testemunho; para ele, melancolia e sonho teriam a mesma origem, e com relação à verdade teriam o mesmo valor. Há "sonhos naturais" que representam aquilo que, durante a vigília, passou pelos sentidos ou pelo entendimento, mas que é alterado pelo temperamento próprio do sujeito; do mesmo modo, existe uma melancolia que tem origem apenas física na compleição do doente, e que modifica, para seu espírito, a importância, o valor e como que o matiz dos eventos reais. Mas existe também uma melancolia que permite predizer o futuro, falar numa língua desconhecida, ver seres normalmente invisíveis; essa melancolia tem sua origem numa intervenção sobrenatural, a mesma que faz vir ao espírito de quem dorme os sonhos que antecipam o futuro, anunciam os eventos e fazem ver "coisas estranhas"[62].

Mas, de fato, o século XVII apenas mantém essa tradição de semelhança entre sonho e loucura para melhor rompê-la e fazer com que surjam novas relações, mais essenciais. Relações pelas quais sonho e loucura não são entendidos apenas em sua origem distante ou no valor imanente de signos, porém confrontados em seus fenômenos, em seu desenvolvimento, em sua própria natureza.

Sonho e loucura surgem então como pertencendo à mesma substância. O mecanismo de ambos é um só, e Zacchias pode identificar na marcha do sono os movimentos que fazem surgir os sonhos, mas que poderiam também, na vigília, suscitar as loucuras.

Nos primeiros momentos em que adormecemos, os vapores que então se elevam pelo corpo e sobem até a cabeça são múltiplos, turbulentos e espessos. São obscuros, a ponto de não provocarem, no cérebro, imagem alguma; apenas agitam, em seu turbilhão desordenado, os nervos e os músculos. O mesmo acontece com os furiosos e os maníacos: não há muitos fantasmas entre eles, nem falsas crenças, apenas algumas alucinações, mas uma viva agitação que não conseguem dominar. Retomemos a evolução do sono: após o primeiro período de turbulência, os vapores que sobem ao cérebro tornam-se mais claros, seu movimento se organiza; é o momento em que nascem os sonhos fantásticos: veem-se milagres e mil coisas impossíveis. A esse estádio corresponde o da demência, na qual nos persuadimos de muitas coisas *quae in veritate non sunt*. Finalmente, a agitação dos vapores se acalma inteiramente: o adormecido começa a ver as coisas mais claramente; na transparência dos vapores doravante límpidos, as recordações da vigília reaparecem, conformes à realidade. Estas imagens mal aparecem metamorfoseadas, num ponto ou noutro – como acontece com os melancólicos que reconhecem todas as coisas como elas são *in paucis qui non solum aberrantes*[63]. Entre os desenvolvimentos progressivos do sono – com o que eles trazem, em cada estádio, para a qualidade da imaginação – e as formas da loucura, é constante a analogia, porque os mecanismos são comuns: mesmo movimento dos vapores e dos espíritos, mesma libertação das imagens, mesma correspondência entre as qualidades físicas dos fenômenos e os valores psicológicos ou morais dos sentimentos. *Non aliter evenire insanientibus quam dormientibus*[64].

O importante, nessa análise de Zacchias, é que a loucura não é comparada ao sonho em seus fenômenos positivos, mas antes à totalidade formada pelo sono e pelo sonho. Isto é, a um conjunto que compreende, além da imagem, o fantasma, as recordações ou as predições, o grande vazio do sono, a noite dos sentidos e toda essa negatividade que tira o homem da vigília e de suas verdades sensíveis. Enquanto a tradição comparava o delírio do louco à vivacidade das imagens oníricas, a era clássica assimila o delírio apenas ao conjunto indissociável da imagem e da noite do espírito sobre cujo fundo ela se liberta. E esse conjunto, transportado para a claridade da vigília, constitui a loucura. É assim que se devem compreender as definições da loucura que retornam obstinadamente através da era clássica. O sonho, como figura complexa da imagem e do sono, está quase sempre presente. Seja de um modo negativo – a noção de vigília sendo a única a intervir na distinção entre os loucos e os adormecidos[65] – seja de um modo positivo, sendo o delírio definido diretamente como uma modalidade do sonho, tendo a vigília por diferença específica: "O delírio é o sonho das pessoas acordadas."[66] A velha ideia antiga de que o sonho é uma forma transitória de loucura é invertida: não é mais o sonho que empresta à alienação seus poderes inquietantes, mostrando com isso quanto é frágil ou limitada a razão; é a loucura que assume no sonho sua natureza primeira e revela, através desse parentesco, que é uma libertação da imagem na noite do real.

O sonho engana, leva a confusões, é ilusório. Mas não é errado. E é sob esse aspecto que a loucura não se esgota na modalidade desperta do sonho, transbordando para o erro. É fato que no sonho a imaginação forja *impossibilia et miracula*, ou que ela reúne figuras verídicas *irrationali modo*; mas, observa Zacchias, *nullus in his error est ac nulla consequenter insania*[67]. Haverá loucura quando às imagens, tão próximas do sonho, acrescentar-se a afirmação ou a negação constitutiva do erro. É nesse sentido que a *Enciclopédia* propunha sua famosa definição da loucura: afastar-se da razão "com confiança e na firme convicção de que segue seus ditames, é a isso que, parece-me, se chama ser *louco*"[68]. O erro é, com o sonho, o outro elemento sempre presente na definição clássica da alienação. Nos séculos XVII e XVIII, o louco não é tanto vítima de uma ilusão, de uma alucinação de seus sentidos, ou de um movimento de seu espírito. Ele não *é abusado*, ele *se engana*. Se é fato que, de um lado, o espírito do louco é arrebatado pelo arbitrário onírico das imagens, de outro lado e ao mesmo tempo, ele se encerra a si mesmo no círculo de uma consciência errônea: "Chamamos de loucos", dirá Sauvages, "os que estão de fato privados da razão ou que persistem em algum erro notável; é esse *erro constante* da alma que se manifesta em sua imaginação, em seus juízos e em seus desejos, que constitui a natureza desta classe."[69]

A loucura começa ali onde se perturba e se obnubila o relacionamento entre o homem e a verdade. É a partir desse relacionamento, ao mesmo tempo que da destruição desse relacionamento, que a loucura assume seu sentido geral e suas formas particulares. A demência, diz Zacchias, aqui empregando o termo no sentido mais geral da loucura, *in hoc constitit quod intellectus non distinguit verum a falso*[70]. Mas se essa ruptura só pode ser entendida como negação, ela tem estruturas positivas que lhe atribuem formas singulares. Segundo as diferentes formas de acesso à verdade, haverá diferentes tipos de loucura. É nesse sentido que Crichton, por exemplo, distingue, na ordem das vesânias, inicialmente o gênero dos delírios, que alteram esse relacionamento com o verdadeiro que toma forma na *percepção* ("delírio geral das faculdades mentais no qual as percepções doentias são consideradas como realidade"); a seguir, o gênero das alucinações que alteram a representação – "erro do espírito no qual os objetos imaginários são considerados como realidades, ou onde objetos reais são falsamente representados".

Finalmente, o gênero das demências, que sem abolir ou alterar as faculdades que dão acesso à verdade, enfraquece-as e diminui seus poderes. Mas é igualmente possível analisar a loucura a partir da própria verdade e das formas que lhe são próprias. É desse modo que a *Encyclopédie* distingue o "verdadeiro físico" do "verdadeiro moral". O "verdadeiro físico consiste no relacionamento adequado de nossas sensações com os objetos físicos". Haverá uma forma de loucura que será determinada pela impossibilidade de atingir essa forma de verdade, espécie de loucura do mundo físico que envolve as ilusões, as alucinações, todas as perturbações da percepção. "É loucura ouvir os concertos dos anjos, como o fazem certos entusiastas." Em compensação, o "verdadeiro moral consiste na adequação dos relacionamentos que se veem tanto entre os objetos morais quanto entre esses objetos e nós". Haverá uma forma de loucura que consistirá na perda desses relacionamentos. É o caso das loucuras do caráter, da conduta e das paixões: "Assim, são loucuras todos os defeitos de nosso espírito, todas as ilusões do amor-próprio e todas as nossas paixões quando levadas até a cegueira, pois a cegueira é a característica distintiva da loucura."[71]

Cegueira: palavra das que mais se aproximam da essência da loucura clássica. Ela fala dessa noite de um quase-sono que envolve as imagens da loucura, atribuindo-lhes, em seu isolamento, uma invisível soberania; mas fala também de crenças mal fundamentadas, juízos que se enganam, de todo esse pano de fundo de erros inseparável da loucura. O discurso fundamental do delírio, em seus poderes constituintes, revela assim aquilo pelo que, apesar das analogias da forma, apesar do rigor de seu sentido, ele não mais é discurso da razão. Ele falava, mas na noite da cegueira; era mais que o texto frouxo e desordenado de um sonho, uma vez que *se enganava*; contudo, era mais do que uma proposição errônea, uma vez que estava mergulhado nessa *obscuridade* global que é a do sono. O delírio como princípio da loucura é um sistema de proposições falsas na sintaxe geral do sonho.

A loucura encontra-se exatamente no ponto de contato entre o onírico e o erro; ela percorre, em suas variações, a superfície em que ambos se defrontam, a mesma que ao mesmo tempo os separa e une. Com o erro, ela tem em comum a não verdade e o arbitrário na afirmação ou na negação; ao sonho ela toma de empréstimo a ascensão das imagens e a presença colorida dos fantasmas. Mas enquanto o erro é apenas uma não verdade, enquanto o sonho não afirma nem julga, a loucura enche de imagens o vazio do erro e une os fantasmas através da afirmação do falso. Num certo sentido ela é, portanto, plenitude, acrescentando às figuras da noite os poderes do dia, às formas da fantasia a atividade do espírito desperto; liga conteúdos obscuros às formas da clareza. Mas essa plenitude não é, na verdade, *o máximo do vazio*? A presença das imagens, de fato, oferece apenas fantasmas cercados pela noite, figuras marcadas num canto do sono, portanto isoladas de toda realidade sensível; por mais vivas que sejam, e rigorosamente inseridas no corpo, essas imagens nada são, uma vez que nada representam. Quanto ao juízo errôneo, este julga de um modo apenas aparente: nada afirmando de verdadeiro ou de real, nada afirma em absoluto, e é considerado, em sua totalidade, o não ser do erro.

Unindo a visão e a cegueira, a imagem e o juízo, o fantasma e a linguagem, o sono e a vigília, o dia e a noite, a loucura no fundo não é *nada*, pois liga neles o que tem de negativo. Mas esse *nada* tem por paradoxo *a manifestação* desse aspecto, fazendo-o explodir em signos, em falas, em gestos. Inextricável unidade da ordem e da desordem, do ser racional das coisas e desse nada da loucura. Pois a loucura, se nada é, só pode manifestar-se saindo de si mesma, aparecendo na ordem da razão, tornando-se assim o contrário de si mesma. Assim se esclarecem os paradoxos da experiência clássica: a loucura está sempre ausente, num eterno retiro onde ela é inacessível, sem fenômeno nem positividade. E, no entanto, ela está presente e perfeitamente visível sob as espécies singulares do homem louco. Ela, que é desordem insensata, quando examinada revela apenas espécies ordenadas, mecanismos rigorosos na alma e no corpo, linguagem articulada segundo uma lógica visível. Tudo é razão naquilo que a loucura pode dizer sobre si mesma, ela que é negação da razão. Em suma, *uma apreensão racional da loucura é sempre possível e necessária, na exata medida em que ela é não razão.*

Como evitar resumir essa experiência numa única palavra, *Desrazão*? Aquilo que existe, para a razão, de mais próximo e mais distante, de mais pleno e mais vazio; aquilo que se oferece a ela em estruturas familiares autorizando um conhecimento e, logo, uma ciência que se pretende positiva e que está sempre atrasada em relação a ela, na reserva inacessível do nada.

■ ■

E se agora se pretender fazer prevalecer a desrazão clássica por si mesma, fora de seus parentescos com o sonho e o erro, é necessário entendê-la não como razão doentia, perdida ou alienada, mas simplesmente como *razão ofuscada*.

O ofuscamento[72] é a noite em pleno dia, a obscuridade que reina no próprio centro do que existe de excessivo no brilho da luz. A razão ofuscada abre os olhos para o sol e *nada* vê, isto é, *não vê*[73]. No ofuscamento, o recuo geral dos objetos na direção da profundidade da noite tem por correlato imediato a supressão da própria visão; no momento em que vê os objetos desaparecerem na noite secreta da luz, a vista se vê no instante de seu desaparecimento.

Dizer que a loucura é ofuscamento é dizer que o louco vê o dia, o mesmo dia que vê o homem de razão (ambos vivem na mesma claridade), mas vendo esse mesmo dia, nada além dele e nada nele, vê-o como vazio, como noite, como nada; as trevas são para ele a maneira de perceber o dia. O que significa que, vendo a noite e o nada da noite, ele não vê nada. E, acreditando ver, permite que venham até ele, como realidades, os fantasmas de sua imaginação e todos os habitantes das noites. Aí está por que delírio e ofuscamento estão num relacionamento que constitui a essência da loucura, exatamente como a verdade e a clareza, em seu relacionamento fundamental, são constitutivas da razão clássica.

Neste sentido, o programa cartesiano da dúvida é exatamente a grande conjuração da loucura. Descartes fecha os olhos e tapa os ouvidos para melhor ver a verdadeira claridade do dia essencial;

com isso, ele se garante contra o ofuscamento do louco que, abrindo os olhos, vê apenas a noite e, nada vendo, acredita ver quando na verdade imagina. Na uniforme claridade de seus sentidos fechados, Descartes rompeu com todo fascínio possível e, se vê, tem a certeza de ver aquilo que está vendo. Enquanto isso, diante do olhar do louco, embriagado com uma luz que é noite, surgem e multiplicam-se imagens, incapazes de criticarem-se a si mesmas (pois o louco as vê) mas irremediavelmente separadas do ser (pois o louco *nada* vê).

A desrazão mantém o mesmo vínculo com a razão que o ofuscamento com o brilho do dia. E isso não é uma metáfora. Estamos no centro da grande cosmologia que anima toda a cultura clássica. O "cosmos" da Renascença, tão rico em comunicações e simbolismos internos, dominado inteiramente pela presença cruzada dos astros, desapareceu, sem que a "natureza" tenha encontrado sua condição de universalidade, sem que acolha o reconhecimento lírico do homem e o conduza no ritmo de suas estações. O que os clássicos retêm do "mundo", o que já pressentem da "natureza", é uma lei extremamente abstrata, que, no entanto, constitui a oposição mais viva e mais concreta, *a do dia e da noite*. Não é mais a época fatal dos planetas, não é ainda a época lírica das estações; é o tempo universal, mas absolutamente dividido, da claridade e das trevas. Forma que o pensamento domina inteiramente numa ciência matemática – a física cartesiana é como uma *mathesis* da luz – mas que ao mesmo tempo traça na existência humana a grande cesura trágica: a que domina do mesmo modo imperioso o tempo teatral de Racine e o espaço de Georges de la Tour. O círculo do dia e da noite é a lei do mundo clássico: a mais reduzida, porém a mais exigente das necessidades do mundo, a mais inevitável, porém a mais simples das legalidades da natureza.

Lei que exclui toda dialética e toda reconciliação; lei que, por conseguinte, instaura ao mesmo tempo a unidade sem rupturas do conhecimento e a divisão descompromissada da existência trágica; ela reina sobre um mundo sem crepúsculo, que não conhece efusão alguma, nem as preocupações atenuadas do lirismo. Tudo deve ser ou vigília ou sonho, verdade ou noite, luz do ser ou nada da sombra. Ela prescreve uma ordem inevitável, uma divisão serena que torna possível a verdade e a marca definitivamente.

No entanto, de ambos os lados dessa ordem, duas figuras simétricas, duas figuras invertidas são testemunho de que há extremidades onde ela pode ser ultrapassada, mostrando ao mesmo tempo a que ponto é essencial não ultrapassá-la. De um lado, a tragédia. A regra do dia teatral tem um conteúdo positivo: ela impõe à duração trágica a necessidade de equilibrar-se ao redor da alternância, singular porém universal, do dia e da noite. O todo que é a tragédia deve realizar-se nessa unidade do tempo, pois no fundo ela é o confronto entre dois reinos, ligados um ao outro pelo próprio tempo, no irreconciliável. O dia no teatro de Racine se vê sempre dominado por uma noite que ele traz, por assim dizer, para a luz do dia: noite de Troia e dos massacres, noite dos desejos de Nero, noite romana de Tito, noite de Atalie. São esses grandes panos de noite, esses recantos de sombra que assombram o dia sem se deixar reduzir, e que só desaparecerão na nova noite da morte. E essas noites fantásticas, por sua vez, assombradas por uma luz que é como o reflexo infernal do dia: incêndio de Troia, as tochas dos pretorianos, luz pálida do sonho. Na tragédia clássica, dia e noite dispõem-se como num espelho, refletindo-se indefinidamente e dando a esse par simples uma repentina profundidade que envolve, num único gesto, toda a vida do homem e sua morte. Do mesmo modo, em *Madeleine au miroir* a sombra e a luz se defrontam, simultaneamente dividindo e unindo um rosto e seu reflexo, um crânio e seu rosto, uma vigília e um silêncio. E em *Image-Saint Alexis* o pajem com a tocha descobre na penumbra da abóboda aquele que foi seu mestre; um jovem brilhante e sério encontra toda a miséria dos homens; uma criança descobre a morte.

Diante da tragédia e de sua linguagem hierática, o murmúrio confuso da loucura. Aqui, mais uma vez, foi violada a grande lei da divisão; sombra e luz misturam-se no furor da demência, como na desordem trágica. Porém de modo diferente. A personagem trágica via na noite como que a verdade sombria do dia; a noite de Troia era a verdade de Andrômaca, assim como a noite de Atalie pressagiava a verdade do dia já a caminho. A noite, paradoxalmente, desvendava; era *o dia mais profundo do ser*. *O louco*, pelo contrário, encontra no dia apenas a inconsistência das figuras da noite; deixa que a luz se obscureça com todas as ilusões do sonho, seu dia é apenas *a noite mais superficial da aparência*. É nessa medida que o homem trágico está, mais que qualquer outro, comprometido no ser e é portador de sua verdade, uma vez que, como Fedra, desvenda sob o impiedoso sol todos os segredos da noite, enquanto o louco é inteiramente excluído do ser. E como poderia deixar de ser assim, ele que atribui o reflexo ilusório dos dias ao não ser da noite?

Compreende-se que o herói trágico – diversamente da personagem barroca da época anterior – nunca pode ser um louco e que, inversamente, a loucura não pode trazer em si mesma esses valores da tragédia, que conhecemos segundo Nietzsche e Artaud. Na era clássica, o homem-tragédia e o homem-loucura se defrontam sem diálogo possível, sem uma linguagem comum, pois um só sabe pronunciar as palavras decisivas do ser onde se encontram, por um breve instante, a verdade da luz e a profundidade da noite, enquanto o outro repete o murmúrio indiferente – em que se vêm anular as conversas do dia e a sombra mentirosa.

■ ■

A loucura designa o equinócio entre a vaidade dos fantasmas da noite e o não ser dos juízos da claridade.

E isso, que a arqueologia do saber nos pôde ensinar aos poucos, já nos tinha sido dito, numa simples fulguração trágica, nas últimas palavras de Andrômaca.

É como se, no momento em que a loucura desaparece do ato trágico, no momento em que o homem trágico se separa por mais de dois séculos do homem desatinado, nesse momento, se exigisse dela uma última figuração. A cortina que desce sobre a última cena de *Andrômaca* também cai sobre a última das grandes encarnações trágicas da loucura. Mas nesta presença no limiar de seu próprio desaparecimento, nesta loucura que começa a esquivar-se para sempre, enuncia-se aquilo que ela é e será durante toda a era clássica. Não é justamente no momento de seu desaparecimento que ela melhor pode proferir sua verdade, sua verdade de ausência, sua verdade que é a do dia nos limites da noite? Era necessário que fosse *a última* cena da *primeira* grande tragédia clássica ou, se se preferir, *a primeira* vez em que é enunciada a verdade clássica da loucura num movimento trágico que é o *último* do teatro pré-clássico. De todo modo, verdade instantânea, uma vez que seu aparecimento não pode ser mais que seu desaparecimento; só se pode ver o relâmpago quando a noite já vai avançada.

Orestes, em seu furor, atravessa um tríplice círculo da noite: três figurações concêntricas do *ofuscamento*. O dia acaba de levantar-se no Palácio de Pirro; a noite ainda está presente, marginando com sombras essa luz e indicando peremptoriamente seus limites. Nessa manhã, que é manhã de festa, um crime foi cometido e Pirro fechou os olhos para o dia que se levantava: fragmento de sombra jogado sobre os degraus do altar, no limiar da claridade e da obscuridade. Os dois grandes temas cósmicos da loucura estão, portanto, presentes de diversas formas, como presságio, cenário e contraponto da ira de Orestes[74]. Ela pode então começar: na claridade impiedosa que denuncia o assassínio de Pirro e a traição de Hermione, nesse começo do dia em que tudo explode enfim numa verdade tão jovem e ao mesmo tempo tão velha, um primeiro círculo de sombra: uma nuvem sombria na qual, ao redor de Orestes, o mundo põe-se a recuar; a verdade se esquiva nesse crepúsculo paradoxal, nessa tarde matinal em que a crueza do verdadeiro vai metamorfosear-se na raiva dos fantasmas:

"Mas que espessa noite de repente me envolve?"

É a noite vazia do *erro*, mas sobre o pano de fundo dessa primeira obscuridade, um brilho, um falso brilho vai aparecer: o das imagens. O pesadelo se levanta, não à clara luz da manhã, mas num brilho sombrio: luz da tempestade e do assassínio.

"Deuses! que rios de sangue correm à minha volta!"

E eis a dinastia do *sonho*. Nessa noite, os fantasmas se libertam; as Eríneas surgem e se impõem. Aquilo que as faz precárias torna-as também soberanas; elas triunfam facilmente na solidão em que se sucedem; nada as recusa; imagens e linguagem se entrecruzam, em apóstrofes que são invocações, presenças afirmadas e repelidas. Mas todas essas imagens convergem para a noite, para uma segunda noite que é a do castigo, da vingança eterna, da morte no próprio interior da morte. As Eríneas são convocadas para essas sombras que são suas – seu lugar de nascimento e sua verdade, isto é, seu próprio nada.

"Vêm levar-me para a noite eterna?"

É o momento em que se descobre que as imagens da loucura não passam de sonho e erro e se o infeliz, cego por elas, as invoca, é para melhor desaparecer com elas no aniquilamento para o qual estão destinadas.

Portanto, uma segunda vez se atravessa um círculo da noite. Mas com isso não se é levado à realidade clara do mundo. Para além daquilo que se manifesta na loucura, chega-se ao *delírio*, a essa estrutura essencial e constituinte que secretamente sustentara a loucura desde seus primeiros momentos. Esse delírio tem um nome, Hermione, Hermione que ressurge não mais como uma visão alucinada, mas como verdade última da loucura. É significativo que Hermione intervenha neste exato momento dos furores: não entre as Eumênidas, nem à frente delas para guiá-las, mas atrás delas e separada delas pela noite para a qual arrastaram Orestes e onde elas agora se dissipam. É que Hermione intervém como figura constituinte do delírio, como a verdade que reinava secretamente desde o começo e da qual as Eumênidas eram apenas, no fundo, as servas. Estamos aqui no oposto da tragédia grega, onde as Eríneas eram destino final e verdade que, desde a noite dos tempos, haviam espiado o herói; a paixão deste era apenas o instrumento delas. Aqui, as Eumênidas são apenas figuras a serviço do delírio, verdade primeira e última que já se desenhava na paixão e que agora se afirma em sua nudez. Essa verdade impera sozinha, pondo de lado as imagens:

"Mas não, retirem-se, deixem Hermione agir."

Hermione, que esteve presente desde o começo; Hermione, que sempre dilacerou Orestes, dilacerando sua razão pedaço a pedaço; Hermione, por quem ele se tornou "parricida, assassino, sacrílego", descobre-se enfim como verdade e aperfeiçoamento de sua loucura. E o delírio, em seu rigor, nada mais tem a dizer além de enunciar como decisão iminente uma verdade há muito cotidiana e irrisória.

"E enfim, trago-lhe meu coração para que o devore."

Havia dias e anos que Orestes fizera essa oferenda selvagem. Mas esse princípio de sua loucura, ele o enuncia agora como fim, pois a loucura não pode ir mais longe. Tendo dito sua loucura em seu delírio essencial, ela só pode agora mergulhar numa terceira noite, aquela da qual não há retorno, a da contínua devoração. O desatino só pode aparecer por um instante, no momento em que a linguagem penetra no silêncio, em que o próprio delírio se cala, em que o coração é enfim devorado.

Também nas tragédias do começo do século XVII a loucura era o desenlace do drama; mas esse desenlace era feito libertando a verdade. Ela se abria ainda para uma linguagem, para uma linguagem renovada, a da explicação e do real reconquistado. Ela só podia ser, no máximo, o penúltimo momento da tragédia. Não o último, como em *Andrômaca*, onde nenhuma verdade é dita, no Delírio, além da de uma paixão que encontrou, com a loucura, a perfeição de sua completude

O movimento próprio do desatino, que o saber clássico seguiu e perseguiu, já havia cumprido a totalidade de sua trajetória na concisão da palavra trágica. Após o que, o silêncio podia imperar e a loucura desaparecer na presença, sempre afastada, do desatino.

■ ■

O que agora sabemos da desrazão permite-nos melhor compreender o que era o internamento.

Esse gesto, que fazia a loucura desaparecer num mundo neutro e uniforme da exclusão, não assinalava um compasso de espera na evolução das técnicas médicas, nem no progresso das ideias humanitárias. Ele se revestia de seu sentido exato neste fato: que na era clássica a loucura deixou de ser o signo de um outro mundo, tendo-se tornado a paradoxal manifestação do não ser. No fundo, o internamento não visa tanto suprimir a loucura, ou escorraçar da ordem social uma figura que aí não encontra lugar; sua essência não é a conjuração de um perigo. Ele apenas manifesta aquilo que a loucura é em sua essência: uma revelação do não ser. E manifestando essa manifestação, por isso mesmo ele a suprime, pois a restitui à sua verdade de nada. O internamento é a prática que melhor corresponde a uma loucura sentida como desrazão, isto é, como negatividade vazia da razão; nele, a loucura é reconhecida como sendo *nada*. Isso significa que de um lado ela é imediatamente sentida como diferença, donde as formas de julgamento espontâneo e coletivo que se pede, não dos médicos, mas dos homens de bom senso, a fim de determinar o internamento de um louco[75]. Por outro lado, o internamento não pode ter por finalidade outra coisa que uma correção (isto é, a supressão da diferença ou a realização desse nada que é a loucura na morte). Donde esses desejos de morrer que se encontram tão frequentemente nos registros do internamento sob a pena dos guardiães e que não são, para o internamento, signo de selvageria, desumanidade ou perversão, mas estrito enunciado de seu sentido: uma operação de aniquilamento do nada[76]. O internamento desenha, na superfície dos fenômenos e numa síntese moral apressada, a estrutura secreta e distinta da loucura.

É o internamento que enraíza suas práticas nesta intuição profunda? É pelo fato de a loucura, sob o efeito do internamento, ter realmente desaparecido do horizonte clássico que ela foi, afinal, delimitada como não ser? Perguntas cujas respostas remetem-se uma às outras numa circularidade perfeita. É sem dúvida inútil perder-se no ciclo dessas formas de interrogação, ciclo que sempre recomeça. Melhor deixar a cultura clássica formular, em sua estrutura geral, a experiência que teve da loucura, e que aflora com as mesmas significações, na ordem idêntica de sua lógica interna, aqui e ali, na ordem da especulação e na ordem da instituição, no discurso e no decreto, na palavra e na palavra de ordem – por toda parte onde um elemento portador de signo pode assumir, para nós, valor de linguagem.

8. Figuras da Loucura

A loucura, portanto, é negatividade. Mas negatividade que se dá numa plenitude de fenômenos, segundo uma riqueza sabiamente disposta no jardim das espécies.

No espaço limitado e definido por essa contradição realiza-se o conhecimento discursivo da loucura. Por baixo das figuras ordenadas e calmas da análise médica opera um difícil relacionamento, no qual se constitui o devir histórico: relacionamento entre a *desrazão*, como sentido último da loucura, e a *racionalidade*, como forma de sua verdade. Que a loucura, sempre situada nas regiões originárias do erro, sempre em segundo plano em relação à razão, possa, no entanto, abrir-se inteiramente para esta e confiar-lhe a totalidade de seus segredos, tal é o problema que o conhecimento da loucura ao mesmo tempo manifesta e oculta.

Neste capítulo, não se trata de fazer a história das diferentes noções da psiquiatria, relacionando-as ao conjunto do saber, das teorias, das observações médicas que lhes são contemporâneas; não falaremos da psiquiatria na medicina dos espíritos ou na fisiologia dos sólidos. Mas, retomando uma a uma as grandes figuras da loucura que se mantiveram ao longo da era clássica, tentaremos mostrar como se situaram no interior da experiência do desatino; como aí conseguiram, cada uma delas, uma coesão própria e como chegaram a manifestar de modo *positivo* a *negatividade* da loucura.

Firmada essa positividade, ela não tem nem o mesmo nível, nem a mesma natureza, nem a mesma força nas diferentes formas da loucura: positividade frágil, delicada, transparente, ainda próxima da negatividade do desatino, através do conceito de *demência*, já mais densa, a que é conseguida, através de todo um sistema de imagens, pela *mania* e pela *melancolia*. A mais consistente, e também a mais afastada do desatino e a que lhe é mais perigosa, é a que, através de uma reflexão nos confins da moral e da medicina, através da elaboração de uma espécie de espaço corporal tanto ético quanto orgânico, dá um conteúdo às noções de *histeria*, *hipocondria*, a tudo aquilo que logo será chamado de *doenças nervosas*. Essa positividade está tão distante daquilo que constitui o centro do desatino, e tão mal integrada em suas estruturas, que acabará por colocá-lo em questão, pondo-o de lado inteiramente ao final da idade clássica.

I. O GRUPO DA DEMÊNCIA

Sob nomes diversos, mas que abrangem quase todos o mesmo domínio – *dementia*, *amentia*, *fatuitas*, *stupiditas*, *morosis* –, a demência é reconhecida pela maioria dos médicos dos séculos XVII e XVIII. Reconhecida e facilmente isolada entre as outras espécies mórbidas, mas não definida em seu conteúdo positivo e concreto. Ao longo desses dois séculos, ela persiste no elemento do negativo, sempre impedida de adquirir uma figura característica. Num certo sentido, a demência é, dentre todas as doenças do espírito, a que permanece mais próxima da essência da loucura. Mas da loucura em geral, da loucura experimentada em tudo aquilo que pode ter de negativo: desordem, decomposição do pensamento, erro, ilusão, não razão e não verdade. É essa loucura, como simples avesso da razão e contingência pura do espírito, que um autor do século XVIII define bastante bem numa extensão que nenhuma forma positiva consegue esgotar ou limitar:

A loucura tem sintomas variados ao infinito. Em sua composição entra tudo o que foi visto e ouvido, tudo o que foi pensado e meditado. Ela aproxima aquilo que parece mais afastado. Lembra aquilo que parece ter sido completamente esquecido. As antigas imagens revivem; as aversões que se acreditavam extintas renascem; as inclinações tornam-se mais acentuadas; mas tudo, então, fica desorganizado. As ideias, em sua confusão, se parecem com os caracteres de uma tipografia reunidos sem propósito estabelecido e sem inteligência. O que resultaria daí não teria um sentido coerente.[1]

É da loucura assim concebida em toda negatividade de sua desordem que se aproxima a demência.

Assim, a demência é, no espírito, ao mesmo tempo o extremo acaso e o inteiro determinismo; todos os efeitos podem se produzir aí, pois todas as causas podem provocá-la. Não existe perturbação nos órgãos do pensamento que não possa suscitar um dos aspectos da demência. Ela não tem sintomas propriamente ditos, é antes a possibilidade aberta de todos os sintomas possíveis da loucura. É verdade que Willis atribuiu-lhe como signo e característica essenciais a *stupiditas*[2]. Mas algumas páginas adiante *a stupiditas* tornou-se o equivalente da demência: *stupiditas sive morosis*... A estupidez é assim, pura e simplesmente, "a falha da inteligência e do juízo", atingindo por excelência a razão em suas funções mais elevadas. No entanto, mesmo esse defeito não é o primeiro, pois a alma racional, perturbada na demência, não está encerrada no corpo sem que um elemento misto constitua mediação entre este e aquela. Da alma racional para o corpo desenvolve-se, num espaço misto, ao mesmo tempo contínuo e interrompido, corpóreo e já pensante, essa *anima sensitiva sive corporea* que veicula os poderes intermediários e mediadores da imaginação e da memória. São eles que fornecem ao espírito as ideias ou pelo menos os elementos que permitem formá-las, e quando estas são perturbadas em seu funcionamento – em seu funcionamento corporal – o *intellectus acies*, "como se seus olhos estivessem vendados, se torna frequentemente embrutecido ou pelo menos obscurecido"[3]. No espaço orgânico e funcional em que se desdobra e cuja unidade viva ela assegura, a alma corporal tem sua sede; ali ela encontra também os instrumentos e os órgãos de sua ação imediata. A sede da alma corporal é o cérebro (de modo particular, o corpo caloso para a imaginação e a substância branca para a memória); seus órgãos imediatos são formados pelos espíritos animais. No caso de demência, deve-se supor que o próprio cérebro foi atingido ou então uma perturbação dos espíritos, ou ainda uma perturbação combinada da sede e dos órgãos, isto é, do cérebro e dos espíritos. Se o cérebro é, isoladamente, a causa da doença, pode-se procurar as origens disso inicialmente nas próprias dimensões da matéria cerebral, quer por ser demasiado pequena para funcionar de modo conveniente, quer, pelo contrário, por ser demasiado abundante, tendo assim uma menor solidez e sendo como que de qualidade inferior, *mentis acumini minus accommodum*. Mas às vezes deve-se incriminar também a forma do cérebro; quando não se tem essa forma *globosa* que permite uma reflexão equitativa dos espíritos animais, quando se produziu uma depressão ou uma saliência anormal, os espíritos são enviados em direções irregulares. Não mais lhes é possível, em seu percurso, transmitir a imagem verdadeiramente fiel das coisas e confiar à alma racional os ídolos sensíveis da verdade: a demência instalou-se. De um modo ainda mais fino: o cérebro deve conservar, para o rigor de seu funcionamento, uma certa intensidade de calor e umidade, uma certa consistência, uma espécie de qualidade sensível de textura e de granulosidade; quando se torna demasiado úmido ou demasiado frio – não é isso o que frequentemente acontece com as crianças e os velhos? – surgem os indícios da *stupiditas*. Também se percebem esses indícios quando a granulosidade do cérebro se torna demasiado grosseira e como que impregnada de uma pesada influência terrestre; esse peso da substância cerebral não pode ser atribuído a um certo pesadume do ar e a uma certa grosseria do solo, que poderiam explicar a famosa estupidez dos beócios?[4]

Na *morosis*, os espíritos animais são os únicos a se alterarem: quer por terem sido atacados por um pesadume equivalente, tornando-se grosseiros na forma e irregulares nas dimensões, quer tenham sido atraídos por uma gravitação imaginária na direção da lentidão da terra. Em outros casos, tornaram-se aquosos, inconsistentes e volúveis[5].

Perturbações dos espíritos e perturbações do cérebro podem ser, de início, isoladas, mas não permanecem assim por muito tempo: não deixam de se combinar, seja porque a qualidade dos espíritos se altera como um efeito dos vícios da matéria cerebral, seja porque esta, pelo contrário, se tenha modificado em virtude das falhas dos espíritos. Quando os espíritos são pesados e seus movimentos demasiado lentos, ou quando são demasiado fluidos, os poros do cérebro e os canais por eles percorridos chegam a obstruir-se ou a assumir formas defeituosas. Em compensação, se é o próprio cérebro que tem algum defeito, os espíritos não conseguem atravessá-lo com um movimento normal e, por conseguinte, adquirem uma diátese defeituosa.

Inutilmente se procuraria, em toda essa análise de Willis, o rosto exato da demência, o perfil dos signos que lhe são próprios ou de suas causas particulares. Não que a descrição seja desprovida de exatidão; mas a demência parece abranger todo o domínio de alterações possíveis num domínio qualquer do "gênero nervoso": espíritos ou cérebro, moleza ou rigidez, calor ou esfriamento, peso exagerado, leveza excessiva, matéria deficiente ou demasiado abundante, todas as possibilidades de metamorfoses patológicas são convocadas ao redor do fenômeno da demência a fim de fornecer, para esta, explicações virtuais. A demência não organiza suas causas, ela não as localiza, não especifica suas qualidades segundo a figura de seus sintomas. Ela é o efeito universal de toda alteração possível. De certo modo, a demência é a loucura menos todos os sintomas particulares a uma forma da loucura: uma espécie de loucura em filigrana da qual transparece pura e simplesmente aquilo que a loucura é na pureza de sua essência, em sua verdade geral. A demência é tudo o que pode haver de desatinado na sábia mecânica do cérebro, das fibras e dos espíritos.

Mas, num tal nível de abstração, o conceito médico não se elabora: está demasiado distante de seu objeto, articula-se em dicotomias puramente lógicas, desliza na direção de virtualidades, não trabalha de modo efetivo. A demência, enquanto experiência médica, não se cristaliza.

■ ■

Por volta da metade do século XVIII, o conceito de demência continua negativo. Da medicina de Willis à fisiologia dos sólidos, o mundo orgânico mudou de aspecto. No entanto, a análise continua a ser do mesmo tipo; trata-se apenas de delimitar na demência todas as formas de "desrazão" que o sistema nervoso pode manifestar. No começo do verbete "Demência" da

Encyclopédie, Aumont explica que a razão considerada em sua existência natural consiste na transformação das impressões sensíveis; comunicadas pelas fibras, chegam ao cérebro que as transforma em noções, através dos trajetos interiores dos espíritos. Passa a haver desatino, ou melhor, loucura, a partir do momento em que essas transformações não mais se fazem segundo os caminhos habituais, tornando-se exageradas, depravadas ou mesmo abolidas. A abolição é a loucura em estado puro, a loucura em seu paroxismo, como se tivesse atingido o ponto mais intenso da verdade: é a demência. Como se produz a demência? Por que todo esse trabalho de transformação das impressões se vê de repente abolido? Como Willis, Aumont convoca ao redor do desatino todas as perturbações eventuais do gênero nervoso. Há as perturbações provocadas pelas intoxicações do sistema: o ópio, a cicuta, a mandrágora. Bonet, em seu *Sepulchretum*, havia relatado o caso de uma jovem que se tornara demente após ter sido mordida por um morcego. Certas doenças incuráveis, como a epilepsia, produzem exatamente o mesmo efeito. Contudo, mais frequentemente deve-se procurar a causa da demência no cérebro, quer por ter sido este alterado acidentalmente por um golpe, quer por apresentar uma malformação congênita e ter um volume demasiado pequeno para o bom funcionamento das fibras e a boa circulação dos espíritos. Os próprios espíritos podem ser a origem da demência por estarem esgotados, sem forças e lânguidos, ou ainda por se terem engrossado, tornando-se serosos e viscosos. Contudo, a causa mais frequente da demência reside no estado das fibras que não mais são capazes de suportar as impressões e transmiti-las. A vibração que a sensação deveria provocar não se produz; a fibra permanece imóvel, sem dúvida por estar demasiado frouxa ou demasiado esticada, tendo-se tornado inteiramente rígida. Em certos casos, ela não é mais capaz de vibrar em uníssono porque tornou-se demasiado calosa. Quanto às razões desta incapacidade de vibrar, estas podem ser tanto as paixões quanto causas inatas ou doenças de toda espécie, afecções vaporosas ou mesmo a velhice. Percorre-se todo o domínio da patologia a fim de se encontrar as causas e uma explicação para a demência, mas a figura sintomática sempre tarda a aparecer; as observações acumulam-se, as cadeias causais se esticam, mas é em vão que se procura o perfil próprio da doença.

Quando Sauvages se puser a escrever o verbete "Amentia" de sua *Nosologie méthodique*, o fio de sua sintomatologia lhe escapará das mãos e ele não mais poderá ser fiel a esse famoso "espírito dos botanistas" que deve presidir à sua obra; não sabe distinguir as formas da demência senão a partir de suas causas: *amentia senilis*, causada pela "rigidez das fibras que as torna insensíveis às impressões dos objetos"; *amentia serosa*, devido a uma acumulação de serosidade no cérebro, tal como um açougueiro pôde constatar em bezerros loucos que "não comiam nem bebiam" e cuja substância cerebral estava "inteiramente convertida em água"; *amentia a venenis*, provocada sobretudo pelo ópio; *amentia a tumore; amentia microcephalica* – o próprio Sauvages viu "esta espécie de demência numa jovem que está no hospital de Montpellier: chamam-na de Macaca, por ter a cabeça demasiado pequena e por parecer-se com esse animal". *Amentia a siccitate*: de modo geral, nada enfraquece mais a razão do que fibras secas, esfriadas ou coaguladas – três moças que haviam viajado de charrete na época mais fria do inverno foram acometidas de demência e Bartholin devolveu-lhes a razão "envolvendo-lhes a cabeça com uma pele de carneiro recém-escorchado". *Amentia morosis*: Sauvages não sabe se se deve distingui-la da demência serosa. *Amentia ab ictu; amentia rachialgica; amentia a quartana*, devido à febre quartã; *amentia calculosa*, não foi achado no cérebro de um demente "um cálculo pisciforme que nadava na serosidade do ventrículo"?

Num certo sentido, não há sintomatologia própria à demência: nenhuma forma de delírio, de alucinação ou de violência lhe pertence de fato, por sua necessidade natural. Sua verdade é feita apenas de uma justaposição: de um lado, uma acumulação de causas eventuais, cujo nível, ordem e natureza podem ser tão diversos quanto possível; do outro, uma série de efeitos que têm por característica comum apenas a manifestação da ausência ou o funcionamento defeituoso da razão, sua impossibilidade de atingir a realidade das coisas e a verdade das ideias. A demência é a forma empírica, a mais geral e a mais negativa ao mesmo tempo, do desatino – a não razão como presença percebida que ela tem de concreto, mas que não permite que determine o que tem de positivo. É essa presença, que escapa sempre a si mesma, que Dufour tenta delimitar mais de perto em seu *Traité de l'entendement humain*. Ele faz com que prevaleça toda a multiplicidade de causas possíveis, acumulando os determinismos parciais que se puderam invocar a respeito da demência: rigidez das fibras, secura do cérebro, como queria Bonet, moleza e serosidade do encéfalo, como indicava Hildanus, uso da meimendro, do estramônio, do ópio, do açafrão (conforme as observações de Rey, Bautain, Barère), presença de um tumor, de vermes encefálicos, deformações do crânio. Todas elas causas positivas, mas que levam sempre ao mesmo resultado negativo – à ruptura do espírito com o mundo exterior e com o verdadeiro:

> Os acometidos pela demência são bastante negligentes e indiferentes a todas as coisas; cantam, riem e divertem-se indistintamente tanto com o mal quanto com o bem; a fome, o frio e a sede... estão presentes neles, mas não os afligem; também sentem as impressões que os objetos fazem sobre os sentidos, mas não parecem preocupar-se com isso.[6]

Assim se superpõem, porém sem unidade real, a positividade fragmentária da natureza e a negatividade geral do desatino. Como forma da loucura, a demência só é vivida e pensada do exterior: limite onde se abole a razão numa inacessível ausência. Apesar da constância da descrição, a noção não tem poder integrador; o ser da natureza e o não ser do desatino não encontra, nela, sua unidade.

■ ■

No entanto, a noção de demência não se perde numa indiferença total. Na verdade, ela se vê limitada por dois grupos de conceitos próximos, o primeiro dos quais é bastante antigo, enquanto o segundo, pelo contrário, só se isola e começa a se definir na era clássica.

A distinção entre a demência e o frenesi é tradicional. Distinção fácil de estabelecer ao nível dos sintomas, pois o frenesi sempre se faz acompanhar pela febre, enquanto a demência é uma doença apirética. A febre que caracteriza o frenesi permite determinar simultaneamente suas causas próximas e sua natureza: ela é inflamação, calor excessivo do corpo, queimadura dolorosa da cabeça, violência dos gestos e da fala, espécie de ebulição geral de todo o indivíduo. É ainda por esta coerência qualitativa que Cullen a caracteriza ao final do século XVIII: "Os indícios mais certos do frenesi são uma febre aguda, uma violenta dor de cabeça, vermelhidão e inchação da cabeça e dos olhos, insônias persistentes; o doente não pode suportar a impressão luminosa nem o menor ruído; entrega-se a movimentos irritados e furiosos."[7] Quanto à sua origem distante, essa deu margem a inúmeras discussões. Mas todas se pautam pelo tema do calor – constituindo as duas questões principais em saber se a doença pode originar-se no próprio cérebro ou se não passa de uma qualidade dele transmitida, e se ela é provocada por um excesso de movimento ou por uma imobilização do sangue.

Na polêmica entre La Mesnardière e Duncan, o primeiro afirma que, sendo o cérebro um órgão úmido e frio, invadido por líquidos e serosidades, seria inconcebível que ele se inflamasse. "Essa inflamação não é mais possível do que ver queimar um rio, sem artifícios." O apologista de Duncan não nega que as qualidades primeiras do cérebro são opostas às do fogo, mas o cérebro tem uma vocação local que contradiz sua natureza substancial: "Tendo sido colocado acima das entranhas, ele recebe facilmente os vapores da cozinha e as exalações de todo o corpo." Além do mais, o cérebro é cercado e invadido por um número infinito de veias e artérias que o cercam e que podem facilmente vir lançar seu conteúdo em sua substância. E mais: essas qualidades, a moleza e o frio, que caracterizam o cérebro, tornam-no mais facilmente penetrável pelas influências estranhas, mesmo por aquelas que são as mais contraditórias à sua natureza primeira. Enquanto as substâncias quentes resistem ao frio, as frias podem ser aquecidas; o cérebro, "por ser mole e úmido", é "por conseguinte pouco capaz de defender-se do excesso das outras qualidades"[8]. A oposição entre as qualidades torna-se assim a própria razão de sua substituição. Contudo, de modo cada vez mais acentuado, o cérebro será considerado como a sede central do frenesi. Deve-se considerar como exceção digna de nota a tese de Fem, para quem o frenesi se deve ao atravancamento das vísceras sobrecarregadas e que "por meio dos nervos comunicam sua desordem ao cérebro"[9]. Para a grande maioria dos autores do século XVIII, o frenesi tem sua sede e suas causas no próprio cérebro, que se tornou um dos centros do calor orgânico: o *Dictionnaire* de James situa a origem do frenesi exatamente nas "membranas do cérebro"[10]; Cullen chega ao ponto de pensar que a própria matéria cerebral pode inflamar-se: o frenesi, segundo ele, "é uma inflamação das partes encerradas e pode atacar quer as membranas do cérebro, quer a própria substância do cérebro"[11].

Esse calor excessivo é de fácil compreensão numa patologia do movimento. Mas existe um calor de tipo físico e um calor de tipo químico. O primeiro se deve ao excesso dos movimentos, que se tornam demasiado numerosos, demasiado frequentes e demasiado rápidos – provocando um aquecimento das partes, que se esfregam incessantemente umas contra as outras: "As causas distantes do frenesi são tudo o que irrita diretamente as membranas ou a substância do cérebro e, sobretudo, que torna o curso do sangue mais rápido em seus vasos, como a exposição da cabeça nua a um sol ardente, as paixões da alma e certos venenos."[12] Mas o calor de tipo químico é provocado, ao contrário, pela imobilidade: a obstrução das substâncias que se acumulam as faz vegetar, depois fermentar; com isso elas entram numa espécie de ebulição que espalha um grande calor: "O frenesi é, portanto, uma febre aguda inflamatória causada por uma grande congestão do sangue e pela interrupção do curso desse fluido nas pequenas artérias distribuídas pelas membranas do cérebro."[13]

Enquanto a noção de demência permanece abstrata e negativa, a de frenesi, pelo contrário, organiza-se ao redor de temas qualitativos precisos – integrando suas origens, suas causas, sua sede, seus indícios e seus efeitos na coesão imaginária, na lógica quase sensível do calor corporal. Organiza-o uma dinâmica da inflamação; um fogo desatinado o habita – incêndio nas fibras ou ebulição nos vasos, chama ou fervura, pouco importa; as discussões se enfeixam todas ao redor de um mesmo tema que tem poder de integração: o desatino, como chama violenta do corpo e da alma.

■ ■

O segundo grupo de conceitos aparentados com a demência diz respeito à "estupidez", à "imbecilidade", à "idiotia", à "patetice". Na prática, demência e imbecilidade são tratadas como sinônimos[14]. Sob o nome de *Morosis*, Willis designa tanto a demência adquirida como a estupidez que se pode observar nas crianças desde os primeiros meses de vida: nos dois casos trata-se de uma afecção que envolve ao mesmo tempo a memória, a imaginação e o juízo[15]. No entanto, a distinção entre as idades aos poucos se estabelece e, no século XVIII, já está firmada: "A demência é uma espécie de incapacidade de julgar e raciocinar de modo sadio; recebeu diferentes nomes, conforme as diferenças entre as idades em que se manifesta; na infância é normalmente chamada de *besteira, patetice*; chama-se *imbecilidade* quando se estende pela ou surge na idade da razão; e quando aparece na velhice, é conhecida pelo nome de *disparate ou condição infantil*."[16] Distinção essa que tem apenas um valor cronológico, uma vez que nem os sintomas, nem a natureza da doença variam segundo a idade na qual começa a se manifestar. No máximo, "os acometidos pela demência mostram de vez em quando algumas virtudes de seu antigo saber, coisa que os estúpidos não podem fazer."[17]

Lentamente, a diferença entre demência e estupidez se aprofunda: não mais apenas distinção no tempo, mas oposição no mundo da ação. A estupidez age no próprio domínio da sensação: a imbecilidade é insensível à luz e ao ruído; o demente é indiferente a isso; o primeiro nada recebe, o segundo não cuida do que lhe é dado. A um é recusada a realidade do mundo exterior; ao outro, sua verdade não importa. É mais ou menos essa distinção que Sauvages retoma em sua *Nosologie*; para ele, a demência "difere da estupidez na medida em que as pessoas dementes sentem perfeitamente as impressões dos objetos, coisa que os estúpidos não fazem; mas as primeiras não prestam atenção a eles, não se dão a esse trabalho, observando-os com absoluta indiferença, desprezando a coerência e não se embaraçando por isso"[18]. Mas que diferença se deve estabelecer entre a estupidez e as enfermidades congênitas dos sentidos? Tratando a demência como uma perturbação do juízo e a estupidez como uma deficiência da sensação, não se está correndo o risco de confundir um cego ou um surdo-mudo com um imbecil?[19]

Um artigo da *Gazette de médecine*, em 1762, retoma o problema a respeito da observação de um animal. Trata-se de um cachorro novo: "Todos dirão que ele é cego, surdo, mudo e sem olfato, seja de nascença, seja por um acidente ocorrido pouco após o nascimento, de forma que a única coisa que ele tem é uma vida vegetativa, considerando-o eu como estando a meio caminho entre a planta e o animal." Não se poderia falar em demência a respeito de um ser não destinado a ter, em seu sentido pleno, uma razão. Mas trata-se realmente de uma perturbação dos sentidos?

A resposta não é fácil, pois "ele tem olhos muito belos e que parecem sensíveis à luz; entretanto, anda chocando-se com todos os móveis, às vezes ferindo-se; ouve barulhos, e mesmo sons agudos, como o de um assovio, o perturbam e assustam; mas nunca foi possível fazer com que aprendesse seu nome". Portanto, não são a vista ou a audição que foram afetadas, mas esse órgão ou essa faculdade que organiza a sensação em percepção, fazendo de uma cor um objeto, de um som um nome.

Esse defeito geral de todos os sentidos não parece provir de nenhum de seus órgãos exteriores, mas apenas do órgão interior que os médicos modernos chamam *sensorium commune*, e que os antigos chamavam de alma sensitiva, feita para receber e confrontar as imagens que os sentidos transmitem; de modo que, nunca tendo sido possível a esse animal formar uma percepção, ele vê sem ver, ouve sem ouvir.[20]

O que existe na alma ou na atividade do espírito mais próximo da sensação é como que paralisado pelo efeito da imbecilidade, enquanto na demência o que é perturbado é o funcionamento da razão, no que ela pode ter de mais livre, de mais isolado da sensação.

E, ao final do século XVIII, imbecilidade e demência se distinguirão não mais tanto pela precocidade da oposição entre elas, nem mesmo pela faculdade atingida, como pelas qualidades que lhes pertencem e que comandarão em segredo o conjunto de suas manifestações. Para Pinel, a diferença entre imbecilidade e demência é, em suma, a que existe entre imobilidade e movimento. No idiota, há uma paralisia, uma sonolência de "todas as funções do entendimento e das afecções morais"; seu espírito permanece imobilizado numa espécie de estupor. Na demência, pelo contrário, as funções essenciais do espírito pensam, mas pensam no vazio e, por conseguinte, com extrema volubilidade. A demência é como um movimento puro do espírito, sem consistência nem insistência, uma fuga eterna que o tempo não consegue reter na memória: "Sucessão rápida, ou melhor, alternativa, não interrompida de ideias e ações isoladas, de emoções ligeiras ou desordenadas, esquecendo-se tudo aquilo que lhes é anterior."[21] Nessas imagens, os conceitos de estupidez e imbecilidade se fixam, e com isso também o conceito de demência, que sai lentamente de sua negatividade e começa a ser considerado numa certa intuição do tempo e do movimento.

Mas se se põem de lado esses grupos adjacentes do frenesi e da imbecilidade, que se organizam ao redor de temas qualitativos, pode-se dizer que o conceito de demência permanece à superfície da experiência – bem próximo da ideia geral do desatino, bastante afastado do centro real onde nascem as figuras concretas da loucura. A demência é o mais simples dos conceitos médicos da alienação – o que menos se oferece aos mitos, às valorizações morais, aos sonhos da imaginação. E, apesar de tudo, ele é, do modo mais secreto possível, o mais incoerente, na própria medida em que escapa ao perigo de todas essas ascendências; nele, natureza e desatino permanecem à superfície de sua generalidade abstrata, não conseguindo se compor nas profundezas imaginárias como aquelas em que vêm à vida as noções de mania e melancolia.

II. MANIA E MELANCOLIA

A noção de melancolia era considerada, no século XVI, entre uma certa definição pelos sintomas e um princípio de explicação oculto no próprio termo que a designa. Do lado dos sintomas, encontram-se todas as ideias delirantes que um indivíduo pode ter a respeito de si mesmo:

> Alguns deles acreditam ser animais, cuja voz e gestos imitam. Alguns pensam que são vasilhas de vidro e, por isso, recuam diante dos outros, com medo de se quebrarem; outros temem a morte, à qual no entanto acabam se entregando frequentemente. Outros imaginam que são culpados de algum crime, e tanto que tremem e têm medo quando veem alguém ir em sua direção, pensando que querem pôr-lhes as mãos em cima, para levá-los prisioneiros e fazê-los morrer pela justiça.[22]

Temas delirantes que permanecem isolados e não comprometem o conjunto da razão. Sydenham observará ainda que os melancólicos são pessoas que, fora disso, são muito comportadas e muito sensatas, e que têm uma argúcia e uma sagacidade extraordinárias. Aristóteles também observou, com razão, que os melancólicos têm mais espírito que os outros[23].

Ora, esse conjunto sintomático tão claro, tão coerente, vê-se designado por uma palavra que implica todo um sistema causal, o da melancolia: "Peço-lhes que observem mais de perto os pensamentos dos melancólicos, suas palavras, suas visões e ações, e verão como todos os seus sentidos são depravados por um humor melancólico espalhado pelos seus cérebros."[24] Delírio parcial e ação da bílis negra se justapõem na noção de melancolia, sem outras relações, no momento, além de um confronto sem unidade entre um conjunto de signos e uma denominação significativa. Ora, no século XVIII a unidade será encontrada, ou melhor, uma troca se realizará – com a qualidade desse humor frio e negro tornando-se a coloração maior do delírio, seu valor próprio diante da mania, da demência e do frenesi, o princípio essencial de sua coesão. E enquanto Boerhaave ainda define a melancolia somente como "um delírio longo, obstinado e sem febre, durante o qual o doente está sempre ocupado com um único e mesmo pensamento"[25], Dufour, alguns anos mais tarde, fez com que todo o peso de sua definição recaísse sobre "o temor e a tristeza", doravante encarregados de explicar o caráter parcial do delírio: "Assim se explica o fato de os melancólicos gostarem da solidão e evitarem as companhias; é isso que os torna mais apegados ao objeto de seu delírio ou à sua paixão predominante, seja qual for, enquanto parecem indiferentes a todo o resto."[26] A fixação do conceito não se caracteriza por um novo rigor na observação, nem por uma descoberta no domínio das causas, mas por uma transmissão qualitativa que parte de uma causa implícita na designação para uma percepção significativa nos efeitos.

Por muito tempo – até o começo do século XVII – o debate sobre a melancolia permaneceu preso à tradição dos quatro humores e suas qualidades essenciais: qualidades estáveis que de fato pertencem a uma substância, que só pode ser considerada como causa. Para Fernel, o humor melancólico, aparentado à Terra e ao Outono, é um suco "de consistência espessa, frio e seco de temperamento"[27]. Mas na primeira metade do século, organiza-se toda uma discussão a respeito da origem da melancolia[28]: é necessário ter um temperamento melancólico para se ver atacado pela melancolia? O humor melancólico é sempre frio e seco, nunca acontecendo de ser quente ou úmido? É de fato a substância que age, ou as qualidades que se comunicam? Pode-se resumir do seguinte modo o que se conseguiu nesse longo debate:

1. A causalidade das substâncias é cada vez mais frequentemente substituída por um percurso das qualidades que, sem

o auxílio de suporte algum, transmitem-se imediatamente do corpo para a alma, do humor para as ideias, dos órgãos para o comportamento. Assim, a melhor prova, para o Apologista de Duncan, de que o suco melancólico provoca a melancolia, é que nele se encontram as próprias qualidades da doença:

> O suco melancólico está mais capacitado a ter as condições necessárias para a produção da melancolia do que vossas cóleras queimadas, pois com sua frieza diminui a quantidade dos espíritos, com sua secura torna-os capazes de conservar por bastante tempo a espécie de uma imaginação forte e obstinada, e com seu negrume priva-os de sua claridade e sutilidade naturais.[29]

2. Além dessa mecânica das qualidades, há uma dinâmica que analisa em cada uma delas a força que nela se encerra. É assim que o frio e a secura podem entrar em conflito com o temperamento, e dessa oposição vão nascer signos de melancolia tanto mais violentos na medida em que existe uma luta: a força que prevalece e que carrega consigo todas as que lhe resistem. Assim é que as mulheres, as quais por sua natureza estão pouco inclinadas à melancolia, quando a ela sucumbem o fazem com mais gravidade: "Elas são mais cruelmente tratadas por esse mal, e agitam-se de modo mais violento, pois, sendo a melancolia mais oposta a seu temperamento, ela as afasta mais de sua constituição natural."[30]

3. Mas, por vezes, é no próprio interior de uma qualidade que surge o conflito. Uma qualidade pode alterar-se por si mesma em seu desenvolvimento e tornar-se o contrário do que era. Assim, quando "as entranhas se aquecem, quando tudo fica assando dentro do corpo... quando todos os sucos se incendeiam", nesse momento todo esse abrasamento pode transformar-se em fria melancolia – produzindo quase a mesma coisa que representa a cera num archote caído... Esse resfriamento do corpo é o efeito comum que se segue aos calores imoderados quando estes se desfizeram e esgotaram seu vigor[31]. Existe uma espécie de dialética da qualidade que, livre de toda coação substancial, de toda destinação primitiva, caminha por entre inversões e contradições.

4. Finalmente, as qualidades podem ser modificadas pelos acidentes, pelas circunstâncias, pelas condições da vida, de modo que um ser seco e frio pode tornar-se quente e úmido, se sua maneira de viver a isso o inclina. É o que acontece às mulheres: elas "ficam

na ociosidade, seus corpos transpiram menos (que os dos homens), o calor, os espíritos e os humores permanecem dentro deles"[32].

Assim, libertadas do suporte substancial onde tinham permanecido prisioneiras, as qualidades vão representar um papel organizador e integrador na noção de melancolia. Por um lado, elas vão desenhar, entre os sintomas e as manifestações, um certo perfil da tristeza, do negrume, da lentidão, da imobilidade. Por outro lado, vão constituir um suporte causal que não mais será a fisiologia de um humor, mas a patologia de uma ideia, de um temor, de um erro. A unidade mórbida não *é definida* a partir dos signos observados nem das causas supostas; mas, a meio caminho e acima de uns e outros, ela *é percebida* como uma certa coerência qualitativa, que tem suas leis de transmissão, desenvolvimento e transformação. É a lógica secreta dessa qualidade que ordena o devir da noção de melancolia, e não a teoria médica. Isso é evidente a partir dos textos de Willis.

À primeira vista, a coerência das análises está assegurada ao nível da reflexão especulativa. A explicação, em Willis, é inteiramente tomada de empréstimo dos espíritos animais e de suas propriedades mecânicas. A melancolia é uma "loucura sem febre nem furor, acompanhada pelo temor e pela tristeza". Na medida em que é delírio – isto é, ruptura essencial com a verdade –, sua origem reside num movimento desordenado dos espíritos e num estado defeituoso do cérebro; mas esse temor e essa inquietação que tornam os melancólicos "tristes e meticulosos" podem ser explicados apenas pelos movimentos? Pode existir uma mecânica do temor e uma circulação dos espíritos que sejam próprias da tristeza? Isso é uma evidência para Descartes, mas já não o é para Willis. A melancolia não pode ser tratada como uma paralisia, uma apoplexia, uma vertigem ou uma convulsão. No fundo, não é possível nem mesmo analisá-la como uma simples demência, embora o delírio melancólico pressuponha uma mesma desordem no movimento dos espíritos; as perturbações da mecânica explicam bem o delírio – esse erro comum a toda loucura, demência ou melancolia –, mas não a qualidade própria do delírio, a cor da tristeza e do temor que lhe tornam singular a paisagem. É necessário penetrar no segredo das diáteses[33]. Enquanto isso, são essas qualidades essenciais, ocultas no próprio grão da matéria sutil, que explicam os movimentos paradoxais dos espíritos.

Na melancolia, os espíritos são arrastados por uma agitação, porém uma agitação débil, sem poderes nem violência: espécie de empurrão impotente que não segue os caminhos traçados nem as vias abertas (*aperta opercula*) mas atravessa a matéria cerebral criando poros novos, incessantemente. No entanto, os espíritos não se perdem muito nos caminhos que traçam; sua agitação logo esmorece, sua força se esgota e o movimento se detém: *non longe perveniunt*[34]. Desse modo, uma perturbação semelhante, comum a todos os delírios, não pode produzir na superfície do corpo nem esses movimentos violentos, nem esses gritos observados na mania e no frenesi; a melancolia jamais chega ao furor; loucura, nos limites de sua impotência. Esse paradoxo é resultado das alterações secretas dos espíritos. Normalmente elas têm a rapidez quase imediata e a transparência absoluta dos raios luminosos, mas na melancolia carregam-se de sombras; tornam-se "obscuros, opacos, tenebrosos". E as imagens das coisas que levam para o cérebro e para o espírito estão veladas "por sombras e trevas"[35]. Ei-los pesados, e mais próximos de um obscuro vapor químico do que da pura luz. Vapor químico que seria de natureza ácida, mais do que sulfuroso ou alcoólico, pois nos vapores ácidos as partículas são móveis, e mesmo incapazes de repouso, mas sua atividade é fraca, sem alcance; quando destiladas no alambique, resta apenas uma fleuma insípida. Não têm os vapores ácidos as mesmas propriedades da melancolia, enquanto os vapores alcoólicos, sempre prestes a se inflamar, fazem pensar antes no frenesi, e os vapores sulfurosos na mania, já que são agitados por um movimento violento e contínuo? Portanto, se se devia procurar "a razão formal e as causas" da melancolia, dever-se-ia fazê-lo do lado dos vapores que sobem do sangue para o cérebro e que teriam degenerado em vapor ácido e corrosivo[36]. Aparentemente, é toda uma melancolia dos espíritos, toda uma química dos humores que guia a análise de Willis. Mas, de fato, o fio diretor é fornecido sobretudo pelas qualidades imediatas do mal melancólico: uma desordem impotente e depois essa sombra sobre o espírito com essa aspereza ácida que corrói o coração e o pensamento. A química dos ácidos não é a explicação dos sintomas, é uma opção qualitativa: toda uma fenomenologia da experiência melancólica.

Uns setenta anos mais tarde, os espíritos animais perderam seu prestígio científico. É aos elementos líquidos e sólidos do corpo que se pede o segredo das doenças. O *Dictionnaire universel de médecine*, publicado por James na Inglaterra, propõe, no verbete "Mania", uma etiologia comparada entre essa doença e a melancolia:

É evidente que o cérebro é a sede de todas as doenças dessa espécie... É aí que o Criador fixou, embora de maneira inconcebível, a morada da alma, o espírito, o gênio, a imaginação, a memória e todas as sensações... Todas essas nobres funções serão substituídas, depravadas, diminuídas e totalmente destruídas, se o sangue e os humores, que pecarem em qualidade e em quantidade, não forem mais levados ao cérebro de maneira uniforme e temperada, nele circulando com violência ou impetuosidade, ou movendo-se lentamente, com dificuldades ou languidamente.[37]

É esse curso lânguido, esses vasos obstruídos, esse sangue pesado e carregado que o coração tem dificuldade em espalhar pelo organismo e que tem dificuldade para penetrar nas artérias tão finas do cérebro, onde a circulação deve ser bem rápida para permitir o movimento do pensamento; é toda essa situação deplorável que explica a melancolia. Carga, peso, obstrução, tais são as qualidades primitivas que orientam a análise. A explicação efetua-se como uma transferência para o organismo das qualidades percebidas no aspecto, no comportamento e nos propósitos do doente. Passa-se da apreensão qualitativa para a explicação suposta. Mas é essa apreensão que não deixa de prevalecer, predominando sempre sobre a coerência teórica. Para Lorry, as duas grandes formas de explicação médica pelos sólidos e pelos fluidos se justapõem e, acabando por se identificar, permitem distinguir duas espécies de melancolia. A que tem sua origem nos sólidos é a melancolia nervosa: uma sensação particularmente forte abala as fibras que a recebem; em consequência, a tensão aumenta nas outras fibras, que se tornam simultaneamente mais rígidas e mais suscetíveis de vibrar. Mas se a sensação aumentar, a tensão torna-se tal nas outras fibras que elas se tornam incapazes de vibrar; o estado de rigidez é tal, que o curso do sangue se detém e os espíritos animais se imobilizam. A melancolia se instala. Na outra forma da doença, a "forma líquida", os humores veem-se impregnados de atrabílis, tornando-se mais espessos; carregado desses humores, o sangue torna-se mais pesado, estagnando nas meninges a ponto de comprimir os órgãos principais do sistema nervoso. Vê-se surgir de novo a rigidez da fibra, mas neste caso ela é apenas uma consequência de um fenômeno dos humores. Lorry distingue duas melancolias; na verdade é o mesmo conjunto de qualidades que asseguram à melancolia sua unidade real que ele introduz sucessivamente nos dois sistemas explicativos. A única coisa que se desdobra é o edifício teórico. A base qualitativa experimental permanece a mesma.

Unidade simbólica formada pela languidez dos fluidos, pelo obnubilamento dos espíritos animais e pela sombra crepuscular que eles espalham sobre as imagens das coisas, pela viscosidade de um sangue que se arrasta com dificuldade pelos vasos, pela espessura dos vapores que se tornaram escuros, deletérios e acres, pelas funções viscerais diminuídas e como que coladas – essa unidade, mais sensível do que conceitual ou teórica, dá à melancolia o caráter que lhe é próprio.

É esse trabalho, bem mais que uma observação fiel, que reorganiza o conjunto dos signos e o modo de surgimento da melancolia. O tema do delírio parcial desaparece cada vez mais como sintoma maior dos melancólicos em proveito dos dados qualitativos, como a tristeza, o amargor, o gosto pela solidão, a imobilidade. Ao final do século XVIII, serão classificadas como melancolia, sem maiores problemas, as loucuras sem delírio, porém caracterizadas pela inércia, pelo desespero, por uma espécie de estupor morno[38]. Já no *Dictionnaire* de James fala-se numa melancolia apoplética, sem ideias delirantes, na qual os doentes "não querem mais sair da cama; ... quando se levantam, só caminham quando coagidos por seus amigos ou pelos que os servem; não evitam os homens, mas parecem não prestar atenção alguma ao que lhes é dito; nada respondem"[39]. Se, neste caso, a imobilidade e o silêncio prevalecem e determinam o diagnóstico da melancolia, indivíduos há nos quais só se observam o amargor, a languidez e o gosto pelo isolamento; mesmo sua agitação não deve iludir, nem autorizar um julgamento apressado que conclua pela mania; o que se tem nesses doentes é a melancolia, pois "evitam companhia, gostam dos lugares isolados e erram sem saber para onde vão; a cor da pele é amarelada, a língua é seca como a de alguém muito perturbado, os olhos são secos, vazios, nunca umedecidos por lágrimas; o corpo todo é seco e áspero, e o rosto sombrio e coberto pelo horror e pela tristeza"[40].

As análises da mania e sua evolução no decorrer da era clássica obedecem a um mesmo princípio de coerência.

Willis opõe a mania à melancolia, termo a termo. O espírito do melancólico é inteiramente ocupado pela reflexão, de modo que a imaginação permanece em repouso e em estado de lazer. No maníaco, pelo contrário, fantasia e imaginação veem-se ocupadas por um eterno fluxo de pensamentos impetuosos. Enquanto o espírito do melancólico se fixa num único objeto, impondo-lhe, apenas a ele, proporções irracionais, a mania deforma conceitos e noções; ou então perdem sua congruência, os seus valores representativos são falseados; de todo modo, o conjunto do pensamento é atingido em seu relacionamento essencial com a verdade. Enfim, a melancolia sempre se faz acompanhar pela tristeza e pelo medo; no maníaco, pelo contrário, pela audácia e pelo furor. Quer se trate de mania ou de melancolia, a causa do mal está sempre no movimento dos espíritos animais. Mas esse movimento é bastante particular na mania: é contínuo, violento, sempre capaz de abrir novos poros na matéria cerebral, e constitui como que o suporte material dos pensamentos incoerentes, dos gestos explosivos, das palavras ininterruptas que traem a mania. Toda essa perniciosa mobilidade não é a mesma da água infernal, feita de líquido sulfuroso, essas *aquae stygiae, ex nitro, vitriolo, antimonio, arsenico et similibus exstillatae*: nela, as partículas têm um movimento eterno; são capazes de provocar em toda matéria novos poros e novos canais; e têm força suficiente para ir longe, tal como os espíritos maníacos, que são capazes de fazer entrar em agitação todas as partes do corpo. A água infernal abriga no segredo de seus movimentos todas as imagens nas quais a mania assume forma concreta. De uma maneira indissociável, ela constitui simultaneamente o mito químico e a verdade dinâmica da mania.

No decorrer do século xviii, a imagem, com todas as suas implicações mecânicas e metafísicas, de espíritos animais nos canais dos nervos é frequentemente substituída pela imagem, mais estritamente física porém de valor mais simbólico ainda, de uma tensão à qual estariam submetidos os nervos, os vasos e todo o sistema das fibras orgânicas. A mania é, então, uma tensão das fibras levada a seu paroxismo, e o maníaco, uma espécie de instrumento cujas cordas, através de uma tração exagerada, se poriam a vibrar à excitação mais distante e mais débil. O delírio maníaco consiste numa vibração contínua da sensibilidade. Através dessa imagem, as diferenças com a melancolia tornam-se mais precisas e organizam-se numa antítese rigorosa: o melancólico não é mais capaz de entrar em ressonância com o mundo exterior, ou porque suas fibras estão distendidas, ou porque foram imobilizadas por uma tensão maior (vê-se como a mecânica das tensões explica tanto a imobilidade melancólica quanto a agitação maníaca): apenas algumas fibras vibram no melancólico, as que correspondem ao ponto preciso de seu delírio. Pelo contrário, o maníaco vibra a qualquer solicitação, seu delírio é universal; as excitações não vêm perder-se na espessura de sua imobilidade, como no melancólico; quando seu organismo as restitui, elas são multiplicadas, como se os maníacos tivessem acumulado na tensão de suas fibras uma energia suplementar. Aliás, é exatamente isso que por sua vez os torna insensíveis, não da insensibilidade sonolenta dos melancólicos, mas duma insensibilidade tensa de vibrações interiores; sem dúvida é por isso que "eles não temem nem o frio, nem o calor, rasgam suas vestes, deitam-se nus na época mais fria do inverno sem se resfriarem". É também por isso que eles substituem o mundo real, que no entanto os solicita incessantemente, pelo mundo irreal e quimérico de seus delírios: "Os sintomas essenciais da mania provêm do fato de esses objetos não se apresentarem aos doentes tais como eles de fato são."[41] O delírio dos maníacos não é determinado por um vício particular do juízo; constitui uma falha na transmissão das impressões sensíveis ao cérebro, uma perturbação da informação. Na psicologia da loucura, a velha ideia da verdade como "conformidade do pensamento com as coisas" transpõe-se na metáfora de uma ressonância, de uma espécie de fidelidade musical da fibra às sensações que a fazem vibrar.

Esse tema da tensão maníaca desenvolve-se, além de uma medicina dos sólidos, em intuições mais qualitativas ainda. A rigidez das fibras no maníaco pertence sempre a uma paisagem seca; a mania faz-se acompanhar regularmente por um esgotamento dos humores e uma aridez geral em todo o organismo. A essência da mania é desértica, arenosa. Bonet, em seu *Sepulchretum*, assegura que os cérebros dos maníacos, tal como pôde observar, estavam sempre secos, duros e friáveis[42]. Mais tarde, Albrecht von Haller também dirá que o cérebro do maníaco é duro, seco e quebradiço[43]. Menuret lembra uma observação de Forestier que mostra claramente que uma perda de humor demasiado grande, secando com isso os vasos e as fibras, pode provocar um estado de mania; tratava-se de um jovem que, tendo-se casado no verão, tornou-se maníaco em virtude do comércio excessivo que manteve com sua mulher.

O que outros imaginam ou supõem, o que veem numa quase-percepção, Dufour constatou, mediu, enumerou. No decorrer de uma autópsia, retirou uma parte da substância medular do cérebro de um indivíduo morto em estado de mania; cortou nela "um cubo de seis linhas em todos os sentidos", cujo peso era de 3 j.g. III, enquanto o mesmo volume, observado num cérebro ordinário, era 3 j.g. V: "Essa desigualdade de peso, que inicialmente parece de pouca importância, não é tão pequena assim se atentarmos para o fato de que a diferença específica entre a massa total do cérebro de um louco e o de um homem que não o é, é de 7 *gros* a menos no adulto, cuja massa inteira do cérebro pesa normalmente três libras."[44] O ressecamento e a leveza da mania manifestam-se até mesmo na balança.

Essa secura interna e esse calor não são, aliás, comprovados pela facilidade com a qual os maníacos suportam os maiores frios? Estabeleceu-se que é comum verem-se os maníacos passeando nus na neve[45], que não é necessário aquecê-los quando são encerrados nos asilos[46], que é mesmo possível curá-los pelo frio. A partir de Van Helmont, é muito praticada a imersão dos maníacos em água gelada, e Menuret assegura ter conhecido uma pessoa maníaca que, escapando da prisão em que estava, "percorreu várias léguas sob uma chuva violenta sem chapéu e quase sem roupas, tendo com isso recobrado sua perfeita saúde"[47]. Montchau, que curou um maníaco fazendo com que lhe "jogassem em cima, do mais alto possível, água gelada", não se surpreende com um resultado tão favorável assim; para explicá-lo, coleta todos os temas de aquecimento orgânico que se sucederam e entrecruzaram desde o século XVII: "Devemos-nos surpreender com o fato de a água e o gelo produzirem uma cura tão rápida e tão perfeita num momento em que o sangue em ebulição, a bílis em furor e todos os líquidos amotinados levavam a toda parte a perturbação e a irritação?" Com a sensação do frio, "os vasos se contraíram com maior violência e se libertaram dos líquidos que os obstruíam; a irritação das partes sólidas causada pelo calor extremo dos líquidos que continha desapareceu, e com os nervos se distendendo, o curso dos espíritos que se comportavam de modo irregular, de um lado e do outro, se restabeleceu em seu estado natural"[48].

O mundo da melancolia era úmido, pesado e frio; o da mania é seco, ardente, feito simultaneamente de violência e fragilidade; mundo que um calor não sensível, mas sempre manifesto, torna árido, friável e sempre prestes a se abrandar sob o efeito de um frescor úmido. No desenvolvimento de todas essas simplificações qualitativas, a mania assume ao mesmo tempo sua amplitude e sua unidade. Sem dúvida ela continuou a ser o que era no começo do século XVII, "furor sem febre"; mas além desses dois caracteres, que ainda eram apenas *sinaléticos*, desenvolveu-se um tema *perceptivo* que foi o organizador real do quadro clínico. Quando os mitos explicativos desaparecerem e quando não mais tiverem curso as ideias de humores, espíritos, sólidos e fluidos, sobrará apenas o esquema de coerência de qualidades que não serão sequer nomeadas; e aquilo que essa dinâmica do calor e do movimento agrupou lentamente numa constelação característica da mania será encarado agora como um complexo natural, como uma verdade imediata da observação psicológica. O que tinha sido entendido como calor, imaginado como agitação dos espíritos, sonhado como tensão da fibra, será doravante reconhecido na transparência neutralizada das noções psicológicas: vivacidade exagerada das impressões internas, rapidez na associação das ideias, desatenção com o mundo exterior. A descrição de De La Rive já tem essa limpidez:

Os objetos exteriores não produzem sobre o espírito dos doentes a mesma impressão que produzem num homem sadio; estas impressões são fracas e raramente ele presta atenção a elas; seu espírito é quase totalmente absorvido pela vivacidade das ideias produzidas pelo estado desorganizado de seu cérebro. Essas ideias têm um grau de vivacidade tal, que o doente acredita que elas representam objetos reais, emitindo seus juízos em concordância com essa opinião.[49]

Mas não se deve esquecer que essa estrutura psicológica da mania, tal como ela aflora ao final do século XVIII para fixar-se de modo estável, é apenas o esboço superficial de toda uma organização profunda que vai soçobrar e que se havia desenvolvido segundo leis meio perceptivas e meio imaginárias de um mundo qualitativo.

Sem dúvida, todo esse universo do calor e do frio, da umidade e da secura, lembra ao pensamento médico, às vésperas de sua ascensão ao positivismo, em que céu ele nasceu. Mas essa carga de imagens não é apenas uma recordação; é, também, trabalho. Para formar a experiência positiva da mania ou da melancolia, foi necessária, num horizonte de imagens, essa gravitação das qualidades atraídas uma para as outras por todo um sistema de pertinências sensíveis e afetivas. Se a mania e a melancolia assumem doravante um rosto que nosso saber reconhece como sendo o delas, não é porque aprendemos, com o correr dos séculos, a "abrir os olhos" para seus signos reais; não é por termos purificado, até a transparência, nossa percepção; é que na experiência da loucura esses conceitos foram integrados ao redor de certos temas qualitativos que lhes deram uma unidade, uma coerência significativa, tornando-os enfim perceptíveis. Passou-se de uma assinalação nocional simples (furor sem febre, ideia delirante e fixa) para um campo qualitativo, aparentemente menos organizado, mais fácil, delimitado com menor precisão, mas que foi o único a poder constituir unidades sensíveis, reconhecíveis, *realmente presentes* na experiência global da loucura. O espaço de observação dessas doenças foi retirado de paisagens que obscuramente lhe deram seu estilo e sua estrutura. De um lado, um mundo molhado, quase diluviano, onde o homem é surdo, cego e está adormecido para tudo que não constitui seu terror único; um mundo simplificado ao extremo e desmedidamente grande num único de seus detalhes. Do outro, um mundo ardente e desértico, um mundo-pânico onde tudo é fuga, desordem, sulco instantâneo. É o rigor desses temas em sua forma cósmica – não as aproximações de uma prudência observadora – que organizou a experiência (já quase nossa experiência) da mania e da melancolia.

■ ■

É a Willis, a seu espírito de observação, à pureza de sua percepção médica, que se atribui a honra da "descoberta" do ciclo maníaco-depressivo; digamos melhor, da alternância mania-melancolia.

Com efeito, *a démarche* de Willis é do maior interesse. Inicialmente, por esta razão: a passagem de uma afecção a outra não é percebida como um fato de observação cuja explicação se teria de descobrir em seguida, mas sim a consequência de uma afinidade profunda que é da ordem de sua natureza secreta. Willis não cita um único caso de alternância que ele teve ocasião de observar; o que ele de início decifrou foi um parentesco interior que acarreta estranhas metamorfoses: "Após a melancolia, é preciso tratar da mania, que tem com ela tantas afinidades, que essas afecções frequentemente se substituem uma à outra": acontece mesmo à diátese melancólica, se ela se agrava, de tornar-se furor. O furor, pelo contrário, quando decresce, quando perde força e entra em estado de repouso, transforma-se em diátese atrabiliária[50]. Para um empirista rigoroso, haveria aí duas doenças conjuntas, ou ainda dois sintomas sucessivos de uma mesma e única doença. De fato, Willis não coloca o problema nem em termos de sintomas, nem em termos de doença; procura apenas a ligação desses dois estados na dinâmica dos espíritos animais. No melancólico, como se recorda, os espíritos eram sombrios e obscuros; projetavam suas trevas contra as imagens das coisas e constituíam, na luz da alma, como que a ascensão de uma sombra; na mania, pelo contrário, os espíritos agitam-se numa crepitação eterna; são arrastados por um movimento irregular, sempre recomeçado; um movimento que corrói e consome, e mesmo sem febre irradia seu calor. Da mania à melancolia, é evidente a afinidade: não é a afinidade de sintomas que se encadeiam na experiência, é a afinidade, bem mais forte e muito mais evidente nas paisagens da imaginação, que enlaça, num mesmo fogo, a fumaça e a chama. "Se se pode dizer que na melancolia o cérebro e os espíritos animais são obscurecidos por uma fumaça e algum vapor espesso, a mania parece dar início a um incêndio por elas provocado."[51] A chama, com seu movimento vivo, dissipa a fumaça, mas esta, quando cai, abafa a chama e apaga sua claridade. A unidade da mania e da melancolia não é, para Willis, uma doença: é um fogo secreto no qual lutam chamas e fumaça, é o elemento portador dessa luz e dessa sombra.

Nenhum dos médicos do século XVIII, ou quase nenhum, ignora a proximidade entre a mania e a melancolia. No entanto, vários se recusam a reconhecer numa e noutra duas manifestações de uma única e mesma doença[52]. Muitos constatam uma sucessão, sem perceber uma unidade sintomática. Sydenham prefere dividir o domínio da mania: de um lado, a mania comum – devido a "um sangue demasiado exaltado e vivo"; do outro, uma mania que, regra geral, "degenera em estupidez". Esta "provém da fraqueza do sangue que uma fermentação demasiado longa privou de suas partes mais espirituosas"[53]. De modo ainda mais frequente, admite-se que a sucessão entre mania e melancolia é um fenômeno ou de metamorfose ou de distante causalidade. Para Lieutaud, uma melancolia que dura muito e se exaspera em seu delírio perde seus sintomas tradicionais e assume uma estranha semelhança com a mania: "O último grau da melancolia tem muitas afinidades com a mania."[54] Mas o estatuto dessa analogia não foi elaborado. Para Dufour, a ligação é ainda mais frouxa: trata-se de um encadeamento causal longínquo: a melancolia pode produzir a mania, pela mesma razão que "os vermes nos senos frontais, ou os vasos dilatados ou varicosos"[55]. Sem o suporte de uma imagem, nenhuma observação consegue transformar a constatação de uma sucessão numa estrutura sintomática simultaneamente precisa e essencial.

Sem dúvida, a imagem da chama e da fumaça desaparece nos sucessores de Willis, mas é ainda no interior das imagens que o trabalho organizador é realizado – imagens cada vez mais funcionais, cada vez mais inseridas nos grandes temas fisiológicos da circulação e do aquecimento, cada vez mais afastadas das figuras cósmicas das quais Willis as tomava de empréstimo. Em Boerhaave e seu comentador Van Swieten, a mania constitui, de modo natural, o grau superior da melancolia – não apenas como consequência de uma frequente metamorfose, mas como efeito de um encadeamento dinâmico necessário: o líquido cerebral, estagnado no atrabiliário, entra em agitação ao fim de um certo tempo, pois a bílis negra que atravanca as vísceras torna-se, por sua própria imobilidade, "mais acre e mais maligna"; formam-se nela elementos mais ácidos e mais finos que, transportados para o cérebro pelo sangue, provocam a grande agitação dos maníacos. A mania, portanto, não se distingue da melancolia a não ser por uma diferença de grau: é a sequência natural desta, surge das mesmas causas e normalmente é curada pelos mesmos remédios[56]. Para Hoffmann, a unidade entre a mania e a melancolia é um efeito natural das leis do movimento e do choque; mas o que é mecânica pura ao nível dos princípios, torna-se dialética no desenvolvimento da vida e da doença. A melancolia, com efeito, caracteriza-se pela imobilidade, o que significa que o sangue grosso congestiona o cérebro onde se acumula; lá por onde deveria circular, tende a deter-se, imobilizado em seu peso. Mas se o peso diminui o movimento, ao mesmo tempo torna mais violento o choque, no momento em que este se produz; o cérebro, os vasos pelos quais é atravessado, sua própria substância, atingidos com mais força, tendem a resistir mais, portanto a endurecer, e com esse endurecimento o sangue pesado é empurrado com mais força; seu movimento aumenta e logo ele se vê prisioneiro dessa agitação que caracteriza a mania[57]. Assim, passa-se naturalmente da imagem de um congestionamento imóvel para as da seca, da dureza, do movimento acentuado, e Isso por um encadeamento no qual os princípios da mecânica clássica são, a cada momento, dobrados, desviados, falseados pela fidelidade a temas imaginários, e que são os verdadeiros organizadores dessa unidade funcional.

A seguir, outras imagens virão acrescentar-se, porém não terão mais um papel constituinte, funcionarão apenas como outras tantas variações interpretativas do tema de uma unidade doravante adquirida. Disso é testemunho, por exemplo, a explicação que Spengler propõe para a alternância entre mania e melancolia, cujo modelo ele retira da pilha elétrica. De início, haveria uma concentração do poder nervoso e de seu fluido nesta ou naquela região do sistema; apenas esse setor é excitado, permanecendo o resto em estado de dormência – é a fase melancólica. Mas quando esta atinge um certo grau de intensidade, essa carga local se espalha bruscamente por todo o sistema por ela violentamente agitado durante um certo tempo, até que a descarga seja completada: é o episódio maníaco[58]. Neste nível de elaboração, a imagem é demasiado complexa e demasiado completa, é emprestada de um modelo demasiado distante para servir como organizadora na percepção da unidade patológica. Pelo contrário, ela é convocada pela percepção que repousa por sua vez em imagens unificantes, porém bem mais elementares.

São elas que estão secretamente presentes no texto do *Dictionnaire* de James, um dos primeiros autores nos quais o ciclo maníaco-depressivo é dado como verdade de observação, como unidade facilmente legível para uma percepção liberada.

É absolutamente necessário reduzir a melancolia e a mania a uma única espécie de doença e, consequentemente, examiná-las conjuntamente, pois verificamos em nossas experiências e observações cotidianas que uma e outra têm a mesma origem e a mesma causa... As observações mais exatas e a experiência de todos os dias confirmam a mesma coisa, pois vemos que os melancólicos, sobretudo aqueles nos quais essa disposição é inveterada, tornam-se facilmente maníacos, e quando a mania cessa, a melancolia recomeça, de modo que há ida e volta de uma para a outra conforme certos períodos.[59]

Portanto, aquilo que se constituiu, no século XVIII, sob o efeito do trabalho das imagens, é uma estrutura perceptiva, e não um sistema conceitual ou mesmo um conjunto de sintomas. Prova é que, tal como numa percepção, deslizamentos qualitativos poderão ocorrer sem que se altere a figura de conjunto. Assim, Cullen descobrirá na mania, tal como na melancolia, "um objeto principal do delírio"[60] – e, inversamente, atribuirá a melancolia "a um tecido mais seco e mais firme da substância medular do cérebro"[61].

O essencial não é que o trabalho se realize da observação à construção de imagens explicativas; pelo contrário, o essencial é que as imagens asseguraram o papel inicial de síntese, que sua força de organização tenha tornado possível uma estrutura de percepção onde, enfim, os sintomas poderão assumir seu valor significativo e organizar-se como presença visível da verdade.

III. HISTERIA E HIPOCONDRIA

A respeito, dois problemas se colocam.

1. Em que medida é legítimo tratá-las como doenças mentais, ou pelo menos como formas da loucura?
2. Temos o direito de tratá-las juntas, como se formassem um par virtual, semelhante ao constituído antes pela mania e pela melancolia?

Um rápido exame das classificações basta para nos convencer; a hipocondria nem sempre figura ao lado da demência e da mania; a histeria só muito raramente ocorre. Plater não fala nem de uma nem da outra quando aborda as lesões dos sentidos; e ao final da era clássica, Cullen as classificará ainda numa categoria que não é a das vesânias: a hipocondria, "nas adinamias ou doenças que consistem numa fraqueza ou perda do movimento nas funções vitais ou animais"; a histeria, entre "as afecções espasmódicas das funções naturais"[62].

Além do mais, é raro, nos quadros nosográficos, que essas duas doenças sejam agrupadas numa vizinhança lógica, ou mesmo aproximada, sob a forma de uma oposição. Sauvages classifica a hipocondria entre as alucinações – "alucinações que caminham apenas sobre a saúde" –, a histeria, entre as formas da convulsão[63]. Linné utiliza a mesma divisão[64]. Não são eles fiéis, um e outro, aos ensinamentos de Willis, que havia estudado a histeria em seu livro *De Morbis convulsivas*, e a hipocondria na parte do *De Anima brutorum*, que tratava das doenças da cabeça, dando-lhe o nome de *Passio colica*? Trata-se com efeito de duas doenças bem diferentes: num caso, os espíritos superaquecidos são submetidos a impulsos recíprocos que poderiam fazer crer que explodirão – suscitando esses movimentos irregulares ou preternaturais cuja figura insensata forma a convulsão histérica. Na *passio colica*, pelo contrário, os espíritos são irritados em virtude de uma matéria que lhes é hostil e mal adequada (*infesta et improportionata*); com isso, provocam perturbações, irritações, *corrugationes* nas fibras sensíveis. Willis aconselha a não deixar-se surpreender por certas analogias de sintomas: sem dúvida observaram-se convulsões produzir dores como se o movimento violento da histeria pudesse provocar os sofrimentos da hipocondria. Mas as semelhanças são enganosas. *Non eadem sed nonnihil diversa materies est*[65].

Mas, sob essas distinções constantes dos nosógrafos, um lento trabalho está-se realizando, que tende cada vez mais a assimilar a histeria e a hipocondria como duas formas de uma única e mesma doença. Richard Blackmore publica em 1725 um *Treatise of Spleen and Vapours, or Hypochondriacal and Hysterical Affections*; nele, as duas doenças são definidas como duas variedades de uma única afecção – quer uma "constituição morbífica dos espíritos", quer uma "disposição para sair de seus reservatórios e consumir-se". Em Whytt, em meados do século XVIII, a assimilação é escorreita; o sistema dos sintomas é, doravante, idêntico:

Um sentimento extraordinário de frio e calor, as dores em diferentes partes do corpo; as síncopes e as convulsões vaporosas; a catalepsia e o tétano; ventos no estômago e nos intestinos; um apetite insaciável para os alimentos; vômitos de matéria negra; fluxo súbito e abundante de urina pálida, límpida; marasmo ou atrofia nervosa; asma nervosa ou espasmódica; tosse nervosa; palpitações do coração; variações do pulso, males e dores de cabeça periódicos; vertigens e tonturas; diminuição e enfraquecimento da visão; desencorajamento, abatimento, melancolia ou mesmo loucura; pesadelo ou íncubo.[66]

Por outro lado, a histeria e a hipocondria alcançam lentamente, no decorrer da era clássica, o domínio das doenças do espírito. Mead ainda podia escrever, a respeito da hipocondria: *Morbus totius corporis est*. E é preciso atribuir ao texto de Willis sobre a histeria seu justo valor:

> Entre as doenças das mulheres, a paixão histérica goza de tão mau renome que, à maneira dos *semi-damnati*, ela tem de carregar os erros de inúmeras outras afecções; se uma doença de natureza desconhecida e de origem oculta se produz numa mulher de tal modo que sua causa foge ao conhecimento e a indicação terapêutica é incerta, logo acusamos a má influência do útero que, na maior parte do tempo, não é responsável, e a respeito de um sintoma não habitual declaramos que ele oculta algo de histérico, e aquilo que tantas vezes foi o subterfúgio de tanta ignorância consideramos como objeto de nossos cuidados e nossos remédios.[67]

Por mais que isso desgoste aos comentadores tradicionais desse texto inevitavelmente citado em todo estudo sobre a histeria, isso não significa que Willis não tenha suposto uma ausência de fundamento orgânico nos sintomas da paixão histérica. Diz apenas, e de modo explícito, que a noção de histeria recolhe todos os fantasmas – não daquele que é ou que se crê um doente, mas do médico ignorante que faz de conta que conhece a situação. O fato de a histeria ser classificada por Willis entre as doenças da cabeça não significa, só por isso, que ele a tenha transformado numa perturbação do espírito, mas apenas que ele atribui a origem dela a uma alteração na natureza, na origem e em todo o primeiro trajeto dos espíritos animais.

No entanto, ao final do século XVIII, hipocondria e histeria figurarão, quase sem problemas, no brasão da doença mental. Em 1755, Alberti publica em Halle sua dissertação *De morbis imaginariis hypochondriacorum*. E Lieutaud, embora defina a hipocondria pelo espasmo, reconhece que "o espírito é tão ou talvez mais afetado que o corpo; essa é a razão pela qual o termo 'hipocondríaco' se tornou quase um xingamento, pelo que os médicos que querem agradar evitam servir-se dele"[68]. Quanto à histeria, Raulin não lhe atribui uma realidade orgânica, pelo menos em sua definição inicial, inscrevendo-a desde logo na patologia da imaginação: "Essa doença, na qual as mulheres inventam, exageram e repetem todos os diferentes absurdos de que é capaz uma imaginação desregrada, por vezes tornou-se epidêmica e contagiosa."[69]

Há, portanto, duas linhas de evolução essenciais, na era clássica, para a histeria e a hipocondria. Uma que as aproxima até a formação de um conceito comum que será o de "doença dos nervos", outra, que desloca sua significação e seu suporte patológico tradicional – suficientemente indicado por seu nome – e que tende a integrá-las aos poucos no domínio das doenças do espírito, ao lado da mania e da melancolia. Mas essa integração não se faz, como na mania e na melancolia, ao nível de qualidades primitivas, percebidas e sonhadas em seus valores imaginários. Lidamos aqui com um tipo bem diferente de integração.

■ ■

Os médicos da época clássica bem que tentaram descobrir as qualidades próprias da histeria ou da hipocondria. Mas nunca chegaram a perceber essa coerência, essa coesão qualitativa que deu seu perfil singular à mania e à melancolia. Todas as qualidades foram contraditoriamente invocadas, anulando-se umas às outras e deixando inteiro o problema referente ao que são, em sua natureza profunda, essas duas doenças.

Muito frequentemente, a histeria foi entendida como o efeito de um calor interno que espalha através do corpo uma efervescência, uma ebulição ininterruptamente manifestada por convulsões e espasmos. Esse calor não será parente do ardor amoroso ao qual a histeria é tão frequentemente associada, nas moças à procura de marido e nas jovens viúvas que perderam o seu? A histeria é ardorosa por natureza; seus signos remetem muito mais facilmente a uma imagem do que a uma doença; essa imagem foi esboçada por Jacques Ferrand no começo do século XVII, com toda sua exatidão material. Em sua *Maladie d'amour ou mélancolie érotique*, ele se compraz no reconhecimento de que as mulheres se veem mais frequentemente desvairadas pelo amor do que os homens; mas com que arte sabem dissimulá-lo! "Seus rostos são semelhantes a alambiques gentilmente pousados sobre suas bases, sem que se veja o fogo por fora, mas se olhardes sob o alambique e puserdes a mão no coração das damas, encontrareis em ambos os lugares um grande braseiro."[70] Admirável imagem por seu peso simbólico, suas sobrecargas afetivas e todo o jogo de suas referências imaginárias. Bem depois de Ferrand, reencontramos o tema qualitativo dos calores úmidos para a caracterização das destilações secretas da histeria e da hipocondria. Mas a imagem se apaga em proveito de um motivo mais abstrato. Já Nicolas Chesneau considera que a chama do alambique feminino está bem descolorida: "Digo que a paixão histérica não é uma afecção simples; devemos entender, por esse nome, vários males ocasionados por um vapor maligno que de algum modo se eleva, que é corrompido e sofre uma extraordinária efervescência."[71] Para outros, ao contrário, o calor que sobe dos hipocôndrios é seco: a melancolia hipocondríaca é uma doença "quente e seca", causada por "humores da mesma qualidade"[72]. Mas alguns não percebem nenhum calor, nem na histeria nem na hipocondria: a qualidade própria dessas doenças seria, pelo contrário, a languidez e uma umidade fria própria dos humores estagnados: "Penso que essas afecções (hipocondríacas e histéricas), quando têm certa duração, dependem de as fibras do cérebro e dos nervos estarem frouxas, flácidas, sem ação ou elasticidade, e do fato de o fluido nervoso ter-se tornado pobre e sem virtudes."[73] Nenhum texto é melhor prova dessa instabilidade qualitativa da histeria do que o livro de George Cheyne, *The English Malady*: nele, a doença só mantém sua unidade de um modo abstrato, seus sintomas se espalham por regiões qualitativas diferentes e são atribuídos a mecanismos que pertencem adequadamente a cada uma dessas regiões. Tudo o que é espasmo, cãibra, convulsão, decorre de uma patologia do calor simbolizada por "partículas salgadas" e "vapores perniciosos, acres ou acrimoniosos". Todos os signos orgânicos ou psicológicos da fraqueza, pelo contrário – "abatimento, síncopes, inação do espírito, entorpecimento letárgico, melancolia e tristeza" –, manifestam um estado das fibras que se tornaram demasiado úmidas e demasiado frouxas, sem dúvida sob o efeito de humores frios, viscosos e espessos que obstruem as glândulas e os vasos, tanto os serosos quanto os sanguíneos. Quanto às paralisias, elas significam ao mesmo tempo um esfriamento e uma imobilização das fibras, "uma interrupção das vibrações", de certo modo geladas na inércia geral dos sólidos.

Quanto mais a mania e a melancolia se organizam com facilidade no registro das qualidades, tanto mais dificuldade têm os fenômenos da histeria e da hipocondria para aí encontrarem seus lugares.

Diante deles, também a medicina do movimento é indecisa, e suas análises igualmente instáveis. Pelo menos para toda percepção que não recusava suas próprias imagens, era bem claro que a mania se aparentava com um excesso de mobilidade; a melancolia, pelo contrário, com uma diminuição do movimento. Para a histeria, e também para a hipocondria, é difícil a escolha. Stahl opta por um engrossamento do sangue, que se torna simultaneamente tão abundante e tão espesso, que não é mais capaz de circular regularmente através da veia porta; apresenta uma tendência para estagnar diante dela, acumulando-se aí, e advém a crise "em virtude do esforço que ele faz para encontrar uma saída, seja pelas partes superiores ou pelas inferiores"[74]. Para Boerhaave, pelo contrário, como para Van Swieten, o movimento histérico se deve a uma mobilidade demasiado acentuada de todos os fluidos, que adquirem uma tal leveza, uma tal inconsistência, que se veem perturbados pelo menor movimento: "Nas constituições fracas", explica Van Swieten, "o sangue se dissolve, mal se coagulando; o sérum, portanto, não terá consistência nem qualidade; a linfa se parecerá ao sérum, o mesmo acontecendo com os outros fluidos que o fornecem... Com isso, torna-se provável que a paixão histérica e a doença hipocondríaca, ditas sem matéria, dependam das disposições ou do estado particular das fibras." É a essa sensibilidade, a essa mobilidade que se devem atribuir as angústias, os espasmos, as dores singulares que tão facilmente sentem as "jovens de cores pálidas, as pessoas que se entregam demasiadamente ao estudo e à meditação"[75]. A histeria é indiferentemente móvel ou imóvel, fluida ou pesada, entregue a vibrações instáveis ou carregada de humores estagnados. Não se conseguiu descobrir o estilo próprio de seus movimentos.

Mesma imprecisão nas analogias químicas; para Lange, a histeria é um produto da fermentação – mais exatamente, da fermentação "dos sais, levados a diferentes partes do corpo", com "os humores que lá se encontram"[76]. Para outros, ela é de natureza alcalina. Ettmüller, em compensação, acredita que os males desse gênero se inscrevem numa sequência de reações ácidas; "a causa próxima disso é a crueza ácida do estômago; como o quilo é ácido, a qualidade do sangue torna-se má; não produz mais espíritos; a linfa é ácida, a bílis sem virtude; o gênero nervoso sente uma irritação, o lêvedo digestivo é menos volátil e demasiado ácido"[77]. Viridet põe-se a reconstituir, a respeito dos "vapores que chegam até nós", uma dialética dos álcalis e dos ácidos, cujos movimentos e encontros violentos, no cérebro e nos nervos, provocam os signos da histeria e da hipocondria. Certos espíritos animais, particularmente desatados, seriam sais alcalinos que se movimentam com muita velocidade e se transformam em vapores quando atingem um estado demasiado tênue; mas há outros vapores que são ácidos volatilizados; a estes o éter atribui movimento suficiente para levá-los ao cérebro e aos nervos onde, "encontrando os álcalis, causam males infinitos"[78].

Estranha instabilidade qualitativa desses males histéricos e hipocondríacos, estranha confusão de suas propriedades dinâmicas e do segredo de sua química. Quanto mais a leitura da mania e da melancolia parecia simples no horizonte das qualidades, tanto mais o deciframento desses males parece hesitante. Sem dúvida, essa paisagem imaginária das qualidades, decisiva para a constituição do par mania-melancolia, permaneceu em lugar secundário na história da histeria e da hipocondria, onde o único papel que representou foi o de um cenário sempre renovado. O percurso da histeria não se constituiu, como para a mania, através de obscuras qualidades do mundo refletidas numa imaginação médica. O espaço em que ela afirmou suas dimensões é de outra natureza: é o do corpo na coerência de seus valores orgânicos e de seus valores morais.

■ ■

Usualmente homenageia-se Le Pois e Willis por terem libertado a histeria dos velhos mitos dos deslocamentos uterinos. Liebaud, traduzindo, ou antes, adaptando para o século XVII o livro de Marinello, ainda aceitava, apesar de algumas restrições, a ideia de um movimento espontâneo da matriz; se ela se move, "é para estar mais à vontade; não que faça isso por prudência, obediência ou estímulo animal, mas por um instinto natural, a fim de conservar a saúde e ter o gozo de algo deleitável". Sem dúvida, não se lhe reconhece mais a faculdade de mudar de lugar e percorrer o corpo agitando-o com sobressaltos ao sabor de sua passagem, pois ela está "estreitamente anexada", por seu colo, por ligamentos, vasos, enfim pela túnica do peritônio; e no entanto pode mudar de lugar:

Portanto a matriz, embora estreitamente ligada às partes que descrevemos, de modo a não poder mudar de lugar, na maioria das vezes muda de lugar e faz movimentos bem acentuados e estranhos ao corpo da mulher. Esses movimentos são diversos, a saber, subida, descida, convulsões, vagabundagem, procidência. Sobe ao fígado, baço, diafragma, estômago, peito, coração, pulmão, faringe e cabeça.[79]

Os médicos da era clássica serão quase unânimes na recusa de semelhante explicação.

A partir do século XVII, Le Pois poderá escrever, falando das convulsões histéricas: *Eorum omnium unum caput esse parentem, idque non per sympathiam, sed per idiopathiam*. Mais exatamente, sua origem está num acúmulo dos fluidos na parte posterior do crânio:

Tal como um rio resulta do concurso de uma quantidade de pequenos riachos que se reúnem para formá-lo, o mesmo acontece com os senos que estão à superfície do cérebro e terminam na parte posterior da cabeça, reunindo líquidos em virtude da posição inclinada da cabeça. O calor das partes faz então com que o líquido se esquente, atingindo a origem dos nervos...[80]

Willis, por sua vez, faz uma crítica minuciosa da explicação uterina: é sobretudo das afecções do cérebro e do gênero nervoso "que dependem todos os desarranjos e irregularidades que acontecem aos movimentos do sangue nessa doença"[81]. No entanto, todas essas análises não aboliram o tema de uma ligação essencial entre a histeria e a matriz. Mas essa ligação é concebida de outro modo: não se pensa mais nela como a trajetória de um deslocamento real através do corpo, mas como uma espécie de propagação abafada através dos caminhos do organismo e das proximidades funcionais. Não se pode dizer que a sede da doença tenha se tornado o cérebro, nem que Willis tenha tornado possível uma análise psicológica da histeria. Mas o cérebro representa agora o papel de ligação e de distribuidor de um mal cuja origem é visceral: a matriz lhe dá origem tal como todas as outras vísceras[82]. Até o final do século XVIII, até Pinel, o útero e a matriz permanecem presentes na patologia da histeria[83], porém graças a um privilégio de difusão pelos humores e pelos nervos, e não por um prestígio particular de sua natureza.

Stahl justifica o paralelismo da histeria e da hipocondria por uma curiosa aproximação entre o fluxo menstrual e as hemorroidas. Em sua análise dos movimentos espasmódicos, ele explica que o mal histérico é uma dor bastante violenta, "acompanhada por tensão e compressão, que se faz sentir principalmente sob os hipocôndrios". Atribui-se-lhes o nome de mal hipocondríaco quando ataca os homens "cuja natureza se esforça por libertar-se do excesso de sangue através de vômitos ou das hemorroidas"; chama-se mal histérico quando ataca as mulheres nas quais "o curso das regras não é aquele que devia ser. No entanto, não existe diferença essencial entre as duas afecções"[84]. A opinião de Hoffmann está bem próxima desta, apesar de tantas diferenças teóricas. *A causa* da histeria está na matriz – afrouxamento e enfraquecimento – mas *a sede* do mal deve ser procurada, como no caso da hipocondria, no estômago e nos intestinos; o sangue e os humores vitais estagnam "nas túnicas membranosas e nervosas dos intestinos"; seguem-se perturbações no estômago, que daí se espalham pelo corpo todo. No próprio centro do organismo, o estômago serve de ligação e distribui os males que provêm das cavidades interiores e subterrâneas do corpo: "Não se duvida de que as afecções espasmódicas sentidas pelos hipocondríacos e pelos histéricos têm sua sede nas partes nervosas e, sobretudo, nas membranas do estômago e dos intestinos, de onde são comunicadas, através do nervo intercostal, para a cabeça, peito, rins, fígado e para todos os órgãos principais do corpo."[85]

O papel que Hoffmann atribui aos intestinos, ao estômago e ao nervo intercostal é significativo da maneira pela qual se coloca o problema na era clássica. Não se trata tanto de escapar à velha localização uterina, mas de descobrir o princípio e as vias do percurso de um mal diverso, polimorfo e assim disperso através do corpo. É necessário explicar um mal que tanto pode atingir a cabeça quanto as pernas, traduzir-se por uma paralisia ou por movimentos desordenados, que pode acarretar a catalepsia ou a insônia, um mal, em suma, que percorre o espaço corporal com tal rapidez e graças a tais artimanhas que está virtualmente presente no corpo inteiro.

Inútil insistir na mudança de horizonte médico que se efetuou de Marinello a Hoffmann. Nada mais subsiste dessa famosa mobilidade atribuída ao útero, que figurara constantemente na tradição hipocrática. Nada, a não ser um certo tema que aparece tanto melhor agora que não mais é retido numa única teoria médica, mas que persiste idêntico na sucessão dos conceitos especulativos e dos esquemas da explicação. Esse tema é o de um transtorno dinâmico do espaço corporal, de uma ascensão dos poderes inferiores que, por muito tempo coagidos e como que congestionados, entram em agitação, põem-se a ferver e acabam por espalhar sua desordem – com ou sem a intermediação do cérebro – pelo corpo todo. Esse tema permaneceu mais ou menos imóvel até o começo do século XVIII, apesar da reorganização completa dos conceitos fisiológicos. E, coisa estranha, é no decorrer do século XVIII, sem que tenha havido uma transformação teórica ou experimental na patologia, que o tema vai bruscamente alterar-se, mudar de sentido – que uma dinâmica do espaço corporal vai ser substituída por uma moral da sensibilidade. É então, e somente então, que as noções de histeria e de hipocondria vão mudar de direção – e entrar definitivamente para o mundo da loucura.

É necessário agora tentar recompor a evolução do tema, em cada uma de suas etapas:

1. uma dinâmica da penetração orgânica e moral;
2. uma fisiologia da continuidade corporal;
3. uma ética da sensibilidade nervosa.

■ ■

Se o espaço corporal é percebido como um conjunto sólido e contínuo, o movimento desordenado da histeria e da hipocondria só poderá provir de um elemento ao qual sua extrema finura e incessante imobilidade permitem penetrar no lugar ocupado pelos próprios sólidos. Como diz Highmore, os espíritos animais, "em virtude de sua tenuidade ígnea, podem penetrar mesmo nos corpos mais densos e mais compactos... e, por causa de sua atividade, podem penetrar todo o microcosmo num único instante"[86]. Os espíritos, se sua modalidade é exagerada, se sua penetração se faz de modo desordenado e de maneira intempestiva em todas as partes do corpo às quais não se destinam, provocam mil signos diversos de perturbações. A histeria, para Highmore como para Willis, seu adversário, e também para Sydenham, é a doença de um corpo que se tornou indiferentemente penetrável a todos os esforços dos espíritos, de modo que à ordem interna dos órgãos se substitui o espaço incoerente das massas submetidas passivamente ao movimento desordenado dos espíritos. Estes

deslocam-se impetuosamente e em grande quantidade para esta ou aquela parte, ali causando espasmos ou mesmo dores... e perturbam a função dos órgãos, tanto dos que abandonam quanto daqueles a que se dirigem, uns e outros não podendo deixar de sofrer prejuízos em virtude dessa desigual distribuição dos espíritos que é inteiramente contrária às leis da economia animal[87].

O corpo histérico oferece-se assim a essa *spirituum ataxia* que, fora de toda lei orgânica e de toda necessidade funcional, pode apoderar-se sucessivamente de todos os espaços disponíveis do corpo.

Os efeitos variam segundo as regiões atingidas, e o mal, indiferençado desde a fonte pura de seu movimento, assume figuras diversas segundo os espaços que atravessa e as superfícies nas quais vem aflorar: "Tendo-se acumulado nos ventres, jogam-se aos montes e com impetuosidade sobre os músculos da laringe e da faringe, produzindo espasmos em toda a extensão percorrida e causando no ventre uma inchação que se assemelha a uma grande bolha." Um pouco mais acima, a afecção histérica, "jogando-se sobre o cólon e sobre a região abaixo da cova do coração, causa uma dor insuportável que se assemelha à paixão ilíaca". Se subir ainda mais, o mal se joga sobre "as partes vitais e causa uma palpitação tão violenta do coração, que o doente não mais duvida de que os assistentes devem estar ouvindo o barulho que faz o coração batendo contra as costelas". Enfim, se ela ataca "a parte exterior da cabeça, entre o crânio e o pericrânio, permanecendo parada num único lugar, causa uma dor insuportável acompanhada por enormes vômitos..."[88] Cada parte do corpo determina por si só, e em virtude de sua natureza própria, a forma do sintoma que vai produzir-se. A histeria aparece assim como a mais real e a mais enganosa das doenças; real porque se baseia num movimento dos espíritos animais; ilusória, porque faz nascer sintomas que parecem provocados por uma perturbação inerente aos órgãos, enquanto estes são apenas a formalização, ao nível desses órgãos, de uma perturbação central ou, antes, geral; é a desordem da mobilidade interna que assume, à superfície do corpo, o aspecto de um sintoma regional. Realmente atingido pelo movimento desordenado e excessivo dos espíritos, o órgão imita sua própria doença; a partir de um vício do movimento no espaço interior, ele finge uma perturbação que na verdade seria sua mesmo; desse modo, a histeria

> imita quase todas as doenças que ocorrem no gênero humano, pois, seja em que parte do corpo for que ela se encontra, produz logo os sintomas que são próprios dessa parte, e se o médico não tem muita sagacidade e experiência, facilmente se enganará e atribuirá a uma doença essencial e própria desta ou daquela parte os sintomas que dependem unicamente da afecção histérica[89].

Artifícios de um mal que, percorrendo o espaço corporal sob a forma homogênea do movimento, manifesta-se sob rostos específicos; mas espécie, aqui, não é essência: é um fingimento do corpo.

Quanto mais facilmente penetrável for o espaço interior, mais frequente será a histeria, e múltiplos serão os seus aspectos; mas se o corpo é firme e resistente, se o espaço interior é denso, organizado e solidamente heterogêneo em suas diferentes regiões, os sintomas da histeria são raros e seus efeitos permanecerão simples. Não é exatamente isso que separa a histeria feminina da masculina ou, se se preferir, a histeria da hipocondria? Com efeito, nem os sintomas, nem mesmo as causas, constituem o princípio de separação entre as doenças, mas a solidez espacial do corpo, apenas isso, e por assim dizer a densidade da paisagem interior:

> Além do homem que se pode chamar de exterior e que é composto por partes que estão no domínio dos sentidos, existe um homem interior formado pelo sistema dos espíritos animais e que só os olhos do espírito podem ver. Este último, intimamente ligado e por assim dizer unido à

constituição corporal, é mais ou menos desorganizado em seu estado conforme os princípios que formam a máquina tiverem recebido mais ou menos firmeza da natureza. É por isso que essa doença ataca muito mais as mulheres do que os homens, porque elas têm uma constituição mais delicada, menos firme, porque levam uma vida mais mole e por estarem acostumadas às voluptuosidades ou comodidades da vida e a não sofrer.

E já, nas linhas desse texto, essa densidade espacial nos oferece um de seus sentidos: é que ela é, também, densidade moral. A resistência dos órgãos à penetração desordenada dos espíritos constitui talvez uma só e mesma coisa com essa força da alma que faz imperar a ordem nos pensamentos e nos desejos. Esse espaço interior que virou permeável e poroso é, no fundo, apenas um afrouxamento do coração. O que explica o fato de tão poucas mulheres serem histéricas quando estão acostumadas a uma vida dura e laboriosa, mas que estão fortemente inclinadas ao histerismo quando levam uma existência frouxa, ociosa, luxuosa e relaxada, ou quando algum pesar vem abater seu ânimo: "Quando as mulheres me consultam sobre alguma doença cuja natureza não sei determinar, pergunto se o mal de que se queixam não se faz sentir quando se sentem pesarosas; [...] se confessam que sim, tenho plena certeza de que a doença é uma afecção histérica."[90]

E eis, numa nova fórmula, a velha intuição moral que fizera da matriz, desde Hipócrates e Platão, um animal vivo e eternamente móvel e organizara a disposição espacial de seus movimentos; essa intuição percebia na histeria a agitação irreprimível dos desejos daqueles que não têm a possibilidade de satisfazê-los nem a força de dominá-los; a imagem do órgão feminino que subia até ao peito e à cabeça dava uma expressão mítica a uma transformação na grande tripartição platônica e na hierarquia que devia fixar--lhe a imobilidade. Em Sydenham, nos discípulos de Descartes, a intuição moral é idêntica; mas a paisagem espacial na qual ela vem exprimir-se mudou; a ordem vertical e hierática de Platão foi substituída por um volume, que é percorrido por incessantes móveis cuja desordem não é mais exatamente revolução de baixo para cima, mas turbilhão sem lei num espaço transtornado. Esse "corpo interior" que Sydenham procurava penetrar com "os olhos do espírito" não é o corpo objetivo que se oferece ao olhar pálido de uma observação neutralizada; é o lugar onde veem encontrar-se uma certa maneira de imaginar o corpo, de decifrar seus movimentos interiores – e uma certa maneira de aí investir valores morais. O devir se realiza, o trabalho se faz ao nível dessa *percepção ética*. É nela que se vêm curvar as imagens, sempre dobráveis, da teoria médica; é nela igualmente que os grandes temas morais conseguem formular e aos poucos alterar sua figura inicial.

■ ■

Esse corpo penetrável deve, no entanto, ser um corpo contínuo. A dispersão do mal através dos órgãos é apenas o outro lado de um movimento de propagação que lhe permite passar de um para outro e afetá-los sucessivamente. Se o corpo do doente hipocondríaco ou histérico é um corpo poroso, separado de si mesmo, afrouxado pela invasão do mal, essa invasão só pode efetuar-se graças ao apoio de uma certa continuidade espacial. O corpo no qual circula a doença deve ter outras propriedades diferentes das do corpo no qual aparecem os sintomas dispersos do doente.

Problema que assombra a medicina do século XVIII. Problema que vai fazer da hipocondria e da histeria doenças do "gênero nervoso", isto é, das doenças *idiopáticas* do agente geral de todas as *simpatias*.

A fibra nervosa é provida de notáveis propriedades, que lhe permitem assegurar a integração dos elementos mais heterogêneos. Já não é surpreendente que, encarregados de transmitir as impressões mais diversas, os nervos estejam por toda parte, e em todos os órgãos, de uma mesma natureza? "O nervo cujo desenvolvimento no fundo do olho torna adequado à percepção da impressão de uma matéria tão sutil quanto a luz, e aquele que, no órgão da audição, torna-se sensível às vibrações dos corpos sonoros, em nada diferem, em sua natureza, daqueles que servem a sensações mais grosseiras, tais como o tato, o paladar e o olfato."[91] Essa identidade de natureza, sob funções diferentes, assegura a possibilidade de uma comunicação entre os órgãos localmente mais afastados, os mais dessemelhantes fisiologicamente: "Essa homogeneidade nos nervos do animal, junto com as comunicações multiplicadas que conservam em conjunto [...] estabelece entre os órgãos uma harmonia que frequentemente faz com que uma ou várias partes participem das afecções daquelas que estão lesadas."[92] No entanto, o que é ainda mais admirável é que uma fibra nervosa pode às vezes conduzir a incitação do movimento voluntário e a impressão deixada sobre o órgão dos sentidos. Tissot concebe esse duplo funcionamento numa única e mesma fibra como a combinação de um movimento *ondulatório*, para a incitação voluntária ("é o movimento de um fluido encerrado num reservatório flexível, numa bexiga por exemplo, que eu apertaria e faria o líquido sair por um tubo"), e de um movimento *corpuscular*, para a sensação ("é o movimento de uma sequência de esferas de marfim"). Desse modo, sensação e movimento podem produzir-se ao mesmo tempo no mesmo nervo[93]: toda tensão ou todo afrouxamento na fibra alterará ao mesmo tempo os movimentos e as sensações, como podemos verificar em todas as doenças dos nervos[94].

No entanto, apesar de todas essas virtudes unificadoras do sistema nervoso, tem ele certeza de que se pode explicar, através da rede real de suas fibras, a coesão das perturbações tão diversas que caracterizam a histeria ou a hipocondria? Como imaginar a ligação entre os signos que, de uma extremidade à outra do corpo, traem a presença de uma afecção nervosa? Como explicar, e elaborando que linha de encadeamento, que em algumas mulheres "delicadas e muito sensíveis" um perfume embriagador ou o relato muito vivo de um evento trágico, ou ainda a visão de uma luta, causem tamanha impressão que elas "são acometidas de síncope ou têm convulsões"[95]? É inútil procurar: não há nenhuma ligação precisa dos nervos, nenhum caminho traçado desde logo, mas apenas uma ação à distância, que provém antes da ordem de uma solidariedade fisiológica. É que as diferentes partes do corpo possuem uma faculdade "bem determinada que ou é geral, e se estende a todo o sistema da economia animal, ou é particular, isto é, exerce-se sobre principalmente certas partes"[96]. Essa propriedade, muito diferente "da faculdade de sentir e da faculdade de mover-se", permite aos órgãos entrar em correspondência, sofrer juntos, reagir a uma excitação ainda que longínqua: é a simpatia. De fato, Whytt não consegue nem isolar a simpatia no conjunto do sistema nervoso, nem defini-la estritamente com relação à sensibilidade e ao movimento. A simpatia só existe nos órgãos na medida em que é aí recebida através dos nervos; é tanto mais acentuada quanto maior for a mobilidade[97] daqueles, e ao mesmo tempo é uma das formas da sensibilidade: "Toda simpatia, todo consenso pressupõe um sentimento e, por conseguinte, só pode ocorrer através da mediação dos nervos, únicos instrumentos por meio dos quais se efetua a sensação."[98] Mas o sistema nervoso não é mais invocado aqui para explicar a transmissão exata de um movimento ou de uma sensação, mas para justificar, em seu conjunto e em sua massa, a sensibilidade do corpo em relação a seus próprios fenômenos e esse eco que ele se oferece a si mesmo através dos volumes de seu espaço orgânico.

As doenças dos nervos são essencialmente perturbações da simpatia; elas pressupõem um estado de alerta geral do sistema nervoso que torna cada órgão suscetível de entrar em simpatia com qualquer outro:

Num tal estado de sensibilidade do sistema nervoso, as paixões da alma, os erros contra o regime, as prontas alternativas do calor e do frio ou do peso e da umidade da atmosfera, farão surgir, muito facilmente, os sintomas morbíficos, de modo que com tal constituição não se gozará de uma saúde sólida ou constante. Mas normalmente se sentirá uma sucessão contínua de dores mais ou menos grandes.[99]

Sem dúvida, essa sensibilidade exasperada é compensada por zonas de insensibilidade, como que de sono; de um modo geral, os doentes histéricos são aqueles nos quais essa sensibilidade interna é a mais requintada, enquanto nos hipocondríacos, relativamente abafada. E as mulheres pertencem sem dúvida à primeira categoria: não é a matriz, junto com o cérebro, o órgão que mantém mais simpatias com o conjunto do organismo? Basta citar "o vômito que em geral acompanha a inflamação da matriz; as náuseas e o apetite desregrado que se seguem à concepção; a constrição do diafragma e dos músculos do abdômen na época do parto; a dor de cabeça, o calor e as dores nas costas, as cólicas dos intestinos que se fazem sentir quando se aproximam as regras"[100]. Todo o corpo feminino é marcado pelos caminhos, obscuros mas estranhamente retos, da simpatia; ele mantém sempre uma estranha cumplicidade consigo mesmo, ao ponto de constituir, para as simpatias, como que um lugar de privilégio absoluto; de uma extremidade à outra de seu espaço orgânico, ele encerra uma eterna possibilidade de histeria. A sensibilidade simpática de seu organismo, que se irradia através de todo o corpo, condena a mulher a essas doenças dos nervos chamadas *vapores*. "As mulheres nas quais o sistema tem, em geral, mais mobilidade que nos homens estão mais sujeitas às doenças nervosas, que nelas são também mais consideráveis."[101] E Whytt assegura ter testemunhado que "a dor de dentes causava a uma jovem, cujos nervos eram fracos, convulsões e uma insensibilidade que duravam várias horas e se renovavam quando a dor se tornava mais aguda".

As doenças dos nervos são doenças da continuidade corporal. Um corpo bem próximo de si mesmo, bem íntimo de cada uma de suas partes, um espaço orgânico que é, de certo modo, estranhamente estreito: eis o que se tornou o tema comum à histeria e à hipocondria. A aproximação do corpo consigo mesmo assume, em alguns, o aspecto de uma imagem precisa, demasiado precisa, como o célebre "endurecimento do gênero nervoso" descrito por Pomme. Semelhantes imagens ocultam o problema, mas não o suprimem e tampouco impedem que o trabalho prossiga.

■ ■

Essa simpatia, no fundo, é uma propriedade oculta em cada órgão – esse "sentimento" de que falava Cheyne – ou uma propagação real ao longo de um elemento intermediário? E a proximidade patológica que caracteriza as doenças nervosas, é ela uma exasperação desse sentimento ou uma mobilidade maior desse corpo intersticial?

Fato curioso, mas sem dúvida característico do pensamento médico do século XVIII, na época em que os fisiólogos se esforçam por determinar mais de perto as funções e o papel do sistema nervoso (sensibilidade e irritabilidade; sensação e movimento), os médicos utilizam confusamente essas noções na unidade indistinta da percepção patológica, articulando-as conforme um esquema bem diferente daquele proposto pela fisiologia.

Sensibilidade e movimento não se distinguem. Tissot explica que a criança é ainda mais sensível que qualquer outra pessoa porque tudo nela é mais leve e mais móvel[102]. A irritabilidade, no sentido em que Haller entendia uma propriedade da fibra nervosa, é confundida com a irritação, entendida como estado patológico de um órgão provocado por uma excitação prolongada.

Admitir-se-á portanto que as doenças nervosas são estados de irritação ligados à mobilidade excessiva da fibra. "Veem-se às vezes pessoas nas quais a menor causa móvel ocasiona movimentos bem mais consideráveis do que os que ela produz em pessoas bem constituídas; elas não podem suportar a menor impressão estranha. O menor som, a luz mais fraca produz sintomas extraordinários."[103] Nessa ambiguidade voluntariamente conservada da noção de irritação, a medicina do fim do século XVIII pode com efeito mostrar a continuidade entre a disposição (irritabilidade) e o evento patológico (irritação); mas ela pode também manter, ao mesmo tempo, o tema de uma perturbação própria de um órgão que se ressente, mas numa singularidade que lhe é própria, de uma afecção geral (é a sensibilidade própria do órgão que assegura essa comunicação apesar de tudo descontínua) e a ideia de uma propagação no organismo de uma mesma perturbação que pode atingi-lo em cada uma de suas partes (é a mobilidade da fibra que assegura essa continuidade, apesar das formas diversas que ela assume nos órgãos).

Mas se a noção de "fibra irritada" tem realmente esse papel de confusão ordenada, ela permite, por outro lado, na patologia, uma distinção decisiva. De um lado, os doentes nervosos são os mais irritáveis, isto é, os mais sensíveis: tenuidade da fibra, delicadeza do organismo, mas também uma alma facilmente impressionável, coração inquieto, simpatia demasiado acentuada por tudo o que ocorre à sua volta. Essa espécie de ressonância universal – ao mesmo tempo sensação e mobilidade – constitui a determinação primeira da doença. As mulheres que têm "a fibra frágil", que se empolgam facilmente, em sua ociosidade, com movimentos vivos de sua imaginação, são mais frequentemente atingidas pelos males dos nervos do que o homem, "mais robusto, mais seco, mais consumido pelo trabalho"[104]. Mas esse excesso de irritação tem de particular o fato de que, em sua vivacidade, ele atenua, e às vezes acaba por apagar, as sensações da alma; como se a sensibilidade do próprio órgão nervoso fizesse transbordar a capacidade que a alma tem de sentir e confiscasse para seu exclusivo proveito a multiplicidade de sensações que sua extrema mobilidade suscita; o sistema nervoso "está em tal estado de irritação e reação que é então incapaz de transmitir à alma aquilo que sente; todas suas características são desordenadas; ele não mais as entende"[105]. Assim se esboça a ideia de uma sensibilidade que não é sensação, e de uma relação inversa entre essa delicadeza, que é tanto da alma quanto do corpo, e uma certa dormência da sensação que impede os abalos nervosos de chegar até a alma. A inconsciência da histeria é apenas o outro lado de sua sensibilidade. É essa relação, que a noção de simpatia não podia definir, que foi trazida por esse conceito de irritabilidade, no entanto bem pouco elaborado e tão confuso ainda no pensamento dos patologistas.

Mas por isso mesmo a significação moral das "doenças nervosas" se altera profundamente. Enquanto os males dos nervos tinham sido associados aos movimentos orgânicos das partes inferiores do corpo (mesmo pelos caminhos múltiplos e confusos da simpatia), situavam-se eles no interior de uma certa ética do desejo: configuravam a revanche de um corpo grosseiro; ficava-se doente de uma violência demasiado grande. Doravante, fica-se doente por se sentir demais; padece-se de uma solidariedade excessiva com todos os seres vizinhos. Não se é mais forçado por uma natureza secreta, é-se vítima de tudo aquilo que, na superfície do mundo, solicita o corpo e a alma.

E por tudo isso se é ao mesmo tempo mais inocente e mais culpado. Mais inocente porque se é levado, por toda a irritação do sistema nervoso, numa inconsciência tanto maior quanto se está mais doente. Contudo mais culpado, e bem mais, uma vez que tudo aquilo a que nos tínhamos apegado no mundo, a vida que se levava, as afecções tidas, as paixões e as imaginações que se cultivaram com demasiada complacência, vêm fundir-se na irritação dos nervos, aí encontrando ao mesmo tempo seu efeito natural e seu castigo moral. Toda a vida acaba por ser julgada a partir desse grau de irritação: abuso das coisas não naturais[106], vida sedentária das cidades, leitura de romances, espetáculos de teatro[107], zelo imoderado pelas ciências[108], "paixão demasiado acentuada pelo sexo ou esse hábito criminoso, tão repreensível na moral quanto prejudicial ao físico"[109]. A inocência do doente dos nervos, que nem mesmo sente mais a irritação de seus nervos, é no fundo o justo castigo por uma culpa mais profunda: a que fez com que preferisse o mundo à natureza. "Terrível estado!... É o suplício de todas as almas efeminadas que a inação precipitou em volúpias perigosas e que, para furtarem-se aos trabalhos impostos pela natureza, abraçaram todos os fantasmas da opinião... Assim são os ricos punidos pelo uso deplorável que fazem de suas fortunas."[110]

Eis-nos às vésperas do século XIX: a irritabilidade da fibra terá sua destinação fisiológica e patológica[111]. O que ela no momento firma no domínio dos males dos nervos é, apesar de tudo, algo bem importante.

De um lado, é a assimilação completa da histeria e da hipocondria às doenças mentais. Através da distinção capital entre sensibilidade e sensação, elas entram nesse domínio do desatino a respeito do qual vimos que era caracterizado pelo momento essencial do erro e do sonho, isto é, da cegueira. Enquanto os vapores eram convulsões ou estranhas comunicações simpáticas através do corpo, enquanto conduziam ao desmaio e à perda de consciência, não eram loucura. Mas quando o espírito se torna cego para os próprios excessos de sua sensibilidade – aí aparece a loucura.

De outro lado, no entanto, ela dá à loucura todo um conteúdo de culpabilidade, de sanção moral, de justo castigo que não era próprio da experiência clássica. Ela sobrecarrega o desatino com todos seus novos valores: em vez de fazer da cegueira a condição de possibilidade de todas as manifestações da loucura, ela a descreve como *o efeito psicológico de uma falta moral*. E com isso está comprometido aquilo que havia de essencial na experiência do desatino. O que era cegueira vai tornar-se inconsciência, o erro se tornará falta; e tudo que designava na loucura a paradoxal manifestação do não ser se tornará castigo natural por um mal moral. Em suma, toda essa hierarquia vertical, que constituía a estrutura da loucura clássica desde o ciclo das causas materiais até a transcendência do delírio, cai agora e se espalha na superfície de um domínio que será ocupado conjuntamente e logo será disputado pela psicologia e pela moral.

A "psiquiatria científica" do século XIX tornou-se possível.

É nesses "males dos nervos" e nessas "histerias", que logo excitarão sua ironia, que ela encontra sua origem.

9. Médicos e Doentes

Nos séculos XVII e XVIII, o pensamento e a prática da medicina não têm a unidade ou pelo menos a coerência que nela agora conhecemos. O mundo da cura se organiza segundo princípios que são, numa certa medida, particulares, e que a teoria médica, a análise fisiológica e a própria observação dos sintomas nem sempre controlam com exatidão. A hospitalização e o internamento – já vimos qual era sua independência em relação à medicina; mas na própria medicina, teoria e terapêutica só se comunicam numa imperfeita reciprocidade.

Num certo sentido, o universo terapêutico permanece mais sólido, mais estável, mais ligado também a suas estruturas, menos lábil em seus desenvolvimentos, menos livre para uma renovação radical. E aquilo que a filosofia pôde descobrir de novos horizontes com Harvey, Descartes e Willis não acarretou, nas técnicas da medicação, invenções de uma ordem proporcional.

Em primeiro lugar, o mito da panaceia ainda não desapareceu totalmente. No entanto, a ideia da universalidade nos efeitos de um remédio começa a mudar de sentido por volta do fim do século XVII. Na querela do antimônio, afirmava-se (ou negava-se) ainda uma certa virtude que pertencia naturalmente a um corpo e que seria capaz de agir diretamente sobre o mal; na panaceia, é a própria natureza que atua e que apaga tudo aquilo que pertence à contranatureza. Mas logo se sucedem às discussões sobre o antimônio as discussões sobre o ópio, utilizado num grande número de afecções, especialmente nas "doenças da cabeça". Whytt não encontra palavras suficientes para celebrar os méritos e a eficácia do ópio quando utilizado contra os males dos nervos: ele enfraquece "a faculdade de sentir, própria dos nervos" e, por conseguinte, diminui "essas dores, esses movimentos irregulares, esses espasmos ocasionados por uma irritação extraordinária"; é útil em todas as agitações, todas as convulsões; é empregado com sucesso contra "a fraqueza, o cansaço e os bocejos ocasionados por regras demasiado abundantes", bem como na "cólica ventosa", na obstrução dos pulmões, na pituíta e na "asma propriamente espasmódica". Em suma, como a sensibilidade simpática é o grande agente da comunicação das doenças no interior do espaço orgânico, o ópio, na medida em que tem um primeiro efeito de insensibilização, é um agente antissimpático, constituindo um obstáculo à propagação do mal ao longo das linhas da sensibilidade nervosa. Sem dúvida essa ação não demora a diminuir; o nervo torna-se novamente sensível, apesar do ópio. Nesse caso, o único meio "de tirar proveito do fruto é aumentar a dose de tempos em tempos"[1]. Vê-se que o ópio não deve seu valor universal exatamente a uma virtude que lhe pertence como uma força secreta. Seu efeito é circunscrito: ele insensibiliza. Mas seu ponto de aplicação – o gênero nervoso – é um agente universal da doença, e é por essa mediação anatômica e funcional que o ópio assume seu sentido de panaceia. O remédio, em si mesmo, não é geral, sendo-o apenas porque se insere nas formas mais gerais do funcionamento do organismo.

O tema da panaceia no século XVIII é um compromisso, um equilíbrio, mais frequentemente procurado do que conseguido, entre um privilégio natural atribuído ao medicamento e uma eficácia que lhe permitirá intervir nas funções mais gerais do organismo. Desse compromisso, característico do pensamento médico dessa época, o livro de Hecquet sobre o ópio é eloquente testemunho. A análise fisiológica é meticulosa; nele a saúde é definida como o "tempero adequado" dos fluidos e a "flexibilidade da mola" dos sólidos; "numa palavra, pelo jogo livre e recíproco entre esses dois poderes superiores da vida". Inversamente, "as causas das doenças devem ser atribuídas aos fluidos ou aos sólidos, isto é, a falhas ou alterações que acontecem em sua tessitura, em seu movimento etc."[2] Mas na verdade os fluidos não têm qualidades próprias: são espessos demais, ou demasiado líquidos, agitados, estagnados ou corrompidos? Trata-se apenas de efeitos dos movimentos dos sólidos, os quais são os únicos que podem "escorraçá-los de seus reservatórios" e "fazê-los percorrer os vasos". O princípio motor da saúde e da doença são, portanto, "vasos que batem... membranas que empurram" e essa "propriedade de mola que move, agita, anima"[3]. Ora, que é o ópio? Um sólido com essa propriedade que, sob a ação do calor, "transforma-se quase todo em vapor". Portanto, há razão para se supor que ele se compõe de uma "reunião de partes espirituosas e aéreas". Essas partes são logo liberadas no organismo, a partir do momento em que o ópio é absorvido pelo corpo: "O ópio, nas entranhas, torna-se uma espécie de nuvem de átomos insensíveis que, penetrando repentinamente no sangue, atravessa-o prontamente para, com a parte mais fina da linfa, ir filtrar-se na substância cortical do cérebro."[4] Aí, o efeito do ópio será triplo, conforme as qualidades dos vapores que ele liberta. Com efeito, esses vapores constituem-se de espíritos ou "partes leves, finas, polvilhadas, não salgadas, perfeitamente polidas que, como os fios de uma penugem fina, leve e imperceptível e no entanto elástica, se insinuam sem problemas e penetram sem violência"[5]. Na medida em que são elementos lisos e polidos, podem aderir à superfície regular das membranas sem deixar nenhum interstício, "da mesma maneira que duas superfícies, perfeitamente aplainadas, se colam uma na outra"; com isso, reforçam as membranas e as fibras. Além do mais, sua flexibilidade, que os assemelha a "fios ou lâminas de mola", fortalece o "tom das membranas" e as torna mais elásticas. Finalmente, uma vez que são "partículas aéreas", são capazes de misturar-se intimamente ao suco nervoso e animá-lo, "retificando-o" e "corrigindo-o"[6].

O efeito do ópio é total porque a decomposição química a qual é submetido no organismo se liga, através dessa metamorfose, aos elementos que determinam a saúde em seu estado normal e, em suas alterações, à doença. É pelo longo caminho das transformações químicas e das regenerações fisiológicas que o ópio assume valor de medicamento universal. No entanto, Hecquet não abandona a ideia de que o ópio cura por uma virtude natural, a ideia de que nele se depositou um segredo que o coloca em comunicação direta com as fontes da vida. A relação do ópio com a doença é dupla: um relacionamento indireto, mediato e derivado com relação a um encadeamento de mecanismos diversos, e um relacionamento direto, imediato, anterior a toda causalidade discursiva, um relacionamento original que colocou no ópio uma essência, um espírito – elemento espiritual e espirituoso ao mesmo tempo – que é o próprio espírito vital:

> Os espíritos que permaneceram no ópio "são" os fiéis depositários do espírito de vida que o Criador imprimiu neles... Pois foi a uma árvore (a árvore da vida) que o Criador confiou, preferencialmente, um espírito vivificante que, preservando a saúde, devia preservar o homem da morte, se ele tivesse continuado inocente; e talvez também tenha sido a uma planta que ele confiou o espírito que deve devolver ao homem pecador sua saúde.[7]

Afinal de contas, o ópio só é eficaz na medida em que já era, desde o começo, *benfazejo*. Ele atua segundo uma *mecânica natural* e visível, mas apenas porque tinha recebido um *dom secreto da natureza*.

Ao longo do século XVIII, a ideia da eficácia do medicamento se concentrou ao redor do tema da natureza, sem nunca escapar, no entanto, a equívocos desse tipo. O modo de ação do medicamento segue um desenvolvimento natural e discursivo, mas o princípio de sua atuação é uma proximidade da essência, uma comunicação original com a natureza, uma abertura para um Princípio[8]. É nessa ambiguidade que se devem entender os privilégios sucessivos atribuídos durante o século XVIII aos medicamentos "naturais", isto é, àqueles cujo princípio está *oculto* na natureza, mas cujos resultados são *visíveis* para uma filosofia da natureza: ar, água, éter e eletricidade. Em cada um desses temas terapêuticos, a ideia da panaceia sobrevive, metamorfoseada, como vimos, mas sempre constituindo um obstáculo à procura do medicamento específico, do efeito localizado em relação direta com o sintoma particular ou o caso singular. O mundo da cura, no século XVIII, permanece, em grande parte, nesse espaço da generalidade abstrata.

Mas apenas em parte. Ao privilégio da panaceia se opõem, continuam a se opor, desde a Idade Média, os privilégios regionais das eficácias particulares. Entre o microcosmo da doença e o macrocosmo da natureza, toda uma rede de linhas está traçada há tempos, estabelecendo e mantendo um complexo sistema de correspondências. Velha ideia, a de que não existe no mundo uma forma de doença, um rosto do mal que não se possa apagar, se se puder encontrar um antídoto, que aliás não pode deixar de existir, embora num lugar da natureza infinitamente recuado. O mal não existe em estado simples; é sempre compensado: "Antigamente, a erva era boa para o louco e ruim para o carrasco." O uso dos vegetais e dos sais logo será reinterpretado numa farmacopeia de estilo racionalista e colocado numa relação discursiva com as perturbações do organismo que se acredita poder curar. No entanto, na era clássica houve alguma resistência: o domínio da loucura. Durante muito tempo, ela permanece em comunicação direta com elementos cósmicos que a sabedoria do mundo espalhou pelos segredos da natureza. E, coisa estranha, a maioria dessas antíteses, constituídas todas pela loucura, não são de ordem vegetal, mas do reino humano ou do reino mineral. Como se os poderes inquietantes da alienação, que lhe abrem um lugar particular entre as formas da patologia, só pudessem ser reduzidos através dos segredos mais subterrâneos da natureza ou, pelo contrário, pelas essências mais sutis que compõem a forma visível do homem. Fenômeno da alma e do corpo, estigma propriamente humano, nos limites do pecado, signo de uma decadência, mas igualmente lembrança da própria queda, a loucura só pode ser curada pelo homem e seu envoltório mortal de pecador. Mas a imaginação clássica ainda não expatriou o tema da loucura ligada às forças mais obscuras, mais noturnas do mundo, e que ele configura como uma ascensão dessas profundezas inferiores da terra onde espreitam desejos e pesadelos. Portanto, ela se aparenta às pedras, às gemas, a todos esses tesouros ambíguos que veiculam com seu brilho tanto uma riqueza quanto uma maldição: suas cores vivas encerram um fragmento da noite. O vigor durante tanto tempo intato desses temas morais e imaginários explica sem dúvida por que, na era clássica, se encontra a presença desses medicamentos humanos e minerais e a razão de serem obstinadamente aplicados na loucura, desprezando-se a maioria das concepções médicas da época.

Em 1638, Jean de Serres havia traduzido as famosas *Oeuvres pharmaceutiques* de Jean Renou, onde se diz que "o autor da Natureza incutiu de modo divino, em cada uma das pedras preciosas, uma virtude particular e admirável que obriga os reis e os príncipes a com elas semear suas coroas... para servirem-se delas a fim de se garantir contra encantamentos e para curar diversas doenças e conservar a saúde"[9]. O lápis-lazúli, por exemplo, "quando carregado, não apenas fortifica a vista como também mantém alegre o coração; sendo lavado e preparado como se deve, purga o homem melancólico, sem perigo algum". De todas as pedras, a esmeralda é a que oculta mais poderes, e também os mais ambivalentes; sua virtude maior é zelar pela Sabedoria e pela Virtude; segundo Jean de Renou, ela pode

não apenas preservar do mal caduco todos os que a ostentarem no dedo encastrada em ouro, como também fortificar a memória e resistir aos esforços da concupiscência. Pois conta-se que um rei da Hungria, envolvido em embates amorosos com sua mulher, sentiu que uma bela esmeralda que trazia no dedo se quebrou em três partes diante da relação entre os dois, tanto essa pedra gosta da castidade[10].

Não valeria a pena citar essas crendices, sem dúvida, se não figurassem ainda, de um modo bem explícito, nas farmacopeias e nos tratados de medicina dos séculos XVII e XVIII. Sem dúvida, deixam-se de lado as práticas cujo sentido é demasiadamente manifesto como mágico. Lemery, em seu *Dictionnaire des drogues*, recusa-se a atribuir crédito a todas as supostas propriedades das esmeraldas: "Afirma-se que são boas para a epilepsia e que apressam o parto, quando carregadas como amuleto; mas estas qualidades são imaginárias." Mas se se recusa o amuleto como mediação das eficácias, evita-se despojar as pedras de seus poderes; são recolocadas no elemento natural, onde as virtudes assumem o aspecto de um suco imperceptível cujos segredos podem ser extraídos por quintessência; a esmeralda levada no dedo não tem mais poderes; misturem-na aos sais do estômago, aos humores do sangue, aos espíritos dos nervos, e seus efeitos serão certos e sua virtude, natural; "as esmeraldas", é sempre Lemery quem diz, "são adequadas para adoçar os humores demasiado ácidos quando trituradas finamente e ingeridas por via bucal"[11].

Na outra extremidade da natureza, o corpo humano também é considerado, até em pleno século XVIII, como um dos remédios privilegiados da loucura. Na estranha mistura que constitui o organismo, a sabedoria natural sem dúvida escondeu segredos que são os únicos que podem combater aquilo que a loucura humana inventou de desordem e fantasmas. Aqui, novamente, o tema arcaico do homem-microcosmo, no qual se vêm encontrar os elementos do mundo, que ao mesmo tempo são princípios vitais e da saúde. Lemery constata em "todas as partes do homem, suas excrescências e seus excrementos", a presença de quatro corpos essenciais: "óleo e sal volátil misturados e envolvidos em fleuma e terra"[12]. Remediar o homem com o homem é lutar através do mundo contra as desordens do mundo, pela sabedoria contra a loucura, pela natureza contra *a antiphysis*. "Os cabelos do homem são bons para eliminar os vapores, se queimados e dados para que o doente aspire a fumaça... A urina do homem recém-expelida... é boa para os vapores histéricos."[13] Buchoz recomenda o leite de mulher, alimento natural por excelência (Buchoz escreve sob a influência de Rousseau), para qualquer uma das afecções nervosas, e a urina para "todas as formas de doença hipocondríaca"[14]. Mas são as convulsões, desde o espasmo histérico até a epilepsia, que atraem com a maior obstinação os remédios humanos – especialmente os que podem ser extraídos do crânio, parte mais preciosa do homem. Existe na convulsão uma violência que só pode ser combatida através da violência, e essa é a razão pela qual durante tanto tempo se utilizaram os crânios dos enforcados, mortos por mãos humanas e cujos cadáveres não tivessem sido sepultados em terra santa[15]. Lemery cita o frequente uso de pó de crânio, mas, a crer em suas palavras, isso não passa de "uma cabeça morta", sem nenhuma virtude. Melhor seria empregar em seu lugar o crânio ou o cérebro "de um homem moço, morto recentemente de morte violenta"[16]. É também contra as convulsões que se utilizava sangue humano ainda quente, desde que não se abusasse dessa terapêutica cujo excesso podia levar à mania[17].

Mas eis-nos já, com a sobredeterminação dessa imagem do sangue, numa outra região da eficácia terapêutica: a dos valores simbólicos. Esse foi um outro obstáculo ao ajustamento das farmacopeias às novas formas da medicina e da fisiologia. Alguns sistemas puramente simbólicos conservaram sua solidez até o final da era clássica, transmitindo, mais do que receitas, mais do que segredos técnicos, imagens e símbolos surdos que se ligavam a um onirismo imemorial. A Serpente, momento da Queda e forma visível da Tentação, o Inimigo por excelência da Mulher, ao mesmo tempo é para ela, no mundo da salvação, o remédio mais precioso. Não era apropriado que aquilo que fora causa de pecado e morte se tornasse causa de cura e vida? E entre todas as serpentes, a mais venenosa deve ser a mais eficaz contra os vapores e as doenças da mulher. "É às víboras que devo", escreve Mme de Sévigné, "a saúde perfeita de que gozo... Elas temperam o sangue, purificam-no, refrescam-no." E ela deseja serpentes verdadeiras, não um remédio em frasco produzido pelo farmacêutico, mas uma boa cobra do campo:

É preciso que sejam víboras verdadeiras, em carne e osso, e não em pó; o pó esquenta, a menos que seja tomado num caldo, ou em creme cozido, ou em alguma outra coisa que refresque: Peça ao sr. de Boissy que lhe mande dezenas de víboras de Poitou numa caixa, separadas cada três ou quatro, a fim de que se sintam à vontade, com farelo e musgo. Pegue duas todas as manhãs, corte-lhes a cabeça, tire a pele, corte em pedaços e recheie o corpo com um frango. Faça isso durante um mês.[18]

Contra os males dos nervos, a imaginação desregrada e os furores do amor, os valores simbólicos multiplicam seus esforços. Somente o ardor pode extinguir o ardor, e são necessários corpos vivos, violentos e densos, mil vezes levados ao ponto de incandescência nos fogos mais vivos, para apaziguar os apetites desmesurados da loucura. No "Apêndice das fórmulas" que acompanha seu *Traité de la nymphomanie*, Bienville propõe dezessete medicamentos contra os ardores do amor, a maioria tirados das receitas vegetais tradicionais; mas o décimo quinto apresenta uma estranha alquimia do contra-amor: é preciso pegar "mercúrio revificado com zinabre", fragmentá-lo com dois dracmas de ouro, isso cinco vezes sucessivas, depois aquecê-lo com espírito de vitríolo, destilar o resultado cinco vezes antes de esquentá-lo até o rubro por cinco horas sobre carvão em brasa. Pulveriza-se e dá-se três grãos à jovem cuja imaginação estiver inflamada por quimeras[19]. Como é que todos esses corpos preciosos e violentos, secretamente animados por imemoriais ardores, tantas vezes aquecidos e levados ao fogo de sua verdade, poderiam deixar de triunfar sobre os calores passageiros de um corpo humano, sobre toda essa ebulição obscura dos humores e dos desejos – e Isso em virtude da antiga mágica do *similis similibus*? Suas verdades, feitas de incêndio, matam esse morno e inconfessável calor. O texto de Bienville data de 1778.

Devemos surpreender-nos por ainda encontrar, na muito séria *Pharmacopée* de Lemery, esta receita de uma teriaga de castidade recomendada para as doenças nervosas e cujas significações terapêuticas são quase todas levadas pelos valores simbólicos de um rito? "Pegue cânfora, alcaçuz, sementes de vinha e meimendro, conserva de flores de nenúfares e xarope de nenúfar... Toma-se de manhã dois ou três dracmas, bebendo em cima um copo de soro no qual se apagou antes um pedaço de ferro aquecido ao rubro."[20] O desejo e seus fantasmas se extinguirão na calma de um coração assim como esse pedaço de metal ardente se extingue na mais inocente, na mais infantil das beberagens. Esses esquemas simbólicos sobrevivem obstinadamente nos métodos de cura da era clássica. As reinterpretações desses métodos, feitos num estilo de filosofia natural, com cujos arranjos se atenuam as formas rituais demasiado acentuadas, não conseguem acabar com eles. E a loucura, cor, tudo o que comporta de poderes inquietantes, de parentescos morais condenáveis, parece atrair para si, protegendo-os dos esforços de um pensamento positivo, esses medicamentos de eficácia simbólica.

Durante quanto tempo ainda *a assa fetida* será encarregada de reprimir, no corpo das histéricas, todo esse mundo de maus desejos, de apetites proibidos que antigamente se supunha subirem ao peito, ao coração, à cabeça e ao cérebro com o próprio corpo móvel do útero? Repressão ainda considerada real por Ettmüller, para quem os odores têm um poder próprio de atração e repulsa sobre os órgãos móveis do corpo humano, repressão que se torna cada vez mais ideal até tornar-se, no século XVIII, exteriormente a toda mecânica, movimentos contrários, simples esforço para equilibrar, limitar e finalmente apagar uma sensação. É atribuindo-lhe essa significação que Whytt prescreve *a assa fetida*: a violência desagradável de seu odor deve diminuir a irritabilidade de todos os elementos sensíveis do tecido nervoso que por ela não são afetados, e a dor histérica, localizada sobretudo nos órgãos do ventre e do peito, logo desaparece:

> Esses remédios causam uma acentuada e súbita impressão nos nervos bastante sensíveis do nariz, e com isso não apenas excitam os diversos órgãos com os quais esses nervos têm alguma simpatia para entrar em ação, como também contribuem para diminuir ou destruir a sensação

desagradável experimentada pela parte do corpo que, por seus sofrimentos, ocasionou os espasmos.[21]

A imagem de um odor cujos fortes eflúvios atuam sobre o órgão desapareceu em proveito do tema mais abstrato de uma sensibilidade que se desloca e se mobiliza por regiões isoladas; mas trata-se aqui apenas de um deslizamento na direção das interpretações especulativas de um esquema simbólico que permanece: o esquema de uma repressão das ameaças inferiores pelas instâncias superiores.

Todas essas coesões simbólicas ao redor de imagens, ritos, antigos imperativos morais, continuam a organizar em parte os medicamentos em curso na era clássica – formando núcleos de resistência difíceis de dominar.

E é tanto mais difícil acabar com eles quanto a maior parte da prática médica não está nas mãos dos próprios médicos. Ainda existe, ao final do século XVIII, todo um *corpus* técnico da cura que nem os médicos nem a medicina nunca controlaram, por pertencer totalmente a empíricos fiéis a suas receitas, números e símbolos. Os protestos dos doutores não deixam de aumentar até o final da era clássica; em 1772, um médico de Lyon publica um texto significativo, *L'Anarchie médicinale*:

A maior parte da medicina prática está nas mãos das pessoas nascidas fora do seio da arte; as curandeiras, as damas de misericórdia, os charlatães, os magos, os vendedores de roupa usada, os hospitaleiros, os monges, os religiosos, os droguistas, os ervatários, os cirurgiões, os farmacêuticos, tratam maior número de doentes e dão mais remédios do que os médicos.[22]

Essa fragmentação social que separa, na medicina, teoria e prática, é sensível especialmente na loucura: por um lado, o internamento faz com que o alienado escape ao tratamento dos médicos e, por outro, o louco em liberdade está, mais que qualquer outro doente, entregue aos cuidados de um empírico. Quando na segunda metade do século XVIII se abrem, na Inglaterra e na França, casas de saúde para os alienados, admite-se que os cuidados a lhes serem dados devem ser ministrados pelos vigilantes e não pelos médicos. Será preciso esperar pela circular de Doublet, na França, e pela fundação da Aposentadoria, na Inglaterra, para que a loucura seja oficialmente anexada ao domínio da prática médica. Antes, ela continua ligada, por vários laços, a todo um mundo de práticas extramédicas, tão bem aceitas, tão sólidas em sua tradição, que se impõem de modo natural aos próprios médicos. O que dá esse aspecto paradoxal, esse estilo tão heterogêneo às prescrições. As formas do pensamento, as eras técnicas, os níveis de elaboração científica se chocam uns com os outros sem que se tenha a impressão de que a contradição seja alguma vez sentida como tal.

■ ■

No entanto, foi a era clássica que deu à noção de cura seu pleno sentido.

Velha ideia, sem dúvida, mas que agora vai assumir toda sua amplitude pelo fato de vir substituir à panaceia. Essa deveria suprimir *toda doença* (isto é, todos os efeitos de toda doença possível), enquanto a cura vai suprimir *toda a doença* (isto é, o conjunto daquilo que existe na doença determinante e determinada). Os momentos da cura, portanto, devem articular-se sobre os elementos constituintes da doença. É que a partir dessa época, começa-se a perceber a doença numa unidade natural que prescreve à medicação sua ordem lógica e a determina com seu próprio movimento. As etapas da cura, as fases pelas quais ela passa e os momentos que a constituem devem articular-se sobre a natureza visível da doença, desposar suas contradições e perseguir cada uma de suas causas. Mais ainda: deve reger-se por seus próprios esforços, corrigir-se, compensar progressivamente as etapas pelas quais passa a cura e, se preciso for, contradizer-se caso a natureza da doença e o efeito provisoriamente produzido assim o exijam.

Portanto, ao mesmo tempo que é uma prática, toda cura é uma reflexão espontânea sobre si mesma, sobre a doença e sobre o relacionamento que se estabelece entre ambas. O resultado disso não é mais, simplesmente, uma constatação, mas uma experiência; e a teoria médica ganha vida numa tentativa. Algo, que logo se tornará o domínio clínico, começa a manifestar-se.

Domínio onde a relação constante e recíproca entre teoria e prática se vê desdobrada num confronto imediato entre médico e paciente. Sofrimento e saber se ajustarão um ao outro na unidade de uma experiência concreta. E essa exige uma linguagem comum, uma comunicação pelo menos imaginária entre o médico e o doente.

Ora, é a respeito das doenças nervosas que as curas do século XVIII conseguiram a maior quantidade de modelos variados e se reforçaram como técnica privilegiada da medicina. Era como se, a esse propósito, enfim se estabelecesse, de modo particularmente favorecido, essa troca entre a loucura e a medicina que o internamento, com obstinação, recusava.

Nessas curas, logo julgadas fantasistas, nascia a possibilidade de uma psiquiatria da observação, de um internamento de aspecto hospitalar, e desse diálogo do louco com o médico que, de Pinel a Leuret, Charcot e Freud, assumirá tão estranhos vocabulários.

Tentemos reconstruir algumas das ideias terapêuticas que organizaram as curas da loucura.

1. *A consolidação*. Há na loucura, mesmo sob suas formas mais agitadas, todo um componente de fraqueza. Se nela os espíritos se veem submetidos a movimentos irregulares, é porque não têm força nem peso suficiente para seguir a gravidade de seu curso natural; se tantas vezes se encontram espasmos e convulsões nos males dos nervos, é que a fibra é demasiado móvel, ou demasiado irritável, ou demasiado sensível às vibrações; de todo modo, carece de robustez. Sob a aparente violência da loucura, que às vezes parece multiplicar a força dos maníacos em proporções consideráveis, há sempre uma secreta fraqueza, uma falta essencial de resistência; os furores do louco, na verdade, são apenas uma violência passiva. Será procurada, assim, uma cura que dê aos espíritos ou às fibras um vigor, porém um vigor calmo, uma força que nenhuma desordem poderá mobilizar, tanto estará ela submetida, desde o início, ao curso da lei natural. Mais do que a imagem da vivacidade e do vigor, é a da robustez que se impõe, envolvendo o tema de uma nova resistência, de uma elasticidade jovem, porém submissa e já domesticada. É preciso encontrar uma força a retirar da natureza, a fim de reforçar a própria natureza.

Sonham com remédios "que por assim dizer tomam o partido dos espíritos" e "os ajuda a vencer a causa que os fermenta". Tomar o partido dos espíritos é lutar contra a vã agitação à qual estão submetidos contra a vontade; é também permitir-lhes que escapem a todas as fervuras químicas que os aquecem e perturbam; é, enfim, dar-lhes suficiente solidez para resistirem aos vapores que tentam sufocá-los, torná-los inertes e carregá-los num turbilhão. Contra os vapores, reforçam-se os espíritos "pelos odores mais fétidos"; a sensação desagradável vivifica os espíritos, que de certo modo se revoltam contra a situação, encaminhando-se com vigor para onde é necessário repelir o assalto; para tanto se usará "*assa ferida*, óleo de âmbar, couros e penas queimadas, enfim tudo o que possa provocar na alma sentimentos acentuados e desagradáveis". Contra a fermentação, é necessário dar teriaga, "espírito antiepilético de Charras" ou, sobretudo, a famosa água da rainha da Hungria[23]. A acidez desaparece e os espíritos readquirem seu peso certo. Finalmente, a fim de restituir-lhes sua exata mobilidade, Lange recomenda que se submeta os espíritos a sensações e movimentos que são ao mesmo tempo agradáveis, comedidos e regulares: "Quando os espíritos animais são afastados e desunidos, precisam de remédios que acalmem seus movimentos e os recoloquem em sua situação natural, tais como os objetos que dão à alma uma sensação de prazer suave e moderado, odores agradáveis, passeios em lugares gostosos, a visão de pessoas que normalmente agradam, música."[24] Essa suavidade firme, um peso conveniente, enfim uma vivacidade que se destina apenas a proteger o corpo são meios para se consolidar, no organismo, os elementos frágeis que fazem comunicar o corpo com a alma.

Mas não há dúvida de que não existe melhor procedimento corretor que o uso desse corpo que é ao mesmo tempo o mais sólido e o mais dócil, o mais resistente e o que melhor se dobra entre as mãos do homem que sabe forjá-lo de acordo com seus fins: o ferro. O ferro compõe, na natureza privilegiada, todas essas qualidades que logo se tornam contraditórias quando isoladas. Nada resiste mais do que ele, nada obedece mais que ele; é dado na natureza, mas está igualmente à disposição de todas as técnicas humanas. Como poderia o homem ajudar a natureza e ainda por cima dar-lhe uma força extra através de meio mais seguro – isto é, mais próximo da natureza e mais submisso ao homem – do que pela aplicação do ferro? É sempre citado o velho exemplo de Dioscórides, que atribuía à inércia da água virtudes vigorosas que lhe eram estranhas ao mergulhar nela uma barra de ferro aquecido. O ardor do fogo, a calma mobilidade da água e esse rigor de um metal tratado até tornar-se flexível – todos esses elementos reunidos conferiram à água poderes de reforço, vivificação e consolidação que ela podia transmitir ao organismo. Mas o ferro é eficaz mesmo sem nenhum preparo. Sydenham recomenda-o em sua forma mais simples, pela absorção direta de limalha de ferro[25]. Whytt conheceu um homem que, a fim de curar-se de uma fraqueza dos nervos do estômago, que provocava um estado permanente de hipocondria, todo dia comia até 230 grãos de limalha[26]. É que a todas as suas virtudes o ferro acrescenta essa propriedade notável de transmitir-se diretamente, sem intermediários nem transformação. O que ele comunica não é sua substância, mas sua força. Paradoxalmente, ele, que é tão resistente, logo se dissipa no organismo, nele depositando apenas suas qualidades, sem ferrugem ou dejetos. Está claro que aqui é toda uma imagem do ferro benfazejo que comanda o pensamento discursivo, predominando sobre a observação. Se se experimenta, não é para revelar um encadeamento positivo, mas para delimitar essa comunicação imediata das qualidades. Wright faz com que um cão absorva sal de Marte; observa que, uma hora depois, se o quilo for misturado numa tintura de noz de galha, não exibe a cor de púrpura escura que não deixaria de assumir se o ferro tivesse sido assimilado. Isso significa que o ferro, sem se misturar à digestão, sem passar para o sangue, sem penetrar substancialmente no organismo, fortifica diretamente as membranas e as fibras. Mais do que um efeito constatado, a consolidação dos espíritos e dos nervos surge antes como uma metáfora operatória que implica numa transferência de força sem nenhuma dinâmica discursiva. A força passa por contato, exteriormente a toda troca substancial, de toda comunicação de movimentos.

2. *A purificação*. Entupimento das vísceras, caldo de ideias falsas, fermentação de vapores e violências, corrupção dos líquidos e dos espíritos – a loucura invoca toda uma série de terapêuticas, cada uma das quais pode ser associada a uma mesma operação de purificação.

Sonha-se com uma espécie de purificação total: a mais simples, porém também a mais impossível das curas. Ela consistirá em substituir o sangue sobrecarregado, grosso e cheio de humores acres do melancólico por um sangue claro e leve cujo movimento novo dissiparia o delírio. É em 1662 que Moritz Hoffmann sugere a transfusão sanguínea como remédio para a melancolia. Alguns anos mais tarde, sua ideia conseguiu sucesso suficiente para que a Sociedade de Filosofia de Londres projete fazer uma série de experiências com indivíduos presos em Bethleem. Allen, o médico encarregado da operação, recusa-se[27]. Mas Denis tenta-a com um de seus doentes, atingido por melancolia amorosa; tira dez onças de sangue, que substitui por uma quantidade ligeiramente menor tirada da artéria femural de um bezerro. No dia seguinte, repete a operação, mas dessa vez apenas com algumas onças. O doente se acalma; no dia seguinte seu espírito clareou; e logo se curou inteiramente. "Todos os professores da Escola de Cirurgia confirmaram o fato."[28] No entanto, essa técnica é logo abandonada, apesar de algumas tentativas ulteriores[29].

Serão utilizados preferencialmente os medicamentos que impedem a corrupção. Sabemos, "por uma experiência de mais de três mil anos, que a mirra e o aloés preservam os cadáveres"[30]. Essas alterações dos corpos não são da mesma natureza que as que acompanham as doenças dos humores? Nesse caso, nada é mais recomendável contra os vapores do que produtos como a mirra e o aloés, e sobretudo o famoso elixir de Paracelso[31]. Mas é preciso fazer mais do que impedir as corrupções; é preciso eliminá-las. Daí as terapêuticas que tratam da própria alteração, e que procuram seja afastar as matérias corrompidas, seja dissolver as substâncias corruptoras; técnicas da derivação e técnicas da detersão.

Às primeiras pertencem todos os métodos propriamente físicos que tendem a criar, na superfície dos corpos, feridas ou chagas, simultaneamente centros de infecção que se desprendem do organismo e centros de evacuação na direção do mundo exterior. Assim Fallowes explica o mecanismo benfazejo de seu *Oleum Cephalicum*; na loucura, "vapores escuros tampam os vasos muito finos pelos quais os espíritos animais deveriam passar". Com isso, o sangue se vê privado de direção, entupindo as veias do cérebro onde estagna, a menos que seja agitado por um movimento confuso "que embaralha as ideias". O *Oleum Cephalicum* tem a vantagem de provocar "pequenas pústulas na cabeça", untadas com óleo para impedir que sequem, de modo a permanecer aberta a saída "para os vapores negros estabelecidos no cérebro"[32]. Mas as queimaduras e as cauterizações por todo o corpo produzem o mesmo efeito. Supõe-se mesmo que as doenças da pele, como a sarna, o eczema ou a varíola podem acabar com um acesso de loucura. Nesse caso, a corrupção abandona as vísceras e o cérebro a fim de espalhar-se pela superfície do corpo e libertar-se no exterior. Ao final do século, adquire-se o hábito de inocular sarna nos casos mais renitentes de mania. Em sua *Instruction*, de 1785, Doublet, dirigindo-se aos diretores de hospitais, recomenda, caso as sangrias, purgações, banhos e duchas não acabem com a mania, que recorram aos "cautérios, aos sedenhos, aos abscessos superficiais, à inoculação da sarna"[33].

Mas a tarefa principal consiste em dissolver todas as fermentações que, formadas no corpo, determinaram a loucura[34]. Para tanto, os amargos vêm em primeiro lugar. O amargor tem todas as rudes virtudes da água do mar; purifica enquanto desgasta, exerce sua corrosão sobre tudo aquilo que o mal pôde depositar de inútil, de malsão e impuro no corpo ou na alma. Amargo e forte, o café é útil para "as pessoas gordas cujos humores grossos mal circulam"[35]; ele resseca sem queimar – pois é próprio dos corpos dessa espécie dissipar as umidades supérfluas sem provocar um calor perigoso; tanto no café como no fogo sem chama existe um poder de purificação que não calcina. O café reduz a impureza:

Os que dele se servem sentem, por longa experiência, que ele acomoda o estômago, consome as umidades supérfluas, dissipa os ventos, dissolve o muco das tripas, do que faz uma suave abstersão e, o que é particularmente considerável, impede que os vapores subam à cabeça, e por conseguinte suaviza as dores e as pontadas que normalmente se sente na cabeça; enfim, dá forças, vigor e nitidez aos espíritos animais sem deixar nenhuma impressão considerável de calor, nem mesmo nas pessoas mais queimadas que costumam servir-se dele.[36]

Amarga, mas também tonificante, é a quinina, que Whytt recomenda de bom grado às pessoas "cujo gênero nervoso é muito delicado"; é eficaz na "fraqueza, na falta de ânimo e no abatimento"; dois anos de um tratamento consistindo apenas numa tintura de quinina, "interrompido de vez em quando por no máximo um mês", bastaram para curar uma mulher atacada por doença nervosa[37]. Para as pessoas delicadas, deve-se associar a quinina "a um amargo suave no paladar", mas, se o organismo puder resistir a ataques mais fortes, não é demais recomendar o vitríolo misturado à quinina. Vinte ou trinta gotas de elixir de vitríolo tudo podem[38].

Naturalmente, o sabão e os produtos saponáceos não deixarão de ter efeitos privilegiados nesse empreendimento de purificação. "O sabão dissolve quase tudo o que é concreto."[39] Tissot acha que se pode consumir sabão diretamente, e que ele acalma muitos males dos nervos; porém, na maioria das vezes, basta consumir em jejum, de manhã, sozinhas ou com pão, "frutas saponáceas", isto é, cerejas, morangos, groselhas, figos, laranjas, uvas, peras e "outros frutos dessa espécie"[40]. Mas há casos em que a dificuldade é tão séria, a obstrução tão irredutível, que sabão algum pode prevalecer. Nestes casos, utiliza-se o tártaro solúvel. Muzzel foi o primeiro que teve a ideia de prescrever o tártaro contra "a loucura e a melancolia" e publicou, a respeito, várias observações vitoriosas[41]. Whytt confirma-as, demonstrando ao mesmo tempo que o tártaro age como detergente, uma vez que é eficaz sobretudo contra as doenças de obstrução; "tanto quanto observei, o tártaro solúvel é mais útil nas afecções maníacas ou melancólicas que dependem dos humores maléficos, que se amontoam nas primeiras vias, do que naquelas produzidas por um vício no cérebro"[42]. Entre os dissolventes, Raulin cita ainda o mel, a fuligem de chaminé, o açafrão oriental, o bicho-de-conta, o pó de patas de lagostim e o bezoar jovial[43].

A meio caminho entre esses métodos internos de dissolução e as técnicas externas de derivação, encontra-se uma série de práticas das quais as mais frequentes são as aplicações do vinagre. Sendo ácido, o vinagre dissipa as obstruções e destrói os corpos, fermentando-os. Aplicado externamente, pode servir como repelente e mandar para fora humores e líquidos nocivos. Coisa curiosa, mas bem característica do pensamento terapêutico dessa época: não se vê contradição entre as duas modalidades de ação. Dado aquilo que ele é por natureza – detergente e repelente –, o vinagre agirá, de todo modo, conforme essa dupla determinação, mesmo que um desses modos de atuação não possa mais ser analisado de maneira racional e discursiva. Ele atuará assim, diretamente, sem intermediação, pelo simples contato entre dois elementos naturais. É assim que se recomenda a fricção da cabeça e do crânio, sempre que possível raspado, com vinagre[44]. *A Gazette de médecine* cita o caso de um empírico que tinha conseguido curar grande quantidade de loucos através de um método rápido e simples. Seu segredo consiste no seguinte: após purgá-los por cima e por baixo, faz com que encharquem os pés e as mãos em vinagre e deixa-os assim até que adormeçam ou, melhor dizendo, até que despertem, e quando acordam, a maioria está curada. É necessário também aplicar, sobre a cabeça raspada do doente, folhas moídas de *Dipsacus*, ou o cardo[45].

3. *A imersão*. Aqui se cruzam dois temas: o da ablução, com tudo que o aparenta aos ritos da pureza e do renascimento, e aquele, bem mais fisiológico, da impregnação, que modifica as qualidades essenciais dos líquidos e dos sólidos. Apesar de sua origem diferente, e da diferença ao nível de sua elaboração conceitual, até o final do século XVIII constituem uma unidade coerente demais para que a posição não seja sentida como tal. A ideia de Natureza, com suas ambiguidades, serve-lhes de elemento de coesão. A água, líquido simples e primitivo, pertence ao que existe de mais puro na natureza; tudo o que o homem trouxe como modificação duvidosa da bondade essencial da Natureza não conseguiu alterar o efeito benéfico da água; enquanto a civilização, a vida em sociedade, os desejos imaginários suscitados pela leitura de romances ou espetáculos de teatro provocam males dos nervos, o retorno à limpidez da água assume o sentido de um ritual de purificação; nesse frescor transparente renasce-se para a própria inocência de cada um. Mas ao mesmo tempo a água que a natureza fez entrar na composição de todos os corpos restitui a cada um seu equilíbrio próprio; ela serve de regulador fisiológico universal. Todos esses temas foram sentidos por Tissot, discípulo de Rousseau, tanto numa imaginação moral quanto médica: "A natureza indicou a água a todas as Nações como bebida única; atribuiu-lhe a força de dissolver todos os alimentos; é agradável ao paladar; procure portanto uma boa água fria, suave e leve: ela fortifica e limpa as entranhas; os gregos e os romanos consideravam-na remédio universal."[46]

O uso da imersão remonta bem longe na história da loucura: como prova, basta citar os banhos praticados em Epidauro. E as aplicações frias de toda espécie devem mesmo ter se tornado correntes através da Antiguidade, pois Soranez de Éfeso, a crer em Coelius Aurelianus, já protestava contra o abuso que delas se fazia[47]. Na Idade Média, era costume mergulhar um maníaco várias vezes na água, "até que ele perca sua força e esqueça seu furor". Sylvius recomenda impregnações nos casos de melancolia e frenesi[48]. Assim, a história admitida de uma repentina descoberta da utilidade dos banhos por Van Helmont no século XVIII não passa de uma reinterpretação. Segundo Menuret, essa invenção, que dataria de meados do século XVII, seria o feliz resultado do acaso: transportava-se numa charrete um demente firmemente amarrado; mesmo assim, ele conseguiu libertar-se, pulou num lago, tentou nadar e perdeu os sentidos. Quando o recuperaram, pensaram que estivesse morto, mas logo retomou seus espíritos que, de repente, se restabeleceram em sua ordem natural, e "viveu longamente sem sentir nenhum acesso da loucura". Essa anedota teria constituído uma iluminação para Van Helmont, que se pôs a mergulhar os alienados indiferentemente no mar ou em água doce; "o único cuidado que se deve ter é mergulhar de repente e de improviso os doentes na água e mantê-los nela por bastante tempo. Não há nada a temer por suas vidas"[49].

Pouco importa a exatidão do relato; uma coisa é certa nessa transcrição anedótica: a partir do fim do século XVII, a cura pelos banhos toma lugar ou retoma lugar entre as terapêuticas maiores da loucura. Quando Doublet redige sua *Instruction* pouco antes da Revolução, prescreve, para as quatro grandes formas patológicas que conhece (frenesi, mania, melancolia, imbecilidade), o uso regular dos banhos, acrescentando, para as duas primeiras, o uso de duchas frias[50]. E nessa época havia muito que Cheyne recomendara "a todos que precisam fortificar seu temperamento" que implantassem banhos em suas casas e os tomassem a cada dois, três ou quatro dias; ou "se não têm meios para tanto, que de algum modo mergulhem num lago ou em águas correntes, sempre que lhes for cômodo"[51].

Os privilégios da água são evidentes, numa prática médica que é dominada pela preocupação de equilibrar líquidos e sólidos. Pois se ela tem poderes de impregnação, que a colocam nos primeiros lugares entre os umectantes, na medida em que pode receber qualidades suplementares como o frio e o calor, ela tem virtudes de constrição, resfriamento ou rescaldamento, e pode mesmo ter esses defeitos de consolidação atribuídos a corpos como o ferro. Na verdade, o jogo das qualidades é muito lábil, na fluida substância da água; assim como penetra facilmente na trama de todos os tecidos, ela se deixa impregnar facilmente por todas as influências qualitativas às quais está submetida. Paradoxalmente, a universalidade de seu uso no século XVIII não provém do reconhecimento geral de seu efeito e de seu modo de ação, mas da facilidade com a qual se pode atribuir à sua eficácia as formas e modalidades mais contraditórias. Ela é o lugar de todos os temas terapêuticos possíveis, formando uma inesgotável reserva de metáforas operatórias. Nesse elemento fluido efetua-se a universal troca das qualidades.

A água fria refresca, sem dúvida. Caso contrário, seria ela utilizada no frenesi ou na mania – doença do calor, na qual os espíritos entram em ebulição, os sólidos se distendem e os líquidos se aquecem ao ponto de evaporação, deixando "seco e friável" o cérebro desses doentes – como cotidianamente a anatomia pode constatar? De modo razoável, Boissieu cita a água fria entre os meios essenciais das curas refrescantes; sob a forma de banhos, ela é o primeiro dos "antiflogísticos" que retiram do corpo as partículas ígneas que nele estão presentes em excesso; sob a forma de bebida, ela é um "retardador diluidor" que diminui a resistência dos fluidos à ação dos sólidos, com isso abaixando indiretamente o calor geral do corpo[52].

Mas pode-se dizer também que a água fria esquenta e a quente esfria. É exatamente essa tese que Darut sustenta. Os banhos frios expulsam o sangue que está na periferia do corpo, e o "repelem com mais vigor para o coração". Mas como o coração é a sede do calor natural, ali o sangue se esquenta, e tanto mais quanto o "coração que luta sozinho contra as outras partes faz novos esforços para repelir o sangue e superar a resistência dos capilares. Donde uma grande intensidade da circulação, a divisão do sangue, a fluidez dos humores, a destruição dos entupimentos, o aumento das forças do calor natural, do apetite das forças digestivas, da atividade do corpo e do espírito". O paradoxo do banho quente é simétrico: ele atrai o sangue para a periferia, bem como todos os humores, a transpiração e todos os líquidos úteis ou nocivos. Com isso, os centros vitais se veem desertos, o coração funciona devagar e o organismo se esfria. Esse fato não é confirmado por "essas síncopes, essas lipotimias... essa fraqueza, esse abandono, esse cansaço, essa falta de vigor" que sempre acompanham o uso demasiado frequente dos banhos quentes[53].

Há mais ainda: tão rica é a polivalência da água, tão acentuada sua aptidão para se submeter às qualidades que ela veicula, que lhe ocorre mesmo perder sua eficácia de líquido, agindo como um remédio ressecante. A água pode conjurar a umidade. Ela reencontra aqui o velho princípio *similia similibus*, mas num outro sentido e através de todo um mecanismo visível. Para alguns, é a água fria que resseca, com o calor, pelo contrário, preservando a umidade da água. Com efeito, o calor dilata os poros do organismo, distende suas membranas e permite à umidade impregná-los através de um efeito secundário. O calor abre caminho para o líquido. É exatamente por isso que todas as bebidas quentes correm o risco de tornar-se nocivas, bebidas de que se usa e abusa no século XVII: relaxamento, umidade generalizada, moleza do organismo, tudo isso espreita os que consomem em demasia essas infusões. E como esses são os traços distintivos do corpo feminino, em oposição à secura e à solidez viris[54], o abuso das bebidas quentes significa o risco de levar a uma feminização do gênero humano:

Não é sem razão que se censura a maioria dos homens por terem degenerado ao contrair a moleza, o hábito e as inclinações das mulheres; só lhes faltava assemelhar-se a elas na constituição do corpo. O uso abusivo dos umectantes acelerava de imediato a metamorfose e tornava ambos os sexos quase tão semelhantes no físico quanto na moral. Desgraçada será a espécie humana se esse preconceito estender seu domínio sobre o povo; não haverá mais trabalhadores, artesãos e soldados, porque logo se verão desprovidos da força e do vigor necessários em suas profissões.[55]

Na água fria, é o frio que prevalece sobre todos os poderes da umidade porque, fechando os tecidos, impede-lhes toda possibilidade de impregnação: "Não vemos como nossos vasos, como o tecido de nossas carnes se fecha quando nos lavamos na água fria ou quando estamos transidos de frio?"[56] Portanto, os banhos frios têm a paradoxal propriedade de consolidar o organismo, garantindo-o contra as fraquezas da umidade, "dando tom às partes", como dizia Hoffmann, "e aumentando a força sistática do coração e dos vasos"[57].

Mas, em outras intuições qualitativas, o relacionamento se inverte; então é o calor que seca os poderes umectantes da água, enquanto o frescor os mantém e os renova incessantemente. Contra as doenças de nervos devidas a um "endurecimento do gênero nervoso" e à "secura das membranas"[58], Pomme não recomenda os banhos quentes, cúmplices do calor que reina no corpo; mas banhos mornos ou frios são capazes de embeber os tecidos do organismo, devolvendo-lhes a flexibilidade. Não é esse mesmo método que se pratica espontaneamente na América?[59] E seus efeitos, seu próprio mecanismo, são visíveis a olho nu, no desenvolvimento da cura, uma vez que, no ponto mais agudo da crise, os doentes sobrenadam na água do banho – tanto o calor interno rarefez o ar e os líquidos de seus corpos. Mas se os doentes permanecem muito tempo na água, "três, quatro ou mesmo seis horas por dia", sobrevém o relaxamento, a água impregna progressivamente as membranas e as fibras, o corpo se torna mais pesado e cai naturalmente no fundo da água[60].

Ao final do século XVIII, os poderes da água se esgotam nos próprios excessos de suas riquezas qualitativas: fria, ela pode esquentar; quente, ela refresca. Ao invés de umedecer, é mesmo capaz de solidificar, petrificar pelo frio ou alimentar um fogo por seu próprio calor. Todos os valores benfazejos e malfazejos cruzam-se indiferentemente nela. É dotada de todas as cumplicidades possíveis. No pensamento médico, ela forma um tema terapêutico flexível e utilizável à vontade, cujos efeitos podem ser encaixados nas fisiologias e patologias mais diversas. Tem tantos valores, tantos modos de atuação diversos, que pode tudo confirmar ou infirmar. É sem dúvida essa mesma polivalência, com todas as discussões que pode fazer nascer, que acabou por neutralizá-la. Na época de Pinel, sempre se aplica a água, mas uma água que se tornou inteiramente límpida, água da qual todas as sobrecargas qualitativas foram eliminadas e cujo modo de ação só pode ser, doravante, mecânico.

A ducha, até então menos utilizada que os banhos e as bebidas, nesse momento se torna técnica privilegiada. E, paradoxalmente, a água reencontra, além de todas as suas variações fisiológicas da época anterior, sua função simples de purificação. A única qualidade de que é encarregada é a violência; deve arrastar num fluxo irresistível todas as impurezas que constituem a loucura; através de sua própria força curativa, deve reduzir o indivíduo à sua mais simples expressão possível, à sua menor e mais pura forma de existência, possibilitando-lhe assim um segundo nascimento. Trata-se, explica Pinel, "de destruir até os traços primitivos das ideias extravagantes dos alienados, o que só poderia acontecer obliterando-se, por assim dizer, essas ideias num estado vizinho da morte"[61].

Donde as famosas técnicas utilizadas em asilos como Charenton, ao final do século XVIII e começo do XIX: a ducha propriamente dita – "o alienado fixo numa cadeira era colocado embaixo de um reservatório cheio de água fria que era derramada diretamente sobre sua cabeça através de um tubo largo". E os banhos de surpresa – "o doente descia pelos corredores até o térreo, e chegava numa sala quadrada, abobadada, na qual tinha se construído uma banheira; empurravam-no por trás para jogá-lo na água"[62]. Essa violência era como a promessa de um novo batismo.

4. *A regulação do movimento*. Se é fato que a loucura é agitação irregular dos espíritos, movimento desordenado das fibras e das ideias, é também entupimento do corpo e da alma, estagnação dos humores, imobilização das fibras em sua rigidez, fixação das ideias e da atenção num tema que, aos poucos, prevalece sobre os demais. Trata-se assim de devolver ao espírito e aos espíritos, ao corpo e à alma, a mobilidade que constitui suas vidas. No entanto, essa mobilidade deve ser medida e controlada, evitando que ela se transforme na agitação vazia das fibras que não mais obedecem às solicitações do mundo exterior. A ideia que anima esse tema terapêutico é a restituição de um movimento que se organiza segundo a mobilidade prudente do mundo exterior. Uma vez que a loucura tanto pode ser imobilidade abafada e fixação obstinada, quanto desordem e agitação, a cura consiste em suscitar no doente um movimento que seja ao mesmo tempo regular e real, no sentido de que deverá obedecer às regras dos movimentos do mundo.

Lembra-se com satisfação a sólida crença dos antigos que atribuíam efeitos salutares às diferentes formas de caminhada e de corrida; a caminhada simples que tanto amolece quanto endurece o corpo; a corrida em linha reta a uma velocidade sempre crescente, que melhor distribui os sucos e humores através de todo o espaço do corpo, ao mesmo tempo que diminui o peso dos órgãos; a corrida vestido, que aquece e amolece os tecidos e as fibras demasiado rígidas[63]; Sydenham recomenda sobretudo os passeios a cavalo nos casos de melancolia e hipocondria:

> Mas a melhor coisa que conheci até aqui para fortalecer e animar o sangue e os espíritos é andar a cavalo todos os dias e fazer passeios um pouco longos ao ar livre. Esse exercício, pelas sacudidelas redobradas que provoca nos pulmões e sobretudo nas vísceras do baixo-ventre, livra o

sangue dos humores excremenciais nele detidos, dá elasticidade às fibras, restabelece as funções dos órgãos, reanima o calor natural, evacua pela transpiração os sucos degenerados ou restabelece-os em seu estado inicial, dissipa as obstruções, abre todos os corredores e, finalmente, com o movimento contínuo que causa no sangue, renova-o por assim dizer e lhe dá um vigor extraordinário.[64]

O balanço do mar, de todos os movimentos do mundo o mais regular, o mais natural, o mais conforme à ordem cósmica – esse mesmo movimento que Lancre considerava tão perigoso ao coração humano, tantas eram as tentações perigosas que lhe oferecia, os sonhos improváveis e sempre insatisfeitos, tanto era ele a imagem própria de um infinito perverso –, esse movimento é considerado pelo século XVIII como um regulador privilegiado da mobilidade orgânica. Nele, é o próprio ritmo da natureza que fala. Gilchrist escreve todo um tratado "on the use of sea voyages in Medicine"; Whytt acha esse remédio pouco cômodo de aplicar em indivíduos atingidos pela melancolia; é "difícil vislumbrar tais doentes empreendendo uma longa viagem por mar; mas deve ser citado um caso de vapores hipocondríacos que desapareceram de repente num jovem que foi obrigado a viajar de barco durante quatro ou cinco semanas".

A viagem tem o interesse complementar de agir diretamente sobre o curso das ideias, ou pelo menos por uma via mais direta, pois passa apenas pela sensação. A variedade da paisagem dissipa a obstinação da melancolia: velho remédio usado desde a Antiguidade, mas que o século XVIII prescreve com nova insistência[65] e cujas espécies variam agora desde o deslocamento real até as viagens imaginárias na literatura e no teatro. Le Camus prescreve "relaxar o cérebro" em todos os casos de afecções vaporosas: "passeios, viagens, equitação, exercício ao ar livre, espetáculos, leituras agradáveis, ocupações que podem fazer esquecer a ideia predominante"[66]. O campo, pela suavidade e pela variedade de suas paisagens, subtrai os melancólicos à sua preocupação única "ao afastá-los dos lugares que poderiam recordar suas dores"[67].

Mas, inversamente, a agitação da mania pode ser corrigida através de um movimento regular. Não se trata mais, aqui, de recolocar em movimento, mas de ordenar a agitação, deter momentaneamente seu curso, fixar a atenção. A viagem não será eficaz em virtude de suas rupturas incessantes de continuidade, mas pela novidade dos objetos que propõe, a curiosidade que faz surgir. Ela deve permitir que se capte do exterior um espírito que foge a toda regra, escapando-se a si mesmo na vibração de seu movimento interior. "Se se pode perceber objetos ou pessoas que possam chamar a atenção, afastando-a de suas ideias desregradas e fixando-a um pouco sobre outras, é preciso apresentá-las frequentemente aos maníacos, e é por isso que se pode tirar partido de uma viagem que interrompe a sequência das antigas ideias e que oferece objetos que fixam a atenção."[68]

Utilizada pelas mudanças que ela acarreta na melancolia, ou pela regularidade que impõe à mania, a terapêutica pelo movimento oculta a ideia de um confisco pelo mundo do espírito alienado. Ela é ao mesmo tempo uma "ordenação" e uma conversão, uma vez que o movimento prescreve seu ritmo, porém constitui, por sua novidade ou variedade, um apelo constante ao espírito para que saia de si mesmo e entre no mundo. Se é fato que nas técnicas da imersão se ocultam sempre as lembranças éticas, quase religiosas, da ablução e do segundo nascimento, nessas curas pelo movimento é possível reconhecer um tema moral simétrico, mas invertido, em relação ao primeiro: voltar ao mundo, entregar-se à sua sabedoria, retomando um lugar na ordem geral e com isso esquecer a loucura que é o momento da subjetividade pura. Vê-se como, até no empirismo dos meios de cura, se encontram novamente as grandes estruturas organizadoras da experiência da loucura na era clássica. Erro e falta, a loucura é ao mesmo tempo impureza e solidez; ela é um afastamento do mundo e da verdade, mas é também, justamente por isso, prisioneira do mal. Seu duplo nada é o de ser a forma visível desse não ser que é o mal e de proferir, no vazio e na aparência colorida de seu delírio, o não ser do erro. Ela é totalmente *pura*, pois nada é a não ser o ponto evanescente de uma subjetividade à qual foi subtraída toda presença da verdade; e totalmente *impura*, uma vez que esse nada que ela é, é o não ser do mal. A técnica de cura, até em seus símbolos físicos mais carregados de intensidade imaginária – consolidação e recolocação em movimento de um lado, purificação e imersão do outro –, ordena-se secretamente em relação a esses dois temas fundamentais. Trata-se ao mesmo tempo de devolver o indivíduo à sua pureza inicial e de subtraí-lo à sua pura subjetividade para iniciá-lo no mundo; aniquilar o não ser que o aliena de si mesmo e reabri-lo para a plenitude do mundo exterior, para a sólida verdade do ser.

As técnicas permanecerão por mais tempo que seus sentidos. Quando, exteriormente à experiência do desatino, a loucura receber um estatuto puramente psicológico e moral, quando os relacionamentos do erro e da falta, através dos quais o classicismo definia a loucura, forem resumidos apenas na noção de culpabilidade, então as técnicas permanecerão, mas com uma significação bem mais restrita; só se procurará um efeito mecânico ou uma punição moral. É desse modo que os métodos de regulação do movimento degenerarão na famosa "máquina giratória" cujo mecanismo e eficácia são demonstrados por Mason Cox no começo do século XIX[69]: um pilar perpendicular é fixado no teto e no assoalho; amarra-se o doente numa cadeira ou numa cama suspensa a um braço horizontal móvel ao redor do pilar; graças a uma "engrenagem pouco complicada", imprime-se "à máquina o grau de velocidade desejado". Cox cita uma de suas próprias observações; trata-se de um homem atingido por uma melancolia sob a forma de estupor; "sua pele estava escura, os olhos amarelos, o olhar constantemente fixo no chão, os membros parecendo imóveis, a língua seca e sulcada e o pulso lento". Colocam-no na máquina giratória, imprimindo-lhe um movimento cada vez mais rápido. O efeito supera o esperado, as vibrações foram demais; à rigidez melancólica substitui-se a agitação mecânica. Mas passado esse primeiro efeito, o doente recai em seu estado inicial. Modifica-se o ritmo, então: a máquina é posta a girar rapidamente, sendo detida a intervalos regulares, e de um modo brutal. A melancolia é expulsa, sem que a rotação tenha tido tempo de ativar a agitação maníaca[70]. Essa "centrifugação" da melancolia é bastante característica do novo uso dos antigos temas terapêuticos. O movimento não mais visa a restituir o doente à verdade do mundo exterior, mas a produzir apenas uma série de efeitos internos, puramente mecânicos e psicológicos. A cura não se rege mais pela presença do verdadeiro, mas por uma norma de funcionamento. Nessa reinterpretação do velho método, o organismo não é mais posto num relacionamento consigo mesmo e com sua natureza própria, enquanto na versão inicial o que devia ser restituído era seu relacionamento com o mundo, sua ligação essencial com o ser e com a verdade: se acrescentarmos que desde então a máquina giratória foi utilizada a título de ameaça e punição[71], percebe-se como se tornaram menores as pesadas significações dos métodos terapêuticos ao longo da era clássica. Contenta-se com regulamentar e punir, com os meios que antes haviam servido para conjurar a falta, para dissipar o erro na restituição da loucura à deslumbrante verdade do mundo.

■ ■

Em 1771, Bienville escrevia a respeito da *ninfomania* que há ocasiões em que se pode curá-la "contentando-se com tratar da imaginação; mas não há ou quase não existem remédios físicos que possam efetuar uma cura radical"[72]. E, pouco depois, Beauchesne: "É inútil tentar curar alguém atacado pela loucura apenas através de meios físicos... Os remédios materiais nunca serão bem sucedidos sem o auxílio que o espírito justo e sadio pode dar ao espírito fraco e doentio."[73]

Esses textos não descobrem a necessidade de um tratamento psicológico; antes assinalam o fim de uma época: aquela onde a diferença entre medicamentos físicos e tratamentos morais ainda não era sentida como uma evidência pelo pensamento médico. A unidade dos símbolos começa a desfazer-se, e as técnicas se isolam de sua significação global. A única eficácia que lhes é atribuída é de ordem regional – sobre o corpo ou sobre a alma. A cura novamente muda de sentido: ela não é mais trazida pela unidade significativa da doença, agrupada ao redor de suas qualidades maiores mas, aos poucos, deve dirigir-se aos diversos elementos que a compõem; constituirá uma sequência de destruições parciais, na qual o ataque psicológico e a intervenção física se justapõem, adicionam-se mas nunca se penetram.

Na verdade, aquilo que para nós já se apresenta como o esboço de uma cura psicológica não era assim entendido pelos médicos clássicos que a aplicavam. Desde a Renascença, a música havia reencontrado todas as virtudes terapêuticas que a Antiguidade lhe atribuíra. Seus efeitos eram notáveis, sobretudo, sobre a loucura. Schenck curou um homem "mergulhado em profunda melancolia" fazendo-o ouvir "concertos de instrumentos musicais que lhe agradavam de modo particular"[74]. Albrecht também curou um delirante após ter inutilmente tentado todos os outros remédios, fazendo com que se cantasse, durante um de seus acessos, "uma pequena canção que despertou o doente, causou-lhe prazer, levou-o a rir e dissipou para sempre o paroxismo"[75]. Citam-se mesmo casos de frenesi curados pela música[76]. Ora, essas observações nunca se prestam à interpretação psicológica. Se a música cura, ela o faz atuando sobre a totalidade do ser humano, penetrando o corpo tão direta e eficazmente quanto a alma. Diemerbroek não chegou a conhecer pestilentos curados pela música?[77] Sem dúvida não mais se admite, como fazia ainda Porta, que a música, na realidade material de seus sons, levava aos corpos as virtudes secretas ocultas na própria substância dos instrumentos; sem dúvida, não mais se acredita que os linfáticos sejam curados por uma "ária tocada numa flauta", nem os melancólicos aliviados por uma "ária suave tocada numa flauta de heléboro", nem que era necessário utilizar "uma flauta feita de *roquetta ou satyrisin* para os impotentes e os frígidos"[78]. Mas se a música não mais veicula as virtudes ocultas nas substâncias, é eficaz para o corpo graças às qualidades que lhe impõe. Constitui mesmo a mais rigorosa de todas as mecânicas da qualidade, uma vez que, em sua origem, não passa de movimento que, ao chegar aos ouvidos, transforma-se em efeito qualitativo. O valor terapêutico da música provém de que essa transformação se desfaz no corpo, com a qualidade se redecompondo em movimentos e com a recepção da sensação tornando-se o que sempre tinha sido, vibrações regulares e equilíbrio das tensões. O homem, como unidade da alma e do corpo, percorre num sentido inverso o ciclo da harmonia, ao descer do harmonioso para o harmônico. A música se desenvolve nesse meio, e com isso a saúde se restabelece. Mas existe outro caminho, ainda mais direto e mais eficaz; nesse caso, o homem não mais representa esse papel negativo de anti-instrumento, reagindo como se ele mesmo fosse o instrumento: "Se se considerar o corpo humano como uma reunião de fibras mais ou menos tensas, abstração feita de sua sensibilidade, de sua vida, de seu movimento, ver-se-á sem dificuldades que a música deve fazer o mesmo efeito sobre as fibras que ela provoca sobre instrumentos vizinhos." Efeito de ressonância que não precisa seguir as vias sempre longas e complexas da sensação auditiva. O gênero nervoso vibra com a música que enche o ar, as fibras são como outras tantas "dançarinas surdas" cujo movimento se faz em uníssono com uma música que elas não ouvem. E dessa vez é no próprio interior do corpo, da fibra nervosa até a alma, que se faz a recomposição da música, com a estrutura harmônica da consonância reconduzindo o funcionamento harmonioso das paixões[79].

O próprio uso da paixão na terapêutica da loucura não deve ser entendido como uma forma de medicação psicológica. Utilizar a paixão contra as demências não é outra coisa que dirigir-se à unidade da alma e do corpo naquilo que ela tem de mais rigoroso, servir-se de um evento no duplo sistema de seus efeitos e na correspondência imediata de sua significação. Curar a loucura pela paixão pressupõe que nos colocamos no simbolismo recíproco entre alma e corpo. O medo, no século XVIII, é considerado como uma das paixões que mais se deve suscitar no louco. Acredita-se que seja o complemento natural das coações que se impõem aos maníacos e aos furiosos; sonha-se mesmo com uma espécie de treinamento que faria com que cada acesso de cólera num maníaco fosse logo acompanhado e compensado por uma reação de medo: "É pela força que se triunfa sobre os furores do maníaco, é opondo o temor à cólera que a cólera pode ser dominada. Se o terror de um castigo e de uma vergonha pública se associa no espírito aos acessos de cólera, um não se manifesta sem o outro: veneno e antídoto são inseparáveis."[80]

Mas o medo não é eficaz apenas ao nível dos efeitos da doença: é a própria doença que ele consegue atingir e suprimir. O medo, com efeito, tem a propriedade de imobilizar o funcionamento do sistema nervoso, de algum modo petrificando as fibras demasiado móveis, pondo um freio a todos os movimentos desordenados. "Como o medo é uma paixão que diminui a excitação do cérebro, ele pode por conseguinte acalmar o excesso e, sobretudo, a excitação irascível dos maníacos."[81]

Se o par antitético do medo e da cólera é eficaz contra a irritação maníaca, pode ser utilizado, em sentido inverso, contra os temores infundados dos melancólicos, hipocondríacos e todos aqueles com temperamentos linfáticos. Tissot, retomando a ideia tradicional de que a cólera é uma descarga da bílis, acredita que ela é útil na dissolução dos fleumas reunidos no estômago e no sangue. Submetendo as fibras nervosas a uma tensão mais forte, a cólera atribui-lhes mais vigor, restitui a elasticidade perdida e permite assim dissipar o temor[82]. A cura das paixões repousa numa constante metáfora das qualidades e dos movimentos; ela implica sempre o fato de que estes sejam de imediato transferíveis em sua modalidade própria do corpo para a alma e inversamente. Deve-se utilizá-la, diz Scheidenmantel no tratado que destina a essa forma de cura, "quando a cura necessita, no corpo, de mudanças idênticas às produzidas por essa paixão". E é nesse sentido que ela pode ser o substituto universal de qualquer outra terapêutica física; é apenas um outro caminho para produzir o mesmo encadeamento de efeitos. Entre uma cura pelas paixões e uma cura pelas receitas da farmacopeia, não há diferenças de natureza, mas uma diversidade no modo de acesso a esses mecanismos comuns ao corpo e à alma. "É preciso utilizar as paixões se o doente não pode ser levado, pela razão, a fazer aquilo que é necessário para o restabelecimento de sua saúde."[83]

Portanto, não é possível, a rigor, utilizar, como uma distinção válida na era clássica, a diferença, para nós imediatamente decifrável, entre medicamentos físicos e medicamentos psicológicos ou morais. A diferença só começará a existir em profundidade no momento em que o medo não for mais utilizado como método de fixação do movimento, mas como punição; quando a alegria não significar a dilatação orgânica, mas a recompensa; quando a cólera não passar de uma resposta à humilhação; em suma, quando o século XIX, ao inventar os famosos "métodos morais", tiver introduzido a loucura e sua cura no jogo da culpabilidade[84]. A distinção entre o físico e o moral só se tornou um conceito prático na medicina do espírito no momento em que a problemática da loucura se deslocou para uma interrogação do sujeito responsável. O espaço puramente moral, então definido, dá as medidas exatas dessa interioridade psicológica em que o homem moderno procura tanto sua profundidade quanto sua verdade. A terapêutica física tende a tornar-se, na primeira metade do século XIX, a cura do determinismo inocente, e o tratamento moral, a da liberdade falível. A psicologia, como meio de cura, organiza-se doravante ao redor da punição. Antes de procurar tranquilizar, ela atenua o sofrimento no rigor de uma necessidade moral.

Não utilize as consolações, pois são inúteis; não recorra aos raciocínios, pois eles não convencem. Não seja triste com os melancólicos, sua tristeza acarretará a deles; não assuma com eles um ar alegre, eles se sentiriam feridos com isso. Muito sangue-frio e, quando necessário, severidade.

Que sua razão seja a regra de conduta deles. Uma única corda vibra ainda neles, a da dor; tenha coragem suficiente para tocá-la.[85]

A heterogeneidade do físico e do moral no pensamento médico não se originou da definição de Descartes das substâncias extensa e pensante; um século e meio de medicina pós-cartesiana não conseguiu assumir essa separação ao nível de seus problemas e seus métodos, nem entender a distinção das substâncias como uma oposição entre o orgânico e o psicológico. Cartesiana ou anticartesiana, a medicina clássica nunca incluiu na antropologia o dualismo metafísico de Descartes. E quando a separação ocorre, não é por uma fidelidade renovada às *Méditations*, mas por um novo privilégio atribuído à falta. Apenas a prática da sanção separou, no louco, os medicamentos do corpo dos da alma. Uma medicina puramente psicológica só se tornou possível no dia em que a loucura se viu alienada na culpabilidade.

■ ■

No entanto, a tudo isso todo um aspecto da prática médica durante a era clássica poderia trazer um amplo desmentido. O elemento psicológico, em sua pureza, parece ter seu lugar nas técnicas. Como explicar, caso contrário, a importância atribuída à exortação, à persuasão, à argumentação, a todo esse diálogo que o médico clássico estabelece com seu doente, independentemente da cura pelos remédios do corpo? Como explicar que Sauvages possa escrever, de acordo com todos os seus contemporâneos: "É preciso ser filósofo para poder curar os doentes da alma, pois como a origem dessas doenças não passa de um desejo violento de uma coisa que o doente considera um bem, é dever do médico provar-lhe, com sólidas razões, que aquilo por ele desejado é um bem aparente e um mal real, a fim de que ele corrija seu erro."[86]

De fato, essa abordagem da loucura não é nem mais nem menos psicológica de todas as de que já falamos. A linguagem, as formulações da verdade ou da moral, têm ascendência direta sobre o corpo, e é ainda Bienville, em seu tratado da *ninfomania*, que mostra como a adoção ou a recusa de um princípio ético pode modificar diretamente o curso dos processos orgânicos[87]. No entanto, há uma diferença de natureza entre as técnicas que consistem em modificar as qualidades comuns ao corpo e à alma e as que consistem em investir a loucura pelo discurso. Num caso, trata-se de uma técnica das metáforas, ao nível de uma doença que é alteração da natureza. No outro, trata-se de uma técnica da linguagem, ao nível de uma loucura percebida como debate da razão consigo mesma. Essa arte, sob essa última forma, desenrola-se num domínio onde a loucura é "tratada" – em todos os sentidos do termo – em termos de verdade e erro. Em suma, sempre existiu, no curso da era clássica, uma justaposição de dois universos técnicos nas terapêuticas da loucura. Um que repousa numa mecânica implícita das qualidades e se dirige à loucura em sua qualidade essencial de *paixão*, isto é, em sua qualidade de mistura (movimento-qualidade) que pertence ao corpo e à alma, simultaneamente; outro, que repousa num movimento discursivo da razão raciocinante consigo própria e se dirige à loucura em sua qualidade de erro, dupla inanidade da linguagem e da imagem, em sua qualidade de *delírio*. O ciclo estrutural da paixão e do delírio que constitui a experiência clássica da loucura reaparece aqui, no mundo das técnicas – mas sob uma forma sincopada. Sua unidade só aparece aí de uma maneira distante. O que é visível imediatamente, em letras maiúsculas, é a dualidade, quase a oposição, na medicina da loucura, entre os métodos de supressão da doença e as formas de investimento do desatino. Estas podem reportar-se a três figuras essenciais.

1. *O despertar*. Uma vez que o delírio é o sonho das pessoas acordadas, é preciso tirar os que deliram desse quase-sono, despertá-los de sua vida de sonhos, entregue às imagens, trazendo-os de volta para uma vigília autêntica, onde o sonho se apaga diante das figuras da percepção. Esse despertar absoluto, que elimina uma a uma todas as formas da ilusão, era perseguido por Descartes no começo de suas *Méditations*, e ele o encontrava paradoxalmente na própria consciência do sonho, na consciência da consciência enganada. Mas entre os loucos é a medicina que deve realizar esse despertar, transformando a solidão da coragem cartesiana na intervenção autoritária do vigia seguro de sua vigília na ilusão do vigia com sono: via oblíqua que corta dogmaticamente o longo caminho de Descartes. O que Descartes descobre ao final de sua resolução e na *duplicação* de uma consciência que nunca se separa de si mesma e que não se *desdobra*, a medicina

impõe do exterior, e na dissociação entre o médico e o doente. O médico, em relação ao louco, reproduz o momento do *Cogito*, em relação ao tempo do sonho, da ilusão e da loucura. *Cogito* exterior, estranho à própria cogitação e que só pode impor-se a ela na forma da irrupção.

Essa estrutura de irrupção da vigília é uma das formas mais constantes entre as terapêuticas da loucura. Às vezes ela assume os aspectos mais simples, ao mesmo tempo mais carregados de imagens e os mais creditados com poderes imediatos. Admite-se que um tiro de fuzil dado perto de uma moça curou-a das convulsões que contraíra em seguida a um pesar profundo[88]. Sem chegar a essa realização imaginária dos métodos de despertar, as emoções repentinas e vivas obtêm o mesmo resultado. É nesse espírito que Boerhaave operou sua famosa cura dos convulsionários de Harlem. No hospital da cidade havia-se espalhado uma epidemia de convulsões. Os antiespasmódicos, administrados em altas doses, não surtem efeito. Boerhaave ordenou

que se trouxessem fogões cheios de carvão em brasa, e que neles se aquecessem ao rubro espetos de ferro de uma certa forma; a seguir diz em voz alta que, dado que todos os meios usados até então para curar as convulsões tinham sido inúteis, ele só conhecia um único remédio, que era queimar até o osso, com o ferro em brasa, um certo lugar do braço da pessoa, moça ou moço, com ataques da doença convulsiva[89].

Mais lento, porém mais certo da verdade para a qual se abre, é o despertar que provém da própria sabedoria e de seu percurso insistente, imperativo, através das paisagens da loucura. A essa sabedoria, em suas diferentes formas, Willis pede a cura das loucuras. Sabedoria pedagógica para os imbecis: "um mestre aplicado e dedicado deve educá-los completamente"; deve-se ensinar-lhes, aos poucos e muito lentamente, o que se ensina às crianças nas escolas. Sabedoria que empresta seu modelo das formas mais rigorosas e mais evidentes da verdade, para os melancólicos: tudo o que existe de imaginário em seu delírio se dissipará à luz de uma verdade incontestável; é por isso que "os estudos matemáticos e químicos" lhes são tão vivamente recomendados. Para os outros, é a sabedoria de uma vida bem ordenada que reduzirá seu delírio; não é preciso impor-lhes outra verdade além da de suas vidas cotidianas; ficando em suas casas, "eles devem continuar a gerir seus negócios, governar suas famílias, organizar e cultivar suas propriedades, jardins, pomares, campos". Em compensação, é a exatidão de uma ordem social, imposta do exterior e, se preciso, pela coação, que pode trazer progressivamente os maníacos de volta à luz da verdade: "Para tanto, o insensato, colocado numa casa especial, será tratado tanto pelo médico quanto por auxiliares prudentes, de modo que se possa sempre mantê-lo em seus deveres, em seu comportamento e em seus costumes, através de advertências, censuras e castigos que serão logo infligidos."[90]

Aos poucos, no decorrer da era clássica, esse despertar autoritário da loucura perderá seu sentido original para se limitar apenas a uma lembrança da lei moral, retorno ao bem, fidelidade à lei. O que Willis ainda entendia como reabertura para a verdade não será mais inteiramente compreendido por Sauvages, que falará de lucidez no reconhecimento do bem: "É assim que se pode chamar de volta à razão aqueles a quem falsos princípios de filosofia moral fizeram com que a perdessem, contanto que queiram examinar conosco quais são os verdadeiros bens, quais os que se devem preferir aos demais."[91] Já não é mais como despertador que o médico deverá agir, mas como moralista. Contra a loucura, Tissot acredita que uma "consciência pura e sem censuras é um excelente preservativo"[92]. E logo Pinel aparece para dizer que o despertar para a verdade não tem mais sentido na cura, mas apenas a obediência e a cega submissão: "Um princípio fundamental para a cura da mania num grande número de casos é recorrer de início a uma enérgica repressão, seguida por benevolência."[93]

2. *A realização teatral*. Pelo menos aparentemente, trata-se de uma técnica rigorosamente oposta à do despertar. Lá, o delírio, em sua vivacidade imediata, era confrontado com o trabalho da razão. Seja sob a forma de uma lenta pedagogia, seja sob a forma de uma irrupção autoritária, a razão se impunha por si mesma e como que através do peso de seu ser próprio. O não ser da loucura, a inanidade de seu erro deviam enfim ceder a essa pressão da verdade. Aqui, a operação terapêutica desenrola-se no espaço da imaginação; trata-se de uma cumplicidade do irreal consigo mesmo; o imaginário deve entrar em seu próprio jogo, suscitar voluntariamente novas imagens, delirar na linha do delírio e, sem oposição nem confronto, sem mesmo dialética visível,

paradoxalmente, curar. A saúde deve investir a doença e vencê-la no próprio nada em que a doença está encerrada. A imaginação, "quando doente, só pode ser curada através de uma imaginação sadia e exercida... É indiferente que a imaginação do doente seja curada através de um medo, uma impressão viva e dolorosa sobre os sentidos ou uma ilusão"[94]. A ilusão pode curar do ilusório – enquanto somente a razão pode libertar do desatino. Qual é, assim, esse poder perturbador do imaginário?

Na medida em que é da própria essência da imagem fazer-se tomar pela realidade, pertence reciprocamente à realidade poder imitar a imagem, oferecer-se como tendo a mesma substância dela e sua mesma significação. Sem choque, sem ruptura, a percepção pode continuar o sonho, preencher suas lacunas, confirmá-lo no que ele tem de precário e levá-lo à sua realização. Se a ilusão pode parecer tão verdadeira quanto a percepção, a percepção por sua vez pode tornar-se a verdade visível, irrecusável, da ilusão. Tal é o primeiro momento da cura pela "realização teatral": integrar a irrealidade da imagem na verdade perceptiva, sem que esta tenha a aparência de contradizer ou mesmo de contestar aquela. Lusitanus narra assim a cura de um melancólico que se acreditava danado, desde sua vida terrestre, por causa da enormidade dos pecados que tinha cometido. Na impossibilidade de convencê-lo através de argumentos razoáveis, segundo os quais ele poderia salvar-se, aceita seu delírio, e faz com que lhe apareça um anjo vestido de branco, espada na mão, que, após severa exortação, anuncia-lhe que seus pecados foram redimidos[95].

A partir desse exemplo, vê-se como se esboça o segundo momento. *A realização na imagem não basta*: é necessário, além do mais, *continuar o discurso* delirante. Pois nos propósitos insensatos do doente há uma voz que fala; ela obedece à sua gramática, e enuncia um sentido. Gramática e significação devem ser mantidas de modo que a realização do fantasma na realidade não pareça a passagem de um registro para outro, como uma transposição numa nova língua, com um sentido modificado. A mesma linguagem deve continuar a se fazer ouvir, apenas trazendo para o rigor de seu discurso um novo elemento dedutivo. Esse elemento, no entanto, não é indiferente: não se trata de perseguir o delírio, mas de, continuando-o, tender a terminar com ele. É preciso conduzi-lo a um estado de paroxismo e de crise no qual, sem a contribuição de nenhum elemento estranho, ele será confrontado consigo mesmo e debatido em confronto com as exigências de sua própria verdade. O discurso real e perceptivo que prolonga a linguagem delirante das imagens deve, portanto, sem escapar às leis desta, sem sair de sua soberania, exercer, com relação a ela, uma função positiva. Ele a envolve ao redor do que tem de essencial; se ele a realiza com o risco de confirmá-la, é para dramatizá-la. Cita-se o caso de um doente que, acreditando-se morto, morria realmente por não comer; "um bando de pessoas pálidas e vestidas como mortas entra em seu quarto, põe a mesa, traz comida e se põe a comer e beber diante da cama. O morto, esfomeado, observa; manifesta-se surpresa por continuar na cama; convencem-no de que os mortos comem pelo menos tanto quanto os vivos. Ele aceita esse costume"[96]. É no interior de um discurso contínuo que os elementos do delírio, entrando em contradição, dão início à crise. Crise que é, de modo muito ambíguo, ao mesmo tempo médica e teatral: toda uma tradição da medicina ocidental, desde Hipócrates, encontra aí, e apenas por alguns anos, uma das formas maiores da experiência teatral. Vê-se esboçar o grande tema de uma crise que seria confronto do insensato com seu próprio sentido, da razão com o desatino, da artimanha lúcida com a cegueira do alienado, uma crise que marca o ponto em que a ilusão, voltada contra si mesma, vai se abrir para o deslumbramento da verdade.

Essa abertura é iminente na crise: ela mesma, com sua proximidade imediata, constitui o essencial dessa crise. Mas ela não é provocada pela própria crise. Para que a crise seja médica e não apenas dramática, para que não seja o aniquilamento do homem, mas pura e simples supressão da doença, em suma, para que essa realização dramática do delírio tenha um efeito de purificação cômica, é preciso que uma artimanha seja introduzida num dado momento[97]. Uma artimanha ou pelo menos um elemento que altere sub-repticiamente o jogo autônomo do delírio e que, confirmando-o incessantemente, não o liga à própria verdade sem acorrentá-lo ao mesmo tempo à necessidade de sua supressão. O exemplo mais simples desse método é o ardil empregado com doentes delirantes que imaginam perceber em seus corpos um objeto, um animal extraordinário. "Quando um doente acredita ter encerrado algum animal dentro do corpo, é preciso fazer de conta que se retira esse animal; se é na barriga, é possível produzir esse efeito através de um purgante que o sacuda um pouco acentuadamente, jogando-se o animal na bacia sem que o doente perceba."[98] A encenação realiza o objeto delirante mas não pode fazê-lo sem o exteriorizar, e se ela dá ao doente uma confirmação perceptiva de sua ilusão, ela o faz apenas libertando-o pela força. A reconstituição artificiosa do delírio constitui a distância real na qual o doente recobra a liberdade.

Mas às vezes não há necessidade desse distanciamento. É no interior da quase-percepção do delírio que vem alojar-se, por um ardil, um elemento perceptivo, de início silencioso, mas cuja progressiva afirmação virá contestar todo o sistema. É nele mesmo, e na percepção que confirma seu delírio, que o doente percebe a realidade liberadora. Trallion conta como um médico dissipou o delírio de um melancólico que imaginava não ter mais cabeça, sentindo em seu lugar uma espécie de vazio. O médico, entrando no delírio, aceita, a pedido do doente, tocar no buraco, e coloca-lhe sobre a cabeça uma grande bola de chumbo. Rapidamente o incômodo resultante e o peso doloroso convenceram o doente de que ele tinha cabeça[99]. Enfim, a artimanha e sua função de redução cômica pode ser assegurada com a cumplicidade do médico, mas sem outra intervenção direta de sua parte, através do jogo espontâneo do organismo do doente. No caso citado mais acima, do melancólico que morria realmente por não comer porque acreditava estar morto, a realização teatral de um festim dos mortos incita-o a comer. Esse alimento o restaura, "o uso dos alimentos torna-o mais tranquilo" e a perturbação orgânica desaparece, e com isso o delírio, que era indissociavelmente causa e efeito, não deixará de desaparecer[100]. Assim, a morte real que iria resultar da morte imaginária é afastada da realidade através apenas da realização da morte irreal. A troca do não ser consigo mesmo se faz neste jogo sábio: o não ser do delírio reportou-se ao ser da doença e suprimiu-o através apenas do fato de ter sido expulso do delírio pela realização dramática. A realização do não ser do delírio no ser consegue suprimi-lo como não ser mesmo, e isso através do puro mecanismo de sua contradição interna – mecanismo que é ao mesmo tempo jogo de palavras e jogo ilusionista, jogo de linguagem e de imagem. O delírio, com efeito, é suprimido enquanto não ser, pois torna-se percebido, mas como o ser do delírio está inteiramente em seu não ser, ele é suprimido enquanto delírio. E sua confirmação no fantástico teatral devolve-o a uma verdade que, mantendo-o cativo no real, repele-o da própria realidade, fazendo-o desaparecer no discurso sem delírio da razão.

O que se tem aqui é uma espécie de minuciosa realização, ao mesmo tempo irônica e médica, do *esse est percipi*; seu sentido filosófico é seguido à letra e ao mesmo tempo utilizado em direção contrária a de seu alcance natural; ele sobe contra a corrente de sua significação. A partir do momento em que o efeito do delírio penetra no campo do *percipi*, contra sua vontade, passa a depender do ser, isto é, entra em contradição com seu próprio ser que é *non-esse*. O jogo teatral e terapêutico que então se joga consiste em pôr em continuidade, no desenvolvimento do próprio delírio, as *exigências de seu ser* com *as leis do ser* (é o momento da invenção teatral, da utilização da ilusão cômica). A seguir, consiste em promover, entre estas e aquelas, a tensão e a contradição que nelas já estão inscritas mas que logo deixam de ser silenciosas (é o momento do drama); consiste, enfim, em descobrir, iluminando-a de modo cruel, essa verdade segundo a qual as leis do ser do delírio são apenas apetites e desejos da ilusão, exigências do não ser e que, por conseguinte, *o percipi* que o inseria no ser destinava-o já secretamente à sua própria ruína (é a comédia, é o desenlace). Desenlace no sentido estrito de que o ser e o não ser são libertados, um e outro, de sua confusão na quase-realidade do delírio, e entregues à pobreza do que são. Vê-se a curiosa analogia de estrutura, na era clássica, entre os diversos modos de libertação; têm o mesmo equilíbrio e o mesmo movimento no artifício das técnicas médicas e nos jogos sérios da ilusão teatral.

Pode-se compreender por que a loucura como tal desapareceu do teatro ao final do século XVII para reaparecer apenas nos últimos anos do século seguinte: o teatro da loucura era efetivamente realizado na prática médica; sua redução cômica pertencia à esfera da cura cotidiana.

3. *O retorno ao imediato*. Uma vez que a loucura é ilusão, a cura da loucura, se de fato pode ser realizada pelo teatro, pode ser feita também, e mais diretamente ainda, pela supressão do teatro.

Confiar diretamente a loucura e seu mundo vão à plenitude de uma natureza que não engana porque sua imediatez não conhece o não ser é, ao mesmo tempo, entregar a loucura à sua própria verdade (uma vez que a loucura, como doença, não passa de um ser da natureza) e à sua contradição mais próxima (uma vez que o delírio, como aparência sem conteúdo, é o contrário mesmo da riqueza frequentemente secreta e invisível da natureza). Esta aparece assim como a razão do desatino, neste duplo sentido cujas causas ela detém e que oculta, ao mesmo tempo, o princípio de supressão. Todavia, deve-se observar que esses temas não são contemporâneos da era clássica em toda a sua duração. Embora se pautem pela mesma experiência do desatino, substituem os temas da realização teatral, e seu aparecimento indica o momento em que a interrogação sobre o ser e o engodo começa a enfraquecer e a dar lugar a uma problemática da natureza. Os jogos da ilusão teatral perdem seu sentido, e as técnicas artificiosas da realização imaginária são substituídas pela arte, simples e confiante, de uma redução natural. E Isso num sentido ambíguo, pois trata-se tanto de uma redução pela natureza quanto de uma redução à natureza.

O retorno ao imediato é a terapêutica por excelência porque é a recusa rigorosa da terapêutica. Ele cura na medida em que é o esquecimento de todos os cuidados. É na passividade do homem em relação a si mesmo, no silêncio, que ele impõe a sua arte e a seus artifícios que a natureza desdobra uma atividade que é exatamente recíproca da renúncia. Pois, observando-a de mais perto, essa passividade do homem é atividade real; quando o homem se entrega ao medicamento, ele escapa à lei do trabalho que a própria natureza lhe impõe; mergulha no mundo do artifício e da contranatureza, da qual sua loucura é apenas uma das manifestações. É ignorando essa doença e retomando seu lugar na atividade dos seres naturais que o homem, numa aparente passividade que no fundo é apenas uma industriosa fidelidade, consegue sua cura. É assim que Bernardin de Saint-Pierre explica como se libertou de um "mal estranho" no qual "como Édipo, via dois sóis". A medicina tinha-lhe oferecido sua ajuda e tinha-lhe dito que "a sede de seu mal estava nos nervos". Inutilmente ele aplica os medicamentos mais apreciados; logo percebe que os próprios médicos morrem com seus remédios:

É a Jean-Jacques Rousseau que devo a volta de minha saúde. Eu havia lido, em seus escritos imortais, entre outras verdades naturais, que o homem é feito para trabalhar, não para meditar. Até então eu havia exercitado minha alma e repousado meu corpo. Mudei de regime, exercitava o corpo e repousava a alma. Renunciei à maioria dos livros e observava as obras da natureza, que falavam a todos meus sentidos uma linguagem que nem o tempo nem as nações podem alterar. Minha história e meus diários eram as ervas dos campos e dos prados; não eram meus pensamentos que iam penosamente até elas, como no sistema dos homens, mas seus pensamentos que vinham a mim sob mil formas agradáveis.[101]

Apesar das formulações que alguns discípulos de Rousseau puderam propor, essa volta ao imediato não é nem absoluta nem simples. É que a loucura, ainda que provocada e mantida pelo que existe de mais artificial na sociedade, aparece, em suas formas violentas, como a expressão selvagem de desejos humanos mais primitivos. A loucura na era clássica resulta, como vimos, das ameaças da bestialidade – uma bestialidade dominada inteiramente pela predação e pelo instinto de assassinato. Entregar a loucura à natureza seria, por uma inversão não dominada, abandoná-la a essa raiva da contranatureza. A cura da loucura pressupõe portanto uma volta àquilo que é imediato não em relação ao desejo, mas em relação à imaginação – volta que afasta da vida do homem e de seus prazeres tudo o que é artificial, irreal, imaginário. As terapêuticas pelo mergulho refletido no imediato pressupõem secretamente a mediação de uma sabedoria que divide, na natureza, aquilo que procede da violência e o que procede da verdade. É toda a diferença entre o *Selvagem* e o *Trabalhador*. "Os Selvagens... levam uma vida de animal carnívoro, e não a do ser racional." A vida do Trabalhador, em troca, "é mais feliz, de fato, do que a do homem mundano". Do lado do selvagem, o desejo imediato, sem disciplina, sem coação, sem moralidade real; do lado do trabalhador, o prazer sem mediação, isto é, sem solicitação vã, sem excitação nem realização imaginária. Aquilo que, na natureza e em suas virtudes imediatas, cura a loucura é o prazer – mas um prazer que de um lado torna inútil o desejo sem mesmo ter de reprimi-lo, pois lhe oferece antecipadamente uma plenitude de satisfação, e do outro lado torna irrisória a imaginação, pois traz espontaneamente a presença feliz da realidade.

Os prazeres entram na ordem eterna das coisas, eles existem invariavelmente, e para formá-los são necessárias certas condições...; estas condições não são arbitrárias, a natureza as estabeleceu; a imaginação não pode criar, e o homem mais apaixonado pelos prazeres não poderia aumentar seus prazeres a não ser renunciando a todos os que não trazem a marca da natureza.[102]

O mundo imediato do trabalhador é, portanto, um mundo investido de sabedoria e de comedimento, que cura a loucura na medida em que torna inútil o desejo e os movimentos da paixão por ele suscitados, e na medida também em que reduz, com o imaginário, todas as possibilidades do delírio. O que Tissot entende por "prazer" é esse curador imediato, libertado ao mesmo tempo da paixão e da linguagem, isto é, das duas grandes formas da experiência humana das quais nasce o desatino.

E talvez a natureza, como forma concreta do imediato, tenha um poder mais fundamental na supressão da loucura. Pois ela tem o poder de libertar o homem de sua liberdade. Na natureza – pelo menos a que é medida pela dupla exclusão da violência do desejo e da irrealidade do fantasma – o homem é, sem dúvida, libertado das coações sociais (as que forçam "a calcular e a fazer o balanço de seus prazeres imaginários que carregam esse nome sem o ser") e do movimento incontrolável das paixões. Mas por isso mesmo, ele é tomado suavemente e como que do interior de sua vida pelo sistema das obrigações naturais. A pressão das necessidades mais sadias, o ritmo dos dias e das estações, a necessidade sem violência de alimentar-se e abrigar-se, obrigam a desordem dos loucos a uma observação regular. O que a imaginação inventa de muito distante é dispensado, com aquilo que o desejo oculta de muito urgente. Na suavidade de um prazer que não constrange, o homem se vê ligado à sabedoria da natureza, e essa fidelidade em forma de liberdade dissipa o desatino que justapõe em seu paradoxo o extremo determinismo da paixão e a extrema fantasia da imagem. Assim, sonha-se, nessas paisagens, onde o ético e a medicina se misturam, com uma libertação da loucura: libertação que não se deve entender em sua origem como a descoberta, pela filantropia, da humanidade dos loucos, mas como um desejo de abrir a loucura às suaves coações da natureza.

A velha aldeia de Gheel, que, desde o fim da Idade Média, era testemunho ainda do parentesco, agora esquecido, entre o internamento dos loucos e a exclusão dos leprosos, recebe assim nos últimos anos do século XVIII uma brusca reinterpretação. Aquilo que, nela, marcava toda a separação violenta, patética, entre o mundo dos loucos e o mundo dos homens, ostenta agora os valores idílicos da unidade reencontrada entre o desatino e a natureza. Essa aldeia significava outrora que os loucos eram encurralados, e que com isso o homem com razão ficava protegido. Ela manifesta agora que o louco está livre e que, nessa liberdade que o põe em pé de igualdade com as leis da natureza, ela se ajusta ao homem racional. Em Gheel, segundo o quadro traçado por Jouy, "quatro quintos dos habitantes são loucos, mas loucos na completa acepção da palavra, e gozam sem inconvenientes da mesma liberdade que os outros cidadãos... Alimentos sadios, ar puro, todo o aparato da liberdade, tal é o regime que lhes é prescrito e ao qual a maioria deve, ao fim de um ano, sua cura"[103]. Sem que nada ainda tenha mudado nas instituições, o sentido da exclusão e do internamento começa a alterar-se. Lentamente assume valores positivos, e o espaço neutro, vazio, noturno, no qual se restituía outrora o desatino ao seu nada, começa a povoar-se com uma natureza à qual a loucura, libertada, está obrigada a submeter-se. O internamento, como separação entre a razão e o desatino, não é suprimido, mas, no próprio interior de seus propósitos, o espaço por ele ocupado deixa transparecer poderes naturais, mais constrangedores para a loucura, mais adequados para submetê-la em sua essência que todo o velho sistema limitativo e repressivo. Desse sistema é preciso libertar a loucura para que, no espaço do internamento, agora carregado de eficácia positiva, ela seja livre para despojar-se de sua selvagem liberdade e acolher as exigências da natureza que são, para ela, ao mesmo tempo verdade e lei. Enquanto lei, a natureza coage a violência do desejo. Enquanto verdade, reduz a contranatureza e todos os fantasmas do imaginário.

Pinel assim descreve essa natureza, a respeito do hospital de Saragoça: estabelece-se nele

> uma espécie de contrapeso aos desvarios do espírito através da atração e do encanto que inspira o cultivo dos campos, através do instinto natural que tem o homem de fecundar a terra e prover assim a suas necessidades através dos frutos de seu trabalho. Logo de manhã já são vistos... espalhar-se alegremente pelas diversas partes de um vasto recinto dependente do hospício, dividindo entre si, com uma espécie de emulação, os trabalhos relativos à estação, cultivar o trigo, os legumes, as hortaliças, ocupar-se com a moagem, a vindima, a colheita das azeitonas, e reencontrar à tarde,

em seu asilo solitário, a calma e um sono tranquilo. A experiência mais constante ensinou, nesse hospício, que esse é o meio mais seguro e mais eficaz de devolver a razão a alguém[104].

Sob a convenção das imagens, encontra-se facilmente o rigor de um sentido. O retorno ao imediato só tem eficácia contra o desatino na medida em que se trata de um imediato disposto e dividido em si mesmo. Um imediato onde a violência é isolada da verdade, a selvageria posta ao lado da liberdade, onde a natureza deixa de poder reconhecer-se nas figuras fantásticas da contranatureza. Em suma, um imediato onde a natureza é mediatizada pela moral. Num espaço assim disposto, nunca mais a loucura poderá falar a linguagem do desatino, com tudo o que nela transcende os fenômenos naturais da doença. Ela estará inteiramente inserida numa patologia. Transformação que as épocas posteriores acolheram como uma aquisição positiva, o advento, se não de uma verdade, pelo menos daquilo que torna possível o conhecimento da verdade. Mas que ao olhar da História deve surgir como aquilo que ela foi, isto é, a redução da experiência clássica do desatino a uma percepção estritamente moral da loucura, que servirá secretamente de núcleo a todas as concepções que o século XIX fará prevalecer, a seguir, como científicas, positivas e experimentais.

Essa metamorfose que se realizou na segunda metade do século XVIII infiltrou-se inicialmente nas técnicas da cura. Mas logo se manifestou à luz do dia, ganhando o espírito dos reformadores, guiando a grande reorganização da experiência da loucura, nos últimos anos do século. Pinel logo poderá escrever: "Quanto importa, para prevenir a hipocondria, a melancolia ou a mania, a obediência às leis imutáveis da moral!"[105]

■ ■

Na era clássica, inútil procurar distinguir entre as terapêuticas físicas e as medicações psicológicas. Pela simples razão de que a psicologia não existe. Quando se prescreve a absorção dos amargos, por exemplo, não se trata de tratamentos físicos, uma vez que se pretende desoxidar tanto a alma quanto o corpo; quando se prescreve a um melancólico a vida simples dos trabalhadores, quando se lhe representa a comédia de seu delírio, não se tem aí uma intervenção psicológica, pois o movimento dos espíritos nos nervos e a densidade dos humores é que estão em jogo, acima de tudo. Mas num caso trata-se de uma arte *da transformação das qualidades*, de uma técnica na qual a essência da loucura é considerada como natureza e como doença; no outro, trata-se de uma arte do discurso *e da restituição da verdade* onde a loucura vale como desatino.

Quando for dissociada, nos anos que se seguirão, essa grande experiência do desatino, cuja unidade é característica da era clássica, quando a loucura, confiscada inteiramente numa intuição moral, não for mais que doença, então a distinção que acabamos de estabelecer assumirá um outro sentido: o que era doença procederá do orgânico, e o que pertencia ao desatino, à transcendência de seu discurso, será nivelado no psicológico. E é exatamente aí que nasce a psicologia. Não como verdade da loucura, mas como indício de que a loucura é agora isolada de sua verdade que era o desatino e de que doravante ela não será mais que um fenômeno à deriva, *insignificante*, na superfície indefinida da natureza. Enigma sem outra verdade senão aquilo que a pode reduzir.

É por isso que se deve ser justo com Freud. Entre as 5 *Psicanálises* e o cuidadoso inquérito sobre as *Médications psychologiques*, há mais do que uma *descoberta*: há a violência soberana de um *retorno*. Janet enumerava os elementos de uma divisão, enumerava o inventário, anexava aqui e ali, conquistava talvez. Freud retomava a loucura ao nível de sua *linguagem*, reconstituía um dos elementos essenciais de uma experiência reduzida ao silêncio pelo positivismo; ele não acrescentava à lista dos tratamentos psicológicos da loucura uma adição maior; restituía, ao pensamento médico, a possibilidade de um diálogo com o desatino. Não nos surpreendamos se o mais "psicológico" dos medicamentos tenha tão rapidamente reencontrado sua vertente e suas confirmações orgânicas. Na psicanálise, o que está em jogo não é a psicologia, mas, exatamente, uma experiência da desrazão que a psicologia no mundo moderno teve por sentido ocultar.

Terceira Parte

IMAGEM:
Francisco de Goya,, *Saturno Devorando Seu Filho*, pintura mural, 1819-1823

Introdução

J'étais pour eux les Petites-Maisons tout entières.

"Uma tarde eu estava ali, olhando muito, falando pouco, ouvindo o menos possível, quando fui abordado por uma das mais bizarras personagens desse país, que Deus não deixou que faltasse. É um misto de altura, baixeza, bom senso e desatino."

No momento em que a dúvida atingia seus perigos maiores, Descartes tinha consciência de que não podia estar louco – sem que isso impedisse que reconhecesse, durante muito tempo ainda e até o mau gênio, que todos os poderes do desatino espreitavam à volta de seu pensamento. Mas enquanto filósofo, tendo por objetivo duvidar, com firme propósito, ele não podia ser "um desses insensatos". Quanto ao *Sobrinho de Rameau*, este sabe muito bem – e é isso o que há de mais obstinado em suas fugidias certezas – que está louco. "Antes de começar, ele dá um profundo suspiro e leva as duas mãos à cabeça; a seguir, retoma um aspecto tranquilo e me diz: você sabe que sou um ignorante, um louco, um impertinente e um preguiçoso."[1]

Essa consciência de ser um louco ainda é muito frágil. Não é a consciência fechada, secreta e soberana de estar em comunicação com os profundos poderes do desatino; o *Sobrinho de Rameau* é uma consciência serva, aberta a todos os ventos e transparente ao olhar dos outros. É louco porque assim lhe foi dito e porque o trataram como tal: "Quiseram que eu fosse ridículo, e eu me fiz ridículo."² O desatino nele é superficial, sem outra profundidade além da opinião, submetido ao que há de menos livre e denunciado pelo que há de mais precário na razão. O desatino está inteiramente ao nível da fútil loucura dos homens. Ele talvez não seja nada além dessa miragem.

Qual é, assim, a significação dessa existência desatinada figurada pelo *Sobrinho de Rameau*, de um modo ainda secreto para seus contemporâneos, porém decisivo para nosso olhar retrospectivo?

É uma existência que mergulha bem longe no tempo – colhendo figuras muito antigas e, dentre todas, um perfil de bufonaria que lembra a Idade Média, anunciando também as formas mais modernas do desatino, as que são contemporâneas de Nerval, Nietzsche e Antonin Artaud. Interrogar o *Sobrinho de Rameau* no paradoxo de sua existência tão evidente e, no entanto, despercebida no século XVIII, é colocar-se ligeiramente atrás em relação à crônica da evolução. Mas é, ao mesmo tempo, permitir-se perceber, em sua forma geral, as grandes estruturas do desatino – as que dormitam na cultura ocidental, um pouco abaixo do tempo dos historiadores. E talvez *O Sobrinho de Rameau* nos mostrará rapidamente, através das figuras abaladas de suas contradições, o que existe de mais essencial nas modificações que renovaram a experiência do desatino na era clássica. É preciso interrogá-lo como um paradigma abreviado da História. E dado que, durante a duração de um relâmpago, ele esboça a grande linha interrompida que vai da Nau dos Loucos às últimas palavras de Nietzsche e talvez até as vociferações de Artaud, tratemos de saber o que oculta essa personagem, como se defrontaram, no texto de Diderot, a razão, a loucura e o desatino, que novas relações se estabeleceram entre eles. A história que teremos de escrever nesta última parte aloja-se no interior do espaço aberto pela fala do *Sobrinho* – mas, evidentemente, ela estará longe de abranger inteiramente esse espaço. Última personagem em quem loucura e desatino se reúnem, o *Sobrinho de Rameau* é aquele no qual o momento da separação é prefigurado, igualmente. Nos capítulos que se seguem tentaremos traçar o movimento dessa separação, em seus primeiros fenômenos antropológicos. Mas é apenas nos últimos textos de Nietzsche ou em Artaud que ela assumirá, para a cultura ocidental, suas significações filosóficas e trágicas.

INTRODUÇÃO

■ ■

Assim, a personagem do louco faz seu reaparecimento no *Sobrinho de Rameau*. Um reaparecimento em forma de bufonaria. Como o bufão da Idade Média, ele vive em meio às formas da razão, um pouco à margem sem dúvida, uma vez que não é como os outros, mas integrado nela, no entanto, uma vez que está aí como uma coisa, à disposição das pessoas razoáveis, propriedade mostrada de um para o outro e transmitida de um para outro. É possuído como objeto. Mas ele mesmo logo denuncia o equívoco dessa possessão, pois se para a razão é objeto de apropriação, é porque, para ela, constitui objeto necessário. Necessidade que atinge o próprio conteúdo e sentido de sua existência; sem o louco, a razão seria privada de sua realidade, seria monotonia vazia, tédio de si mesma, deserto animal que lhe devolveria sua própria contradição: "Agora que não mais me possuem, que fazem? Entediam-se como cães ..."[3] Mas uma razão que só é ela mesma na posse de uma loucura, deixa de poder definir-se pela imediata identidade consigo mesma e aliena-se nessa dependência: "O que é sábio não teria um louco; portanto, aquele que tem um louco não é sábio; se não é sábio, é louco, e talvez, se fosse rei, o louco de seu louco."[4] A desrazão torna-se a razão da razão – na própria medida em que a razão só a reconhece a partir da maneira de possuí-la.

O que não passava de bufonaria na personagem *irrisória* do hóspede inoportuno revela, afinal de contas, um iminente *poder de irrisão*. A aventura do *Sobrinho de Rameau* relata a necessária instabilidade e o retorno irônico de toda forma de juízo que denuncia o desatino como coisa que lhe é exterior e não essencial. O desatino aos poucos ascende até aquilo que o condena, impondo-lhe uma espécie de servidão retrógrada, pois uma sabedoria que acredita instaurar com a loucura uma relação pura de juízo e definição – "esse *é um* louco" – desde logo estabeleceu um relacionamento de posse e obscura dependência: "Esse *é meu* louco", na medida em que sou suficientemente razoável para reconhecer sua loucura e em que esse reconhecimento é a marca, o sinal, o emblema de minha razão. A razão não pode atestar a existência da loucura sem comprometer-se ela mesma nas relações da loucura. O desatino não está *fora* da razão, mas *nela*, justamente, investido, possuído por ela, e coisificado. Para a razão, é aquilo que há de mais interior e também de mais transparente, de mais oferecido. Enquanto a sabedoria e a verdade são sempre indefinidamente recuadas pela razão, a loucura nunca é nada do que a razão pode ter dela mesma. "Durante muito tempo existiu o louco do rei... em tempo algum houve, com esse título, o sábio do rei."[5]

Assim, o triunfo da loucura anuncia-se novamente num duplo retorno: refluxo do desatino para a razão que só assegura sua certeza na posse da loucura; ascensão a uma experiência em que uma e outra se implicam indefinidamente "seria loucura, um outro tipo de loucura, não ser louco..." E, no entanto, essa implicação é de estilo bem diferente daquela que ameaçava a razão ocidental ao final da Idade Média e ao longo da Renascença. Ela não mais designa essas regiões obscuras e inacessíveis que se transcreviam para o imaginário na mistura fantástica dos mundos no ponto derradeiro do tempo; ela revela a irreparável fragilidade das relações de dependência, a queda imediata da razão no possuir onde ela procura seu ser: *a razão se aliena no próprio movimento em que toma posse da desrazão.*

Nessas poucas páginas de Diderot, as relações entre razão e desatino assumem um novo rosto. O destino da loucura no mundo moderno está aí estranhamente prefigurado, e já quase iniciado. A partir daí, uma linha reta traça esse improvável caminho que vai logo até Antonin Artaud.

■ ■

À primeira vista, seria preferível situar o *Sobrinho de Rameau* no velho parentesco entre loucos e bufões, restituindo-lhe todos os poderes de ironia de que estavam investidos. Não representa ele, na revelação da verdade, o papel de desatento operador, que durante tanto tempo havia sido o seu no teatro, e que o classicismo havia esquecido, de maneira profunda? Não acontecia frequentemente de cintilar a verdade no sulco de sua impertinência? Esses loucos

rompem essa fastidiosa uniformidade que nossa educação, nossas convenções sociais, nossas conveniências de uso e de comportamento introduziram. Se numa companhia aparece um, é um grão de levedo que fermenta e devolve a cada um de nós uma porção de sua individualidade natural. Ele sacode, agita, faz com que se aprove ou censure, faz aparecer a verdade, torna conhecidas as pessoas de bem, desmascara os patifes[6].

Mas se a loucura se encarrega assim de fazer a verdade andar pelo mundo, não é mais porque sua cegueira se comunica com o essencial através de estranhos conhecimentos, mas apenas pelo fato de ser cega; seu poder é feito apenas de erro: "Se dizemos algo de bom, é como os loucos ou os filósofos, ao acaso."[7] O que sem dúvida significa que o acaso é a única ligação necessária entre a verdade e o erro, o único caminho da paradoxal certeza. E assim a loucura, como exaltação desse acaso – acaso nem procurado nem desejado, mas que aparece por si só –, aparece como a verdade da verdade, e também como erro manifesto, pois o erro manifesto é, trazido para a luz do dia, o ser que ele é, e o não ser que o torna erro. E é aí que a loucura assume, para o mundo moderno, um novo sentido.

De um lado, o desatino é o que há de mais imediatamente próximo do ser, de mais enraizado nele: tudo o que ele pode sacrificar ou abolir de sabedoria, de verdade e de razão, torna puro e mais veemente o ser por ele manifestado. Todo atraso, todo recuo desse ser, e mesmo toda mediação, lhe são insuportáveis: "Gosto mais de ser, e mesmo de ser um impertinente raciocinador, do que não ser."[8]

O *Sobrinho de Rameau* tem fome e o diz. O que há de voraz e descarado no *Sobrinho de Rameau*, tudo o que nele pode renascer e que é cínico, não é uma hipocrisia que se decide a revelar seus segredos, pois seu segredo é justamente não poder ser hipócrita. O *Sobrinho de Rameau* não é o outro lado de Tartufo; apenas manifesta essa imediata pressão do ser no desatino, a impossibilidade da mediação[9]. Mas, ao mesmo tempo, a desrazão é entregue ao não ser da ilusão e esgota-se na noite. Se se reduz, pelo interesse, ao que há de mais imediato no ser, ela mima igualmente o que há de mais distante, mais frágil, menos consistente na aparência. É ao mesmo tempo a urgência do ser e a pantomima do não ser, a imediata necessidade e a indefinida reflexão do espelho. "O pior é a postura obrigatória em que a necessidade nos mantém. O homem necessitado não caminha como qualquer outro; ele pula, rasteja, se contorce, se arrasta, passa a vida a assumir e executar posições."[10] Rigor da necessidade e imitação do inútil, o desatino é, num único movimento, esse egoísmo sem recurso nem divisão e esse fascínio por aquilo que há de mais exterior no não essencial. O *Sobrinho de Rameau* é essa própria simultaneidade, essa extravagância levada, numa vontade sistemática de delírio, a ponto de efetuar-se em plena consciência, e como experiência total do mundo: "Pelos céus, o que você chama de pantomima dos patifes é o grande abalo da terra!"[11] Ser, ele mesmo, esse barulho, essa música, esse espetáculo, essa comédia, realizar-se como coisa e como coisa ilusória, ser assim não apenas coisa, mas vazio e nada, ser o vazio absoluto dessa absoluta plenitude pela qual se é fascinado do exterior, ser enfim a vertigem desse nada e desse ser em seu círculo volúvel, e sê-lo ao mesmo tempo até o aniquilamento total de uma consciência escrava e até a suprema glorificação de uma consciência soberana – tal é, sem dúvida, o sentido do *Sobrinho de Rameau*, que profere, no meio do século XVIII, e bem antes de ser plenamente ouvida a palavra de Descartes, uma lição bem mais anticartesiana do que todo Locke, todo Voltaire ou todo Hume.

O *Sobrinho de Rameau*, em sua realidade humana, nessa frágil vida que não escapa ao anonimato a não ser por um nome que nem mesmo é o seu – sombra de uma sombra –, é, para além e aquém de toda verdade, o delírio, realizado como existência, do ser e do não ser do real. Quando se pensa, em compensação, que o projeto de Descartes era suportar a dúvida de maneira provisória até o aparecimento do verdadeiro na realidade da ideia evidente, vê-se bem que o não cartesianismo do pensamento moderno, no que pode ter de decisivo, não começa por uma discussão sobre as ideias inatas ou pela incriminação do argumento ontológico, mas por esse texto do *Sobrinho de Rameau*, por essa existência que ele designa numa inversão que só podia ser ouvida na época de Hölderlin e Hegel. O que aí é posto em questão é exatamente aquilo posto em foco no *Paradoxo do Comediante*. Mas é também o outro lado disso: não mais aquilo que, da realidade, deve ser promovido no não ser da comédia por um coração frio e uma inteligência lúcida, mas aquilo que, do não ser da existência, pode realizar-se na vã plenitude da aparência, e Isso através do delírio que chegou ao ponto extremo da consciência. Não mais é necessário, após Descartes, atravessar corajosamente todas as incertezas do delírio, do sonho, das ilusões, não é mais necessário superar os perigos do desatino: é do próprio fundo do desatino que nos podemos interrogar sobre a razão. E está novamente aberta a possibilidade de reconquistar a essência do mundo no torvelinho de um delírio que totaliza, numa ilusão equivalente à verdade, o ser e o não ser do real.

No âmago da loucura, o delírio assume um novo sentido. Até então, ele se definia inteiramente no espaço do erro: ilusão, falsa crença, opinião mal fundamentada porém obstinadamente mantida, ele envolvia tudo aquilo que um pensamento pode produzir quando não mais se coloca no domínio da verdade. Agora, o delírio é o lugar de um eterno e instantâneo confronto entre a necessidade e o fascínio, a solidão do ser e o cintilar da aparência, a plenitude imediata e o não ser da ilusão. Nada é despido de seu velho parentesco com o sonho, mas alterou-se a face dessa semelhança; o delírio não é mais a manifestação do que existe de mais subjetivo no sonho. Não é mais o deslizamento na direção daquilo que Heráclito já chamava de *idios kosmos*. Se ainda mantém parentescos com o sonho, é por tudo aquilo que, no sonho, é jogo da aparência luminosa e da surda realidade, insistência das necessidades e servidão das fascinações, por tudo aquilo que nele é diálogo sem linguagem do dia e da luz. Sonho e delírio não mais se comunicam na noite da cegueira, mas nessa claridade na qual o que há de mais imediato no ser enfrenta o que há de mais indefinidamente refletido nas miragens da aparência. É esse trágico que delírio e sonho recobrem e manifestam ao mesmo tempo na retórica ininterrupta de sua ironia.

Confrontação trágica entre a necessidade e a ilusão de um modo onírico, que anuncia Freud e Nietzsche, o delírio do *Sobrinho de Rameau* é ao mesmo tempo a repetição irônica do mundo, sua reconstituição destruidora no teatro da ilusão:

gritando, cantando, agitando-se como um furioso, fazendo ele sozinho os dançarinos, as dançarinas, os cantores, as cantoras, toda uma orquestra, todo um teatro lírico, dividindo-se em vinte papéis diversos, correndo, parando com a cara de um energúmeno, os olhos resplandecentes, a boca espumando... chorava, gritava, suspirava, olhava calmo e enternecido ou furioso; era uma mulher que desfalece de dor, um infeliz entregue a seu desespero, um templo que se eleva, pássaros que se calam ao sol poente... Era a noite com suas trevas, era a sombra e o silêncio[12].

A desrazão não se reencontra como presença furtiva do outro mundo, mas aqui mesmo, na transcendência nascente de todo ato de expressão, desde a origem da linguagem até esse momento simultaneamente inicial e final em que o homem se torna exterior a si mesmo, acolhendo em sua embriaguez o que há de mais interior no mundo. A desrazão não ostenta mais esses rostos estranhos nos quais a Idade Média gostava de reconhecê-lo, mas sim a máscara imperceptível do familiar e do idêntico. O desatino é ao mesmo tempo o próprio mundo e o mesmo mundo separado de si apenas pela fina superfície da pantomima; seus poderes não são mais os da desorientação; não mais lhe pertence fazer surgir aquilo que é radicalmente outra coisa, mas sim fazer o mundo girar no círculo do mesmo.

Mas nessa vertigem, em que a verdade do mundo só se mantém no interior de um vazio absoluto, o homem encontra também a irônica perversão de sua própria verdade, no momento em que ela passa dos sonhos da interioridade para as formas da troca. A desrazão configura então um outro gênio mau – não mais aquele que exila o mundo da verdade do mundo, mas aquele que, ao mesmo tempo, mistifica e desmistifica, encanta até o extremo desencanto essa verdade de si mesmo que o homem confiou a suas mãos, a seu rosto, a sua fala; um gênio mau que não mais opera quando o homem quer alcançar a verdade, mas quando quer restituir ao mundo uma verdade que é a sua própria verdade e que, projetado na embriaguez do sensível em que se perde, permanece enfim "imóvel, estúpido, surpreso"[13]. Não é mais na *percepção* que se aloja a possibilidade do gênio mau, é na *expressão*. E é exatamente nisto que consiste o cúmulo da ironia: o homem entregue ao desatino do imediato e do sensível, alienado neles através dessa mediação que é ele mesmo.

O riso do *Sobrinho de Rameau* prefigura antecipadamente e reduz todo o movimento da antropologia do século XIX. Em todo o pensamento pós-hegeliano, o homem irá da certeza à verdade pelo trabalho do espírito e da razão; Mas já há muito tempo Diderot dissera que o homem é incessantemente remetido da razão para a verdade não verdadeira do imediato, e Isso através de uma mediação sem trabalho, uma mediação sempre já operada desde a noite dos tempos. Essa mediação sem paciência e que é, ao mesmo tempo, distância extrema e absoluta promiscuidade, inteiramente negativa porque sua força é apenas subversiva, porém totalmente positiva porque fascinada por aquilo que suprime, é o delírio do desatino – a enigmática figura na qual reconhecemos a loucura.

Em seu esforço para devolver, pela expressão, a embriaguez sensível do mundo, o jogo premente da necessidade e da aparência, o delírio permanece ironicamente isolado: o sofrimento da fome permanece como uma insondável dor.

■ ■

Ficando meio na sombra, essa experiência do desatino manteve-se abafada desde o *Sobrinho de Rameau* até Raymond Roussel e Antonin Artaud. Mas se se trata de manifestar sua continuidade, é necessário libertá-la das noções patológicas de que foi recoberta. O retorno ao imediato nas últimas poesias de Hölderlin, a sacralização do sensível em Nerval, só podem oferecer um sentido alterado e superficial se os compreendermos a partir de uma concepção positivista da loucura: seu verdadeiro sentido deve ser procurado nesse momento do desatino em que estão colocados. Pois é do próprio centro dessa experiência do desatino, que é sua condição concreta de possibilidade, que se podem entender os dois movimentos de conversão poética e de evolução psicológica: não estão ligados um ao outro por uma relação de causa e efeito, não se desenvolvem sobre o modo complementar, nem o inverso. Repousam ambos sobre um mesmo fundo, o do desatino tragado e do qual a experiência do *Sobrinho de Rameau* já nos mostrou que comportava tanto a embriaguez do sensível quanto o fascínio do imediato e a dolorosa ironia em que se anuncia a solidão do delírio. Isso não depende da natureza da loucura, mas da essência do desatino. Se essa essência pôde passar despercebida, não é apenas porque está oculta, mas porque se perde em tudo aquilo que pode levá-la para a luz do dia. Pois – e esse é talvez um dos traços fundamentais de nossa cultura – não é possível manter-se de um modo decisivo e indefinido nessa distância do desatino. Ela deve ser esquecida e abolida, tão logo avaliada na vertigem do sensível e na reclusão da loucura. Van Gogh e Nietzsche, por sua vez, foram testemunhas disso: fascinados pelo delírio do real, da aparência cintilante, do tempo abolido e absolutamente reencontrado na justiça da luz, confiscados pela imóvel solidez da mais frágil aparência, foram por isso rigorosamente excluídos e encerrados no interior de uma dor sem correspondência e que figurava, não apenas para os outros mas para eles mesmos, em sua verdade transformada em imediata certeza, a loucura. O momento do *Ja-sagen* no relâmpago do sensível é a própria retirada da loucura para as sombras.

Mas, para nós, esses dois momentos são distintos e distantes como a poesia e o silêncio, o dia e a noite, a realização da linguagem na manifestação e sua perda no infinito do delírio. Para nós, ainda, o confronto do desatino em sua temível unidade se tornou impossível. Esse indivisível domínio que designava a ironia do *Sobrinho de Rameau* teve de esperar pelo século xix, em seu espírito de seriedade, para ser rompido, quando então se demarcou aquilo que era a inseparável fronteira abstrata do patológico. Em meados do século xviii, essa unidade tinha sido iluminada bruscamente por um relâmpago, mas foi necessário mais de meio século para que alguém ousasse novamente olhar para ela: após Hölderlin, Nerval, Nietzsche, Van Gogh, Raymond Roussel, Artaud correram esse risco, até o ponto da tragédia – isto é, até a alienação dessa experiência do desatino na renúncia da loucura. E cada uma dessas existências, cada uma dessas palavras que são essas existências, repete, na insistência do tempo, essa mesma pergunta, que sem dúvida diz respeito à própria essência do mundo moderno: Por que não é possível manter-se na diferença do desatino? Por que será sempre necessário que ele se separe de si mesmo, fascinado no delírio do sensível e encerrado no recuo da loucura? Como foi que ele se tornou a tal ponto privado de linguagem? Qual é, então, esse poder que petrifica os que uma vez o encararam de frente, e que condena *à loucura* todos os que tentaram a provação da *Desrazão*?

10. O Grande Medo

O século XVIII não podia entender direito o significado contido em *O Sobrinho de Rameau*. E, no entanto, algo acontecera, na própria época em que o texto foi escrito, que prometia uma mudança decisiva. Coisa curiosa: esse desatino que tinha sido posto de lado na distância do internamento e que se havia alienado progressivamente nas formas naturais da loucura, ressurge carregado de novos perigos e como que dotado de um outro poder de questionamento. Mas o que o século XVIII percebe de início não é a interrogação secreta, é apenas o hábito social: as roupas rasgadas, a arrogância em farrapos, a insolência que se suporta e cujos poderes inquietantes são calados através de uma indulgência divertida. O século XVIII não poderia ter-se reconhecido em Rameau, o sobrinho, mas ele estava presente inteiramente no *eu* que lhe serve de interlocutor e de "mostrador", por assim dizer, divertido mas não sem certas reservas e com uma abafada inquietação, pois é a primeira vez desde o Grande Internamento que o louco se torna personagem social. É a primeira vez que se entabula uma conversa com ele, interrogando-o novamente. O desatino ressurge como tipo, o que é pouco; reaparece, todavia, e lentamente retoma lugar na familiaridade da paisagem social. É lá que uma dezena de anos antes da Revolução é encontrado por Mercier, sem mais surpresas:

Entre num outro café, um homem lhe diz ao ouvido, num tom calmo e colocado: o senhor não poderia imaginar a ingratidão do governo para comigo, e como ele é cego com seus interesses. Há trinta anos deixei de lado meus próprios negócios, fechei-me em meu escritório, meditando, sonhando, calculando; imaginei um projeto admissível para pagar todas as dívidas do Estado; depois, um outro para enriquecer o rei e assegurar--lhe uma renda de 400 milhões; e mais um para derrotar para sempre a Inglaterra, cujo nome já me irrita... Enquanto me dedicava inteiramente a essas vastas operações, que exigiam toda a aplicação de meu gênio, distraí-me de minhas misérias domésticas, e alguns credores vigilantes me jogaram na prisão por três anos... Mas veja, senhor, de que serve o patriotismo: para morrer desconhecido e mártir de sua pátria.[1]

À distância, personagens como essa fazem um círculo ao redor do *Sobrinho de Rameau*; não têm dimensões próprias, sendo que apenas na procura do pitoresco podem passar como seus epígonos.

No entanto, são algo mais do que um mero perfil social, que uma silhueta de caricatura. Existe neles algo que diz respeito ao desatino do século XVIII. Suas conversas, sua inquietação, esse vago delírio e, no fundo, essa angústia, foram vividos de maneira bastante comum e em existências reais cujos rastros ainda se podem perceber. Tanto quanto o libertino, o devasso ou o violento do fim do século XVII, é difícil dizer se se trata de loucos, doentes ou trampolineiros. O próprio Mercier não sabe muito bem que estatuto atribuir-lhes:

Assim, há em Paris pessoas muito honestas, economistas e anti-economistas, com o coração quente, dedicados ao bem público mas que, infelizmente, têm *miolo mole*, isto é, têm vistas curtas, não conhecem nem o século em que estão nem os homens com os quais estão lidando; mais insuportáveis do que os tolos porque, com dinheiro e falsas luzes, partem de um princípio impossível e, em consequência, desatinam.[2]

Eles existiram realmente, esses "fazedores de projetos de miolo mole"[3], constituindo ao redor da razão dos filósofos, ao redor desses projetos de reforma, dessas constituições e desses planos, um abafado acompanhamento de desatino; a racionalidade da Idade das Luzes encontrava neles uma espécie de espelho distorcido, uma espécie de inofensiva caricatura. Mas o essencial não seria que num movimento de indulgência se permita voltar à luz do dia uma personagem do desatino exatamente no momento em que se acreditava ter profundamente ocultado o desatino no espaço do internamento? Era como se a razão clássica admitisse novamente uma vizinhança, um relacionamento, uma quase semelhança entre ela e as figuras do desatino. Dir-se-ia que no momento de seu triunfo ela suscita e deixa à deriva, nos confins da ordem, uma personagem cuja máscara ela moldou como numa troça – uma espécie de duplo onde ela se reconhece e ao mesmo tempo se anula.

■ ■

No entanto, o medo e a angústia não estavam longe: ricochete do internamento, reaparecem, mas redobrados. Antigamente se temia, e ainda se teme, ser internado; ao final do século XVIII, Sade ainda será perseguido pelo medo daqueles a quem ele chama de "os homens negros" e que o espreitam para fazer com que desapareça[4]. Mas agora a terra do internamento adquiriu poderes próprios, tornou-se por sua vez terra natal do mal, e doravante vai poder espalhar-se por si mesma e fazer reinar um outro terror.

Bruscamente, em alguns anos no meio do século XVIII, surge um medo. Medo que se formula em termos médicos, mas que é animado, no fundo, por todo um mito moral. Assusta-se com um mal muito misterioso que se espalhava, diz-se, a partir das casas de internamento e logo ameaçaria as cidades. Fala-se em febre de prisão, lembra-se a carroça dos condenados, esses homens acorrentados que atravessam as cidades deixando atrás de si uma esteira do mal. Atribui-se ao escorbuto contágios imaginários, prevê-se que o ar viciado pelo mal corromperá os bairros habitados. E novamente se impõe a grande imagem do horror medieval, fazendo surgir, nas metáforas do assombro, um segundo pânico. A casa de internamento não é mais apenas o leprosário afastado das cidades, é a própria lepra diante da cidade: "Úlcera terrível do corpo político, úlcera grande, profunda, purulenta, que só se pode imaginar desviando-se o olhar. Até no ar do lugar que se sente aqui, a 400 toesas, tudo nos diz que nos aproximamos de um lugar de força, de um asilo de degradação e infortúnio."[5] Muitas dessas casas de internamento foram construídas lá onde antes se tinham colocado os leprosos; dir-se-ia que, através dos séculos, os novos pensionários foram contagiados pelo mal. Eles reassumem o brasão e o sentido que tinham sido ostentados nesses mesmos lugares: "Lepra grande demais para a capital! O nome de Bicêtre é uma palavra que ninguém pode pronunciar sem não sei que sentimento de repugnância, horror e desprezo... Tornou-se o receptáculo de tudo o que a sociedade tem de mais imundo e mais vil."[6]

O mal que se tinha tentado excluir com o internamento reaparece para maior espanto do público, sob um aspecto fantástico. Veem-se nascer e ramificar em todos os sentidos os temas de um mal, físico e moral ao mesmo tempo, que envolve, nessa indecisão, poderes confusos de corrosão e horror. Impera então uma espécie de imagem indiferenciada da "podridão", que diz respeito tanto à corrupção dos costumes quanto à decomposição da carne, e pela qual irão pautar-se a repugnância e a piedade sentidas em relação aos internos. Antes de mais nada, o mal entra em fermentação nos espaços fechados do internamento. Tem todas as virtudes atribuídas ao ácido na química do século XVIII: suas finas partículas, cortantes como agulhas, penetram nos corpos e nos corações tão facilmente como se fossem partículas alcalinas, passivas e friáveis. Essa mistura logo entra em ebulição, soltando vapores nocivos e líquidos corrosivos: "Essas salas representam apenas um lugar horrível onde todos os crimes reunidos fermentam e por assim dizer espalham à sua volta, através da fermentação, uma atmosfera contagiosa respirada pelos que o habitam e que parece apegar-se a eles..."[7] Esses vapores ferventes elevam-se a seguir, espalham-se pelo ar e acabam por cair nas vizinhanças, impregnando os corpos, contaminando as almas. Realiza-se assim em imagens a ideia de um contágio do mal-podridão. O agente sensível dessa epidemia é o ar, ar que se diz "viciado", entendendo-se obscuramente com isso que não é um ar conforme com a pureza de sua natureza, e que constitui o elemento de transmissão do vício[8]. Basta lembrar o valor, simultaneamente médico e moral, que mais ou menos na mesma época assumiu o ar dos campos (saúde do corpo, robustez da alma) para adivinhar todo o conjunto de significações contrárias que pode veicular o ar corrompido dos hospitais, das prisões, das casas de internamento. Cidades inteiras são ameaçadas por essa atmosfera carregada de vapores maléficos, e seus habitantes serão impregnados lentamente pela podridão e pelo vício.

E não se trata aqui apenas de reflexões a meio caminho entre a moral e a medicina. Deve-se levar em conta, sem dúvida, toda uma literatura, toda uma exploração patética, talvez política, de temores mal definidos. Mas em certas cidades há movimentos de pânico tão reais, tão fáceis de datar quanto as crises de assombro que por momentos sacudiram a Idade Média. Em 1780, espalhara-se uma epidemia por Paris: atribuía-se sua origem à infecção do Hospital Geral, falava-se mesmo em queimar as construções de Bicêtre. O tenente de polícia, diante da inquietação da população, manda uma comissão de inquérito que compreende, além de vários doutores regentes, o decano da faculdade e o médico do Hospital Geral. Reconhece-se que reina em Bicêtre uma "febre pútrida" ligada à má qualidade do ar. Quanto à origem primeira do mal, o relatório nega que esteja na presença dos internos e na infecção por eles espalhada; essa origem deve ser atribuída simplesmente ao mau tempo que tornou endêmico o mal na capital; os sintomas que se puderam observar no Hospital Geral são "conformes à natureza da estação do ano e concordam perfeitamente com as doenças observadas em Paris desde essa mesma época". Portanto, é preciso tranquilizar a população e inocentar Bicêtre: "Os boatos que começaram a espalhar-se referentes a uma doença contagiosa em Bicêtre, capaz de infectar a capital, não têm fundamento."[9] O relatório, sem dúvida, não fez cessar completamente os boatos alarmantes, uma vez que, algum tempo depois, o médico do Hospital Geral redige outro relatório, onde refaz a mesma demonstração; é obrigado a reconhecer o mau estado sanitário de Bicêtre, mas "as coisas, é verdade, não chegam ao ponto cruel e extremo de ver o hospício desses infelizes convertido numa outra fonte de males inevitáveis e ainda mais tristes que aqueles contra os quais é importante aplicar um remédio tão rápido quanto eficaz"[10].

O círculo está fechado: todas essas formas do desatino que haviam ocupado, na geografia do mal, o lugar da lepra e que se havia banido para bem longe das distâncias sociais, tornaram-se agora lepra visível, e exibem suas chagas comidas à promiscuidade dos homens. O desatino está novamente presente, mas agora marcado por um indício imaginário de doença atribuído por seus poderes aterrorizantes.

Portanto, é no fantástico, e não no rigor do pensamento médico, que o desatino enfrenta a doença, dela se aproximando. Bem antes de formular-se o problema de saber em que medida o desatino é patológico, tinha-se constituído, no espaço do internamento e por uma alquimia que lhe era própria, uma mistura entre o horror do desatino e as velhas assombrações da doença. Mesmo de muito distante, as antigas confusões da lepra entram em atuação mais uma vez, e o vigor desses temas fantásticos é que foi o primeiro agente de síntese entre o mundo do desatino e o universo médico. De início, estes se comunicaram através dos fantasmas do medo, unindo-se na mistura infernal entre a "corrupção" e os "vícios". É importante, e talvez decisivo para o lugar que a loucura deve ocupar na cultura moderna, que o *homo medicus* não tenha sido convocado para o mundo do internamento como *árbitro*, para fazer a divisão entre o que era crime e o que era loucura, entre o mal e a doença, mas antes como um *guardião*, a fim de proteger os outros do perigo confuso que transpirava através dos muros do internamento. Acredita-se que uma ternura livre e generosa despertou o interesse pela sorte dos enfermos, e que uma atenção médica mais proba e mais consciente soube reconhecer a doença ali onde se castigavam indiferentemente as culpas. Na verdade, as coisas não aconteceram com essa benévola neutralidade. Se se apelou para o médico, se lhe foi pedido que observasse, era porque se tinha medo. Medo da estranha alquimia que fervia entre os muros do internamento, medo dos poderes que ali se formavam e ameaçavam propagar-se. O médico chegou quando, uma vez feita a conversão imaginária, o mal já havia assumido as espécies ambíguas do Fermentado, do Corrompido, das exalações viciadas, das carnes decompostas. Aquilo que tradicionalmente se chama de "progresso" na direção da aquisição do estatuto médico da loucura, na verdade só foi possível graças a um estranho retorno. Na inextricável mistura entre contágios morais e físicos[11], e através desse simbolismo do Impuro, tão familiar no século XVIII, imagens muito antigas subiram à memória dos homens. E é graças a essa reativação imaginária, mais do que por um aperfeiçoamento do conhecimento, que o desatino viu-se confrontado com o pensamento médico. Paradoxalmente, no retorno dessa vida fantástica que se mistura às imagens contemporâneas da doença, o positivismo vai ter uma ascendência sobre o desatino, ou vai descobrir, antes, uma nova razão para defender-se dele.

No momento, não há como suprimir as casas de internamento; trata-se de neutralizá-las como causas eventuais de um novo mal. Trata-se de arrumá-las e purificá-las. O grande movimento de reforma que se desenvolverá na segunda metade do século XVIII tem aí sua primeira origem: reduzir a contaminação, destruindo as impurezas e os vapores, diminuindo todas essas fermentações, impedir que o mal e os males viciem o ar espalhando seu contágio pela atmosfera das cidades. O hospital, a casa de força, todos os locais de internamento devem ser mais bem isolados, envolvidos por um ar mais puro: nessa época há toda uma literatura do arejamento nos hospitais, que delimita longinquamente o problema médico do contágio mas que visa, de modo mais preciso, aos temas da comunicação moral[12]. Em 1776, um decreto do conselho de Estado nomeia uma comissão que deve ocupar-se "do grau de melhoramento de que são suscetíveis os diversos hospitais franceses". Logo Viel será encarregado de reconstruir as acomodações da Salpêtrière. Começa-se a sonhar com um asilo que, conservando suas funções essenciais, será organizado de tal maneira que nele o mal poderá vegetar sem nunca se difundir. Asilo onde o desatino seria inteiramente contido e oferecido em espetáculo, sem perigo para os espectadores, onde o desatino teria todos os poderes do exemplo e nenhum dos riscos do contágio. Em suma, asilo restituído à sua verdade de jaula. É com esse internamento "esterilizado", se é possível empregar esse termo anacrônico, que sonhará, ainda em 1789, o abade Desmonceaux, num opúsculo consagrado à *Bienfaisance nationale* (Beneficência Nacional); ele projeta fazer dela um instrumento pedagógico – espetáculo absolutamente demonstrativo dos inconvenientes da imoralidade:

Esses asilos forçados... constituem retiros tão úteis quanto necessários... O aspecto desses locais tenebrosos e dos culpados que eles encerram é feito para preservar dos mesmos atos, que merecem justa reprovação, os desvios de uma juventude demasiado licenciosa; assim, por prudência, pais e mães devem fazer com que seus filhos conheçam esses lugares horríveis e detestáveis, esses lugares onde a vergonha e a torpeza acorrentam o crime, onde o homem degradado de sua essência perde, muitas vezes para sempre, os direitos que adquirira na sociedade.[13]

Esses são os sonhos através dos quais a moral, em cumplicidade com a medicina, tenta defender-se contra os perigos contidos mas muito mal encerrados no internamento. Esses mesmos perigos, ao mesmo tempo, fascinam a imaginação e os desejos. A moral sonha conjurá-los, mas algo existe no homem que se obstina em sonhar vivê-los, ou pelo menos aproximar-se deles e libertar seus fantasmas. O horror que agora cerca as fortalezas do internamento também exerce uma atração irresistível. As pessoas sentem prazer em povoar essas noites com inacessíveis prazeres; essas figuras corrompidas e carcomidas tornam-se rostos de voluptuosidade; sobre essas paisagens obscuras, surgem formas – dores e delícias – que Jerônimo Bosch e seus jardins delirantes repetem. Os segredos que escapam do castelo dos *120 Dias de Sodoma* de Sade foram aí longamente murmurados:

> Ali os excessos mais infames eram cometidos sobre a própria pessoa do prisioneiro; fala-se em certos vícios praticados frequentemente, notoriamente e mesmo em público na sala comum da prisão, vícios que a decência dos tempos modernos não nos permite descrever. Diz-se que inúmeros prisioneiros *simillimi feminis mores stuprati et constupratores* [como as mulheres, cometem e se submetem à devassidão]; que eles voltavam *ex hoc obscaeno sacrario cooperti stupri suis alienisque* [desse obsceno lugar secreto cobertos com os traços de sua própria devassidão e da de outros], desprovidos de todo pudor e prontos para cometer toda espécie de crimes.[14]

E La Rochefoucauld-Liancourt por sua vez evocará, nas salas da Correção, na Salpêtrière, essas figuras de *velhas e jovens* que de idade em idade se comunicam os mesmos segredos e os mesmos prazeres: "A Correição, que é o lugar da grande punição da Casa, continha, quando a visitamos, 47 moças, a maioria bem jovens, mais inconsideradas do que culpadas... E sempre essa confusão de idades, sempre essa mistura chocante de jovens estouvadas com mulheres inveteradas que só lhes podem ensinar a arte da corrupção mais desenfreada."[15] Durante muito tempo essas visões vão girar com insistência, nas altas noites do século XVIII. Por um momento, serão recortadas pela luz impiedosa da obra de Sade e colocadas por ela na rigorosa geometria do Desejo. Serão também retomadas e envolvidas pela luz turva do *Pátio dos Loucos*, ou pelo crepúsculo que envolve a *Casa do Surdo*. Como os rostos das Disparidades se parecem com essas visões! Reaparece toda uma paisagem imaginária, levada pelo Grande Medo agora suscitado pelo internamento.

Aquilo que o classicismo havia encerrado não era apenas um desatino abstrato onde se confundiam loucos e libertinos, doentes e criminosos, mas também uma prodigiosa reserva de fantástico, um mundo adormecido de monstros mergulhados nessa noite de Jerônimo Bosch, que antes os manifestara uma vez. Dir-se-ia que as fortalezas do internamento haviam acrescido a seu papel social de segregação e purificação uma função cultural inteiramente oposta. No momento em que, na superfície da sociedade, separavam a razão do desatino, elas conservavam nas profundezas as imagens em que uma e outra se misturavam e se confundiam. Funcionaram como uma grande memória durante muito tempo silenciosa; mantiveram nas sombras um poder imaginário que se poderia acreditar exorcizado; erigidas pela nova ordem clássica, conservaram, contra esta e contra o tempo, figuras proibidas que puderam ser transmitidas intactas do século XVI para o XIX. Nesse tempo abolido, o *Brocken* reúne-se a *Margot la Folle* na mesma paisagem imaginária, e *Noirceuil*, a grande lenda do marechal de Rais. O internamento permitiu, invocou essa resistência do imaginário.

Mas as imagens libertadas ao final do século XVIII não são totalmente idênticas às que o século XVII havia tentado apagar. Na obscuridade realizou-se um trabalho que as arrancou desse segundo plano onde a Renascença, depois da Idade Média, havia ido buscá-las; tomaram lugar no coração, no desejo, na imaginação dos homens, e em vez de manifestarem ao olhar a abrupta presença do insensato, deixam que brote a estranha contradição dos apetites humanos: a cumplicidade do desejo e do assassínio, da crueldade e da vontade de sofrer, da soberania e da escravidão, do insulto e da humilhação. O grande conflito cósmico cujas peripécias foram reveladas pelos séculos XV e XVI deslocou-se até o ponto de tornar-se, ao final do classicismo, a dialética sem mediação do coração. O sadismo não é um nome dado enfim a uma prática tão antiga quanto Eros, é um fato cultural maciço que surgiu exatamente ao final do século XVIII e que constitui uma das maiores conversões da imaginação ocidental: o desatino tornou-se delírio do coração, loucura do desejo, diálogo insensato do amor e da morte na presunção ilimitada do apetite. O aparecimento do sadismo situa-se no momento em que o desatino, encerrado há mais de um século e reduzido ao silêncio, reaparece, não mais como figura do mundo, não mais como imagem, porém como discurso e desejo. E não é por acaso que o sadismo, como fenômeno individual que leva o nome de um homem, nasceu do internamento e no internamento; não é por acaso que toda a obra de Sade está ordenada pelas imagens da Fortaleza, da Cela, do Subterrâneo, do Convento, da Ilha inacessível que constituem como que o lugar natural do desatino. Tampouco é por acaso que toda a literatura fantástica da loucura e do horror, contemporânea da obra de Sade, se situa, de modo privilegiado, nos locais do internamento. Toda essa brusca conversão da memória ocidental, ao final do século XVIII, com a possibilidade que lhe tinha sido dada de reencontrar, deformadas e dotadas de um novo sentido, as figuras familiares do final da Idade Média – não foi ela autorizada pela manutenção do fantástico nos próprios lugares em que o desatino havia sido reduzido ao silêncio?

■ ■

Na época clássica, a consciência da loucura e a consciência do desatino não se haviam separado uma da outra. A experiência do desatino que guiara todas as práticas do internamento envolvia a tal ponto a consciência da loucura que a deixava, ou quase, desaparecer, em todo caso arrastava-a por um caminho de regressão onde ela estava prestes a perder o que tinha de mais específico.

Mas na inquietude da segunda metade do século XVIII, o medo da loucura cresce ao mesmo tempo que o pavor diante do desatino, e com isso as duas formas de assombro, apoiando-se uma na outra, não param de reforçar-se mutuamente. E, no exato momento em que se assiste à libertação dos poderes imaginários que acompanham o desatino, multiplicam-se as queixas sobre as devastações da loucura. Já é conhecida a inquietação que as "doenças dos nervos" provocam e essa consciência segundo a qual o homem se torna mais frágil à medida que se aperfeiçoa[16]. Enquanto se avança pelo século adentro, a preocupação se torna mais premente, e as advertências mais solenes. Já Raulin constatava que "desde o nascimento da medicina… essas doenças se multiplicaram, tornaram-se mais perigosas, mais complicadas, mais espinhosas e mais difíceis de curar"[17]. Na época de Tissot, essa impressão geral tornou-se crença sólida, uma espécie de dogma médico: as doenças dos nervos

eram muito menos frequentes do que hoje, e por duas razões: primeira, os homens eram em geral mais robustos, ficando doentes mais raramente;

havia menos doenças de toda espécie; a outra é que as causas que de modo particular produzem as doenças dos nervos multiplicaram-se numa proporção maior, a partir de certa época, do que as causas gerais de doença, algumas das quais parecem que estão mesmo diminuindo... Não receio dizer que se antes eram as mais raras, hoje são as mais frequentes[18].

E logo se reencontrará essa consciência, que o século XVI havia sentido de maneira tão acentuada, da precariedade de uma razão que a todo momento pode ser comprometida, e de modo definitivo, pela loucura. Matthey, médico de Genebra, influenciado por Rousseau, formula este presságio a todas as pessoas de razão: "Não se vangloriem, homens policiados e sábios; basta um instante para perturbar e aniquilar essa pretensa sabedoria de que se envaidecem; um acontecimento inesperado, uma emoção viva e repentina da alma transformam de repente em furioso ou em idiota o homem mais razoável e de mais espírito."[19] A ameaça da loucura retoma seu lugar entre as urgências do século.

No entanto, essa consciência tem um estilo bem particular. O espanto causado pelo desatino é muito afetivo, e considerado quase em sua totalidade no movimento das ressurreições imaginárias. O medo da loucura é muito mais livre em relação a essa herança, e enquanto o retorno do desatino assume o aspecto de uma repetição maciça, que reata consigo mesma para além do tempo, a consciência da loucura se faz acompanhar, pelo contrário, por uma certa análise da modernidade, que desde logo a situa numa moldura temporal, histórica e social. Na disparidade entre consciência do desatino e consciência da loucura tem-se, neste fim do século XVIII, o ponto de partida de um movimento decisivo: aquele através do qual a experiência do desatino não deixará, com Hölderlin, Nerval e Nietzsche, de subir cada vez mais na direção das raízes do tempo – com o desatino tornando-se assim o contratempo do mundo – e o conhecimento da loucura procurando, pelo contrário, situá-la de modo cada vez mais exato no sentido do desenvolvimento da natureza e da história. É a partir dessa data que o tempo do desatino e o tempo da loucura se verão afetados por dois vetores opostos: um, uma volta incondicional e um mergulho absoluto; o outro, pelo contrário, desenvolvendo-se segundo a crônica de uma história[20].

Essa aquisição de uma consciência temporal da loucura não se fez de uma só vez. Precisou da elaboração de toda uma série de conceitos novos e, muitas vezes, da reinterpretação de temas bem antigos. O pensamento médico dos séculos XVII e XVIII admitia de bom grado uma relação quase imediata entre a loucura e o mundo: era a crença na influência da Lua[21]; era também a convicção geralmente difundida de que o clima tinha uma influência direta sobre a natureza e a qualidade dos espíritos animais e, por conseguinte, sobre o sistema nervoso, a imaginação, as paixões e, enfim, sobre todas as doenças da alma. Essa dependência não era muito nítida em seus princípios, nem unívoca em seus efeitos. Cheyne admite que a umidade do ar, as mudanças repentinas de temperatura, as chuvas frequentes comprometem a solidez do gênero nervoso[22]. Venel, pelo contrário, acredita que,

como o ar frio é mais pesado, mais denso e mais elástico, ele comprime mais os sólidos, torna sua textura mais firme e sua ação mais forte; em compensação, num ar quente, que é mais leve, mais rarefeito, menos elástico e por conseguinte menos compressivo, os sólidos perdem seu tom, os humores estagnam e se alteram; como o ar interno não é contrabalançado pelo ar externo, os fluidos entram em expansão, dilatam e distendem os vasos que os contêm até superar e impedir-lhes a reação e até mesmo, às vezes, romper seus diques[23].

Para o espírito clássico, a loucura podia muito facilmente ser o efeito de um "meio" exterior – digamos, mais exatamente, o estigma de uma certa solidariedade com o mundo: assim como o acesso à verdade do mundo exterior deve passar, depois da queda, pelo caminho difícil e muitas vezes deformante dos sentidos, do mesmo modo a posse da razão depende de um "estado físico da máquina"[24] e de todos os efeitos mecânicos que podem ser exercidos sobre ela. Tem-se aí como que a versão simultaneamente naturalista e teológica dos velhos temas da Renascença, que ligavam a loucura a todo um conjunto de dramas e ciclos cósmicos.

Mas dessa apreensão global de uma dependência irá isolar-se uma nova noção: sob o efeito de uma inquietação cada vez maior, da ligação com as constantes ou as grandes circularidades do universo, o tema da loucura aparentada com as estações do mundo desdobra-se aos poucos na ideia de uma dependência em relação a um elemento particular do cosmos. O medo se faz mais urgente; a intensidade afetiva de tudo aquilo que reage à loucura não deixa de aumentar: tem-se a impressão de que então se isola do todo cósmico e de sua estabilidade sazonal um elemento independente, relativo, móvel, submetido a uma progressão constante ou a uma aceleração contínua, e que está encarregado de prestar contas dessa multiplicação incessante, desse grande contágio da loucura. Do macrocosmo, considerado como lugar das cumplicidades de todos os mecanismos e conceito geral de suas leis, isola-se aquilo que se poderia chamar, numa antecipação ao vocabulário do século XIX, um "meio".

Sem dúvida, deve-se deixar nessa noção, que ainda não encontrou nem seu equilíbrio nem sua denominação final, aquilo que ela pode ter de inconcluso. Falemos antes, com Buffon, de "forças penetrantes", que não apenas permitem a formação do indivíduo como também o aparecimento das variedades da espécie humana: influência do clima, diferença da alimentação e da maneira de viver[25]. Noção negativa, noção "diferencial" que aparece no século XVIII a fim de explicar as variações e as doenças, mais do que as adaptações e as convergências. Como se essas "forças penetrantes" formassem o outro lado, o negativo, daquilo que se tornará, a seguir, a noção positiva de meio.

Essa noção é elaborada – o que, para nós, é paradoxal – quando o homem parece insuficientemente mantido pelas coações sociais, quando ele parece flutuar num tempo que não mais o constrange, enfim, quando ele se afasta demais do verdadeiro e do sensível. Tornam-se "forças penetrantes" uma sociedade que não mais reprime os desejos, uma religião que não mais regula o tempo e a imaginação, uma civilização que não mais limita os desvios do pensamento e da sensibilidade.

1. *A loucura e a liberdade*. Durante muito tempo, certas formas de melancolia foram consideradas como especificamente inglesas: isso era um dado médico[26] e também uma constante literária. Montesquieu opunha o suicídio romano, comportamento moral e político, efeito desejado de uma educação ordenada, ao suicídio inglês, que deve ser considerado como uma doença, uma vez que "os ingleses se matam sem que se possa imaginar razão alguma para esse ato; matam-se no próprio seio da felicidade"[27]. É aqui que o meio tem um papel, pois se no século XVIII a felicidade provém da ordem da natureza e da razão, a infelicidade, ou pelo menos aquilo que se subtrai sem razão à felicidade, deve ser de uma outra ordem. Essa ordem é procurada inicialmente nos

excessos do clima, nesse desvio da natureza com relação a seu equilíbrio e a seu feliz comedimento (os climas temperados são da natureza; as temperaturas excessivas são produto do meio). Mas isso não basta para explicar a doença inglesa. O próprio Cheyne acredita que a riqueza, a alimentação fina, a abundância de que se beneficiam todos os habitantes, a vida de lazeres e preguiçosa que leva a sociedade mais rica[28] estão na origem dessas perturbações nervosas. Cada vez mais se tende para uma explicação econômica e política na qual a riqueza, o progresso, as instituições, surgem como o elemento determinante da loucura. No começo do século XIX, Spurzheim fará a síntese entre todas essas análises num dos últimos textos que lhes é destinado. A loucura, "mais frequente na Inglaterra do que em qualquer outro lugar", é apenas o preço da liberdade que ali reina, e da riqueza presente em toda parte. A liberdade de consciência comporta mais perigos do que a autoridade e o despotismo. "Os sentimentos religiosos... atuam sem restrições; todo indivíduo tem a permissão de pregar a quem quiser ouvi-lo"; e à força de ouvir opiniões tão diferentes, "os espíritos se atormentam na busca da verdade". Perigos da indecisão, da atenção que não sabe onde fixar-se, da alma que vacila. Perigo também das querelas, das paixões, do espírito que se fixa obstinadamente no partido que tomou: "Cada coisa encontra sua oposição, e a oposição excita os sentimentos; na religião, na política, na ciência e em tudo, permite-se a cada um que escolha seu lado, mas deve esperar encontrar oposição." Tanta liberdade tampouco permite dominar o tempo: esse é entregue à sua incerteza, e todos são abandonados pelo Estado a suas flutuações: "Os ingleses constituem uma nação mercantil; o espírito sempre ocupado pelas especulações é continuamente agitado pelo medo e pela esperança. O egoísmo, alma do comércio, facilmente se torna invejoso, chamando em seu auxílio outras faculdades." Aliás, essa liberdade está bastante afastada da verdadeira liberdade natural: de todos os lados ela é coagida e premida por exigências opostas aos desejos mais legítimos dos indivíduos, é a liberdade dos interesses, das coalizões, das combinações financeiras, não do homem, não dos espíritos e dos corações. Por causa do dinheiro, as famílias são mais tirânicas do que em qualquer outro lugar; somente as moças ricas conseguem casar, "as outras são reduzidas a outros meios de satisfação que arruínam o corpo e desorganizam as manifestações da alma. A mesma causa favorece a libertinagem, e essa predispõe à loucura"²⁹. A liberdade mercantil aparece assim como o elemento no qual a opinião nunca pode chegar à verdade, onde o imediato é entregue necessariamente à contradição, onde o tempo escapa à apreensão e à certeza das estações, onde o homem é despojado de seus desejos pelas leis do interesse. Em suma, a liberdade, longe de recolocar o homem na posse de si mesmo, não para de afastá-lo cada vez mais de sua essência e de seu mundo; ela o fascina na exterioridade absoluta dos outros e do dinheiro, na interioridade irreversível da paixão e do desejo inacabado. Entre o homem e a felicidade de um mundo em que ele se reconheceria, entre o homem e uma natureza onde encontraria sua verdade, a liberdade do estado mercantil é "meio": e é nessa mesma medida que se constitui em elemento determinante da loucura. No momento em que Spurzheim escreve – em plena Santa Aliança, no meio da Restauração das monarquias autoritárias –, o liberalismo carrega com muita facilidade todos os pecados da loucura do mundo: "É singular ver que o maior desejo do homem, que é sua liberdade pessoal, tenha também suas desvantagens."³⁰ Mas, para nós, o essencial de uma análise como essa não reside na crítica da liberdade, mas no próprio uso da noção que designa, para Spurzheim, o meio não natural onde são favorecidos, ampliados e multiplicados os mecanismos psicológicos e fisiológicos da loucura.

2. *A loucura, a religião e o tempo*. As crenças religiosas preparam uma espécie de paisagem imaginária, um meio ilusório favorável a todas as alucinações e a todos os delírios. Há muito tempo, os médicos já temiam os efeitos de uma devoção demasiado severa, ou de uma crença muito acentuada. Demasiado rigor moral, demasiada inquietação com a salvação e a vida futura podem frequentemente bastar para fazer alguém cair em melancolia. A *Encyclopédie* não deixa de citar casos semelhantes:

> As impressões muito fortes sentidas por certos pregadores extremados, os temores excessivos que provocam os castigos com que nossa religião ameaça os infratores de sua lei causam, nos espíritos fracos, revoluções surpreendentes. Observou-se, no Hospital de Montélimar, várias mulheres atacadas de mania e melancolia em seguida a uma missão que estivera na cidade; eram continuamente assombradas por pinturas horríveis que

impensadamente lhes tinham sido mostradas, só falavam em desespero, vingança, punição etc., e uma, entre outras, não queria tomar remédio algum, acreditando estar no Inferno, e que nada poderia apagar o fogo pelo qual dizia estar sendo devorada.[31]

Pinel permanece na linha desses médicos esclarecidos, que proíbem que se deem livros pios aos "melancólicos por devoção"[32] e recomendando mesmo a reclusão para "os devotos que se acreditam inspirados e procuram incessantemente fazer outros prosélitos"[33]. Mas trata-se aí muito mais de uma crítica que de uma análise positiva: suspeita-se que o objeto ou tema religioso provoca o delírio ou a alucinação através do caráter delirante e alucinatório que lhe é atribuído. Pinel conta o caso de uma alienada recém-curada à qual "um livro pio... lembrou que cada pessoa tinha seu anjo da guarda; na noite seguinte, ela se acreditou cercada por um coro de anjos e pretendia haver escutado uma música celestial e ter tido revelações"[34]. A religião ainda é considerada aqui como um elemento de transmissão do erro. Mas mesmo antes de Pinel, houve análises de um estilo histórico bem mais rigoroso, nas quais a religião surge como um meio de satisfação ou de repressão das paixões. Um autor alemão, em 1781, lembrava, como tempos felizes, as épocas distantes em que os padres estavam investidos de um poder absoluto: nessa época, a ociosidade não existia – todo momento era escandido pelas "cerimônias, pelas práticas religiosas, pelas peregrinações, pelas visitas feitas aos pobres e aos doentes, pelas festividades do calendário". O tempo era assim entregue a uma felicidade organizada que não dava margem às paixões vazias, ao desgosto pela vida, ao tédio. Alguém se sentia em falta? Submetiam-no a um castigo real, frequentemente material, que ocupava seu espírito e dava-lhe a certeza de que o erro havia sido reparado. E quando o confessor encontrava esses "penitentes hipocondríacos que vinham confessar-se com demasiada frequência", impunha-lhes como penitência ou uma pena severa que "diluía seu sangue demasiado grosso" ou então longas peregrinações: "A mudança de ares, a extensão do caminho, a falta de sua casa, o afastamento dos objetos que os contrariavam, a sociedade que formavam com os peregrinos, o movimento lento e enérgico que faziam andando a pé exerciam maior ação sobre eles do que as viagens confortáveis... que em nossa época substituem as peregrinações." Finalmente, o caráter sagrado do padre atribuía a cada uma dessas injunções um valor absoluto, e ninguém pensaria em furtar-se a elas; "normalmente, o capricho dos doentes recusa tudo isso ao médico"[35]. Para Moehsen, a religião é a mediação entre o homem e o erro, entre o homem e o castigo: sob a forma de uma síntese autoritária, ela suprime realmente o erro, realizando o castigo. Se, pelo contrário, ela vem a afrouxar-se e mantem-se nas formas ideais do remorso de consciência, da maceração espiritual, conduz diretamente à loucura; a consistência do meio religioso é a única coisa que pode permitir ao homem escapar da alienação no delírio desmedido da falta. Na plenitude de seus ritos e de suas exigências, ela confisca ao homem a inútil ociosidade de suas paixões de antes da falta e a vã repetição de seus remorsos, uma vez cometida aquela. Ela organiza toda a vida humana ao redor do instante em plena realização. Essa velha religião dos tempos felizes era a festa eterna do presente. Mas a partir do momento em que ela se idealiza com a era moderna, suscita ao redor do presente todo um halo temporal, um meio vazio, o do lazer e do remorso, onde o coração do homem é entregue à sua própria inquietação, onde as paixões entregam o tempo à despreocupação ou à repetição, onde enfim a loucura pode desenvolver-se livremente.

3. *A loucura, a civilização e a sensibilidade.* A civilização, de um modo geral, constitui um meio favorável ao desenvolvimento da loucura. Se o progresso das ciências dissipa o erro, também tem por efeito propagar o gosto e mesmo a mania pelo estudo; a vida em gabinete, as especulações abstratas, essa eterna agitação do espírito sem exercício do corpo podem ter os mais funestos efeitos. Tissot explica que, no corpo humano, são as partes submetidas a um trabalho frequente que se reforçam e endurecem primeiro; nos operários, os músculos e as fibras dos braços endurecem, dando-lhes essa força física, essa boa saúde de que gozam até uma idade avançada; "nos letrados, o cérebro endurece, frequentemente tornam-se incapazes de ligar ideias", e com isso ei-los destinados à demência[36]. Quanto mais uma ciência é abstrata ou complexa, mais numerosos são os riscos de loucura que ela provoca. Um conhecimento que ainda está próximo daquilo que existe de mais imediato nos sentidos e que só exige, segundo Pressavin, pouco trabalho da parte do sentido interior

e dos órgãos do cérebro, suscita apenas uma espécie de felicidade fisiológica: "As ciências cujos objetos são facilmente percebidos pelos nossos sentidos, que apresentam à alma relações agradáveis pela harmonia de sua concordância... produzem na máquina uma ligeira atividade que favorece todas as suas funções." Pelo contrário, um conhecimento demasiado despojado dessas relações sensíveis, demasiado livre em relação ao imediato, provoca apenas uma tensão no cérebro, que desequilibra todo o corpo: as ciências "das coisas cujas relações são difíceis de apreender porque pouco sensíveis a nossos sentidos, ou porque suas relações demasiado multiplicadas obrigam-nos a um grande esforço em sua pesquisa, constituem para a alma um exercício que cansa demais o sentido interior através da excessiva tensão contínua desse órgão"[37]. O conhecimento constitui assim, ao redor do sensível, todo um meio de relações abstratas em que o homem corre o risco de perder a felicidade física na qual normalmente se estabelece sua relação com o mundo. Os conhecimentos sem dúvida se multiplicam, mas o preço aumenta. Está fora de dúvidas que existam mais sábios? Uma coisa pelo menos é certa: é que "há mais gente com enfermidades"[38]. O meio do conhecimento cresce mais depressa que os próprios conhecimentos.

Mas não é só a ciência que separa o homem do sensível: há também a própria sensibilidade. Uma sensibilidade que não é mais comandada pelos movimentos da natureza, mas por todos os hábitos, por todas as exigências da vida social. O homem moderno, e a mulher ainda mais que o homem, fez do dia a noite, e da noite o dia: "O momento em que nossas mulheres se levantam em Paris está bem longe daquele que a natureza marcou; as mais belas horas do dia já se passaram; o ar mais puro desapareceu, ninguém se aproveitou disso tudo. Os vapores, as exalações malsãs, atraídas pelo calor do sol, já se elevam na atmosfera; é a hora que a beleza escolhe para levantar-se."[39] Esse desregramento dos sentidos continua no teatro, onde se cultivam as ilusões, onde vãs paixões são suscitadas artificialmente, junto com os movimentos mais funestos da alma; as mulheres, sobretudo, gostam desses espetáculos, "que as inflamam e exaltam"; suas almas "ficam tão abaladas, que produzem em seus nervos uma comoção, passageira na verdade, mas cujas sequelas são normalmente graves; a privação momentânea de seus sentidos, as lágrimas que versam na representação de nossas modernas tragédias são os menores acidentes que disso tudo resulta"[40]. Os romances constituem um meio ainda mais artificial e mais nocivo para uma sensibilidade desregrada; a verossimilhança de que os escritores modernos tentam dotá-los e toda a arte que empregam na imitação da verdade só dão prestígio aos sentimentos violentos e perigosos que querem despertar em suas leitoras:

> Nos primeiros séculos da polidez e da galanteria francesas, o espírito menos aperfeiçoado das mulheres contentava-se com fatos e eventos tão maravilhosos quanto inacreditáveis; elas agora querem fatos verossímeis, mas sentimentos tão maravilhosos que seus próprios sentimentos são inteiramente perturbados e confundidos; procuram, a seguir, em tudo o que as cerca, realizar as maravilhas com que se encantaram, mas tudo lhes parece sem sentimento e sem vida, pois querem encontrar aquilo que não existe na natureza.[41]

O romance constitui o meio de perversão por excelência de toda sensibilidade; ele isola a alma de tudo o que há de imediato e natural no sensível a fim de arrastá-la para um mundo imaginário de sentimentos tanto mais violentos quanto mais irreais e menos regidos pelas suaves leis da natureza:

> Tantos autores fazem nascer uma multidão de leitores, e uma leitura contínua produz todas as doenças nervosas; talvez dentre todas as causas que perturbem a saúde das mulheres, a principal seja a multiplicação infinita dos romances nos últimos cem anos... Uma menina que com dez anos lê, em vez de correr, aos vinte será uma mulher com vapores, e não uma boa ama de leite.[42]

Lentamente, e num estilo ainda disperso, o século XVIII constitui, ao redor da consciência que passa a ter da loucura e de sua ameaça cada vez maior, toda uma nova ordem de conceitos. Na paisagem de desatino em que o século XVII a tinha colocado, a loucura escondia um sentido e uma origem obscuramente morais; seu segredo aparentava-a a uma falta, e a animalidade cuja iminência era nela percebida não a tornava, paradoxalmente, mais inocente. Na segunda metade do século XVIII, ela não mais será reconhecida naquilo que aproxima o homem de uma decadência imemorial ou de uma animalidade indefinidamente presente; situa-se, pelo contrário, nessas distâncias que o homem toma em relação a si mesmo, a seu mundo, a tudo aquilo que se lhe oferece na imediatez da natureza; a loucura torna-se possível nesse *meio* onde se alteram as relações do homem com o sensível, com o tempo, com o outro; ela é possível por tudo aquilo que, na vida e no devir do homem, é ruptura com o imediato. Não pertence mais à ordem da natureza ou da queda, mas a uma nova ordem em que se começa a pressentir a história e na qual se formam, num obscuro parentesco originário, "a alienação" dos médicos e a "alienação" dos filósofos – duas figuras nas quais de todo modo o homem altera sua verdade, mas entre as quais o século XIX, após Hegel, logo perde todo vestígio de semelhança.

■ ■

Essa nova maneira de apreender a loucura através da ação tão determinada das "forças penetrantes" foi sem dúvida decisiva – tão decisiva na história da loucura moderna quanto a espetacular libertação dos acorrentados de Bicêtre por Pinel.

O estranho, e ao mesmo tempo o importante, é de início o valor negativo desse conceito, nesse estádio ainda arcaico de sua elaboração. Nas análises que acabamos de lembrar, essas forças não designam aquilo da natureza que pode constituir o ambiente de um ser vivo; não é tampouco o lugar das adaptações, das influências recíprocas ou das regulações; não é nem mesmo o espaço no qual o ser vivo pode desenvolver e impor suas normas de vida. O conjunto dessas forças, se se isolar as significações que esse pensamento do século XVIII aí colocou de um modo obscuro, é justamente aquilo que, no *cosmos*, se opõe à *natureza*[43]. O meio altera o tempo na sucessão das estações, na alternância de seus dias e suas noites; ele altera o sensível e seus calmos ecos no homem através das vibrações de uma sensibilidade que só se rege pelos excessos do imaginário; ele afasta o homem de suas satisfações imediatas a fim de submetê-lo às leis do interesse, que o impedem de ouvir as vozes de seu desejo. O meio começa ali onde a natureza se põe a amadurecer no homem. Já não é desse modo que Rousseau mostrava que a natureza acabava e que o meio humano se instaurava na catástrofe cósmica dos continentes desmoronados?[44] O meio não é a positividade da natureza tal como ela se oferece ao ser vivo; pelo contrário, é essa negatividade pela qual a natureza em sua plenitude se subtrai ao ser vivo; e nesse recuo, nessa não natureza, algo se substitui à natureza, que é plenitude de artifícios, mundo ilusório em que se anuncia a *antiphysis*. Ora, é exatamente aí que a possibilidade da loucura assume suas dimensões amplas. O século XVII descobriu-a na perda da verdade: possibilidade inteiramente negativa na qual a única coisa em questão era essa faculdade de despertar e de atenção no homem, que não é da natureza, mas da liberdade. O fim do século XVIII põe-se a identificar a possibilidade da loucura com a constituição de um meio: a loucura é a natureza perdida, é o sensível desnorteado, o extravio do desejo, o tempo despojado de suas medidas; é a imediatez perdida no infinito das mediações. Diante disso, a natureza, pelo contrário, é a loucura abolida, o feliz retorno da existência à sua mais próxima verdade. Escreve Beauchêne:

> Venham, mulheres amáveis e sensuais, fujam dos perigos dos falsos prazeres, das paixões fogosas, da inação e da moleza; sigam seus jovens esposos pelos campos, nas viagens; desafiem-nos para uma corrida na grama tenra e cheia de flores; voltem a Paris para dar a suas companheiras o exemplo dos exercícios e dos trabalhos convenientes a seu sexo; amem e sobretudo eduquem seus filhos, e saberão como esse prazer está acima de todos os outros, e que é a felicidade que a natureza lhes destinou; envelhecerão lentamente quando suas vidas forem puras.[45]

Assim, o meio representa um papel mais ou menos simétrico e inverso àquele que outrora representava a animalidade. Antes havia, na abafada presença do animal, o ponto pelo qual a loucura, em sua ira, podia irromper no homem; o ponto mais profundo, o ponto último da existência natural era ao mesmo tempo o ponto de exaltação da contranatureza – sendo a natureza humana, ela mesma e imediatamente, sua própria contranatureza. Ao final do século XVIII, em compensação, a tranquilidade animal pertence inteiramente à felicidade da natureza; e é escapando à vida imediata do animal, no momento em que ele constitui para si um meio, que o homem se abre à possibilidade da contranatureza e se expõe ao perigo da loucura. O animal não pode ser louco, ou pelo menos nele não é a animalidade que veicula a loucura[46]. Não se deve ficar surpreso, portanto, se os primitivos forem, dentre todos os homens, os menos inclinados à loucura: "A ordem dos lavradores é bem superior, sob esse aspecto, à parte do povo que fornece os artesãos; mas, infelizmente, bem inferior ao que era antigamente, nos tempos em que era apenas lavrador, e são ainda algumas aldeias de selvagens que ignoram quase todos os males, só morrendo de acidentes e decrepitude." No começo do século XIX será ainda citada a afirmação do americano Rush, que não conseguiu "encontrar entre os índios um único exemplo de demência, entre eles encontrando apenas uns poucos maníacos e melancólicos"[47], ou a de Humboldt, que nunca ouviu falar "de um único alienado entre os índios selvagens da América meridional"[48]. A loucura se tornou possível em virtude de tudo aquilo que o meio pôde reprimir, no homem, que dependia da existência animal[49].

A partir de então, a loucura se vê ligada a uma certa forma de devir do homem. Enquanto era sentida como ameaça cósmica ou iminência animal, ela dormitava ao redor do homem ou na noite de seu coração, dotada de uma eterna e imóvel presença; seus ciclos eram apenas um retorno, e suas manifestações súbitas, simples reaparecimentos. Agora, a loucura tem um ponto de partida temporal – ainda que só se deva entendê-lo num sentido mítico: ela segue um vetor linear, que indica um crescimento indefinido. À medida que o meio constituído ao redor do homem e pelo homem se torna mais espesso e opaco, os riscos da loucura aumentam. O tempo conforme o qual eles se dividem se torna um tempo aberto, um tempo de multiplicação e de crescimento. A loucura torna-se assim o outro lado do progresso: multiplicando as mediações, a civilização oferece incessantemente ao homem novas possibilidades de alienar-se. Matthey não faz mais que resumir o sentimento geral dos homens do século XVIII, quando escreve, à época da Restauração:

As mais profundas misérias do homem social e suas inúmeras fruições, seus sublimes pensamentos e seu embrutecimento, surgem da própria excelência de sua natureza, de sua perfectibilidade e do desenvolvimento excessivo de suas faculdades físicas e morais. A multiplicidade de suas necessidades, de seus desejos, de suas paixões – este é o resultado da civilização, fonte de vícios e virtudes, males e bens. E do seio das delícias e da opulência das cidades que se levantam os gemidos da miséria, os gritos do desespero e do furor. Bicêtre, Bedlam atestam essa verdade.[50]

Sem dúvida, essa dialética simples entre o bem e o mal, entre o progresso e a decadência, entre a razão e o desatino, é muito familiar ao século XVIII. Mas sua importância foi decisiva na história da loucura: ela inverteu a perspectiva temporal na qual normalmente se percebia a loucura; colocou-a no curso indefinido de um tempo cuja origem era fixa e cujo objetivo era cada vez mais recuado; abriu a loucura para uma duração irreversível, rompendo seus ciclos cósmicos e arrancando-a à fascinação do erro passado; prometia a invasão do mundo pela loucura, não mais sob a forma apocalíptica do triunfo do Insensato, como no século xv, mas sob a forma contínua, perniciosa, progressiva, jamais fixada em nenhuma figura terminal, rejuvenescendo em virtude do próprio envelhecimento do mundo. Desde antes da Revolução já se inventava um dos grandes temores do século xix, e já se lhe dava um nome: chamavam-no de "a degeneração".

Esse é evidentemente um dos temas mais tradicionais da cultura greco-latina: a ideia de que os filhos não têm mais o mesmo valor dos pais e essa nostalgia por uma antiga sabedoria cujos segredos se perdem na loucura dos contemporâneos. Porém trata-se, ainda aqui, de uma ideia moral cuja base é unicamente crítica: não é uma percepção, mas uma recusa da história. No século xviii, pelo contrário, essa duração vazia da decadência começa a receber um conteúdo concreto: a degeneração não ocorre mais de acordo com a descida que representa um abandono moral, mas obedecendo às linhas de força de um meio humano, ou às leis de uma herança física. Portanto, não é mais por ter esquecido o tempo, considerado como memória do imemorial, que o homem degenera, mas porque nele, pelo contrário, o tempo torna-se mais pesado, cada vez mais opressor e mais presente, como uma espécie de memória material dos corpos, que totaliza o passado e separa a existência de seu imediatismo natural: "Os filhos se ressentem dos males dos pais; nossos antepassados começaram a se afastar um pouco do gênero de vida mais salutar; nossos avós nasceram num meio mais fraco, foram criados de modo mais frouxo, tiveram filhos ainda mais fracos que eles, e nós, quarta geração, não conhecemos mais a força e a saúde dos velhos octogenários a não ser por ouvir dizer."[51] Naquilo que Tissot chama assim de "degeneração" há muito pouco daquilo que o século xix chamará de "degenerescência"; ela não comporta ainda nenhuma característica de espécie, nenhuma tendência a um retorno fatal às formas rudimentares da vida e da organização[52], nenhuma esperança ainda é dada ao indivíduo regenerador[53]. No entanto, Morel, em seu *Traité de la Degénérescente*, partirá dos ensinamentos que o século XVIII transmitiu-lhe: para ele, como já para Tissot, o homem degenera a partir de um tipo primitivo[54], e isso não sob o efeito de uma degradação espontânea, de um peso próprio à matéria viva, porém, muito mais provavelmente, sob a "influência das instituições sociais em desacordo com a natureza", ou ainda como consequência de uma "depravação da natureza moral"[55]. De Tissot a Morel uma mesma lição se repete, que atribui ao meio humano um poder de alienação onde não se deve ver nada além da memória de tudo aquilo que, nele, mediatiza a natureza. A loucura e todos os seus poderes que as idades multiplicam, não residem no homem em si mesmo, mas em seu meio. Estamos aí exatamente no ponto em que ainda se confundem um tema filosófico do hegelianismo (a alienação está no movimento das mediações) e o tema biológico formulado por Bichat quando disse que "tudo o que envolve os seres vivos tende a destruí-los". A morte do indivíduo é exterior a ele mesmo, como sua loucura, como sua alienação; é na exterioridade e na pesada memória das coisas que o homem acaba por perder sua verdade. E como reencontrá-la a não ser numa outra memória? Memória que não poderia ser outra coisa que a reconciliação na interioridade do saber, ou o mergulho total e a ruptura na direção do absoluto do tempo, da imediata juventude da barbárie: "Ou uma conduta pensada que não se pode mais esperar, ou alguns séculos de barbárie que nem mesmo se ousa desejar."[56]

Nessa reflexão sobre a loucura[57] e na elaboração ainda obscura do conceito de meio, o século XVIII antecipava estranhamente, em relação àquilo em que iam transformar-se na época seguinte, os temas diretores da reflexão sobre o homem; e propunha, sob uma luz indecisa, nos limites da medicina e da filosofia, da psicologia e da história, com uma ingenuidade cujos equívocos toda a inquietação do século XIX e do XX não conseguiu dissipar, um conceito muito rudimentar de alienação, que permite definir o meio humano como a negatividade do homem e reconhecer nele o *a priori* concreto de toda loucura possível. A loucura, assim, se aloja no ponto mais perto e no ponto mais distante do homem: aqui mesmo onde ele habita, mas também lá onde ele se perde, nessa estranha pátria em que sua residência é igualmente aquilo que o abole, a plenitude realizada de sua verdade e o incessante trabalho de seu não ser.

■ ■

E então a loucura entra num novo ciclo. Está agora isolada do desatino, que durante muito tempo irá permanecer, como estrita experiência poética ou filosófica repetida de Sade a Hölderlin e de Nerval a Nietzsche, o mergulho puro numa linguagem que abole a história e faz cintilar, na superfície mais precária do sensível, a iminência de uma verdade imemorial. A loucura, para o século XIX, terá um sentido inteiramente diferente: estará, por sua natureza e em tudo o que a opõe à natureza, bem perto da história.

Ocorre-nos muito facilmente a impressão de que a concepção positivista da loucura é fisiológica, naturalista e anti-histórica[58], e que foram necessárias a psicanálise, a sociologia e nada mais nada menos que a "psicologia das culturas" para mostrar a ligação que a patologia da história podia manter secretamente com a história. De fato, isso era algo claramente estabelecido ao final do século XVIII: desde essa época, a loucura estava inscrita no destino temporal do homem; era mesmo a consequência e o preço do fato de ter o homem uma história, contrariamente ao animal. Aquele que escreveu, com uma extraordinária ambiguidade de sentido, que "a história da loucura é a contrapartida da história da razão" não havia lido nem Janet, nem Freud, nem Brunschvicg; era um contemporâneo de Claude Bernard e apresentava como equação evidente: "Tal tempo, tal espécie de insanidade do espírito."[59] Sem dúvida, nenhuma época terá uma consciência mais aguda dessa relatividade histórica da loucura do que os primeiros anos do século XIX: "Quantos pontos de contato", dizia Pinel, "sob esse aspecto, tem a medicina com a história da espécie humana."[60] E ele se felicitava por ter tido ocasião de estudar as doenças do espírito num tempo tão favorável quanto o da Revolução, época entre todas propícia a essas "paixões veementes" que são "a origem mais comum da alienação"; para observar seus efeitos, "que época mais favorável do que a das tempestades de uma revolução sempre própria para exaltar ao mais alto grau as paixões humanas ou, antes, a mania, sob todas as suas formas"?[61] Durante muito tempo a medicina francesa procurará os vestígios de 1793 nas gerações seguintes, como se as violências da história se houvessem depositado nos tempos silenciosos da hereditariedade: "Não há dúvida de que durante a Revolução o Terror foi funesto para alguns indivíduos, mesmo no ventre materno... Os indivíduos que esta causa predispôs à loucura pertencem às províncias que por mais tempo foram presas dos horrores da guerra."[62] A noção de loucura, tal como existe no século XIX, formou-se no interior de uma consciência histórica, e isso de dois modos: primeiro, porque a loucura em sua aceleração constante forma como que uma derivada da história; e, a seguir, porque suas formas são determinadas pelas próprias figuras do devir. Relativa ao tempo e essencial à temporalidade do homem: é assim que nos aparece a loucura tal como ela é então reconhecida ou pelo menos sentida, bem mais profundamente histórica, no fundo, do que ainda o é para nós.

No entanto, essa relação com a história logo será esquecida: Freud, com dificuldades e de um modo que talvez não seja radical, será obrigado a separá-la do evolucionismo. É que no curso do século XIX ela cairá numa concepção simultaneamente social e moral pela qual se viu inteiramente traída. A loucura não mais será percebida como a contrapartida da história, mas como o outro lado da sociedade. É na própria obra de Morel que se apreende, de modo mais claro, essa inversão da análise histórica em crítica social, que escorraça a loucura do movimento da história para dela fazer um obstáculo a seu desenvolvimento feliz e a suas promessas de reconciliação. A miséria constitui para ele – enquanto no século XVIII era a riqueza, o progresso – o meio mais favorável à propagação da loucura: "profissões perigosas ou insalubres, moradias em centros demasiado populosos ou malsãos", intoxicações diversas:

se agora se acrescentar a essas más condições gerais a influência profundamente desmoralizadora que a miséria exerce, bem como a falta de instrução, de previdência, o abuso das bebidas alcoólicas e os excessos venéreos, alimentação insuficiente, ter-se-á uma ideia das circunstâncias complexas que tendem a modificar de maneira desfavorável os temperamentos da classe pobre[63].

Com isso, a loucura escapa ao que pode haver de histórico no devir humano, para receber um sentido numa moral social: ela se torna o estigma de uma classe que abandonou as formas da ética burguesa; e no exato momento em que o conceito filosófico de alienação adquire uma significação histórica pela análise econômica do trabalho, nesse mesmo momento o conceito médico e psicológico de alienação liberta-se totalmente da história para tornar-se crítica moral em nome da comprometida salvação da espécie. Numa palavra, o medo da loucura, que no século XVIII era o temor das consequências de seu próprio devir, aos poucos se transforma no século XIX, a ponto de ser a obsessão diante das contradições que, no entanto, são as únicas que podem assegurar a manutenção de suas estruturas; a loucura tornou-se a paradoxal condição da duração da ordem burguesa, da qual ela constitui, do lado de fora, no entanto, a ameaça mais imediata. Percebem-na assim, simultaneamente, como indispensável degenerescência – uma vez que é a condição da eternidade da razão burguesa – e como esquecimento contingente, acidental, dos princípios da moral e da religião – uma vez que se tem de tornar as coisas mais fúteis, julgando aquilo que se apresenta como a imediata contradição de uma ordem cujo fim não se pode prever. Desse modo entrará num torpor, por volta da metade do século XIX, essa consciência histórica da loucura que durante muito tempo havia sido mantida desperta na era do "positivismo militante".

Essa passagem pela história, por mais precária e esquecida que tenha sido, nem por isso é menos decisiva para a experiência da loucura tal como se deu no século XIX. O homem instaura um novo relacionamento com a loucura, num certo sentido um relacionamento mais imediato e também mais exterior. Na experiência clássica, o homem comunicava-se com a loucura pelo caminho da falta, o que significa que a consciência da loucura implicava necessariamente uma experiência da verdade. A loucura era o erro por excelência, a perda absoluta da verdade. Ao final do século XVIII, esboçam-se as linhas gerais de uma nova experiência na qual o homem, na loucura, não perde a verdade, mas *sua* verdade; não são mais as leis do mundo que lhe escapam, mas ele mesmo é que escapa às leis de sua própria essência. Tissot evoca esse desenvolvimento da loucura ao final do século XVIII como um esquecimento humano daquilo que constitui sua mais imediata verdade; os homens

recorreram a prazeres factícios, a maioria dos quais são apenas um modo de se ser singular, oposto aos costumes naturais, e cujo mérito está totalmente na estranheza; isso constitui uma realidade para os que ele pode subtrair à penosa sensação de uma excitação vazia, sensação que homem algum pode aguentar e que faz com que tudo o que o cerque lhe seja caro. Daí, sem dúvida, a origem primeira do luxo, que não passa de uma isca para uma multidão de coisas supérfluas... Essa condição é a de um hipocondríaco que necessita de um grande número de remédios para contentar-se e que nem por isso é menos infeliz[64].

Na loucura, o homem é separado de sua verdade e exilado na presença imediata de um ambiente em que ele mesmo se perde. Quando o homem clássico perdia a verdade, é porque era rejeitado para essa existência imediata onde sua animalidade causava devastação, ao mesmo tempo em que aparecia essa decadência primitiva que o indicava como originariamente culpado. Quando se falar agora de um homem louco, será designado aquele que abandonou a terra de sua verdade imediata, e que se perdeu.

11. A Nova Divisão

No decorrer do século XVIII, alguma coisa mudou na loucura. Houve, de início, esse medo que parece ligar o desatino às velhas obsessões, devolvendo-lhe uma presença que o internamento havia conseguido evitar – ou quase. Contudo, não é só isso: lá mesmo onde a loucura havia sido deixada em repouso, no espaço homogêneo do desatino, realiza-se um lento trabalho, muito obscuro, mal formulado e do qual se percebem apenas os efeitos superficiais; uma onda profunda deixa que a loucura reapareça, a qual tende com isso a isolar-se e a definir-se por si mesma. O novo medo do século XVIII não se revela uma vã obsessão: a loucura está emergindo novamente, sob a forma de uma presença confusa mas que questiona a abstração do internamento.

■ ■

Não se para de repetir que a loucura aumenta. É difícil estabelecer com certeza se o número dos loucos aumentou realmente no século XVIII, isto é, numa proporção maior que o conjunto da população. Esse número só se torna perceptível para nós a partir dos algarismos do internamento que não são necessariamente representativos, e Isso, primeiro, porque a motivação do internamento frequentemente permanece obscura, e, segundo, porque é sempre maior o número daqueles que se reconhece como loucos, mas que deixam de ser internados. Alguns fatos numéricos, no entanto, estão acima de dúvidas.

Considerando as coisas de um modo global e comparando os algarismos do fim do século XVII com os do começo da Revolução, verifica-se um aumento maciço. A Salpêtrière abrigava 3.059 pessoas em 1690; cem anos mais tarde, há mais que o dobro, 6.704, segundo o recenseamento feito por La Rochefoucauld-Liancourt para o relatório do Comitê de Mendicância[1]. Em Bicêtre, as proporções são as mesmas: um pouco menos de doi mil internos no século XVII e, no momento da Revolução, 3.874[2]. Para algumas casas religiosas, o aumento é ainda mais considerável; quando os irmãos São João de Deus abrem a casa de internamento da Caridade, em Senlis, em 1665, previram quatro lugares; em 1780, há 91, dos quais 67 estão efetivamente ocupados[3]. Em Château-Thierry, de início alguns poucos lugares, e, em 1783, trinta pensionistas[4]. Mas para que mostrem sua verdadeira significação, esses números devem ser observados em toda a curva de sua evolução. Deve-se levar em conta todo o período de instalação do internamento, que vai de 1680 a 1720, durante o qual o aumento é muito rápido, bem maior que o da população. Mas se se considerar apenas os setenta anos que precedem à Revolução, os números se tornam surpreendentemente estáveis, o que é tanto mais paradoxal quanto a curva do desenvolvimento demográfico se acelera de maneira sensível durante o mesmo período. Parece mesmo que o número dos internamentos atinge lentamente um máximo que se situa ao redor dos anos 1770, decrescendo nos anos imediatamente anteriores à Revolução. 4.052 internos em Bicêtre em 1.1.1770, 4.277 em 1.1.1772, 3.938 em 1774, 3.668 em 1776, e quando Tristan suspende a verificação em 9.4.1779 não há mais do que 3.518[5]. Em Saint-Lazare, onde se podiam contar 62 pensionistas em 1733 e 72 em 1736, atinge-se o máximo em 1776 com 77 pessoas, mas em 29.10. 1788 há apenas quarenta. Château-Thierry tem apenas vinte e cinco pensionistas às vésperas da Revolução.

Essas flutuações bastam para mostrar que o regime de internamento não segue fielmente a curva demográfica. É que, com certeza, outros fatos influíram: a miséria e o rigor da repressão nos últimos anos do reinado de Luís XV aumentaram os números.

Em compensação, uma certa recuperação econômica, a guerra na América, as restrições impostas por Breteuil às *lettres de cachet*[6] e às práticas do internamento diminuíram toda essa população dos asilos.

Na medida em que se pode determiná-lo sem muitos riscos de erro, parece que o número dos loucos segue uma curva bastante particular: nem a da demografia, nem tampouco, totalmente, a dos internamentos. Nos primeiros anos da Salpêtrière, se for levantado o total das mulheres encerradas nos pavilhões da Magdeleine, de Saint-Levèze, de Saint-Hilaire, de Sainte-Catherine, de Sainte-Elizabeth, bem como nas prisões, tem-se o total de 479 pessoas, das quais se pode dizer, *grosso modo*, que são consideradas como alienadas[7].

Quando Tenon procede à sua investigação em 1787, encontra seiscentas loucas, e La Rochefoucauld-Liancourt, 550. O movimento é mais ou menos o mesmo em Bicêtre: em 1726, há 132 "loucos, violentos, inocentes". Em 1789, há 187 homens encerrados em Saint-Prix, que é o lugar reservado aos loucos[8]. E é em 1788 que se atinge o máximo: 110 entradas de insensatos em 1785, 127 em 1786, 151 em 1788 e, a seguir, para os próximos anos, 132, 103 e 92. Temos, portanto, uma subida bastante lenta do número de loucos – pelo menos dos internos reconhecidos e etiquetados como tais – ao longo do século XVIII, um ponto máximo por volta dos anos 1785-1788 e depois uma baixa brutal a partir do início da Revolução.

O desenvolvimento dessa curva não deixa de ser estranho. Não apenas não segue exatamente a evolução dos internamentos, nem o crescimento da população, como também não parece responder à rápida ascensão do receio que suscitaram no século XVIII todas as formas de loucura e desatino. Sem dúvida, não se deve considerar esses números como um dado isolado; é provável que a consciência de um aumento da loucura não estivesse ligada à intensidade dos meios de internamento, mas que dependesse antes do número de loucos que não estavam encerrados e que um misto de solicitude e negligência deixava circular livremente: a descoberta dos vapores, dos males de nervos, a importância adquirida pelas afecções histéricas e hipocondríacas fizeram mais por esse medo do que o próprio internamento. Mas aquilo que talvez tenha dado seu estilo tão particular à curva de evolução do internamento dos loucos foi a intervenção de um fato novo que explica a relativa estagnação dos números quando comparados com a rápida ascensão do medo que lhes é contemporâneo. O que influiu sobre esses números, e que diminuiu, guardadas as devidas proporções, o número dos loucos encerrados nos antigos asilos, foi a abertura, nos meados do século XVIII, de toda uma série de casas destinadas a receber exclusivamente os insensatos.

Fenômeno quase tão repentino quanto o do grande Internamento do século XVII mas que, ainda mais que este, passou despercebido. No entanto, sua significação é essencial. Já em 1695 havia sido aberto em Aix um hospital para os insensatos, com a condição de que fossem violentos e perigosos, o que indicava bem o caráter puramente repressivo, ainda, dessa instituição[9]. Mas no século XVIII o internamento em casas reservadas estritamente aos loucos começa a ser praticado de modo regular. Os irmãos de Picpus mantêm uma casa desse gênero em "Fontaine, município de Lyon", os Observantins em Manosque, as Filhas da Providência em Saumur[10]. Em Paris, abriram-se cerca de vinte casas particulares, quase todas na segunda metade do século; algumas são muito importantes, como a famosa pensão Belhomme, que podia receber 33 pessoas, tanto quanto a casa Bouquelon. A pensão Sainte-Colombe recebe 28 pensionistas, a pensão Laignel 29, e as pensões Douai e du Guerrois aproximadamente vinte[11]. As Petites-Maisons tendem a tornar-se, por excelência, hospitais para loucos; muitas vezes acontece de Bicêtre ou Salpêtrière quererem se livrar de alguns loucos, argumentando que as Petites-Maisons são mais convenientes[12]. Esse é um dado quase inteiramente novo em relação ao século XVII. Muitos loucos, que cinquenta anos antes teriam sido encerrados nas grandes casas de internamento, encontram agora uma terra de asilo que é só deles. Isso pode explicar em parte a razão de seu número ter aumentado numa proporção tão pequena, a considerar apenas os estabelecimentos em que já se encontravam no século XVII. Contudo, mais do que por suas incidências quantitativas, o fenômeno é importante pelo que comporta de novas significações.

É que, com efeito, é possível observá-lo através de toda a Europa. De repente, todos se põem novamente a praticar o internamento dos loucos de que se tinha notícia ainda na Renascença. Em 1728, por exemplo, o antigo Dollhaus de Frankfurt é reformado[13]. Por outro lado, inúmeras casas particulares surgem na Alemanha; perto de Bremem, em Rockwinckel, abre-se uma pensão em 1764, mantida por um holandês. Depois é a fundação, em 1784, da Irrenhaus de Brieg, em Schleswig, que pode abrigar cinquenta alienados. Em 1791 será a Irrenanstalt de Saint-Georges, em Bayreuth. Nos lugares onde não se constroem edifícios isolados para os loucos, faz-se um lugar à parte para eles nos hospitais existentes; em Würzburg, o príncipe-bispo de Schönborn decreta, em maio de 1743, que os indivíduos *delirantes et simul furiosi* serão internados numa construção especial do hospital Julius, enquanto os *placidi delirantes et non furiosi* permanecerão nas casas de internamento dos distritos[14]. Em Viena, abre-se uma casa de loucos das mais importantes da Europa: pode abrigar 129 pessoas[15]. Na Inglaterra, surgem sucessivamente o Manchester e o Liverpool Lunatic Hospital, enquanto é aberto o pavilhão dos lunáticos no Guy's Hospital[16]. Em 1777 surge o famoso hospital de York, contra o qual Tuke e seus quacres entrarão em luta, não por representar ele o resíduo de um passado que se queria esquecer, mas na medida em que, pelo contrário, sendo de criação bem recente, ele manifestava, melhor que qualquer outra coisa, uma certa consciência que se tinha da loucura e da condição que lhe era atribuída. Mas de todas essas criações, a mais importante é evidentemente o St. Luke Hospital. Tinha-se começado a reconstruí-lo em 1782, e estava previsto para 220 pessoas. Quando Tenon o visitou, cinco anos depois, ainda não estava acabado; abrigava 130 alienados: "para ser ali admitido, é necessário ser pobre, maníaco, que a doença não date de mais de um ano, que não tenha sido tratado em outro hospital de loucos. Não se admite nem o imbecil, nem o doente atingido por doença convulsiva, nem os atacados por doenças venéreas, nem os senis, nem mulheres grávidas, nem os com varíola". Se se declara uma dessas doenças, o indivíduo é logo mandado embora[17].

É-se tentado a aproximar essas novas criações de todo o conjunto das teorias reformadoras que conduzirão, através de Tuke, Pinel e Reil, à constituição dos grandes asilos do século XIX. De fato, uma razão muito simples de cronologia impede que se inscreva essas criações do século XVIII no movimento de reforma. Os principais textos que exigem para os loucos um estatuto médico ou, pelo menos, um melhor tratamento, precedem de muito pouco a Revolução: a instrução de Doublet e de Colombier data de 1785, apenas. Tenon redige, em 1787, seu projeto de um hospital para os doentes do espírito. O resvalar para as instituições precedeu amplamente todo o esforço teórico para considerar os loucos internados como doentes que deviam ser tratados. Aliás, os novos hospitais que estão sendo abertos não são muito diferentes, em sua estrutura, daqueles que os tinham precedido de um século. As condições jurídicas do internamento não mudaram; e embora sejam especialmente destinados aos insensatos, os hospitais novos não dão um lugar melhor à medicina. St. Luke não é "um progresso" em relação a Bethleem; a duração do "tratamento" é fixada pelos estatutos em um ano; se ao fim desse prazo nenhum resultado satisfatório for obtido, os pacientes são mandados embora. E o próprio tratamento a ser dispensado permanece dos mais vagos: "Trata-se segundo as indicações que se apresentam e que parecem as mais favoráveis. Restabelecem-se as evacuações suprimidas, mantém-se cuidadosamente o ventre livre. Quando doentes, os alienados são conduzidos à enfermaria."[18] As outras casas que acabamos de citar não são mais médicas do que St. Luke[19]; em particular, nenhuma das vinte pensões privadas que existem em Paris admite a presença ou sequer as visitas de um médico.

Portanto, o essencial do movimento que se desenvolve na segunda metade do século XVIII não é a reforma das instituições ou a renovação de seu espírito, mas esse resvalar espontâneo que determina e isola asilos especialmente destinados aos loucos. A loucura não rompeu o círculo do internamento, mas se desloca e começa a tomar suas distâncias. Dir-se-ia uma nova exclusão no interior da antiga, como se tivesse sido necessário esse novo exílio para que a loucura enfim encontrasse sua morada e pudesse ficar em pé sozinha. A loucura encontrou uma pátria que lhe é própria: deslocação pouco perceptível, tanto o novo internamento permanece fiel ao estilo do antigo, mas que indica que alguma coisa de essencial está acontecendo, algo que isola a loucura e começa a torná-la autônoma em relação ao desatino com o qual ela estava confusamente misturada.

Qual é a natureza dessa morada que é outra e no entanto é sempre a mesma? Como pôde a loucura ser assim deslocada a ponto de ver-se agora numa situação perigosa entre o *meio* do desatino homogêneo e esse novo *lugar* onde ela se tornou equivalente a si mesma? Certamente esse movimento não é estranho à renovação do medo que lhe é contemporânea. Mas seria bem arbitrário querer determinar aí o que é causa e o que é efeito. É porque se começa a ter medo dos loucos que estes são deslocados, que se toma todo o cuidado possível em isolá-los? Será, pelo contrário, pelo fato de assumirem uma figura independente, por ocuparem um lugar autônomo, que são temidos? Em outras palavras, será a ressurreição das velhas fobias conservadas, apesar do internamento, na memória do Ocidente, que autoriza o reaparecimento dos *Narrtürmer* e como que uma nova saída da *Nau dos Loucos*? Ou estaremos autorizados a ver aí o nascimento de novas estruturas, bem como a silhueta dos grandes asilos do século XIX?

Colocando-o assim em termos de causalidade, sem dúvida corre-se o risco de falsear o problema. O que lentamente desloca a loucura ao longo do século XVIII não é exatamente nem aquilo que permanece nem aquilo que está por vir, mas tanto uma como a outra coisa, numa experiência que se constitui num passado e projeta seu futuro. O que interessa, para compreender estas relações temporais e reduzir seus prestígios, é saber como, nessa época, a loucura era percebida, anteriormente a toda tomada de consciência, toda formulação do saber. O medo diante da loucura, o isolamento para o qual ela é arrastada, designam, ambos, uma região bem obscura onde a loucura é primitivamente sentida – reconhecida antes de ser conhecida – e onde se trama aquilo que pode haver de histórico em sua verdade móvel.

■ ■

Sob a coação do internamento, o desatino, no século XVIII, não deixa de simplificar-se, de perder seus signos particulares numa monotonia indecisa. Aos poucos, as máscaras singulares sob as quais se praticava o internamento tornam-se mais dificilmente discerníveis e se confundem na apreensão global da "libertinagem".

Internam-se como "libertinos" todos aqueles que não se consegue rotular como loucos. Será somente a obra de Sade, ao final do século, e no momento em que se desfaz o mundo do internamento, que conseguirá deslindar essa confusa unidade: a partir de uma libertinagem reduzida ao denominador da aparência sexual mais flagrante, ela reatará com todos os poderes da desrazão, reencontrará a profundidade das profanações, deixará que subam por ela todas essas vozes do mundo no qual se abole a natureza. Mas essa mesma obra, no discurso que ela persegue indefinidamente, não é a manifestação dessa essencial uniformidade na qual o desatino, ao final do século XVIII, vem à tona? Uniformidade das variações sexuais, cujo incessante recomeçar deve ser admitido como numa prece sempre renovada e que servem de invocação para o desatino distante.

Enquanto a desrazão se absorve assim no indiferenciado, não conservando mais que um obscuro poder de encantamento – ponto reluzente e nunca determinável –, a loucura, pelo contrário, tende a especificar-se na própria medida em que a desrazão se retira e se desfaz no contínuo. Ela se torna cada vez mais um simples poder de fascinação; a loucura, pelo contrário, se instala como objeto de percepção.

A 15 de julho de 1721, quando os comissários do parlamento visitam Saint-Lazare, indicam-lhes a presença de 23 "alienados", quatro "fracos de espírito", um "violento" e um "furioso", sem contar os indicados como "correcionários". Doze anos mais tarde, quando de uma visita semelhante, em julho de 1733, o número dos loucos não aumentou de maneira notável, mas o mundo da loucura proliferou de modo estranho. Deixemos de lado menções como "libertinagem", "má conduta", "sem religião", "não quer ir à missa": essas são figuras cada vez mais confusas do desatino. Apegando-se apenas às formas da loucura reconhecidas como tais, apontam-se doze "insensatos", seis "fracos de espírito", dois "alienados", dois "imbecis", um "homem com mente infantil", dois "furiosos". Fala-se também em "desregramento" (cinco casos), "desarranjo" (um caso); assinala-se enfim um pensionista que tem "sentimentos extraordinários". Doze anos foram o bastante para que as três ou quatro categorias entre as quais se distribuía comodamente os insensatos (alienação, fraqueza de espírito, violência ou furor) se revelassem insuficientes para cobrir o domínio da loucura: as formas se multiplicam, os rostos se desdobram, distinguem-se os imbecis, os fracos de espírito, os velhos com mente de criança; não se faz mais confusão entre desarranjo, desregramento e sentimentos extraordinários. Permite-se mesmo que surja entre alienados e insensatos uma diferença que, para nós, permanece um enigma.

A sensibilidade à loucura, outrora uniforme, abriu-se de repente, liberando uma nova atenção para tudo o que até então havia deslizado para a monotonia do insensato. Os loucos não são mais aqueles cuja diferença em relação aos outros é percebida de imediato; são diferentes de um para outro, escondendo mal, sob o manto de desatino que os envolve, o segredo de paradoxais espécies. Em todo caso, a intrusão da diferença na igualdade da loucura é significativa; a razão deixa assim de situar-se em relação ao desatino numa exterioridade que permite apenas denunciá--lo; ela começa a introduzir-se neste sob essa forma reduzida ao extremo e, no entanto, decisiva, que é a não semelhança, espécie de separação inicial em relação à identidade. Apreendido numa percepção imediata, o desatino constituía, para a razão, uma diferença absoluta, mas diferença nivelada em si mesma por uma identidade indefinidamente recomeçada. Mas eis que agora os múltiplos rostos da diferença começam a aparecer, formando um domínio onde a razão pode encontrar-se, já quase reconhecer-se. Dia virá em que, nessas diferenças classificadas e objetivamente analisadas, a razão poderá apropriar-se do domínio mais visível do desatino; durante muito tempo a razão médica não dominará a loucura a não ser na análise abstrata dessas diferenças[20].

Essa evolução é perfeitamente mensurável, particularmente porque é possível atribuir-lhe com exatidão um momento preciso: três ou quatro categorias são isoladas nos registros de Saint-Lazare em 1721, quatorze em 1728, dezesseis em 1733. Ora, é em 1733 que Boissier de Sauvages publica suas *Nouvelles classes*, multiplicando o velho mundo das doenças do espírito e acrescentando às quatro ou cinco espécies normalmente definidas à época de Willis ou de Boerhaave a longa série de todas as "vesânias". Tal encontro certamente não se deve ao acaso, e no entanto, entre as especificações que Sauvages propõe e as categorias que são indicadas nos registros de Charenton ou de Saint-Lazare, não existe praticamente nenhum ponto em comum. Com exceção de alguns termos como "demência" ou "imbecilidade", nenhuma das novas categorias do internamento abrange, ainda que de modo aproximado, as que são descritas nas nosologias do século XVIII. Os dois fenômenos parecem simultâneos, mas de natureza e provavelmente de significação diferentes: era como se a análise nosológica, seguindo um fio conceitual ou um encadeamento causal, só tivesse falado da e para a razão e não tivesse determinado de modo algum aquilo que a loucura pode dizer de si mesma uma vez situada no espaço do internamento.

Na origem, essas formulações são extremamente simples. Já vimos três ou quatro categorias, o domínio indistinto da alienação e as figuras mais precisas do furor e da imbecilidade; o resto é caracterizado apenas pelos indícios de um pitoresco moral ou pelo absurdo dos erros proferidos[21]. Quanto às categorias do furor e da imbecilidade, parece que, depois de terem estado perdidas durante muito tempo nessas características individuais, elas aos poucos assumem um valor geral, formando dois polos entre os quais tende a dividir-se todo o domínio da alienação. Em 1704, por exemplo, pode-se ler nos registros de Charenton uma menção como a seguinte, a respeito de um certo Claude Barbin: "Ele me pareceu mais extravagante do que no ano passado...; entretanto, parece que seu espírito ainda balança entre o furor e a imbecilidade."[22] Do lado do furor, há todas as violências exercidas sobre os outros, todas as ameaças de morte, essa raiva que chega ao ponto de voltar-se contra a própria pessoa: a respeito de uma mulher, uma certa Gohart, d'Argenson observa: "Sua loucura... frequentemente chega ao furor e... aparentemente a levará a desfazer-se de seu marido ou a matar a si mesma na primeira ocasião."[23] Também a imbecilidade comporta perigos mortais, mas sob outra forma: o imbecil não pode assegurar sua existência nem responder por ela: entrega-se passivamente à morte – que não é mais violência, porém pura e simples incapacidade de subsistir por si só (a recusa em alimentar-se é considerada como o indício mais manifesto da imbecilidade). A loucura se situa e oscila entre esses dois pontos em que culmina. A única classificação que existe é em relação a essa dupla urgência. Acima de tudo, o internamento distingue na loucura os perigos de morte que ela comporta: é a morte que faz a divisão, e não a razão, nem a natureza. Todo o resto é ainda, apenas, o grande formigamento individual das faltas e dos defeitos. É esse o primeiro esforço para uma organização do mundo dos asilos para a loucura, e seu prestígio permanecerá bem grande até o fim do século XVIII, a ponto de Tenon admiti-lo ainda como inteiramente válido, na medida em que dita os imperativos da coerção: "Os loucos distinguem-se em imbecis e furiosos; uns e outros exigem uma vigilância contínua."[24]

Mas a partir dessa organização rudimentar na qual apenas o perigo de morte consegue conjurar o pitoresco individual, novas coerências irão lentamente constituir-se, permitindo aos poucos aquilo que se poderia chamar de *percepção asilar* da loucura. Aparecem novas qualidades que não mais indicam apenas os perigos, nem se alinham pela morte. Evidentemente, é muito difícil seguir em seus desvios o conjunto desse trabalho, só marcado pelas notícias, sempre muito breves, dos registros de internamento. Mas até nos textos parece que a loucura começa a falar uma linguagem que não se refere mais à morte e à vida, mas a si mesma e àquilo que pode comportar de senso e de não senso. É sem dúvida nessa direção que se pode compreender a distinção, tão frequente no século XVIII e para nós tão obscura, entre insensatos e alienados. Até o começo do século, os dois conceitos representam, um em relação ao outro, papel simétrico e inverso: ora os "insensatos" designam os delirantes no grupo geral dos loucos ou alienados, ora os alienados designam aqueles que perderam toda forma e todo vestígio de razão entre os insensatos que, de um modo geral e menos preciso, têm a "cabeça desarranjada" e o "espírito perturbado". Mas aos poucos, no decorrer do século XVIII, opera-se uma divisão com um sentido diferente. O alienado perdeu inteiramente a verdade: é entregue à ilusão de todos os sentidos, à noite do mundo; cada uma de suas verdades é erro, cada uma de suas evidências é fantasma. É prisioneiro das forças mais cegas da loucura: "Ora cai numa espécie de demência desprovida de toda razão e de todo sentimento de humanidade, ora é agitado por uma paixão violenta que o atormenta e entra num frenesi que só faz com que respire sangue, morte, carnificina, e nesses momentos de perturbação e agitação, não reconhecendo ninguém, não reconhecendo a si mesmo, deve-se temer por tudo"[25]. O alienado atravessou todos os limites da acessibilidade; tudo, em seu mundo, tornou-se estranho aos outros e a si mesmo. No universo do insensato, pelo contrário, é possível reconhecer-se: ali, a loucura é sempre determinável. Ora ela encontra lugar na percepção ou, pelo menos, naquilo que pode existir de juízo e de crença numa percepção – "é um *insensato* que imaginava que o Pai Eterno tinha aparecido à sua frente e lhe havia dado o poder de pregar a penitência e de reformar o mundo"[26]–, ora se situa na apreensão intelectual da verdade, na maneira pela qual é reconhecida, deduzida ou pela qual se adere a ela: "Está sempre obstinado com a astrologia judiciária e com essas impiedades misteriosas com as quais construiu um sistema de médicos."[27] O insensato não é como o alienado, que faz prevalecer as forças vivas da loucura; ele deixa o desatino circular mais ou menos secretamente sob as espécies da razão; é a respeito do mesmo sujeito que os religiosos de Charenton fazem esta observação: "Aquilo que ele antes pensava, por um princípio de libertinagem ou por uma prevenção criminosa, ele agora acredita, mais por extravagância do que pela razão. Acredita que os espíritos infernais o obsedam." O insensato não é inteiramente estranho ao mundo da razão: representa antes a razão pervertida, eternamente desviada em cada movimento do espírito. Nele se realiza incessantemente a perigosa troca entre a razão e o desatino, enquanto a alienação designa antes o momento da ruptura. O alienado está inteiramente do lado do não senso; o insensato, na intervenção do senso.

Sem dúvida, diferenças como essas permaneceram muito vagas mesmo para aqueles que as utilizavam, e nada prova que foram seguidas rigorosamente. No entanto, os princípios organizadores – vida e morte, senso e não senso – voltam com muita constância para que essas categorias se mantenham durante quase todo o século XVIII, agrupando-se ao redor dos temas maiores das noções derivadas. O "irado", por exemplo, designará uma mistura entre furor e alienação – uma espécie de embriaguez do não senso nas formas últimas da violência; Louis Guillaume de la Formassie é internado inicialmente em Bicêtre porque só pode "abusar de sua liberdade". Mas logo o furor se mostra mais violento e cai num não senso total: tornou-se um "irado"; "só reconhece uma velha que lhe leva de comer da parte de sua família, e todos os criados da casa se exporiam à morte sob seus golpes se se aproximassem dele"[28]. O "obstinado", pelo contrário, põe aquilo que pode ter de furor e violência a serviço de uma ideia insensata. Um certo Roland Genny foi posto na Bastilha e depois em Bicêtre por "visões que são da mesma espécie daquelas dos iluminados e dos fanáticos…; a simples visão de um eclesiástico o coloca num estado de furor"[29]. Quanto ao "espírito desordenado", este participaria antes da alienação e da imbecilidade, manifestando, na suavidade e na incapacidade, a desordem de seus pensamentos; num dos livros de entrada de Bicêtre, falava-se de um mestre-escola que, "tendo se casado com uma mulher de má vida, caiu em tamanha miséria que seu espírito se desordenou inteiramente"[30].

Noções como essas podem parecer bem precárias quando confrontadas com as classificações teóricas. Mas sua consistência pode ser provada, pelo menos de modo negativo, pelo fato de terem resistido durante tanto tempo à penetração da influência médica. Enquanto a percepção asilar se enriquece, a medicina permanece estranha a ela ou intervém apenas de maneira incidental e quase marginal. Mal se encontram algumas anotações médicas, que resultam ainda da ordem do pitoresco, como esta por exemplo, a respeito de um insensato que se acreditava possuído pelos espíritos: "A leitura dos livros que tratam da ciência cabalística deu início à sua enfermidade, e a intempérie de sua constituição ardorosa e melancólica aumentou-a ainda mais." E pouco depois: "Sua loucura declara-se, cada vez mais frequentemente, acompanhada por uma melancolia negra e um furor perigoso."[31] A classe médica não é uma classe de internamento: no máximo pode representar um papel descritivo, ou, mais raramente ainda, um papel de diagnóstico, mas sempre sob uma forma anedótica: "Seus olhos perdidos e sua cabeça involuntariamente inclinada sobre um dos ombros dão a perceber claramente que sua cura é bem incerta."[32]

Portanto, pode-se reconstituir apenas de modo muito parcial as informações que podemos colher, todo um labor obscuro que foi paralelo ao trabalho da classificação teórica mas que de modo algum lhe pertence. Essa simultaneidade prova a penetração da razão nesse domínio da loucura que ela no entanto havia conjurado com o internamento. Mas de um lado, com a medicina, temos o trabalho do conhecimento que trata as formas da loucura como outras tantas espécies naturais; do outro, um esforço de reconhecimento com o qual de certa forma se deixa a loucura falar, ela mesma, e fazer ouvir vozes que, pela primeira vez na história do Ocidente cristão, não serão nem as da profecia, nem as do transe ou da possessão, nem as da bufonaria; vozes nas quais a loucura não fala nem por outra coisa, nem por outra pessoa, mas por si mesma. No silêncio do internamento, a loucura conquistou estranhamente uma linguagem que é a sua.

E durante muito tempo, aquilo a que tradicionalmente se chama "psiquiatria clássica" – aproximadamente, a que vai de

Pinel a Bleuler – formará conceitos que no fundo são apenas compromissos, incessantes oscilações entre esses dois domínios da experiência que o século XIX não conseguiu unificar: o campo *abstrato* de uma natureza *teórica* na qual é possível isolar os conceitos da teoria médica; e o espaço *concreto* de um internamento *artificialmente* estabelecido, onde a loucura começa a falar por si mesma. Houve como que uma "analítica médica" e uma "percepção asilar" que nunca se adequaram uma à outra, e a mania classificatória dos psiquiatras do século passado indica provavelmente um incômodo sempre renovado diante dessas duas fontes de experiência psiquiátrica e da impossibilidade de conciliá-las. Não é o conflito entre experiência e teoria, entre a familiaridade e o saber abstrato, o bem conhecido e o conhecido; de um modo mais secreto, é um dilaceramento na experiência, que tivemos e talvez tenhamos sempre, da loucura – dilaceramento que separa a loucura considerada por nossa ciência como doença mental daquilo que ela pode entregar de si mesma no espaço em que nossa cultura a alienou. Fiel às ameaças da morte e ao sentido da linguagem, a percepção asilar sem dúvida fez mais do que toda a nosografia do século XVIII para que um dia se viesse a prestar atenção àquilo que a loucura podia dizer de si mesma. Um trabalho mais profundamente médico do que a medicina estava em vias de realização lá mesmo onde a medicina não tinha curso, lá mesmo onde os loucos não eram doentes.

■ ■

Doravante, estamos na posse do fio da meada. A partir do momento em que vemos, do fundo do século XVIII, os loucos como que dividindo-se entre si mesmos e ocupando um lugar que lhes pertence de fato, compreendemos como se tornaram possíveis o asilo do século XIX, a psiquiatria positiva, a loucura afirmada enfim em seus direitos. Tudo está em seu lugar, de um século a outro: primeiro o internamento, do qual procedem os primeiros asilos de loucos; daí nasce essa curiosidade – logo transformada em piedade, depois em humanitarismo e solicitude social – que permitirá a existência de Pinel e Tuke, os quais por sua vez provocarão o grande movimento de reforma – inquéritos dos comissários, constituição dos grandes hospitais, os quais finalmente dão início à época de Esquirol e à felicidade de uma ciência médica da loucura. A linha é reta, o progresso é cômodo. O Charenton da irmandade de São João de Deus permite prever o Charenton de Esquirol, e a Salpêtrière, sem dúvida, tinha apenas um destino, o que Charcot lhe atribuiu. Mas basta um pouco de atenção para que esse fio se rompa. E em mais de um lugar. Estamos seguros de qual seja o significado desse movimento que, bem cedo, desde a própria origem, tende a isolar os loucos? Sem dúvida, no silêncio e na imobilidade do internamento esse esboço de movimento, essa percepção inicial já não é o indício de que "nos aproximamos"? Não apenas de que nos aproximamos de um saber mais positivo, mas de que nasce uma sensibilidade mais inquieta e mais próxima mesmo da loucura, como uma fidelidade nova a seus contornos? Deixa-se falar o que há de alienado no homem, põe-se a dar ouvidos a tantos balbucios; ouve-se crescer nessa desordem aquilo que será a prefiguração de uma ordem; a indiferença abre-se para a diferença: não é justamente a loucura que está entrando para a familiaridade da linguagem, já quase se oferecendo num sistema de troca? Não é o homem que, por um movimento que não tardará a comprometer toda a estrutura da alienação, já começa a se reconhecer nela? Esse é um fato que simplificaria a história e que agradaria à nossa sensibilidade. Mas o que queremos saber não é o valor que para nós assumiu a loucura, é o movimento pelo qual ela tomou assento na percepção do século XVIII: a série das rupturas, das descontinuidades, das fragmentações pelas quais ela se tornou aquilo que é para nós no esquecimento opaco daquilo que ela foi. Observando as coisas com um pouco de atenção, a evidência aí está: se o século XVIII aos poucos abriu lugar para a loucura, se distinguiu certas figuras dela, não foi aproximando-se dela que o fez, mas, pelo contrário, afastando-se dela: foi necessário instaurar uma nova dimensão, delimitar um novo espaço e como que uma outra solidão para que, em meio desse segundo silêncio, a loucura pudesse enfim falar. Se ela encontra seu lugar, isso acontece na medida em que é afastada; deve seus rostos, suas diferenças, não a uma atenção que se aproxima, mas a uma indiferença que a isola. De modo que o máximo de distância será conseguido às vésperas do dia em que ela surgirá como "libertada" e transformada em "humana", às vésperas mesmo do dia em que Pinel reformará a Bicêtre[33]. Resta agora demonstrá-lo.

O resultado, não há dúvida, é exatamente aquele que se sabe: não há um psiquiatra, um historiador que não ceda, no começo do século XIX, ao mesmo movimento de indignação; em todos os lados o mesmo escândalo, a mesma virtuosa reprovação: "Ninguém sentiu vergonha por colocar os alienados em prisões." Esquirol enumera o forte de Hâ, em Bordeaux, as casas de força de Toulouse e Rennes, as "Bicêtres" encontradas em Poitiers, Caen, Amiens, o "Castelo" de Angers; "de resto, há poucas prisões nas quais não se consegue encontrar alienados furiosos; esses infelizes são acorrentados em celas ao lado de criminosos. Que monstruosa associação! Os alienados tranquilos são mais maltratados do que os malfeitores"[34].

Todo o século faz eco a essas acusações; na Inglaterra, são os Tuke, transformados em historiadores e apólogos da obra ancestral[35]; na Alemanha, após Wagnitz, é Reil que chora por esses infelizes, "jogados, como criminosos de Estado, em subterrâneos, em celas onde o olhar da humanidade nunca penetra"[36]. A era positivista, durante mais de meio século, foi testemunha incansável dessa ruidosa pretensão de ter sido a primeira a libertar o louco de uma confusão lamentável com os condenados, de ter separado a inocência do desatino, da culpabilidade dos criminosos.

Ora, é fácil demonstrar que essa pretensão é vã. Há anos que os mesmos protestos se fazem ouvir. Antes de Reil, houve Franck: "Os que visitaram os asilos de alienados na Alemanha lembram-se com espanto do que lá viram. Fica-se assombrado ao se entrar nesses asilos da desgraça e da aflição; lá só se ouvem os gritos do desespero, e é aí que mora o homem que se distingue por seus talentos e suas virtudes."[37] Antes de Esquirol, antes de Pinel, houve La Rochefoucauld, houve Tenon, e antes destes um incessante murmúrio ao longo do século XVIII, feito de protestos insistentes, recomendados ano após ano, e por aqueles mesmos que se poderiam considerar como os mais indiferentes, os mais interessados talvez em que semelhante confusão continuasse como estava. Vinte e cinco anos antes das exclamações de Pinel, é necessário lembrar Malesherbes visitando "as prisões do Estado com o projeto de pôr abaixo suas portas. Os prisioneiros cujo espírito constatou que estava alienado… foram enviados para casas onde a sociedade, o exercício e as atenções que ele havia cuidadosamente prescrito deviam, como dizia, curá-los?"[38] Mais distante ainda nesse século, e com uma voz mais abafada, há todos esses diretores, esses ecônomos, esses fiscais, que de geração em geração sempre pediram, e às vezes obtiveram, a mesma coisa: a separação entre os loucos e os correcionários. Houve esse prior da Caridade de Senlis que implorava ao tenente de polícia que afastasse vários prisioneiros e os encerrasse em alguma fortaleza[39]. Houve esse oficial da casa de força de Brunswick que pede – e é apenas 1713 – que não misturem os loucos com os internos que trabalham nas oficinas[40]. Aquilo que o século XIX formulou com repercussão, com todos os recursos patéticos, o século XVIII já não havia dito e repetido incansavelmente em voz baixa? Não teriam Esquirol, Reil e os Tuke apenas retomado, num tom mais alto, aquilo que era havia anos um dos lugares-comuns da prática dos asilos? A lenta emigração dos loucos de que falamos, de 1720 até a Revolução, é apenas, provavelmente, o efeito mais visível de tudo isso.

No entanto, ouçamos o que é dito nesse meio-silêncio. O prior de Senlis, quando pede que se afastem os loucos dos correcionários, que argumentos utiliza? "Ele é digno de piedade, bem como dois ou três outros que ficariam melhor em alguma cidadela, por causa da companhia de seis outros que são loucos, e que os atormentam dia e noite." E o sentido dessa frase será bem entendido pelo tenente de polícia, já que os internos em questão serão postos em liberdade. Quanto às reclamações do fiscal de Brunswick, têm o mesmo sentido: a oficina é perturbada pelos gritos e desordens dos insensatos; seus furores são um constante perigo, e mais vale enviá-los para lugares onde sejam mantidos amarrados. E já se pode pressentir que de um século para outro os mesmos protestos não tinham no fundo o mesmo valor. No começo do século XIX, fica-se indignado pelo fato de não serem os loucos melhor tratados do que os condenados de direito comum ou os prisioneiros do Estado. Ao longo do século XVIII, afirma-se que os internos mereciam melhor sorte do que aquela que os confunde com os insensatos. Para Esquirol, o escândalo se deve ao fato de os condenados serem apenas condenados; para o prior de Senlis, ao fato de que, no fundo, os loucos são apenas loucos.

Diferença que talvez não tenha muito peso, e que facilmente se poderia adivinhar. No entanto, era necessário valorizá-la para compreender como se transformou, ao longo do século XVIII, a consciência da loucura. Ela não evoluiu no quadro de um movimento humanitário que aos poucos a teria aproximado da realidade humana do louco, de seu rosto mais próximo de nós e mais merecedor de piedade; tampouco evoluiu sob a pressão de uma necessidade científica que a teria tornado mais atenta, mais fiel àquilo que a loucura pode ter a dizer de si mesma. Se mudou lentamente, foi no interior desse espaço real e ao mesmo tempo artificial do internamento; foram deslizamentos imperceptíveis em suas estruturas ou, por momentos, de crises violentas, que aos poucos formaram a consciência da loucura que será contemporânea da Revolução. Nenhum progresso médico, nenhuma abordagem humanitária é responsável pelo fato de os loucos serem progressivamente isolados, de a monotonia do insensato ser dividida em espécies rudimentares. É do fundo mesmo do internamento que nasce o fenômeno; é a ele que se deve pedir contas a respeito do que seja essa nova consciência da loucura.

Consciência política, bem mais do que filantrópica. Pois se se percebe, no século XVIII, que entre os internos, os libertinos, os devassos e as crianças pródigas existem homens cuja desordem é de outra natureza e cuja inquietação é irredutível, é justamente a esses internos que se deve tal consciência. São eles os primeiros que protestam, e com mais violência. Ministros, tenentes de polícia, magistrados são assaltados pelas mesmas queixas, incansavelmente repetidas, intermináveis: um escreve a Maurepas e indigna-se por ser "confundido com loucos entre os quais há furiosos, de modo que a todo instante corro o risco de receber perigosos insultos"[41]. Um outro – o abade de Montcrif – refaz a mesma queixa ao tenente Berryer: "Há quinze meses que sou confundido, no mais horrível antro, com quinze ou vinte loucos furiosos, misturado com epiléticos."[42] À medida que se avança pelo século, esses protestos contra o internamento tornam-se mais fortes: a loucura se transforma, cada vez mais, na obsessão dos internos, na própria imagem de sua humilhação, de sua razão vencida e reduzida ao silêncio. Dia virá em que Mirabeau reconhecerá na promiscuidade vergonhosa da loucura ao mesmo tempo um instrumento sutil de embrutecimento contra os que se pretende reduzir e a própria imagem do despotismo, bestialidade triunfante. O louco não é a primeira e a mais inocente vítima do internamento, porém o mais obscuro e o mais visível, o mais insistente dos símbolos do poder que interna. A surda obstinação dos poderes está presente no meio dos internos nessa ruidosa presença do desatino. A luta contra as forças estabelecidas, contra a família, contra a Igreja, volta no próprio âmago do internamento, nas saturnais da razão. E a loucura representa tão bem esses poderes que punem, que desempenha efetivamente o papel da punição suplementar, essa adição de suplício que mantém a ordem no castigo uniforme das casas de força. La Rochefoucauld-Liancourt testemunha isso em seu relatório ao Comitê de Mendicância: "Uma das punições infligidas aos epiléticos e aos outros enfermos das salas, mesmo aos pobres bons, é pô-los entre os loucos."[43] O escândalo reside apenas no fato de serem os loucos a verdade brutal do internamento, o instrumento passivo do que nele existe de pior. Não se deve ver o signo disso no fato – também este, lugar-comum de toda a literatura do internamento no século XVIII – de que a estada numa casa de força leva necessariamente à loucura? À força de viver nesse mundo delirante, em meio ao triunfo da desrazão, como deixar de transformar-se, pela fatalidade dos lugares e das coisas, num desses que são o símbolo vivo desse desatino? "Noto que a maioria dos insensatos encerrados nas casas de força e nas prisões do Estado tornaram-se tais, uns pelos excessos dos maus tratamentos, outros pelo horror da solidão onde a cada instante encontram os sortilégios de uma imaginação aguçada pela dor."[44]

A presença de loucos entre os prisioneiros não é o limite escandaloso do internamento, mas sua verdade; não o abuso, porém a essência. A polêmica que o século XVIII mantém com o internamento diz respeito à mistura feita entre loucos e pessoas que raciocinam, mas não incide sobre o relacionamento fundamental que se admite entre os loucos e o internamento. Seja qual for a atitude adotada, pelo menos isso não está em jogo. Mirabeau, o amigo dos homens, é tão severo em relação ao internamento quanto em relação aos próprios internos; para ele, nenhum dos que estão encerrados "nas célebres prisões do Estado" é inocente; mas o lugar deles não é nessas casas dispendiosas, onde levam uma vida inútil; por que prender "as mulheres de vida alegre que, levadas para as manufaturas do interior, poderiam tornar-se mulheres trabalhadoras"? Ou ainda "celerados que só aguardam a liberdade de se fazer enforcar. Por que essas pessoas, amarradas a correntes ambulantes, não são utilizadas naqueles trabalhos que poderiam ser malsãos para operários voluntários? Serviriam de exemplo..." Uma vez retirada toda essa população, o que sobraria nas casas de internamento? Os que não podem ser colocados em nenhum outro lugar, e que pertencem ao internamento de pleno direito: "Alguns prisioneiros de Estado cujos crimes não devem ser revelados", aos quais convém acrescentar "velhos que, tendo consumido na devassidão e na dissipação todo o fruto do trabalho de suas vidas, e tendo sempre tido a ambiciosa perspectiva de morrer no hospital, nele chegam tranquilamente"; enfim, os insensatos que devem ir parar em algum lugar: "Esses podem vegetar em qualquer lugar."[45] Mirabeau filho conduz sua demonstração em sentido inverso: "Desafio formalmente seja quem for a provar que os prisioneiros de Estado, celerados, libertinos, loucos, velhos arruinados, sejam, não digo em maior número, mas a terça parte, a quarta parte, a décima parte dos habitantes dos castelos fortes, casas de força e prisões do Estado." Para ele, portanto, o escândalo não é fato de estarem os alienados misturados aos celerados, mas o fato de com eles não constituírem o essencial da população internada; assim, quem é que pode queixar-se de estar misturado com os criminosos? Não aqueles que para sempre perderam a razão, mas os que na juventude passaram por um momento de desgarramento:

Eu poderia perguntar... por que se confundem os celerados com os libertinos... Poderia perguntar por que se deixam jovens com disposições perigosas com homens que rapidamente os levarão ao último grau da corrupção... Enfim, se essa mistura de libertinos e celerados existe, como é fato, por que é que nos tornamos culpados, com essa reunião odiosa, do mais abominável dos crimes, o de levar homens ao crime?

Quanto aos loucos, que outra sorte se lhes poderia desejar? Nem suficientemente razoáveis para deixarem de ser encerrados, nem suficientemente sábios para não serem tratados como celerados, "é verdade que é preciso ocultar à sociedade os que perderam o uso da razão"[46].

Vê-se como funcionou, no século XVIII, a crítica política do internamento. De forma alguma no sentido de uma libertação da loucura; de modo algum se pode dizer que ela permitiu atribuir aos alienados uma atenção mais filantrópica ou mais médica.

Pelo contrário, mais solidamente do que nunca ela uniu a loucura ao internamento, e num duplo elo; um fazia dela o próprio símbolo do poder que encerra e seu representante irrisório e obsedante no interior do mundo do internamento; o outro, que a designava como o objeto por excelência de todas as medidas de internamento. Sujeito e objeto, imagem e fim da repressão, símbolo de sua arbitrariedade cega e justificativa de tudo o que pode haver de razoável e de fundamentado nela. Através de um círculo paradoxal, a loucura aparece finalmente como a única razão de um internamento cujo profundo desatino ela simboliza. Ainda tão próximo desse pensamento do século xviii, Michelet o formulará com um surpreendente rigor; ele reencontra o próprio movimento do pensamento de Mirabeau, a respeito de sua estada em Vincennes na mesma época de Sade: – Em primeiro lugar, o internamento aliena: "A prisão faz loucos. Os encontrados na Bastilha e em Bicêtre estavam embrutecidos." – Segundo momento: o que há de mais irracional, de mais vergonhoso, de mais profundamente imoral nos poderes do século xvii é representado no espaço do internamento e por um louco: "Viram-se os furores da Salpêtrière. Um louco espantoso existia em Vincennes, o venenoso Sade, escrevendo com a esperança de corromper os tempos futuros." – Terceiro momento: era só para esse louco que se deveria reservar o internamento, mas nada disso se fez: "Foi logo ampliado, e Mirabeau foi encerrado."[47]

■ ■

Portanto, cava-se um vazio no meio do internamento, um vazio que isola a loucura, denuncia-a naquilo que ela tem de irredutível, de insuportável para a razão; ela reaparece agora com aquilo que a distingue também de todas essas formas encerradas. A presença dos loucos representa aí o papel de uma injustiça, mas injustiça *para os outros*. Rompeu-se esse grande envolvimento no qual estava aprisionada a confusa unidade do desatino. A loucura se individualiza, gêmea estranha do crime, pelo menos ligada a ele, por uma vizinhança ainda não posta em questão. Nesse internamento esvaziado de seu conteúdo, essas duas figuras subsistem sozinhas; as duas simbolizam o que pode haver de necessário no internamento: são elas que, doravante, se apresentam como as únicas que devem ser internadas. O fato de haver tomado suas distâncias, de ter-se tornado enfim uma forma delimitável no mundo perturbado do desatino, não libertou a loucura; entre ela e o internamento estabeleceu-se uma profunda ligação, um elo quase essencial.

Porém, no mesmo momento, o internamento atravessa outra crise, ainda mais profunda, uma vez que não põe em questão apenas seu papel de repressão, mas sua própria existência. Uma crise que não provém do interior e não se liga a protestos políticos, mas que sobe lentamente de todo um horizonte econômico e social. O internamento sem dúvida não representou o papel simples e eficaz cujas virtudes lhe eram atribuídas na época de Colbert, mas respondia demasiadamente a uma necessidade real para não ser integrado em outras estruturas e não ser utilizado para outros fins.

Antes de mais nada, serviu como ponto de passagem nos deslocamentos demográficos que a povoação das colônias exigiu. Desde o começo do século XVIII, o tenente de polícia dirige ao ministro a lista dos internos em Bicêtre e na Salpêtrière, que são "bons para as Ilhas", e para eles solicita ordens de partida[48]; esse é apenas um meio de livrar o Hospital Geral de toda uma população incômoda porém ativa, que não seria possível manter indefinidamente presa. É em 1747, com a fundação da Companhia do Ocidente, que a exploração da América se integra de fato na economia francesa. Recorre-se a uma população internada: começam então as famosas partidas de Rouen e La Rochelle – carroças para as jovens e correntes para os rapazes. As primeiras violências de 1720 não se renovaram[49], mas conservou-se o hábito dessas deportações, acrescentando à mitologia do internamento um novo terror. Começa-se a internar para depois "mandar para as Ilhas"; trata-se de coagir toda uma população móvel a expatriar-se, a ir explorar os territórios coloniais; o internamento transforma-se no entreposto no qual se mantêm em reserva os emigrantes que serão mandados no momento oportuno para a região determinada. A partir dessa época, as medidas de internamento não são uma simples função do mercado da mão de obra na França, mas da colonização da América: o curso dos gêneros, o desenvolvimento das plantações, a rivalidade entre a França e a Inglaterra, as guerras marítimas que perturbam simultaneamente o comércio e a emigração. Haverá períodos de acumulação, como durante a Guerra dos Sete Anos; haverá, pelo contrário, fases durante as quais a demanda será muito ativa, com a população interna sendo facilmente liquidada ao ser enviada para a América[50].

Por outro lado, produziu-se, a partir da segunda metade do século, uma importante modificação nas estruturas agrícolas: o progressivo desaparecimento, na França como na Inglaterra, das terras comunais. A divisão delas, que estava autorizada, torna-se obrigatória na França em 1770. Direta ou indiretamente, são os grandes proprietários que se aproveitam dessas medidas: as pequenas criações são arruinadas. Ali onde os bens comunais foram divididos, sobre o modelo igualitário, entre as famílias ou os lares, constituem-se pequenas propriedades cuja sobrevivência é precária[51]. Em suma, toda uma população rural se vê isolada de sua terra, e obrigada a levar uma vida de operários agrícolas, expostos às crises de produção e ao desemprego; uma dupla pressão é exercida alternativamente sobre os salários, tendendo a fazê-los diminuir de modo contínuo: as más colheitas que abaixam as rendas agrícolas, e as boas colheitas que abaixam o preço de venda. Esboça-se uma recessão, que aumentará durante os vinte anos que precedem a Revolução[52]. A indigência e o desemprego, que a partir da metade do século XVIII eram fenômenos urbanos e que no campo tinham apenas um caráter sazonal, irão tornar-se problemas rurais. As *workhouses*, os hospitais gerais tinham nascido, na maioria, em regiões onde as manufaturas e o comércio se haviam desenvolvido mais rapidamente, e estavam situados onde a população era mais densa. Será necessário, agora, criá-los nas regiões agrícolas onde impera uma crise quase permanente?

À medida que se avança no século, o internamento se vê ligado a fenômenos cada vez mais complexos. Torna-se cada vez mais urgente, porém sempre mais difícil, sempre mais ineficaz. Três graves crises se sucedem, quase contemporaneamente, na França e na Inglaterra: às duas primeiras se responderá por uma agravação das práticas de internamento. À terceira, não será mais possível opor meios assim tão simples. E é o próprio internamento que se verá posto em questão.

Primeira crise, violenta mas transitória, que ocorreu quando do tratado de Aix-la-Chapelle: evento de superfície, uma vez que na verdade as grandes estruturas não são atingidas e a retomada econômica se inicia imediatamente após a guerra[53]. Mas para os soldados licenciados, para os internos que aguardam a troca dos territórios coloniais ocupados, a concorrência das manufaturas inglesas provoca um movimento de desemprego bem acentuado, de modo que, um pouco por toda parte, temem-se as revoltas ou uma maciça emigração: "As manufaturas a que estávamos tão apegados caem de todos os lados; as de Lyon vieram abaixo: há mais de doze mil operários mendigando em Rouen, outro tanto em Tours etc. Contam-se mais de vinte mil desses operários que abandonaram o reino desde três meses atrás para ir para o exterior, Espanha, Alemanha etc., onde são acolhidos e onde o governo é econômico."[54] Tenta-se deter o movimento, decretando-se a prisão de todos os mendigos: "Foi dada a ordem de prender todos os mendigos do reino; os marechais atuam nesse sentido no interior, enquanto a mesma coisa é feita em Paris, para onde se tem certeza que eles não refluirão, estando cercados por todos os lados."[55] Contudo, mais do que no passado, o internamento se revela impopular e inútil:

Os arqueiros de Paris encarregados dos pobres, e que são chamados de arqueiros de escudela, prenderam pequenos mendigos, e depois, enganando-se pelo aspecto, ou fingindo enganar-se, prenderam filhos de burgueses, o que deu início às primeiras revoltas; houve revoltas a 19 e 20 deste mês, mas a 23 houve conflitos consideráveis. Com todo o povo se aglomerando nos bairros onde se deram essas capturas, quatro a oito desses arqueiros foram mortos.[56]

Enfim, os hospitais regurgitam, sem que problema algum seja realmente resolvido: "Em Paris, todos os mendigos foram soltos após terem sido detidos e após as sublevações que se viram; as ruas e as estradas estão inundadas deles."[57] De fato, é a expansão econômica dos anos seguintes que vai reabsorver o desemprego.

Por volta de 1765, nova crise, mais importante. O comércio francês desmoronou; a exportação diminuiu em mais da metade[58]; em consequência da guerra, o comércio com as colônias é praticamente interrompido. A miséria é geral. Resumindo numa palavra toda a história econômica da França do século XVIII, Arnould escreve: "Lembremos o estado de prosperidade que a França teve desde a queda do Sistema até meados deste século, e comparemo-lo com as feridas profundas feitas na fortuna pública pela guerra de 1755."[59] Na mesma época, a Inglaterra atravessa uma crise igualmente grave; mas a sua tem causas bem diferentes, bem como um diferente aspecto; como consequência das conquistas coloniais, o comércio aumenta em proporções consideráveis[60], mas uma série de más colheitas (1756-1757) e a interrupção das trocas com os países agrícolas da Europa provocam um forte aumento dos gêneros. De um lado e do outro, responde-se à crise com o internamento. Cooper publica, em 1765, um projeto de reforma das instituições de caridade; propõe que se criem, em cada *hundred*, sob a dupla vigilância da nobreza e do clero, casas que teriam uma enfermaria para os doentes pobres, oficinas para os indigentes válidos e centros de correção para os que se recusassem a trabalhar. Inúmeras casas são fundadas no interior a partir desse modelo, inspirado por sua vez na *workhouse* de Carlford. Na França, um édito real de 1764[61] prevê a abertura de depósitos de mendigos, mas a decisão só começará a ser aplicada após uma deliberação do conselho de 21 de setembro de 1767: "Que se preparem e estabeleçam, nas diferentes generalidades do reino, casas suficientemente fechadas para nelas receber pessoas vagabundas... Os que forem detidos nas ditas casas serão alimentados e mantidos às custas de Sua Majestade." No ano seguinte, abrem-se oitenta depósitos de mendigos em toda a França; têm quase a mesma estrutura e o mesmo destino que os hospitais gerais; o regulamento do depósito de Lyon, por exemplo, prevê que ali serão recebidos vagabundos e mendigos condenados ao internamento por decisão do preboste, "as mulheres de má vida detidas pelas tropas", "os particulares mandados por ordem do rei", "os insensatos, pobres e abandonados, bem como aqueles pelos quais se paga pensão"[62]. Mercier dá uma descrição desses depósitos que mostra como eles diferem pouco das velhas casas do Hospital Geral: a mesma miséria, a mesma mistura, a mesma ociosidade.

Prisões de instituição nova, imaginadas para desimpedir as ruas e as estradas dos mendigos a fim de que não se veja a miséria insolente ao lado do fato insolente. Jogam-nos com absoluta falta de humanidade em casas fétidas e tenebrosas onde são entregues a si mesmos. A inatividade, a má alimentação, a aglomeração dos companheiros de miséria não tardam a fazer com que desapareçam uns após os outros.[63]

Na verdade, muitos desses depósitos viveram apenas o tempo da crise.

É que, a partir de 1770 e durante todo o período de recessão que se seguirá, a prática do internamento começou a recuar; à crise que então se abre não se responderá mais com o internamento, mas com medidas que tendem a limitá-lo.

O édito de Turgot sobre o comércio dos grãos tinha provocado uma baixa dos preços de compra, mas uma alta acentuada dos preços de venda, no exato momento em que a divisão dos bens comunais desenvolvia o proletariado agrícola. No entanto, Turgot fecha vários depósitos de mendicância, e, quando Necker chegar ao poder, 47 deles já terão desaparecido. Alguns, como o de Soissons, assumirão o aspecto de um hospital para velhos e doentes[64]. Alguns anos depois, a Inglaterra, em seguida à guerra da América, atravessará uma crise de desemprego bem grave. O Parlamento vota então – em 1782 – um ato *for the better relief and Employment of the Poor*[65]. Trata-se de toda uma reorganização administrativa que tende a despojar as autoridades municipais de seus poderes principais no que concerne à mendicância; doravante, são os magistrados do distrito que designarão os "guardiões" dos pobres em cada paróquia e os diretores das *workhouses*; nomearão um inspetor cujos poderes de controle e de organização são quase absolutos. Mas o que importa, acima de tudo, é que ao lado das *workhouses* serão fundadas *poorhouses*, que na verdade serão destinadas apenas àqueles que se tornaram "indigentes com a idade, por doença ou por enfermidade, e que são incapazes de prover a própria subsistência pelo trabalho". Quanto aos pobres válidos, não serão mandados nem para essas casas nem para as *workhouses*, devendo-se proporcionar-lhes o mais rápido possível um trabalho conveniente às suas forças e capacidade; será necessário ter a certeza de que o trabalho assim feito seja justamente retribuído. Com Turgot, com o *Gilbert's Act*, não estamos no fim do internamento, mas no momento em que ele aparece despojado de seus poderes essenciais. Consumido por ter servido demais, ele bruscamente descobre seus limites. Sabe-se agora que ele não pode resolver uma crise de desemprego, que não é suscetível de agir sobre os preços. Se tem ainda um sentido, é na medida em que diz respeito a uma população indigente, incapaz de prover a suas necessidades. Mas não pode mais figurar, de modo eficaz, nas estruturas econômicas.

Toda a política tradicional da assistência e da repressão do desemprego é posta em questão. Uma reforma torna-se urgente. A miséria, aos poucos, se separa das velhas confusões morais. Viu-se o desemprego assumir, nas crises, um rosto que não podia mais ser confundido com o da preguiça; viu-se a indigência e a ociosidade forçada espalhando-se pelo interior, justamente onde se acreditara reconhecer as formas mais imediatas e mais seguras da vida moral; tudo isso revelou que a miséria não era talvez uma coisa que dependesse apenas da esfera da falta, do erro: "A mendicância é fruto da miséria, a qual é resultado de acidentes ocorridos, seja na produção da terra, seja no produto das manufaturas, seja na alta dos gêneros, num excedente de população etc."[66] A indigência torna-se coisa econômica.

Contudo, não contingente – nem destinada a ser para sempre suprimida. Há uma certa quantidade de miséria que não se conseguirá eliminar – uma espécie de fatalidade da indigência que deve acompanhar até o fim dos tempos todas as formas da sociedade, mesmo lá onde todos os ociosos são empregados: "Num Estado bem governado, os únicos pobres serão aqueles que nascem na indigência ou que nela caem por acidente."[67] Esse fundo de miséria é, de certo modo, inalienável: nascimento ou acidente constituem um aspecto que não se poderia evitar. Durante muito tempo foi impossível conceber um Estado no qual não houvesse pobres, tanto o Estado de necessidade surgia inscrito no destino do homem e na estrutura da sociedade: propriedade, trabalho e indigência são termos que permanecem ligados no pensamento dos filósofos até o século XIX.

Necessário, porque não se pode suprimi-lo, esse lado pobre também é necessário porque torna possível a riqueza. Porque trabalha e pouco consome, a classe dos necessitados permite que uma nação se enriqueça, valorizando seus campos, suas colônias e suas minas, permite a fabricação de produtos que serão postos à venda no mundo todo; em suma, um povo seria pobre mesmo não tendo pobres. A indigência torna-se elemento indispensável ao Estado. Nela se oculta a vida mais secreta, porém a mais real, de uma sociedade. Os pobres formam a base e a glória das nações. E sua miséria, que não se poderia suprimir, deve ser exaltada e homenagens devem ser-lhes prestadas:

Meu objetivo é somente o de atrair uma parte dessa atenção vigilante (a do poder) para a parcela sofredora do Povo...; o auxílio que lhe é devido está na dependência essencial da honra e da prosperidade de um Império, do qual os pobres são por toda parte o mais sólido sustentáculo, pois um soberano não pode conservar e ampliar seu domínio sem favorecer a população, a cultura das Terras, as Artes e o Comércio; e os Pobres são os agentes necessários dessas grandes potências que estabelecem a verdadeira força de um Povo.[68]

Há aí toda uma reabilitação moral do Pobre, que designa, mais profundamente, uma reintegração econômica e social de sua personagem. Na economia mercantilista, não sendo nem produtor nem consumidor, o pobre não tinha lugar: ocioso, vagabundo, desempregado, sua esfera era a do internamento, medida com a qual era exilado e como que abstraído da sociedade. Com a indústria nascente, que tem necessidade de braços, ele faz parte novamente do corpo do país.

Assim, o pensamento econômico elabora sobre novas bases a noção de Pobreza. Houvera antes toda a tradição cristã para a qual o que tinha uma existência real e concreta, uma presença de carne, era o Pobre: rosto sempre individual da necessidade, a passagem simbólica do Deus feito homem. A abstração do internamento havia afastado o Pobre, confundindo-o com outras figuras, envolvendo-o numa consideração ética, mas não havia dissociado seus traços. O século XVIII descobre que "os Pobres" não existem como realidade concreta e última; que neles se confundiu, durante tempo demais, duas realidades de natureza diferente.

De um lado há *a Pobreza*: rarefação dos gêneros alimentícios, situação econômica ligada ao estado do comércio, da agricultura, da indústria. Do outro, há *a População*: não um elemento passivo submetido às flutuações da riqueza, mas força que faz parte, e diretamente, da situação econômica, do movimento produtor de riquezas, uma vez que é o trabalho do homem que a cria, ou pelo menos a transmite, desloca e multiplica. O "Pobre" era uma noção confusa, em que se misturavam essa riqueza que é o Homem e o Estado de Necessidade que se reconhece como essencial para a humanidade. De fato, entre Pobreza e População há uma relação rigorosamente inversa.

Fisiocratas e economistas concordam a esse respeito. A população é, em si mesma, um dos elementos da riqueza; ela constitui mesmo a fonte certa e inesgotável da riqueza. Para Quesnay e seus discípulos, o homem é a mediação essencial da terra à riqueza:

Aquilo que o homem valer, valerá a terra, diz um provérbio bem sensato. Se o homem é uma nulidade, a terra também o será. Com homens, duplica-se a terra que se tem, desbravam-se terras, adquirem-se terras. Só Deus soube como tirar um homem da terra, mas por toda parte sempre se soube como ter terra a partir dos homens, ou pelo menos o produto, o que vem a ser a mesma coisa. Por conseguinte, o primeiro dos bens é ter homens, e o segundo, terra.[69]

Para os economistas, a população é um bem igualmente essencial. E mesmo mais ainda, se é fato que para eles há criação de riqueza não apenas no trabalho agrícola como também em toda transformação industrial, e até na circulação comercial. A riqueza está ligada a um trabalho realmente realizado pelo homem: "Como o Estado só tem por riquezas reais os produtos anuais de suas terras e da indústria de seus habitantes, sua riqueza será a maior possível quando o produto de cada jeira de terra e do trabalho de cada indivíduo estiver em seu ponto mais alto possível."[70] Paradoxalmente, uma população será tanto mais preciosa quanto mais numerosa for, pois oferecerá à indústria uma mão de obra barata, o que, abaixando os custos de produção, permitirá um desenvolvimento da produção e do comércio. Nesse mercado indefinidamente aberto da mão de obra, o "preço fundamental" – que para Turgot corresponde à subsistência do operário – e o preço determinado pela oferta e pela procura acabam por se encontrar. Portanto, um país será tanto mais favorecido na concorrência comercial quanto maior for, à sua disposição, a riqueza virtual de uma população numerosa[71].

Erro grosseiro do internamento e erro econômico: acredita-se acabar com a miséria pondo para fora do circuito e mantendo, pela caridade, uma *população pobre*. Na verdade, mascara-se artificialmente *a pobreza*, e na verdade se suprime uma parte da *população*, riqueza sempre dada. Acredita-se ajudar os pobres a sair de sua indigência provisória? Na verdade, impede-se que assim seja: restringe-se o mercado de mão de obra, o que é tanto mais perigoso justamente quando se está em período de crise. Pelo contrário, seria necessário atenuar a carestia dos produtos por uma mão de obra barata, compensar a falta dela com um novo esforço industrial e agrícola. Único remédio razoável: recolocar toda essa população no circuito da produção, para dividi-la pelos pontos onde a mão de obra é mais rara. Utilizar os pobres, os vagabundos, os exilados e emigrados de toda espécie é um dos segredos da riqueza, na concorrência entre as nações: "Qual o melhor meio de enfraquecer os Estados vizinhos, cujo poder e cuja indústria nos fazem sombra?", indagava Josias Tucker a respeito da emigração dos protestantes. "É o caso de forçar essas pessoas a ficarem em seu país, recusando recebê-las e incorporá-las a nós, ou de atraí-las para nós com bom tratamento e fazendo com que gozem das vantagens dos outros cidadãos?"[72]

O internamento é criticável pelas incidências que pode ter sobre o mercado da mão de obra, porém mais ainda porque constitui, e com ele toda a obra da caridade tradicional, um financiamento perigoso. Como a Idade Média, a época clássica sempre havia procurado assegurar a assistência dos pobres pelo sistema das fundações. Isto é, uma parte do capital de raiz ou das rendas era com isso imobilizada. E de modo definitivo, uma vez que, na justa preocupação de evitar a comercialização dos empreendimentos de assistência, tomaram-se todas as medidas jurídicas para que esses bens nunca voltassem à circulação. Mas, com o passar do tempo, a utilidade deles diminui, a situação econômica se modifica, a pobreza muda de aspecto:

A sociedade nem sempre tem as mesmas necessidades; a natureza e a distribuição das propriedades, a divisão entre as diferentes esferas do povo, as opiniões, os costumes, as ocupações gerais da nação ou de suas diferentes partes, o próprio clima, as doenças e os outros acidentes da vida humana experimentam uma contínua variação; novas necessidades surgem, outras deixam de se fazer sentir.[73]

O caráter definitivo da fundação está em contradição com o aspecto variável e flutuante das necessidades acidentais às quais se supõe deva ela responder. Sem que a riqueza que ela imobiliza seja reposta no circuito, é necessário criar novas riquezas à medida que novas necessidades surgem. A parte dos fundos e das rendas que é assim posta de lado aumenta sempre, diminuindo de outro tanto a parte produtiva. O que não pode deixar de conduzir a uma pobreza ainda maior e, portanto, a fundações mais numerosas. E o processo pode desenvolver-se indefinidamente.

Poderia chegar um momento em que "as fundações sempre cada vez multiplicadas... acabariam por absorver todos os fundos e todas as propriedades particulares". Observando bem a situação, as formas clássicas da assistência são uma causa de empobrecimento, a imobilização progressiva e como que a morte lenta de toda riqueza produtiva: "Se todos os homens que viveram tivessem tido um túmulo, para encontrar terras cultiváveis seria necessário derrubar esses monumentos estéreis e remexer as cinzas dos mortos para alimentar os vivos."[74]

■ ■

É preciso que a assistência aos pobres assuma um novo sentido. Sob a forma de que ela ainda se reveste, o século XVIII reconhece que ela é cúmplice da miséria e contribui para desenvolvê-la. A única assistência que não seria contraditória faria prevalecer, numa população pobre, aquilo pelo que ela é rica potencialmente: o puro e simples fato de que ela é uma população. Interná-la seria um contrassenso. Pelo contrário, deve-se deixá-la na plena liberdade do espaço social; ela será absorvida por si mesma na medida em que formará uma mão de obra barata: os pontos de superpopulação e de miséria se tornarão, justamente por isso, pontos onde o comércio e a indústria se desenvolvem mais depressa[75]. A liberdade é a única forma de assistência válida: "Todo homem são deve obter sua subsistência com seu trabalho, porque, se fosse alimentado sem trabalhar, ele o seria às custas daqueles que trabalham. Aquilo que o Estado deve a cada um de seus membros é a supressão dos obstáculos que poderiam incomodá-lo."[76] O espaço social deve estar inteiramente desimpedido de todas as suas barreiras e de todos os seus limites: supressão das confrarias que estabelecem obstáculos internos, supressão do internamento que marca uma coação absoluta, nos limites exteriores da sociedade. A política dos salários baixos, a ausência de restrições e de proteção ao emprego devem eliminar a pobreza – ou pelo menos integrá-la de um novo modo no mundo da riqueza.

Dezenas de projetos tentam definir esse novo lugar da pobreza[77]. Todos, ou quase todos, escolhem como ponto de partida a distinção entre "pobres válidos" e "pobres doentes". Distinção bem antiga, mas que permanecera precária e muito vaga – e cujo único sentido era o de servir como princípio de classificação no interior do internamento. No século XVIII, essa distinção é redescoberta e encarada com rigor. Entre "pobre válido" e "pobre doente", a diferença não é mais apenas o grau de miséria, mas de natureza no miserável. O pobre que pode trabalhar é um elemento positivo na sociedade, ainda que se deixe de tirar proveito disso: "O infortúnio pode ser considerado como um instrumento, como um poder, pois não subtrai as forças, e estas forças podem ser empregadas em proveito do Estado, em proveito mesmo do indivíduo que é forçado a utilizá-las." Pelo contrário, o doente é peso morto, representa um elemento "passivo, inerte, negativo" e que intervém na sociedade apenas a título de puro consumidor: "A miséria é um peso que tem um preço; pode-se ligá-la a uma máquina, ela a fará funcionar; a doença é uma massa que não se pode apreender, e que só se pode aguentar ou deixar cair, que é sempre um obstáculo e nunca ajuda."[78] Portanto, é preciso dissociar, na velha noção de hospitalidade, aquilo que era confusamente misturado: o elemento positivo da indigência e o fardo da doença.

Os pobres válidos deverão trabalhar, não sob coação, mas em plena liberdade, isto é, apenas sob a coação das leis econômicas que fazem dessa mão de obra desempregada o bem mais precioso: "O auxílio que é de mais valia ao desafortunado válido é o meio de ajudar a si mesmo com suas próprias forças e com seu trabalho; a esmola para o homem sadio e robusto não é uma caridade, ou não passa de uma caridade mal entendida; ela impõe à sociedade uma carga supérflua... Assim é que estamos vendo o governo e os proprietários diminuir as distribuições gratuitas."[79]

Aquilo que para o século XVIII ainda era a "eminente dignidade" dos pobres e que dava seu sentido eterno ao ato de caridade se transforma agora em primordial utilidade: não se exige nenhuma comiseração, mas o reconhecimento da riqueza que eles representam aqui embaixo. O rico da Idade Média era santificado pelo pobre, o do século XVIII é mantido por este:

[sem] as classes inferiores, isto é, sem as classes sofredoras da sociedade, o rico não seria nem alojado, nem vestido, nem alimentado; é para ele que o artesão, empoleirado num frágil andaime, levanta, com risco de vida, enormes pesos até o alto de nossos edifícios; é para ele que o lavrador enfrenta a intempérie das estações e as fadigas acabrunhantes da lavoura;

é para ele que uma multidão de desafortunados vai encontrar a morte nas minas ou nas oficinas de tingimento ou de preparação de minerais[80].

O pobre é reintroduzido na comunidade da qual tinha sido expulso pelo internamento; mas agora tem um novo rosto. Não é mais a justificativa da riqueza, sua forma espiritual: é a matéria--prima da riqueza. Tinha sido sua razão de ser, é agora sua condição de existência. Através do pobre, o rico não mais se transcende, subsiste. Transformada em coisa essencial para a riqueza, a pobreza deve ser libertada do internamento e posta à sua disposição.

E o pobre doente? Esse é, por excelência, o elemento negativo. Miséria sem recurso, sem riqueza virtual. Ele, e somente ele, reclama uma assistência total. Mas em que baseá-la? Não há utilidade econômica no tratamento dos doentes, nem nenhuma urgência material. Só as razões do coração podem exigi-lo. Se existe uma assistência aos doentes, será sempre fruto da organização dos sentimentos de piedade e de solidariedade, mais primitivos do que o corpo social, já que sem dúvida são a origem deste: "As ideias de sociedade, de auxílio público, estão na natureza, pois a ideia de compaixão também é da natureza e é esta ideia primitiva que lhe serve de fundamento."[81] O dever de assistência está, portanto, fora da sociedade, uma vez que já está na natureza, mas está na sociedade porque esta, em sua origem, é apenas uma das formas desse dever tão antigo quanto a coexistência dos homens. Toda vida humana, desde os sentimentos mais imediatos até as formas mais elaboradas da sociedade, se vê prisioneira dessa rede de deveres de assistência: "*Beneficência natural*", primeiro: "*sentimento íntimo* que nasce conosco, que se desenvolve mais ou menos e que nos torna sensíveis à miséria bem como às enfermidades de nossos semelhantes". A seguir vem a "*beneficência pessoal*, predileção da natureza que nos leva a fazer o bem particular".

Beneficência nacional, finalmente, sempre conforme aos mesmos princípios de nossa existência, que encerra um sentimento íntimo, um sentimento ampliado que leva o corpo nacional a reformar os abusos que lhe são denunciados, a ouvir as queixas que lhe são feitas, a querer o bem que está na ordem das coisas possíveis, a estendê-lo às classes dos indivíduos que se encontram na miséria ou são atacados por doenças incuráveis.[82]

A assistência se torna o primeiro dos deveres sociais, dever incondicional, pois é a própria condição da sociedade – o liame entre os homens, o mais pessoal e ao mesmo tempo o mais universal deles. Mas o pensamento do século XVIII hesita a respeito das formas concretas que deve assumir essa assistência. Por "dever social" deve-se entender a obrigação absoluta para a sociedade? Cabe ao Estado assumir a assistência? É ele que deve construir hospitais e distribuir ajuda? A tal respeito, houve toda uma polêmica nos anos que precederam a Revolução. Uns eram adeptos da instauração de um controle do Estado sobre todos os estabelecimentos de assistência, considerando que todo *dever social* é, justamente por isso, um *dever da sociedade* e, finalmente, do Estado; projeta-se uma comissão permanente que controlará todos os hospitais do reino; sonha-se com a construção de grandes hospitais onde serão tratados todos os pobres doentes[83]. Mas a maioria rejeita a ideia dessa assistência maciça. Economistas e liberais consideram, antes, que um *dever social é um dever do homem em sociedade*, e não da própria sociedade. Para fixar as normas de assistência possíveis, é preciso portanto definir, no homem social, quais são a natureza e os limites dos sentimentos de piedade, de compaixão, de solidariedade que podem uni-lo a seus semelhantes. A teoria da assistência deve repousar sobre essa análise meio psicológica, meio moral, e não numa definição das obrigações contratuais do grupo. Assim concebida, a assistência não é uma estrutura do Estado, mas um elo pessoal que vai do homem ao homem.

Discípulo de Turgot, Dupont de Nemours procura definir essa ligação que une um sofrimento a uma compaixão. O homem, quando sente uma dor, antes de mais nada procura em si mesmo o alívio de seu mal; depois ele se queixa, "começa a implorar a ajuda de seus parentes e amigos, e estes o ajudam em virtude de uma tendência natural que a compaixão introduz, menos ou mais, no coração de todos os homens"[84]. Mas essa inclinação é sem dúvida da mesma natureza que a imaginação e a simpatia, segundo Hume; sua vivacidade não é constante, seu vigor não é indefinido, ela não tem essa força inesgotável que lhe permitiria conduzir-se sempre com a mesma espontaneidade para com todos os homens, mesmo os desconhecidos. O limite da compaixão é logo alcançado, e não se pode pedir aos homens que estendam sua piedade "para além do termo onde os cuidados e a fadiga que envolveriam lhes parecesse mais penosos do que a compaixão que sentem". Portanto, não é possível considerar a assistência como um dever absoluto que se imporia ao menor pedido do infeliz. Ela não pode ser nada mais que o resultado de uma inclinação moral, e é em termos de forças que se deve analisá-la. É possível deduzi-la de dois componentes: um, negativo, constituído pelo trabalho envolvido pelos cuidados a dar (ao mesmo tempo a gravidade do mal e a distância a percorrer – quanto mais se afasta de casa e do ambiente imediato, mais os cuidados são materialmente difíceis de assegurar); o outro é positivo e determinado pela vivacidade do sentimento inspirado pelo doente – mas este decresce rapidamente, à medida que se afasta do domínio dos apegos naturais circunscritos pela família. Passado um certo limite, determinado tanto pelo espaço como pela imaginação e pela vivacidade das inclinações – limite que cerca de uma maneira mais ou menos ampla a casa própria –, apenas as forças negativas entram em ação. E a assistência não pode mais ser solicitada: "É isso que faz com que a ajuda da família, unida pelo amor e amizade, sejam sempre os primeiros, os mais atenciosos, os mais enérgicos... Mas... quanto mais de longe vêm os socorros, menos valem, e mais pesados parecem aos que os dispensam."

O espaço social no qual se situa a doença se vê assim inteiramente renovado. Da Idade Média ao final da era clássica, ele havia permanecido homogêneo. Todo homem caído na miséria e na doença tinha direito à piedade dos outros e a seus cuidados. Estava universalmente próximo de cada um deles, a todo instante podia apresentar-se a todos. E quanto de mais distante viesse, quanto mais desconhecido fosse seu rosto, mais acentuados eram os símbolos de universalidade por ele trazidos; era então o Miserável, o Doente por excelência, ocultando em seu anonimato os poderes da glorificação. Pelo contrário, o século XVIII fragmenta esse espaço, fazendo surgir nele um mundo de figuras limitadas. O doente se vê situado em unidades descontínuas: zonas ativas de vivacidade psicológica, zonas inativas e neutras de distanciamento e inércia do coração. O espaço social da doença é fragmentado segundo uma espécie de economia da devoção, de modo que o doente não mais pode dizer respeito a todo homem, porém apenas aos que pertencem ao mesmo ambiente que ele: vizinhança na imaginação, proximidade nos sentimentos. O espaço social da filantropia não se opõe somente ao da caridade, como um mundo laico a um mundo cristão – mas como uma estrutura de continuidade moral e afetiva que distribui as doenças segundo domínios separados pertencentes a um campo homogêneo, onde cada miséria se dirige a cada homem segundo a eventualidade sempre ocasional, mas sempre significativa, de sua passagem.

No entanto, o século XVIII não vê nisso um limite. Pelo contrário, pensa-se em dar à assistência mais vivacidade natural e também bases econômicas mais justas. Se, em vez de construir vastos hospitais cuja manutenção custa caro, se distribuísse diretamente auxílio às famílias dos doentes, haveria nisso uma tríplice vantagem. Em primeiro lugar, sentimental, porque vendo-o todo dia, a família não perde a piedade real que sente pelo doente. Econômica, pois não será mais necessário dar a esse doente alojamento e alimentação, assegurados em sua casa. Médica, enfim, uma vez que, sem falar na meticulosidade particular dos cuidados que ele recebe, o doente não é afetado pelo espetáculo deprimente de um hospital, que todos encaram como "o templo da morte". A melancolia do espetáculo que o envolve, os contágios diversos, o afastamento de tudo o que lhe é caro agravam o sofrimento dos pacientes, e acabam por suscitar doenças que não se poderiam encontrar espontaneamente na natureza porque são como que criações próprias do hospital. A situação do homem hospitalizado comporta doenças particulares, espécie de "hospitalismo" inicial, e "o médico do hospital tem necessidade de ser bem mais hábil para escapar aos perigos da falsa experiência que parece resultar das doenças artificiais, às quais deve dispensar seus cuidados nos hospitais. Com efeito, nenhuma doença de hospital é pura"[85]. Assim como o internamento acaba sendo criador de pobreza, o hospital é criador de doenças.

O lugar natural da cura não é o hospital, é a família, pelo menos o meio imediato do doente. E assim como a pobreza deve ser eliminada pela livre circulação da mão de obra, a doença deve desaparecer nos cuidados que o meio natural do homem pode dispensar-lhe de modo espontâneo: "A própria sociedade, a fim de exercer uma verdadeira caridade, deve empregá-la o menos possível e, tanto quanto possa depender dela, fazer uso das forças particulares das famílias e dos indivíduos."[86]

São essas "forças particulares" que são solicitadas e que se tenta organizar ao final do século XVIII[87]. Na Inglaterra, uma lei de 1722 proibia toda forma de auxílio a domicílio: o indigente doente devia ser conduzido ao hospital onde se tornaria, de modo anônimo, objeto da caridade pública. Em 1796, uma nova lei modifica essa disposição, considerada como "mal adaptada e opressiva", uma vez que impede certas pessoas merecedoras de receber auxílio eventual, privando outras do "reconforto inerente à situação doméstica". Fiscais decidirão em cada paróquia sobre os auxílios que se podem dar aos doentes indigentes que ficam em suas casas[88]. Tenta-se encorajar também o sistema dos seguros mútuos; em 1786, Acland estabelece o projeto de uma *"universal friendly or benefit society"*: camponeses e servidores se associariam a essa entidade e em caso de doença ou de acidente receberiam socorro a domicílio; em cada paróquia, um farmacêutico estaria habilitado a fornecer medicamentos, pagos em parte pela paróquia e em parte pela associação[89].

A Revolução, pelo menos em seu princípio, abandona os projetos de reorganização central da assistência e de construção de grandes hospitais. O relatório de La Rochefoucauld-Liancourt é conforme às ideias liberais de Dupont de Nemours e dos discípulos de Turgot:

Se o sistema de socorro a domicílio prevalecer, sistema que apresenta entre outras vantagens preciosas a de ampliar os benefícios a toda família do socorrido e a de permitir que este fique envolvido por tudo que lhe é caro, além de assim estreitar pela assistência pública os laços e as afeições naturais, a economia que daí resultaria seria bem considerável, uma vez que uma soma bem menos considerável que a metade da que hoje custa o pobre no hospital manteria o indivíduo em sua casa socorrido de um modo suficiente.[90]

Dois movimentos que eram estranhos um ao outro.

Um nasceu e se desenvolveu no interior do espaço definido pelo internamento: graças a ele a loucura se tornou independente e singular no mundo confuso em que estava encerrada; novas distâncias vão permitir-lhe ser percebida agora ali onde só se reconhecia o desatino. E enquanto todas as outras figuras encerradas tendem a escapar ao internamento, só ela ali permanece, última ruína, último testemunho dessa prática que foi essencial para o mundo clássico mas cujo sentido nos parece agora bem enigmático.

E houve depois esse outro movimento que nasceu fora do internamento. Reflexão econômica e social sobre a pobreza, a doença e a assistência. Pela primeira vez, no mundo cristão, a doença se encontra isolada da pobreza e de todas as figuras da miséria.

Em suma, tudo o que outrora envolvia a loucura se fragmenta: o círculo da miséria e do desatino se desfazem. A miséria é retomada nos problemas imanentes à economia, o desatino mergulha nas figuras profundas da imaginação. Seus destinos não se cruzam mais. E o que reaparece, nesse final do século XVIII, é a própria loucura, ainda condenada na véspera à terra da exclusão, como o crime, mas confrontada também com todos os novos problemas que a assistência dos doentes coloca.

Libertada a loucura já está, no sentido de que está desprovida das velhas formas de experiência nas quais era considerada. Libertada não por uma intervenção da filantropia, não por um reconhecimento científico e finalmente positivo de sua "verdade", mas por todo esse trabalho lento que se realizou nas estruturas mais subterrâneas da experiência: não onde a loucura é doença, mas onde está ligada à vida dos homens e à sua história, lá onde eles sentem concretamente sua miséria e onde vão assombrá-los os fantasmas do desatino. Nessas regiões obscuras, a moderna noção de loucura se formou lentamente. Não houve aquisição de novas noções, mas "descoberta", se se preferir, na medida em que é, graças a um recuo, a uma distância tomada, que novamente se sentiu sua inquietante presença – na medida em que é todo um trabalho de "despojamento" que, poucos anos antes da reforma de Tuke e de Pinel, permite que ela apareça enfim isolada na grande figura flagrante e arruinada da desrazão.

12. Do Bom Uso da Liberdade

Eis, portanto, a loucura devolvida a uma espécie de solidão: não a solidão ruidosa e de certo modo gloriosa que lhe foi possível conhecer até a Renascença, mas outra solidão, estranhamente silenciosa; uma solidão que aos poucos a isola da comunidade confusa das casas de internamento e a cerca com uma espécie de zona neutra e vazia.

O que desapareceu, no decorrer do século XVIII, não é o rigor desumano com o qual se tratam os loucos, mas a evidência do internamento, a unidade global na qual eram considerados sem nenhum problema, e esses inúmeros fios que os inseriam na trama contínua do desatino. Libertada a loucura já está, bem antes de Pinel, não das coações materiais que a mantêm na prisão, mas de uma sujeição bem mais constrangedora, talvez mais decisiva, que a sustêm sob o domínio desse obscuro poder. Antes mesmo da Revolução, ela está livre: livre para uma percepção que a individualiza, livre para o reconhecimento de seus rostos singulares e todo o trabalho que enfim lhe atribuirá seu estatuto de objeto.

Deixada sozinha e destacada de seus antigos parentescos, entre os muros desgastados do internamento, a loucura se constitui num problema – colocando questões que até então nunca havia formulado.

Ela, sobretudo, embaraçou o legislador, que, não podendo deixar de sancionar o fim do internamento, não mais sabia em que ponto do espaço social situá-la – prisão, hospital ou assistência familiar. As medidas tomadas imediatamente antes ou depois do começo da Revolução refletem essa indecisão.

Em sua circular sobre as cartas régias de internamento, Breteuil pede aos intendentes que lhe indiquem a natureza das ordens de detenção nas diversas casas de internamento, e que motivos a justificam. Deverão ser libertados, no máximo após um ou dois anos de detenção, "aqueles que nada tendo feito que os possa expor à severidade das penas pronunciadas pelas leis, se entregaram aos excessos da libertinagem, da devassidão e da dissipação". Pelo contrário, serão mantidos nas casas de internamento

os prisioneiros cujo espírito estiver alienado e cuja imbecilidade os torne incapazes de se comportar no mundo, ou aqueles cujos furores os tornariam perigosos neste mundo. Trata-se, a respeito deles, apenas de ter certeza de que seu estado é sempre o mesmo e, infelizmente, torna-se indispensável continuar sua detenção enquanto se reconhecer que sua liberdade é, ou nociva à sociedade, ou inútil para eles mesmos[1].

É a primeira etapa: reduzir o mais possível a prática do internamento no que diz respeito às faltas morais, aos conflitos familiares, aos aspectos mais benignos da libertinagem, mas permitir que ele prevaleça em seu princípio, e com uma de suas significações maiores: o internamento dos loucos. É o momento em que a loucura de fato assume a posse do internamento, enquanto este se despoja de suas outras formas de utilização.

A segunda etapa é a dos grandes inquéritos prescritos pela Assembleia Nacional e pela Constituinte logo após a Declaração dos Direitos do Homem: "Ninguém pode ser preso, nem detido, a não ser nos casos previstos pela lei e segundo as formas por ela prescritas... A lei só deve admitir penas estrita e evidentemente necessárias, e ninguém pode ser punido a não ser em virtude de uma lei estabelecida e promulgada anteriormente ao delito e legalmente aplicada". A era do internamento se encerrou. Permanece apenas uma detenção onde se colocam, lado a lado, criminosos condenados ou possíveis criminosos e os loucos. A Comissão de Mendicância da Constituinte designa cinco pessoas[2] para visitar as casas de internamento de Paris. O duque de La Rochefoucauld-Liancourt apresenta o relatório (dezembro de 1789); de um lado, assegura que a presença dos loucos dá às casas de força um estilo degradante e implica o risco de reduzir os internos a uma condição indigna da humanidade; a mistura ali tolerada demonstra, da parte do poder e dos juízes, uma grande leviandade: "Esse despreocupação está bem afastada da piedade esclarecida pela desgraça, pela qual ele recebe todas as amenidades, todos os consolos possíveis...; é possível, querendo socorrer a miséria, consentir que se degrade a humanidade?"[3]

Se os loucos aviltam os que por imprudência são misturados com eles, é preciso reservar-lhes um internamento que lhes seja especial; internamento que não é médico, mas que deve ser a forma de assistência mais eficaz e mais amena:

> De todas as desgraças que afligem a humanidade, o estado de loucura é, no entanto, um dos que convoca com maior razão a piedade e o respeito; é a essa condição que os cuidados devem ser prodigalizados com maior razão; quando a cura é sem esperança, quantos meios ainda sobram, quantos bons tratamentos existem que podem proporcionar a esses infelizes pelo menos uma existência suportável.[4]

Nesse texto, a condição da loucura aparece em sua ambiguidade: é preciso ao mesmo tempo proteger de seus perigos a população internada e conceder-lhe o favor de uma assistência especial.

Terceira etapa: a grande série de decretos baixados entre 12 e 16 março de 1790. A Declaração dos Direitos do Homem recebe neles uma aplicação concreta:

> No espaço de seis semanas a partir do presente decreto, todas as pessoas detidas nos castelos, casas religiosas, casas de força, casas de polícia ou outras prisões quaisquer, por cartas régias ou por ordem de agentes do poder executivo, a menos que estejam legalmente condenadas, que tenham sua detenção decretada ou que contra elas exista queixa em juízo em razão de um crime importante, que tenha recebido pena aflitiva ou que estejam presas por loucura, serão postas em liberdade.

Portanto, o internamento é a maneira definitiva reservada a certas categorias de justiciáveis e aos loucos. Mas para estes prevê-se uma atenuante:

> As pessoas detidas por demência serão, durante o espaço de três meses, a contar do dia da publicação do presente decreto, de acordo com a

diligência de nossos procuradores, interrogadas pelos juízes nas formas de costume e em virtude de suas ordenações visitadas pelos médicos, que, sob a supervisão dos diretores de distrito, explicarão a verdadeira situação dos doentes a fim de que, após a sentença declaratória de sua condição, sejam liberados ou tratados nos hospitais que para tanto serão indicados.[5]

Parece que, daí para a frente, já se fez uma opção. A 29 de março de 1790, Bailly, Duport-Dutertre e um administrador da polícia vão à Salpêtrière para determinar de que modo será possível aplicar o decreto[6], repetindo a mesma visita a Bicêtre. É que as dificuldades são inúmeras; para começar, não há hospitais destinados ou pelo menos reservados aos loucos.

Diante dessas dificuldades materiais, às quais vêm acrescentar-se outras tantas incertezas teóricas, uma longa fase de hesitações irá começar[7]. De todos os lados exige-se da Assembleia um texto que permita a proteção contra os loucos antes mesmo da prometida criação dos hospitais. E por uma regressão, que será de grande importância para o futuro, faz-se com que os loucos caiam sob as medidas imediatas e não controladas que não se tomam nem mesmo contra criminosos perigosos, mas contra os animais daninhos e ferozes[8]. A lei de 16-24 de agosto de 1790 "confia à vigilância e à autoridade dos corpos municipais... o cuidado de obviar ou de remediar os acontecimentos importunos que poderiam ser ocasionados pelos insensatos ou por furiosos deixados em liberdade e pela divagação de animais que causem malefícios e sejam furiosos". A lei de 22 de julho de 1791 reforça essa disposição, tornando as famílias responsáveis pela vigilância dos alienados e permitindo às autoridades municipais a adoção de todas as medidas úteis: "Os parentes dos insensatos devem zelar por eles, impedindo que vaguem e tomando cuidado para que não cometam nenhuma desordem. A autoridade municipal deve obviar aos inconvenientes que resultarem da negligência que os particulares demonstrarem no cumprimento desse dever." Através desse desvio de sua libertação os loucos reencontram, mas dessa vez na própria lei, esse estatuto animal no qual o internamento os alienara; tornam-se animais selvagens na própria época em que os médicos começam a reconhecer neles uma animalidade amena[9]. Mas é em vão que se coloca essa disposição nas mãos das autoridades: nem com isso os problemas se resolvem. Os hospitais para alienados ainda não existem.

Inúmeros pedidos chegam ao ministério do interior. Delessart responde, por exemplo, a um deles:

Percebo, como o senhor, como seria interessante se se pudesse proceder de imediato ao estabelecimento das casas destinadas a servir de retiro para a desafortunada classe dos insensatos... Em relação aos insensatos que a falta desses estabelecimentos obrigou a colocar-se em diferentes prisões de seu departamento, não vejo outros meios, no momento, de retirá-los desses lugares tão pouco condizentes com suas condições a não ser transferi-los, provisoriamente, se possível, para Bicêtre. Portanto, seria conveniente que o Diretório escrevesse ao de Paris para pôr-se de acordo com este a respeito dos meios de serem eles admitidos nessa casa, onde os custos de sua manutenção serão pagos por seu departamento ou pelas comunas dos domicílios desses infelizes se suas famílias não estiverem em condições de se encarregar dessa despesa.[10]

Bicêtre torna-se assim o grande centro para onde são enviados todos os insensatos, sobretudo após o fechamento de Saint-Lazare. O mesmo acontece com as mulheres na Salpêtrière: em 1792, duzentas loucas são levadas para lá, que cinco anos antes tinham sido instaladas no antigo noviciado dos capuchinhos da rua Saint-Jacques[11]. Mas, nas províncias afastadas, não há como mandar os alienados aos antigos hospitais gerais. Na maioria das vezes, são mantidos nas prisões, como é o caso por exemplo do castelo de Angers, em Bellevaux. A desordem é aí indescritível e se prolongará por muito tempo – até o advento do Império. Antoine Nodier dá alguns detalhes de Bellevaux: "Todo dia os clamores anunciam ao bairro que os internos estão se atacando. A guarda acorre. Composta tal como está atualmente, é motivo de risadas dos combatentes; os administradores municipais são chamados a restabelecer a calma; sua autoridade é desprezada, são amaldiçoados e insultados; não é mais uma casa de justiça e de detenção..."[12]

As desordens são igualmente acentuadas, talvez mesmo mais em Bicêtre: para lá são levados prisioneiros políticos, ali se ocultam suspeitos processados; a miséria, a penúria produzem esfomeados. A administração não para de protestar; pede-se que os criminosos sejam afastados e, coisa importante, alguns sugerem ainda que, nesses lugares de detenção, sejam colocados loucos. A 9 brumário ano III, o ecônomo de Bicêtre escreve aos "cidadãos Grandpré e Osmond, membros da Comissão das administrações e dos tribunais": "Declaro que num momento em que a humanidade está decididamente na ordem do dia, não há ninguém que deixe de sentir um movimento de horror vendo reunidos no mesmo asilo o crime e a indigência." Será necessário lembrar os massacres de setembro, as evasões contínuas[13] e, para tantos inocentes, o espetáculo dos prisioneiros passados pelo garrote, da corrente que parte? Os pobres e os velhos indigentes "só veem correntes, grades, fechaduras. Acrescente-se a isso os gemidos dos detidos que às vezes chegam até eles... É sobre isso, enfim, que me apoio para pedir novamente que os prisioneiros sejam retirados de Bicêtre, aí deixando apenas os pobres, ou que os pobres sejam daí retirados, deixando-se apenas os prisioneiros". E agora, o que é decisivo, se pensarmos que essa carta foi escrita em plena Revolução, bem depois dos relatórios de Cabanis, e vários meses depois que Pinel, segundo a tradição, "libertou" os alienados de Bicêtre[14]: "Talvez, neste último caso, se pudesse aí deixar os loucos, outra espécie de infelizes que fazem a humanidade sofrer horrivelmente... Apressem-se portanto, cidadãos que estimam a humanidade, a realizar sonho tão belo, e convençam-se de que assim serão merecedores dela."[15] Enorme era a confusão nesses anos, difícil era determinar o lugar que a loucura deveria ocupar na "humanidade" que estava sendo reavaliada, difícil era situar a loucura num espaço social que estava em vias de reestruturação.

■ ■

Mas já, nessa cronologia, ultrapassamos a data tradicionalmente fixada para o começo da grande reforma. As medidas tomadas de 1780 a 1793 situam o problema: a desaparição do internamento deixa a loucura sem nenhuma inserção precisa no espaço social; e diante do perigo solto, a sociedade reage de um lado através de um conjunto de decisões a longo prazo, conforme um ideal que está surgindo – criação de casas reservadas aos insensatos – e do outro, por uma série de medidas imediatas, que devem permitir-lhe dominar a loucura pela força – medidas regressivas, se se pretende avaliar essa história em termos de progresso.

Situação ambígua, porém significativa, do embaraço então existente, e que é testemunho de novas formas de experiência que estão surgindo. Para compreendê-las, é necessário justamente libertar-se de todos os temas do progresso, daquilo que eles implicam de visão perspética e de teleologia. Levantada essa opção, deve-se poder determinar as estruturas de conjunto que arrastam as formas da experiência num movimento indefinido, aberto somente para a continuidade de seu prolongamento, e que nada poderia deter, mesmo para nós.

Portanto, é necessário evitar meticulosamente procurar nos anos que cercam a reforma de Pinel e Tuke alguma coisa que seria como que um advento: advento de um reconhecimento positivo da loucura; advento de um tratamento humano dos alienados. É necessário deixar aos eventos desse período e às estruturas que os suportam sua liberdade de metamorfosear-se. Um pouco abaixo das medidas jurídicas, na parte inferior das instituições, e nesse debate cotidiano em que se confrontam, se dividem, se comprometem e se reconhecem enfim o louco e o não louco, no curso desses anos formaram-se algumas figuras – figuras decisivas, evidentemente, uma vez que são elas que provocaram a "psiquiatria positiva"; delas surgiram os mitos de um reconhecimento enfim objetivo e médico da loucura, que as justificou a seguir, consagrando-as como descoberta e liberação da verdade.

De fato, não se pode descrever essas figuras em termos de conhecimento. Elas se situam aquém dele, lá onde o saber está ainda próximo de seus gestos, de suas familiaridades, de suas primeiras palavras. Três dessas estruturas foram sem dúvida determinantes.

1. Numa vieram confundir-se o velho espaço do internamento, agora reduzido e limitado, e um espaço médico que se havia formado alhures e que não pode ajustar-se a ele a não ser através de modificações e depurações sucessivas.

2. Uma outra estrutura estabelece entre a loucura e quem a reconhece, vigia e julga, um novo relacionamento, neutralizado, aparentemente purificado de toda cumplicidade, e que pertence à esfera do olhar objetivo.

3. Na terceira, o louco se vê confrontado com o criminoso, porém nem num espaço de confusão, nem sob a espécie da irresponsabilidade. É uma estrutura que vai permitir à loucura habitar o crime sem reduzi-lo e que ao mesmo tempo autorizará o homem razoável a julgar e dividir as loucuras segundo as novas formas da moral.

Por trás da crônica da legislação cujas etapas esboçamos, são essas estruturas que se tem de estudar.

■ ■

Durante muito tempo, o pensamento médico e a prática do internamento haviam permanecido estranhos um ao outro. Enquanto se desenvolvia, segundo suas leis próprias, o conhecimento das doenças do espírito, uma experiência concreta da loucura tomava lugar no mundo clássico – experiência simbolizada e fixada pelo internamento. Ao final do século XVIII, essas duas figuras se aproximam, com o objetivo de uma primeira convergência. Não se trata de uma iluminação, nem mesmo de uma tomada de consciência, que teria revelado, numa conversão do saber, que os internos eram doentes; mas sim de um obscuro trabalho no qual se defrontaram o velho espaço de exclusão, homogêneo, uniforme, rigorosamente limitado, e esse espaço social da assistência que o século XVIII acabou de fragmentar, de tornar polimorfo, segmentando-o segundo as formas psicológicas e morais da devoção.

Mas esse novo espaço não está adaptado aos problemas próprios da loucura. Se se prescrevia aos pobres válidos a obrigação de trabalhar, se se confiava às famílias o tratamento dos doentes, estava fora de cogitação deixar que os loucos se misturassem à sociedade. No mínimo se podia tentar mantê-los no espaço familiar, proibindo aos particulares deixar os loucos perigosos da família circularem livremente. Mas, com isso, a proteção só é feita de um lado, e de um modo bem frágil. Quanto mais a sociedade burguesa se sente inocente diante da miséria, mais ela reconhece sua responsabilidade diante da loucura, e sente que deve proteger dela o homem privado. Na época em que doença e pobreza se tornavam pela primeira vez *coisas privadas*, da esfera apenas dos indivíduos ou das famílias, a loucura, por isso mesmo, exigiu um *estatuto público* e a definição de um espaço de confinamento que garantisse a sociedade contra seus perigos.

A natureza desse confinamento ainda não é determinada. Não se sabe se estará próxima da correção ou da hospitalidade. No momento, uma única coisa é certa: é que o louco, no momento em que o internamento se esboroa, devolvendo os correcionários à liberdade e os miseráveis a suas famílias, se encontra na mesma situação que os prisioneiros ou condenados e os pobres ou doentes que não têm família. Em seu relatório, La Rochefoucauld-Liancourt indica que os socorros a domicílio poderiam aplicar-se à grande maioria das pessoas hospitalizadas em Paris. "Num total de onze mil pobres, esse modo de auxílio poderia ser dado a quase oito mil, isto é, para as crianças e pessoas de ambos os sexos que não sejam *prisioneiros, insensatos ou sem família*."[16] Será então o caso de tratar os loucos como outros prisioneiros, e colocá-los numa estrutura carcerária, ou tratá-los como doentes fora da situação familiar e constituir à volta deles uma quase-família? Veremos de que modo, precisamente, Tuke e Pinel procederam, ao definir o arquétipo do asilo moderno.

Mas a função comum e a forma mista desses dois tipos de confinamento ainda não foram descobertas. No momento em que a Revolução se inicia, duas séries de projetos se defrontam: uns procuram fazer reviver, sob novas formas – numa espécie de pureza geométrica, de racionalidade quase delirante –, as velhas funções do internamento, para uso essencialmente do crime e da loucura; os outros, pelo contrário, procuram definir um estatuto hospitalar da loucura para substituir a família, que fracassa nessas funções. Não é a luta entre filantropia e barbárie, das tradições contra o novo humanismo. É o tatear desajeitado na direção de uma definição da loucura que toda uma sociedade procura novamente exorcizar, na época em que seus velhos companheiros – pobreza, libertinagem, doença – recaíram no domínio privado. Num espaço social inteiramente reestruturado, a loucura deve encontrar um lugar.

Muito se sonhou, na própria época em que o internamento perdia seu sentido, com as casas de correção ideais, funcionando sem obstáculos nem inconvenientes, numa perfeição silenciosa, *Bicêtres* oníricas, onde todos os mecanismos da correção poderiam funcionar em estado puro; aí tudo seria ordem e castigo, medida exata das penas, pirâmide organizada dos trabalhos e das punições – o melhor possível de todos os mundos do mal. E sonha-se com essas fortalezas ideais que não manteriam contato com o mundo real: inteiramente fechadas sobre si mesmas, viveriam apenas dos recursos do mal, numa suficiência que evita o contágio e dissipa os terrores. Elas formariam, em seu microcosmo independente, uma imagem invertida da sociedade: vício, coação e castigo, refletindo assim a virtude, como num espelho, bem como a liberdade e as recompensas que constituem a alegria dos homens.

Brissot traça, por exemplo, o plano de uma casa de correção perfeita, conforme o rigor de uma geometria que é ao mesmo tempo arquitetural e moral. Todo fragmento de espaço assume os valores simbólicos de um inferno social meticuloso. Dois dos lados de uma construção, que deve ser quadrada, serão reservados para o mal sob suas formas atenuadas: as mulheres e as crianças de um lado, os devedores do outro; a estes serão atribuídas "camas e uma alimentação passáveis". Seus quartos serão expostos ao sol e à suavidade do clima. Do lado do frio e do vento, serão colocadas "as pessoas acusadas do crime capital", e com estes os libertinos, os agitados e todos os insensatos, "perturbadores do descanso público". As duas primeiras classes de correcionários executarão alguns serviços úteis ao bem público. Às duas últimas estão reservados trabalhos indispensáveis prejudiciais à saúde, e que muitas vezes as pessoas honestas são obrigadas a praticar. "Os trabalhos serão proporcionais à força e à delicadeza, à natureza dos crimes etc. Assim, os vagabundos, os libertinos e os celerados se ocuparão em quebrar pedras, polir os mármores, moer cores, e serão utilizados nas manipulações químicas, nas quais a vida dos cidadãos honestos normalmente está em perigo." Nessa maravilhosa economia, o trabalho adquire uma dupla eficácia: produz ao destruir, com o trabalho necessário à sociedade nascendo da própria morte do operário que lhe é indesejável. A vida inquieta e perigosa do homem transcorre na docilidade do objeto. Todas as irregularidades dessas existências insensatas se igualaram finalmente nessa superfície polida do mármore. Os temas clássicos do internamento atingem aqui uma perfeição paroxística: o interno é excluído até a morte, mas cada passo que dá para essa morte se transforma, numa reversibilidade sem resíduos, em coisa útil à felicidade da sociedade de que é banido[17].

Quando a Revolução começa, semelhantes sonhos ainda não se dissiparam. O de Musquinet serve-se de uma geometria bastante parecida com essa, mas a meticulosidade de seus símbolos é ainda mais rica. Fortaleza de quatro lados. Cada uma das construções, por sua vez, tem quatro andares, formando uma pirâmide de trabalho. Pirâmide arquitetural: na parte de baixo, as profissões dos tecelões e dos cardadores; na parte de cima "se fará uma plataforma que servirá de lugar para tramar as correntes, antes de pôr as peças nas oficinas"[18]. Pirâmide social: os internos são agrupados em batalhões de doze pessoas, sob a direção de um contramestre. Vigilantes controlam seu trabalho. Um diretor preside a tudo. Hierarquia, enfim, dos méritos, que culmina na libertação: toda semana, o mais esforçado dos trabalhadores "receberá do senhor presidente um prêmio de seis libras, e aquele que ganhar esse prêmio por três vezes conseguirá a liberdade"[19]. Esse é o quadro do trabalho e do interesse, o equilíbrio se dá num ponto justo: o trabalho do interno é valor mercantil para a administração e tem, para o prisioneiro, valor de compra de sua liberdade – um único produto e dois sistemas de ganho. Mas há também o mundo da moralidade, simbolizado pela capela, que deve situar-se no centro do quadrado formado pelas construções. Homens e mulheres deverão assistir à missa todos os domingos, e prestar atenção ao sermão, "que terá sempre por objeto provocar-lhes o arrependimento de suas vidas passadas, fazendo-os compreender como a libertinagem e a ociosidade tornam os homens infelizes, mesmo nesta vida... e fazê-los resolver assumir um comportamento melhor no futuro"[20].

Se um prisioneiro que já ganhou algum prêmio, que está apenas a uma ou duas etapas de sua liberdade, perturbar a missa, ou se se mostrar "desregrado em seus costumes", logo perderá o benefício adquirido. A liberdade não tem apenas um preço mercantil, mas também um valor moral, e deve ser adquirida através da virtude. Portanto, o prisioneiro é colocado no ponto de encontro de dois conjuntos: um, puramente econômico, constituído pelo trabalho, seu produto e suas gratificações; outro, puramente moral, constituído pela virtude, pela vigilância e pelas recompensas. Quando um e outro coincidem, num trabalho perfeito que é ao mesmo tempo pura moralidade, o interno está livre. A própria casa de correção, essa *Bicêtre* perfeita, não passa de um benefício – Musquinet estima esse trabalho não remunerado em exatamente quinhentas mil libras por ano para quatrocentos operários, e para o mundo interior que ele encerra, é uma gigantesca purificação moral: "Não existe homem tão corrompido a ponto de ser incorrigível; trata-se apenas de fazer com que conheça seus verdadeiros interesses, e nunca de embrutecê-lo com punições insuportáveis e sempre acima da fraqueza humana."[21]

Tocamos aí nas formas extremas do mito do internamento. Esse se esboça num esquema complexo, onde todas as intenções transparecem. Com toda ingenuidade, transforma-se naquilo que já era obscuramente: controle moral para os internos, lucro econômico para os outros. E o produto do trabalho aí realizado decompõe-se rigorosamente: de um lado o lucro, que cabe inteiramente à administração, e através dela à sociedade; do outro, a gratificação, que cabe ao trabalhador sob a forma de certificados de moralidade. Espécie de verdade caricatural e que não designa apenas aquilo que o asilo pretendia ser, mas o estilo no qual toda uma forma da consciência burguesa estabelece as relações entre o trabalho, o lucro e a virtude. É o ponto onde a história da loucura resvala para os mitos onde se exprimiram tanto a razão quanto a desrazão[22].

Com esse sonho de um trabalho realizado inteiramente no despojamento da moralidade, com esse outro sonho de um trabalho que encontra sua positividade na morte daquele que o realiza, o internamento atinge uma verdade excessiva. Tais projetos são dominados agora apenas por uma superabundância de significações psicológicas e sociais, por todo um sistema de símbolos morais em que a loucura se vê nivelada; ela não passa então de desordem, irregularidade, erro obscuro – um desarranjo no homem que perturba o Estado e contradiz a moral. No momento em que a sociedade burguesa percebe a inutilidade do internamento e deixa escapar essa unidade de evidência que tornava o desatino sensível à era clássica, ela se põe a sonhar com um trabalho puro – para ela, todo o lucro; para os outros, apenas a morte e a submissão moral – onde tudo o que há de estranho no homem seria sufocado e reduzido ao silêncio.

■ ■

Nesses devaneios, o internamento se extenua. Torna-se forma pura, instala-se com facilidade na rede das utilidades sociais, revela-se infinitamente fecundo. Inútil trabalho, o de todas essas elaborações míticas, que retomam, numa geometria fantástica, os temas de um internamento já condenado. No entanto, purificando o espaço do internamento de todas as suas contradições reais, tornando-o assimilável, pelo menos no imaginário, às exigências da sociedade, ele tentava substituir o valor exclusivamente de exclusão por uma significação positiva. Essa região, que havia formado uma espécie de zona negativa nos limites do Estado, procurava tornar-se um meio cheio onde a sociedade pudesse reconhecer-se e pôr em circulação seus próprios valores. Nessa medida, os sonhos de Brissot ou de Musquinet são cúmplices de outros projetos aos quais a seriedade de que estão revestidos, suas preocupações filantrópicas e as primeiras preocupações médicas parecem dar um sentido inteiramente oposto.

Embora lhes sejam contemporâneos, esses projetos são de estilos bem diferentes. Imperava neles a abstração de um internamento considerado em suas formas mais gerais, sem referência ao interno – que era antes a ocasião e o material do que a razão de ser do internamento. Aqui, pelo contrário, eram exaltados esse rosto singular que a loucura assumiu no século XVIII à medida que o internamento perdia suas estruturas essenciais e aquilo que podia haver de particular nos internos. A alienação é aí tratada em si mesma, não tanto como um dos casos de internamento necessário, mas como um problema em si e para si, onde o internamento assume apenas uma figura de solução. É a primeira vez que se veem defrontadas sistematicamente a loucura internada e a loucura tratada, a loucura aproximada do desatino e a loucura aproximada da doença. Em suma, é o primeiro momento desta confusão, ou desta síntese (como se preferir denominá-la), que constitui a alienação mental no sentido moderno da palavra.

Em 1785 surge, sob a dupla assinatura de Doublet e Colombier, uma *Instruction imprimée par ordre et aux frais du gouvernement sur la manière de gouverner et de traiter les insensés*[23]. O louco é aí situado, em toda sua ambiguidade, a meio caminho entre uma assistência que se esforça por reajustar e um internamento que está desaparecendo. Esse texto não tem valor nem de descoberta, nem de conversão na maneira de tratar a loucura. Aponta, antes, compromissos, medidas procuradas, equilíbrios. Todas as hesitações dos legisladores revolucionários já são aí pressagiadas.

De um lado, a assistência, como manifestação de uma piedade natural, é exigida para os loucos, que a merecem como todos aqueles que não podem prover às próprias necessidades: "É aos seres mais fracos e mais infelizes que a sociedade deve a proteção mais acentuada e os maiores cuidados; assim, as crianças e os insensatos sempre foram objeto da solicitude pública." No entanto, a compaixão naturalmente sentida pelas crianças é uma atração positiva; com os loucos, a piedade é logo compensada e mesmo eliminada pelo horror que se sente por essa existência estranha votada às suas violências e a seus furores: "Por assim dizer, é-se levado a evitá-los a fim de escapar desse espetáculo constrangedor de marcas horríveis que ostentam no rosto e no corpo, marcas do esquecimento da razão; aliás, o temor de sua violência afasta deles todos os que não estão obrigados a apoiá-los." Portanto, é preciso encontrar um termo médio entre o dever de assistência, que prescreve uma piedade abstrata, e os temores legítimos, que suscita um assombro realmente sentido; será o caso de propor-se naturalmente uma assistência *intra muros*, um socorro levado ao fim dessa distância que prescreve o horror, uma piedade que se desdobrará no espaço arrumado há mais de um século pelo internamento e por ele deixado vazio. Por isso mesmo, a exclusão dos loucos assumirá um outro sentido: não mais marcará a grande cesura entre razão e desatino, nos limites últimos da sociedade, mas, no próprio interior do grupo, traçará uma espécie de linha de compromisso entre sentimentos e deveres – entre a piedade e o horror, entre a assistência e a segurança. Nunca mais terá esse valor de limite absoluto que havia talvez herdado das velhas obsessões, e que havia confirmado, nos temores abafados dos homens, ao retomar de uma maneira quase geográfica o lugar da lepra. Agora, essa exclusão deve ser antes medida do que limite, e é a evidência dessa nova significação que torna tão criticáveis os "asilos franceses, inspirados nas leis romanas"; com efeito, eles só aliviam "o temor público e não podem satisfazer à piedade, que exige não apenas a segurança, mas ainda cuidados e tratamentos que muitas vezes são negligenciados e à falta dos quais a demência de uns é eterna, quando se poderia curá-la, e a de outros se vê aumentada, quando se poderia diminuí-la".

Mas essa nova forma de internamento deve ser uma medida igualmente num outro sentido, o de conciliação das possibilidades da riqueza com as exigências da pobreza, pois os ricos – e esse é bem o ideal da assistência entre os discípulos de Turgot – "transformam em lei o tratamento cuidadoso, em suas casas, de seus parentes atacados por loucura", e em caso de insucesso "fazem-nos vigiar por pessoas de confiança". Porém os pobres não têm "nem os recursos necessários para conter os insensatos, nem a faculdade de cuidar deles e tratar dos doentes". Portanto, é preciso estabelecer, a partir do modelo proposto pela riqueza, um socorro que esteja à disposição dos pobres – ao mesmo tempo vigilância e cuidados tão diligentes quanto nas famílias, mas completamente gratuitos para os que dele se beneficiarem; para tanto, Colombier prescreve o estabelecimento de "um departamento unicamente destinado aos pobres insensatos em cada depósito de mendicância, e que aí se instaure a disposição de tratar indistintamente todos os gêneros de loucura".

Todavia, o ponto mais decisivo do texto é a procura, ainda hesitante, de um equilíbrio entre a exclusão pura e simples dos loucos e os cuidados médicos que lhes são dados na medida em que são considerados como doentes. Prender os loucos é essencialmente imunizar a sociedade contra o perigo que eles representam: "Mil exemplos provaram esse perigo, e os documentos públicos já o demonstraram, há pouco tempo, ao relatar a história de um maníaco que após ter estrangulado sua mulher e seus filhos, adormeceu tranquilamente sobre as vítimas ensanguentadas de seu frenesi." Portanto, primeiro ponto: prender os dementes que as famílias pobres não são capazes de pôr sob vigilância. Mas também dar-lhes o benefício dos tratamentos que poderiam receber dos médicos se tivessem maior fortuna, ou dos hospitais, se não fossem presos de imediato. Doublet explicita os tratamentos que devem ser aplicados aos diferentes doentes do espírito – preceitos que resumem com exatidão os cuidados tradicionalmente dispensados no século XVIII[24].

Todavia, a ligação entre o internamento e os cuidados é, aqui, apenas de ordem temporal. Não coincidem exatamente: sucedem-se. Os cuidados serão dispensados durante o curto período em que a doença é considerada curável; logo após, o internamento retomará sua função única de exclusão. Num certo sentido, a instrução de 1785 não faz mais que retomar e sistematizar os hábitos da hospitalidade e do internamento, mas o essencial é que os une numa única forma institucional e que os cuidados sejam administrados lá mesmo onde se prescreve a exclusão. Outrora, o tratamento era feito no Hôtel-Dieu, e internava-se em Bicêtre. Projeta-se agora uma forma de internamento na qual a função médica e a função de exclusão serão exercidas uma após a outra, mas no interior de uma estrutura única. Proteção da sociedade contra o louco num espaço de banimento que designa a loucura como alienação irremissível – e proteção contra a doença num espaço de recuperação onde a loucura é considerada, pelo menos de direito, como transitória: estes dois tipos de medidas, que abrangem duas formas de experiência até aqui heterogêneas, vão se superpor-se sem ainda se confundir.

Pretendeu-se fazer do texto de Doublet e de Colombier a primeira grande etapa na constituição do asilo moderno[25]. Mas sua *Instruction* tenta inutilmente aproximar-se do mundo do internamento, até fazer com que nele penetrem as técnicas médicas e farmacêuticas: o passo essencial não é dado. E isso só ocorrerá no dia em que o espaço do internamento, adaptado e reservado à loucura, revelará valores próprios que, sem contribuições exteriores, mas em virtude de um poder autóctone, serão capazes de eliminar a loucura, isto é, no dia em que o internamento se transformar em medicação essencial, em que o gesto negativo de exclusão será ao mesmo tempo, através de seu sentido único e de suas virtudes intrínsecas, abertura para o mundo positivo da cura. Não se trata de revestir o internamento com práticas que lhe são estranhas, mas de, arrumando-o, forçando uma verdade que ele ocultava, estendendo todos os fios que nele se cruzam de modo obscuro, dar-lhe um valor médico no movimento que conduz a loucura à razão. Fazer de um espaço, que não passava de divisão social, o domínio dialético onde o louco e o não louco irão trocar suas verdades secretas.

Esse passo é dado por Tenon e Cabanis. Em Tenon ainda se encontra a velha ideia de que o internamento dos loucos só pode ser decretado de maneira definitiva se os cuidados médicos fracassarem: "Somente após terem se esgotado todos os recursos possíveis é que se permite consentir na necessidade incômoda de retirar a liberdade de um cidadão."[26] Mas o internamento já não é mais, de uma maneira rigorosamente negativa, abolição total e absoluta da liberdade. Deve ser, antes, liberdade restrita e organizada. Se se destina a evitar todos os contatos com o mundo da razão – e nesse sentido é sempre uma prisão –, ele deve abrir, para o exterior, num espaço vazio onde a loucura é deixada livre para exprimir-se: não para que seja abandonada à sua raiva cega, mas para que lhe seja deixada uma possibilidade de satisfação, uma possibilidade de apaziguamento que a coação ininterrupta não lhe pode permitir: "O primeiro remédio é oferecer ao louco uma certa liberdade, de modo que possa entregar-se comedidamente aos impulsos que a natureza lhe impõe."[27] Sem procurar dominá-la inteiramente, o internamento funciona antes como se devesse permitir à loucura um recuo graças ao qual ela possa ser ela mesma, surgindo numa liberdade despojada de todas as reações secundárias – violência, raiva, furor, desespero –, que não deixam de provocar uma opressão constante. A era clássica, pelo menos em alguns de seus mitos, havia assimilado a loucura às formas mais agressivas da animalidade: o que aparentava o demente ao animal era a predação. Surge agora o tema segundo o qual pode haver, no louco, uma animalidade suave, que não destrói, pela violência, sua verdade humana, mas que deixa vir à luz do dia um segredo da natureza, um fundo esquecido e no entanto sempre familiar, que aproxima o insensato do animal doméstico e da criança. A loucura não é mais uma perversão absoluta na contranatureza, mas a invasão de uma natureza bem próxima. E, aos olhos de Tenon, o ideal das práticas do internamento é exatamente aquele em uso em Saint-Luke, onde o louco "entregue a si mesmo, se quiser sai de seu alojamento, percorre a galeria ou vai para um pátio de areia ao ar livre. Forçado a agitar-se, tinha necessidade de espaços cobertos e descobertos para que a todo instante pudesse ceder aos impulsos que o dominam"[28]. Portanto, o internamento deve ser tanto espaço de verdade quanto espaço de coação, e só deve ser este para poder ser aquele. Pela primeira vez é formulada essa ideia que tem um peso único na história da psiquiatria até o momento da liberação psicanalítica: a ideia de que a loucura internada encontra nessa coação, nessa vacuidade fechada, nesse "meio", o elemento privilegiado no qual poderão aflorar as formas essenciais de sua verdade.

Relativamente livre e abandonada aos paroxismos de sua verdade, não está a loucura correndo o risco de se reforçar e obedecer a uma espécie de aceleração contínua? Nem Tenon nem Cabanis acreditam nisso. Pelo contrário, supõem que essa semiliberdade, essa liberdade enjaulada, tem valor terapêutico. É que, para eles como para todos os médicos do século XVIII, a imaginação, porque participa do corpo e da alma e porque é o lugar de origem do erro, é sempre responsável por todas as doenças do espírito.

Contudo, quanto mais o homem é coagido, mais sua imaginação divaga. Quanto mais estritas forem as regras às quais seu corpo está submetido, mais desregrados serão seus sonhos e suas imagens. De modo que a liberdade aprisiona melhor a imaginação do que as correntes, uma vez que ela confronta sem cessar a imaginação com o real e dissimula os sonhos mais estranhos nos gestos mais familiares. A imaginação silencia na vagabundagem da liberdade. E Tenon[29] elogia bastante a previdência dos administradores de Saint-Luke, pela qual "o louco é em geral deixado em liberdade durante o dia: essa liberdade, para quem não conhece o freio da razão, já é um remédio que impede o alívio provocado por uma imaginação solta ou perdida". Em si mesmo, e sem ser outra coisa além dessa liberdade reclusa, o internamento é portanto agente de cura; é uma entidade médica, não tanto em razão dos cuidados que proporciona, mas em virtude do próprio jogo da imaginação, da liberdade, do silêncio, dos limites e do movimento, que os organiza espontaneamente e conduz o erro à verdade, a loucura à razão. A liberdade internada cura por si mesma, como logo o fará a linguagem liberada na psicanálise, porém através de um movimento exatamente contrário: não permitindo aos fantasmas que se materializem em palavras e se permutem entre si, mas obrigando-os a apagar-se diante do silêncio insistente e pesadamente real das coisas.

O passo essencial está dado: o internamento recebeu sua carta de nobreza médica, tornou-se lugar de cura, não mais o lugar onde a loucura espreitava e se conservava obscuramente até a morte, mas o lugar onde, por uma espécie de mecanismo autóctone, se supõe que ela acabe por suprimir a si mesma.

O importante é que essa transformação da casa de internamento em asilo não se fez através da introdução progressiva da medicina – espécie de invasão proveniente do exterior – mas através de uma reestruturação interna desse espaço ao qual a era clássica não havia dado outras funções além das de exclusão e correção. A progressiva alteração de suas significações sociais, a crítica política da repressão e a crítica econômica da assistência, a apropriação de todo o campo do internamento pela loucura, enquanto todas as outras figuras do desatino foram dele pouco a pouco afastadas, tudo isso é que faz do internamento um lugar duplamente privilegiado pela loucura: o lugar de sua verdade e o lugar de sua abolição. E, nessa medida, ele se torna realmente sua destinação; entre eles, a ligação será doravante necessária. E as funções que podiam parecer mais contraditórias – proteção contra os perigos provocados pelos insensatos e cura das doenças –, essas funções encontram finalmente uma espécie de repentina harmonia: uma vez que é no espaço fechado, mas vazio, do internamento que a loucura formula sua verdade e libera sua natureza, de uma só vez e através apenas da operação do internamento, o perigo público será conjurado, e os signos da doença, eliminados.

Com o espaço do internamento assim habitado por valores novos e por todo um movimento que lhe era desconhecido, a medicina poderá, e só agora, apossar-se do asilo e chamar para si todas as experiências da loucura. Não é o pensamento médico que forçou as portas do internamento; se os médicos hoje reinam no asilo, não é por um direito de conquista, graças à força viva de sua filantropia ou de sua preocupação com a objetividade científica. É porque o próprio internamento aos poucos assumiu um valor terapêutico, e isso através do reajustamento de todos os gestos sociais ou políticos, de todos os ritos, imaginários ou morais, que desde mais de um século haviam conjurado a loucura e o desatino.

■ ■

O internamento muda de figura. Mas no complexo que com ele constitui, onde uma divisão rigorosa nunca é possível, a loucura por sua vez se altera. Ela reata, com essa semiliberdade que lhe é oferecida, não sem comedimento, com o tempo no qual ela transcorre, com os olhares enfim que a vigiam e delimitam, novas relações. Ela necessariamente constitui um corpo único com esse mundo fechado, que é ao mesmo tempo para ela sua *verdade* e sua *morada*. Por uma recorrência, que só é estranha se se pensar a loucura nas práticas que a designam e lhe dizem respeito, sua situação transforma-se em natureza; suas coações assumem o sentido de um determinismo, e a linguagem que a fixa assume a voz de uma verdade que falaria de si mesma.

O gênio de Cabanis, e os textos que escreveu em 1791[30], situam-se nesse momento decisivo, e ao mesmo tempo equívoco, onde a perspectiva oscila: aquilo que era reforma social do internamento torna-se fidelidade às verdades profundas da loucura; e a *maneira pela qual se aliena o louco* deixa-se esquecer para reaparecer como *natureza da alienação*. O internamento está em vias de ordenar-se pelas formas que fez surgir.

O problema da loucura não é mais encarado do ponto de vista da razão ou da ordem, mas do ponto de vista do direito do indivíduo livre; nenhuma coação, nem mesmo caridade alguma, pode enfraquecê-lo. "O que se deve providenciar antes de mais nada é a liberdade e a segurança das pessoas; exercendo a beneficência, não se deve violar as regras da justiça." Liberdade e razão têm os mesmos limites. Quando a razão é atingida, a liberdade pode ser coagida; e é necessário ainda que essa afecção da razão seja exatamente uma das que ameaçam a existência do sujeito ou a liberdade dos outros: "Quando os homens gozam de suas faculdades racionais, isto é, quando elas não são alteradas a ponto de comprometer a segurança e a tranquilidade de outrem, ou de expor a própria pessoa a verdadeiros perigos, ninguém, nem mesmo a sociedade, tem o direito de atingir seja como for sua independência."[31] Assim se prepara uma definição da loucura a partir das relações que a liberdade pode manter consigo mesma. As velhas concepções jurídicas que liberavam o louco de sua responsabilidade penal e o privavam de seus direitos civis não constituíam uma psicologia da loucura; essa suspensão da liberdade pertencia apenas à esfera das consequências jurídicas. Mas, com Cabanis, a liberdade tornou-se uma natureza para o homem; aquilo que impedir legitimamente seu uso deve necessariamente ter alterado as formas naturais que ela assume no homem. O internamento do louco, então, não será nada além de um estado de fato, a tradução, em termos jurídicos, de uma abolição da liberdade já conquistada em nível psicológico. E com essa recorrência do direito à natureza se vê fundamentada a grande ambiguidade que tanto faz hesitar o pensamento contemporâneo a respeito da loucura: se a irresponsabilidade se identifica com a ausência de liberdade, não há determinismo psicológico que não possa inocentar, isto é, não há verdade para a psicologia que não seja ao mesmo tempo alienação para o homem.

O desaparecimento da liberdade, de consequência que era, torna-se fundamento, segredo, essência da loucura. E é essa essência que deve prescrever o que se deve impor como restrição à liberdade material dos insensatos. Impõe-se um controle que deverá interrogar a loucura sobre ela mesma, e para o qual se convocará de modo confuso – tanto esse desaparecimento da liberdade ainda permanece ambíguo – magistrados, juristas, médicos e simplesmente homens experimentados: "Essa é a razão pela qual os lugares onde os loucos são mantidos devem ser continuamente submetidos à inspeção das diferentes magistraturas e à vigilância especial da polícia." Quando um louco é levado para um lugar de detenção, "sem perda de tempo será observado sob todos os aspectos, será submetido a exame por oficiais da saúde, será vigiado por pessoas da polícia das mais inteligentes e mais habituadas a observar a loucura em todas as suas variedades"[32]. O internamento deverá representar como que uma espécie de medida permanente da loucura, reajustando-se incessantemente à sua verdade móvel, só coagindo ali e no limite em que a liberdade se aliena: "A humanidade, a justiça e a boa medicina ordenam que se encerrem apenas os loucos que podem de fato prejudicar os outros; de manter amarrados apenas aqueles que, sem isso, se prejudicariam a si mesmos." A justiça que imperará no asilo não será mais a da punição, mas a da verdade: uma certa exatidão no uso das liberdades e das restrições, uma conformidade tão rigorosa quanto possível da coação à alienação da liberdade. E a forma concreta dessa justiça, bem como seu símbolo visível, se encontram não mais na corrente restrição absoluta e punitiva, que sempre "mata as partes que prende" – mas naquilo que ia tornar--se a famosa camisola, esse "colete estreito de brim ou lona forte que amarra e prende os braços"[33] e que deve incomodar tanto mais quanto mais violentos forem os movimentos feitos. Não se deve conceber a camisola como a humanização das correntes e um progresso na direção do *self-restraint*. Há toda uma dedução conceitual da camisa de força[34] que mostra que na loucura não se faz mais a experiência de um confronto absoluto entre a razão e o desatino, mas a de um jogo sempre relativo, sempre móvel, entre a liberdade e seus limites.

O projeto de regulamento que se segue ao *Rapport adressé au Département de Paris* propõe a aplicação detalhada das principais ideias que o texto de Cabanis desenvolve: "A admissão dos loucos ou dos insensatos nos estabelecimentos que lhes são ou serão destinados em toda a extensão do Departamento de Paris será feita com base no relatório de um médico e um cirurgião legalmente reconhecidos, assinado por duas testemunhas, parentes, amigos ou vizinhos, e autenticado por um juiz de paz da seção ou do cantão." Mas o relatório dá uma interpretação mais ampla do regulamento: a própria preeminência do médico, na determinação da loucura, é aí claramente controlada, e justamente em nome de uma experiência asilar considerada como mais próxima da verdade, ao mesmo tempo porque ela repousa em casos mais numerosos e porque de algum modo deixa a loucura falar mais livremente de si mesma.

Suponhamos assim que um louco seja levado a um hospital... o doente chega, conduzido por sua família, vizinhos, amigos ou pessoas caridosas. Essas pessoas atestam que ele é de fato louco; elas *estão* ou *não estão* munidas de certificados médicos. As aparências confirmam ou parecem contrariar o que afirmam. Seja qual for a opinião que então se possa ter a respeito do estado do doente, se as provas de pobreza forem autênticas deve-se recebê-lo provisoriamente.

Segue-se uma longa observação feita tanto pelas "pessoas do serviço" quanto pelos "oficiais da saúde". É aí que se efetua a divisão, no privilégio do internamento e sob o olhar de uma observação purificada por ele: se o indivíduo apresenta os indícios manifestos da loucura,

toda dúvida desaparece. Pode-se admiti-lo sem escrúpulos, deve-se cuidar dele, pô-lo ao abrigo de seus próprios erros e continuar corajosamente o uso dos remédios indicados. Se, pelo contrário, após um tempo julgado conveniente, nenhum sintoma de loucura for descoberto, se inquéritos realizados com prudência não reunirem nada que permita supor que esse tempo de calmaria não passou de um intervalo lúcido; enfim, se o doente pede para sair do hospital, seria um crime segurá-lo aí à força. Deve-se sem demora devolvê-lo a si mesmo e à sociedade.

O certificado médico à entrada do asilo, portanto, traz apenas uma garantia duvidosa. O critério definitivo, e que não se pode pôr em dúvida, deverá ser fornecido pelo internamento: a loucura surge aí filtrada de tudo aquilo que poderia constituir uma ilusão e oferecida a um olhar absolutamente neutro, pois não é mais o interesse da família que fala, nem o poder e seu arbítrio, nem os preconceitos da medicina, mas é o próprio internamento que se pronuncia, e no vocabulário que lhe é próprio: isto é, com esses termos de liberdade ou de coação que tocam profundamente na essência da loucura. Os guardiães que zelam pelos limites do internamento são os que agora detêm a possibilidade de um conhecimento positivo da loucura.

Através desse caminho, Cabanis chega à curiosa ideia (sem dúvida a mais nova) de um "diário de asilo". No internamento clássico, o desatino era, em sentido estrito, reduzido ao silêncio. De tudo o que ele foi durante todo esse tempo, nada sabemos, a não ser por alguns sinais enigmáticos que o designam nos registros das casas de internamento: suas figuras concretas, sua linguagem e a multiplicidade dessas existências delirantes, tudo isso está sem dúvida perdido para nós. Nessa época, a loucura não tinha memória, e o internamento constituía o selo desse esquecimento. Doravante, ele é aquilo através do que a loucura formula sua verdade; a cada momento ele deve marcar as medidas dessa loucura, e é nele que ela se totalizará, chegando assim a um ponto de decisão: "Será mantido um diário onde o quadro de cada doença, os efeitos dos remédios e as aberturas de cadáveres serão consignados com escrupulosa exatidão. Todos os indivíduos da seção serão nominalmente inscritos nele, através do quê a administração poderá apreciar nominalmente seu estado, semana após semana, ou mesmo dia a dia, se considerar necessário." A loucura ganha assim regiões da verdade que o desatino jamais atingira: ela se insere no tempo, escapa ao acidente puro com o qual se indicavam outrora seus diferentes episódios para assumir uma figura autônoma na história. Seu passado e sua evolução fazem parte de sua verdade – e o que a revela não é mais justamente essa ruptura sempre instantânea em relação à verdade com a qual se identificava o desatino. Há um tempo da loucura que é o do calendário, não o calendário rítmico das estações que a liga às forças obscuras do mundo, mas um calendário cotidiano, dos homens, no qual se aprecia a história.

Desdobrada pelo internamento em sua verdade, instalada no tempo das crônicas e da história, despojada de tudo que podia tornar irredutível a presença profunda do desatino, a loucura, assim desarmada, pode entrar sem perigo no jogo das trocas. Ela se torna comunicável. Pode retomar uma existência pública – não sob a forma que causava escândalo, contestando de uma só vez, e sem admitir recursos, tudo o que há de mais essencial no homem e de mais verdadeiro na verdade, mas sob a forma de um objeto calmo, posto à distância sem que nada lhe seja retirado, aberto sem reticências para os segredos que não perturbam, mas que ensinam.

A administração pensará sem dúvida que o resultado desse diário e seus detalhes mais preciosos pertencem a esse mesmo público que forneceu esse deplorável material. A administração ordenará, sem dúvida, a publicação desse diário, e por menor que seja a contribuição filosófica e de conhecimentos médicos que o redator possa lhe dar, essa coletânea, oferecendo todo ano novos fatos, novas observações, experiências novas e verdadeiras, se tornará para a ciência física e moral do homem uma imensa fonte de riquezas.[35]

A loucura se oferece aos olhares. Já se oferecia no internamento clássico, quando dava o espetáculo de sua animalidade; mas o olhar que se voltava sobre ela era então um olhar fascinado, no sentido de que o homem contemplava nessa figura tão estranha uma bestialidade que era a sua própria e que ele reconhecia de um modo confuso como infinitamente próxima e infinitamente afastada, essa existência que uma monstruosidade delirante tornava desumana e colocava no ponto mais distante do mundo era secretamente aquela que ele sentia em si mesmo. O olhar que agora incide sobre a loucura não está carregado com tantas cumplicidades; é dirigido para um objeto que ele atinge através apenas de uma verdade discursiva já formulada: o louco só lhe aparece como que decantado pela abstração da loucura. E se há algo nesse espetáculo que diz respeito ao indivíduo razoável, não é na medida em que a loucura pode contestar para ele a totalidade do homem, mas na medida em que ela pode contribuir com algo para aquilo que se sabe do homem. Ela não mais deve inscrever-se na negatividade da existência, como uma de suas figuras mais abruptas, porém tomar lugar progressivamente na positividade das coisas conhecidas.

Nesse novo olhar, onde os compromissos são conjurados, a barreira das grades também é abolida. O louco e o não louco estão, rosto descoberto, um na presença do outro. Entre eles não há mais nenhuma distância, salvo a avaliada imediatamente pelo olhar. Mas, embora imperceptível, ela é sem dúvida ainda mais intransponível; a liberdade adquirida no internamento, a possibilidade de daí extrair uma verdade e uma linguagem na verdade são para a loucura apenas o outro lado de um movimento que lhe dá um estatuto no conhecimento: sob o olhar que agora a envolve, ela se despoja de todos os prestígios que faziam dela, ainda recentemente, uma figura conjurada desde o momento em que era percebida; ela se torna forma olhada, coisa investida pela linguagem, realidade que se conhece; torna-se objeto. E se o novo espaço do internamento aproxima, a ponto de reuni-las numa morada mista, a loucura e a razão, ele estabelece entre ambas uma distância bem mais temível, um desequilíbrio que não mais poderá ser invertido; por mais Livre que seja a loucura no mundo que lhe prepara o homem razoável, por mais próxima que esteja de seu espírito e coração, nunca deixará de ser para ele nada além de um objeto. Não mais o outro lado sempre iminente de sua existência, mas um evento possível no encadeamento das coisas. Essa queda na objetividade é que domina a loucura, de um modo mais profundo e melhor do que sua antiga sujeição às formas do desatino. O internamento, em seus novos aspectos, pode muito bem oferecer à loucura o luxo de uma liberdade: ela agora é serva e está desarmada de seus mais profundos poderes.

E se se devesse resumir toda essa evolução numa palavra, seria possível dizer, sem dúvida, que o próprio da experiência do Desatino é o fato de nele a loucura ser sujeito de si mesma, mas que na experiência que se forma, nesse fim de século XVIII, a loucura é alienada de si mesma no estatuto de objeto que ela recebe.

■ ■

Cabanis sonha para ela esse sonho acordado ao qual o asilo a obriga; procura esgotá-la nessa problemática serena. Coisa curiosa: nesse mesmo momento ela retoma vida alhures e se carrega de todo um conteúdo concreto. Enquanto se purifica para o conhecimento e se despoja de suas antigas cumplicidades, ela se engaja numa série de interrogações que a moral faz a si mesma. Ela penetra na vida cotidiana, oferecendo-se a escolhas e decisões elementares, suscitando opções frustradas e constrangendo aquilo que se pode chamar de "opinião pública" a rever o sistema de valores que lhe diz respeito. A decantação, a purificação que se realizou em Colombier, em Tenon, em Cabanis, sob o esforço de uma reflexão contínua, é logo contrabalançada e comprometida por esse trabalho espontâneo que se realiza todo dia, às margens da consciência. É aí, portanto, nesse formigamento mal perceptível de experiências cotidianas e minúsculas, que a loucura vai buscar a figura moral que Pinel e Tuke lhe reconhecerão de imediato.

É que, desaparecendo o internamento, a loucura novamente emerge no domínio público. Ela reaparece levada como que por uma invasão lenta e abafada, interrogando os juízes, as famílias e todos os responsáveis pela ordem. Enquanto se procura um estatuto para ela, a loucura coloca questões urgentes: o velho conceito – familiar, policial, social – de homem desatinado se desfaz, deixando que se confrontem, uma com a outra e sem intermediação, a noção jurídica de responsabilidade e a experiência imediata da loucura. Começa todo um trabalho com o qual o conceito negativo de alienação, tal como o definia o direito, vai deixar-se penetrar aos poucos e alterar-se pelas significações morais que o homem cotidiano atribui à loucura.

"No tenente de polícia deve-se distinguir o magistrado e o administrador. O primeiro é homem da lei, o segundo, do governo."[36] E Des Essarts, alguns anos mais tarde, comenta essa definição que ele mesmo tinha dado: "Relendo em abril de 1789 esse artigo escrito em 1784, devo acrescentar que a nação faz votos de que essa parte da administração seja destruída, ou pelo menos modificada, de maneira que a liberdade dos cidadãos seja assegurada da maneira mais inviolável." A reorganização da polícia, no começo da Revolução, fazendo desaparecer esse poder ao mesmo tempo independente e misto, confia seus privilégios ao cidadão – ao mesmo tempo homem privado e vontade coletiva. As circunscrições eleitorais, criadas pelo decreto de 28 de março de 1789, vão servir de moldura para a reorganização da polícia; em cada um dos distritos de Paris estabelecem-se cinco companhias, uma das quais é paga (na maioria das vezes trata-se da antiga polícia), sendo as quatro restantes formadas por cidadãos voluntários[37]. Da noite para o dia, o homem privado se vê encarregado de assegurar essa divisão social imediata, anterior ao ato da justiça, que é tarefa de toda polícia. Ele lida diretamente, sem intermediários nem controle, com todo o material humano que era antes enviado ao internamento: vagabundagem, prostituição, devassidão, imoralidade e, por certo, todas as formas confusas que vão da violência ao furor, da fraqueza de espírito à demência. O homem, enquanto cidadão, é convocado a exercer em seu grupo o poder, provisoriamente absoluto, da polícia; cabe a ele realizar esse gesto obscuro e soberano com o qual uma sociedade designa um indivíduo como indesejável ou estranho à unidade que ela forma; é ele que tem por tarefa julgar os limites da ordem e da desordem, da liberdade e do escândalo, da moral e da imoralidade. É nele agora, e em sua consciência, que se deposita o poder em virtude do qual deve operar-se imediatamente, e antes de toda liberação, a divisão entre loucura e razão.

O cidadão é razão universal – e num duplo sentido: ele é verdade imediata da natureza humana e medida de toda legislação. Mas é igualmente aquele pelo qual o desatino se separa da razão; ele é, nas formas mais espontâneas de sua consciência, nas decisões que é levado a tomar desde então, antes de toda elaboração teórica ou judiciária, ao mesmo tempo o lugar, o instrumento e o juiz da divisão. O homem clássico, como vimos, também reconhecia a loucura, antes de todo saber e numa apreensão imediata; mas então ele fazia uso de seu bom senso, não de seus direitos políticos; era o homem enquanto homem que julgava e percebia, sem comentários, uma diferença de fato. Agora, quando tem de tratar com a loucura, o cidadão exerce um poder fundamental que lhe permite ser ao mesmo tempo "o homem da lei" e "o do governo". Enquanto único soberano do estado burguês, o homem livre se tornou o juiz primeiro da loucura. Com isso o homem concreto, o homem de todos os dias, restabelece com a loucura esses contatos que a era clássica havia interrompido; mas ele os retoma sem diálogo nem confronto, na forma já dada da soberania e no exercício absoluto e silencioso de seus direitos. Os princípios fundamentais da sociedade burguesa permitem a essa consciência, simultaneamente privada e universal, imperar sobre a loucura antes de toda contestação possível. E quando a restitui à experiência judiciária ou médica, nos tribunais ou nos asilos, ela já a dominou secretamente.

Esse reino terá sua forma primeira, e bem transitória, nos "tribunais de família": velha ideia, já bem anterior à Revolução e que os hábitos do Antigo Regime pareciam esboçar antecipadamente. A respeito dos memoriais pelos quais as famílias solicitavam as cartas régias de internamento, o tenente de polícia Bertin escreveu aos intendentes, em 1º de junho de 1764: "As precauções que os senhores tomassem a respeito dos seguintes pontos nunca seriam demais: primeiro, que os memoriais sejam assinados pelos parentes paternos e maternos mais próximos; segundo, anotar aqueles que não assinaram e as razões que os impediram de fazê-lo."[38] Breteuil, mais tarde, pensará em constituir legalmente uma jurisdição familiar. Finalmente, é um decreto da Constituinte que cria os tribunais de família em maio de 1790. Deveriam constituir a célula elementar da jurisdição civil, mas suas decisões só poderiam ter força executiva após uma ordenação especial baixada pelas instâncias do distrito. Esses tribunais deveriam aliviar as jurisdições do Estado nos inúmeros processos referentes às diferenças de interesses familiares, heranças, copropriedade etc. Mas atribuía-se-lhes também um outro objetivo: deviam dar condição e forma jurídica a medidas que outrora as famílias pediam diretamente à autoridade real: pais dissipadores ou devassos, filhos pródigos, herdeiros incapazes de gerir sua parte, todas essas formas de deficiência, desordem ou conduta errônea, que antes uma carta régia sancionava à falta de um processo total de interdição, estão agora na dependência dessa jurisdição familiar.

Nesse sentido, a Constituinte completa uma evolução que não havia parado ao longo do século XVIII, conferindo uma estatura institucional a toda uma prática espontânea. Mas, de fato, a arbitrariedade das famílias e a relatividade de seus interesses estavam longe de serem limitadas com esse tribunal; pelo contrário, enquanto no Antigo Regime todo requerimento devia acarretar um inquérito policial com fins de verificação do alegado[39], na nova jurisdição existe apenas o direito de apelar das decisões do tribunal de família para as instâncias superiores. Esses tribunais, sem dúvida, funcionaram de um modo bem defeituoso[40], e não sobreviverão às diversas reorganizações da justiça. Mas é bem significativo que, por um certo tempo, a própria família tenha sido erigida em instância jurídica e tenha gozado das prerrogativas de um tribunal a respeito da conduta inconveniente das desordens e das diferentes formas de incapacidade e loucura. Durante certo tempo, ela surgiu à luz do dia tal como se tinha transformado e naquilo que iria continuar a ser de um modo obscuro: a instância imediata que efetua a divisão entre razão e loucura – essa forma judiciária frustrada que assimila as regras da vida, da economia e da moral familiar às normas da saúde, da razão e da liberdade. Na família, considerada como instituição e definida como tribunal, a lei não escrita assume uma significação de natureza e ao mesmo tempo o homem privado recebe o estatuto de juiz, trazendo para o domínio do debate público seu diálogo cotidiano com o desatino. Há doravante uma ascendência pública e institucional da consciência privada sobre a loucura.

Muitas outras transformações designam essa nova ascendência, de modo bem evidente. Sobretudo as modificações introduzidas na natureza das penas. Às vezes, como vimos[41], o internamento constituía uma atenuação dos castigos; mais frequentemente ainda, ele procurava pôr de lado a monstruosidade do crime, quando a pena revelava um excesso, uma violência que revelasse uma espécie de poder inumano[42]. O internamento traçava o limite a partir do qual o escândalo se torna inaceitável. Para a consciência burguesa, pelo contrário, o escândalo se torna um dos instrumentos do exercício de sua soberania. É que, em seu poder absoluto, ela não é somente juiz, mas ao mesmo tempo, e por si mesma, castigo. "Conhecer", cujo direito ela assume agora, não significa apenas instruir e julgar, mas também tornar público e manifestar de maneira evidente a seus próprios olhos uma falta que terá sua punição. Nela devem efetuar-se o julgamento e a execução da sentença, bem como a salvação, através do ato único, ideal e instantâneo, do olhar. O conhecimento assume, no jogo organizado do escândalo, a totalidade do julgamento.

Em sua *Théorie des lois criminelles*, Brissot mostra que o escândalo constitui o castigo ideal sempre proporcionado à falta, livre de todo estigma físico e imediatamente adequado às exigências da consciência moral. Ele retoma a velha distinção entre o pecado, infração à ordem divina, cujo castigo é reservado a Deus, o crime, cometido em detrimento do próximo e que deve ser punido com suplícios, e o vício, "desordem que diz respeito apenas a nós mesmos", e que deve ser sancionado pela vergonha[43]. Por ser mais interior, o vício é também mais primitivo: é o próprio crime, mas antes de sua realização; desde sua origem já está no coração dos homens. Antes de infringir as leis, o criminoso sempre atentou contra as regras silenciosas presentes na consciência dos homens:

Os vícios são, com efeito, em relação aos costumes, aquilo que os crimes são em relação às leis, e o vício é sempre o pai do crime; é uma raça de monstros que, como nessa assustadora genealogia do pecado descrita por Milton, parecem reproduzir-se uns aos outros. Vejo um infeliz prestes a morrer... Por que sobe ao cadafalso? Sigam a corrente de suas ações, verão que o primeiro elo foi quase sempre a violação da barreira sagrada dos costumes.[44]

Se se pretende evitar os crimes, não será reforçando a lei ou agravando as penas que se conseguirá fazê-lo, mas sim tornando os costumes mais imperiosos, mais temíveis suas regras, suscitando o escândalo cada vez que um vício se denuncia. Punição fictícia, ao que parece, e que o é efetivamente num estado tirânico, onde a vigilância das consciências e o escândalo só podem produzir a hipocrisia, "porque a opinião pública não é mais sensível... porque, enfim, é preciso pronunciar a palavra enigma, a bondade dos costumes não é parte essencial e integrante dos governos monárquicos como o é das repúblicas"[45]. Mas, quando os costumes constituem a própria substância do Estado, e a opinião o elo mais sólido da sociedade, o escândalo torna-se a forma mais temível da alienação. Através dele, o homem torna-se irreparavelmente estranho ao que existe de essencial na sociedade, e a punição, ao invés de manter o caráter particular de uma reparação, assume a forma do universal; ela está presente na consciência de cada um, é efetivada pela vontade de todos. "Legisladores que querem impedir o crime, este é o caminho que seguem todos os criminosos; assinalem o primeiro marco que eles ultrapassarão, é o dos costumes; portanto, tornem-no intransponível, e não serão tão frequentemente chamados a recorrer às penas."[46] O escândalo torna-se assim a punição duplamente ideal, como adequação imediata à falta, e como meio de impedi-la antes que assuma uma forma criminosa.

Aquilo que o internamento encerrava, deliberadamente, nas sombras, a consciência revolucionária quer entregar ao público – com a manifestação tornando-se a essência do castigo. Todos os valores relativos do segredo e do escândalo foram assim postos abaixo: a profundeza obscura da punição que envolvia a falta cometida é substituída pelo brilho superficial do escândalo, para sancionar o que há de mais obscuro, de mais profundo, de menos formulado ainda no coração dos homens. E, de uma maneira estranha, a consciência revolucionária reencontra o velho valor dos castigos públicos, e uma espécie de exalação dos surdos poderes do desatino[47]. Mas isso é apenas aparente; não se trata mais de manifestar o insensato diante do mundo, mas apenas de mostrar a imoralidade às consciências escandalizadas.

Com isso, toda uma psicologia está em vias de surgir, e que muda as significações essenciais da loucura, propondo uma nova descrição das relações do homem com as formas ocultas do desatino. É estranho que a psicologia do crime e seus aspectos ainda rudimentares – ou pelo menos a preocupação de remontar a suas origens no coração do homem – não tenha surgido de uma humanização da justiça, mas sim de uma exigência suplementar da moral, de uma espécie de estatização dos costumes e de uma espécie de depuração das formas da indignação. Essa psicologia é, antes de mais nada, a imagem invertida da justiça clássica. Daquilo que estava aí oculto faz ela uma verdade que ela mesma manifesta. Ela vai prestar depoimento sobre tudo o que até então havia ficado sem testemunhas. E, por conseguinte, a psicologia e o conhecimento daquilo que há de mais interior no homem nasceram justamente da convocação que se fez da consciência pública como instância universal, como forma imediatamente válida da razão e da moral para julgar os homens. A interioridade psicológica foi constituída a partir da exterioridade da consciência escandalizada. Tudo o que havia constituído o conteúdo do velho desatino clássico vai poder ser retomado nas formas do conhecimento psicológico. Esse mundo, que havia sido conjurado numa distância irredutível, de repente se torna familiar para a consciência cotidiana, uma vez que ela deve ser seu juiz; e ele se divide agora segundo a superfície de uma psicologia inteiramente baseada nas formas menos refletidas e mais imediatas da moral.

■ ■

Tudo isso assume a forma de instituição na grande reforma da justiça criminal. Nela, o júri deve exatamente configurar a instância da consciência pública, seu império ideal sobre tudo aquilo que o homem pode ter de poderes secretos e desumanos. A regra dos debates públicos atribui a essa soberania, que os jurados detêm momentaneamente e por delegação, uma extensão teoricamente indefinida: é o corpo inteiro da nação que julga através deles, e que se encontra em debate com todas as formas de violência, de profanação e de desatino, que o internamento punha de lado. Ora, através de um movimento paradoxal que, ainda em nossos dias, não atingiu sua plena realização, à medida que a instância que julga reivindica, para fundamentar sua justiça, maior a universalidade, à medida que substitui as regras de jurisprudência particulares pela norma geral dos direitos e deveres do homem, à medida que seus julgamentos confirmam sua verdade numa certa consciência pública, o crime se interioriza e sua significação não para de tornar-se cada vez mais privada. A criminalidade perde seu sentido absoluto e a unidade que possuía no gesto realizado, na ofensa feita; ela se divide segundo duas medidas, que se tornarão cada vez mais irredutíveis com o tempo: a que ajusta a falta a uma pena – medida tomada de empréstimo às normas da consciência pública, às exigências do escândalo, às regras da atitude jurídica que assimila castigo e manifestação – e a que define a relação da falta com suas origens – medida que é da ordem do conhecimento, da delimitação individual e secreta. Dissociação que bastaria para provar, se fosse necessário, que a psicologia, como conhecimento do indivíduo, deve ser considerada historicamente num relacionamento fundamental com as formas de julgamento que a consciência pública profere. De psicologia individual nada houve, a não ser toda uma reorganização do escândalo na consciência social. Conhecer o encadeamento das hereditariedades, do passado e das motivações só se tornou possível no dia em que a falta e o crime, deixando de ter apenas valores autóctones e de estar em relação apenas consigo mesmos, tomaram toda sua significação de empréstimo ao olhar universal da consciência burguesa. Nessa cisão entre escândalo e segredo, o crime perdeu sua densidade real, passando a ocupar lugar num mundo semiprivado, semipúblico. Enquanto pertencente ao mundo privado, ele é erro, delírio, imaginação pura, portanto inexistente. Enquanto pertencente ao próprio mundo público, ele manifesta o desumano, o insensato, aquilo em que a consciência de todos não conseguir reconhecer-se, aquilo que não está baseado nela, portanto aquilo que não tem o direito de existir. De todo modo, o crime se torna irreal, e no não ser que ele manifesta ele descobre seu profundo parentesco com a loucura.

O internamento clássico já não era o indício de que esse parentesco já existia, há muito tempo? Não confundia ele numa mesma monotonia as fraquezas do espírito e as do comportamento, as violências das palavras e dos gestos, envolvendo-os na apreensão maciça do desatino? Mas não era para atribuir-lhes uma psicologia comum que denunciaria em uns e outros os mesmos mecanismos da loucura. A neutralização era aí procurada como um efeito. A não existência vai ser agora designada como origem. E, através de um fenômeno de recorrência, o que se obtinha no internamento a título de consequência é descoberto como princípio de assimilação entre a loucura e o crime. A proximidade geográfica onde eram coagidos a fim de serem reduzidos torna-se vizinhança genealógica no não ser.

Essa alteração já é perceptível no primeiro caso de crime passional proposto na França diante de um júri e em sessão pública. Um evento como esse não é normalmente retido pelos historiadores da psicologia. Mas, para aquele que quer conhecer a significação desse mundo psicológico, que se abriu para o homem ocidental ao final do século XVIII e no qual ele foi levado a procurar sua verdade cada vez mais profundamente, a ponto de agora querer decifrá-la até a última palavra; para quem quiser saber o que é a psicologia, não enquanto corpo de conhecimentos, mas como fato e expressão culturais próprios do mundo moderno, esse processo e a maneira pela qual foi conduzido têm a importância de um limiar ou de uma teoria da memória. Todo um novo relacionamento do homem com sua verdade está em vias de ser aí formulado.

Para situá-lo com exatidão, pode-se compará-lo com qualquer um dos casos de crime e loucura que foram julgados no decorrer dos anos anteriores. Como exemplo, na época em que Joly de Fleury era ministro da Justiça, um certo Bourgeois tentou assassinar uma mulher que lhe recusava dinheiro[48]. Ele foi preso; a família logo formulou um pedido "para ser autorizada a abrir uma informação para ter a prova de que o dito Bourgeois sempre deu mostras de sinais de loucura e dissipação e, com isso, fazer com que seja preso ou enviado para as Ilhas". Testemunhas podem afirmar que várias vezes o acusado mostrou "o olhar perdido e o comportamento de um louco", que muitas vezes ele "tagarelava", dando todos os sinais de um homem que "perdeu a cabeça". O procurador fiscal inclina-se a dar satisfação ao pedido, não em consideração ao estado do culpado, mas por respeito à honorabilidade e à miséria de sua família:

> É a pedido [escreve ele a Joly de Fleury] dessa honesta família desolada, cuja fortuna é bem medíocre e que ainda se verá sobrecarregada com seis crianças de pouca idade que o dito Bourgeois, reduzido à mais terrível miséria, lhes deixa nos braços, que tenho a honra de dirigir a Vossa Alteza a cópia anexa a fim de que, com a ajuda de vossa proteção, que essa família solicita, seja ela autorizada a mandar prender numa casa de força esse mau indivíduo, capaz de desonrá-la com sinais de loucura de que deu demasiadas provas desde há alguns anos.

Joly de Fleury responde que o processo deve ser seguido do começo ao fim, conforme as normas: em caso algum, mesmo que a loucura seja evidente, o internamento deve deter o curso da justiça, nem impedir uma condenação; mas, no procedimento, deve-se abrir lugar para um inquérito sobre a loucura; o acusado deve "ser ouvido e interrogado diante do conselheiro-relator, visto e visitado pelo médico e pelo cirurgião da Corte, na presença de um de seus substitutos". De fato, o processo ocorre, e a 1º de março de 1783 a Corte Criminal da Câmara de la Tournelle determina que Bourgeois "será conduzido para a casa de força do castelo de Bicêtre, para ali ser detido, alimentado, tratado e medicamentado como os outros insensatos". Após uma breve estada na seção dos alienados, constata-se que ele dá poucos sinais de loucura; teme-se estar diante de um caso de simulação e colocam-no numa cela. Algum tempo depois, ele pede e obtém, pois não manifesta violência alguma, que o levem de volta para junto dos insensatos, onde "é empregado numa pequena função que lhe dá condições de proporcionar-se pequenas amenidades". Ele redige um requerimento para pedir sua libertação. "O sr. presidente respondeu que sua detenção é um favor, e que seu caso era o de uma condenação *ad omnia citra mortem*."

Esse é o ponto essencial: a estada entre os insensatos, a que se condena o criminoso, não é indício de que o inocentam; é sempre, em todo caso, um favor. Isso significa que o reconhecimento da loucura, ainda que estabelecida no decorrer do processo, não faz parte integrante do julgamento: ela se superpõe a este, modifica suas consequências, sem tocar no essencial. O sentido do crime, sua gravidade, o valor absoluto do gesto, tudo isso permanece intacto; a loucura, mesmo reconhecida pelos médicos, não remonta ao centro do ato para "irrealizá-lo". Mas, sendo o crime aquilo que é, ele beneficia aquele que o cometeu com uma forma atenuada de pena. Constitui-se assim, no castigo, uma estrutura complexa e reversível – uma espécie de pena oscilante: se o criminoso não dá sinais evidentes de loucura, passa dos insensatos para os prisioneiros; mas se, quando na cela, se mostra razoável, se não evidencia sinais de violência, se sua boa conduta pode levar a que se perdoe seu crime, é recolocado entre os alienados, cujo regime é mais suave. A violência que está no centro do ato é, sucessivamente, aquilo que significa a loucura e aquilo que justifica um castigo rigoroso. Alienação e crime giram ao redor desse tema instável, numa relação confusa de complementaridade, de vizinhança e de exclusão. Mas, de todo modo, seus relacionamentos continuam a ser exteriores. O que resta descobrir, e que será formulado precisamente em 1792, é, pelo contrário, um relacionamento de interioridade, em que todas as significações do crime irão oscilar e deixar-se apanhar num sistema de interrogação que, ainda em nossos dias, não recebeu resposta.

É em 1792 que o advogado Bellart deve defender em apelação o operário chamado Gras, 52 anos de idade, que acaba de ser condenado à morte por ter assassinado sua amante, surpreendida por ele em flagrante delito de infidelidade. Pela primeira vez, uma causa passional era julgada em audiência pública e diante de um júri; pela primeira vez, o grande debate entre crime e alienação vinha à plena luz do dia, e a consciência pública tentava traçar o limite entre a condição psicológica e a responsabilidade criminal. A sustentação de Bellart não traz nenhum fato novo no domínio de uma ciência da alma ou do coração. Faz mais que isso: delimita, para esse saber, todo um espaço novo onde ele poderá receber uma significação; ela descobre uma dessas operações através das quais a psicologia se tornou, na cultura ocidental, a verdade do homem.

Numa primeira abordagem, o que se encontra no texto de Bellart é o isolamento de uma psicologia da mitologia literária e moral da paixão, que ao longo do século XVIII lhe havia servido de norma e verdade. Pela primeira vez, a verdade da paixão deixa de coincidir com a ética das verdadeiras paixões. Conhece-se uma certa verdade moral do amor – feita de verossimilhança, de natural, de espontaneidade viva, que é confusamente a lei psicológica de sua gênese e a forma de sua validade. Não existe alma sensível no século XVIII que não tivesse compreendido e absolvido des Grieux; e se no lugar desse velho de 52 anos, acusado de haver matado, por ciúmes, uma amante de vida duvidosa, estivesse "um jovem brilhante com a força e a graça de sua idade, interessante por sua beleza e talvez mesmo por suas paixões, o interesse seria geral por ele... O amor pertence à juventude"[49]. Mas para além desse amor que a sensibilidade moral reconhece de imediato, há um outro que, independentemente da beleza e da juventude, pode nascer e sobreviver muito tempo nos corações. Sua verdade é a de não ter verossimilhança, sua natureza a de ser contra a natureza; não está, como o primeiro, ligado à idade; não é "o ministro da natureza, criada para servir seus desejos e proporcionar vida". Enquanto a harmonia do primeiro está destinada à felicidade, o outro só se alimenta de sofrimentos: se um "constitui as delícias da juventude, a consolação da idade madura", o segundo muitas vezes é "o tormento da velhice"[50]. O texto das paixões, que o século XVIII decifrava indiferentemente em termos de psicologia e em termos de moral, está agora dissociado; ele se divide segundo duas formas de verdade, está preso em dois sistemas relacionados com a natureza. E uma psicologia se esboça, que não diz mais respeito à sensibilidade, mas apenas ao conhecimento, uma psicologia que fala de uma natureza humana onde as figuras da verdade não são mais formas de validade moral.

Esse amor, que a sabedoria da natureza não mais limita, está inteiramente entregue a seus próprios excessos; é como a raiva de um coração vazio, o jogo absoluto de uma paixão sem objeto; todo o seu apego é indiferente à verdade do objeto amado, tanto se entrega ele aos movimentos apenas de sua imaginação. "Ele vive principalmente no coração, ciumento e furioso como ele." Essa raiva absorta em si mesma é ao mesmo tempo o amor numa espécie de verdade despojada e a loucura na solidão de suas ilusões. Chega um momento em que a paixão se aliena por ser demasiado consistente com sua verdade mecânica, de sorte que, apenas com o impulso de seu movimento, torna-se delírio. E, por conseguinte, remetendo-se um gesto de violência à violência da paixão, isolando sua verdade psicológica em estado puro, situa-se num mundo de cegueira, de ilusão e loucura que se esquiva à sua realidade criminal. Aquilo que Bellart desvendava pela primeira vez em sua defesa é esse relacionamento, para nós fundamental, que estabelece em todo gesto humano uma proporção inversa entre sua verdade e sua realidade. A verdade de um comportamento não pode deixar de irrealizá-lo; ela tende obscuramente a propor-lhe, como forma última e não analisável daquilo que ela é em segredo, a loucura. Do ato assassino de Gras resta enfim um gesto vazio, executado "por uma mão que é a única culpada" e, por outro lado, "uma fatalidade infeliz" que se deu "na ausência da razão e no tormento de uma paixão irresistível"[51]. Se se liberta o homem de todos os mitos morais onde sua verdade estava aprisionada, percebe-se que a verdade dessa verdade desalienada é apenas a própria alienação.

O modo pelo qual doravante será entendida "a verdade psicológica do homem" retoma assim as funções e o sentido com os quais o desatino havia sido encarado durante tanto tempo; e o homem descobre, no fundo de si mesmo, no ponto extremo de sua solidão, num ponto nunca atingido pela felicidade, pela verossimilhança nem pela moral, os velhos poderes que a era clássica havia conjurado e exilado para as fronteiras mais distantes da sociedade. O desatino é objetivado à força, naquilo que ele tem de mais subjetivo, de mais interior, de mais profundo no homem. O desatino, que durante tanto tempo havia sido manifestação culposa, torna-se agora inocência e segredo. Ele, que havia exaltado essas formas do erro nas quais o homem abole a verdade, torna-se com isso aparência além da própria realidade, a verdade mais pura. Captada no coração humano, mergulhada nele, a loucura pode formular aquilo que originariamente existe de verdadeiro no homem. Começa então um lento trabalho que atualmente atingiu uma das contradições maiores de nossa vida moral: tudo aquilo que vem a ser formulado como verdade do homem passa por ser irresponsabilidade e essa inocência que sempre foi, no direito ocidental, o próprio da loucura em seu último grau: "Se, no instante em que Gras matou a viúva Lefèbre, ele estava dominado por alguma paixão consumidora a ponto de ser-lhe impossível saber o que estava fazendo e guiar-se pela razão, é impossível agora condená-lo à morte."[52] Toda a renovação da pena, do julgamento, do próprio sentido do crime por uma psicologia que coloca secretamente a inocência da loucura no coração de toda verdade que se pode formular a respeito do homem já estava virtualmente presente na defesa de Bellart.

Inocência: esta palavra, no entanto, não deve ser entendida em sentido absoluto. Não se trata de uma liberação do psicológico em relação ao moral, mas antes de uma reestruturação do equilíbrio entre eles. A verdade psicológica não inocenta a não ser numa medida muito precisa. Esse "amor que vive principalmente no coração", embora irresponsável, não deve ser apenas um mecanismo psicológico; deve ser a indicação de uma outra moral, que não passa de uma forma rarefeita da própria moral. Um jovem, na força da idade e "interessante por sua beleza", se é enganado por sua amante abandona-a; muitos, "no lugar de Gras, teriam rido da infidelidade de sua amante e tomado outra mulher por amante". Mas a paixão do acusado vive sozinha e para si mesma; ela não pode suportar essa infidelidade, e não se dá por satisfeita com uma troca: "Gras via com desespero escapar-lhe o último coração sobre o qual ainda esperava imperar; e todas suas ações ficaram marcadas por seu desespero."[53] Ele é absolutamente fiel; a cegueira de seu amor levou-o a uma virtude pouco comum, exigente, tirânica, mas que não se pode condenar. Deve-se ser severo com a fidelidade, quando se é indulgente com a inconstância? E se o advogado pede que seu cliente não seja condenado à pena capital, é em nome de uma virtude que os costumes do século XVIII talvez não prezassem, mas que agora convém honrar se se pretende um retorno às virtudes de outrora.

Esse região da loucura e do furor onde nasce o gesto criminoso não o inocenta justamente a não ser na medida em que ela não é de uma neutralidade moral rigorosa, mas em que representa um papel preciso: exaltar um valor que a sociedade reconhece sem permitir-lhe ter livre curso. Prescreve-se o casamento, mas é-se obrigado a fechar os olhos à infidelidade. A loucura será desculpada se manifestar ciúmes, obstinação, fidelidade – ainda que ao preço da vingança. A psicologia deve alojar-se no interior de uma má consciência, no jogo entre valores reconhecidos e valores exigidos. É então, e somente então, que ela pode dissolver a realidade do crime, e inocentá-lo numa espécie de dom-quixotismo das virtudes impraticáveis.

Se não deixa transparecer esses valores inacessíveis, o crime pode ser tão determinado quanto se quiser pelas leis da psicologia e pelos mecanismos do coração: não merece nenhuma indulgência, revela apenas vício, perversidade. Bellart toma o cuidado de estabelecer uma "grande diferença entre os crimes: uns são vis, e anunciam uma alma enlodaçada, como o roubo" – nos quais a sociedade burguesa evidentemente não pode reconhecer valor algum; a estes deve-se acrescentar ainda outros gestos, ainda mais atrozes, que "anunciam uma alma gangrenada pela perversidade, como o assassinato premeditado". Em compensação, outros revelam "uma alma viva e apaixonada, como todos aqueles que são levados pelo primeiro impulso, como o que Gras cometeu"[54]. O grau de determinação de um gesto, portanto, não determina a responsabilidade daquele que o cometeu; pelo contrário, quanto mais uma ação parecer nascer bem longe e enraizar-se nessas naturezas "de lama", mais ela é culpada; ao contrário, nascida inesperadamente e movida, como de surpresa, por um movimento puro do coração na direção de uma espécie de heroísmo solitário e absurdo, ela merece uma sanção menor. É-se culpado por ter recebido uma natureza perversa e uma educação viciada; mas é-se inocente nessa passagem imediata e violenta de uma moral para outra – isto é, de uma moral praticada que não se ousa reconhecer para uma moral exaltada que se recusa a praticar, para maior bem de todos.

Quem recebeu, em sua infância, uma educação sadia, e teve a felicidade de conservar seus princípios numa idade mais avançada, pode prometer a si mesmo que crime algum semelhante aos primeiros [os das almas gangrenadas] virá manchar sua vida. Mas qual seria o homem suficientemente temerário a ponto de ousar asseverar que nunca, numa explosão de uma grande paixão, cometerá os segundos? Quem ousaria assegurar que jamais, na exaltação do furor e do desespero, manchará suas mãos de sangue, e talvez com o sangue mais precioso?[55]

Realiza-se assim uma nova divisão da loucura: de um lado, uma loucura abandonada à sua perversão, e que determinismo algum poderá desculpar; do outro, uma loucura projetada na direção de um heroísmo que forma a imagem invertida, mas complementar, dos valores burgueses. É esta, e esta apenas, que aos poucos adquirirá direito de cidadania na razão ou, antes, nas intermitências da razão; é ela que terá a responsabilidade atenuada, cujo crime se tornará ao mesmo tempo mais humano e menos punível. Se se considera que ela é explicável, é porque ela se revela invadida por opções morais nas quais as pessoas se reconhecem. Mas há um outro lado da alienação, a de que Royer-Collard falava sem dúvida em sua famosa carta a Fouché, quando evocava a "loucura do vício". Loucura que é menos que a loucura, porque absolutamente estranha ao mundo moral, porque seu delírio só fala do mal. E enquanto a primeira loucura se aproxima da razão, mistura-se a ela, deixa-se compreender a partir dela, a outra é rejeitada para as trevas exteriores; é aí que nascem essas noções estranhas que foram sucessivamente, no século XIX, a loucura moral, a degenerescência, o criminoso nato, a perversidade: estas são outras tantas "más loucuras" que a consciência moderna não conseguiu assimilar, e que constituem o resíduo irresistível do desatino, e das quais não se pode proteger a não ser de um modo absolutamente negativo, através da recusa e da condenação absoluta.

Nos primeiros grandes processos criminais julgados na Revolução em audiência pública, é todo o antigo mundo da loucura que se vê novamente iluminado numa experiência quase cotidiana. Mas as normas dessa experiência apenas não mais lhe permitem assumir todo o peso, e aquilo que o século XVI havia acolhido na totalidade prolixa de um mundo imaginário, o século XIX vai cindir segundo as regras de uma percepção moral: ele reconhecerá a boa e a má loucura – aquela cuja presença confusa é aceita às margens da razão, no jogo entre a moral e a má consciência, entre a responsabilidade e a inocência, e aquela sobre a qual se deixa cair o velho anátema e todo o peso da ofensa irreparável.

■ ■

A ruína do internamento foi mais brutal na França do que em qualquer outro lugar. Durante os breves anos que antecedem a reforma de Pinel, os lugares de permanência da loucura, e a elaboração que os transforma, ficam a descoberto: surge então todo um trabalho cujos aspectos tentamos delimitar.

Trabalho que à primeira vista parece ser de "tomada de consciência": a loucura enfim designada numa problemática que lhe é própria. Ainda falta dar a essa tomada de consciência a plenitude de seu sentido; trata-se menos de uma descoberta repentina do que um longo investimento, como se nessa "tomada de consciência" a *captura* fosse ainda mais importante do que a novidade da *iluminação*. Há uma certa forma de consciência, historicamente situada, que se apoderou da loucura e que dominou seu sentido. Se essa nova consciência parece devolver à loucura sua liberdade e uma verdade positiva, não é apenas através do desaparecimento das antigas coações, mas graças ao equilíbrio entre duas séries de processos positivos: uns de esclarecimento, de separação e, se se preferir, de liberação; os outros constroem apressadamente novas estruturas de proteção, que permitem à razão desprender-se e garantir-se no exato momento em que ela redescobre a loucura numa proximidade imediata. Esses dois conjuntos não se opõem; fazem, mesmo, mais do que se completar; são uma só e mesma coisa – a unidade coerente de um gesto com o qual *a loucura é entregue ao conhecimento numa estrutura que é, desde logo, alienante*.

É aí que mudam definitivamente as condições da experiência clássica da loucura. E, afinal de contas, é possível levantar o quadro dessas categorias concretas, no jogo de suas aparentes oposições:

FORMAS DE LIBERAÇÃO	ESTRUTURAS DE PROTEÇÃO
1. Supressão de um internamento que confunde a loucura com todas as outras formas do desatino.	1. Designação, para a loucura, de um internamento que não é mais terra de exclusão, porém lugar privilegiado onde ela deve encontrar sua verdade.
2. Constituição de um asilo cujo único objetivo é de caráter médico.	2. Captação da loucura por um espaço intransponível que deve ser ao mesmo tempo lugar de manifestação e espaço de cura.
3. Aquisição, pela loucura, do direito de exprimir-se, de ser ouvida, de falar em seu próprio nome.	3. Elaboração ao redor e acima da loucura de uma espécie de sujeito absoluto que é totalmente um olhar, e que lhe confere um estatuto de objeto puro.
4. Introdução da loucura no sujeito psicológico como verdade cotidiana da paixão, da violência e do crime.	4. Inserção da loucura no interior de um mundo não coerente de valores, e nos jogos de má consciência.
5. Reconhecimento da loucura, em seu papel de verdade psicológica, como determinismo irresponsável.	5. Divisão das formas da loucura segundo as exigências dicotômicas de um juízo moral.

Esse duplo movimento de liberação e sujeição constitui as bases secretas sobre as quais repousa a experiência moderna da loucura.

Quanto à objetividade que reconhecemos nas formas da doença mental, acreditamos facilmente que ela se oferece livremente a nosso saber como verdade enfim liberada. Na realidade, ela só se oferece exatamente àquele que está protegido dela. O conhecimento da loucura pressupõe, naquele que a apresenta, uma certa maneira de desprender-se dela, de antecipadamente isolar-se de seus perigos e de seus prestígios, um certo modo de não ser louco. E o advento histórico do positivismo psiquiátrico só está ligado à promoção do conhecimento de uma maneira secundária; originariamente, ele é a fixação de um modo particular de estar fora da loucura: uma certa consciência de não loucura que se torna, para o sujeito do saber, situação concreta, base sólida a partir da qual é possível conhecer a loucura.

Se quisermos saber o que aconteceu no decorrer dessa mutação que, em alguns anos, instalou na superfície do mundo europeu um novo conhecimento e um novo tratamento da loucura, é inútil perguntar pelo que foi acrescentado ao saber já adquirido. Tuke, que não era médico, Pinel, que não era psiquiatra, sabem mais a respeito desse assunto do que Tissot ou Cullen? O que mudou, e mudou bruscamente, foi a consciência de não ser louco – consciência que, a partir de meados no século XVIII, se vê novamente confrontada com todas as formas vivas da loucura, considerada em sua lenta ascensão, e que logo desmorona na ruína do internamento. O que se passou no decorrer dos anos que precedem e se sucedem imediatamente à Revolução é um novo e repentino desprendimento dessa consciência.

Fenômeno puramente negativo, dir-se-á, mas que não o é se observarmos as coisas de mais perto. Ele é mesmo o primeiro e único fenômeno *positivo* no advento do *positivismo*. Esse desprendimento só foi possível, com efeito, em virtude de toda uma arquitetura de proteção, projetada e sucessivamente construída por Colombier, Tenon, Cabanis, Bellart. E a solidez dessas estruturas permitiu-lhes subsistir quase intactas até nossos dias, e mesmo a despeito dos esforços da pesquisa freudiana. Na era clássica, a maneira de não ser louco é dupla: dividia-se entre uma apreensão imediata e cotidiana da diferença e um sistema de exclusão que confundia a loucura entre outros perigos; essa consciência clássica do desatino estava portanto ocupada por uma tensão entre essa evidência interior, jamais contestada, e o arbitrário sempre criticável de uma divisão social. Mas no dia em que essas duas experiências se juntaram, em que o sistema de proteção social se viu inferiorizado nas formas da consciência, no dia em que o reconhecimento da loucura se fez no movimento pelo qual se estabelecia uma relação de distanciamento em relação a ela e se media as distâncias na própria superfície das instituições, nesse dia a tensão que reinava no século XVIII foi reduzida de um só golpe. Formas de reconhecimento e estruturas de proteção se sobrepuseram numa consciência de não estar louco, doravante soberana. Essa possibilidade de dar-se a loucura como conhecida e ao mesmo tempo dominada num único e mesmo ato de consciência é aquela que agora está presente no âmago da experiência positivista da doença mental. Enquanto essa possibilidade não tiver se tornado impossível, numa nova liberação do saber, a loucura permanecerá para nós aquilo que ela já se anunciava para Pinel e para Tuke; permanecerá prisioneira em sua era de positividade.

A partir de então, a loucura não é mais uma coisa que se teme, ou um tema indefinidamente renovado do ceticismo. Tornou-se objeto. Mas com um estatuto singular. No próprio movimento que a objetiva, ela se torna a primeira das formas objetivantes: é através disso que o homem pode ter uma ascendência objetiva sobre si mesmo. Antes ela designava no homem a vertigem do deslumbramento, o momento em que a luz se obscurece por ser demasiado brilhante. Tendo-se tornado agora coisa para o conhecimento – ao mesmo tempo o que há de mais interior no homem, porém de mais exposto a seu olhar –, ela representa como que a grande estrutura de transparência; o que não significa que pelo trabalho do conhecimento ela se tenha tornado inteiramente clara para o saber, mas que, a partir dela e do estatuto de objeto que o homem lhe designa, ela deve poder, pelo menos teoricamente, tornar-se inteiramente transparente ao conhecimento objetivo. Não é um acaso, nem o efeito de uma simples defasagem histórica, se o século XIX perguntou de início à patologia da memória, da vontade e da pessoa o que era a verdade da lembrança, do querer e do indivíduo. Na ordem dessa pesquisa, há algo de profundamente fiel às estruturas que foram elaboradas ao final do século XVIII, e que faziam da loucura a primeira figura da objetivação do homem.

No grande tema de um conhecimento positivo do ser humano, a loucura, portanto, está sempre em falso: ao mesmo tempo objetivada e objetivante, oferecida e recuada, conteúdo e condição. Para o pensamento do século XIX, para nós ainda, ela tem a condição de uma coisa enigmática: inacessível, de fato e no momento, em sua verdade total, não se duvida, contudo, que ela um dia se abra para um conhecimento que poderá esgotá-la. Mas isso não passa de um postulado e de um esquecimento das verdades essenciais. Essa reticência, que se acredita transitória, na verdade oculta um recuo fundamental da loucura para uma região que cobre as fronteiras do conhecimento possível do homem, ultrapassando-as de um lado e do outro. É essencial para a possibilidade de uma ciência positiva do homem que exista, do lado mais recuado, essa área da loucura na qual e a partir da qual a existência humana cai na objetividade. Em seu enigma essencial, a loucura espreita, sempre prometida a uma forma de conhecimento que a delimitará inteiramente, mas sempre distanciada em relação a toda abordagem possível, uma vez que é ela que originariamente permite ao conhecimento objetivo uma ascendência sobre o homem. A eventualidade de estar louco, para o homem, e a possibilidade de ser objeto se encontram ao final do século XVIII, e esse encontro deu nascimento ao mesmo tempo (neste particular não há um acaso nas datas) aos postulados da psiquiatria positiva e aos temas de uma ciência objetiva do homem.

Mas em Tenon, em Cabanis e em Bellart essa junção, essencial para a cultura moderna, só se tinha efetuado na esfera do pensamento. Ela irá tornar-se situação concreta graças a Pinel e a Tuke: no asilo que fundam e que substitui os grandes projetos de reforma, o perigo de estar louco é necessariamente identificado, em cada um, e até mesmo em sua vida cotidiana, com a necessidade de ser objeto. O positivismo não será então apenas projeto teórico, mas estigma da existência alienada.

O estatuto de objeto será imposto desde logo a todo indivíduo reconhecido como alienado; a alienação será depositada como uma verdade secreta no âmago de todo conhecimento objetivo do homem.

13. Nascimento do Asilo

As imagens são conhecidas. São familiares a todas as histórias da psiquiatria, onde têm por função ilustrar essa era feliz em que a loucura é enfim reconhecida e tratada segundo uma verdade que não tinha sido enxergada durante tanto tempo.

A respeitável sociedade dos Quacres... desejou assegurar a seus membros que por infelicidade tivessem perdido a razão, sem ter fortuna suficiente para recorrer aos estabelecimentos dispendiosos, todos os recursos da arte e todas as amenidades da vida compatíveis com sua condição; uma subscrição voluntária forneceu os fundos, e há dois anos foi fundado, perto da cidade de York, um estabelecimento que parece reunir muitas das vantagens com toda a economia possível. Se a alma esmorece por instantes diante dessa doença terrível que parece feita para humilhar a razão humana, sente-se a seguir suaves emoções ao considerar-se tudo aquilo que uma beneficência vigilante soube inventar para curá-la e aliviá-la.

Essa casa está situada a uma milha de York, no meio de um campo fértil e risonho; o que ela provoca não é a ideia de uma prisão, mas antes a de uma grande fazenda rústica; está cercada por um grande jardim fechado. Nada de barras nem de grades nas janelas.[1]

Quanto à libertação dos alienados de Bicêtre, o relato desse fato é célebre: a decisão tomada de tirar as correntes dos prisioneiros das celas; Couthon visitando o hospital para saber se nele não se escondiam suspeitos; Pinel comportando-se corajosamente, enquanto todos tremiam à vista "do enfermo levado pelos braços dos homens". Confronto entre o filantropo sábio e firme com o monstro paralítico.

Pinel o levou logo para a seção dos agitados, onde a visão dos alojamentos impressionou-o de modo penoso. Quis interrogar todos os doentes. Da maioria deles, recolheu apenas injúrias e palavras grosseiras. Era inútil prolongar por mais tempo o inquérito. Virando-se para Pinel: "Cidadão, será que você mesmo não é um louco, por querer libertar semelhantes animais?" Pinel respondeu com calma: "Cidadão, tenho certeza de que esses alienados são tão intratáveis somente porque são privados de ar e liberdade."; "Pois bem, faça como quiser, mas receio que você acabará sendo vítima de sua própria presunção." E com isso Couthon é conduzido à sua viatura. Sua partida foi um alívio; o grande filantropo logo pôs mãos à obra.[2]

O que se tem aí são imagens, pelo menos na medida em que cada um dos dois relatos toma emprestada a parte essencial de seus poderes a formas imaginárias: a calma patriarcal da casa de Tuke, onde são lentamente apaziguadas as paixões do coração e as desordens do espírito; a firmeza lúcida de Pinel, que domina com uma única palavra e um único gesto os dois furotes animais que rugem contra ela e o espreitam; e essa sabedoria que soube tão bem discernir, entre os loucos furiosos e o sanguinário convencional, qual deles constituía o verdadeiro perigo. Imagens que levarão longe – até nossos dias – sua importância lendária.

Inútil recusá-las. Restam-nos bem poucos documentos mais válidos do que elas. Além do mais, elas são demasiado densas em sua ingenuidade para não revelar muito daquilo que não dizem. Na surpreendente profundidade de cada uma, seria necessário poder decifrar ao mesmo tempo a situação concreta que ocultam, os valores míticos que apresentam como verdade e que transmitiram, e finalmente a operação real que foi feita e da qual elas oferecem apenas uma tradução simbólica.

■ ■

E, antes de mais nada, Tuke é um quacre, membro ativo de uma dessas inúmeras "Sociedades de Amigos" que se desenvolveram na Inglaterra a partir do fim do século XVII.

A legislação inglesa, como vimos, tende cada vez mais, no decorrer da segunda metade do século XVIII, a favorecer a iniciativa privada no domínio da assistência[3]. Organizam-se espécies de grupos de seguros, favorecem-se as associações de auxílio. Ora, por razões ao mesmo tempo econômicas e religiosas, há mais de um século os Quacres representam esse papel, e no começo contra a vontade do governo. "Não daremos mais dinheiro a homens vestidos de negro para que auxiliem os pobres, para enterrar nossos mortos, para pregar a nossos fiéis: esses santos usos nos são demasiado estimados para que os descarreguemos nos outros."[4] Compreende-se que, nas novas condições do final do século XVIII, uma lei tenha sido votada em 1793 para "o encorajamento e a manutenção das sociedades de amigos"[5]. Trata-se dessas associações, cujo modelo e, frequentemente, inspiração foram tirados dos Quacres e que, através de sistemas de coletas e donativos, reúnem fundos para aqueles de seus membros que estão necessitados, que se tornam enfermos ou caem doentes. O texto da lei especifica que se pode esperar dessas instituições "efeitos muito benéficos, secundando a felicidade dos indivíduos e, ao mesmo tempo, diminuindo o fardo das cargas públicas". Coisa importante: os membros dessas sociedades são dispensados do *Removal* através do qual uma paróquia pode e deve livrar-se de um indigente ou de um doente pobre, se não for originário do lugar, mandando-o para sua paróquia de origem. Deve-se notar que essa medida do *Removal*, estabelecida pelo *Settlement Act*, devia ser abolida em 1795[6], prevendo-se a obrigação da paróquia de encarregar-se de um pobre doente que não lhe pertence, se seu transporte puder ser perigoso. Temos aí o quadro jurídico do conflito singular que deu origem ao Retiro.

Pode-se supor, por outro lado, que os Quacres se mostraram desde logo vigilantes no que diz respeito aos cuidados e à assistência a ser dada aos insensatos. Desde o começo, estiveram às voltas com as casas de internamento; em 1649, George Fox e um de seus companheiros tinham sido enviados, por ordem do juiz, ao estabelecimento de correção de Darby para ali serem chicoteados e detidos por seis meses sob a acusação de blasfêmia[7]. Na Holanda, os Quacres foram várias vezes detidos no hospital de Rotterdam[8]. E quer por ter transcrito a opinião deles, quer por ter-lhes atribuído uma opinião corrente a seu respeito, Voltaire faz com que seu quacre diga, em suas *Lettres philosophiques*, que o sopro que os inspira não é necessariamente a própria Palavra de Deus, mas às vezes a verborragia insensata do desatino: "Não podemos saber se um homem que se levanta para talar será inspirado pelo espírito ou pela loucura."[9] Em todo caso, os Quacres, como muitas seitas religiosas do final do século XVII e começo do XVIII, se verão presos no grande debate da experiência religiosa e do desatino[10]. Para os outros, e talvez mesmo para eles, certas formas dessa experiência situavam-se no equívoco do bom senso e da loucura; e foi-lhes necessário, sem dúvida, a cada momento fazer a divisão entre um e outra, enquanto enfrentavam a pecha de alienação que não paravam de atribuir-lhes. Essa é provavelmente a origem do interesse um pouco suspeito que as *Sociedades dos Amigos* manifestaram pelo tratamento dos loucos nas casas de internamento.

Em 1791, uma mulher pertencente à seita é colocada num "estabelecimento para insensatos, nas proximidades da cidade de York". A família, que vive longe dali, encarrega os Amigos de zelar pela sorte da mulher. Mas a direção do asilo recusa as visitas, pretextando que a condição da mulher não permite que receba ninguém. Algumas semanas depois, a mulher morre.

Esse evento aflitivo naturalmente suscitou reflexões sobre a situação dos insensatos e sobre os melhoramentos que podiam ser adotados nos estabelecimentos desse tipo. Em particular, entendeu-se que haveria uma vantagem toda especial, para a Sociedade dos Amigos, em possuir uma instituição desse tipo, da qual ela mesma se encarregaria e onde poderia ser aplicado um tratamento melhor e mais apropriado que aquele normalmente praticado.[11]

Tal é o relato feito por Samuel Tuke, vinte anos após o evento.

É fácil supor que esse seja um dos inúmeros incidentes provocados pela lei do *Settlement*. Uma pessoa sem muitos recursos cai doente longe de sua casa; a lei quer que seja mandada para lá. Mas seu estado, e talvez o custo do transporte, obrigam a que seja conservada onde está. Situação em parte ilegal que somente o perigo imediato pode justificar e que, aliás, no caso presente, era legalizada por uma ordem de internamento assinada pelo juiz de paz. Mas fora do asilo onde a doente está detida, nenhuma associação de caridade, salvo a de sua paróquia de origem, tem o direito de vir em sua ajuda. Em suma, um pobre que cai gravemente doente fora de sua paróquia está exposto à arbitrariedade de um internamento que ninguém pode controlar. É contra isso que se levantam as sociedades de beneficência que obterão o direito de recolher no local aqueles de seus aderentes que caírem doentes, pela lei de 1793, dois anos após o incidente mencionado por Samuel Tuke. Portanto, deve-se entender esse projeto de uma casa privada, mas coletiva, destinada aos insensatos, como um dos inúmeros protestos contra a velha legislação dos pobres e dos doentes. Aliás, as datas são claras, ainda que Samuel Tuke evite aproximá-las, em sua preocupação de deixar todo o mérito do empreendimento apenas para a generosidade privada. Em 1791, o projeto dos Quacres de York; no começo de 1793, a lei que decide encorajar as Sociedades de Amigos de beneficência, dispensando-as do *Removal*: a assistência passa assim da paróquia para a empresa privada. Nesse mesmo ano de 1793, os Quacres de York lançam uma subscrição e votam o regulamento da sociedade, e no ano seguinte decidem a compra de um terreno. Em 1795, o *Settlement Act* é oficialmente abolido; a construção do Retiro começa, e a casa poderá funcionar no ano seguinte. O empreendimento de Tuke inscreve-se exatamente na grande reorganização legal da assistência ao final do século XVIII, nessa série de medidas com as quais o Estado burguês inventa, para suas próprias necessidades, a beneficência privada.

O acontecimento que na França deu origem à liberação "dos acorrentados de Bicêtre" é de outra natureza, e as circunstâncias históricas bem mais difíceis de determinar. A lei de 1790 havia previsto a criação de grandes hospitais destinados aos insensatos. Mas, em 1793, nenhum deles existia ainda. Bicêtre tinha sido construída como "casa dos pobres"; nela se encontravam então, confusamente misturados, como antes da Revolução, indigentes, velhos, condenados e loucos. A toda essa população tradicional acrescenta-se aquela que foi ali colocada pela Revolução. Antes de mais nada, os prisioneiros políticos. Piersin, vigilante dos loucos em Bicêtre, escreve à Comissão das administrações civis, a 28 brumário, ano III, isto é, no mesmo dia da estada de Pinel: "Sempre há detidos mesmo para o tribunal revolucionário."[12] Depois, os suspeitos que se escondem. Bicêtre foi utilizada, tal como a pensão Belhomme, a Casa Douai ou Vernet[13], como esconderijo para suspeitos. Sob a Restauração, quando se terá de esquecer que Pinel era médico de Bicêtre, sob o Terror, lhe será atribuído o mérito de ter assim protegido aristocratas ou sacerdotes;

Pinel já era médico de Bicêtre quando, numa época de dolorosa memória, foi-se pedir a essa casa de detenção seu tributo à morte. O Terror a tinha enchido de padres, de emigrados que haviam retornado; o sr. Pinel ousou opor-se à extradição de um grande número deles, sob o pretexto de que eram alienados. Insistiram, sua oposição foi ainda maior, e logo assumiu a natureza de uma força que se impôs aos verdugos, e a energia de um homem normalmente tão suave e fácil salvou a vida de inúmeras vítimas, entre as quais cita-se o prelado que neste momento ocupa uma das principais sedes da França.[14]

Mas deve-se levar em conta também um outro fato: é que Bicêtre havia se tornado, durante a Revolução, o principal centro de hospitalização para os insensatos. Desde as primeiras tentativas para aplicar a lei de 1790, tinham sido enviados para lá os loucos libertados das casas de força, logo depois os alienados que superlotavam as salas do Hôtel-Dieu[15]. De modo que, mais pela força das coisas do que em virtude de um projeto estabelecido, Bicêtre viu-se transformada em herdeira dessa função médica que subsistira através da era clássica, sem confundir-se com o internamento, e que fizera do Hôtel-Dieu o único hospital parisiense onde a cura dos loucos foi tentada de maneira sistemática. Aquilo que o Hôtel-Dieu não havia deixado de fazer desde a Idade Média, Bicêtre é encarregada de fazer, no quadro de um internamento mais confuso que nunca; pela primeira vez Bicêtre torna-se o hospital onde os alienados recebem cuidados até a cura:

A partir da Revolução, a administração dos estabelecimentos públicos só consideram o internamento dos loucos num hospício livre se forem nocivos e perigosos para a sociedade, os loucos só permanecem neles enquanto doentes, e assim que se tem certeza de sua cura completa, são inseridos no seio de suas famílias ou de seus amigos. A prova disso está na saída geral de todos os que recobravam o bom senso, e mesmo daqueles que haviam sido condenados à prisão perpétua por este Parlamento, sendo dever da administração manter presos apenas os loucos sem condição de gozar da liberdade.[16]

A função médica é claramente introduzida em Bicêtre; trata-se agora de rever todos os internamentos por demência que foram decretados no passado[17]. E, pela primeira vez na história do Hospital Geral, é nomeado para as enfermarias de Bicêtre um homem que já adquiriu certa reputação no conhecimento das doenças do espírito[18]; a designação de Pinel prova por si só que a presença de loucos em Bicêtre *já* é um problema médico. No entanto, não se pode duvidar que esse era igualmente um problema político. A certeza de que inocentes haviam sido internados com os culpados e pessoas com razão entre os furiosos há muito tempo já fazia parte da mitologia revolucionária: "Bicêtre seguramente tem criminosos, salteadores, homens ferozes... mas também, deve-se convir, uma multidão de vítimas do poder arbitrário, da tirania das famílias, do despotismo paterno... As celas ocultam homens, nossos irmãos e nossos semelhantes, aos quais se recusa o ar e que só veem a luz através de estreitas frestas."[19] Bicêtre, prisão da inocência, assombra a imaginação, como a Bastilha anteriormente:

> Os salteadores, quando do massacre nas prisões, introduzem-se à força no hospício de Bicêtre sob o pretexto de libertar certas vítimas da antiga tirania que ela procurava confundir com os alienados. Vão armados de cela em cela; interrogam os detidos e deixam-nos onde estão se a alienação for manifesta. Mas um dos reclusos acorrentados chama a atenção deles pelas frases com sentido e pelas queixas mais amargas. Não era odioso que estivesse a ferros e que fosse confundido com outros alienados?... A partir daí, ele se excita, nessa tropa armada, com palavras violentas e gritos de imprecação contra o superintendente do hospício, e é obrigado a explicar sua conduta.[20]

Sob a Convenção, novo motivo para assombro. Bicêtre é sempre uma imensa reserva de pavores, mas porque nela se enxerga um covil de suspeitos – aristocratas que se ocultam sob os andrajos de pobres, agentes do exterior que tramam, ocultos por uma alienação de encomenda. Mais uma vez é preciso denunciar a loucura para que resplandeça a inocência, mas também para que apareça a duplicidade. Assim, nesse pavor que envolve Bicêtre ao longo de toda a Revolução, e que dela fazem, nos limites de Paris, uma espécie de grande força temível e misteriosa, onde o Inimigo se mistura inextricavelmente ao desatino, a loucura representa alternadamente dois papéis alienantes: aliena aquele que é considerado louco sem ser louco, mas também pode alienar aquele que acredita estar protegido da loucura; ela tiraniza ou engana – elemento intermediário perigoso entre o homem razoável e o louco, que pode alienar tanto um como o outro e que ameaça a ambos no exercício de suas liberdades. De qualquer forma, ela deve ser *desmascarada*, de modo que a verdade e a razão sejam devolvidas à sua própria condição.

Nessa situação um pouco confusa – malha cerrada de condições reais e de forças imaginárias – é difícil precisar o papel de Pinel. Ele assumiu suas funções a 25 de agosto de 1793. Pode-se supor, como sua reputação de médico já era grande, que ele tinha sido escolhido justamente para "desmascarar" a loucura, para avaliar suas dimensões médicas exatas, libertar as vítimas e denunciar os suspeitos, fundar enfim, com todo rigor, esse internamento da loucura cuja necessidade é reconhecida mas cujos perigos são pressentidos. Por outro lado, os sentimentos de Pinel eram bastante republicanos para que dele não se pudesse temer que mantivesse presos os prisioneiros do antigo poder nem que favorecesse os perseguidos pelo novo. Num certo sentido, pode-se dizer que Pinel viu-se investido de um extraordinário poder moral. No desatino clássico, não havia incompatibilidade entre a loucura e a simulação, nem entre a loucura reconhecida do exterior e a loucura objetivamente determinada; pelo contrário, da loucura às suas formas ilusórias e à culpabilidade que se oculta debaixo delas, havia, antes, uma espécie de elo essencial de pertinência. Pinel deverá desfazê-lo politicamente, operando uma divisão que não mais deixará aparecer nada além de uma única unidade rigorosa: a que envolve, para o conhecimento discursivo, a loucura, sua verdade objetiva e sua inocência. Será necessário despojá-la de todas essas franjas de não ser em que se desenvolviam os jogos do desatino, e nas quais ele era aceito tanto como não loucura perseguida quanto como não loucura dissimulada, sem com isso deixar de ser loucura.

Em tudo isso, qual é o sentido da libertação dos "acorrentados"? Era a aplicação pura e simples das ideias que já haviam sido formuladas vários anos antes, e que faziam parte desses programas de reorganização, dos quais o projeto de Cabanis é o melhor exemplo, um ano antes da chegada de Pinel a Bicêtre? Tirar as correntes dos alienados presos nas celas é abrir-lhes o domínio de uma liberdade que será ao mesmo tempo o de uma verificação; é permitir que apareçam numa objetividade que não mais será ocultada nem nas perseguições, nem nos furores que lhes correspondem; é constituir um campo asilar puro, tal como era definido por Cabanis e que a Convenção, por razões políticas, desejava ver estabelecido. Mas pode-se pensar também que, assim agindo, Pinel dissimulava uma operação política de sentido contrário: libertando os loucos, ele os misturava a toda a população de Bicêtre, tornando-a mais confusa e mais inextricável, abolindo todos os critérios que poderiam ter permitido uma separação. Aliás, a preocupação constante da administração de Bicêtre, no decorrer desse último período, não era impedir essas separações exigidas pelas autoridades políticas?[21] O fato é que Pinel foi removido e nomeado para Salpêtrière, a 13 de maio de 1795, vários meses depois do Termidor, no momento da distensão política[22].

É, sem dúvida, impossível saber ao certo aquilo que Pinel tinha a intenção de fazer quando decidiu a libertação dos alienados. Pouco importa, residindo o essencial justamente nessa ambiguidade que marcará toda a continuação de sua obra e o próprio sentido que ela assume no mundo moderno: constituição de um domínio onde a loucura deve aparecer numa verdade pura, ao mesmo tempo objetiva e inocente, mas constituição desse domínio sobre um modo ideal, sempre indefinidamente recuado, com cada uma das figuras da loucura misturando-se com a não loucura numa proximidade indiscernível. Aquilo que a loucura ganha em precisão em seu esquema médico, ela perde em vigor na percepção concreta; o asilo, onde ela deve encontrar sua verdade, não mais permite distingui-la daquilo que não é sua verdade. Quanto mais ela é objetiva, menos é certa. O gesto que a liberta para verificá-la é ao mesmo tempo a operação que a dissemina e oculta em todas as formas concretas da razão.

■ ■

A obra de Tuke foi impulsionada por todo o reajustamento da assistência na legislação inglesa do final do século XVIII; a de Pinel, por toda a ambiguidade da situação dos loucos no momento da Revolução. Mas não se trata de diminuir sua originalidade. Há em suas obras um poder de decisão que não se pode reduzir, e que surge claramente – apenas transposto – nos mitos que transmitiram seu sentido.

Era importante que Tuke fosse um quacre. Igualmente importante é que o *Retiro* fosse uma casa de campo. "O ar aí é sadio, e bem mais livre de fumaça do que nos lugares próximos às cidades industriais."[23] A casa tem janelas sem grades que abrem para o jardim; como ela "está situada num ponto elevado, domina uma paisagem muito agradável que se estende para o sul, tanto quanto a vista alcança, na direção de uma planície fértil e cheia de bosques..." Nas terras vizinhas, pratica-se a agricultura e a criação; o jardim "produz frutos e legumes em abundância; ao mesmo tempo, oferece a muitos doentes um lugar agradável para a recreação e para o trabalho"[24]. O exercício ao ar livre, os passeios regulares, o trabalho no jardim e na fazenda têm sempre um efeito benéfico "e são favoráveis à cura dos loucos". Aconteceu mesmo de alguns doentes se curarem "apenas com a viagem que os levava ao Retiro, e com os primeiros dias de repouso que ali tinham ocasião de gozar"[25]. Todos os poderes imaginários da vida simples, da felicidade campestre e do retorno das estações são aqui invocados para presidir à cura das loucuras. É que a loucura, conforme as ideias do século XVIII, é uma doença não da natureza, nem do próprio homem, mas da sociedade; emoções, incertezas, agitação, alimentação artificial, todas essas são causas de loucura admitidas por Tuke e seus contemporâneos. Produto de uma vida que se afasta da natureza, a loucura não pertence apenas a uma esfera das consequências; ela não põe em questão aquilo que é essencial no homem, e que é sua pertinência imediata à natureza. Ela deixa intacta, como um segredo provisoriamente esquecido, essa natureza do homem que é, ao mesmo tempo, sua razão. Acontece de esse segredo reaparecer em estranhas condições, como se se reintroduzisse por artifício e fraude, ao acaso de uma nova perturbação. Samuel Tuke cita o caso de uma moça mergulhada num estado de "completa idiotia"; permanecera assim por longos anos, quando foi acometida de uma febre tifoide. Ora, à medida que a febre aumentava, o espírito ficava mais claro, tornava-se mais límpido e mais vivo; e durante toda essa fase aguda, em que os doentes são normalmente acometidos de delírio, a doente, pelo contrário, se mostra inteiramente racional; reconhece os que a cercam, lembra eventos passados aos quais parecera não prestar atenção. "Mas infelizmente foi apenas um clarão da razão; à medida que a febre diminuía, as nuvens voltavam a envolver seu espírito; mergulhou no estado deplorável anterior, e nele ficou até a morte, alguns anos depois."[26]

Há aqui todo um mecanismo de compensação: na loucura, a natureza é esquecida, não abolida, ou antes, afastada do espírito para o corpo, de modo que a demência garante de algum modo uma sólida saúde; mas basta que uma doença se produza, e a natureza, alterada em seu corpo, reaparece no espírito, mais pura, mais clara do que jamais fora. Prova de que não se deve considerar "os loucos como absolutamente privados de razão", mas antes que se deve evocar neles, através de todo um jogo de semelhanças e proximidades, aquelas regiões da natureza que não podem deixar de estar adormecidas sob a agitação da loucura; as estações e os dias, a grande planície de York, essa sabedoria dos jardins, onde a natureza coincide com a ordem dos homens, devem encantar a razão por um momento oculta até seu pleno despertar. Nessa vida agrícola imposta aos doentes do Retiro, e que parece ser orientada apenas por uma imóvel confiança, esgueira-se uma operação mágica, na qual se espera que a natureza faça triunfar a natureza, por semelhança, aproximação e misteriosa penetração, enquanto é conjurado tudo aquilo que a sociedade pôde depositar no homem de contrário à natureza. E, por trás de todas essas imagens, um mito começa a tomar corpo, e que será uma das grandes formas organizadoras da psiquiatria no século XIX, o mito das três Naturezas: Natureza-Verdade, Natureza-Razão e Natureza-Saúde. É nesse jogo que se desenvolve o movimento da alienação e sua cura; se a Natureza-Saúde pode ser abolida, a Natureza-Razão só pode ser ocultada, enquanto a Natureza como Verdade do mundo permanece indefinidamente adequada a si mesma; e é a partir dela que se poderá despertar e restaurar a Natureza-Razão, cujo exercício, quando coincide com a verdade, permite a restauração da Natureza-Saúde. E é nesse sentido que Tuke preferia, ao termo inglês *insane*, a palavra francesa "aliéné, porque comporta uma ideia mais justa desse gênero de desordem do que os termos que implicam, num grau qualquer, a abolição da faculdade de pensar"[27].

O *Retiro* insere o doente numa dialética simples da natureza; mas ao mesmo tempo edifica um grupo social. E isso de um modo estranhamente contraditório. Com efeito, ele foi fundado através de subscrições e deve funcionar como um sistema de seguros, à maneira das sociedades de auxílio que se desenvolvem à mesma época; cada subscritor pode designar um doente pelo qual se interessa e dará uma pensão reduzida, enquanto os outros pagarão a tarifa integral. O *Retiro* é uma coalizão contratual, uma convergência de interesses organizados à maneira de uma sociedade simples[28]. Mas, ao mesmo tempo, ele se alimenta do mito da família patriarcal: pretende ser uma grande comunidade fraternal dos doentes e dos vigilantes, sob a autoridade dos diretores e da administração. Família rigorosa, sem fraquezas nem complacência, porém justa, conforme a grande imagem da família bíblica. "O zelo com que os intendentes asseguram o bem-estar dos doentes, com todos os cuidados dos parentes atentos, porém judiciosos, foi recompensado em muitos casos por um apego quase filial."[29] E nessa afeição comum, sem indulgências mas sem injustiças, os doentes reencontram a calma felicidade e a segurança de uma família em estado puro: serão os filhos de uma família em sua idealidade primitiva.

Contrato e família, interesses atendidos e afeição natural – o *Retiro* encerra, confundindo-os, os dois grandes mitos com os quais o século XVIII havia procurado definir a origem das sociedades e a verdade do homem social. Ele é ao mesmo tempo o interesse individual que renuncia a si mesmo para se reencontrar e a afeição espontânea que a natureza faz surgir nos membros de uma família, propondo assim uma espécie de modelo afetivo e imediato para toda a sociedade. No *Retiro*, um grupo humano é reconduzido a suas formas mais originárias e mais puras: trata-se de recolocar o homem em relações sociais elementares e absolutamente conformes à sua origem; o que significa que essas relações devem ser, ao mesmo tempo, rigorosamente estabelecidas e rigorosamente morais. Desse modo, o doente será levado a esse ponto em que a sociedade acaba de surgir da natureza, e onde ela se realiza numa verdade imediata que toda a história dos homens contribuiu, em seguida, para embaralhar. Supõe-se que então desaparecerá do espírito alienado tudo aquilo que a sociedade atual pôde nele depositar de artifícios, perturbações inúteis, liames e obrigações estranhas à natureza.

Tais são os poderes míticos do *Retiro*: poderes que dominam o tempo, contestam a história, reconduzem o homem para suas verdades essenciais, identificando-o no imemorial com o

Primeiro Homem natural e com o Primeiro Homem social. Todas as distâncias que o separavam desse ser primitivo foram apagadas, e tantas saliências, polidas; e ao final desse "retiro", sob a alienação reaparece finalmente o inalienável, que é natureza, verdade, razão e pura moralidade social. A obra de Tuke parecia conduzida e explicada por um longo movimento de reforma que a havia precedido; e, com efeito, ela o era; mas o que fez dela ao mesmo tempo uma ruptura e uma iniciação é toda a paisagem mítica que a cercava desde o seu nascimento, e que ela conseguiu inserir no velho mundo da loucura e do internamento. E, com isso, a separação linear que o internamento efetuava entre razão e desatino, sobre o modo simples da decisão, foi substituída por uma dialética, que inicia seu movimento no espaço do mito assim constituído. Nessa dialética, a loucura torna-se alienação, e sua cura, um retorno ao inalienável; mas o essencial é um certo poder que pela primeira vez o internamento recebe, pelo menos tal como é imaginado pelos fundadores do *Retiro*; graças a esse poder, no momento em que a loucura se revela como alienação, e através dessa mesma descoberta, o homem é levado de volta para o inalienável. E é possível estabelecer assim, no mito do *Retiro*, ao mesmo tempo o procedimento imaginário da cura, tal como obscuramente se supõe que seja, e a essência da loucura tal como ela vai ser implicitamente transmitida ao século XIX:

1. O papel do internamento é o de reduzir a loucura à sua verdade.
2. A verdade da loucura é aquilo que ela é, menos o mundo, menos a sociedade, menos a contranatureza.
3. Essa verdade da loucura é o próprio homem naquilo que ele pode ter de mais primitivamente inalienável.
4. O que existe de inalienável no homem é, ao mesmo tempo, a Natureza, a Verdade e a Moral, isto é, a própria Razão.
5. É por conduzir a loucura a uma verdade que é ao mesmo tempo verdade da loucura e verdade do homem, a uma natureza que é natureza da doença e natureza serena do mundo, que o *Retiro* recebe seu poder de curar.

Vê-se assim onde o positivismo poderá se basear nessa dialética, onde nada no entanto parece anunciá-la, uma vez que tudo aponta para experiências morais, temas filosóficos, imagens sonhadas do homem. Mas o positivismo será apenas a contração desse movimento, a redução desse espaço mítico; ele admitirá desde logo, como evidência objetiva, que a verdade da loucura é a razão do homem, o que inverte inteiramente a concepção clássica, para a qual a experiência do desatino na loucura contesta tudo o que pode haver de verdade no homem. Doravante, todo domínio objetivo sobre a loucura, todo conhecimento, toda verdade formulada sobre ela será a própria razão, a razão recoberta e triunfante, o desenlace da alienação.

■ ■

No relato tradicional da liberação dos acorrentados de Bicêtre, um ponto não foi estabelecido com segurança: é a presença de Couthon. Foi dito que sua visita era impossível, que deve ter sido confundido com um membro da Comuna de Paris, também este paralítico, e que essa mesma enfermidade, acrescida à sinistra reputação de Couthon, fez com que fossem confundidos[30]. Deixemos esse problema de lado: o essencial é que a confusão foi feita e transmitida, e que se tenha imposto com tal prestígio a imagem do enfermo que recua de horror diante dos loucos e que abandona à sua sorte "esses animais". O que está no centro do palco é justamente o paralítico levado por homens; e é preferível ainda que esse paralítico seja um convencional temido, conhecido por sua crueldade, e célebre por ter sido um dos grandes fornecedores do cadafalso. Por conseguinte, será Couthon quem visitará Bicêtre e que será por um momento senhor do destino dos loucos. A forma imaginária da história exige que assim seja.

O que esse estranho relato na verdade oculta é um quiasma decisivo na mitologia da loucura. Couthon visita Bicêtre para saber se os loucos que Pinel quer libertar não são suspeitos. Acredita encontrar uma razão oculta, encontra uma animalidade que se manifesta em toda sua violência: renuncia a reconhecer nisso os signos da inteligência e da dissimulação; decide abandoná-la a si mesma e deixar que a loucura se resolva em sua selvageria essencial. Mas é exatamente aí que se produz a metamorfose: ele, Couthon, o revolucionário paralítico, o enfermo que decapita, no momento em que trata os loucos como animais está encarnando, sem sabê-lo e sob o duplo estigma de sua enfermidade e seus crimes, o que há de mais monstruoso na desumanidade. E é por isso que era preciso, no mito, que fosse ele e não um outro, menos enfermo ou menos cruel, o encarregado de pronunciar as últimas palavras que, pela última vez no mundo ocidental, entregaram a loucura à sua própria animalidade. Quando deixa Bicêtre, carregado por braços humanos, acredita ter entregue os loucos a tudo aquilo que neles pode existir de bestial, mas na verdade é ele que se vê investido por essa bestialidade, enquanto na liberdade que lhes é oferecida os loucos vão poder mostrar que nada haviam perdido daquilo que há de essencial no homem. Quando formulou a animalidade dos loucos, deixando-os livres para se movimentarem, ele os libertou dessa animalidade, mas revelou a sua, encerrando-se dentro dela. Sua raiva era mais insensata, mais desumana do que a loucura dos dementes. Desse modo, a loucura emigrou para o lado dos guardiães; os que encerram os loucos como animais são os que agora detêm toda a brutalidade animal da loucura; é neles que a besta impera, e a que aparece nos dementes não passa de um turvo reflexo da primeira. Um segredo é descoberto: é que a bestialidade não residia no animal, mas em sua domesticação; esta, apenas através de seu rigor, é que a constituía. O louco se vê assim purificado da animalidade ou pelo menos dessa parte de animalidade que é violência, predação, raiva, selvageria; só lhe restará uma animalidade dócil, a que não responde à coação e ao ensino pela violência. A lenda do encontro entre Couthon e Pinel relata essa purificação; mais exatamente, ela mostra que essa purificação era coisa feita quando a lenda foi escrita.

Com a partida de Couthon, "o filantropo logo põe mãos à obra"; decide libertar doze alienados que estavam acorrentados. O primeiro é um capitão inglês acorrentado numa cela de Bicêtre há quarenta anos: "Era encarado como o mais terrível de todos os alienados...; num acesso de furor, tinha dado uma pancada com suas algemas na cabeça de um servente, matando-o na hora." Pinel aproxima-se dele, exorta-o "a ser razoável, e a não fazer mal a ninguém"; se assim agisse, prometia libertá-lo de suas correntes e dar-lhe o direito de passear no pátio: "Acredite em mim. Seja calmo e tenha confiança, eu lhe devolverei a liberdade." O capitão ouve o discurso, e fica calmo enquanto caem suas correntes;

apenas livre, precipita-se para admirar a luz do sol e "exclama extasiado: como é bonito!" Todo esse primeiro dia de liberdade recuperada, ele o passa "correndo, subindo as escadas, descendo-as, dizendo sempre: como é bonito!" Nessa mesma noite, ele volta para sua cela, dormindo pacificamente. "Durante dois anos que ainda passou em Bicêtre, não teve mais nenhum acesso de furor; torna-se mesmo útil na casa, exercendo uma certa autoridade sobre os loucos, que ele comanda à sua vontade e dos quais ele se estabelece como vigilante."

Outra libertação, não menos conhecida nas crônicas da hagiografia médica: a do soldado Chevingé. Era um bêbado que havia sido acometido por um delírio de grandeza e se acreditava general; mas Pinel havia reconhecido uma "excelente natureza sob essa irritação"; liberta-o dizendo que vai tomá-lo a seu serviço, e que exige dele toda a fidelidade que "um bom senhor" pode esperar de um doméstico reconhecido. O milagre se efetua; a virtude do *valet* fiel desperta de repente nessa alma perturbada: "Nunca numa inteligência humana uma revolução fora mais repentina, nem mais completa...; apenas libertado, ei-lo previdente, atento"; uma má cabeça domada por tanta generosidade, ele mesmo vai, no lugar de seu novo senhor, desafiar e apaziguar o furor dos outros; "pronuncia aos alienados palavras racionais e bondosas, ele que ainda há pouco estava no mesmo nível deles, mas diante dos quais se sente engrandecido com sua liberdade"[31]. Esse bom servidor deveria apresentar até o fim, na lenda de Pinel, o papel de sua personagem; de corpo e alma dedicado a seu mestre, ele o protege quando o povo de Paris quer arrombar as portas de Bicêtre para fazer justiça aos "inimigos da nação; ele faz uma barricada com seu próprio corpo, e se expõe para salvar a vida de Pinel".

Portanto, as correntes estão se rompendo, o louco é libertado. E, nesse momento, recupera a razão. Ou melhor, não: não é a razão que reaparece em si mesma e por si mesma; são espécies sociais já constituídas que dormitaram durante muito tempo sob a loucura, e que se levantam em bloco, numa conformidade perfeita com aquilo que representam, sem alteração nem caretas. Como se o louco, libertado da animalidade à qual as correntes o obrigavam, só se reunisse à sociedade através do *tipo social*. O primeiro dos libertados não se transforma pura e simplesmente num homem são de espírito, mas num oficial, um capitão inglês, tão leal para com aquele que o libertou como para com um vencedor que o mantivesse prisioneiro sob palavra, mas autoritário com os homens sobre os quais faz imperar seu prestígio de oficial. Sua saúde só se restaura nesses valores sociais que são ao mesmo tempo seu signo e sua presença concreta. Sua razão não pertence à esfera do conhecimento nem da felicidade; não consiste num bom funcionamento do espírito; aqui, a razão é honra. Para o soldado, ela será fidelidade e sacrifício; Chevingé não se transforma num homem razoável, mas num servidor. Em sua história há mais ou menos as mesmas significações míticas que na de Sexta-feira com Robinson Crusoé; entre o homem branco isolado na natureza e o bom selvagem, o relacionamento estabelecido por Defoe não é um relacionamento de homem a homem, que se esgota em sua imediata reciprocidade; é um relacionamento de senhor para servidor, de inteligência para devotamento, de força sábia para força viva, de coragem refletida para inconsciência heroica; em suma, é um relacionamento social, com sua condição literária e todos seus coeficientes éticos que são transpostos para o estado da natureza, tornando-se verdade imediata dessa sociedade a dois. Os mesmos valores estão novamente presentes no caso do soldado Chevingé: entre ele e Pinel não se trata de duas razões que se reconhecem, mas de duas personagens bem determinadas, que surgem em sua exata adequação a tipos e que organizam um relacionamento segundo suas estruturas já dadas de antemão. Vê-se assim como a força do mito pôde prevalecer sobre toda verossimilhança psicológica e sobre toda observação rigorosamente médica; está claro que, se os indivíduos libertados eram realmente loucos, eles não foram curados com aquele ato, e que seus comportamentos devem ter mantido, durante muito tempo, os traços da alienação. Mas não é isso o que importa para Pinel; para ele, o essencial é que a razão seja significada por tipos sociais cristalizados bem cedo, desde que o louco deixou de ser tratado como o Estranho, como o Animal, como figura absolutamente exterior ao homem e às relações humanas. O que constitui a cura do louco, para Pinel, é sua estabilização num tipo social moralmente reconhecido e aprovado.

O importante, portanto, não é o fato de as correntes terem sido arrancadas – medida que havia sido tomada em várias ocasiões já no século XVIII, e particularmente em Saint-Luke; o importante é o mito que deu um sentido a essa libertação, ao abri-la para uma razão inteiramente povoada de temas sociais e morais, de figuras já há muito tempo desenhadas pela literatura e ao constituir assim, no imaginário, a forma ideal de um asilo. Um asilo que não mais seria uma jaula do homem entregue à selvageria, mas uma espécie de república do sonho onde as relações só se estabeleceriam numa transparência virtuosa. A honra, a fidelidade, a coragem e o sacrifício imperam em estado puro, e designam ao mesmo tempo as formas ideais da sociedade e os critérios da razão. E esse mito retira todo seu vigor do fato de ser quase explicitamente oposto – e aqui a presença de Couthon é outra vez indispensável – aos mitos da Revolução, tais como são formulados após o Terror: a república convencional é uma república de violências, de paixões, de selvageria, ela que, sem saber, reúne todas as formas do insensato e do desatino; quanto à república que se constitui espontaneamente entre esses loucos abandonados à sua própria violência, ela está isenta de paixões, é a cidade das obediências essenciais. Couthon é o próprio símbolo dessa "má liberdade" que provocou paixões no povo e suscitou a tirania da Salvação Pública – liberdade em nome da qual os loucos são deixados acorrentados; Pinel é o símbolo da "boa liberdade", aquela que, libertando os mais violentos, doma suas paixões e os introduz no mundo calmo das virtudes tradicionais. Entre o povo de Paris, que vai a Bicêtre exigir os inimigos da nação, e o soldado Chevingé, que salva a vida de Pinel, o mais insensato e o menos livre não é aquele que havia ficado preso durante anos por bebedeira, delírio e violência.

O mito de Pinel, como o de Tuke, oculta todo um movimento discursivo que vale ao mesmo tempo como descrição da alienação e análise de sua supressão:

1. No relacionamento desumano e animal que impunha o internamento clássico, a loucura não enunciava sua verdade moral.
2. Essa verdade, a partir do momento em que lhe é permitido aparecer, se revela um relacionamento humano em toda sua idealidade virtuosa: heroísmo, fidelidade, sacrifício etc.
3. Ora, a loucura é vício, violência, maldade, como bem demonstra a raiva dos revolucionários.

4. A liberação no internamento, na medida em que é reedificação de uma sociedade sobre o tema da conformidade aos tipos, não pode deixar de curar.

O mito do *Retiro* e o dos acorrentados libertados se correspondem termo a termo numa oposição imediata. Um faz prevalecer todos os temas da primitividade, o outro põe em circulação as imagens transparentes das virtudes sociais. Um vai procurar a verdade e a supressão da loucura no ponto em que o homem mal se destaca da natureza; o outro as exige antes de uma espécie de perfeição social, de funcionamento ideal das relações humanas. Mas esses dois temas estavam ainda demasiado próximos e tinham sido muito misturados no século XVIII para que tivessem um sentido muito diferente em Pinel e em Tuke. Aqui e ali veem-se os mesmos esforços para a retomada de certas práticas do internamento no grande mito da alienação, exatamente aquele que Hegel deveria formular alguns anos mais tarde, extraindo com todo rigor a lição conceitual daquilo que havia ocorrido no *Retiro* e em Bicêtre.

> O verdadeiro tratamento psíquico apega-se à concepção de que a loucura não é uma perda abstrata da razão, nem do lado da inteligência, nem do lado da vontade e de sua responsabilidade, mas um simples desarranjo do espírito, uma contradição na razão que ainda existe, assim como a doença física não é uma perda abstrata, isto é, completa, da saúde (de fato, isso seria a morte), mas uma contradição dentro desta. Esse tratamento humano, isto é, tão benevolente quanto razoável da loucura... pressupõe que o doente é razoável e encontra aí um sólido ponto para abordá-lo desse lado.[32]

O internamento clássico havia criado um estado de alienação que só existia do lado de fora, para aqueles que internavam e que só reconheciam o interno como Estranho ou Animal; Pinel e Tuke, nesses gestos simples em que a psiquiatria positiva paradoxalmente reconheceu sua origem, interiorizaram a alienação, instalaram-na no internamento, delimitaram-na como distância entre o Louco e ele próprio, instituindo-o com isso em mito. E é bem de mito que se deve falar quando se faz passar por natureza aquilo que é conceito, por liberação de uma verdade o que é reconstituição de uma moral, por cura espontânea da loucura aquilo que talvez não passe de sua secreta inserção numa realidade artificiosa.

As lendas de Pinel e Tuke transmitem valores míticos que a psiquiatria do século XIX aceitará como evidências naturais. Mas sob os próprios mitos havia uma operação, ou antes, uma série de operações que silenciosamente organizaram ao mesmo tempo o mundo asilar, os métodos de cura e a experiência concreta da loucura.

Antes de mais nada, o gesto de Tuke. Por ser contemporâneo ao gesto de Pinel, porque se sabe que é impulsionado por todo um movimento de "filantropia", é valorizado como um gesto de "liberação" dos alienados. Trata-se de coisa bem diferente:

> Foi possível observar o grande dano experimentado pelos membros de nossa sociedade com o fato de haverem sido confiados a pessoas que não apenas são estranhas a nossos princípios mas que, além do mais, os misturaram com outros doentes que se permitem uma linguagem grosseira e práticas censuráveis. Tudo isso muitas vezes deixa uma marca indelével nos espíritos dos doentes após terem recuperado o uso da razão, tornando-os estranhos à manifestação religiosa que eles antes haviam conhecido; às vezes são até mesmo corrompidos pelos hábitos viciosos que não conheciam.[33]

O *Retiro* deverá agir como instrumento de segregação: segregação moral e religiosa, que procura reconstituir, ao redor da loucura, um meio tão semelhante quanto possível à Comunidade dos Quacres. E isso por duas razões: a primeira é que o espetáculo do mal é, para toda alma sensível, um sofrimento, a origem de todas essas paixões nefastas e vivas que são o horror, a raiva, o desprezo, e que engendram ou perpetuam a loucura: "Pensou-se com justa razão que a mistura que se produz nos grandes estabelecimentos públicos entre pessoas com sentimentos e práticas religiosas diferentes, a mistura entre devassos e virtuosos, profanos e pessoas sérias, tinha por efeito o entrave do progresso do retorno à razão, reforçando mais profundamente a melancolia e as ideias misantrópicas."[34] Mas a razão principal não é essa: é que a religião pode representar esse duplo papel de natureza e de regra, uma vez que ela assumiu, no hábito ancestral, na educação, no exercício cotidiano, a profundidade da natureza, e uma vez que ela é ao mesmo tempo princípio constante de coerção. Ela é simultaneamente espontaneidade e coação, e com isso detém as únicas forças que podem, no eclipse da razão, contrabalançar as violências desmedidas da loucura; seus preceitos, "quando se foi fortemente impregnado por eles no começo de nossas vidas, tornam-se quase princípios de nossa natureza: e seu poder de coação é frequentemente experimentado, mesmo durante a excitação delirante da loucura. Encorajar a influência dos princípios religiosos sobre o espírito do insensato é de grande importância como meio de cura"[35]. Na dialética da alienação, em que a razão se oculta para não abolir-se, a religião constitui a forma concreta daquilo que não pode alienar-se; ela veicula aquilo que há de invencível na razão, aquilo que subsiste como quase-natureza sob a loucura, e à volta dela como solicitação incessante do meio: "O doente, durante seus intervalos lúcidos ou em sua convalescência, poderia aproveitar-se da sociedade daqueles que têm as mesmas opiniões e os mesmos hábitos que ele."[36] Ela assegura a vigília secreta da razão junto da loucura, tornando assim mais próxima, mais imediata, a coação que já grassava no internamento clássico. Ali, o meio religioso e moral impunha-se do exterior, de modo que a loucura fosse refreada, e não curada. No *Retiro*, a religião faz parte do movimento que indica, apesar de tudo, a razão na loucura, e que leva da alienação à saúde. A segregação religiosa tem um sentido preciso: não se trata de preservar os doentes da influência profana dos não Quacres, mas de colocar o alienado no interior de um elemento moral onde ele se verá em debate consigo mesmo e com seu meio; de constituir-lhe um meio onde, longe de estar protegido, ele será mantido numa eterna inquietação, incessantemente ameaçado pela Lei e pela Falta.

"O princípio do medo, que é raramente diminuído na loucura, é considerado como de grande importância para o tratamento dos loucos."[37] O Medo surge como personagem essencial do asilo. Figura já antiga, sem dúvida, se pensarmos nos terrores do internamento. Mas estes delimitavam a loucura do exterior, marcando o limite da razão e do desatino e exercendo um duplo poder: sobre as violências do furor, a fim de contê-las, e sobre a própria razão, para mantê-la afastada; esse medo era superficial. O que é instaurado no *Retiro* é profundo: vai da razão à loucura como uma mediação, como a evocação de uma natureza comum que ainda lhes pertenceria, e através da qual poderiam reatar relações. O terror que reinava era o signo mais visível da alienação da loucura no mundo clássico; o medo está agora dotado de um poder de desalienação, que lhe permite restaurar uma conivência bem primitiva entre o louco e o homem de razão. Ele deve solidarizá-los novamente. Agora, a loucura não mais deverá, não mais poderá causar medo; ela *terá medo*, sem recurso nem retorno, inteiramente entregue, com isso, à pedagogia do bom senso, da verdade e da moral.

Samuel Tuke conta como foi recebido no *Retiro* um maníaco, jovem e prodigiosamente forte, e cujos acessos provocavam o pânico em seu meio e mesmo entre seus guardiães. Quando entra no *Retiro* está totalmente acorrentado, algemado, e as roupas amarradas com cordas. Assim que chega, todos os entraves lhe são retirados, e faz-se com que jante com os vigilantes: sua agitação logo cessa, "sua atenção parecia cativada por sua nova situação". É levado para seu quarto; o intendente lhe dirige uma exortação para explicar-lhe que toda a casa está organizada para a maior liberdade e conforto de todos, que não lhe imporão nenhuma coação, com a condição de que ele não infrinja os regulamentos da casa ou os princípios gerais da moral humana. De seu lado, o intendente afirma que não deseja fazer uso dos meios de coação à sua disposição. "O maníaco mostrou-se sensível à suavidade desse tratamento. *Prometeu coibir-se a si próprio.*" Acontecia-lhe ainda de agitar-se, vociferar e assustar seus companheiros. O intendente lembrava-lhe as ameaças e promessas do primeiro dia: se não se acalmasse seriam obrigados a voltar às antigas sevícias. A agitação do doente aumentava então durante um certo tempo, depois declinava rapidamente. "Ouvia com atenção as exortações de seu amistoso visitante. Após várias conversas do gênero, o doente em geral ficava em melhores condições durante vários dias." Ao final de quatro meses, deixou o *Retiro*, inteiramente curado[38]. Aqui, o medo dirige-se ao doente de modo direto, não através de instrumentos, mas num discurso; não se trata de limitar uma liberdade que devasta, mas de delimitar e exaltar uma região de responsabilidade simples, onde toda manifestação da loucura se verá ligada a um castigo. A obscura culpabilidade que outrora ligava falta e desatino é assim deslocada; o louco, enquanto ser humano originariamente dotado de razão, não é mais capaz de ser louco; mas o louco, enquanto louco, e no interior dessa doença da qual não é mais culpado, deve sentir-se responsável por tudo aquilo que pode perturbar a moral e a sociedade e deve acusar a si mesmo pelos castigos que receber. A designação da culpabilidade não é mais o modo de relacionamento que se instaura entre o louco e o homem razoável em sua generalidade; ela se torna ao mesmo tempo a forma de coexistência concreta de cada louco com seu guardião e a forma de consciência que o alienado deve ter de sua própria loucura.

Portanto, é preciso reavaliar as significações atribuídas à obra de Tuke: libertação dos alienados, abolição das coações, constituição de um meio humano – isso não passa de justificativas. As operações reais foram diferentes. Na verdade, Tuke criou um asilo onde substituiu o terror livre da loucura pela angústia fechada da responsabilidade; o medo não impera mais do outro lado das portas da prisão, vai doravante grassar nos subterrâneos da consciência. Os terrores seculares nos quais o alienado se vê preso foram transferidos por Tuke para o próprio âmago da loucura. O asilo não sanciona mais a culpabilidade do louco, é verdade, porém faz mais que isso; ele a organiza, organiza-a para o louco, como consciência de si e como relacionamento não recíproco com o guardião; ele o organiza para o homem razoável como consciência do outro, e intervenção terapêutica na existência do louco. Isso significa que através dessa culpabilidade o louco se torna objeto de punição sempre oferecido a si mesmo e ao outro, e do reconhecimento dessa condição de objeto, da tomada de consciência de sua culpabilidade, o louco deve voltar à sua consciência de sujeito livre e responsável, e por conseguinte retornar à razão. Esse movimento através do qual, objetivando-se para o outro, o alienado retorna à sua liberdade é o movimento que se encontra tanto no Trabalho quanto no Olhar.

Não nos esqueçamos que estamos num mundo quacre, onde Deus abençoa os homens nos signos de sua prosperidade. O trabalho vem em primeira linha no "tratamento moral" tal como é praticado no *Retiro*. Em si mesmo, o trabalho possui uma força de coação superior a todas as formas de coerção física, uma vez que a regularidade das horas, as exigências da atenção e a obrigação de chegar a um resultado separam o doente de uma liberdade de espírito que lhe seria funesta e o engajam num sistema de responsabilidade: "O trabalho regular deve ser preferido, tanto do ponto de vista físico quanto moral...; é aquilo que existe de mais agradável para o doente, e o que há de mais oposto às ilusões da doença."[39] Com isso, o homem entra para a ordem dos mandamentos de Deus; ele submete sua liberdade a leis que são ao mesmo tempo as da realidade e as da moral. Nessa medida, o trabalho do espírito não deve ser desaconselhado; mesmo assim é necessário banir com extremo rigor todos os exercícios da imaginação, que mantêm sempre uma cumplicidade com as paixões, os desejos, ou todas as ilusões delirantes. Pelo contrário, o estudo daquilo que há de eterno na natureza e de mais conforme à sabedoria e à bondade da Providência tem a maior eficácia na redução das liberdades desmedidas do louco, fazendo com que descubra as formas de sua responsabilidade. "Os diversos ramos das matemáticas e das ciências naturais formam os assuntos mais úteis nos quais os espíritos dos insensatos podem aplicar-se."[40] No asilo, o trabalho será despojado de todo valor de produção; só será imposto a título de regra moral pura; limitação da liberdade, submissão à ordem, engajamento da responsabilidade com o fim único de desalienar o espírito perdido nos excessos de uma liberdade que a coação física só limita aparentemente.

Mais eficaz ainda que o trabalho, o olhar dos outros, aquilo que Tuke chama de "a necessidade de estima": "Esse princípio do espírito humano influencia sem dúvida nenhuma nossa conduta geral, numa proporção inquietante, ainda que frequentemente de modo secreto, e atua com uma força especial quando somos introduzidos num novo círculo de relações."[41] No internamento clássico, o louco também estava oferecido ao olhar: mas esse olhar no fundo não o atingia; atingia apenas sua superfície monstruosa, sua animalidade visível; e comportava pelo menos uma forma de reciprocidade, uma vez que ali o homem são podia ler, como num espelho, o movimento iminente de sua própria queda. O olhar que Tuke agora instaura como um dos grandes componentes da existência asilar é ao mesmo tempo mais profundo e menos recíproco. Deve procurar acuar o louco nos signos menos visíveis de sua loucura, ali onde ela se articula secretamente sobre a razão e mal começa a separar-se dela; e esse olhar não pode ser devolvido pelo louco, pois ele é apenas olhado; ele é como o recém-chegado, o último a pôr os pés no mundo da razão. Tuke havia organizado todo um cerimonial ao redor dessas condutas do olhar. Tratava-se de noitadas à moda inglesa, onde todos deviam imitar a existência social em todas suas exigências formais, sem que nada circulasse além do olhar que observa toda incongruência, toda desordem, todo engano que traísse a loucura. Os diretores e os vigilantes do *Retiro*, assim, convidam alguns doentes para *tea parties*; os convidados

> vestem suas melhores roupas, e rivalizam-se em polidez e boas maneiras. É-lhes oferecido o melhor *menu*, e são tratados com tanta atenção como se fossem estranhos. A noitada normalmente transcorre na mais completa harmonia e no maior contentamento. Raramente acontece um evento desagradável. Os doentes controlam extraordinariamente suas diferentes inclinações; essa cena suscita ao mesmo tempo uma surpresa e uma satisfação tocantes[42].

Curiosamente, esse rito não é o da aproximação, do diálogo, do conhecimento mútuo; é a organização ao redor do louco de um mundo em que tudo lhe seria semelhante e próximo, mas onde ele mesmo permaneceria como um Estranho por excelência, que não é julgado apenas pelas aparências, mas por tudo aquilo que elas podem indicar e revelar ainda que a contragosto. Convocado incessantemente para esse papel vazio do visitante desconhecido, e recusado em tudo aquilo que se pode conhecer sobre ele, atraído assim para a superfície de si mesmo através de uma personagem social cuja forma e máscara lhes são impostas, silenciosamente, pelo olhar, o louco é convidado a objetivar-se nos olhos da razão razoável como o estranho perfeito, isto é, aquele cuja estranheza não se deixa perceber. A cidade dos homens razoáveis não o recebe a não ser a título e ao preço dessa conformidade com o anônimo.

Vê-se que no *Retiro* a supressão parcial[43] das coações físicas faz parte de um conjunto cujo elemento essencial era a constituição de uma "autocontenção" onde a liberdade do doente, comprometida no trabalho e no olhar dos outros, é ameaçada incessantemente pelo reconhecimento da culpabilidade. Ali onde se acreditava lidar com uma simples operação negativa que afrouxa os laços e liberta a natureza mais profunda da loucura, deve-se reconhecer que se trata de uma operação positiva que o encerra no sistema das recompensas e das punições e o inclui no movimento da consciência moral. Passagem de um mundo da Reprovação para um universo do Julgamento. Mas ao mesmo tempo uma psicologia da loucura torna-se possível, uma vez que sob o olhar é ela continuamente convocada, na superfície de si mesma, a negar sua dissimulação. Só é julgada por seus atos; não se fazem acusações contra ela, nem se trata de sondar seus segredos. Ela não é responsável por nada além dessa parte de si mesma que é visível. Todo o resto é reduzido ao silêncio. A loucura só existe como ser visto. Essa proximidade que se instaura no asilo, que as correntes e as grades não rompem, não permitirá a reciprocidade: é apenas a proximidade do olhar que vigia, que espia, que se aproxima para ver melhor, mas que se afasta cada vez mais, uma vez que só aceita e reconhece os valores do Estranho. A ciência das doenças mentais, tal como se desenvolve nos asilos, pertencerá sempre à esfera da observação e da classificação. Não será diálogo. E não poderá ser verdadeiramente um diálogo a não ser no dia em que a psicanálise tiver exorcizado esse fenômeno do olhar, essencial para a loucura do século XIX, e quando ela tiver substituído sua magia silenciosa pelos poderes da linguagem. Mesmo assim, seria mais justo dizer que ela revestiu o olhar absoluto do vigilante com a palavra indefinidamente monologada do vigiado – conservando assim a velha estrutura asilar do olhar não recíproco, porém equilibrando-o, numa reciprocidade não simétrica, através da nova estrutura da linguagem sem resposta.

Vigilância e Julgamento: já se esboça uma nova personagem que será essencial no asilo do século XIX. O próprio Tuke esboça seu perfil quando relata a história de um maníaco, sujeito a crises de violência incontidas. Um dia em que passeava com o intendente pelo jardim da casa, ele entra bruscamente numa fase de excitação, afasta-se um pouco, apanha uma grande pedra e esboça o gesto de atirá-la sobre seu companheiro. O intendente para, encara o doente nos olhos; a seguir avança alguns passos e, "num tom de voz resoluto, ordena-lhe que largue a pedra". À medida que se aproxima, o doente abaixa a mão, a seguir deixa cair sua arma; "depois, deixou-se conduzir tranquilamente ao seu quarto"[44]. Algo acaba de nascer que não é mais repressão, porém autoridade. Até o final do século XVIII, o mundo dos loucos estivera povoado apenas pelo poder abstrato e sem rosto que os manda encerrados; e nesses limites estava vazio, vazio de tudo o que não era a própria loucura; os guardiães eram frequentemente recrutados entre os próprios doentes. Pelo contrário, Tuke estabelece entre guardiães e doentes, entre razão e loucura, um elemento mediador. O espaço reservado pela sociedade à alienação vai ser doravante assombrado pelos que estão "do outro lado", e que representam ao mesmo tempo os prestígios da autoridade que interna e o rigor da razão que julga. O vigilante intervém, desarmado, sem instrumentos de coação, com o olhar e a linguagem, apenas. Avança sobre a loucura, despojado de tudo aquilo que o poderia proteger ou torná-lo ameaçador, correndo o risco de um confronto imediato e sem recurso. No entanto, não é como pessoa concreta que ele vai enfrentar a loucura, mas como ser de razão, investido exatamente por isso, antes de todo combate, da autoridade que lhe vem do fato de não ser um louco. A vitória da razão sobre o desatino era antes assegurada apenas pela força material, e numa espécie de combate real. Agora, o combate já se apresenta sempre como tendo existido: a derrota do desatino está antecipadamente inscrita na situação concreta em que se defrontam o louco e o não louco. A ausência da coação nos asilos do século XIX não é desatino libertado, mas loucura há muito dominada.

Por essa razão nova que impera no asilo, a loucura não representa a forma absoluta da contradição, mas antes uma idade menor, um aspecto de si mesma sem direito à autonomia, e que só pode viver enxertada sobre o mundo da razão. A loucura é infância. Tudo é organizado no *Retiro* para que os alienados sejam diminuídos. Ali são considerados

como crianças com um excesso de força e que a utilizam de forma perigosa. Necessitam de castigos e recompensas presentes; tudo aquilo que é um pouco distanciado não tem efeito sobre eles. É preciso aplicar neles um novo sistema de educação, dar um novo curso a suas ideias; subjugá-los de início, encorajá-los a seguir, aplicá-los no trabalho, torná-lhes agradável esse trabalho através de meios atraentes[45].

Há muito tempo já que o direito considerava os alienados como menores de idade, mas tratava-se aí de uma situação jurídica, abstratamente definida pela interdição e pela curatela. Não era um modo concreto de relações de homem a homem. O estado de minoridade se transforma, em Tuke, num estilo de existência para os loucos e, para os guardiães, num modo de soberania. Insiste-se muito sobre o aspecto de "grande família" que a comunidade dos insensatos e seus vigilantes assumem no *Retiro*. Aparentemente, essa "família" coloca a doença num meio ao mesmo tempo normal e natural; na verdade, ela a aliena ainda mais. A minoridade jurídica com que se revestia o louco estava destinada a protegê-lo enquanto sujeito de direito; essa antiga estrutura, ao tornar-se forma de coexistência, entrega-o totalmente, como sujeito psicológico, à autoridade e ao prestígio do homem de razão, que para ele assume a figura concreta do adulto, isto é, ao mesmo tempo de dominação e de destinação.

Na grande reorganização das relações entre loucura e razão, a família, ao final do século xviii, representa um papel decisivo – ao mesmo tempo paisagem imaginária e estrutura social real; é dela que parte, é na direção dela que se encaminha a obra de Tuke. Atribuindo-lhe o prestígio dos valores primitivos, ainda não comprometidos no social, Tuke fazia com que representasse um papel de desalienação; ela era, em seu mito, a antítese desse "meio" no qual o século xviii via a origem da loucura. Mas ele a introduziu igualmente, de um modo bem real, no mundo asilar, onde ela surge ao mesmo tempo como verdade e como norma de todos os relacionamentos que podem ser instaurados entre o louco e o homem de razão. Através disso, a minoridade sob a tutela da família, condição jurídica na qual se alienam os direitos civis do insensato, torna-se situação psicológica onde se aliena sua liberdade concreta. Toda a existência da loucura, no mundo que agora lhe é preparado, vê-se envolvida por aquilo que se poderia chamar, por antecipação, de "complexo parental". Os prestígios do patriarcado revivem ao redor dela na família burguesa. É essa sedimentação histórica que a psicanálise, mais tarde, trará para a luz do dia, atribuindo-lhe, através de um novo mito, o sentido de um destino que marcaria toda a cultura ocidental e talvez toda a civilização, enquanto foi inteiramente deposta por ela, tendo-se solidificado apenas recentemente, nesse fim de século em que a loucura viu-se duas vezes alienada na família – pelo mito de uma desalienação na pureza patriarcal e por uma situação realmente alienante num asilo constituído sobre o modo da família. Doravante, e por um período cujo termo ainda não é possível fixar, os discursos do desatino estarão indissociavelmente ligados à dialética semirreal, semi-imaginária da Família. E ali onde, em suas violências, deviam-se ler profanações ou blasfêmias, será necessário doravante decodificar o atentado incessante contra o

Pai. Do mesmo modo, no mundo moderno, o que havia sido o grande confronto irreparável entre a razão e o desatino se tornará o surdo choque dos instintos contra a solidez da instituição familiar e contra seus símbolos mais arcaicos.

Há uma surpreendente convergência entre o movimento das instituições básicas e essa evolução da loucura no mundo do internamento. A economia liberal, como vimos, tendia a entregar à família, em vez de ao Estado, o cuidado de auxiliar pobres e doentes: a família tornava-se assim o lugar da responsabilidade social. Mas se o doente pode ser entregue à família, o mesmo não acontece com o louco, demasiado estranho e desumano. Tuke, justamente, reconstitui de maneira artificial ao redor da loucura uma falsa família, paródia institucional mas situação psicológica real. Ali onde a família falta, ele a substitui por um cenário fictício através de signos e atitudes. Mas por um cruzamento estranho, dia virá em que ela se verá despojada de seu papel de assistência e de alívio do doente em geral, enquanto guardará os valores fictícios referentes à loucura; e bem depois de a doença dos pobres tornar-se outra vez assunto do Estado, o asilo manterá o insensato na ficção imperativa da família; o louco continuará menor, e durante muito tempo a razão conservará para ele os traços do Pai.

Encerrado nesses valores fictícios, o asilo será protegido da história e da evolução social. No espírito de Tuke, tratava-se de constituir um meio que imitaria as formas mais antigas, mais puras, mais naturais da coexistência: meio mais humano possível, sendo o menos social possível. De fato, ele recortou a estrutura social da família burguesa, reconstituiu-a simbolicamente no asilo e deixou que derivasse na história. O asilo, sempre defasado em estruturas e símbolos anacrônicos, será um inadaptado por excelência, e estará fora do tempo. E ali mesmo onde a animalidade manifestava uma presença sem história e sempre reiniciada, vão aflorar lentamente as marcas sem memória dos velhos ódios, das velhas profanações familiares, os signos esquecidos do incesto e do castigo.

■ ■

Em Pinel, não há segregação religiosa alguma. Ou, antes, há uma segregação que se exerce num sentido inverso daquela praticada por Tuke. Os benefícios do asilo renovado serão oferecidos a todos, a quase todos com exceção dos fanáticos "que se acreditam inspirados e que procuram fazer outros prosélitos". Bicêtre e Salpêtrière, na opinião de Pinel, constituem a figura complementar do *Retiro*.

A religião não deve ser o substrato moral da vida asilar, mas pura e simplesmente objeto médico:

As opiniões religiosas, num hospital de alienados, só devem ser consideradas sob um aspecto meramente médico, isto é, deve-se pôr de lado qualquer outra consideração de culto público e político, devendo-se apenas procurar saber se é importante opor-se à exaltação das ideias e dos sentimentos que podem nascer dessa fonte para concorrer eficazmente para a cura de certos alienados.[46]

Fontes de emoções vivas e de imagens assustadoras que ele suscita pelos terrores do além, o catolicismo frequentemente provoca a loucura. Faz surgirem crenças delirantes, alimenta alucinações, leva homens ao desespero e à melancolia. Não se deve ficar surpreso se, "compulsando os registros do hospício dos alienados de Bicêtre, se encontram muitos padres e monges inscritos, bem como pessoas do campo perdidas por um quadro assustador do futuro"[47]. A surpresa deve ser ainda menor quando se vê variar o número das loucuras religiosas ao longo dos anos. Sob o Antigo Regime e durante a Revolução, a vivacidade das crenças supersticiosas, ou a violência das lutas que opuseram a República à Igreja Católica, multiplicaram as melancolias de origem religiosa. Voltando a paz, a Concordata apagando as lutas, essas formas de delírio desaparecem. No ano X, contava-se ainda 50% de loucura religiosa entre os melancólicos de Salpêtrière, 33% no ano seguinte e 18% apenas no ano XII[48]. Portanto, o asilo deve estar livre da religião e de todos os seus parentes imaginários; é preciso evitar que "os melancólicos por devoção" fiquem com seus livros pios; a experiência "mostra que esse é o meio mais seguro de perpetuar a alienação ou, mesmo, de torná-la incurável, e quanto mais se dá essa permissão, menos se consegue acalmar as inquietações e os escrúpulos"[49]. Nada nos afasta mais de Tuke e de seus sonhos com uma comunidade religiosa que seria ao mesmo tempo o lugar privilegiado das curas do espírito do que essa ideia de um asilo neutralizado, como que purificado dessas imagens e dessas paixões que o cristianismo provoca, e que fazem o espírito derivar na direção do erro, da ilusão, e logo na direção do delírio e das alucinações. Mas, para Pinel, trata-se de reduzir as formas imaginárias, e não o conteúdo moral da religião. Nela existe, uma vez decantada, um poder de desalienação que dissipa as imagens, acalma as paixões e devolve o homem àquilo que nele pode haver de imediato e essencial: ela pode aproximá-lo de sua verdade moral. E é nisso que ela é capaz, muitas vezes, de curar. Pinel conta algumas histórias, ao estilo de Voltaire. Por exemplo, a de uma moça de 25 anos, "de constituição forte, unida pelo casamento a um homem fraco e delicado". Ela tinha "crises de histeria muito violentas, imaginava-se possuída pelo demônio que, conforme dizia, assumia formas variadas e fazia com que ouvisse ora cantos de pássaros, ora sons lúgubres, e às vezes gritos cortantes". Felizmente, o cura do lugar dedica-se mais à religião natural do que às práticas do exorcismo, e acredita na cura através da natureza. Esse "homem esclarecido, de caráter suave e persuasivo, conquista uma ascendência sobre o espírito da doente e consegue fazer com que saia do leito, levando-a a retomar suas tarefas domésticas e mesmo a tratar do jardim dele... O que foi seguido por felizes efeitos e por uma cura que se manteve por três anos"[50]. Levada de volta à extrema simplicidade desse conteúdo moral, a religião não pode deixar de ser conivente com a filosofia, com a medicina, com todas as formas de sabedoria e da ciência que podem restaurar a razão a um espírito perdido. Há mesmo casos em que a religião pode servir como tratamento preliminar e preparar o que será feito no asilo: disso é prova uma moça "de temperamento ardente, embora bem comportada e muito religiosa", que se vê dividida "entre as inclinações de seu coração e os princípios severos de sua conduta". Seu confessor, após tê-la inutilmente aconselhado a apegar-se a Deus, propõe-lhe exemplos de uma santidade firme e comedida, e "opõe-lhe o melhor remédio para as grandes paixões, a paciência e o tempo". Levada a Salpêtrière, foi tratada sob as ordens de Pinel "segundo os mesmos princípios morais" e sua doença foi de "curta duração"[51]. O asilo abriga assim não o tema social de uma religião onde todos os homens se sentem irmãos numa mesma comunhão e numa mesma comunidade, mas o poder moral da consolação, da confiança, e de uma fidelidade dócil à natureza. Ele deve retomar o trabalho moral da religião, fora de seu texto fantástico, ao nível apenas da virtude, do trabalho e da vida social.

O asilo, domínio religioso sem religião, domínio da moral pura, da uniformização ética. Tudo o que nele podia conservar a marca das velhas diferenças acaba por sumir. As últimas recordações do sagrado se extinguem. Outrora, cada casa de internamento havia herdado, no espaço social, os limites quase absolutos do leprosário; era terra estranha. O asilo deve figurar agora a grande continuidade da moral social. Os valores da família e do trabalho, todas as virtudes reconhecidas, imperam no asilo. Mas com um duplo império. Antes de mais nada, elas imperam de fato, no âmago da própria loucura; sob as violências e a desordem da alienação, a natureza sólida das virtudes essenciais não se rompe. Uma moral existe, inteiramente primitiva, que normalmente não é ofendida, mesmo pela pior demência; é ela que ao mesmo tempo aparece e opera na cura: "Geralmente, não posso deixar de prestar um depoimento em favor das virtudes puras e dos princípios severos que frequentemente a cura manifesta. Em lugar algum, com exceção dos romances, vi esposos mais dignos de estima, pais ou mães mais ternos, enamorados mais apaixonados, pessoas mais apegadas a seus deveres do que a maioria dos alienados felizmente levados à convalescência."[52] Essa virtude inalienável é ao mesmo tempo verdade e resolução da loucura. É por isso que, se ela impera, *deverá* imperar ainda mais. O asilo reduzirá as diferenças, reprimirá os vícios, extinguirá as irregularidades. Denunciará tudo aquilo que se opõe às virtudes essenciais da sociedade: o celibato – "o número de moças atacadas de idiotia é sete vezes maior que o número de casadas na mesma situação nos anos XI e XIII; para a demência, a proporção é de duas a quatro vezes. Portanto, pode-se presumir que para as mulheres o casamento é uma espécie de preservativo contra as duas espécies de alienação mais inveteradas e, de ordinário, mais incuráveis"[53]. A devassidão, o mau comportamento e "a extrema perversidade dos costumes", "o hábito do vício como o da bebedeira, o da galantaria ilimitada, e sem escolha, o de um comportamento desordenado ou o de uma despreocupação apática podem aos poucos degradar a razão e levar a uma alienação declarada"[54]. A preguiça "é o resultado mais constante e o mais unânime da experiência em todos os asilos públicos, como nas prisões e nos hospícios, que o meio mais seguro e talvez a única garantia da manutenção da saúde, do bom comportamento e da ordem é a lei de um trabalho mecânico rigorosamente executado"[55]. O asilo atribui-se por objetivo o reino homogêneo da moral, sua extensão rigorosa a todos aqueles que tendem a escapar a ela.

Mas, por isso mesmo, ele permite o aparecimento de uma diferença. Se a lei não impera universalmente, é porque há homens que não a reconhecem, uma classe da sociedade que vive na desordem, na negligência e quase na ilegalidade:

Se de um lado se veem famílias prosperar durante longos anos no seio da ordem e da concórdia, quantas outras, sobretudo nas classes inferiores da sociedade, constrangem com o quadro revoltante da devassidão, das dissensões e de uma miséria vergonhosa! Aí reside, segundo minhas observações cotidianas, a fonte mais fecunda da alienação que se tem de tratar nos hospícios.[56]

Num único e mesmo movimento, o asilo, nas mãos de Pinel, se torna um instrumento de uniformização moral e de denúncia social. Trata-se de fazer reinar sob as espécies do universal uma moral que se imporá do interior às que lhe são estranhas e onde a alienação já é dada antes de manifestar-se nos indivíduos. No primeiro caso, o asilo deverá agir como despertar e reminiscência, invocando uma natureza esquecida: no segundo, terá de agir por deslocamento social, para tirar o indivíduo de sua condição. A operação, tal como era praticada no *Retiro*, ainda era simples: segregação religiosa para fins de purificação moral. A que é praticada por Pinel é relativamente complexa: trata-se de operar sínteses morais, assegurar uma continuidade ética entre o mundo da loucura e o da razão, mas praticando uma segregação social que garanta à moral burguesa uma universalidade de fato e que lhe permita impor-se como um direito a todas as formas da alienação.

Na era clássica, indigência, preguiça, vícios e loucura se misturam numa mesma culpabilidade no interior do desatino; os loucos tinham sido aprisionados no grande internamento da miséria e do desemprego, mas todos haviam sido promovidos à vizinhança da falta, quase à essência da queda. A loucura, agora, é parente da decadência social, que surge confusamente como sua causa, modelo e limite. Meio século mais tarde, a doença mental se tornará degenerescência. Doravante, a loucura essencial, e que realmente ameaça, é a que sobe dos *bas-fonds* da sociedade.

O asilo de Pinel, retirado do mundo, não será um espaço de natureza e de verdade imediata como o de Tuke, mas um domínio uniforme da legislação, um lugar de sínteses morais onde se apagam as alienações que nascem nos limites exteriores da sociedade[57]. Toda a vida dos internos, todo o comportamento dos vigilantes em relação a eles, bem como o dos médicos, são organizados por Pinel para que essas sínteses morais se efetuem. E isso através de três meios principais:

1. O silêncio. O quinto dos acorrentados libertados por Pinel era um antigo eclesiástico cuja loucura o havia levado a ser expulso da Igreja. Atacado por um delírio de grandeza, considerava-se Cristo; era "o ponto sublime da arrogância humana em delírio". Tendo entrado em Bicêtre em 1782, passa doze anos acorrentado. Pela altivez de seu porte, pela grandiloquência de seus propósitos, constitui um dos espetáculos mais apreciados do hospital; mas como sabe que está revivendo a Paixão de Cristo, "suporta com paciência esse longo martírio, e os contínuos sarcasmos a que sua mania o expõe". Pinel designou-o para fazer parte do lote dos doze primeiros libertados, embora seu delírio fosse agudo. Mas não age com ele como com os outros: nada de exortações, nem promessas exigidas; sem pronunciar palavra, manda que retirem suas correntes e

ordena expressamente que todos imitem sua reserva e não dirijam uma única palavra a esse pobre alienado. Essa proibição, observada rigorosamente, produz sobre esse homem tão cheio de si mesmo um efeito bem mais sensível que as correntes e a cela; sente-se humilhado pelo abandono e pelo novo isolamento em meio de sua plena liberdade. Finalmente, após longas hesitações, de vontade própria se mistura à sociedade dos outros doentes; a partir de então, retorna a ideias mais sensatas e mais justas[58].

A libertação assume aqui um sentido paradoxal. A cela, as correntes, o espetáculo contínuo, os sarcasmos constituíam, para o delírio do doente, uma espécie de elemento de sua liberdade. Reconhecido através desse comportamento, e fascinado do exterior por tantas cumplicidades, não podia ser desalojado de sua verdade imediata. Mas as cadeias que caem, essa indiferença e o mutismo de todos o aprisionam no uso restrito de uma liberdade vazia; vê-se entregue a uma verdade não reconhecida que manifestará inutilmente, uma vez que não mais será observada, e da qual não poderá extrair motivos de exaltação, dado que nem mesmo é mais humilhada. É o próprio louco, e não sua projeção no delírio, que agora será humilhado: a coação física é substituída por uma liberdade que a todo momento é limitada pela solidão; o diálogo do delírio e da ofensa é substituído pelo monólogo de uma linguagem que se esgota no silêncio dos outros; todo o cortejo da presunção e do ultraje, na indiferença. A partir de então, aprisionado de um modo mais real do que o poderia ser na cela ou pelas correntes, prisioneiro de nada além de si mesmo, o doente é apanhado num relacionamento consigo mesmo que pertence à esfera da falta, e num não relacionamento com os outros que é da esfera da vergonha. Os outros são inocentados, não são mais perseguidores; a culpabilidade se desloca para o interior, mostrando ao louco que estava fascinado apenas pela própria presunção; os rostos inimigos se apagam, não mais sente a presença deles como um olhar, mas como recusa de atenção, como olhar desviado; os outros não passam para ele, agora, de um limite que recua incessantemente à medida que ele avança. Libertado de suas correntes, está agora acorrentado pela virtude do silêncio, pela falta e pela vergonha. Sentia-se punido, e via o signo de sua inocência; livre de toda punição física, é necessário que ele se sinta culpado. Seu suplício era sua glória, sua libertação deverá humilhá-lo.

 Comparado com o diálogo incessante entre a razão e a loucura durante a Renascença, o internamento clássico tinha sido posto em silêncio. Mas esse não era absoluto: a linguagem era ali antes engajada nas coisas do que realmente suprimida. O internamento, as celas, as prisões e até mesmo os suplícios estabeleciam entre a razão e o desatino um diálogo mudo, que era um combate. Esse mesmo diálogo é agora desfeito, o silêncio é absoluto, não mais existe entre a loucura e a razão uma língua comum. À linguagem do delírio só pode responder uma ausência de linguagem, pois o delírio não é fragmento de diálogo com a razão, não é linguagem de modo algum; a única remissão que faz, na consciência enfim silenciosa, é à falta. E é apenas a partir daí que uma linguagem comum se tornará possível novamente, na medida em que será aquela da culpabilidade reconhecida. "Enfim, após longas hesitações, de vontade própria se mistura à sociedade dos outros doentes..." A ausência de linguagem, como estrutura fundamental da vida no asilo, tem por correlativo o aparecimento da confissão. Quando Freud, na psicanálise, reatará prudentemente a troca, ou melhor, se porá novamente à escuta dessa linguagem, doravante destruída no monólogo, não se deve ficar surpreso pelo fato de as formulações ouvidas serem sempre as da falta. Nesse silêncio inveterado, a falta havia atingido as próprias origens da palavra.

2. O reconhecimento pelo espelho. No *Retiro*, o louco era olhado, e se sabia visto, mas à exceção desse olhar direto, que em compensação não lhe permitia apreender a si mesmo a não ser obliquamente, a loucura não exercia um domínio imediato sobre si. Com Pinel, pelo contrário, o olhar só será exercido no interior do espaço definido pela loucura, sem superfície ou limites externos. Ela se verá a si mesma, será vista por si mesma – simultaneamente como objeto de espetáculo e sujeito absoluto.

Três alienados, que acreditavam ser soberanos e que assumiam, todos, o título de Luís XVI, brigavam um dia pelos direitos à realeza, fazendo-os valer sob formas um tanto demasiado enérgicas. A vigilante se aproxima de um deles, levando-o para um lado: "Por que", diz ela, "você está brigando com essas pessoas que são visivelmente loucas? Já não sabemos todos que você deve ser reconhecido como Luís XVI?" O sujeito, envaidecido com essa homenagem, logo se retira observando os outros com um desdém altaneiro. O mesmo artifício obtém sucesso com o segundo deles. E num instante não há mais vestígios da briga.[59]

Esse é o primeiro momento, o da exaltação. A loucura é convocada para observar a si mesma, mas nos outros: surge neles como pretensão infundada, isto é, como loucura irrisória; entretanto, nesse olhar que condena os outros, o louco assegura sua própria justificativa e a certeza de adequar-se a seu delírio. A brecha entre presunção e realidade só se deixa reconhecer no objeto. Pelo contrário, no sujeito ela é inteiramente mascarada, e o sujeito se transforma em verdade imediata e juiz absoluto: a soberania exaltada que denuncia a falsa soberania dos outros despoja-os dela, confirmando-se com isso na plenitude sem falhas de sua presunção. A loucura, como simples delírio, é projetada sobre os outros; como perfeita inconsciência, ela é inteiramente assumida.

É nesse momento que o espelho, como cúmplice, torna-se desmistificador. Um outro doente de Bicêtre também se acredita rei, expressando-se sempre "com o tom do comando e da autoridade suprema". Um dia em que estava mais calmo, o vigilante se aproxima e lhe pergunta como, se ele era mesmo soberano, não punha ele um fim à sua detenção e por que era confundido com os alienados de todo tipo. Retomando seu discurso nos dias seguintes,

aos poucos ele lhe faz ver o ridículo de suas pretensões exageradas, aponta-lhe um outro alienado também convencido há muito tempo de que estava revestido do poder supremo e que se tornara objeto de troça. O maníaco se sente, de início, abalado, e a seguir põe em dúvida seu título de soberano, e finalmente reconhece a natureza de suas quimeras. Essa revolução moral tão inesperada ocorreu em quinze dias, e, após alguns meses de provação, esse pai respeitoso foi devolvido à sua família[60].

Portanto, é chegada a fase da humilhação: identificado presunçosamente com o objeto de seu delírio, o louco se reconhece como num espelho nessa loucura cuja ridícula pretensão ele mesmo denunciou. Sua sólida soberania de sujeito se esboroa nesse objeto que ele desmistificou ao assumi-la. Ele é agora impiedosamente encarado por si mesmo. E no silêncio daqueles que representam a razão, e que apenas seguraram o espelho perigoso, ele se reconhece como objetivamente louco.

Viu-se através de que meios – e de que mistificações – a terapêutica do século XVIII tentava persuadir o louco de sua loucura a fim de melhor libertá-lo dela[61]. Aqui, o movimento é de natureza bem diferente; não se trata de dissipar o erro através do espetáculo imponente de uma verdade, ainda que fingida. Trata-se de atingir a loucura em sua arrogância mais do que em sua aberração. O espírito clássico condenava na loucura uma certa cegueira para a verdade; a partir de Pinel, ver-se-á nela antes um *élan* oriundo das profundezas, que ultrapassa os limites jurídicos do indivíduo, ignora os marcos morais que lhe são fixados e que tende para uma apoteose de si mesmo. Para o século XIX, o modelo inicial da loucura será acreditar-se Deus, enquanto para os séculos anteriores era recusar Deus. Portanto, é no espetáculo de si mesma, como desatino humilhado, que a loucura poderá encontrar sua salvação, quando, capturada na subjetividade absoluta de seu delírio, ela surpreenderá a imagem irrisória e objetiva no louco idêntico. A Verdade se insinua, como de surpresa (e não através da violência, à maneira do século XVIII), nesse jogo de olhares recíprocos em que ela nunca vê nada além de si mesma. Mas o asilo, nessa comunidade de loucos, dispôs os espelhos de tal modo que o louco não pode deixar, afinal, de surpreender-se como louco, ainda que contra a vontade. Libertada das correntes que dela faziam um puro objeto olhado, a loucura perde, de maneira paradoxal, o essencial de sua liberdade, que é a liberdade da exaltação solitária; ela se torna responsável por aquilo que ela sabe sobre sua verdade, aprisiona-se em seu olhar indefinidamente remetido a si mesmo. É finalmente acorrentada à humilhação de ser objeto para si própria. A tomada de consciência está ligada agora à vergonha de ser idêntica a esse outro, de estar comprometida nele e de já ser desprezada antes de ter podido reconhecer-se e conhecer-se.

3. O julgamento perpétuo. Através desse jogo de espelhos, assim como pelo silêncio, a loucura é chamada incessantemente a julgar a si mesma. Além do mais, ela é a cada instante julgada do exterior, não apenas por uma consciência moral ou científica, mas por uma espécie de tribunal invisível permanente. O asilo com que Pinel sonha, e que em parte realizou em Bicêtre e sobretudo na Salpêtrière, é um microcosmo judiciário. Para ser eficaz, essa justiça deve ser temível em seu aspecto; todo o equipamento imaginário do juiz e do carrasco deve estar presente ao espírito do alienado, para que compreenda bem a que universo do juízo ele é agora entregue. A encenação da justiça, portanto, fará parte do tratamento. Um dos internos de Bicêtre tinha um delírio religioso animado por um terror pânico do Inferno; acreditava que só conseguiria escapar à danação eterna através de uma abstinência rigorosa. Era preciso que esse temor de uma justiça distante fosse compensado pela presença de uma justiça imediata e ainda mais temível: "O curso irresistível de suas ideias sinistras poderia ser contrabalançado por outra coisa que não um receio vivo e profundo?" Uma noite, o diretor se apresenta à porta do doente

com um aparelho que o assustaria, o olhar em fogo, um tom de voz fulminante, um grupo de pessoas do serviço à sua volta, armadas de grossas correntes que agitavam com muito barulho. Uma sopa é colocada ao lado do alienado, intimado a tomá-la durante a noite se não quiser sofrer os tratamentos mais cruéis. O alienado é deixado no estado mais penoso de flutuação entre a ideia da punição com a qual é ameaçado e a perspectiva assustadora dos tormentos da outra vida. Após um combate interior de várias horas, a primeira ideia predomina e ele decide alimentar-se[62].

A instância judiciária que é o asilo não reconhece nenhuma outra instância. Ela julga de imediato, e em grau de último recurso. Possui seus próprios instrumentos de punição, dos quais se serve à vontade. O antigo internamento era praticado frequentemente fora das formas jurídicas normais; mas ele imitava os castigos dos condenados, usando as mesmas prisões, as mesmas celas, as mesmas sevícias físicas. A justiça que reina no asilo de Pinel não empresta da outra justiça seus modos de repressão; inventa os seus. Ou, melhor, utiliza os métodos terapêuticos que haviam sido difundidos no século XVIII, deles fazendo formas de castigo. E essa conversão da medicina em justiça, da terapêutica em repressão, não é um dos menores paradoxos da obra "filantrópica" e "libertadora" de Pinel. Na medicina da época clássica, banhos e duchas eram usados como remédios de acordo com a imaginação dos médicos sobre a natureza do sistema nervoso: tratava-se de refrescar o organismo, de distender as fibras ardentes e ressecadas[63]. É verdade que se acrescentava também, entre as consequências felizes da ducha fria, o efeito psicológico da surpresa desagradável, que interrompe o curso das ideias e muda a natureza dos sentimentos; mas aqui, ainda estamos na paisagem dos sonhos médicos. Com Pinel, o uso da ducha torna-se francamente judiciária; a ducha é a punição habitual do tribunal de simples polícia constituído permanentemente no asilo: "Consideradas como meio de repressão, frequentemente elas são o suficiente para submeter à lei geral de um trabalho manual uma alienada suscetível dessa ação, a fim de vencer uma recusa obstinada de alimentar-se, e dominar as alienadas arrebatadas por uma espécie de humor turbulento e raciocinante."[64]

Tudo é organizado para que o louco se reconheça nesse mundo do juízo que o envolve de todos os lados; ele deve saber-se vigiado, julgado e condenado; da falta à punição, a ligação deve ser evidente, como uma culpabilidade reconhecida por todos:

Aproveitando-se o banho, recorda-se a falta cometida ou a omissão de um dever importante, e com a ajuda de uma torneira precipita-se bruscamente uma corrente de água fria sobre a cabeça, o que frequentemente desconcerta o alienado, ou afasta uma ideia predominante através de uma impressão forte e inesperada; se houver obstinação, repete-se a ducha, evitando com cuidado os tons duros e os termos chocantes que revoltam; pelo contrário, faz-se a pessoa entender que é para seu próprio bem e com pesar que se está recorrendo a essas medidas violentas; algumas vezes recorre-se também a brincadeiras, tomando-se o cuidado de não levá-las longe demais.[65]

Essa evidência quase aritmética da punição, o castigo repetido tantas vezes quantas necessário for o reconhecimento da falta pela repressão que dela se faz, tudo isso deve levar à interiorização da instância judiciária e ao nascimento do remorso no espírito do doente: é nesse ponto apenas que os juízes aceitam parar com o castigo, certos de que ele se prolongará indefinidamente na consciência. Uma maníaca tinha o costume de rasgar suas roupas e quebrar todos os objetos ao alcance da mão; submetem-na a uma ducha e à camisa de força; ela parece, finalmente, "humilhada e consternada", mas com receio de que essa vergonha seja passageira e o remorso demasiado superficial, o diretor, para imprimir-lhe um sentimento de terror, fala com ela num tom de firmeza enérgica, mas sem raiva, e anuncia-lhe que doravante será tratada com a maior severidade. O resultado esperado não se faz aguardar: "Seu arrependimento se anuncia através de uma torrente de lágrimas vertidas durante quase duas horas."[66] O ciclo está duplamente encerrado: a falta é punida, e seu autor se reconhece culpado.

No entanto, há alienados que escapam a esse movimento e que resistem à síntese moral por ele efetuada. Esses ficarão reclusos no próprio interior do asilo, formando uma nova população internada, aquela que não pode nem mesmo depender da justiça. Quando se fala de Pinel e de sua obra de libertação, muito frequentemente se omite essa segunda reclusão. Já vimos que ele recusava o benefício da reforma asilar aos "devotos que se acreditavam inspirados, que procuravam incessantemente fazer outros prosélitos e sentiam um prazer pérfido em excitar os outros alienados à desobediência sob o pretexto de que mais vale obedecer a Deus que aos homens". Mas a reclusão e a cela serão igualmente obrigatórias para "aquelas que não conseguem dobrar-se à lei geral do trabalho e que, sempre numa atividade malévola, comprazem-se em irritar as outras alienadas, provocando-as, excitando-as continuamente com assuntos de discórdia" e para as mulheres "que durante seus acessos têm uma propensão irresistível para roubar o que lhes cai nas mãos"[67]. Desobediência por fanatismo religioso, resistência ao trabalho e roubo: as três grandes faltas contra a sociedade burguesa, os três atentados maiores contra seus valores essenciais não são desculpáveis nem mesmo pela loucura; merecem a prisão pura e simples, a exclusão em tudo aquilo que ela pode ter de rigoroso, pois manifestam todos a mesma resistência à uniformização moral e social, que constitui a razão de ser do asilo tal como Pinel o concebe.

Outrora, o desatino era colocado fora do julgamento para ser entregue, na arbitrariedade, aos poderes da razão. Agora ele é julgado: e não apenas uma vez, na entrada do asilo, de maneira a ser reconhecido, classificado e inocentado para sempre. Pelo contrário, é aprisionado num julgamento eterno que não para de persegui-lo e de aplicar contra ele suas sanções, de proclamar suas faltas e por elas exigir uma multa, de excluir enfim aqueles cujas faltas implicam o risco de comprometer por muito tempo a boa ordem social. A loucura só escapou ao arbitrário para entrar numa espécie de processo indefinido para o qual o asilo fornece ao mesmo tempo policiais, promotores, juízes e carrascos. Um processo onde toda falta da vida, por uma virtude própria à existência asilar, torna-se crime social, vigiado, condenado e castigado; um processo cuja única saída é um eterno recomeçar sob a forma interiorizada do remorso. O louco "libertado" por Pinel e, depois dele, o louco do internamento moderno, são personagens sob processo. Se têm o privilégio de não mais serem misturados ou assimilados a condenados, são condenados a estar, a todo momento, sujeitos a um ato de acusação cujo texto nunca é revelado, pois é toda a vida no asilo que o formula. O asilo da era positivista, por cuja fundação se glorifica a Pinel, não é um livre domínio de observação, de diagnóstico e de terapêutica; é um espaço judiciário onde se é acusado, julgado e condenado e do qual só se consegue a libertação pela versão desse processo nas profundezas psicológicas, isto é, pelo arrependimento. A loucura será punida no asilo, mesmo que seja inocentada fora dele. Por muito tempo, e pelo menos até nossos dias, permanecerá aprisionada num mundo moral.

Ao silêncio, ao reconhecimento pelo espelho, a esse eterno julgamento, seria preciso acrescentar uma quarta estrutura própria do mundo asilar, tal como ele se constitui ao final do século XVIII: é a apoteose da personagem do médico. De todas, ela é sem dúvida a mais importante, pois vai autorizar não apenas novos contatos entre o médico e o doente, mas um novo relacionamento entre a alienação e o pensamento médico e, enfim, comandar toda a experiência moderna da loucura. Até aqui, só se encontravam no asilo as próprias estruturas do internamento, porém defasadas e deformadas. Com o novo estatuto da personagem do médico, é o sentido mais profundo do internamento que é abolido: a doença mental, nas significações que ora lhe atribuímos, torna-se então possível.

A obra de Tuke e a de Pinel, cujo espírito e valores são tão diferentes, vêm encontrar-se nessa transformação da personagem do médico. O médico, como vimos, não tinha lugar na vida do internamento. Agora ele se transforma na figura essencial do asilo. Ele comanda a entrada no asilo. O regulamento do *Retiro* esclarece: "No que diz respeito à admissão de doentes, a comissão deve, geralmente, exigir um certificado assinado por um medico... Deve-se estabelecer também se o doente está atingido por uma afecção que não a loucura. É igualmente desejável que se acrescente um relatório indicando há quanto tempo o indivíduo está doente e, se for o caso, quais os medicamentos utilizados."[68] Desde o fim do século XVIII, o certificado médico tinha se tornado mais ou menos obrigatório para o internamento dos loucos[69]. Mas, no interior do próprio asilo, o médico assume um lugar predominante, na medida em que o transforma num espaço médico. No entanto, e isso é essencial, a intervenção do médico não se faz em virtude de um saber ou de um poder médico que ele deteria, que se justificaria por um corpo de conhecimentos objetivos. Não é como cientista que *o homo medicus* tem autoridade no asilo, mas como sábio. Se a profissão médica é requisitada, é como garantia jurídica e moral, e não sob o título da ciência[70]. Um homem de grandes conhecimentos, de virtude íntegra e com longa experiência do asilo poderia bem substituir o médico[71]. Pois o trabalho médico é apenas parte de uma imensa tarefa moral que deve ser realizada no asilo e que é a única que pode assegurar a cura do insensato:

> Uma lei inviolável na direção de todo estabelecimento público ou particular de alienados não deve conceder ao maníaco toda a latitude de liberdade que pode permitir sua segurança pessoal, ou a dos outros, proporcionar a repressão à gravidade maior ou menor ou ao perigo constituído por seus desvios... recolher todos os fatos que podem servir para esclarecer o médico no tratamento, estudar com cuidado as variedades particulares dos costumes e temperamentos e manifestar suavidade ou firmeza, formas conciliadoras ou o tom imponente da autoridade e de uma severidade inflexível?[72]

Segundo Samuel Tuke, o primeiro médico que foi designado para o *Retiro* era recomendado por sua "perseverança incansável". Sem dúvida não tinha nenhum conhecimento particular das doenças mentais quando entrou para o *Retiro*, mas era "um espírito sensível que sabia muito bem que da aplicação de sua habilidade dependiam os interesses mais estimados de seus semelhantes". Tentou diferentes remédios sugeridos por seu bom senso e pela experiência de seus antecessores. Mas logo se desapontou, não porque os resultados fossem maus, ou o número de curas mínimo: "Mas os meios médicos estavam tão imperfeitamente ligados ao desenvolvimento da cura, que não pôde impedir-se de suspeitar que eram antes fatos concomitantes à cura e não sua causa."[73] Deu-se conta de que havia pouco a fazer com os métodos até então conhecidos. A preocupação de humanidade prevaleceu nele, e decidiu não utilizar medicamento algum que fosse muito desagradável para o doente. Mas não se deve crer que o papel do médico tinha pouca importância no *Retiro*: pelas visitas que regularmente faz aos doentes, pela autoridade que exerce na casa e que o coloca acima de todos os vigilantes, "o médico tem, sobre o espírito dos doentes, uma influência maior que a de todas as outras pessoas que devem zelar por eles"[74].

Acredita-se que Tuke e Pinel abriram o asilo ao conhecimento médico. Não introduziram uma ciência, mas uma personagem, cujos poderes atribuíam a esse saber apenas um disfarce ou, no máximo, sua justificativa. Esses poderes, por natureza, são de ordem moral e social; estão enraizados na minoridade do louco, na alienação de sua pessoa, e não na de seu espírito. Se a personagem do médico pode delimitar a loucura, não é porque a conhece, é porque a domina; e aquilo que para o positivismo assumirá a figura da objetividade é apenas o outro lado, o nascimento desse domínio.

É muito importante ganhar a confiança desses enfermos e provocar neles sentimentos de respeito e obediência, o que só pode ser fruto da superioridade do discernimento, de uma educação distinta e da dignidade no tom e nas maneiras. A tolice, a ignorância e a falta de princípios, sustentados por uma firmeza tirânica, podem provocar o temor, mas sempre inspiram desprezo. O vigilante de um hospício de alienados que conseguiu ascendência sobre eles dirige e regulamenta seus comportamentos à vontade; deve ser dotado de um caráter firme e ostentar na ocasião um aparelho imponente de seu poder. Deve ameaçar pouco, mas executar, e, se for desobedecido, a punição deve vir de imediato.[75]

O médico só pôde exercer sua autoridade absoluta sobre o mundo asilar na medida em que, desde o começo, foi Pai e Juiz, Família e Lei, não passando sua prática médica, durante muito tempo, de um comentário sobre os velhos ritos da Ordem, da Autoridade e do Castigo. E Pinel reconhece que o médico cura quando, fora das terapêuticas modernas, põe em jogo essas figuras imemoriais.

Cita o caso de uma moça de dezessete anos cujos pais a haviam educado com "extrema indulgência". Ela havia caído num "delírio alegre e folgazão sem que se pudesse determinar sua causa". No hospital, havia sido tratada com a maior suavidade, mas mostrava sempre um certo "ar altaneiro" que não podia ser tolerado no asilo; só falava "dos pais com amargura". Decide-se submetê-la a um regime de autoridade estrita;

a fim de domar esse caráter inflexível, o vigilante escolhe o momento do banho e manifesta-se com veemência contra certas pessoas desnaturadas que ousam levantar-se contra as ordens de seus pais e desconhecer a autoridade deles. Previne-a que a partir dali ela seria tratada com toda a severidade que merece, uma vez que ela própria se opõe à sua cura e dissimula com obstinação insuperável a causa primitiva de sua doença.

Com esse novo rigor e essa ameaça, a doente se sente "profundamente comovida...; acaba reconhecendo seus erros e faz uma confissão ingênua, segundo a qual se havia perdido no caminho da razão após ter sido contrariada numa inclinação do coração, indicando o objeto dessa inclinação". Após essa primeira confissão, a cura se torna fácil: "Efetuou-se uma mudança das mais favoráveis...; ela se sente agora aliviada e não consegue expressar, como gostaria, todo o seu reconhecimento ao vigilante que fez cessar suas contínuas agitações e devolveu a tranquilidade e a calma ao seu coração." Não há um momento desse relato que não possa ser transcrito em termos de psicanálise. Tanto isso é verdade que a personagem do médico, segundo Pinel, devia agir não a partir de uma definição objetiva da doença ou de um certo diagnóstico classificador, mas apoiando-se nesses prestígios em que se ocultam os segredos da Família, da Autoridade, da Punição e do Amor; é jogando com esses prestígios, assumindo a máscara do Pai e do Justiceiro, que o médico, através de um desses bruscos atalhos que deixam de lado sua competência médica, transforma-se no operador quase mágico da cura e assume a figura de um taumaturgo. Basta que ele olhe e fale, para que as faltas secretas apareçam, para que as presunções insensatas se esfumem e a loucura finalmente se ordene pela razão. Sua presença e sua fala são dotadas desse poder de desalienação que de repente descobre a falta e restaura a ordem da moral.

É um curioso paradoxo ver a prática médica entrar nesse domínio incerto de quase-milagre no momento em que o conhecimento da doença mental tenta assumir um sentido de positividade. De um lado a loucura se coloca à distância, num campo objetivo em que desaparecem as ameaças do desatino; mas nesse mesmo instante o louco tende a formar com o médico, numa unidade sem divisões, uma espécie de par, onde a cumplicidade se faz através de velhas dependências. A vida asilar, tal como Tuke e Pinel a constituíram, permitiu o nascimento dessa estrutura fina que será a célula essencial da loucura – estrutura que forma como que um microcosmo onde são simbolizadas as grandes estruturas maciças da sociedade burguesa e seus valores: relações Família-Filhos, ao redor do tema da autoridade paterna; relações Falta-Castigo, ao redor do tema da justiça imediata; relações Loucura-Desordem, ao redor do tema da ordem social e moral. É daí que o médico retira seu poder de cura, e é na medida em que através de tantas velhas ligações o doente se vê alienado no médico, no interior do par médico-doente, que o médico tem o poder quase milagroso de curá-lo.

No tempo de Pinel e de Tuke, esse poder nada tinha de extraordinário; explicava-se e era demonstrado apenas pela eficácia das condutas morais; não era mais misterioso que o poder do médico do século XVIII quando diluía os fluidos ou distendia as fibras. Mas muito rapidamente o sentido dessa prática moral escapou ao médico, na medida mesma em que ele encerrava seu saber nas normas do positivismo: desde o começo do século XIX, o psiquiatra não sabia muito bem qual era a natureza do poder que havia herdado dos grandes reformadores, cuja eficácia lhe parece tão estranha à ideia que ele tinha da doença mental e à prática de todos os outros médicos.

Essa prática psiquiátrica, aumentada em seu mistério e obscurecida para aqueles mesmos que a utilizavam, é a responsável por muita coisa na situação estranha do louco no interior do mundo médico. A princípio, porque a medicina do espírito, pela primeira vez na história da ciência ocidental, vai assumir uma autonomia quase completa: desde os gregos ela não passa de um capítulo da medicina, e vimos Willis estudar as loucuras sob a rubrica das "doenças da cabeça"; após Pinel e Tuke, a psiquiatria vai tornar-se uma medicina de um estilo particular: os mais obstinados em descobrir a origem da loucura nas causas orgânicas ou nas disposições hereditárias não escaparão a esse estilo. E lhe escaparão menos ainda na medida em que esse estilo particular – com o uso de poderes morais cada vez mais obscuros – estará na origem de uma espécie de má consciência; encerrar-se-ão tanto mais no positivismo quanto sentirão sua prática escapar a essa esfera.

À medida que o positivismo se impõe à medicina e à psiquiatria, singularmente essa prática torna-se mais obscura, o poder do psiquiatra mais milagroso e o par médico-doente mergulha ainda mais num mundo estranho. Aos olhos do doente, o médico torna-se taumaturgo; a autoridade que ele emprestava da ordem, da moral, da família, parece ser por ele retirada, agora, dele mesmo. É na qualidade de médico que se supõe que ele esteja carregado desses poderes, e enquanto Pinel, com Tuke, ressaltava bem que sua ação moral não estava ligada necessariamente a uma competência científica, acredita-se, e o doente é o primeiro a fazê-lo, que é no esoterismo de seu saber, em algum segredo, quase demoníaco, do conhecimento, que ele encontrou o poder de desfazer as alienações; e o doente aceitará cada vez mais esse abandono às mãos de um médico ao mesmo tempo divino e satânico, em todo caso fora de uma medida humana. Ele se alienará no médico cada vez mais, aceitando em bloco e antecipadamente todo o seu prestígio, submetendo-se desde logo a uma vontade que ele sente como mágica e a uma ciência que ele acredita ser presciência e adivinhação, tornando-se assim afinal de contas o correlativo ideal e perfeito desses poderes que ele projeta sobre o médico, puro objeto sem outra resistência além de sua inércia, pronto para ser exatamente essa histérica na qual Charcot exaltava o maravilhoso poder do médico. Se se quisesse analisar as estruturas profundas da objetividade no conhecimento e na prática psiquiátrica do século XIX, de Pinel a Freud[76], seria necessário mostrar justamente que essa objetividade é desde a origem uma coisificação de ordem mágica, que só conseguiu realizar-se com a cumplicidade do próprio doente e a partir de uma prática moral transparente e clara no início, mas aos poucos esquecida à medida que o positivismo impunha seus mitos de objetividade científica; prática esquecida em suas origens e em seu sentido, mas sempre utilizada e sempre presente. O que se chama de prática psiquiátrica é uma certa tática moral, contemporânea do fim do século XVIII, conservada nos ritos da vida asilar e recoberta pelos mitos do positivismo.

Mas, se o médico se torna rapidamente um taumaturgo para o doente, a seus próprios olhos de médico positivista ele não o pode ser. Esse poder obscuro cuja origem ele não conhece, onde ele não pode decifrar a cumplicidade do doente e onde ele não consentiria em reconhecer os antigos poderes de que é feito, precisa receber dele um estatuto. E dado que nada no conhecimento positivo pode justificar semelhante transferência de vontade, ou semelhantes operações à distância, logo virá o momento em que a loucura será considerada, ela mesma, como a responsável por essas anomalias. Essas curas sem suporte e a respeito das quais se deve reconhecer que não são falsas curas, tornar-se-ão curas verdadeiras de falsas doenças. A loucura não era o que se acreditava nem o que pretendia ser; era infinitamente menos que ela mesma: um conjunto de persuasão e mistificação. Vê-se em esboço aquilo que será o pitiatismo de Babinski. E, por um estranho retorno, o pensamento volta quase dois séculos para trás, à época em que entre loucura, falsa loucura e simulação da loucura o limite não era bem estabelecido – com uma mesma dependência confusa em relação à falta servindo-lhes de laço de união. E, bem mais longe ainda, o pensamento médico opera finalmente uma assimilação diante da qual hesitara todo o pensamento ocidental desde a medicina grega: a assimilação entre loucura e loucura – isto é, entre o conceito médico e o conceito crítico de loucura. Ao final do século XIX, e no pensamento dos contemporâneos de Babinski, encontra-se esse prodigioso postulado que nenhuma medicina havia ousado formular: a loucura, afinal, não passa de loucura.

Assim, enquanto o doente mental é inteiramente alienado na pessoa real de seu médico, o médico dissipa a realidade da doença mental no conceito crítico de loucura. De modo que nada mais resta, fora das formas vazias do pensamento positivista, além de uma única realidade concreta: o par médico-doente no qual se resumem, se ligam e se desfazem todas as alienações. E é nessa medida que toda a psiquiatria do século XIX converge realmente para Freud, o primeiro a aceitar em sua seriedade a realidade do par médico-doente, que consentiu em não separar do par nem seus olhares, nem sua procura, que não procurou ocultá-la numa teoria psiquiátrica bem ou mal harmonizada com o resto do conhecimento médico. O primeiro que seguiu rigorosamente todas as consequências desse fato. Freud desmistificou todas as outras estruturas do asilo: aboliu o silêncio e o olhar, apagou o reconhecimento da loucura por ela mesma no espelho de seu próprio espetáculo, fez com que se calassem as instâncias da condenação. Mas em compensação explorou a estrutura que envolve a personagem do médico; ampliou suas virtudes de taumaturgo, preparando para sua onipotência um estatuto quase divino. Trouxe para ele, sobre essa presença única, oculta atrás do doente e acima dele, numa ausência que é também presença total, todos os poderes que estavam divididos na existência coletiva do asilo. Fez dele o Olhar absoluto, o Silêncio puro e sempre contido, o Juiz que pune e recompensa no juízo que não condescende nem mesmo com a linguagem; fez dele o espelho no qual a loucura, num movimento quase imóvel, se enamora e se afasta de si mesma.

Freud fez deslizar na direção do médico todas as estruturas que Pinel e Tuke haviam organizado no internamento. Ele de fato libertou o doente dessa existência asilar na qual o tinham alienado seus "libertadores". Mas não o libertou daquilo que havia de essencial nessa existência; agrupou os poderes dela, ampliou--os ao máximo, ligando-os nas mãos do médico. Criou a situação psicanalítica, onde, por um curto-circuito genial, a alienação torna-se desalienante porque, no médico, ela se torna sujeito.

O médico, enquanto figura alienante, continua a ser a chave da psicanálise. Talvez seja porque ela não suprimiu essa estrutura última, e por ter conduzido a ela todas as outras, que a psicanálise não pode e não poderá ouvir as vozes do desatino, nem decifrar em si mesmos os signos do insensato. A psicanálise pode desfazer algumas das formas da loucura; mesmo assim, ela permanece estranha ao trabalho soberano do desatino. Ela não pode nem libertar nem transcrever e, com razão ainda maior, nem explicar o que há de essencial nesse trabalho.

Desde o fim do século XVIII, a vida do desatino só se manifesta na fulguração de obras como as de Hölderlin, Nerval, Nietzsche ou Artaud – indefinidamente irredutíveis a essas alienações que curam, resistindo com sua força própria a esse gigantesco aprisionamento moral que se está acostumado a chamar, sem dúvida por antífrase, de a libertação dos alienados por Pinel e Tuke.

14. O Círculo Antropológico

Não se trata de chegar a uma conclusão. A obra de Pinel e Tuke não são pontos de chegada. Nelas se manifesta apenas – figura repentinamente nova – uma reestruturação cuja origem se ocultava num desequilíbrio inerente à experiência clássica da loucura. A liberdade do louco, essa liberdade que Pinel, com Tuke, pensava ter dado ao louco, já pertencia há muito tempo ao domínio de sua existência. Sem dúvida ela não era nem dada nem oferecida em nenhum gesto positivo. Mas circulava surdamente ao redor das práticas e dos conceitos – verdade entrevista, exigência indecisa nos confins do que era dito, pensado e feito a respeito do louco, presença obstinada que nunca se deixava apreender.

E, no entanto, já não estava ela solidamente implícita na própria noção de loucura, se fosse levada às últimas consequências? Não estava ligada, e necessariamente, a essa grande estrutura que ia dos abusos de uma paixão sempre cúmplice de si mesma à exata lógica do delírio? Nessa afirmação que, transformando a imagem do sonho em não ser do erro, *fazia* a loucura, como recusar que houvesse aí alguma coisa que fosse da liberdade? A loucura, no fundo, só era possível na medida em que, à sua volta, havia essa latitude, esse espaço de jogo que permitia ao sujeito falar, ele mesmo, a linguagem de sua própria loucura e constituir-se como louco. Liberdade fundamental do louco que Sauvages chamava, com a ingenuidade de uma tautologia maravilhosamente fecunda, "o pouco cuidado que temos ao procurar a verdade e ao cultivar nosso juízo"[1].

E essa liberdade que o internamento, no momento de suprimi-la, apontava com o dedo? Libertando o indivíduo das tarefas infinitas e das consequências de sua responsabilidade, ele não o coloca, nem de longe, num meio neutralizado, onde tudo seria nivelado na monotonia de um mesmo determinismo. É verdade que muitas vezes se interna para fazer alguém escapar ao julgamento: mas interna-se num mundo onde o que está em jogo é o mal e a punição, a libertinagem e a imoralidade, a penitência e a correção. Todo um mundo onde, sob essas sombras, ronda a liberdade.

Os próprios médicos experimentaram essa liberdade quando, comunicando-se pela primeira vez com o insensato no mundo misto das imagens corporais e dos mitos orgânicos, descobriram, comprometida em tantos mecanismos, a surda presença da falta: paixão, desregramento, ociosidade, vida aprazível das cidades, leituras ávidas, cumplicidade da imaginação, sensibilidade ao mesmo tempo demasiado ansiosa de excitações e demasiado inquieta consigo mesma, outros tantos jogos perigosos da liberdade, onde a razão se arrisca na loucura, como por vontade própria.

Liberdade obstinada e precária, simultaneamente. Ela permanece sempre no horizonte da loucura, mas quando se quer delimitá-la, desaparece. Só está presente e só é possível na forma de uma abolição iminente. Entrevista nas regiões extremas onde a loucura poderia falar de si mesma, não mais aparece a seguir, a partir do momento em que o olhar pousa sobre ela, a não ser comprometida, coagida e reduzida. A liberdade do louco só existe nesse instante e nessa imperceptível distância que o tornam livre para abandonar sua liberdade e acorrentar-se à sua loucura; ela está apenas nesse ponto virtual da escolha, em que nos decidimos "a nos colocarmos na incapacidade de usar de nossa liberdade e corrigir nossos erros"[2]. Em seguida, ela não passa de mecanismo do corpo, encarceramento dos fantasmas, necessidades do delírio. E São Vicente de Paula, que supunha existente essa liberdade no próprio gesto do internamento, não deixava no entanto de observar a diferença entre os libertinos responsáveis, "filhos da dor... opróbio e ruína de suas casas" e os loucos "enormemente dignos de compaixão... não sendo senhores de suas vontades e não tendo nem juízo, nem liberdade"[3]. A liberdade a partir da qual a loucura clássica é possível sufoca nessa loucura e mergulha naquilo que manifesta de modo mais cruel sua contradição.

É preciso que seja bem esse o paradoxo dessa liberdade constitutiva: aquilo pelo que o louco torna-se louco, isto é, também aquilo pelo que, a loucura não sendo ainda dada, ele pode se comunicar com a não loucura. Desde o começo, ele escapa a si mesmo e à sua verdade de louco, reunindo-se numa região que não é nem verdade nem inocência, com o risco da falta, do crime ou da comédia. Essa liberdade que o fez, no momento bem originário, bastante obscuro e muito dificilmente determinável da partida e da divisão, renunciar à *verdade*, impede que ele alguma vez seja prisioneiro de sua verdade. Ele só é louco na medida em que sua loucura não se esgota em sua verdade de louco. É por isso que, na experiência clássica, a loucura pode ser ao mesmo tempo *um pouco* criminosa, *um pouco* fingida, *um pouco* imoral, *um pouco* razoável, também. O que se tem aí não é uma confusão no pensamento, ou um grau menor de elaboração; é apenas o efeito lógico de uma estrutura bem coerente: a loucura só é possível a partir de um momento bem distante, mas muito necessário, em que ela se arranca a si mesma no espaço livre de sua não verdade, constituindo-se com isso como verdade.

É exatamente nesse ponto que a operação de Pinel e Tuke se insere na experiência clássica. Essa liberdade, horizonte constante dos conceitos e práticas, exigência que se ocultava a si mesma e se abolia como num próprio movimento seu, essa liberdade ambígua que estava no âmago da existência do louco, eis que agora é reclamada nos fatos, como quadro da sua vida real e como elemento necessário ao aparecimento de sua verdade de louco. Tenta-se captá-la numa estrutura objetiva. Mas no momento em que se acredita apreendê-la, afirmá-la e fazê-la valer, só se recolhe a ironia das contradições: – permite-se que a liberdade do louco atue, mas num espaço mais fechado, mais rígido, menos livre que aquele, sempre um pouco indeciso, do internamento; – liberam-no de seu parentesco com o crime e o mal, mas para fechá-lo nos mecanismos rigorosos de um determinismo. Ele só é inteiramente inocente no absoluto de uma não liberdade; – retiram-se as correntes que impediam o uso de sua livre vontade, mas para despojá-lo dessa mesma vontade, transferida e alienada no querer do médico.

O louco doravante está livre, e excluído da liberdade. Outrora ele era livre durante o momento em que começava a perder sua liberdade; é livre agora no amplo espaço em que já a perdeu.

Não é de uma *liberação* dos loucos que se trata, nesse final do século XVIII, mas de uma *objetivação do conceito de sua liberdade*. Objetivação que tem uma tríplice consequência.

Para começar, é bem da liberdade que se vai tratar agora, a respeito da loucura. Não mais de uma liberdade que se percebia no horizonte do possível, mas de uma liberdade que se procurará acuar nas coisas e através dos mecanismos. Na reflexão sobre a loucura, e até na análise médica que dela se faz, tratar-se-á não do erro e do não ser, mas da liberdade em suas determinações reais: o desejo e o querer, o determinismo e a responsabilidade, o automático e o espontâneo. De Esquirol a Janet, como de Reil a Freud ou de Tuke a Jackson, a loucura do século XIX, incansavelmente, relatará as peripécias da liberdade. A noite do louco moderno não é mais a noite onírica em que se levanta e chameja a falsa verdade das imagens; é a noite que traz consigo desejos impossíveis e a selvageria de um querer, o menos livre da natureza.

Objetiva, essa liberdade se encontra, ao nível dos fatos e das observações, exatamente dividida em um determinismo que a nega inteiramente e uma culpabilidade precisa que a exalta. A ambiguidade do pensamento clássico sobre as relações entre a falta e a loucura irá agora dissociar-se; e o pensamento psiquiátrico do século XIX irá procurar simultaneamente a totalidade do determinismo e tentar definir o ponto de inserção de uma culpabilidade; as discussões sobre as loucuras criminais, os prestígios da paralisia geral, o grande tema das degenerescências, a crítica dos fenômenos histéricos, tudo aquilo que anima a pesquisa médica de Esquirol a Freud procede desse duplo esforço. O louco do século XIX será determinado e culpado; sua não liberdade é mais penetrada pela falta do que pela liberdade com a qual o louco clássico escapava de si mesmo.

Libertado, o louco se vê agora em pé de igualdade consigo mesmo, o que significa que não mais pode escapar à sua própria verdade; é jogado nela, e ela o confisca inteiramente. A liberdade clássica situava o louco em relação à loucura, relação ambígua, instável, sempre desfeita, mas que impedia o louco de constituir uma só e mesma coisa com sua loucura. A liberdade que Pinel e Tuke impuseram ao louco encerra-o numa certa verdade da loucura à qual ele não pode escapar a não ser passivamente, se é libertado de sua loucura. A partir daí, a loucura não mais indica um certo relacionamento do homem com *a* verdade – relacionamento que, pelo menos silenciosamente, implica sempre a liberdade; ela indica apenas um relacionamento do homem com *sua verdade*. Na loucura, o homem cai em sua verdade: o que é uma maneira de sê-la inteiramente, mas também de perdê-la. A loucura não mais falará do não ser, mas do ser do homem, no conteúdo daquilo que ele é e no esquecimento desse conteúdo. E enquanto ele era outrora o Estranho em relação ao Ser – homem do nada, da ilusão, *Fatuus* (vazio do não ser e manifestação paradoxal desse vazio) –, ei-lo agora retido em sua própria verdade e, por isso mesmo, afastado dela. Estranho em relação a si mesmo, *Alienado*.

A loucura sustenta agora uma linguagem antropológica, visando simultaneamente, e num equívoco donde ela retira, para o mundo moderno, seus poderes de inquietação, a verdade do homem e a perda dessa verdade e, por conseguinte, *a verdade dessa verdade*.

Linguagem dura: rica em suas promessas e irônica em sua redução. Linguagem da loucura pela primeira vez reencontrada depois da Renascença.

Ouçamos suas primeiras palavras.

■ ■

A loucura clássica pertencia às regiões do silêncio. Há muito tempo se havia calado essa linguagem de si mesma sobre si mesma que entoava seu elogio. São sem dúvida inúmeros os textos dos séculos XVII e XVIII onde se aborda a loucura: mas neles ela é citada como exemplo, a título de espécie médica ou porque ela ilustra a verdade abafada do erro; é considerada obliquamente, em sua dimensão negativa, porque é uma prova *a contrario* daquilo que é, em sua natureza positiva, a razão. Seu sentido só pode aparecer diante do médico e do filósofo, isto é, daqueles que são capazes de conhecer sua natureza profunda, dominá-la em seu não ser e de ultrapassá-la na direção da verdade. Em si mesma, é coisa muda: não existe, na era clássica da literatura da loucura, no sentido em que não há para a loucura uma linguagem autônoma, uma possibilidade de que ela pudesse manter uma linguagem que fosse verdadeira. Reconhecia-se a linguagem secreta do delírio; faziam-se, sobre ela, discursos verdadeiros. Mas ela não tinha o poder de operar por si mesma, por um direito primitivo e por sua própria virtude, a síntese de sua linguagem e da verdade. Sua verdade só podia ser envolvida num discurso que lhe permanecia exterior. Mas, fazer o quê, "são loucos. . ." Descartes, no movimento pelo qual chega à verdade, torna impossível o lirismo da desrazão.

Ora, aquilo que *O Sobrinho de Rameau* já indicava, e depois dele todo um modo literário, é o reaparecimento da loucura no domínio da linguagem, de uma linguagem onde lhe era permitido falar na primeira pessoa e enunciar, entre tantos propósitos inúteis e na gramática insensata de seus paradoxos, alguma coisa que tivesse uma relação essencial com a verdade. Essa relação começa agora a desembaraçar-se e a oferecer-se em todo o seu desenvolvimento discursivo. Aquilo que a loucura diz de si mesma é, para o pensamento e a poesia do começo do século XIX, igualmente aquilo que o sonho diz na desordem de suas imagens: uma verdade do homem, bastante arcaica e bem próxima, silenciosa e ameaçadora; uma verdade abaixo de toda verdade, a mais próxima do nascimento da subjetividade e a mais difundida entre as coisas; uma verdade que é a retirada profunda da individualidade do homem e a forma incoativa do cosmos: "O que sonha é o Espírito no momento em que desce na Matéria, é a Matéria no momento em que se eleva até o Espírito... O sonho é a revelação da própria essência do homem, o processo mais particular e mais íntimo da vida."[4] Assim, no discurso comum ao delírio e ao sonho, são reunidas a possibilidade de um lirismo do desejo e a possibilidade de uma poesia do mundo; uma vez que loucura e sonho são simultaneamente o momento da extrema subjetividade e o da irônica objetividade, não há aqui nenhuma contradição: a poesia do coração, na solidão final e exasperada de seu lirismo, se revela, através de uma imediata reviravolta, como o canto primitivo das coisas; e o mundo, durante tanto tempo silencioso face ao tumulto do coração, aí reencontra suas vozes: "Interrogo as estrelas e elas se calam; interrogo o dia e a noite, mas não respondem. Do fundo de mim mesmo, quando me interrogo, vêm... sonhos inexplicados."[5]

Aquilo que há de próprio à linguagem da loucura na poesia romântica é que ela é a linguagem do fim último e do recomeçar absoluto: fim do homem que mergulha na noite, e descoberta, ao fim dessa noite, de uma luz que é a das coisas em seu primeiro começo; "é um subterrâneo vago que aos poucos se ilumina e onde se separam, da sombra e da noite, as pálidas figuras, gravemente imóveis, que habitam a morada dos limbos. Depois o quadro se forma, uma claridade nova ilumina..."[6] A loucura fala a linguagem do grande retorno: não o retorno épico das longas odisseias, no percurso indefinido dos mil caminhos do real, mas o retorno lírico por uma fulguração instantânea que, amadurecendo de repente a tempestade da realização, ilumina-a e tranquiliza-a na origem reencontrada. "A décima terceira volta é ainda a primeira." Tal é o poder da loucura: enunciar esse segredo insensato do homem, segundo o qual o ponto último de sua queda é sua primeira manhã, que sua noite termina na mais jovem luz, que nela o fim é recomeço.

Para além do longo silêncio clássico, a loucura reencontra assim sua linguagem. Mas uma linguagem com significações bem diferentes; ela esqueceu os velhos discursos trágicos da Renascença onde se falava do dilaceramento do mundo, do fim dos tempos, do homem devorado pela animalidade. Ela renasce, essa linguagem da loucura, mas como uma explosão lírica: descoberta de que no homem o interior é também o exterior, de que o ponto extremo da subjetividade se identifica com o fascínio imediato do objeto, de que todo fim está votado à obstinação do retorno. Linguagem na qual não mais transparecem as figuras invisíveis do mundo, mas as verdades secretas do homem.

Aquilo que diz o lirismo é mostrado pela obstinação do pensamento discursivo; e aquilo que se sabe do louco (independentemente de todas as aquisições possíveis no conteúdo objetivo dos conhecimentos científicos) assume uma significação inteiramente nova. O olhar que se incide sobre o louco – e que é a experiência concreta a partir da qual será elaborada a experiência médica ou filosófica –, não pode ser mais o mesmo. Na época das visitas a Bicêtre ou a Bedlam, ao se observar o louco, avaliava-se, do exterior, toda a distância que separa a verdade do homem de sua animalidade. Agora, ele é olhado simultaneamente com mais neutralidade e mais paixão. Mais neutralidade, uma vez que nele se descobrirão as verdades profundas do homem, essas formas adormecidas nas quais nasce aquilo que ele é. E mais paixão também, uma vez que não se poderá reconhecê-lo sem se reconhecer a si mesmo, sem ouvir subir em si mesmo as mesmas vozes e as mesmas forças, as mesmas estranhas luzes. Esse olhar, que pode prometer-se o espetáculo de uma verdade enfim nua do homem (é dele que já falava Cabanis, a respeito de um asilo ideal), já não pode mais evitar a contemplação de um impudor que é o seu próprio. Ele não vê sem ver a si mesmo. E o louco, com isso, redobra seu poder de atração e fascinação; ele carrega mais verdades, além da sua própria. Diz Ciprião, herói de Hoffmann: "Creio que, exatamente através dos fenômenos anormais, a Natureza nos permite lançar um olhar em seus mais temíveis abismos, e com isso, no próprio âmago desse pavor que com frequência me assaltou nesse estranho comércio com os loucos, intuições e imagens muitas vezes surgiram em meu espírito que lhe deram uma vida, um vigor e um impulso singulares."[7] Num único e mesmo movimento, o louco se entrega como objeto de conhecimento oferecido em suas determinações mais exteriores e, como tema de reconhecimento, investindo em troca aquele que o apreende com todas as familiaridades insidiosas de sua verdade comum.

Mas a reflexão não quer acolher esse reconhecimento, ao contrário da experiência lírica. Ela se protege dele, afirmando, com uma insistência sempre maior com o tempo, que o louco não passa de uma coisa, e coisa médica. E, assim refratado à superfície da objetividade, o conteúdo imediato desse reconhecimento se dispersa numa multidão de antinomias. Mas não nos enganemos; sob essa especulação séria, aquilo de que se trata é bem do relacionamento entre o homem e o louco e desse estranho rosto – durante tanto tempo estranho – que agora assume as virtudes de espelho.

1. O louco desvenda a verdade elementar do homem: esta o reduz a seus desejos primitivos, a seus mecanismos simples, às determinações mais prementes de seu corpo. A loucura é uma

espécie de infância cronológica e social, psicológica e orgânica, do homem. "Quanta analogia entre a arte de dirigir os alienados e a de educar os jovens!", constatava Pinel[8]. – Mas o louco desvenda a verdade terminal do homem: ele mostra até onde puderam levá-lo as paixões, a vida em sociedade, tudo aquilo que o afasta de uma natureza primitiva que não conhece a loucura. Essa está sempre ligada a uma civilização e ao seu mal-estar. "Conforme os depoimentos de viajantes, os selvagens não estão sujeitos às desordens das funções intelectuais."[9] A loucura começa com a velhice do mundo; e cada rosto assumido pela loucura no decorrer do tempo diz a forma e a verdade dessa corrupção.

2. A loucura pratica no homem uma espécie de corte intemporal; ela secciona, não o tempo, mas o espaço; ela não sobe nem desce o curso do rio da liberdade humana; mostra sua interrupção, o mergulho no determinismo do corpo. Nela triunfa o orgânico, a única verdade do homem que pode ser objetivada e percebida cientificamente. A loucura é "o desregramento das funções cerebrais... As partes cerebrais são a sede da loucura, assim como os pulmões são a sede da dispneia, e o estômago a sede da dispepsia"[10]. – Mas a loucura se distingue das doenças do corpo pelo fato de que manifesta uma verdade que não aparece nestas: ela faz surgir um mundo interior de maus instintos, de perversidade, de sofrimentos e violência que até então estivera adormecido. Ela deixa que apareça uma profundidade que dá todo seu sentido à liberdade do homem; essa profundidade iluminada pela loucura é a maldade em estado selvagem. "O mal existe em si no coração que é em si natural e egoísta. É o mau gênio do homem que predomina na loucura."[11] E Heinroth dizia, no mesmo sentido, que a loucura é *das Böse überhaupt*.

3. A inocência do louco é garantida pela intensidade e pela força desse conteúdo psicológico. Acorrentado pela força de suas paixões, arrebatado pela vivacidade dos desejos e das imagens, o louco se torna irresponsável; e sua irresponsabilidade é assunto de apreciação médica, na medida mesma em que resulta de um determinismo objetivo. A loucura de um ato se mede pelo número de razões que o determinaram. – Mas a loucura de um ato é julgada precisamente pelo fato de que nenhuma razão jamais chega a esgotá-la. A verdade da loucura está num automatismo sem cadeias; e quanto mais um ato for vazio de razão, mais

possibilidades terá de nascer no determinismo apenas da loucura, a verdade da loucura sendo, no homem, a verdade daquilo que é sem razão, daquilo que só se produz, como dizia Pinel, "por uma determinação irrefletida, sem interesse e sem motivo".

4. Dado que na loucura o homem descobre sua verdade, é a partir de sua verdade e do fundo mesmo de sua loucura que uma cura é possível. Existe, na não razão da loucura, a razão do retorno; e se, na objetividade infeliz em que se perde o louco, ainda permanece um segredo, esse segredo é aquele que torna possível a cura. Assim como a doença não é a perda completa da saúde, do mesmo modo a loucura não é "perda abstrata da razão", mas "contradição na razão que ainda existe" e, por conseguinte, "o tratamento humano, isto é, tão benévolo quanto razoável, da loucura... pressupõe o doente razoável e vê nisso um ponto sólido para considerá-lo sob esse aspecto"[12]. – Mas a verdade humana que descobre a loucura é a imediata contradição daquilo que é a verdade moral e social do homem. O momento inicial de todo tratamento será portanto a repressão dessa verdade inadmissível, a abolição do mal que ali impera, o esquecimento dessas violências e desses desejos. A cura do louco está na razão do outro – sua própria razão sendo apenas a verdade da loucura: "Que sua razão seja a regra de conduta deles. Uma única corda ainda vibra neles, a da dor; tenham coragem suficiente para tocá-la."[13] Portanto, o homem não dirá o verdadeiro de sua verdade a não ser na cura que o conduzirá de sua verdade alienada à verdade do homem: "O alienado mais violento e mais temível se tornou, por vias suaves e conciliatórias, o homem mais dócil e mais digno de interesse por uma sensibilidade tocante."[14]

Incansavelmente retomadas, essas antinomias acompanharão, durante todo o século XIX, a reflexão sobre a loucura. Na imediata totalidade da experiência poética e no reconhecimento lírico da loucura, elas já estavam lá, sob a forma indivisa de uma dualidade reconciliada consigo mesma, desde que dada; eram designadas, mas na curta felicidade de uma linguagem ainda não compartilhada, como o nó do mundo e do desejo, do sentido e não sentido, da noite do fim e da primitiva aurora. Para a reflexão, pelo contrário, essas antinomias só se darão no ponto extremo da dissociação; nesse momento, assumirão suas medidas e suas distâncias; serão experimentadas na lentidão da linguagem dos contraditórios. O que era o equívoco de uma *experiência fundamental e constitutiva* da loucura se perderá rapidamente na rede dos *conflitos teóricos* sobre a *interpretação* a dar aos fenômenos da loucura.

Conflito entre uma concepção histórica, sociológica, relativista da loucura (Esquirol, Michea) e uma análise de tipo estrutural analisando a doença mental como uma involução, uma degenerescência e um progressivo deslizamento na direção do ponto zero da natureza humana (Morel); conflito entre uma teoria espiritualista, que define a loucura como uma alteração da relação do espírito consigo próprio (Langermann, Heinroth), e um esforço materialista para situar a loucura num espaço orgânico diferenciado (Spurzheim, Broussais); conflito entre a exigência de um juízo médico, que mediria a irresponsabilidade do louco pelo grau de determinação dos mecanismos em atuação nele, e a apreciação imediata do caráter insensato de seu comportamento (polêmica entre Elias Régnault e Marc); conflito entre uma concepção humanitária da terapêutica, à maneira de Esquirol, e o uso dos famosos "tratamentos morais", que fazem do internamento o meio maior da submissão e da repressão (Guislain e Leuret).

■ ■

Deixemos para um estudo ulterior a exploração detalhada dessas antinomias; ele só poderia realizar-se no inventário meticuloso do que foi, no século XIX, a experiência da loucura em sua totalidade, isto é, no conjunto de suas formas cientificamente explicitadas e de seus aspectos silenciosos. Sem dúvida, semelhante análise mostraria sem dificuldade que esse sistema de contradições se refere a uma coerência oculta; que essa coerência é a de um pensamento antropológico que corre e se mantém sob a diversidade das formulações científicas; que ela é o fundo constitutivo, mas historicamente móvel, que tornou possível o desenvolvimento dos conceitos, desde Esquirol e Broussais até Janet, Bleuler e Freud; e que essa estrutura antropológica de três termos – o homem, sua loucura e sua verdade – substituiu a estrutura binária do desatino clássico (verdade e erro, mundo e fantasma, ser e não ser, Dia e Noite).

Por agora, trata-se apenas de manter essa estrutura no horizonte ainda mal diferenciado onde ela aparece, de apreendê-la em alguns exemplos de doenças que revelam o que pode ter sido a experiência da loucura no começo do século XIX. É fácil compreender o extraordinário prestígio da paralisia geral, o valor de modelo que ela assumiu ao longo do século XIX e a extensão geral que se pretendeu atribuir-lhe para a compreensão dos sintomas psicopatológicos; a culpabilidade sob a forma da falta sexual era aí designada de modo bem preciso, e os vestígios que ela deixava impediam que se pudesse escapar ao ato de acusação; estava inscrito no próprio organismo. Por outro lado, os surdos poderes de atração dessa mesma falta, todas as ramificações familiares que ela estendia pela alma dos que o diagnosticavam, faziam com que esse mesmo conhecimento tivesse a perturbada ambiguidade do reconhecimento; no fundo dos corações, antes mesmo de qualquer contágio, a falta era dividida entre o doente e sua família, entre o doente e seu meio, entre os doentes e seus médicos; a grande cumplicidade dos sexos tornava esse mal estranhamente próximo, atribuindo-lhe todo o velho lirismo da culpabilidade e do medo. Mas, ao mesmo tempo, essa comunicação subterrânea entre o louco e aquele que o conhece, julga-o e condena-o, perdia seus valores realmente ameaçadores na medida em que o mal era rigorosamente objetivado, desenhado no espaço de um corpo e investido num processo puramente orgânico. Com isso, a medicina simultaneamente punha um fim a esse reconhecimento lírico e ocultava, na objetividade de uma constatação, a acusação moral que ela carregava. E o fato de ver esse mal, essa falta e essa cumplicidade dos homens tão velha quanto o mundo, assim claramente situados no espaço exterior, reduzidos ao silêncio das coisas e punidos apenas nos outros, dava ao conhecimento a inesgotável satisfação de ser inocentado na justiça feita e protegido de sua própria acusação pelo apoio de uma serena observação à distância. No século XIX, a paralisia geral é a "boa loucura", no sentido em que se fala de "boa forma". A grande estrutura que comanda toda a percepção da loucura está representada exatamente na análise dos sintomas psiquiátricos da sífilis nervosa[15]. A falta, sua condenação e seu reconhecimento, manifestados tanto quanto ocultados numa objetividade orgânica: tal era a expressão mais feliz daquilo que o século XIX entendia e queria entender por loucura. Tudo o que houve de "filistino" em sua atitude em relação à doença mental está aí representado exatamente, e até Freud, ou quase, é em nome da "paralisia geral" que esse propósito filistino da medicina se defenderá contra toda outra forma de acesso à verdade da loucura.

A descoberta científica da paralisia geral não estava preparada por essa antropologia que se constituíra uns vinte anos antes, mas a significação muito intensa que ela assume, o fascínio que ela exerce durante mais de meio século encontram aí sua origem precisa.

Porém, a análise geral tem ainda uma outra importância: a falta, com tudo o que nela pode haver de interior e de oculto, logo encontra seu castigo e seu lado objetivo no organismo. Esse tema é muito importante para a psiquiatria do século XIX: a loucura fecha o homem na objetividade. Durante o período clássico, a transcendência do delírio assegurava à loucura, por mais manifesta que fosse, uma espécie de interioridade que nunca se espalhava pelo exterior, que a mantinha num irredutível relacionamento consigo mesma. Agora, toda loucura e o todo da loucura deverão ter seu equivalente externo ou, melhor dizendo, a essência mesma da loucura será objetivar o homem, escorraçá-lo para fora de si mesmo, estendê-lo finalmente ao nível de uma natureza pura e simples, ao nível das coisas. O fato de a loucura ser isso, de que ela possa ser toda objetividade sem relação com uma atividade delirante central e oculta, era tão oposto ao espírito do século XVIII que a existência das "loucuras sem delírio" ou das "loucuras morais" constituiu uma espécie de escândalo conceitual.

Pinel pudera observar na Salpêtrière vários alienados que "não exibiam em momento algum nenhuma lesão do entendimento, e que eram dominados por uma espécie de instinto de furor, como se as faculdades afetivas, e só elas, tivessem sido lesadas"[16]. Entre as "loucuras parciais", Esquirol abre um lugar particular para as que "não têm por característica a alteração da inteligência" e nas quais não se pode observar outra coisa além da "desordem nas ações"[17]. Segundo Dubuisson, os indivíduos atingidos por essa espécie de loucura "julgam, raciocinam e se comportam bem, mas são arrebatados pelo menor assunto, muitas vezes sem causa ocasional e somente por uma inclinação irresistível e por uma espécie de perversão das afecções morais, na direção de irritações maníacas, atos inspirados de violência, explosões de furor"[18]. É a essa noção que os autores ingleses, em seguida a Prichard, em 1835, darão o nome de *moral insanity*. O próprio nome sob o qual a noção devia conhecer seu sucesso definitivo é prova suficiente da estranha ambiguidade de sua estrutura: de um lado, trata-se de uma loucura que não tem nenhum de seus signos na esfera da razão; nesse sentido, ela é inteiramente oculta – loucura que torna quase invisível a ausência de todo desatino, loucura transparente e incolor que existe e circula sub-repticiamente na alma do louco, interioridade na interioridade – "não parecem alienados aos observadores superficiais... são por isso mais nocivos, mais perigosos"[19] – mas de outro lado, essa loucura tão secreta só existe porque explode na objetividade: violência, desencadeamento dos gestos, às vezes ato assassino. No fundo, ela consiste na imperceptível virtualidade de uma queda na direção da mais visível e da pior das objetividades, na direção do encadeamento mecânico de gestos irresponsáveis; ela é a possibilidade sempre interior de ser inteiramente rejeitada para o exterior de si mesma e de não mais existir, ao menos durante um certo tempo, numa ausência total de interioridade.

Como a paralisia geral, a *moral insanity* tem o valor de exemplo. Sua longevidade durante o século XIX, a retomada obstinada das mesmas discussões ao redor desses temas maiores, se explica porque ela estava próxima das estruturas essenciais da loucura. Mais que qualquer outra doença mental, ela manifestava essa curiosa ambiguidade que faz da loucura um elemento de interioridade sob a forma de exterioridade. Nesse sentido, ela é como um modelo para toda psicologia possível: ela mostra, ao nível perceptível, corpos, comportamentos e mecanismos; e, ao nível do objeto, o momento inacessível da subjetividade; e assim como esse momento subjetivo não pode ter para o conhecimento uma existência concreta a não ser na objetividade, esta, por sua vez, só é aceitável e só tem sentido através daquilo que ela exprime do sujeito. A rapidez, propriamente insensata, da passagem do subjetivo para o objetivo na loucura moral realiza, bem para além das promessas, tudo aquilo que uma psicologia poderia desejar. Ela forma como que uma psicologização espontânea do homem. Mas, exatamente por isso, revela uma dessas verdades obscuras que dominaram toda a reflexão do século XIX sobre o homem: é que o momento essencial da objetivação, no homem, constitui uma coisa única com a passagem para a loucura. A loucura é a forma mais pura, a forma principal e primeira do movimento com o qual a verdade do homem passa para o lado do objeto e se torna acessível a uma percepção científica. O homem só se torna *natureza* para si mesmo na medida em que é capaz de *loucura*. Esta, como passagem espontânea para a objetividade, é momento constitutivo no devir-objeto do homem.

Estamos aqui no extremo oposto da experiência clássica. A loucura, que era apenas o contato instantâneo do não ser do erro com o nada da imagem, conservava sempre uma dimensão pela qual ela escapava à apreensão objetiva; e quando se tratava, perseguindo-a em sua essência mais profunda, de delimitá-la em sua estrutura última, só se descobria, para formulá-la, a própria linguagem da razão desdobrada na impecável lógica do delírio: e isso mesmo, que a tornava acessível, esquivava-a como loucura. Agora, pelo contrário, é através da loucura que o homem, mesmo em sua razão, poderá tornar-se verdade concreta e objetiva a seus próprios olhos. *Do homem* ao *homem verdadeiro*, o caminho passa pelo *homem louco*. Caminho cuja geografia exata nunca será desenhada pelo pensamento do século XIX, mas que será continuamente percorrido de Cabanis a Ribot e Janet. O paradoxo da psicologia "positiva" no século XIX é o de só ter sido possível a partir do momento da negatividade: psicologia da personalidade por uma análise do desdobramento; psicologia da memória pelas amnésias, da linguagem pelas afasias, da inteligência pela debilidade mental. A verdade do homem só é dita no momento de seu desaparecimento; ela só se manifesta quando já se tornou outra coisa que não ela mesma.

Uma terceira noção, que surgiu, também ela, no começo do século XIX, encontra aí a origem de sua importância. A ideia de uma loucura localizada num ponto e que só desenvolve seu delírio sobre um único assunto já estava presente na análise clássica da melancolia[20]: para a medicina, essa era uma particularidade do delírio, não uma contradição. A noção de *monomania*, em compensação, é inteiramente construída ao redor do escândalo que representa um indivíduo que se mostra louco num ponto mas permanece razoável em todos os outros. Escândalo que o crime dos monomaníacos multiplica, bem como o problema da responsabilidade que lhes deve ser imputada. Um homem, normal sob todos os outros aspectos, comete de repente um crime de uma selvageria desmedida; para seu gesto, não se pode encontrar nem causa nem razão. Para explicá-lo, não há nem lucro, nem interesse, nem paixão: uma vez cometido, o criminoso transforma-se no que era antes[21]. É possível dizer que se trata de um louco? A completa ausência de determinações visíveis, o vazio total de *razões* permitem concluir pela *não razão* daquele que cometeu o gesto? A irresponsabilidade se identifica com a impossibilidade de fazer um uso de sua vontade; portanto, identifica-se com um determinismo. Ora, esse gesto, não sendo determinado por nada, não pode ser considerado como irresponsável. Mas, inversamente, é normal que um ato seja realizado sem razão, fora de tudo aquilo que poderia motivá-lo, torná-lo útil para um interesse, indispensável para uma paixão? Um gesto que não se enraíze numa determinação é insensato.

Essas perguntas, trazidas à luz nos grandes processos criminais do começo do século XIX e que tanto ressoaram na consciência jurídica e médica[22], tocam talvez no fundo da experiência da loucura, tal como ela está se constituindo. A jurisprudência anterior conhecia apenas as crises e os intervalos, isto é, as sucessões cronológicas das fases da responsabilidade no interior de uma dada doença. O problema, aqui, se complica: pode existir uma doença crônica que só se manifesta num único gesto, ou pode-se admitir que um indivíduo de repente se transforme em *outro*, perca essa liberdade pela qual se define e por um momento se aliene de si mesmo? Esquirol tentou definir aquilo que seria essa doença invisível que inocentaria o crime monstruoso. Ele reuniu seus sintomas: o sujeito age sem cúmplice *e sem motivo*; seu crime nem sempre diz respeito a pessoas conhecidas; e uma vez realizado, "tudo se acabou para ele, o objetivo foi alcançado; após o assassinato, ele fica calmo, não pensa em ocultar-se"[23]. Assim seria a "monomania homicida". Mas esses sintomas são apenas signos da loucura, na medida em que indicam apenas o isolamento do gesto, sua solitária inverossimilhança; haveria uma loucura que seria razão em tudo salvo nisto, que se deve explicar por ela[24]. Mas se não for admitida essa doença, essa repentina alteração, se o sujeito deve ser considerado como responsável, é que há continuidade entre ele e seu gesto, todo um mundo de obscuras razões que o fundamentam, explicam e, ao final, inocentam-no.

Em suma, ou se pretende que o sujeito seja culpado: é preciso que seja o mesmo em seu gesto e fora dele, de modo que dele para seu crime circulem as determinações; mas com isso se supõe que ele não era livre e que, portanto, ele era outro que não ele mesmo. Ou então pretende-se que seja inocente: é preciso que o crime seja um elemento outro e irredutível ao sujeito; supõe-se assim uma alienação originária que constitui uma determinação suficiente, portanto uma continuidade, portanto uma identidade do sujeito consigo mesmo[25].

Assim, o louco surge agora numa dialética, sempre recomeçada, entre o *Mesmo* e o *Outro*. Enquanto outrora, na experiência clássica, ele era logo designado, sem outro discurso, por sua presença apenas na divisão visível – luminosa e noturna – entre o ser e o não ser, ei-lo agora portador de uma linguagem e envolvido numa linguagem nunca esgotada, sempre retomada, e remetido a si mesmo pelo jogo de seus contrários, uma linguagem onde o homem aparece na loucura como sendo outro que não ele próprio. Mas nessa alteridade ele revela a verdade de que ele é ele mesmo, e isso indefinidamente, no movimento tagarela da *alienação*. O louco não é mais *o insensato* no espaço dividido do desatino clássico; ele é o *alienado* na forma moderna da doença. Nessa loucura, o homem não é mais considerado numa espécie de recuo absoluto em relação à verdade; ele é, aí, sua verdade e o contrário de sua verdade; é ele mesmo e outra coisa que não ele mesmo; é considerado na objetividade do verdadeiro, mas é verdadeira subjetividade; está mergulhado naquilo que é sua perdição, mas só entrega aquilo que quiser entregar; é inocente porque não é aquilo que é, e culpado por ser aquilo que não é.

A grande divisão crítica do desatino é agora substituída pela proximidade, sempre perdida e sempre reencontrada, entre o homem e sua verdade.

■ ■

Paralisia geral, loucura moral e monomania, sem dúvida, não abrangeram todo o campo da experiência psiquiátrica na primeira metade do século XIX. E, no entanto, deram início a ele, em ampla medida[26].

Sua expansão não significa apenas uma reorganização do espaço nosográfico mas, abaixo dos conceitos médicos, a presença e o trabalho de uma nova estrutura da experiência. A forma institucional que Pinel e Tuke esboçaram, essa constituição, ao redor do louco, de um volume asilar onde ele deve reconhecer sua culpabilidade e libertar-se dela, deixar transparecer a verdade de sua doença e suprimi-la, reatar com sua liberdade ao aliená-la no querer do médico – tudo isso torna-se agora um *a priori* da percepção médica. Ao longo do século xix, o louco não será mais conhecido e reconhecido a não ser sobre um fundo de uma antropologia implícita que fala da mesma culpabilidade, da mesma verdade, da mesma alienação.

Mas era preciso que o louco situado na problemática da verdade do homem levasse consigo o homem verdadeiro e o ligasse a seu novo destino. Se a loucura para o mundo moderno tem um sentido diferente daquele que a faz ser noite diante do dia da verdade, se, na parte mais secreta da linguagem que ela tem, o que está em jogo é a verdade do homem, uma verdade que lhe é anterior, que a constitui mas que pode suprimi-la, essa verdade só se abre ao homem no desastre da loucura, e escapa-lhe desde os primeiros momentos da reconciliação. É apenas na noite da loucura que a luz é possível, luz que desaparece quando se apaga a sombra que ela dissipa. O homem e o louco estão ligados no mundo moderno de um modo mais sólido talvez do que o tinham estado nas poderosas metamorfoses animais que outrora iluminavam os moinhos incendiados de Bosch: estão ligados por esse elo impalpável de uma verdade recíproca e incompatível; dizem-se, um para o outro, essa verdade de sua essência que desaparece por ter sido dita de um para outro. Cada luz é apagada pelo dia que ela fez nascer e se vê com isso devolvida a essa noite que ela rasgava, que no entanto a tinha invocado, e que, de modo tão cruel, ela manifestava. O homem, atualmente, só encontra sua verdade no enigma do louco que ele é e não é; cada louco traz e não traz em si essa verdade do homem que ele põe a nu na nascença de sua humanidade.

O asilo construído pelo escrúpulo de Pinel não serviu para nada e não protegeu o mundo contemporâneo contra a grande maré da loucura. Ou melhor, serviu, serviu muito bem. Se libertou o louco da desumanidade de suas correntes, acorrentou ao louco o homem e sua verdade. Com isso, o homem tem acesso a si mesmo como ser verdadeiro, mas esse ser verdadeiro só lhe é dado na forma da alienação.

Em nossa ingenuidade, imaginamos talvez ter descrito um tipo psicológico, o louco, através de cento e cinquenta anos de sua história. Somos obrigados a constatar que, ao fazer a história do louco, o que fizemos foi – não, sem dúvida, ao nível de uma crônica das descobertas ou de uma história das ideias, mas seguindo o encadeamento das estruturas fundamentais da experiência – a história daquilo que tornou possível o próprio aparecimento de uma psicologia. E por isso entendemos um fato cultural próprio do mundo ocidental desde o século XIX – este postulado maciço definido pelo homem moderno, mas que o demonstra bem: *o ser humano não se caracteriza por um certo relacionamento com a verdade, mas detém, como pertencente a ele de fato, simultaneamente ofertada e ocultada, uma verdade.*

Deixemos que a linguagem siga seu caminho: *o homo psychologicus* é um descendente do *homo mente captus*.

Uma vez que só pode falar a linguagem da alienação, a psicologia, portanto, só é possível na crítica do homem ou na crítica de si mesma. Ela está sempre, por natureza, na encruzilhada dos caminhos: aprofundar a negatividade do homem ao ponto extremo onde amor e morte pertencem um ao outro indissoluvelmente, bem como o dia e a noite, a repetição atemporal das coisas e a pressa das estações que se sucedem e acabar por filosofar a marteladas. Ou então exercer-se através das retomadas incessantes, dos ajustamentos do sujeito e do objeto, do interior e do exterior, do vivido e do conhecimento.

Era necessário, por sua própria origem, que a psicologia fosse antes isto, ao mesmo tempo que negava sê-lo. Ela faz parte inexoravelmente da dialética do homem moderno, às voltas com sua verdade, o que significa que ela nunca esgotará aquilo que está ao nível dos conhecimentos verdadeiros.

Mas, nesses compromissos tagarelas da dialética, o desatino permanece mudo, e o esquecimento provém dos grandes dilaceramentos silenciosos do homem.

■ ■

No entanto, outros, "perdendo o caminho, desejam perdê-lo para sempre". Esse fim do desatino, alhures, é transfiguração.

Há uma região onde, se ela abandona o quase silêncio, esse murmúrio do implícito onde a mantinha a evidência clássica, é para recompor-se num silêncio sulcado de gritos, no silêncio da interdição, da vigília e da desforra.

O Goya que pintava *O Pátio dos Loucos* sem dúvida experimentava, diante desse burburinho de carne no vazio, dessas nudezas ao longo dos muros nus, algo que se aproximava de um patético contemporâneo: os ouropéis simbólicos que coroam os reis insensatos deixam visíveis corpos suplicantes, corpos oferecidos às correntes e aos chicotes, que contradiziam o delírio dos rostos menos pela miséria desse despojamento do que pela verdade humana que se manifestava em toda essa carne intacta. O homem com o tricórnio não está louco por ter empoleirado esse trapo em cima de sua nudez completa; mas nesse louco com chapéu surge, pela virtude sem linguagem de seu corpo musculoso, de sua juventude selvagem e maravilhosamente desligada, uma presença humana já liberada e como que livre desde o começo dos tempos, por um direito de nascimento. *O Pátio dos Loucos* fala menos das loucuras e dessas figuras estranhas, encontradas, aliás, nos *Caprichos*, do que da grande monotonia desses corpos novos, mostrados em seu vigor e cujos gestos, se invocam seus sonhos, cantam sobretudo sua sombria liberdade: sua linguagem está próxima do mundo de Pinel.

O Goya dos *Disparatados e da Casa do Surdo* dirige-se a uma outra loucura. Não a dos loucos jogados na prisão, mas do homem jogado em sua noite. Não está ele reatando, para além da memória, com os velhos mundos dos encantamentos, das cavalgadas fantásticas, das feiticeiras empoleiradas em galhos de árvores mortas? O monstro que sopra seus segredos nos ouvidos do *Monge* não é parente do gnomo que fascinava o *Santo Antônio* de Bosch? Num certo sentido, Goya redescobre essas grandes imagens esquecidas da loucura. Mas elas são outras para ele, e seu prestígio, que recobre toda sua obra posterior, deriva de uma outra força. Em Bosch ou em Brueghel, essas formas nascem do próprio mundo; pelas fissuras de uma estranha poesia, elas sobem das pedras e das plantas, surgem de um bocejo animal; toda a cumplicidade da natureza não era demais para a formação de sua ronda. As formas de Goya nascem do nada: não têm base, no duplo sentido em que só se destacam sobre a mais monótona das noites e que nada pode determinar sua origem, seu fim e sua natureza. Os *Disparatados* não têm paisagem, nem muros, nem cenário e essa é mais uma diferença em relação aos *Caprichos*; não há uma estrela na noite desses grandes morcegos humanos vista na *Maneira de Voar*.

O galho em cima do qual tagarelam as feiticeiras está sustentado por qual árvore? Está no ar? Na direção de que sabá e de qual clareira? Nada em tudo isso nos fala de um mundo, nem deste nem do outro. Trata-se bem desse *Sono da Razão* do qual Goya, já em 1797, fazia a primeira figura do "idioma universal"; trata-se de uma noite que é sem dúvida a do desatino clássico, essa tríplice noite onde Orestes se encerrava. Mas nessa noite o homem comunica com aquilo que há de mais profundo nele, e de mais solitário. O deserto de *Santo Antônio* de Bosch estava infinitamente povoado, e ainda que tivesse saído de sua imaginação, a paisagem que atravessa *Margot, a Louca* estava marcada por toda uma linguagem humana. *O Monge* de Goya, com essa fera morna em suas costas, as patas sobre seus ombros e essa boca que arqueja em seu ouvido, permanece sozinho: nenhum segredo é dito. Está presente apenas a mais interior e ao mesmo tempo a mais selvagemente livre das forças: a que divide os corpos no *Grande Disparatado*, a que se desencadeia e fura os olhos na *Loucura furiosa*. A partir daí, os próprios rostos se decompõem: não é mais a loucura dos *Caprichos*, que faziam máscaras mais verdadeiras que a verdade das figuras; é uma loucura abaixo da máscara, uma loucura que morde as faces, corrói os traços; não há mais olhos nem bocas, mas olhares que vêm do nada e se fixam no nada (como na *Assembleia das Feiticeiras*); ou gritos que saem de buracos negros (como na *Peregrinação de São Isidro*). A loucura tornou-se, no homem, a possibilidade de abolir o homem e o mundo – e mesmo essas imagens que recusam o mundo e deformam o homem. Ela é, bem abaixo do sonho, bem abaixo do pesadelo da bestialidade, o último recurso: o fim e o começo de tudo. Não que ela seja uma promessa, como no lirismo alemão, mas porque ela é o equívoco do caos e do apocalipse: *o Idiota* que grita e torce os ombros para escapar ao nada que o aprisiona é o nascimento do primeiro homem e seu primeiro movimento na direção da liberdade, ou o último sobressalto do último moribundo?

Essa loucura que liga e separa o tempo, que curva o mundo no fecho de uma noite, essa loucura tão estranha à experiência que lhe é contemporânea não transmite, para os que são capazes de acolhê-la – Nietzsche e Artaud –, essas palavras, apenas audíveis, do desatino clássico, onde o que estava em jogo era o nada e a noite, mas ampliando-as até o grito e o furor, mas dando-lhes, pela primeira vez, uma expressão, um direito de cidadania e uma ascendência sobre a cultura ocidental, a partir da qual se tornam possíveis todas as contestações, e a contestação total, devolvendo-lhes sua primitiva selvageria?

A calma, a paciente linguagem de Sade recolhe, ela também, as últimas palavras do desatino e lhes dá, para o futuro, um sentido mais distante. Entre o desenho rompido de Goya e essa linha ininterrupta de palavras cuja retidão se prolonga desde o primeiro volume de *Justine* até o décimo de *Juliette* sem dúvida não há nada em comum, a não ser um certo movimento que, subindo o curso do lirismo contemporâneo e escondendo suas origens, redescobre o segredo do nada do desatino.

No castelo onde se encerra o herói de Sade, nos conventos, florestas e subterrâneos onde prossegue indefinidamente a agonia de suas vítimas, parece à primeira vista que a natureza pode desenvolver-se com toda a liberdade. O homem encontra aí uma verdade que havia esquecido, ainda que manifesta: que desejo poderia ser contra a natureza, uma vez que foi posto no homem pela própria natureza e lhe é ensinado por ela na grande lição da vida e da morte que o mundo não para de repetir? A loucura do desejo, as mortes insensatas, as mais irracionais paixões são sabedoria e razão porque pertencem à esfera da natureza. Tudo que a moral e a religião, tudo o que uma sociedade mal feita conseguiu sufocar no homem retoma vida no castelo dos assassinatos. Ali, o homem é finalmente entregue à sua natureza. Ou melhor, por uma ética própria desse estranho internamento, o homem deve zelar pela manutenção, sem esmorecimentos de sua fidelidade à natureza: tarefa estrita, inesgotável da totalidade: "Você não conhecerá nada se não tiver conhecido tudo; e se for tímido demais para ficar na natureza, ela lhe escapará para sempre."[27] Inversamente, quando o homem ferir ou alterar a natureza, cabe ao homem reparar o mal através do cálculo de uma vingança soberana: "A natureza fez com que nascêssemos iguais; se a sorte se compraz em alterar esse plano das leis gerais, cabe-nos corrigir os caprichos e reparar as usurpações mais fortes."[28] A lentidão da desforra, assim como a insolência do desejo, pertence à natureza. Tudo que a loucura do homem inventa é, ou natureza manifestada, ou natureza restaurada.

Porém este, no pensamento de Sade, é apenas o primeiro momento: a irônica justificativa racional e lírica, o gigantesco pastiche de Rousseau. A partir dessa demonstração pelo absurdo da inanição da filosofia contemporânea e de toda sua verborragia sobre o homem e a natureza, serão tomadas as verdadeiras decisões: decisões que são outras tantas rupturas, nas quais se abole a ligação do homem com seu ser natural[29]. A famosa *Sociedade dos Amigos do Crime*, o programa da Constituição para a Suécia, quando despojados de suas fustigantes referências ao *Contrato Social* e às constituições projetadas para a Polônia ou para a Córsega, estabelecem sempre apenas o rigor soberano da subjetividade na recusa de toda liberdade e de toda igualdade naturais: disposição incontrolada de um por outro, exercício desmedido da violência, aplicação ilimitada do direito de morte – toda essa sociedade, cujo único liame é a própria recusa do liame, surge como a demissão da natureza –, a única coesão solicitada dos indivíduos do grupo tem por sentido proteger não uma existência natural, mas o livre exercício da soberania sobre e contra a natureza[30]. O relacionamento estabelecido por Rousseau é exatamente o contrário; a soberania não transpõe mais a existência natural; essa é apenas um objeto puro e soberano, o que lhe permite tomar as medidas de sua total liberdade. Levado ao ponto culminante de sua lógica, o desejo só aparentemente conduz à redescoberta da natureza. De fato, não existe, em Sade, um retorno à terra natal, nenhuma esperança de que a recusa inicial do social se transforme sub-repticiamente na ordem preparada da felicidade, através de uma dialética da natureza que renuncia a si mesma e com isso se confirma. A loucura solitária do desejo que ainda para Hegel, como para os filósofos do século XVIII, mergulha finalmente o homem num mundo natural logo retomado num mundo social, para Sade não faz mais do que jogá-lo num vazio que domina de longe a natureza, numa total ausência de proporções e de comunidade, na inexistência, sempre recomeçada, da saciedade. A noite da loucura, então, não tem limites; aquilo que se podia tomar como sendo a natureza violenta do homem era apenas o infinito da não natureza.

Aqui se origina a grande monotonia de Sade: à medida que ele avança, os cenários desaparecem; as surpresas, os incidentes, as ligações patéticas ou dramáticas das cenas desaparecem. Aquilo que ainda era peripécia em *Justine* – evento suportado, portanto novo em *Juliette*, torna-se jogo soberano, sempre triunfante, sem negatividade, cuja perfeição é tal que sua novidade só pode ser apenas semelhança consigo mesmo. Como em Goya, não há mais um fundo para esses *Disparatados* meticulosos. No entanto, nessa ausência de cenário, que tanto pode ser noite total quanto dia absoluto (não há sombra em Sade), avança-se lentamente para um fim: a morte de Justine. Sua inocência havia fatigado até o desejo de achincalhá-la. Não se pode dizer que o crime não tivesse vencido sobre sua virtude; é preciso dizer, inversamente, que sua virtude natural a havia levado ao ponto de ter esgotado todas as maneiras possíveis de ser objeto para o crime. Neste ponto, e quando o crime só pode escorraçá-la do domínio de sua soberania (Juliette expulsa sua irmã do castelo de Noirceuil), é então que a natureza, por sua vez, durante tanto tempo dominada, achincalhada, profanada[31], se submete inteiramente àquilo que a contradizia: ela por sua vez enlouquece, e com isso, por um momento, mas apenas por um momento, restaura sua onipotência. A tempestade que se desencadeia, o raio que atinge e consome Justine, é a natureza transformada em subjetividade criminosa. Essa morte, que parece escapar ao reino insensato de Juliette, pertence-lhe mais profundamente que todas as outras; a noite da tempestade, o relâmpago e o raio assinalam de modo suficiente que a natureza se dilacera, que ela chega ao ponto máximo de sua dissensão, que ela permite o aparecimento, nesse traço dourado, de uma soberania que é ela mesma e coisa bem diferente dela mesma: a de um coração enlouquecido que atingiu, em sua solidão, os limites do mundo, que o dilacera, volta-o contra si mesmo e o abole no momento em que o fato de tê-lo dominado tão bem lhe dá o direito de identificar-se com ele. Esse relâmpago de um momento que a natureza extraiu de si mesma para golpear Justine constituiu uma única e mesma coisa com a longa existência de Juliette que, ela também, desaparecerá por si mesma, sem deixar nem traço nem cadáver, nem nada sobre o que a natureza possa retomar seus direitos. O nada do desatino onde se calara, para sempre, a linguagem da natureza se tornou violência da natureza e contra a natureza, e isso até a abolição soberana de si mesma[32].

Em Sade, como em Goya, a desrazão continua sua vigília na noite; mas através dessa vigília ela reata os laços com jovens poderes. O não ser que ela era torna-se poder de aniquilação. Através de Sade e Goya, o mundo ocidental recolheu a possibilidade de ultrapassar na violência sua razão, e de reencontrar a experiência trágica para além das promessas da dialética.

■ ■

Após Sade e Goya, e a partir deles, o desatino pertence àquilo que há de decisivo, para o mundo moderno, em toda obra: isto é, àquilo que toda obra comporta de mortífero e de constrangedor.
  A loucura de Tasso, a melancolia de Swift e o delírio de Rousseau pertencem a suas obras, assim como essas mesmas obras lhes pertencem. Aqui nos textos, lá nessas vidas de homens, a mesma violência falava, ou a mesma amargura; visões eram certamente trocadas; linguagem e delírio se entrelaçavam. Contudo, há mais: a obra e a loucura eram, na experiência clássica, ligadas mais profundamente e num outro nível: paradoxalmente, ali onde uma limitava a outra. Pois existia uma região onde a loucura contestava a obra, reduzia-a ironicamente, fazia de sua paisagem imaginária um mundo patológico de fantasmas; essa linguagem não era tanto obra quanto delírio. E inversamente, o delírio se subtraía à sua magra verdade de loucura, se era confirmado como obra. Mas nessa mesma contestação não havia redução de uma por outra, mas antes (recordemos Montaigne) descoberta da incerteza central onde nasce a obra, no momento em que ela deixa de nascer, para ser verdadeiramente obra. Nesse confronto, de que Tasso ou Swift eram testemunhas, depois de Lucrécio – e que inutilmente se tentava dividir em intervalos lúcidos e em crises –, descobria-se uma distância onde a verdade mesma da obra constituía um problema: é loucura ou obra? Inspiração ou fantasma? Tagarelice espontânea das palavras ou origem pura de uma linguagem? Sua verdade deve ser levantada antes mesmo de seu nascimento a partir da pobre verdade dos homens, ou descoberta, bem além de sua origem, no ser que ela presume? A loucura do escritor era, para os outros, a possibilidade de ver nascer, incessantemente renascer, nos desencorajamentos da repetição e da doença, a verdade da obra.
  A loucura de Nietzsche, a loucura de Van Gogh ou a de Artaud pertencem à sua obra, nem mais nem menos profundamente talvez, mas num mundo bem diferente. A frequência no

mundo moderno dessas obras que explodem na loucura sem dúvida nada prova sobre a razão desse mundo, sobre o sentido dessas obras, nem mesmo sobre as relações estabelecidas e desfeitas entre o mundo real e os artistas que produziram as obras. Essa frequência, no entanto, deve ser levada a sério, como sendo a insistência de uma questão; a partir de Hölderlin e Nerval, o número dos escritores, pintores e músicos que "mergulharam" na loucura se multiplicou, mas não nos enganemos a respeito; entre a loucura e a obra, não houve acomodação, troca mais constante ou comunicação entre as linguagens; o confronto entre ambas é bem mais perigoso que outrora, e a contestação que hoje fazem não perdoa; o jogo delas é de vida e de morte. A loucura de Artaud não se esgueira para os interstícios da obra; ela é exatamente *a ausência de obra*, a presença repetida dessa ausência, seu vazio central experimentado e medido em todas as suas dimensões, que não acabam mais. O último grito de Nietzsche, proclamando-se ao mesmo tempo Cristo e Dioniso, não está nos confins da razão e da desrazão, nas linhas de fuga da obra, seu sonho comum, enfim tocado e que logo desaparece, de uma reconciliação dos "pastores da Arcádia e dos pescadores de Tiberíades"; é bem o próprio aniquilamento da obra, aquilo a partir do que ela se torna impossível, e onde deve calar-se; o martelo acabou de cair das mãos do filósofo. E Van Gogh sabia muito bem que sua obra e sua loucura eram incompatíveis; ele que não queria pedir "aos médicos a permissão para fazer quadros".

A loucura é ruptura absoluta da obra; ela constitui o momento constitutivo de uma abolição, que fundamenta no tempo a verdade da obra; ela esboça a margem exterior desta, a linha de desabamento, o perfil contra o vazio. A obra de Artaud sente na loucura sua própria ausência, mas essa provocação, a coragem recomeçada dessa provação, todas essas palavras jogadas contra uma ausência fundamental da linguagem, todo esse espaço de sofrimento físico e de terror que cerca o vazio ou, antes, coincide com ele, aí está a própria obra: o escarpamento sobre o abismo da ausência de obra. A loucura não é mais o espaço de indecisão onde podia transparecer a verdade originária da obra, mas a decisão a partir da qual ela irrevogavelmente cessa, permanecendo acima da história, para sempre. Pouco importa o dia exato do outono de 1888 em que Nietzsche se tornou definitivamente louco, e a partir do qual seus textos não mais expressam filosofia, mas sim psiquiatria: todos, incluindo o cartão-postal para Strindberg, pertencem a Nietzsche, e todos manifestam grande parentesco com *A Origem da Tragédia*. Mas essa continuidade não deve ser pensada ao nível de um sistema, de uma temática, nem mesmo de uma existência: a loucura de Nietzsche, isto é, o desmoronamento de seu pensamento, é aquilo através do qual seu pensamento se abre sobre o mundo moderno. Aquilo que o tornava impossível faz com que esteja presente para nós; aquilo que o subtraía de Nietzsche é a mesma coisa que ora no-lo oferece. Isso não significa que a loucura seja a única linguagem comum à obra e ao mundo moderno (perigos do patético das maldições, perigo inverso e simétrico das psicanálises); mas isso significa que, através da loucura, uma obra que parece absorver-se no mundo, que parece revelar aí seu não senso e aí transfigurar-se nos traços apenas do patológico, no fundo engaja nela o tempo do mundo, domina-o e o conduz; pela loucura que a interrompe, uma obra abre um vazio, um tempo de silêncio, uma questão sem resposta, provoca um dilaceramento sem reconciliação onde o mundo é obrigado a interrogar-se. O que existe de necessariamente profanador numa obra retorna através disso e, no tempo dessa obra que desmoronou no silêncio, o mundo sente sua culpabilidade. Doravante, e através da mediação da loucura, é o mundo que se torna culpado (pela primeira vez no mundo ocidental) aos olhos da obra; ei-lo requisitado por ela, obrigado a ordenar-se por sua linguagem, coagido por ela a uma tarefa de reconhecimento, de reparação; obrigado à tarefa de dar a razão *dessa* desrazão, *para* essa desrazão. A loucura em que a obra soçobra é o espaço de nosso trabalho, é o caminho infinito para triunfar sobre ela, é nossa vocação, misto de apóstolo e de exegeta. É por isso que pouco importa saber quando se insinuou no orgulho de Nietzsche, na humildade de Van Gogh, a voz primeira da loucura. Só há loucura como instante último da obra – esta a empurra indefinidamente para seus confins; *ali onde há obra, não há loucura*; e no entanto a loucura é contemporânea da obra, dado que ela inaugura o tempo de sua verdade. No instante em que, juntas, nascem e se realizam a obra e a loucura, tem-se o começo do tempo em que o mundo se vê determinado por essa obra e responsável por aquilo que existe diante dela.

Artifício e novo triunfo da loucura: esse mundo que acredita avaliá-la, justificá-la através da psicologia, deve justificar-se diante dela, uma vez que em seu esforço e em seus debates ele se mede por obras desmedidas como a de Nietzsche, de Van Gogh, de Artaud. E nele não há nada, especialmente aquilo que ele pode conhecer da loucura, capaz de assegurar-lhe que essas obras da loucura o justificam.

Anexo

IMAGEM:
Vincent van Gogh, *Vidoeiros*, desenho, 1884

HISTÓRIA DO HOSPITAL GERAL

In *L'Hôpital général*, brochura anônima de 1676.

Apesar das inúmeras medidas, "todo o resto dos mendigos ficou em plena liberdade em toda a cidade e nos arredores de Paris; eles chegavam de todas as províncias do Reino e de todos os Estados da Europa em número cada vez maior, e acabaram formando um povo independente que não conhecia nem lei, nem religião, nem superior, nem polícia; a impiedade, a sensualidade, a libertinagem era tudo o que reinava entre eles; a maioria dos assassinatos, dos latrocínios e das violências de dia e de noite era obra de suas mãos, e essas pessoas que o estado de pobres tornava objeto da compaixão dos fiéis eram corrompidas por suas maneiras, suas blasfêmias, e por seus discursos insolentes dos mais indignos da assistência do público.

"Todas essas prodigiosas desordens tiveram curso até o ano de 1640, sem que se pensasse muito a respeito. Mas então alguns particulares muito virtuosos foram tocados pelo estado deplorável em que se encontravam as almas desses pobres e infelizes cristãos. Por seus corpos, por mais aflitivos que pudessem parecer, não constituíam verdadeiros objetos de compaixão, pois encontravam nas esmolas das pessoas mais do que precisavam para satisfazer a suas necessidades, e mesmo a suas devassidões; mas suas almas corroídas pela ignorância total de nossos mistérios e pela extrema corrupção de seus costumes eram motivo de dor para as pessoas animadas pelo zelo da salvação desses miseráveis." (p. 2)

As primeiras tentativas e seus sucessos iniciais (as casas de caridade inventadas em 1651) fizeram crer "que não era impossível encontrar a subsistência necessária para internar e conter no dever uma nação libertina e ociosa que nunca havia conhecido regras" (p. 3).

"Proclamou-se, pelas Homilias de todas as Paróquias de Paris, que o Hospital Geral seria aberto em 7 de maio de 1657 para todos os pobres que nele quisessem entrar por vontade própria, e da parte dos magistrados proibiu-se, através de pregão público, que os mendigos pedissem esmolas em Paris; nunca uma ordem foi tão bem executada.

Em 13 de maio, celebrou-se uma missa solene do Espírito Santo na igreja da Piedade, e, em 14, o Internamento dos Pobres foi realizado sem nenhuma emoção.

Nesse dia, Paris mudou de aspecto, a maior parte dos mendigos se retirou para as Províncias, os mais sábios pensaram em ganhar a vida com seu próprio esforço. Sem dúvida foi um ato da proteção de Deus para essa grande obra, pois nunca se poderia acreditar que tudo seria tão pouco trabalhoso e terminasse tão bem.

...A previdência dos diretores tinha sido tão completa e seus cálculos tão justos, que o número dos internados foi quase igual ao projeto inicial, e os quarenta mil mendigos se reduziram aos quatro ou cinco mil que queriam, para sua felicidade, encontrar abrigo no Hospital; mas esse número aumentou depois, passou de seis mil e agora é de dez mil, o que obrigou a ampliação das construções para evitar as extremas desacomodações que sucedem aos Pobres, quando são amontoados demais em seus quartos e em suas camas." (p. 5)

ANEXO

Édito do Rei Sobre o Estabelecimento do Hospital Geral Para o Internamento dos Pobres Mendigos da Cidade e dos Arredores de Paris

Passado em Paris no mês de abril de 1657, verificado pelo Parlamento em primeiro de setembro seguinte.

Paris, Imprensa Real, 1661.

Luís, pela graça de Deus rei de França e de Navarra, a todos presentes e futuros, saudações. Os reis nossos predecessores desde o século passado publicaram várias ordenações de Polícia sobre os Pobres em nossa boa cidade de Paris, e obraram, tanto por seu zelo quanto por sua autoridade, para impedir a mendicância e a ociosidade, bem como as fontes de todas as desordens. E embora nossas companhias soberanas tenham sustentado com seu labor a execução dessas ordenações, estas contudo com o passar dos tempos se revelaram infrutíferas e sem efeito, seja pela falta de fundos necessários para a subsistência de um tão grande objetivo, seja pelo estabelecimento de uma direção bem estabelecida e conveniente à qualidade da obra. De modo que nos últimos tempos e sob o reinado do falecido rei, nosso muito honrado Senhor e Pai, de feliz memória, com o mal aumentando com a licenciosidade pública e com o desregramento dos costumes, reconheceu-se que a principal falha na execução dessa Polícia provinha do fato de que os mendigos tinham liberdade de andar por toda parte e que os alívios proporcionados não impediam a mendicância secreta e não faziam cessar a ociosidade. Com base nisso, foi projetado e executado o elogiável objetivo de interná-los na Casa de Misericórdia e lugares dela dependentes, bem como se concedeu cartas patentes com esse fim em 1612, registradas em nossa corte do Parlamento de Paris, segundo as quais os pobres foram internados; a direção foi entregue a bons e notáveis Burgueses que, sucessivamente, uns após os outros, empregaram toda sua industriosidade e boa conduta para fazer com que esse objetivo fosse alcançado. No entanto, apesar dos esforços realizados, os efeitos só se fizeram sentir durante cinco ou seis anos, e ainda de modo muito imperfeito, tanto pela falta de emprego dos Pobres nas Obras Públicas e nas manufaturas quanto pelo fato de não terem sido esses diretores apoiados pelos Poderes e pela autoridade necessária à grandeza do empreendimento, e que, como consequência das desgraças e das desordens das guerras, o número dos Pobres aumentou além do crédito comum e ordinário, com o mal tornando-se maior que o remédio. De modo que a libertinagem dos mendigos se tornou excessiva por um infeliz abandono a todo tipo de crimes que atraem a maldição de Deus sobre os Estados quando não são punidos. A experiência demonstrou às pessoas que se ocuparam dessas obras caridosas que várias dessas pessoas, de um e outro sexo, e muitos de seus filhos, não conheciam o Batismo e viviam quase todos na ignorância da religião, no desprezo dos Sacramentos e no hábito contínuo de todo tipo de vício. Por essa razão, como somos devedores da misericórdia divina por tantas graças, e por uma visível proteção que ela deu a nosso comportamento durante o evento, e no feliz curso de nosso reino através do sucesso de nossas armas, e da alegria de nossas vitórias, acreditamos estar ainda mais obrigados a demonstrar nosso reconhecimento através de uma real e cristã aplicação nas coisas que dizem respeito à sua honra e serviço; consideremos esses Pobres mendigos como membros vivos de Jesus Cristo, e não como membros inúteis do Estado, agindo na realização de uma tão grande obra não por uma ordem de Polícia, mas apenas por razões de Caridade.

I

...Queremos e ordenamos que os pobres mendigos, válidos e inválidos, de um e outro sexo, sejam empregados num hospital para serem utilizados nas obras, manufaturas e outros trabalhos, segundo suas capacidades e tal como está amplamente contido no Regulamento assinado por nossa mão, sob o contrasselo dos presentes, e que queremos que seja executado na forma e no conteúdo.

IV

E para internar os pobres em condição de serem internados, segundo o regulamento, demos e damos através deste a Casa e Hospital tanto da grande quanto da pequena Misericórdia e do Refúgio, sitos no bairro de Saint-Victor, a Casa e Hospital de Scipion e a Casa da Saboaria com todos os lugares, Praças, Jardins, Casas e Construções que delas dependem, as Casas e Locais de Bicêtre...

VI

Entendemos ser conservador e protetor desse Hospital Geral e dos locais dele dependentes, como sendo de nossa fundação real; não obstante, não dependerão de modo algum de nosso grande Capelão, nem de nenhum de nossos oficiais, mas que sejam totalmente isentos da superioridade, visita e jurisdição dos Oficiais da Reforma geral, bem como da grande Capelania e de todos os outros, aos quais proibimos todo conhecimento e jurisdição seja de que modo for.

IX

Inibimos e proibimos expressamente todas as pessoas de todos os sexos, lugares e idade, seja qual for sua qualidade e nascimento e seja qual for sua condição, válidas ou inválidas, doentes ou convalescentes, curáveis ou incuráveis, de mendigar na cidade e nos bairros de Paris, ou nas igrejas, às portas destas, nas portas das casas ou nas ruas, ou em outros lugares públicos, ou em segredo, de dia ou de noite, sem exceção das festas solenes, perdões, jubileus, Assembleias, Feiras ou Mercados, ou por qualquer outra causa ou pretexto que seja, sob pena de chicoteamento dos contraventores na primeira vez, e na segunda das galeras, para homens e rapazes, e banimento para mulheres e moças.

XVII

Inibimos e proibimos todas as pessoas de toda condição ou qualidade de dar esmola manualmente aos mendigos nas ruas e lugares acima, apesar dos motivos da compaixão, da necessidade premente ou de qualquer outro pretexto, sob pena de 4 libras parisis de multa aplicável em proveito do Hospital.

XXIII

Como cuidamos da salvação dos Pobres que devem ser internados, tanto quanto de seu estabelecimento e subsistência, tendo reconhecido a bênção que Deus deu ao trabalho dos padres Missionários de Saint-Lazare, os grandes frutos que eles obtiveram até aqui no auxílio aos pobres, e com base na esperança que temos de que eles continuarão e aumentarão esses frutos no futuro, queremos que tenham a guarda da instrução do espírito para a assistência e consolo dos Pobres do Hospital Geral e dos lugares dele dependentes, e que administrem os sacramentos sob a autoridade e jurisdição espiritual de monsenhor arcebispo de Paris.

LIII

Permitimos e damos poder aos Diretores de fazer e fabricar na extensão do dito Hospital e dos lugares dele dependentes toda espécie de manufatura, podendo vender os produtos em proveito dos Pobres daqueles.

*Regulamento Que o Rei Deseja Ver Observado
Para o Hospital Geral de Paris*

XIX – Para incentivar os Pobres internados a trabalhar nas manufaturas com mais assiduidade e afeição, os que tiverem alcançado a idade de dezesseis anos, de ambos os sexos, terão a terça parte do provento de seu trabalho, sem que nada lhes seja descontado.

XXII – Poderão os Diretores ordenar todos os castigos e penas públicas ou particulares no dito Hospital Geral, e nos lugares dele dependentes, contra os pobres em caso de contravenção da ordem que lhes tiver sido dada ou das coisas que lhes tiverem sido entregues, mesmo em caso de desobediência, insolência ou outros escândalos, expulsando-os sob a proibição de mendigar...

Declaração do Rei Para o Estabelecimento de um Hospital Geral em Todas as Cidades e Burgos do Reino Segundo as Ordenações dos Reis Carlos IX e Henrique III

...O grande desejo que sempre tivemos de prover às necessidades dos mendigos, bem como dos mais abandonados, de providenciar a salvação deles através da instrução cristã e de abolir a mendicância e a ociosidade educando seus filhos nas profissões de que forem capazes nos fez estabelecer o Hospital Geral em nossa boa cidade de Paris...

Contudo, a sobrecarga dos mendigos que vieram de diversas províncias de nosso Reino chegou a tal ponto que, embora os ditos Diretores não tenham a metade da renda necessária para a subsistência comum de quatro a cinco mil pobres, têm de alimentar ainda, em seis lugares da cidade, três mil outros pobres casados. Além dos quais há ainda um número bem grande de mendigos na dita cidade...

Ordenamos, queremos e nos apraz que em todas as cidades e burgos de nosso Reino onde ainda não exista Hospital Geral se proceda imediatamente ao estabelecimento de um Hospital e aos Regulamentos deste, para aí alojar, internar e alimentar os pobres mendigos inválidos, nativos dos lugares ou nascidos de pais mendigos. Todos esses mendigos serão instruídos na piedade e na religião cristãs e nas profissões das quais possam ser capazes...

Passado em Saint-Germain-en-Laye, no mês de junho de 1662.

Regulamento Geral Daquilo Que Deve Ser Cada Dia na Casa de Saint-Louis de la Salpêtrière

1. O toque de despertar será dado às 5 horas, os oficiais, as oficiais, os domésticos e todos os pobres se levantarão, com exceção dos enfermos e das crianças com menos de cinco anos.
2. Às 5 horas e um quarto se rezará nos dormitórios; as oficiais farão suas rondas para conter os pobres e a ordem necessária.
3. Às 5 horas e meia os pobres farão suas camas, se pentearão e até às 6 horas se aplicarão em tudo aquilo que possa contribuir para a limpeza...
4. Às 6 horas, cada uma das oficiais se encontrará em seu dormitório com as que cuidam da juventude, farão o catecismo e a escola, em dias alternados, até às 7 horas... as outras oficiais alinharão os pobres de que cuidam e com as governantas os levarão à Igreja para ouvir missa.
6. Às 7 horas, as crianças e os enfermos que podem ir à missa irão à Igreja para ouvi-la...
8. Às 8 horas, a oficial encarregada das obras na casa fará soar o sino destinado a advertir que todos devem estar a postos para começar o trabalho... As oficiais farão a seguir suas rondas, cuidando para que todos os pobres estejam ocupados, não admitindo os inúteis.
13. Às 9 horas, em todos os dormitórios será cantado o hino do *Veni Creator*, ao qual se acrescentará, nos dormitórios das crianças, os mandamentos de Deus e da Igreja e os atos de fé segundo o uso comum, e a seguir se observará silêncio em toda a casa. A oficial ou a governante fará em cada dormitório, sem interrupção do trabalho, a leitura do livro *A Imitação de Jesus Cristo* ou de alguns outros livros pios, durante um quarto de hora.
14. Às 10 horas o silêncio será encerrado com o canto do hino *Ave Maris-Stella* e pelas litanias do Santo Nome de Jesus, às quintas-feiras se cantará o hino de *Pange lingua* e as litanias do Santo Sacramento.

(15, 16, 17, 18 – Ao meio dia, almoço.)

19. À uma e meia, o trabalho recomeça: as oficiais, se depararem com pobres rebeldes, os manterão presos durante três ou quatro horas com permissão da superiora, a fim de manter os outros em ordem com o exemplo.

20. Às 2 horas se observará silêncio em todos os dormitórios e nas oficinas, como de manhã, sem interrupção do trabalho.
21. Às 3 horas, nos dormitórios das mulheres, procede-se à leitura, ou ao grande catecismo que deve durar cinco quartos de hora.
22. Às 4 horas e um quarto se dirão o terço e as litanias da Santa Virgem; a seguir, os pobres terão liberdade para falar um com o outro sem sair de seus dormitórios nem interromper o trabalho até às 6 horas.
26. Às 5 horas e meia será o jantar das mulheres (às 6 horas, para as que trabalham nas oficinas).
27. Às 6 horas, a oração da noite será feita em cada dormitório... Acabada a prece, os pobres poderão descer para os pátios ou ir à Igreja, sendo permitido aos enfermos que se deitem.
29. Às 8 horas... as oficiais farão suas rondas para ver se todos os pobres estão em suas camas.
32. Aos domingos e dias de festa, os oficiais, as oficiais, mestres de loja, governantes e os pobres, após terem ouvido a primeira missa que será dita como todos os dias às 6 horas e um quarto, ficarão na Igreja até que se acabe a homilia, que será lida em seguida.
33. Três oficiais serão encarregadas de colocar os pobres em ordem e contê-los numa grande modéstia.
36. Os pobres, os operários, os criados se confessarão pelo menos uma vez por mês e nas festas magnas.
38. Às 9 horas e meia todos os pobres voltarão à Igreja para ouvir a missa solene.
39. Às 11 horas, almoço, passeio no locutório.
41. À 1 hora, os pobres irão à Igreja e ouvirão as Vésperas, o Sermão, as completas e a salvação; tudo deve estar acabado às 4 horas.
(42, 44. Locutório ou passeios, depois jantar e recreação.)

Extrato autenticado segundo o original, em 8 de agosto de 1721

Arsenal, ms. 2566, f. 54-70.

As Quatro Classes de Doenças do Espírito Segundo Doublet

1. *O Frenesi*: "O Frenesi é um delírio furioso e contínuo, acompanhado de febre; ora é um sintoma alarmante que se desenvolve

nas doenças agudas, ora é produzido por uma afecção primitiva do cérebro, formando por si mesma uma doença essencial. Mas, seja de que tipo for, é frequentemente a fonte de onde decorrem todas as outras doenças que afetam a cabeça, tais como a mania e a imbecilidade, que são suas frequentes sequelas. (p. 552-553)"

2. *A Mania*: "A Mania é um delírio constante sem febre, pois se alguma febre sobrevém aos maníacos, ela não depende da afecção do cérebro, mas de qualquer outra circunstância que o acaso faz surgir. Os maníacos têm por sintomas uma força corporal surpreendente, a possibilidade de suportar a fome, a falta de sono e o frio bem mais que os outros homens sãos ou doentes; seu olhar é ameaçador, seu rosto sombrio, ressecado e famélico; as ulcerações nas pernas lhes são familiares, suas excreções são frequentemente suprimidas; têm o sono raro, mas profundo; a vigília é agitada, turbulenta, cheia de visões, de ações desregradas e muitas vezes perigosas para os que os cercam. Alguns têm alguns intervalos bem tranquilos, outros têm acessos contínuos ou frequentemente redobrados.

O cérebro dos maníacos é encontrado seco, duro e friável; às vezes, a parte cortical é amarela, outras vezes observa-se nela um abscesso; os vasos sanguíneos, finalmente, estão cheios de um sangue negro, varicoso, grosso em certos lugares e dissolvido em outros. (p. 558-559)"

3. *A Melancolia*: "A Melancolia é um delírio contínuo que difere da mania em duas coisas: a primeira é que o delírio melancólico se limita a um único objeto que se chama *ponto melancólico*; a segunda é que o delírio é alegre ou sério, mas sempre pacífico; assim, a melancolia não difere da mania a não ser em grau, e tanto isso é verdade que vários melancólicos se tornam maníacos e vários maníacos semicurados, ou no intervalo de seus acessos, são melancólicos. (p. 575)"

4. *A Imbecilidade*: "A Imbecilidade, aparentemente o grau menos assustador e menos perigoso da loucura, é, quando melhor considerado, o mais deplorável dos estados de espírito, pois é o mais difícil de curar. Os imbecis não são nem agitados nem furiosos; raramente sombrios, mostram um rosto estupidamente alegre e que permanece mais ou menos o mesmo, quer sintam prazer ou dor. A imbecilidade é consequência do frenesi, da mania ou da melancolia

prolongada por muito tempo. O ressecamento do cérebro produz a imbecilidade nos velhos; o amolecimento ou a infiltração dessa víscera faz com que surja nas crianças; os golpes, as quedas, o abuso das bebidas, a masturbação ou um vírus são suas causas comuns, e é uma consequência bastante comum da apoplexia. (p. 580)"

> Instruções sobre a maneira de governar os insensatos e de trabalhar para sua cura nos asilos que lhes estão destinados.
> (*Journal de Médecine*, 1785, p. 529-583.)

Plano Ideal de uma Casa de Força Para os Insensatos

"1. É preciso que nesses locais impere um ar puro e que a água seja salubre; essas precauções são tanto mais essenciais quanto a maioria dos insensatos ingerem bem poucos alimentos sólidos, alimentando-se por assim dizer apenas de ar e água.

2. É preciso que se pratiquem os passeios, que possibilitam o prazer e a liberdade de respirar um ar livre... (p. 542)"

"3. O departamento será dividido em vários corpos de alojamentos, tendo cada um seu pátio.

Cada corpo de alojamentos formará um quadro cujo centro será o pátio, e os quatro lados serão as construções levantadas num único andar. Haverá uma galeria coberta ao longo dos quatro lados da construção, do lado de dentro; e essa galeria, bem como os alojamentos, será térrea, mas elevada em três pés acima do pátio.

Nos quatro ângulos do quadrado serão colocados quartos ou dormitórios para abrigar os insensatos durante o dia, e o resto da construção será dividido em alojamentos de oito pés quadrados, iluminados por uma lanterna gradeada, colocada na abóbada.

Cada alojamento terá seu leito composto de um estrado sólido, preso à parede, com um colchão cheio de palha de aveia, um travesseiro da mesma qualidade e uma coberta; se necessário, prender-se-ão ao leito alguns anéis de ferro.

Perto da porta haverá um banco de pedra cimentado e um outro, menor, no próprio alojamento.

No centro do pátio haverá uma construção na qual serão colocadas várias banheiras de pedra, onde a água chegará fria e quente. (p. 542-544)"

"Haverá um departamento ou corpo de alojamentos para os imbecis, um outro para os loucos violentos, um terceiro para os loucos violentos, um quarto para os que tiverem intervalos lúcidos de certa duração e pareçam no caminho da cura. (p. 544)"

Instruções sobre a maneira de governar os insensatos e de trabalhar para sua cura nos asilos que lhes estão destinados.

(*Journal de Médecine*, 1785, p. 529-583.)

Medicamentos Recomendados nas Diversas Doenças do Espírito

1. *O Frenesi*: "Essa terrível doença é a menos difícil de curar de todas as afecções do cérebro...

É preciso começar com grandes sangrias, a começar pela do pé, que será repetida duas ou três vezes: em seguida, passa-se para a artéria temporal e a jugular, fazendo as sangrias cada vez maiores e mais copiosas. (p. 555)"

"As bebidas serão abundantes, frias, diluidoras e antiflogísticas. No intervalo entre cada sangria serão dados, se possível, dois laxantes, um purgante e outro emoliente.

A partir do momento em que a doença se manifestar, raspa-se a cabeça ou cortam-se os cabelos: aplica-se a seguir uma bandagem, chamada boné-de-hipócrates, e se cuidará para que fique sempre molhada, umedecendo-a com esponjas embebidas numa mistura de água e vinagre frio. (p. 556)"

2. *A Mania*: "Embora as sangrias devam ser feitas com frequência na mania, é preciso restringi-las mais que no frenesi, que é uma doença muito aguda e principiante: essa restrição será tanto mais necessária quanto mais antiga for a doença. (p. 560)"

"A administração dos purgantes é ainda mais essencial que a sangria, pois há muitas manias que podem ser curadas sem tirar sangue, enquanto há bem poucas que não necessitam de purgações, e repetidas, para diminuir a rarefação do sangue, atenuar e expulsar os humores pegajosos e grossos. (p. 561)"

"Os banhos e as duchas serão ministrados durante bastante tempo para os maníacos, e o meio de torná-los eficazes é alterná-los com os purgantes, isto é, purgar um dia e banhar no outro. (p. 564)"

"Os cautérios, os sedenhos e as úlceras artificiais serão úteis em todos os casos como suplemento das evacuações difíceis. (p. 565)"

3. *A Melancolia*: "Quando os acessos são violentos, quando o sujeito é pletórico ou numa circunstância em que se pode temer um refluxo sanguíneo... é preciso sangrar bastante.... Mas, após a sangria, é preciso evitar a passagem imediata aos purgativos, sejam eles quais forem... Antes de purgar, é preciso diluir, umedecer, começar a fundir esse humor viscoso que é o princípio da doença; a partir daí, o caminho é conhecido. Tisanas leves, soro, creme de tártaro, banhos tépidos, um regime umectante; passa-se a seguir aos diluidores mais ativos, como sucos de ervas, bolos saponáceos, pílulas compostas com goma amoníaca, creme de tártaro e mercúrio doce; finalmente, quando o humor se tiver tornado móvel, poder-se-á purgar. (p. 577-579)"

4. *A Imbecilidade*: "Quando esse estado é consequência ou o último período de uma outra doença, oferece pouca esperança... A primeira coisa a fazer é restaurá-los com boa alimentação; depois se fará com que tomem águas termais; serão purgados com raiz de briônia e uma infusão com aguardente; podem-se tentar também os banhos frios e as duchas. (p. 580-581)"

"A imbecilidade provocada pela masturbação só pode ser atacada através dos analépticos, tônicos, águas termais, fricções secas. (p. 581)"

"Se se suspeita que um vírus é a causa da imbecilidade, nada melhor que inocular sarna, e esse meio pode ser tentado mesmo em todos os imbecis, quando não se obtiver resultado com os meios de início julgados mais eficazes" (p. 582)

> Instruções sobre a maneira de governar os insensatos e de trabalhar para sua cura nos asilos que lhes estão destinados
>
> (*Journal de Médecine*, 1785, p. 529-583.)

Condição das "Pensões de Força" em Paris, às Vésperas da Revolução

Pensão do Senhor Massé, em Montrouge
7 homens alienados
9 com o espírito fraco

2 mulheres com o espírito fraco
2 mulheres sujeitas a acessos de loucura.
Total: 20. Não há loucos furiosos nessa casa.

Pensão do Senhor Bardot, rua Neuve Sainte-Geneviève
4 mulheres loucas
5 homens loucos
Total: 9. Não há loucos furiosos nessa pensão.

Pensão da Senhora Roland, caminho de Villejuif
8 mulheres fracas de espírito
4 homens fracos de espírito
Total: 12. Não há loucos furiosos nessa casa.

Pensão da Senhorita Laignel, Cul-de-sac des Vignes
29 mulheres loucas
7 mulheres fracas de espírito
Total: 36. Não há loucas furiosas nessa pensão.

Pensão do Senhor de Guerrois, rua Vieille Notre-Dame
17 mulheres dementes
Não há loucas furiosas nessa pensão.

Pensão do Senhor Teinon, rua Coppeau
1 mulher fraca de espírito
3 homens fracos de espírito
2 homens loucos
Total: 6. Não há loucos furiosos nessa pensão.

Casa da Senhora Marie de Saint-Colombe, praça do Trône, rua de Picpus
28 pensionistas homens, tanto dementes quanto imbecis, sem mulheres nem furiosos.

Casa do Senhor Esquiros, rua do Chemin-Vert
12 homens dementes
9 mulheres dementes
2 epiléticos, um dos quais às vezes é demente por causa de sua enfermidade.

Casa da viúva Bouquillon, petit Charonne
    10 homens dementes
    20 mulheres dementes
    3 mulheres furiosas

Casa do Senhor Belhomme, rua de Charonne
    15 homens dementes
    16 mulheres dementes
    2 homens furiosos

Casa do Senhor Picquenot, petit Bercy
    5 homens dementes
    1 mulher furiosa
    1 furioso

Casa da Senhora Marcel, petit Bercy
    2 homens dementes
    2 mulheres dementes
    1 epilético
    Sem furiosos.

Casa do Senhor Bertaux, petit Bercy
    2 homens dementes
    1 mulher demente
    3 furiosos

Casa dos religiosos Picpus, em Picpus
    3 homens dementes

Casa do Senhor Cornilliaux, em Charonne
    1 homem demente
    1 mulher demente

Casa do Senhor Lasmezas, rua de Charonne
    Só pensionistas, sem dementes.

Casa Saint-Lazare, bairro Saint-Denis
    17 loucas

Pensão da Senhorita Douay, rua de Bellefond
15 loucas
5 furiosas

Pensão do Senhor Huguet, rua dos Martyrs
6 loucos
3 loucas

In: TENON, Jacques-René. *Papiers sur les Hôpitaux,* II, f. 70-72 e 91. Esses números foram transcritos por Tenon segundo os relatórios dos comissários Gallet, para os bairros de Saint-Jacques, Saint-Marcel e d'Enfer, Joron para o bairro Saint-Antoine e Huguet para Montmartre.

Auxílio e Castigo

Um dos primeiros textos, e também um dos mais característicos, dedicados à reforma da hospitalidade, foi escrito por Baudeau em 1765. Nele se encontra, em estado puro, a dissociação entre a assistência aos doentes, que deve ser feita a domicílio, dependendo assim da caridade privada, e a internação a título de punição, para a qual Baudeau propõe um rigoroso equilíbrio, quase matemático, entre a morte e o trabalho.

"Não hesitamos em proscrever inteiramente as casas de enfermarias públicas. Suas rendas e seus edifícios serão atribuídos à Bolsa Comum do Capelão Universal em cada diocese, sob a direção do Escritório Geral da Caridade, e os pobres doentes não serão mais obrigados a procurar aí um socorro humilhante, doloroso e frequentemente funesto; a beneficência patriótica irá levar-lhes esse auxílio em suas próprias casas, nos braços de seus próximos, segundo o sistema dos escritórios de misericórdia, preferível por mil razões ao dos hospitais."

Para as casas de correção, "os holandeses inventaram um método excelente: amarrar à bomba os que eles querem dedicar ao trabalho; fazê-los desejar o trabalho de cultivar a terra e prepará-los para um trabalho ainda mais duro, mas que a necessidade obriga a praticar.

Prende-se sozinha a pessoa que se deve acostumar ao trabalho, num reduto que alguns canais inundam de modo a afogá-la, se ela não girar continuamente a manivela da bomba. É-lhe dada tanta água e tantas horas de exercício quanto suas forças comportarem nos primeiros dias, sempre aumentadas gradualmente. Esse é o primeiro trabalho que infligimos aos culpados fechados em nossa casa de correção. Eles se aborrecem por girar continuamente a manivela e por ficarem sozinhos, assim ocupados tão laboriosamente; sabendo que poderiam trabalhar a terra em companhia de outros, desejarão que lhes seja permitido lavrá-la como os outros. É uma graça que lhes será concedida mais cedo ou mais tarde, conforme suas faltas e suas disposições atuais".

BAUDEAU, *Idées d'un citoyen sur les besoins, les droits et les devoirs des vrais pauvres*, Amsterdã e Paris, 1765, t. I, p. 5, 64-65 e t. II, p. 129-130.

O Internamento Entre os Loucos Considerado Como Punição

No decorrer da discussão sobre o projeto da reforma da legislação criminal, Le Peletier de Saint-Fargeau propõe que todo homem que se bateu em duelo seja exposto ao olhar do povo durante duas horas, vestido de uma armadura completa, e fechado numa casa de loucos durante dois anos.

"O uso do duelo era o abuso da cavalaria, assim como a cavalaria errante era o ridículo dela. Emprestar esse ridículo para dele fazer a punição do abuso é um meio mais repressivo que as penas capitais inutilmente pronunciadas contra o crime, as quais nunca impediram que o crime fosse cometido e foram tão raramente aplicadas."

A proposição de Le Peletier foi rejeitada.

(Relatório sobre o projeto do código penal apresentado à Assembleia Nacional em nome das Comissões de Constituição e de Legislação Criminal, p. 105.)

Apêndices

IMAGEM:
Francisco de Goya, *O Sonho da Razão Produz Monstros*, série :os Caprichos, gravura, *c.* 1799

A Loucura, Ausência de Obra[1]

Talvez um dia não se saberá bem o que foi a loucura. Sua figura ter-se-á fechado em si mesma, não permitindo mais decifrar os traços que deixou. Esses traços, eles próprios, serão outra coisa, para um olhar ignorante, que simples marcas escuras? Quando muito, farão eles parte dessas configurações que nós agora não saberíamos delinear, mas que serão no futuro as grades[2] indispensáveis por meio das quais nos tornaremos legíveis, nós e nossa cultura. Artaud pertencerá às fundações de nossa linguagem, e não a sua ruptura; as neuroses, em forma constitutivas (e não desvios) de nossa sociedade. Tudo aquilo que experimentarmos hoje como limite, ou estranheza, ou insuportável, terá alcançado a serenidade do positivo. E aquilo que para nós designa atualmente esse Exterior corre de fato o risco de nos designar, a nós.

Restará somente o enigma dessa Exterioridade. Que era, pois, perguntar-se-á, essa estranha delimitação que funcionou desde o início da Idade Média até o século xx e depois, talvez? Por que a cultura ocidental rejeitou para os confins aquilo mesmo em que ela poderia facilmente também se reconhecer – em que, de fato, ela mesma se reconhece de maneira oblíqua? Por que formulou ela claramente desde o século xix, mas também desde a idade clássica, que a loucura era a verdade desnudada do homem, e a situou no entanto, em um espaço neutralizado e pálido, onde ela se encontrava como que anulada? Por que recolhe as palavras de Nerval ou de Artaud, por que se reconhece nelas, e não neles? Assim, murchará a imagem viva da razão em flamas. O jogo bem familiar de nos mirarmos na outra ponta de nós mesmos na loucura, e nos pôr à escuta de vozes que, vindas de muito longe, nos dizem o mais exatamente o que nós somos, esse jogo, com suas regras, suas táticas, suas invenções, seus ardis, suas ilegalidades toleradas não será mais, e para sempre, que um ritual complexo, cujas significações terão sido reduzidas a cinzas. Algo como as grandes cerimonias de troca e de rivalidade nas sociedades arcaicas. Alguma coisa como a atenção ambígua que a razão grega dedicava a seus oráculos. Ou como instituição gêmea, desde o século XIV cristão, as práticas e os processos de feitiçaria. Nas mãos das culturas históricas, não resta mais do que as medidas codificadas da internação, das técnicas da medicina, e, de outro lado, a inclusão súbita, irruptiva, em nossa linguagem da palavra dos excluídos.

■ ■

Qual será o substrato técnico dessa mutação? A possibilidade de a medicina controlar a doença mental como qualquer outra afecção orgânica? O controle farmacológico preciso de todos os sintomas psíquicos? Ou uma definição bastante rigorosa dos desvios de comportamento para que a sociedade tenha o lazer de previsão para cada um do modo de neutralização que lhe convém – ou outras modificações ainda, das quais talvez nenhuma venha suprimir realmente a doença mental, mas que terão todas como sentido apagar de nossa cultura a face da loucura?

Eu sei, de fato, que ao propor a última hipótese, contesto aquilo que é comumente admitido: que os progressos da medicina poderão com certeza fazer desaparecer a doença mental, como com a lepra e a tuberculose; porém, que uma coisa permanecerá, que é a relação do homem com seus fantasmas, como seu impossível, com sua dor sem corpo, com sua carcaça noturna; que uma vez a patologia fora do circuito, a sombria pertinência do homem à loucura será a memória sem idade de um mal apagado em sua forma de doença, mas se obstando como desgraça. A bem dizer, essa ideia supõe inalterável aquilo que, sem dúvida, é o mais precário, muito mais precário que as constâncias do patológico: a relação de uma cultura com aquilo mesmo que ela exclui, e, mais precisamente, a relação da nossa cultura a essa verdade de si mesma, distante e inversa, que ela descobre e recobre na loucura.

Aquilo que morre já em nós (e cuja morte justamente a nossa atual linguagem carrega) é o *Homo dialecticus* – o ser da partida, do retorno e do tempo, o animal que perde sua verdade e a reencontra iluminada, o estranho em si que volta a ser familiar. Esse homem foi o sujeito soberano e o objeto servil de todos os discursos de há muito proferidos sobre o homem, e singularmente sobre o homem alienado. E, por felicidade, essas tagarelices o estão matando.

Se bem que não se saberá mais como o homem pode manter à distância essa figura de si mesmo, como pode fazer passar para além dos limites aquilo mesmo que dependia dele e do que era dependente? Nenhum pensamento poderá mais pensar esse movimento a partir do qual o ainda deveras recente homem ocidental "avaliava" a sua latitude/tomava sua orientação. É a relação com a loucura (e não determinado saber sobre a doença mental ou determinada atitude diante do homem alienado) que será, e para todo o sempre, perdida. Saberemos somente que nós outros, ocidentais de cinco séculos, fomos sobre a superfície da terra a gente que, dentre muitos outros traços fundamentais, teve este, o mais estranho dentre todos: mantivemos com a doença mental uma relação profunda patética, difícil de ser formulada por nós mesmos, mas impenetrável a qualquer outro, e no qual nos experienciamos o mais vivo de nossos perigos e nossa verdade talvez a mais próxima. Dir-se-á então que nós estivemos não à *distância da* loucura, mas *na distância da* loucura. É assim que os gregos não estavam distantes da *húbris* por condená-la, mas antes estavam no distanciamento dessa desmedida, no cerne da distância na qual a confinavam.

Para aqueles que não serão mais nós, restará pensar este enigma (um pouco a nossa maneira quanto tentamos compreender hoje como Atenas pode se apaixonar e se desapaixonar da desrazão de Alcebíades): como os homens puderam buscar sua verdade, sua palavra essencial e seus signos no risco que os fazia tremer, e ao qual não conseguiam se impedir de voltar o olhar, uma vez o houvessem percebido? E isso lhes parecerá mais estranho ainda do que exigir da morte a verdade do homem, pois ela diz o que todos serão. A loucura, por outro lado, é esse raro perigo, uma chance que pesa pouco em relação aos temores que faz nascer e as questões que lhe são propostas. Como, em uma cultura, uma tão delgada eventualidade pode deter semelhante poder de pavor revelador?

Para responder a essa questão, aqueles que nos verão por sobre os ombros sem dúvida não terão muitos elementos a disposição. Somente alguns signos carbonizados: o medo repisado durante séculos de ver a loucura emergir de seu nível mais baixo e submergir o mundo; os rituais de exclusão e de inclusão do louco; a escuta atenta, desde o século XIX para surpreender na loucura alguma coisa que possa dizer qual é a verdade do homem; a mesma impaciência com a qual são rejeitadas e acolhidas as palavras da loucura, a hesitação em reconhecer sua inanidade ou decisividade.

Para todos os demais: esse movimento único pelo qual nós vamos ao encontro da loucura da qual nos afastamos, o reconhecimento espavorido, a vontade de fixar o limite e compensar isso imediatamente pela trama de um sentido unitário, tudo isso será reduzido ao silêncio, como é muda para nós, hoje em dia, a trilogia grega de *mania*, *húbris* e *alogia*, ou a postura do desvio xamânico em determinada sociedade primitiva.

Nós estamos nesse ponto, nessa dobra do tempo, onde certo controle técnico da doença recobre mais do que designa o movimento que encerra em si a experiência da loucura. Mas é essa dobra justamente que nos permite desdobrar o que durante séculos permaneceu implicado: a doença mental e a loucura – duas configurações diferentes, que se juntaram e se confundiram a partir do século XVIII, e que se desatam agora sob nossos olhos ou, antes, em nossa linguagem.

■ ■

Dizer que loucura hoje desaparece, quer dizer que se desfaz a implicação que a tomava ao mesmo tempo como saber psiquiátrico e um tipo de reflexão antropológica. Todavia, não é dizer que desaparece por isso a forma geral de transgressão da qual a loucura foi, durante séculos, a face visível. Nem que essa transgressão não está em vias, no próprio momento em que nos perguntamos o que é a loucura, de dar lugar a uma nova experiência.

Não há uma só cultura no mundo em que seja permitido fazer tudo. E sabemos muito bem, desde há muito, que o homem não começa com a liberdade, mas com o limite e a linha do infranqueável. Conhecemos os sistemas aos quais obedecem os atos interditos; foi possível distinguir para cada cultura o regime das proibições de incesto. Contudo, a gente conhece mal ainda a organização dos interditos de linguagem. É que os dois sistemas de restrição não se superpõem como se um não fosse senão a versão verbal do outro: aquilo que não deve aparecer no nível da palavra não é necessariamente aquilo que é proscrito na ordem dos gestos. Os zunis, que proíbem o incesto de irmão e irmã, o relatam; e os gregos contam a lenda de Édipo. Ao inverso, o código de 1808 aboliu as velhas leis penais contra a sodomia; mas a linguagem do século xix foi muito mais intolerante para com a homossexualidade (ao menos em sua forma masculina) do que a das épocas precedentes. E é provável que os conceitos psicológicos de compensação de expressão simbólica em nada não possam dar conta de semelhante fenômeno.

Será realmente necessário estudar um dia esse domínio dos interditos de linguagem em sua autonomia. Sem dúvida é cedo demais ainda para saber ao certo como fazer a análise. Poder-se-á utilizar as divisões atualmente admitidas da linguagem? E reconhecer em primeiro lugar, no limite do interdito e da possibilidade, as leis que concernem ao código linguístico (que chamamos, tão claramente, de erros de linguagem); depois, no interior do código e entre as palavras ou expressões existentes, aquelas que são atingidas por um interdito de articulação (toda a série religiosa, sexual e mágica de palavras blasfematórias); depois os enunciados que seriam autorizados pelo código, permitidos no ato da fala, mas cuja significação é intolerável, para a cultura em questão, em um dado momento; aqui o desvio metafórico não é mais possível, pois é o próprio sentido o objeto da censura. Enfim, existe também uma quarta forma de linguagem excluída; consiste em submeter uma fala aparentemente em conformidade ao código estabelecido, a outro código cuja a chave é dada na própria palavra; de sorte que essa fala se desdobra no interior de si: ela diz o que diz. Acrescenta ela, porém, um excedente mudo que enuncia silenciosamente o que ele diz e o código segundo o qual o diz. Não se trata aí de uma linguagem cifrada, mas de uma linguagem estruturalmente esotérica.

É o dizer que não comunica, antes oculta, uma significação proibida; ele se instala desde o começo em uma dobra essencial da fala. Dobra que escava de dentro a fala, talvez até o infinito. Pouco importa, então, o que se diz em semelhante linguagem e as significações que aí são liberadas. E essa significação obscura e central da fala no coração dela mesma será um voo incontrolável rumo a um salão sempre sem luz. Semelhante fala (*parole*) é transgressiva não em seu sentido nem em sua matéria verbal, mas ao ser posta em *atuação*, em *jogo* (*jeu*).

É bem provável que toda cultura, qualquer que seja, conheça, pratique e tolere (em certa medida), mas igualmente reprima e exclua, essas quatro falas interditas.

Na história ocidental, a experiência de loucura tem se deslocado ao longo dessa escala. A bem dizer, ela ocupou por muito tempo uma região indecisa, para nós difícil de especificar, entre o interdito da ação e o da linguagem: daí a importância exemplar do par *furor inanitas* que praticamente organizou, segundo os registros do gesto e da fala, o mundo da loucura até o fim da Renascença. A época do Grande Confinamento (dos hospitais gerais, Charenton, Saint-Lazare, todos organizados no século XVII) marca uma migração da loucura para a região do insensato: a loucura não guarda quase com os atos interditos senão um parentesco moral (ela permanece essencialmente presa aos interditos sexuais), mas está inclusa no universo dos interditos de linguagem; o internamento clássico envolve ademais da loucura, a libertinagem do pensamento e da fala, a obstinação na impiedade ou na heterodoxia, a blasfêmia, a feitiçaria, a alquimia – em suma, tudo o que caracteriza o mundo *falado* e interdito da desrazão; a loucura, é a linguagem excluída – aquele que contra o código da língua pronuncia falas sem significação (os "insensatos", os "imbecis", os "dementes"), ou aquele que pronuncia palavras sacralizadas (os "violentos", os "furiosos") ou aquele ainda que faz passar significações interditas (os "libertinos", os "teimosos"). Para essa repressão da loucura como fala interdita, a reforma de Pinel é muito mais um acabamento visível do que uma modificação.

Essa modificação não se produziu realmente, senão com Freud, quando a experiência da loucura se deslocou para a derradeira forma de interdito de linguagem de que nós falamos há pouco. Ela cessou então de ser erro de linguagem, blasfêmia proferida, ou significação intolerável (e nesse sentido a psicanálise é de fato a grande remoção de interditos definida pelo próprio Freud); ela apareceu como uma fala que se envolve em si mesma, dizendo, subjacente àquilo que diz, outra coisa da qual ela é ao mesmo tempo o único código possível; linguagem esotérica, caso se queira, visto que detém sua língua no interior de uma fala que não diz outra coisa finalmente senão essa implicação.

É preciso, portanto, tomar a obra de Freud pelo que ela é; ela não descobre que a loucura está presa em uma rede de significações comuns com a linguagem de todos os dias, autorizando, assim, a falar dela na platitude cotidiana do vocabulário psicológico. Ela desloca a experiência europeia da loucura para situá-la nessa região perigosa, transgressiva sempre (portanto interdita ainda, mas em um modo particular) que é a das linguagens que se autoimplicam, isto é, enunciando em seu enunciado a língua na qual elas a enunciam. Freud não descobriu a identidade perdida de um sentido; ele delineou a figura irruptiva de um significado que *não é absolutamente* como os outros. Isso apenas deveria ter bastado para proteger sua obra de todas as interpretações psicologizantes com que nosso meio século a recobriu sob nome (derrisório) das "ciências humanas" e de sua unidade assexuada.

E por esse fato mesmo, a loucura apareceu não como a astúcia de uma significação oculta, mas sim como uma prodigiosa reserva de sentido. Cumpre ainda entender como convém o termo "reserva": mais que uma provisão, trata-se de uma figura que retém e suspende o sentido, "ordena" um vazio onde não se propõe senão a possibilidade ainda irrealizada de que um sentido venha se alojar ali, ou um segundo sentido, ou ainda um terceiro e isso ao infinito. A loucura abre uma reserva lacunar que designa e dá a ver a cavidade em que língua e fala se implicam, se formam uma a partir da outra, não expressam outra coisa senão sua relação ainda muda. Desde Freud, a loucura ocidental tornou-se uma não linguagem, porque ela se converteu em uma linguagem dupla (língua que não existe senão nessa fala, fala que não expressa senão sua língua) – isto é, uma matriz da linguagem que, em senso estrito, nada diz. Dobra do falado que é uma ausência da obra.

É preciso de fato render um dia essa justiça a Freud que não fez *falar* uma loucura que desde séculos era precisamente uma linguagem (linguagem excluída, inanidade tagarela, fala correndo indefinidamente fora do silencio refletido da razão); ele, ao contrário, calou o Logos desarrazoado; ele o ressecou; ele o fez remontar as palavras até sua fonte – até essa região branca da *auto*implicação em que nada é dito.

■ ■

O que se passa atualmente encontra-se ainda sob uma luz incerta para nós; entretanto, em nossa linguagem, pode-se ver delinear-se um estranho movimento. A literatura (e isso desde Mallarmé, sem dúvida) está em vias, pouco a pouco, de tornar-se por sua vez uma linguagem (*langage*) que a fala (*parole*) enuncia, ao mesmo tempo que isso que ela diz e no mesmo movimento é a língua (*langue*) que a torna decifrável como fala. Antes de Mallarmé, escrever consistia em estabelecer sua fala no interior de uma língua dada, de modo que a obra de linguagem era de mesma natureza que toda outra linguagem, com os signos (e, sem dúvida, eles eram majestosos) da Retórica, do Sujeito (*Sujet*) ou das Imagens. No fim do século xix (à época da descoberta da psicanálise, ou próximo), ela havia se tornado uma fala que inscreve em si seu princípio de deciframento; ou, em todo caso, ela supunha, sob cada uma de suas frases, sob cada uma de suas palavras, o poder de modificar soberanamente os valores e as significações da língua à qual apesar de tudo (de fato) pertencia; ela suspendia o reino da língua na atualidade do gesto de escritura.

Daí, a necessidade dessas linguagens segundas (isso que se chama, em suma, "crítica"): elas não funcionam mais agora como adições exteriores à literatura (juízos, mediações, relés que se julgava útil estabelecer entre uma obra reenviada ao enigma psicológico de sua criação e o ato consumador da leitura); doravante, elas fazem parte, no coração literatura, do vazio que esta instaura em sua própria linguagem; elas são o movimento necessário, mas necessariamente inacabado pelo qual a fala é reconduzida a sua língua, pela qual a língua é estabelecida sobre a fala.

Daí também a estranha vizinhança de loucura e literatura, a qual não é preciso emprestar o sentido de um parentesco psicológico, enfim, posto a nu. Descoberta como uma linguagem silenciando em sua superposição de si própria, a loucura não manifesta nem conta o nascimento de uma obra (ou de qualquer coisa que, com gênio ou chance, poderia ter se tornado uma obra); ela designa a forma vazia de onde vem tal obra, isto é, o lugar de onde ela não cessa de estar ausente, onde jamais será encontrada, porque jamais esteve ali. Nessa região pálida, sob esse esconderijo essencial, desvela-se a incompatibilidade gemelar da obra da obra e da loucura; é o ponto cego da possibilidade de cada uma e de sua exclusão mútua.

Mas desde Raymond Roussel, desde Artaud, esse é também de fato o lugar onde a linguagem se aproxima da literatura. Porém, ela não se aproxima como de algo que teria a tarefa de enunciar. É tempo de se perceber que a linguagem da literatura não se define por aquilo que ela diz nem tampouco pelas estruturas que a tornam significante, mas que ela tem um ser e que é sobre esse ser que cumpre interrogá-la. Tal ser, qual é ele atualmente? Alguma coisa, sem dúvida, que tem a haver com a autoimplicação no duplo e no vazio que se escava nela. Nesse sentido, o ser da literatura, tal como ele se produz de Mallarmé até nós, atinge a região onde se faz desde Freud a experiência da loucura.

Aos olhos de não sei qual cultura futura – e, talvez ela já esteja muito próxima – nós seremos aqueles que nos aproximamos mais dessas duas frases jamais realmente pronunciadas, essas duas frases tão contraditórias e impossíveis como o famoso "eu minto" e que designam todas as duas, a mesma autorreferência vazia: "eu escrevo" e "eu deliro". Nós figuramos assim ao lado de mil outras culturas que aproximaram o "eu sou louco" de um "eu sou uma besta", ou "eu sou um deus", ou "eu sou um sinal", ou ainda de um "eu sou uma verdade", como foi o caso para todo século XIX, até Freud. E essa cultura, se tiver gosto pela história, se recordará com efeito que Nietzsche, ficando louco, proclamou (foi em 1887) que ele era a verdade (por eu sou tão sábio, por que eu sei disso há tanto tempo, por que eu escrevo livros tão bons, por que eu sou uma fatalidade); e que menos de cinquenta mais tarde Roussel, na véspera de seu suicídio, escreveu em *Comment j'ai écrit certains de mes livres* (Como Eu Escrevo Alguns de Meus Livros)[3], o relato, geminado sistematicamente, de sua loucura e de seus procedimentos de escrita. E nos espantamos sem nenhuma dúvida de que tenhamos podido reconhecer tão estranho parentesco entre aquilo que durante muito tempo foi temido como grito e aquilo que durante muito tempo foi esperado como canto.

■ ■

Mas talvez justamente esta mutação não parecerá merecer nenhum espanto. Somos nós hoje em dia que nos espantamos de ver comunicar duas linguagens (a da loucura e a da literatura), cuja incompatibilidade foi construída por nossa história. Desde o século XVIII, a loucura e a doença mental ocuparam o mesmo espaço no campo das linguagens excluídas (a grosso modo, o do insensato). Entrando em outro domínio da linguagem excluída (daquela delimitada, sagrada, temida, erigida na vertical, acima de si mesma, relacionando-se a si em uma dobra inútil e transgressiva, que se chama literatura), a loucura desata seu parentesco, antigo ou recente, segundo a escala que se escolhe, com a doença mental

Esta última, não há que duvidar, vai entrar em um espaço técnico cada vez melhor controlado: nos hospitais, a farmacologia já transformou a sala de agitados em grandes aquários mornos. Debaixo dessas transformações e por razões que lhes parecem estranhas (ao menos ao nosso olhar atual), um *desatamento* está em vias de se produzir: loucura e doença mental desfazem sua pertinência a mesma unidade antropológica. Esta unidade, ela mesma desaparece, com o homem, postulado passageiro. A loucura, halo lírico da doença, não cessa de se enfraquecer. E longe do patológico, na linguagem, lá onde se recolhe sem ainda dizer nada, uma experiência está em vias de nascer onde nosso pensamento está em jogo; sua iminência, visível, mas absolutamente vazia, não pode ainda ser nomeada.

Meu Corpo, Este Papel, Este Fogo[1]

Nas páginas 56 a 59 de *Histoire de la folie*, eu disse que o sonho e a loucura não tinham, de modo algum, o mesmo estatuto nem o mesmo papel no desenvolvimento da dúvida cartesiana: o sonho permite duvidar deste lugar onde estou, desta folha de papel que vejo, desta mão que estendo; mas a loucura não é, de jeito nenhum, um instrumento ou uma etapa da dúvida; pois "eu que penso, não posso estar louco". Exclusão, portanto, da loucura, bem ao contrário da tradição cética que fez dela um dos motivos de duvidar.

Para resumir a objeção que Derrida faz a essa tese, o melhor é, sem dúvida, citar a passagem onde ele apresenta, da maneira mais vigorosa, sua leitura de Descartes.

Descartes acaba de dizer que todos os conhecimentos de origem sensível podem enganá-lo. Ele finge dirigir a si mesmo a objeção espantada do não filósofo imaginário a quem uma tal audácia apavora e que diz a ele: não, não todos os conhecimentos sensíveis, sem o que você seria louco, e seria insensato pautar-se pelos loucos, nos propor um discurso de louco. Descartes *se faz o eco* dessa objeção: visto que estou aqui, que eu escrevo, que vocês me ouvem, não sou louco nem vocês, e nós estamos entre gente sensata. Portanto, o exemplo da loucura não é revelador da fragilidade da ideia sensível. Tudo bem. Descartes aquiesce a esse ponto de vista natural ou antes ele finge entregar-se a esse conforto natural para melhor e mais radicalmente e mais definitivamente deixá-lo e inquietar seu interlocutor. Tudo bem, diz ele, vocês pensam que eu seria louco de duvidar que eu esteja sentado perto do fogo etc., que eu seria extravagante se me pautasse no exemplo dos loucos. Eu vou então propor a vocês uma hipótese que parecerá bem mais natural, que não lhes desorientará, porque se trata de uma experiência mais comum e também mais universal que a da loucura: é a do sono e do sonho. Descartes desenvolve então essa hipótese que arruinará *todos* os fundamentos *sensíveis* do conhecimento e colocará a nu somente os fundamentos *intelectuais* da certeza. Essa hipótese, sobretudo, não se afastará da possibilidade de extravagâncias – epistemológicas – bem mais graves que aquelas da loucura. Essa referência ao sonho não está então, e muito pelo contrário, em retirada com relação à possibilidade de uma loucura que Descartes teria submetido ou mesmo excluído. Ela constitui, na ordem metódica que é aqui a nossa, a exasperação hiperbólica da hipótese da loucura. Esta somente afetava, de maneira contingente e parcial, determinadas regiões da percepção sensível. Não se trata aliás aqui, para Descartes, de determinar o conceito da loucura, mas de servir-se da noção corrente de extravagância com fins jurídicos e metodológicos, para colocar questões de direito concernentes somente à *verdade* das ideias[2]. O que é preciso reter aqui é que, *desse ponto de vista*, aquele que dorme ou aquele que sonha é mais louco do que o louco. Ou, ao menos, o sonhador, considerado o problema do conhecimento que interessa aqui a Descartes, está mais longe da percepção verdadeira do que o louco. É no caso do sono, e não no da extravagância, que a *totalidade absoluta* das ideias de origem sensível se torna suspeita, fica privada de "valor objetivo", segundo a expressão de M. Guéroult. A hipótese da extravagância não era portanto um bom exemplo, um exemplo revelador; não era um bom instrumento de dúvida. E isso no mínimo por duas razões.

a. Ela não abarca a *totalidade* do campo da percepção sensível. O louco não se engana sempre e em tudo; ele não se engana o suficiente, ele não é nunca louco o suficiente.

b. É um exemplo ineficaz e infeliz na ordem pedagógica, pois ele encontra a resistência do não filósofo que não tem a audácia de seguir o filósofo quando este admite que ele bem poderia ser louco no momento em que fala.[3]

A argumentação de Derrida é notável. Por sua profundidade, e mais ainda talvez por sua franqueza. Claramente, a questão do debate está indicada: poderia haver aí alguma coisa anterior ou exterior ao discurso filosófico? Pode ele ter sua condição em uma exclusão, em uma recusa, em um risco eludido, e, por que não, em um medo? Suspeita que Derrida rejeita com paixão. *Pudenda origo*, dizia Nierzsche, a propósito dos religiosos de sua religião.

Confrontemos as análises de Derrida e os textos de Descartes.

OS PRIVILÉGIOS DO SONHO SOBRE A LOUCURA

DERRIDA: "O sonho é uma experiência mais comum e também mais universal que a da loucura."; "O louco não se engana sempre e em tudo."; "A loucura somente afeta, de maneira contingente e parcial, determinadas regiões da percepção sensível."

Ora, Descartes não diz que o sonho "é mais comum e também mais universal que a loucura". Ele não diz tampouco que os loucos só são loucos de tempos em tempos e apenas em determinados aspectos. Escutemo-lo antes evocar as pessoas que "asseguram constantemente que são reis". Esses homens que se tomam por reis, ou que acreditam possuir um corpo de vidro, teriam eles uma loucura mais intermitente do que o sonho?

No entanto, é um fato: Descartes, no encaminhamento da dúvida, concede um privilégio ao sonho sobre a loucura. Deixemos indefinido para o momento o problema de saber se a loucura é excluída, somente negligenciada ou retomada em uma experiência mais ampla e mais radical.

Mal acaba de citar, para abandoná-lo, o exemplo da loucura que Descartes evoca no caso dos sonhos: "Todavia, tenho aqui a considerar que sou homem, e, por consequência, que tenho o costume de dormir e de me representar em meus sonhos as mesmas coisas ou algumas vezes coisas menos verossímeis do que esses insensatos quando velam."

Dupla vantagem, portanto, do sonho. De uma parte, ele é capaz de dar lugar a extravagâncias que igualam ou às vezes ultrapassam a loucura. De outra parte, ele tem a propriedade de se produzir de maneira habitual. A primeira vantagem é de ordem lógica e demonstrativa: tudo aquilo que a loucura (exemplo que acabo de deixar de lado) poderia me levar a duvidar, o sonho poderá ele também torná-lo incerto para mim; como potência da incerteza, o sonho não acede à loucura; e nada da força demonstrativa desta última é perdido pelo sonho quando é necessário me convencer de tudo aquilo que devo revogar em dúvida. A outra vantagem do sonho é de uma ordem totalmente diferente: é frequente, produz-se amiúde; tendo eu lembranças dele muito próximas, não é difícil dispor das lembranças tão vivas que deixa. Em suma, vantagem prática quando se trata não mais de demonstrar, mas de fazer um exercício de evocar uma lembrança, um pensamento, um estado, no movimento mesmo da meditação.

A extravagância do sonho garante o seu caráter demonstrativo como exemplo: sua frequência assegura seu caráter acessível como exercício. E é de fato esse caráter acessível que preocupa aqui Descartes, mais com certeza do que seu caráter demonstrativo, assinalado uma vez por todas, e como para se assegurar de que a hipótese da loucura pode ser abandonada sem remorsos. Muitas vezes, ao contrário, retorna o tema que o sonho se produz com muita frequência. Leiamos: "Eu sou homem e, por consequência, tenho costume de dormir"; "quantas vezes me aconteceu à noite de sonhar", "o que acontece no sono", "pensando cuidadosamente eu me recordo de amiúde ter sido enganado dormindo".

Ora, creio de fato que Derrida não confundiu esses dois aspectos do sonho. Tudo se passa como se ele os tivesse revestido com uma palavra que lhe junta força: "universal". "Universal", o sonho chegaria ao mesmo tempo a todo mundo e poderia ser sobre tudo. O sonho: dubitabilidade de tudo para todos. Mas isso já é forçar as palavras; é ir muito além daquilo que diz o texto cartesiano; ou antes, é falar muito aquém de suas singularidades; é eliminar o caráter bem distinto da extravagância do sonho e de sua frequência; apagar o papel específico desses dois caráteres no discurso cartesiano (demonstração e exercício); omitir a importância maior concedida ao costume do que à extravagância.

Mas por que é tão importante que o sonho seja familiar e acessível?

MINHA EXPERIÊNCIA DO SONHO

Derrida: "A referência ao sonho constitui, na ordem metódica que é aqui a nossa, a exasperação hiperbólica da hipótese da loucura."

Antes de reler o parágrafo[4] do sonho, guardemos ainda nos ouvidos a frase que acaba de ser dita. "Mas vejamos, são loucos, e eu não seria menos extravagante se me pautasse em seus exemplos."

Depois o discurso segue assim: resolução no sujeito meditante de levar em consideração o fato de que ele é um homem, de que lhe ocorre dormir e sonhar; aparição de uma lembrança ou antes de uma multidão de lembranças, de sonhos que coincidem exatamente, traço por traço, com a percepção do agora (estar sentado nesse lugar, todo vestido, junto ao fogo); sentimento, entretanto, de que há entre esta percepção e essa lembrança uma diferença, diferença que não é somente constatada, mas efetuada pelo sujeito no próprio movimento de sua meditação (eu olho esse papel; eu sacudo a cabeça, estendo a mão para que surja com vivacidade a diferença entre vigília e sono); mas novas lembranças, em um segundo nível (a vivacidade dessa impressão fez muitas vezes parte dos meus sonhos); com essas lembranças, o vivo sentimento de que eu velo desaparece; ele é substituído pela visão clara de que não há índice certo que possa separar o sono e a vigília; constatação que provoca no sujeito meditante um espanto tal que a indiferença entre vigília e sono provoca a quase certeza de que se está dormindo.

Vemo-lo: a resolução de pensar no sonho não tem somente por consequência fazer, do sono e da vigília, um tema de reflexão. Esse tema, no movimento que o propõe e o faz variar, produz efeito no sujeito meditante na forma de recordações, de impressões vivas, de gestos voluntários, de diferenças experimentadas, de lembranças ainda, de visão clara, de espanto e de uma indiferenciação que é inteiramente próxima do sentimento de dormir. Pensar no sonho não é de forma alguma pensar em algo exterior, cujos efeitos e causas eu conheceria; não é de maneira nenhuma evocar somente toda uma fantasmagoria estranha, ou os movimentos do cérebro que podem provocá-lo; o pensamento do sonho é tal, quando a gente aí se aplica, que tem por efeito baralhar para o sujeito meditante, e no coração mesmo de sua meditação, os limites percebidos do sono e da vigília. O sonho perturba o sujeito que pensa nele. Aplicar seu espírito ao sonho não é uma tarefa indiferente; é talvez de fato, em primeiro lugar, um tema que a pessoa se propõe; mas bem depressa se revela um risco ao qual ela se expõe. Risco para o sujeito de ser modificado; risco de não estar mais totalmente seguro de ser despertado; risco de *stupor*, diz o texto latino.

E é aí que o exemplo do sonho manifesta outro de seus privilégios: é inútil modificar nesse ponto o sujeito meditante, ele não o impede, no coração mesmo desse *stupor*, de continuar a meditar, a meditar validamente, a ver claramente um certo número de coisas ou de princípios, a despeito da indistinção, tão profunda quanto seja, entre vigília e sono. Quando mesmo no caso em que não estou mais seguro de estar acordado, permaneço seguro daquilo que minha meditação me dá a ver: é de fato isso que mostra a passagem que segue, e que começa justamente por uma espécie de resolução hiperbólica, "suponhamos, pois, que estamos adormecidos", ou como diz mais fortemente o texto latino, *Age somniemus*. O pensamento do sonho me conduziu à incerteza; esta, pelo espanto que provoca, à quase certeza do sono; esta quase certeza, minhas resoluções a converter agora em um fingimento sistemático. O sujeito meditante é posto em sono artificial: *Age somniemus*, e, a parti daí, a meditação, de novo, poderá se desenvolver.

É possível ver agora todas as possibilidades que por certo são dadas pelo caráter não "universal", mas modestamente costumeiro do sonho.

1. É uma experiência possível, imediatamente acessível, cujo modelo é proposto por mil lembranças.
2. Essa experiência possível não é somente um tema para meditação: ela se produz real e atualmente na meditação, segundo a seguinte série: pensar no sonho, recordar-se do sonho, procurar separar o sonho e a vigília, não mais saber se estamos sonhando ou não, proceder voluntariamente como se sonhássemos.
3. Por esse exemplo meditativo, o pensamento do sonho produz efeito no sujeito mesmo: ele o modifica golpeando-o de *stupor*.
4. Mas o modificá-lo, fazendo dele um sujeito incerto de velar, ela não o desqualifica como sujeito meditante: mesmo transformado em "sujeito que supostamente dorme", o sujeito meditante pode prosseguir de maneira segura o encaminhamento de sua dúvida.

Mas é preciso voltar atrás, e comparar essa experiência do sonho ao exemplo da loucura que o precede imediatamente.

O "BOM" E O "MAU" EXEMPLOS

Derrida: "O que é preciso reter aqui é que, desse ponto de vista, o dormidor e o sonhador são mais loucos que o louco."

Para Derrida, a loucura não é excluída por Descartes; ela é somente negligenciada. Negligenciada em proveito de um exemplo melhor e mais radical. O exemplo do sonho prolonga, generaliza aquilo que o exemplo da loucura indicava de maneira tão inadequada. Passar da loucura ao sonho é passar de um "mal" a um "bom" instrumento de dúvida.

Ora, creio que a oposição entre sonho e loucura é de um outro tipo. É preciso comparar passo a passo os dois parágrafos de Descartes e seguir em detalhe o sistema de sua oposição.

1. A natureza do exercício meditativo. Ela aparece claramente no vocabulário empregado. Parágrafo da loucura: vocabulário da comparação. Se eu quero negar que "essas mãos e esses corpos sejam meus", é preciso que "eu me compare a certos insensatos" (*comparare*); mas eu seria muito extravagante "se me pautasse em seus exemplos" (*si quod ab iis exemplum ad me transferren*: se eu aplicasse a mim mesmo algum exemplo provenientes deles). O louco: termo exterior ao qual eu me comparo.

Parágrafo do sonho: vocabulário da memória. "Eu tenho o costume de me representar em meus sonhos"; "quantas vezes me aconteceu"; "pensando nisso cuidadosamente, eu me relembro". O sonhador: isso que eu me recordo ter sido eu mesmo; do fundo de minha memória sobre o sonhador que eu próprio fui, que eu serei de novo.

2. Os temas do exercício meditativo. Eles aparecem nos exemplos que o sujeito meditante se propõe a si próprio.

Para a loucura: tomar-se por rei quando se é pobre; crer-se vestido de ouro quando se está nu; imaginar que se tem um corpo de vidro ou que se é uma bilha. A loucura é o totalmente outro, ela deforma e transporta; ela suscita uma outra cena.

Para o sonho: estar sentado (como eu estou agora); sentir o calor do fogo (como eu o sinto agora); estender a mão (como eu me decido a fazê-lo neste instante). O sonho não transporta a cena; ele desdobra os demonstrativos que apontam para a cena onde estou (esta mão? Talvez uma outra mão, em imagem. Esse fogo? Talvez um outro fogo, sonho). A imaginação onírica se prende exatamente na percepção atual.

3. A prova central do exercício. Ela consiste na busca da diferença; esses temas propostos, posso tomá-los em conta em minha meditação? Posso me perguntar seriamente se tenho um corpo de vidro, ou se estou totalmente nu em minha cama? Se sim, eis-me obrigado a duvidar mesmo do meu corpo. Ele está salvo, em compensação, se minha meditação permanece bem distinta da loucura e do sonho.

Do sonho? Tento prová-lo: lembro de ter sonhado que eu sacudia a cabeça. Eu vou, portanto, sacudi-la de novo, aqui e agora. Há uma diferença? Sim: uma certa clareza, uma certa distinção. Mas, segundo momento da prova, esta clareza e distinção podem se encontrar no sonho? Sim, tenho a lembrança nítida. Portanto, aquilo que eu acreditava ser critério da diferença (clareza e distinção) pertence indiferentemente ao sonho e à vigília; ele não pode, pois, fazer a diferença.

Da loucura? A prova é feita imediatamente. Ou, antes, ao se olhar para ela mais de perto, vê-se bem que não ocorreu, como ela ocorre para o sonho. Com efeito, não está em questão, de modo algum, que eu tente me toma por louco que se toma por um rei; tampouco está em questão que eu me pergunte se não sou um rei (ou ainda um capitão de navio) que se toma por um filósofo internado a meditar. A diferença com a loucura não tem de ser experimentada: ela é constatada. Tão logo os temas da extravagância são invocados a distinção explode, como um grito: *sed amentes sunt isti*.

4. O efeito do exercício. Ele aparece nas frases, ou antes nas frases-decisões que terminam, cada uma delas, em duas passagens.

Parágrafo da loucura: "Mas quem são os loucos?" (terceira pessoa do plural, eles, os outros, *isti*); "eu não seria menos extravagante se me pautasse em seus exemplos": seria (note-se o condicional) uma loucura experimentar somente a prova, querer imitar todas essas delícias, e bancar o louco com os loucos, como os loucos. Não é a atitude de imitar os loucos que irá persuadir-me de que sou louco (como constantemente o pensamento do sonho irá convencer-me de que talvez eu esteja dormindo); eis o único projeto de imitá-los que é extravagante. A extravagância centra-se na ideia mesma de passar à prova, eis por que ela falha, substituída por uma só constatação de diferença.

Parágrafo do sonho: à frase "são loucos" responde exatamente: "Estou totalmente espantado (*obstupescere*: ao grito da indiferença, responde o estupor da indistinção: e à frase "eu não seria menos extravagante se...." responde: "meu espanto (*stupor*) é tal que é quase capaz de persuadir-me de que estou dormindo". A prova efetivamente tentada foi tão bem "seguida" que eis-me (notar o presente do indicativo) na incerteza de minha própria vigília. E é nessa incerteza que me decido a continuar minha meditação.

Seria louco de querer bancar o louco (e renuncio a isso); mas já existe a impressão de dormir ao se pensar no sonho (e é sobre isso que irei meditar).

É extraordinariamente difícil permanecer surdo ao eco que se fazem os dois parágrafos. Difícil não ser atingido pelo sistema de oposição complexa que eles subentendem. Difícil não reconhecer aí dois exercícios ao mesmo tempo paralelos e diferentes: o exercício do *demens* e o do *dormiens*. Difícil não entender as palavras e as frases que se confrontam de uma parte e de outra desse "todavia" cuja importância Derrida sublinhou tão profundamente, mas sobre o qual ele cometeu o erro, creio, eu, de não analisar a função no jogo do discurso. Difícil, realmente, dizer apenas que a loucura figura entre as razões de duvidar de um exemplo insuficiente e pedagogicamente inepto, porque o sonhador é mesmo assim bem mais louco do que o louco.

Toda a análise discursiva o mostra: a constatação de não loucura (e a rejeição da prova) não está em continuidade com a prova do sonho (e a constatação de que talvez se esteja dormindo)

Mas por que essa rejeição da prova do *demens*? Do fato de que ela não ocorre pode-se tirar que ela está excluída? Afinal de contas, Descartes fala tão pouco, e de modo tão breve, da loucura...

A DESQUALIFICAÇÃO DO SUJEITO

Derrida: "O que é significativo é que Descartes, no fundo, não fala jamais da loucura em si nesse texto... Não se trata da loucura nesse texto, ela não está em questão, ainda que para excluí-la."

Repetidas vezes, Derrida sabiamente faz notar que é preciso, para bem compreender o texto de Descartes, referir-se à versão primeira e latina. Ele relembra – e tem muita razão – as palavras empregadas por Descartes na famosa frase: "Mas seja como for, eles são loucos (*Sed a mentir sunt est*), e eu não seria menos extravagante (*demens*) se me pautasse em seus exemplos." Infelizmente, ele permanece aí, na análise, nessa simples evocação de palavras.

    Voltemos à própria passagem: "Como é que eu poderia negar que essas mãos e esse corpo são meus a não ser que me compare a certos insensatos...?" (o termo aqui empregado é *insani*.) Ora, esses *insani* que se tomam por reis ou bilhas, o que são eles? São *amentes*; e eu não seria menos *demens* se eu aplicasse a mim mesmo seus exemplos. Por que esses três termos, ou antes, por que ter empregado de início o termo *insanus*, depois o par *amens-demens*? Quando se trata de caracterizá-los pelas inverosimilhanças de sua imaginação, os loucos são denominados *insani*: palavra que pertence tanto ao vocabulário corrente quanto à terminologia médica. Ser *insanus* é tomar-se por aquilo que não se é, é crer em quimeras, é ser vítima de ilusões; aí está, é isso, no que diz respeito aos signos. E quanto às causas, trata-se de ter o cérebro entupido de vapor. Porém, quando Descartes quer não mais caracterizar a loucura, mas afirmar que não devo tomar exemplo nos loucos, ele emprega os termos *demens* e *amens*: termo em primeiro lugar jurídico, antes de ser um termo médico, e que designa toda uma categoria de pessoas incapazes de certos atos religiosos, civis e judiciários; os *dementes* não dispõem da totalidade de seus direitos quando se trata de falar, de prometer, de se comprometer, de assinar, de intentar uma ação etc. *Insanus* é um termo caracterizante: *amens* e *demens*, termos desqualificantes. No primeiro, é questão de signos; nos outros, de capacidade.

    As duas frases: para duvidar de meu corpo, é preciso que "eu me compare a certos insensatos", e "mas como, se são loucos", não provam uma tautologia impaciente e irritada. Não se trata, de modo algum, de dizer: cumpre ser ou proceder como os loucos, mas, esses são loucos e eu não sou louco. Seria achatar singularmente o texto ao resumi-lo, como o faz Derrida: "visto que eu estou aí... eu não sou louco, nem vós, e nós estamos entre pessoas sensatas". O desenvolvimento de texto é totalmente outro: duvidar de seu corpo, é ser como os espíritos transtornados, os doentes, os *insani*. Pois, posso eu me pautar por seu exemplo e de minha parte fingir ao menos a loucura, e me tornar aos meus próprios olhos duvidoso se eu sou louco ou não? Eu não posso nem devo.

Pois esses *insani* são *amentes*; e eu não seria menos do que eles *demens* e juridicamente desqualificado se eu me pautasse...

Derrida sentiu obscuramente essa conotação jurídica da palavra. Ele retorna a isso muitas vezes, insistente e hesitante. Descartes, diz ele, "trata a loucura como um índice para uma questão de direito e valor epistemológico". Ou ainda: "não se trata aqui, para Descartes, de determinar o conceito de loucura, mas de se apoderar da noção corrente de extravagância com fins jurídicos e mitológicos para questões de direito concernente apenas à verdade das ideias". Sim, Derrida tem razão de sublinhar que é o direito que está em questão nesse ponto. Sim, ele tem ainda razão de dizer que Descartes não quis "determinar o conceito de loucura" (e que ele jamais pretendeu isso?) Mas ele está errado por não ter visto que o texto de Descartes joga com o diferencial entre dois tipos de determinações da loucura (uns médicos e outros jurídicos). Ele está errado, sobretudo ao dizer precipitadamente que a questão de direito aqui colocada concerne "à verdade das ideias"; ao passo que, as palavras o dizem claramente, ela concerne à qualificação do sujeito.

O problema pode então ser formulado assim. Posso eu duvidar de meu próprio corpo, posso eu duvidar de minha atualidade? O exemplo dos loucos, dos *insani*, me convida a isso. Mas comparar-me a eles, fazer como eles implica que, eu também, irei tornar-me, como eles, demente, incapaz e desqualificado em meu empreendimento de meditação: eu não seria menos *demens* se me pautasse em seus exemplos. Mas se, em compensação, tomo o exemplo do sonho, se finjo sonhar, então, todo *dormiens* que eu sou, poderia continuar a meditar, a raciocinar, a ver claramente. *Demens*, eu não saberia prosseguir: com esta única hipótese, seria obrigado a me deter, a considerar outra coisa, a investigar se um outro exemplo me permite duvidar de meu corpo. *Dormiens*, posso prosseguir minha meditação; permaneço qualificado para pensar; e tomo portanto a resolução: *Age somniemus* que introduz um novo momento da meditação.

Seria necessário realmente uma leitura bem distante para afirmar que "não se trata da loucura nesse texto".

"Que seja", direis. Admitamos, a despeito de Derrida, que é falho dedicar tanta atenção ao texto, e a todas as suas pequenas diferenças. Haveis demonstrado até agora que a loucura está efetivamente excluída da progressão da dúvida? Será que Descartes não irá referir-se ainda aqui a propósito da imaginação? Não é a respeito dela que ele irá interrogar-se e colocar questões a propósito da extravagância dos pintores, e todas essas quimeras fantásticas que eles inventam?

A EXTRAVAGÂNCIA DOS PINTORES

Derrida: "Aquilo que Descartes parecia excluir mais acima como extravagância, aqui é admitido como possibilidade... Ora, nessas representações, nessas imagens, nessas ideias no sentido cartesiano, tudo pode ser falso e fictício, como as representações desses pintores cuja imaginação, diz expressamente Descartes, é bastante 'extravagante' para imitar alguma coisa que de tão novo jamais tenhamos visto nada semelhante."

Certo, será questão muitas vezes da loucura no resto da obra cartesiana. E seu papel desqualificante para o sujeito meditante não impedirá de modo nenhum que a meditação possa versar sobre ela, pois não é de maneira alguma para o conteúdo dessas extravagâncias que a loucura é posta fora de jogo: ela o é para o sujeito que desejaria ao mesmo tempo "bancar o louco" e meditar, quando se trata de saber se o sujeito pode levá-la de novo em conta, imitá-la, fingi-la e arriscar-se não saber mais muito bem se ele é razoável ou não. Eu creio, de fato, havê-lo dito: a loucura é excluída pelo sujeito que duvida para poder qualificar-se como sujeito duvidante. Mas ela não é, de forma alguma, excluída como objeto de reflexão e de saber. Não é, de maneira alguma, característico que a loucura de que fala Descartes no parágrafo estudado mais acima, seja definido em termos médicos, como resultado de um "cérebro transtornado ou ofuscado pelos negros vapores da bílis"?

Derrida poderia insistir, contudo, em dar importância ao fato de que a loucura se encontra ainda no movimento da dúvida, mesclada à imaginação dos pintores. Ela está manifestamente presente como indica essa palavra "extravagante" empregada para descrever a imaginação dos pintores: "se talvez a imaginação deles bastante é extravagante para inventar alguma coisa de tão novo que nós jamais tenhamos visto nada de semelhante... certo, ao menos as cores com que eles o compõe devem ser verdadeiras". Derrida sentiu perfeitamente o que havia de singular na expressão: "Sua imaginação é bastante extravagante". Ele a sentiu tão bem que a sublinhou em sua citação como ponto de encaixe, sem dúvida, de sua demonstração. E eu subscrevo inteiramente a necessidade de isolar bem, de pôr bem de lado essas poucas palavras.

Mas por uma razão diferente: muito simplesmente porque elas *não se encontraram* no texto de Descartes. Trata-se de uma adição do tradutor. O texto latino diz apenas: "*si forte aliquid excogitent ad eo novum ut nihil...*", "se talvez eles inventam alguma coisa de tão novo". É curioso que Derrida, para fazer valer a sua tese, tenha espontaneamente escolhido, retido e sublinhado o que precisamente *não* se encontra *senão* na tradução francesa das *Meditações*; curioso também que ele tenha insistido e afirmado que a palavra "extravagante" tenha sido empregada "expressamente" por Descartes.

Não me parece, portanto, que o exemplo do sonho seja para Descartes somente uma generalização ou uma radicalização do caso da loucura. Não é a título de exemplo fraco, menos bom, insuficiente, pouco "revelador", "ineficaz" que a loucura se distingue do sonho; e não é de modo algum por seu menor valor que ela seria como que deixada de lado após ter sido evocada. O exemplo da loucura faz frente ao do sonho; eles são confrontados um ao outro e colocados em oposição segundo todo um sistema de diferenças que são claramente articuladas no discurso cartesiano.

Ora, a análise de Derrida negligencia, eu o receio, muito dessas diferenças. Diferenças literais das palavras (*comparare/ reminiscere*; *exemplum transferre*/persuadir; condicional/indicativo). Diferenças temáticas das imagens (estar perto do fogo, estender a mão e abrir os olhos/tomar-se por rei, estar coberto de ouro, ter um corpo de vidro); diferenças textuais na disposição e na oposição dos parágrafos (o primeiro joga com a distinção entre *insanus* e *demens*, e com a *implicação jurídica* de *demens* por *insanus*; o segundo joga com a distinção "lembrar-se que se dormiu/persuadir-se que se dorme", e com a *passagem real* de um ao outro em um espírito que se aplica a uma tal lembrança). Mas diferenças sobretudo ao nível do que se passa na meditação, ao nível dos *eventos* que aí se sucedem: *atos* efetuados pelo sujeito meditante, (comparação/reminiscência); *efeitos* produzidos no sujeito meditante (percepção súbita e imediata de uma diferença/

espanto-estupor-experiência de uma indistinção); qualificação do sujeito meditante (invalidade se ele era *demens*; validade mesmo se ele fosse *dormiens*).

Vê-se muito bem: este último conjunto de diferenças comanda todos os outros; ele se refere menos à organização significante do texto do que à serie dos eventos (atos, efeitos, qualificações) que a prática discursiva da meditação traz consigo: trata-se das modificações do sujeito pelo próprio exercício do discurso. E eu tenho a impressão de que se um leitor, tão notavelmente zeloso quanto Derrida, deixou escapar tantas diferenças literárias, temáticas ou textuais, é por ter ignorado aquelas que formam aí o seu princípio, a saber, as "diferenças discursivas".

■ ■

Cumpre guardar no espírito o título mesmo "meditações". Todo discurso, qualquer que seja, é constituído de um conjunto de enunciados que são produzidos cada um em seu lugar e em seu tempo, como outros tantos eventos discursivos. Se se trata de uma pura demonstração, esses enunciados podem ser lidos como uma série de eventos ligados uns aos outros segundo certo número de regras formais; quanto ao sujeito do discurso, ele não está de modo algum implicado na demonstração: permanece, em relação a ela, fixo, invariante e como que neutralizado. Uma "meditação" ao contrário produz, como tantos outros eventos discursivos, novos enunciados que trazem consigo uma série de modificações do sujeito enunciante: através do que se diz da meditação, o sujeito passa da obscuridade à luz, da impureza à pureza, da coerção das paixões ao desprendimento, da incerteza e dos movimentos desordenados à serenidade da sabedoria etc. Na meditação, o sujeito é incessantemente alterado por seu próprio movimento; seu discurso suscita efeitos no interior dos quais está preso; ele o expõe a riscos, o faz passar por provas ou tentações, produz nele estados, e lhe confere um estatuto ou uma qualificações da qual ele não era de modo algum detentor no momento inicial. Em suma, a meditação implica um sujeito móvel e modificável pelo efeito mesmo dos eventos discursivos que se produzem. Pode--se ver a partir daí o que seria uma meditação demonstrativa: um conjunto de eventos discursivos que constituem ao mesmo tempo grupos de enunciados ligados uns aos outros por regras formais de dedução, e séries de modificações do sujeito enunciante, modificações que se encadeiam continuamente umas nas outras; mais precisamente, em uma meditação demonstrativa, enunciados formalmente ligados modificam o sujeito à medida que eles se desenvolvem, libertam-no de suas convicções ou induzem, ao contrário, a dúvidas sistemáticas, provocam iluminações ou resoluções, libertam-no de suas ligações ou de suas certezas imediatas, induzem a novos estados; mas inversamente as decisões, as flutuações, os deslocamentos, as qualificações primeiras ou adquiridas do sujeito tornam possíveis conjuntos de novos enunciados, que por seu turno se deduzem regularmente uns aos outros.

É essa dupla leitura que as *Meditações* requerem: um conjunto de proposições formando *sistema* que cada leitor deve percorrer se deseja comprovar a sua verdade; e um conjunto de modificações formando *exercício* que cada leitor deve efetuar, pelos quais cada leitor deve ser afetado, se ele quer ser, por sua vez, o sujeito enunciante, por sua própria conta, dessa verdade. E se há de fato certas passagens das *Meditações* que podem ser decifradas, de maneira exaustiva, como encadeamento sistemático de proposições – momentos de pura dedução –, existe, em compensação, espécies de "quiasmas", em que duas formas do discurso se cruzam e onde o exercício que modifica o sujeito ordena a sequência das proposições, ou comanda a junção de grupos demonstrativos distintos. Parece de fato que a passagem sobre a loucura e o sonho seja dessa ordem.

Retomemos agora as *Meditações* em seu conjunto e como um entrecruzamento da trama demonstrativa e da trama ascética.

1. A passagem que [as] precede imediatamente se apresenta como um silogismo prático.

Eu devo desconfiar daquilo que me enganou uma vez.

Ora, os sentidos, dos quais tenho tudo do que recebi de mais verdadeiro e de mais seguro, me enganaram, e mais de uma vez.

Não devo, pois, fiar-me mais neles.

Vejamos: trata-se de um fragmento dedutivo, cujo alcance é inteiramente geral: *tudo* aquilo que se recebeu como [sendo] o mais *verdadeiro* cai sob o golpe da dúvida, com os sentidos que a trouxeram. *A fortiori*, nada pode, pois, permanecer que não se torne ao menos também duvidoso. É preciso generalizar de novo? A hipótese de Derrida, que o exemplo (ineficácia) da loucura, e o exemplo (eficácia) do sonho são chamados para operar essa generalização, e para levar mais longe o silogismo da dúvida, não pode, pois, ser retido. Por que, então, são eles convocados?

2. Eles são chamados menos por uma objeção ou restrição do que por uma resistência: há coisas sensíveis das quais "não se pode *razoavelmente* duvidar". É a palavra "*plano*" que o tradutor toma por "razoavelmente". Qual é, então, essa "impossibilidade" que acabamos de estabelecer de um silogismo inteiramente constrangedor? Qual é, pois, esse obstáculo que se opõe àquilo que se dúvida "inteiramente", "absolutamente", completamente" (razoavelmente?) enquanto acabamos de fazer um raciocínio racionalmente inatacável? Trata-se da impossibilidade para o indivíduo de fazer efetivamente, no exercício que o modifica a si próprio, uma dúvida geral; é a impossibilidade de se constitui a si próprio como sujeito universalmente que duvida. O que ainda é problemático, após um silogismo de alcance tão geral, é a retomada de um conselho de prudência na dúvida real, é a transformação do sujeito "que sabe que ele deve duvidar de todas as coisas" em sujeito "que aplica a todas as coisas sua resolução de duvidar".

Vê-se bem por que o tradutor verteu "*plano*" por "*razoavelmente*": querendo efetuar dúvida racionalmente necessária, eu me exponho a perder essa qualificação de "razoável" que eu pus em jogo desde o início das meditações (e sob três formas ao menos: ter o espirito bastante maduro, ser livre de cuidado e de paixões; ter assegurado uma tranquila aposentadoria). Para resolver-me duvidar de tudo de fato, devo desqualificar-me como razoável? Se quero manter minha qualificação de razoável, devo renunciar efetuar essa dúvida, ou ao menos efetuá-la em sua generalidade?

A importância das palavras "poder duvidar completamente" deve-se ao fato de que elas marcam o ponto de cruzamento das duas formas discursivas – a do sistema e a do exercício: ao nível da discursividade ascética, não se pode ainda razoavelmente duvidar. É, portanto, esta última que irá comandar o desenvolvimento seguinte, e o que se encontra aí empenhado, não é a extensão das coisas duvidosas, é o estatuto do sujeito duvidante, a elaboração qualificativa que lhe permite ser ao mesmo tempo "omni duvidante" e razoável.

Mas qual é então o obstáculo, o ponto de resistência do exercício da dúvida?

3. Meu corpo e a percepção imediata que eu tenho dele? Mais exatamente, um domínio que se define como "o vivo e o próximo" (por oposição a todas essas coisas "longínquas" e "fracas" que posso sem problema *pôr* em dúvida): estou aqui, vestido em robe de chambre, sentado perto do fogo, em suma, todo o sistema de atualidade que caracteriza esse momento aqui de minha meditação. É capital que Descartes não evoque aqui a certeza que se pode ter, em geral, de seu próprio corpo, mas de fato, tudo aquilo que nesse *instante* preciso da meditação, persiste *de fato* à efetivação da dúvida pelo sujeito que medita *atualmente*. Vejamos: não são de modo algum certas coisas que por si mesmas (sua natureza, sua universalidade, sua inteligibilidade) resistiriam à dúvida, mas de fato aquilo que caracteriza a atualidade do sujeito meditante (o lugar de sua meditação, o gesto que está em vias de fazer, as sensações que o atingem). Se ele duvidasse realmente de todo esse sistema de atualidade, seria ainda razoável? Não renunciaria ele justamente a todas essas garantias de uma razoável meditação a que ele se entregou escolhendo, como foi dito há pouco, o momento de sua empreitada (bastante tarde em sua idade mas não demais: é chegado momento que não se deve deixar passar), suas condições (estar calmo, sem inquietações que possam produzir distração), seu lugar (uma aposentaria tranquila). Se devo me pôr a duvidar do lugar onde estou, da atenção que dedico a esse trabalho, e desse calor do fogo que marca meu instante presente, como poderia eu permanecer convencido do caráter razoável de minha empreitada? Será que, pondo em dúvida essa atualidade, eu não vou no mesmo lance tornar impossível toda meditação razoável, e tirar todo valor da minha resolução de descobrir enfim a verdade?

É para responder a essa questão que são invocados, de um lado a outro, dois exemplos que obrigam ambos a pôr em dúvida o sistema de atualidade do sujeito.

4. Primeiro exemplo: a loucura. Os loucos, com efeito, produzem totalmente a si mesmos ilusão sobre o que constitui sua

atualidade: eles se creem estar vestidos quando estão nus, reis quando são pobres. Mas posso eu retomar por minha conta esse exemplo? Será através dele que poderei transformar em resolução efetiva a proposição de que é preciso duvidar de tudo o que nos vêm dos sonhos? Impossível: *isti sunt dementes*, isto é, que eles são juridicamente desqualificados como sujeitos razoáveis, e me qualificar como eles, segundo eles ("transferir a mim seu exemplo") me desqualificaria por minha vez e eu não poderia ser sujeito razoável de meditação ("eu não seria menos extravagante..."). Se a gente se serve do exemplo da loucura para passar dos sistemas à ascese, da proposição à resolução, pode-se muito bem constituir-se como sujeito que tem tudo para pôr em dúvida, mas não se pode mais permanecer qualificado como sujeito que conduz razoavelmente sua meditação através da dúvida até uma eventual verdade. A resistência da atualidade ao exercício da dúvida é reduzida por um exemplo demasiado forte: ele carrega consigo a possibilidade de meditar validamente; as duas qualificações "sujeito duvidante"-"sujeito meditante" não são nesse caso simultaneamente possíveis.

Que a loucura seja colocada como desqualificante em toda busca da verdade, que não seja "razoável" convocá-la a si para efetuar a dúvida necessária, que não se possa fingi-la a não ser por um instante, que a impossibilidade se imponha imediatamente na citação do termo *demens*: eis bem aí o ponto decisivo onde Descartes se separa de todos aqueles para quem a loucura pode ser, de uma maneira ou de outra, portadora ou reveladora de verdade.

5. A segunda prova: o sonho. A loucura foi, portanto, excluída, de modo nenhum como exemplo insuficiente, mas como prova excessiva e impossível. O sonho é então invocado: é que ele proporciona a atualidade do sujeito não menos duvidosa do que a loucura (o sujeito acredita que está sentado à sua mesa e está totalmente nu em sua cama); mas que ele apresenta em relação a ela um certo número de diferenças: ele faz parte das virtualidades do sujeito (eu sou homem), de suas virtualidades frequentemente atualizadas (tenho o costume de dormir e sonhar), de suas recordações (eu me lembro muito bem de ter sonhado) e de suas recordações que podem ser apresentadas com a mais viva impressão (a ponto que posso comparar validamente minha impressão atual e minha

lembrança de sonho). A partir dessas propriedades do sonho, é possível conduzir o exercício de uma colocação em dúvida, pelo sujeito meditante, de sua própria atualidade. Primeiro momento (que define a prova): eu me lembro de ter sonhado aquilo que eu percebo atualmente como minha atualidade. Segundo momento (que parece por um instante invalidar a prova): o gesto que eu faço no próprio instante de minha meditação para saber se durmo parece de fato ter a clareza e a distinção da vigília. Terceiro momento (que valida a prova): eu me lembro não somente das imagens de meu sonho, mas de sua clareza tão grande quanto as de minhas impressões atuais. Quarto momento (que conclui a prova): ao mesmo tempo *eu vejo manifestamente* que de forma alguma existe uma marca definida para distinguir o sonho e a realidade; e eu não sei mais muito bem, de tanto que *estou assombrado*, se nesse momento preciso eu não estaria em vias de dormir. Essas duas vertentes da prova conseguida (estupor incerto e visão manifesta) constituem de fato o sujeito como *duvidante efetivamente* de sua própria atualidade, e como *continuando validamente uma meditação* que descarta tudo o que não é de modo algum verdade manifesta. As duas qualificações (duvidando de tudo o que vem dos sentidos e meditando validamente) são realmente efetivadas. O silogismo requerera sua colocação em jogo simultânea; a consciência de atualidade do sujeito meditante opusera obstáculos a que essa exigência fosse realizada. A tentativa de se pautar pelo exemplo dos loucos havia confirmado essa incompatibilidade; o esforço para atualizar a vivacidade do sonho mostrou em compensação que essa incompatibilidade não é insuperável. E o sujeito meditante se encontra como sujeito duvidante ao termo de duas provas que se opõem: uma que constituiu o sujeito como razoável (em face do louco desqualificado), a outra que constituiu o sujeito como duvidante (na indistinção do sonho e da vigília).

Essa qualificação do sujeito adquire, enfim, (*Age somniemus*), a discursividade sistemática que, portanto, poderá cruzar de novo o discurso do exercício, levar a melhor, submeter a exame as verdades inteligíveis, até que um novo momento ascético constitua o sujeito meditante como ameaçado de erro universal pelo "grande enganador". Porém, mesmo aí nesse momento da meditação, a qualificação de "não louco" (como a qualificação de "sonhador eventual") permanecerá válida.

■ ■

Parece-me que Derrida sentiu, com vivacidade e profundeza, que essa passagem sobre a loucura tinha um lugar singular no desenvolvimento das *Meditações*. E esse sentimento, ele o transcreve em seu texto, no próprio momento em que procura dominá-lo.

1. Para explicar que a questão tratada é a da loucura, e nesse ponto preciso das *Meditações*, Derrida inventa uma alternância de voz que descolaria, rejeitaria para o exterior e expulsaria do texto mesmo a difícil exclamação: "mas como, se são os loucos":
Derrida, com efeito, se encontrava diante de um árduo problema. Se é verdade, como ele supõe, que todo esse movimento da meditação opera primeiro uma generalização da dúvida, por que se detém ele, ainda que por um instante, na loucura ou mesmo no sonho? Por que toma ele o cuidado de demonstrar que as sensações vivas e próximas não são menos duvidosas do que as mais pálidas e as mais distantes, uma vez que acaba de ser estabelecido, *de uma maneira geral*, que não é preciso fiar-se no que vem dos sentidos? Por que abrir caminho a murros até o ponto particular de meu corpo, desse documento, desse fogo, por que um desvio para os embustes singulares da loucura e do sonho
A essa inflexão, Derrida deu estatuto de ruptura. Ele imaginou uma intervenção estranha, o escrúpulo ou a reticência de um retardado inquietando-se com o movimento que o ultrapassa e que trava no último momento um combate de retaguarda. Descartes mal acaba de dizer que não é preciso fiar-se nos sentidos que uma voz se elevaria, a de um camponês estranho a toda urbanidade filosófica; ele tentaria, à sua maneira simples, encetar, limitar ao menos a resolução do pensador: "Eu quero, de fato, que você duvide de algumas de suas percepções, mas... que estejais sentado aqui, perto do fogo, tendo essa linguagem, esse texto entre as mãos e outra coisa da mesma natureza"[5], seria necessário ser louco para duvidar disso, mais exatamente, só os loucos podem cometer erros sobre coisas tão certas. Ora, louco certamente não sou. É então que Descartes retomaria a palavra e diria a esse rústico, a esse cabeçudo: eu quero, de fato, que vós não sejais louco, visto que vós não vos resolvei a isso; mas lembrai-vos, entretanto, que todas as noites sonhais, e que vossos sonhos cotidianos não

MEU CORPO, ESTE PAPEL, ESTE FOGO 603

são menos loucos do que esta loucura que vós recusais. E a reticência ingênua do objetor que não pode duvidar de seu corpo porque não quer ser louco, seria vencido pelo exemplo do sonho, tão "mais natural", "mais comum", "mais universal". Hipótese sedutora a de Derrida. Ela resolve de modo mais justo o seu problema: mostrar que o filósofo vai direto à problematização de "a totalidade da sendidade [etantité]", que justamente aí reside a forma e a marca filosófica de sua *démarche*; se ele vem a se deter um instante em uma "sendidade" tão singular quanto à loucura, isso só pode acontecer se um ingênuo o puxa pela manga e o interroga; por ele mesmo, ele não se retardou de modo algum nessas histórias de reis nus e de bilhas. Assim a rejeição da loucura, a exclamação abrupta "mas como, se são loucos", veem-se eles mesmos rejeitados por Derrida e três vezes encerrados no *exterior* do discurso filosófico: visto que é um outro sujeito que fala (não o filósofo das *Meditações*, mas este objetor que faz ouvir sua voz desbastada; portanto ele fala a partir de um lugar que é o da ingenuidade não filosófica; porquanto, enfim, a filosofia, retomando a palavra e citando o exemplo mais forte "e mais probante" do sonho desarma a objeção e leva a acatar algo bem pior que a loucura aquele mesmo que a recusa.

Mas pode-se ver agora que preço Derrida pagou por sua hábil hipótese. Omissão de certo número de elementos *literais* (que aparecem desde que se tome o cuidado de comparar o texto latino à tradução francesa); elisão das diferenças *textuais* (todo o jogo das oposições semânticas e gramáticas entre o parágrafo do sonho e o da loucura): supressão enfim e sobretudo da determinação *discursiva* essencial (dupla trama do exercício e da demonstração). Curiosamente, Derrida, ao imaginar atrás da escritura de Descartes essa outra voz, objetante e ingênua, assoprou todas as diferenças do texto; ou melhor, ao apagar essas diferenças, ao comparar o mais de perto possível a prova da loucura e a prova do sonho, ao fazer de uma o primeiro rascunho, pálido e falho, do outro, ao reabsorver a insuficiência da primeira na universalidade da segunda, Derrida prosseguia a exclusão cartesiana. O sujeito meditante devia para Descarte excluir a loucura em se qualificando como não louco. Ora, essa exclusão por seu turno é, se dúvida, demasiado perigosa para Derrida: não mais por causa da desqualificação com que ela arrisca golpear o sujeito filosofante, mas pela qualificação com que ela mascaria o discurso filosófico; ela o determinaria com efeito como "outro" que o discurso louco; ela estabeleceria entre eles uma relação de exterioridade; ela faria passar o discurso filosófico do "outro lado", na pura presunção de não ser louco. Divisão, exterioridade, determinação, da qual cumpre realmente salvar o discurso do filósofo se ele deve ser "projeto de exceder toda a totalidade finita e determinada". Cumpre, portanto, excluir, por que determinante, essa exclusão cartesiana. E para fazer isso, Derrida, vemo-lo, é obrigado a proceder três operações: afirmar, contra toda economia visível do texto, que a potência da dúvida própria à loucura está inclusa, *a fortiori*, no sonho; imaginar (para dar conta que seja questão apesar de tudo da loucura) que é um outro que exclui a loucura, por própria conta e seguindo a diagonal de uma objeção; enfim, tirar dessa exclusão todo estatuto filosófico denunciando sua rusticidade ingênua. Inverter à exclusão cartesiana em inclusão; excluir o excludente dando ao seu discurso estatuto de objeção; excluir a exclusão rejeitando-a na ingenuidade pré-filosófica, não foi preciso nada menos a Derrida para chegar ao fim do texto cartesiano e para reduzir a nada a questão da loucura. Pode-se constatar o resultado: a elisão das diferenças do texto e a invenção compensadora de uma diferença de voz reconduzindo a exclusão cartesiana a um segundo nível; torna-se, enfim, excluído que o discurso filosófico exclui a loucura.

2. Mas a loucura não se deixa talvez reduzir assim. A supor com efeito que Descartes "não falou" da loucura, lá onde é questão em seu texto dos *insani* e dos *dementes*, a supor que ele haja cedido por um instante a palavra a um rústico para levantar tão grosseira questão, não se poderia dizer que ele procedeu, embora de maneira insidiosa e silenciosa, à exclusão da loucura?

Não se poderia dizer que ele evitou, de fato e constantemente, a questão da loucura?

A essa objeção, Derrida responde de antemão. Mas se, o risco da loucura é realmente enfrentado por Descartes; não em absoluto como vós o pretendeis de uma maneira prévia e quase marginal a propósito de um caso de bilhas, e de reis nus; porém no coração mesmo de seu empreendimento filosófico; aí precisamente onde seu discurso, arrancando-se de todas as considerações naturais sobre os erros dos sentidos ou embaraços do cérebro, assume, na dúvida hiperbólica e na hipótese do gênio maligno, sua dimensão radical. É bem aí que a loucura é posta em questão e enfrentada: com o gênio maligno efetivamente eu suponho que sou enganado mais radicalmente ainda do que aqueles que creem ter um corpo de vidro; vou até persuadir-me de que dois e três talvez não façam cinco; depois com o *cogito* atinjo esse ponto extremo, esse excesso em relação a toda determinação que me permite dizer que, enganado ou não, louco ou não, eu sou. O gênio maligno seria, se o ponto onde a filosofia corre o risco ela mesma, e no excesso que lhe é próprio, a loucura; e o *cogito*, o momento em que a loucura se eclipsa (de modo algum porque ela seria excluída, mas porque sua determinação em face da razão cessaria de ser pertinente). Não seria necessário, portanto, de modo algum, segundo Derrida, atribuir demasiada importância à pequena farsa do camponês que irrompe, no começo de texto, com seus loucos de aldeia: apesar de todos os seus guizos, eles não conseguiriam formular a questão da loucura. Em compensação, todas as ameaças da Desrazão brincariam sob as figuras, de outro modo inquietantes e sombrias, do gênio maligno. Do mesmo modo, a reprise pelo sonho das piores extravagâncias dos loucos seria, no início do texto, uma fácil vitória; em compensação, após o grande desvario do gênio maligno, não seria necessário menos que a agudeza do *cogito* (e seu excesso sobre a "totalidade da sendidade) para que as determinações da loucura e da razão apareçam como não radicais. O grande teatro solene do enganador universal e do "eu penso" repetiria, mas dessa vez na radicalidade filosófica, a fábula ainda natural do demente e do dormidor.

Para ter semelhante interpretação, foi preciso primeiro a Derrida negar que a loucura estivesse em questão lá onde ela era nomeada (e em termos específicos, cuidadosamente diferenciados); cumpre agora demonstrar que ela está em questão lá onde ela não é nomeada. Essa demonstração, Derrida a opera por duas séries de derivações semânticas. É suficiente citá-las:

Gênio maligno: "loucura total", "desvario total", "desordem do corpo" e "subversão do pensamento puro", "extravagância", "desvario que não posso dominar".

Cogito: "louca ousadia", "projeto louco", "projeto que reconhece a loucura como sua liberdade", "desregramento e desmedida da hipérbole", "excesso inusitado e singular", "excesso direcionado ao nada e ao infinito", "agudeza hiperbólica que deveria ser, como toda loucura pura e geral, silenciosa".

São necessárias todas essas derivações em torno do texto de Descartes para que o gênio maligno e o *cogito* se tornem, conforme o voto de Derrida, a verdadeira cena de enfrentamento com a loucura. Porém, é preciso mais: cumpre, a partir dos textos mesmos de Descartes, apagar tudo aquilo que mostra que o episódio do gênio maligno é um exercício voluntário, controlado, dominado e conduzido de ponta a ponta por um sujeito meditante que não se deixa nunca surpreender. Se é verdade que a hipótese do gênio maligno alimenta a suspeita do erro e a leva muito além dessas ilusões sensíveis de que certos loucos dão exemplo, aquele que forma essa ficção (e pelo fato mesmo de que ela a forma voluntariamente e por exercício) escapa ao risco de as "receber em sua crença", como é o caso e a desgraça dos loucos. Ele é enganado, ninguém lhe impõe isso. Tudo é ilusão talvez, mas sem nenhuma credulidade. O gênio maligno engana, sem dúvida, muito mais que um cérebro entupido; ele pode dar nascimento a todos os cenários ilusórios da loucura; ele é uma coisa totalmente diferente do que a loucura. Poder-se-ia dizer que ele é o contrário disso: visto que na loucura *eu creio* que uma púrpura ilusória cobre minha nudez e minha miséria, ao passo que a hipótese do gênio maligno *me* permite *não crer* que esse corpo e essas mãos existem. Quanto à extensão da cilada, o gênio maligno, é verdade, não acede em nada à loucura; mas quanto à posição do sujeito em relação ao ardil, gênio maligno e demência se opõem rigorosamente. Se o gênio maligno retoma as potências da *loucura*, é depois que o exercício da meditação excluiu o risco de *estar louco*.

Vamos reler o texto de Descartes. "Eu pensaria que o céu, o ar, a terra, as cores, as figuras, os sons, e todas as outras coisas exteriores não são nada mais do que ilusões e devaneios" (enquanto o louco acredita que suas ilusões e devaneios são realmente o céu, o ar e todas as cosias exteriores). "Eu me consideraria, eu próprio, como não tendo de modo algum mãos, de modo algum olhos... mas crendo falsamente ter todas essas coisas" (enquanto o louco acredita falsamente que seu corpo é de vidro, mas *não* se considera como o falsamente crente). "Eu tomarei cuidadosamente a precaução de não receber em minha crença nenhuma falsidade" (ao passo que o louco as recebe todas). Vejamos bem: em face do astuto enganador, o sujeito meditante se comporta, não como louco desvairado pelo erro universal, mas como um adversário não menos astuto sempre desperto, constantemente razoável, e permanecendo em posição de mestre em relação a sua ficção: "eu prepararia tão bem meu espírito para todas as arteirices desse grande enganador que, por poderoso e astucioso que seja, não me poderá impor nada". Como estamos longe dos temas belamente variados por Derrida: "loucura total, desvario total que eu *não saberia dominar*, porque ele me é *infligido* por hipótese e porque *eu não sou mais responsável*". Como imaginar que o sujeito meditante não seja mais responsável por aquilo que ele próprio denomina "esse designo penoso e laborioso?"

■ ■

Talvez devêssemos nos perguntar como um autor tão meticuloso quanto Derrida, e tão atento aos textos, pôde não somente cometer tantas omissões, mas operar também tantos deslocamentos, intervenções, substituições? Mas talvez seja preciso nos fazermos essa pergunta na medida em que Derrida não faz senão reavivar em sua leitura uma tradição bem antiga. Ele tem consciência disso em outras partes; e essa fidelidade parece, com justiça, confortá-lo. Ele repugna, em todo caso, pensar que os intérpretes clássicos deixaram passar, por falta de atenção, a importância e a singularidade da passagem acerca da loucura e do sonho.

Sobre um fato, ao menos, eu estou de acordo: não é de modo algum por efeito de sua falta de atenção que os intérpretes clássicos apagaram, antes de Derrida e como ele, essa passagem de Descartes. Foi por sistema. Sistema do qual Derrida é hoje o representante mais decisivo, em seu último brado: redução das práticas discursivas aos traços textuais; elisão dos eventos que aí se produzem para reter apenas marcas para uma leitura; invenções de voz atrás dos textos para não ter que analisar os modos de implicação do sujeito nos discursos; atribuição do originário como dito e não dito no texto para não substituir as práticas discursivas no campo das transformações onde elas se efetuam.

Eu não diria que se trata de uma metafísica, *a* metafísica ou seu encerramento que se esconde nesta "textualização" das práticas discursivas. Eu iria muito mais longe: eu diria que se trata de uma pequena pedagogia historicamente bem determinada que, de maneira muito visível, se manifesta. Pedagogia que ensina ao aluno que não há nada fora do texto, mas que nele, nos seus interstícios, em seus brancos e em seus não ditos, reina a reserva da origem; que não é, pois, de modo algum necessário ir procurar em outro lugar, mas que aqui mesmo, nunca decerto nas palavras, mas nas palavras como rasuras, em sua *grade*, se exprime "o sentido do ser". Pedagogia que inversamente dá à voz dos mestres essa soberania sem limites que lhes permite indefinidamente redizer o texto.

O padre Bourdin supunha que, segundo Descartes, não era de modo algum possível duvidar das coisas certas, quer se esteja adormecido ou demente. Em relação a uma certeza fundamentada, o fato de sonhar ou de delirar não será de forma alguma pertinente. Ora, a essa interpretação Descartes responde de maneira muito explícita: "Eu não me recordo absolutamente de ter dito tal coisa, nem mesmo sonhado ao dormir." De fato, nada pode ser concebido clara e distintamente que não seja verdade (e, nesse nível, o problema de saber se aquele que concebe sonha ou delira não se encontra colocado). Mas, acrescenta logo Descartes: quem, pois, pode *distinguir* "aquilo que é claramente concebido e o que parece e parece ser tão somente", quem, portanto, como sujeito pensante e meditante, pode saber se sabe ou não claramente, quem, então, é capaz de não se fazer iludir sobre sua própria certeza, e não se deixar impor por isso, senão precisamente aqueles que não são loucos? Aqueles que são "sábios". E Descartes retruca, dirigindo-se ao padre Bourdin: "Mas para aquilo que pertence apenas às pessoas com sabedoria para distinguir entre o que é claramente concebido e o que parece e parece tão somente sê-lo, eu não me espanto se essa pessoa tome um pelo outro."

Resposta a Derrida[1]

A análise de Derrida é certamente notável por sua profundidade filosófica e pela meticulosidade de sua leitura[2]. Não me comprometo a responder a essa questão; gostaria, no máximo, de juntar a isso algumas anotações. Anotações que parecerão, sem dúvida, bem exteriores, e que serão, na mesma medida em que a *História da Loucura* e os textos que lhe seguiram são exteriores à filosofia, ao modo como na França ela é praticada e ensinada.

Derrida pensa poder recuperar o sentido de meu livro ou de seu "projeto" em três páginas, nas três únicas consagradas à análise de um texto reconhecido pela tradição filosófica. Com sua admirável honestidade, reconhece, ele próprio, o paradoxo de seu empreendimento. Mas pensa ultrapassá-lo, sem dúvida, porque admite no fundo três postulados.

1. Ele supõe, a princípio, que todo conhecimento ou, de um modo mais amplo ainda, que todo discurso racional mantém com a filosofia uma relação fundamental, e que é nessa relação que essa racionalidade ou esse saber se fundamentam. Liberar a filosofia implícita de um discurso, enunciando as contradições, os limites ou a ingenuidade, é fazer, *a fortiori*, e pelo caminho mais curto a crítica daquilo que se encontra dito. Inútil, por conseguinte,

é discutir as 650 páginas de um livro, analisar o material histórico que nele se encontra implementando, criticar a escolha desse material, sua distribuição e sua interpretação, se foi possível denunciar uma falha na relação fundadora para com a filosofia.

2. Com respeito a essa filosofia que detém eminentemente a "lei" de todo discurso, Derrida supõe que se cometem "faltas" de uma natureza singular: não tanto erros de lógica ou de raciocínio, acarretando erros materialmente isolados, mas, sobretudo, do tipo que é como o misto do pecado cristão com o lapso freudiano. Pecamos cristãmente contra essa filosofia ao desviarmos os olhos dela, ao recusarmos sua deslumbrante luz e ao nos ligarmos à positividade singular das coisas.

Cometem-se também, em relação a ela, verdadeiros lapsos: a traímos sem nos darmos conta, a revelamos resistindo-lhe e a deixamos aparecer numa linguagem que somente o filósofo está em posição de decodificar. A falta contra a filosofia é, por excelência, ingenuidade, ingenuidade que, pensa apenas no nível do mundo e que ignora a lei daquele que pensa nela e apesar dela. Considerando que a falta contra a filosofia está próxima do lapso, ela será, como ele, "reveladora": bastará um mínimo "obstáculo" para que todo o conjunto seja posto a nu. Mas, visto que a falta contra a filosofia é da ordem do pecado cristão, basta que haja aí uma, e mortal, para que, nesse caso, não haja mais salvação possível. É por isso que Derrida supõe que se ele aponta um erro em meu texto a propósito de Descartes, de um lado, ele terá demonstrado a lei que rege inconscientemente tudo aquilo que eu posso dizer sobre os regulamentos da polícia do século XVII, o desemprego na época clássica, a reforma de Pinel e os asilos psiquiátricos do século XIX; e, de outro, tratando-se de um pecado não menos do que de um lapso, ele não teria que demonstrar qual é o efeito preciso desse erro no campo de meu estudo (como esse erro repercute na análise que faço das instituições ou das teorias médicas): um só pecado bastaria para comprometer toda uma vida... sem que se tenha de apontar todas as faltas maiores e menores que ele pôde acarretar.

3. O terceiro postulado de Derrida é que a filosofia está além e aquém de todo acontecimento. Não somente nada pode acontecer-lhe, mas tudo o que acontecer já se encontra antecipado ou

envolvido por ela. Ela própria não é senão repetição de uma origem mais que originária e que excede infinitamente, em seu retiro, tudo aquilo que poderia dizer em cada um de seus discursos históricos. Mas, uma vez que é a repetição dessa origem, todo discurso filosófico, desde que seja autenticamente filosófico, excede em sua desmesura tudo aquilo que pode suceder na ordem do saber, das instituições, das sociedades etc. O excesso da origem, que apenas a filosofia (e nenhuma outra forma de discurso e de prática) pode reiterar para além de todo esquecimento, tira toda pertinência do acontecimento. De modo que, para Derrida, é inútil discutir a análise que proponho dessa série de acontecimentos que constituíram durante dois séculos a história da loucura; e, para dizer a verdade, meu livro é bastante ingênuo, segundo ele, ao querer fazer essa história a partir desses acontecimentos derrisórios que são a internação de algumas dezenas de milhares de pessoas ou a organização de uma polícia de Estado extrajudiciária; teria sido mais do que suficiente repetir uma vez mais a repetição da filosofia de Descartes, repetidor, ele próprio, do excesso platônico. Para Derrida, o que se passou no século XVII não seria senão uma "amostra" (isto é, uma repetição do idêntico), ou "modelo" (isto é, excesso inesgotável da origem): ele não reconhece de modo algum a categoria do acontecimento singular; é, pois, para ele, inútil – e sem dúvida impossível – ler aquilo que ocupa a parte essencial, senão a totalidade, de meu livro: a análise de um acontecimento.

Esses três postulados são consideráveis e muito respeitáveis: eles formam a armadura do ensino da filosofia na França. É em nome dela que a filosofia se apresenta como: crítica universal de todo o saber (primeiro postulado), sem a análise real do conteúdo e das formas desse saber; como injunção moral de não se despertar senão com a sua própria luz (segundo postulado); como perpétua reduplicação de si própria (terceiro postulado) em um comentário infinito de seus próprios textos e sem relação com nenhuma exterioridade.

De todos aqueles que filosofam na França atualmente ao abrigo desses três postulados, Derrida, não há dúvida, é o mais profundo e o mais radical. Mas talvez sejam esses mesmos postulados que precisam ser postos em questão: em todo caso eu me esforço em emancipar-me, na medida em que é possível liberar-se daqueles que, durante tão longo tempo, as instituições me impuseram.

O que tentei demonstrar (mas sem dúvida esse ponto não estava claro aos meus próprios olhos quando eu escrevia a *História da Loucura*), é que a filosofia não é histórica nem logicamente fundadora de conhecimento; mas há condições e regras de formação do saber às quais o discurso filosófico se encontra submetido em cada época, como qualquer outra forma de discurso com pretensão racional.

O que tentei mostrar, por outro lado, na *História da Loucura* e em outros lugares, é que a sistematicidade que religa as formas do discurso, os conceitos, as instituições, as práticas não é da ordem nem de um pensamento radical esquecido, recoberto, desviado dele mesmo nem de um inconsciente freudiano, mas que existe um inconsciente do saber que tem suas formas e suas regras específicas. Enfim, me esforcei em estudar e analisar os "acontecimentos" que podem se produzir na ordem do saber e que não podem se reduzir nem à lei geral de um "progresso" nem à repetição de uma origem.

Compreende-se por que meu livro não podia deixar de manter-se exterior e bem superficial em relação à profunda interioridade filosófica do trabalho de Derrida. Para mim, todo o essencial do trabalho estava na análise desses acontecimentos, desses saberes, dessas formas sistemáticas que religam discursos, instituições e práticas, todas as coisas sobre as quais Derrida não diz uma palavra em seu texto. Todavia, sem dúvida, não estava eu ainda suficientemente isento dos postulados do ensino filosófico, porquanto tive a fraqueza de colocar no título de um capítulo, de uma maneira portanto privilegiada, a análise de um texto de Descartes. Trata-se, sem dúvida, da parte mais acessória de meu livro, e eu reconheço, de bom grado, que deveria renunciar a ela se tivesse querido ser consequente na minha desenvoltura com respeito à filosofia.

Mas, afinal de contas, essa passagem existe: ela é como é; e Derrida pretende que ela comporta uma importante série de erros, que contém e compromete o sentido total do livro.

Ora, eu creio que a análise de Derrida é inexata. Para poder demonstrar que essas três páginas de meu texto trazem com elas as 650 outras, para criticar a totalidade de meu livro sem dizer uma única palavra sobre seu conteúdo histórico, seus métodos, seus conceitos, suas hipóteses (que, com certeza, são elas próprias criticáveis), me parece que Derrida foi levado a distorcer sua própria leitura de Descartes, e também a leitura de meu texto.

Derrida observa que, na passagem da *Primeira Meditação* em que aparece a questão da loucura, não é exatamente Descartes quem fala, mas um interlocutor fictício, que faz uma objeção ingênua: todos os sentidos não enganam sempre, diria este objetor; não posso duvidar de que estou aqui, perto do fogo[3], por exemplo; negá-lo seria se "comparar" a certos insanos; ora, continuaria o ingênuo, eu não sou louco, portanto, há coisas das quais eu não poderia duvidar. Ao que Descartes responderia citando o caso do sonho, que produz extravagâncias tão grandes quanto a loucura, mas ao qual estamos expostos enquanto nós somos. E Derrida conclui: – que não foi isso que Descartes disse: "Mas quê? São loucos"; – que, de todo modo, as extravagâncias da loucura estão implicadas no sonho, o qual será o problema tratado a seguir. A essa análise de Derrida é possível responder:

1. Se for verdade que é outra voz que vem assim interromper o texto e soprar essa objeção, então não seria o caso de levar mais longe, mas sempre no mesmo sentido, a proposição que eu havia adiantado, a saber, que Descartes não faz entrar a loucura no processo de sua dúvida? Se for assim que cumpre ler o texto de Descartes, então Derrida me dá mais razão ainda do que eu acreditava.

2. A hipótese de outra voz me parece (apesar de toda vantagem que eu poderia tirar disso) inútil e arbitrária. É preciso ter em mente o próprio título do texto: *Meditações*. Fato que supõe que o sujeito que fala não cessa de se deslocar, de se modificar, de mudar as suas convicções, de avançar em suas certezas, de assumir riscos, de fazer tentativas. Diferentemente do discurso dedutivo, em que o sujeito que fala permanece fixo e invariante, o texto meditativo supõe um sujeito móvel que expõe a si próprio as hipóteses que encara. Derrida imagina uma ficção "retórica" ou "pedagógica", ali onde é preciso ler um episódio meditativo. Basta, como recomenda Derrida, reportar-se ao texto latino das *Meditações* para ver ao longo do escrito que ele está pontuado desses *at tamen* (no entanto), *sed contra* (ao contrário), que marcam "peripécias", giros, acontecimentos na meditação, e não a emergência de uma outra voz.

Cumpre, pois, ler o trajeto de Descartes da seguinte maneira: resolução de não se fiar nos sentidos (já que lhes aconteceu de me enganarem); tentativa para salvar, no entanto, um domínio de certeza sensível (minha situação presente, com as coisas à minha volta). Esse domínio, com efeito, como atacá-lo? Quem se engana a propósito daquilo que é, daquilo que está em vias de fazer e do lugar onde está a não ser os loucos e os que dormem?

Avancemos na direção da primeira hipótese. Somos imediatamente detidos, pois: "São loucos e eu não seria menos extravagante". Avancemos agora na direção da segunda hipótese. Dessa vez não há mais resistência; a possibilidade se revela uma realidade frequente: "Quantas vezes ocorreu-me sonhar, durante a noite, que estava neste lugar, que estava vestido, que estava junto ao fogo". E, como que para bem mostrar que a eventualidade do sonho pode fazer duvidar dessa região das coisas sensíveis, que a hipótese da loucura não conseguia chegar, Descartes retoma aqui, como exemplo de sonho, os próprios elementos perceptivos que ele, um instante antes, tentara salvar.

Resumamos o caminho, não em termos de "ficção pedagógica", mas de experiência meditativa:

- resolução de desconfiar daquilo que provém dos sentidos;
- tentação de salvar, no entanto, uma parte (a que me toca);
- primeiro teste para essa tentação: a loucura. A tentação resiste porque o teste desaparece por si mesmo;
- segundo teste: o sonho. Dessa vez o teste é bem-sucedido e a tentação se dissipa; a certeza de que algo me toca não tem mais razão de deter e de "seduzir" a resolução de duvidar.

3. Descartes insiste no fato de que o sonho é muitas vezes mais inverossímil do que a loucura. Derrida tem toda razão em sublinhar esse ponto. Mas o que significa esta insistência para Descartes? Derrida pensa que, para Descartes, a loucura não é senão uma forma mais atenuada, relativamente pouco extravagante do sonho, e que, por essa razão, ele acreditou não precisar se deter aí. Derrida chega até a escrever que o sonho – sempre para Descartes – é uma experiência "mais universal" que a loucura: "O louco não se engana sempre e em tudo."

Ora, Descartes não diz isso: ele não diz que o louco só é louco de tempos em tempos; ao contrário, o sonho é que se produz de tempos em tempos, quando se dorme, e, como "sou homem", eu "tenho o costume de dormir".

Se o sonho tem para Descartes um privilégio sobre a loucura, se ele pode tomar lugar na experiência daquele que medita e duvida, é porque, ainda que produzindo imaginações ao menos tão extravagantes quanto às da loucura, e mesmo mais, ele pode me acontecer. Leiamos Descartes, logo após ele ter recusado a hipótese da loucura: "Todavia, devo aqui considerar que sou homem e, por conseguinte, que tenho o costume de dormir e de representar em meus sonhos." O sonho tem o duplo poder de produzir extravagâncias sensoriais (como a loucura ou mais que ela) e de ocorrer-me como de costume (o que não é de modo algum o caso da loucura). A extrema riqueza imaginativa do sonho faz com que, do ponto de vista da lógica e do raciocínio, a experiência do sonho será, para duvidar da totalidade do domínio sensível, ao menos tão convincente quanto a loucura; mas o fato de que ele possa ocorrer-me lhe permite inserir-se no movimento mesmo da meditação, de se tornar uma experiência plena, efetiva, enquanto a loucura é uma experiência imediatamente impossível.

Derrida só viu o primeiro aspecto do sonho (sua maior extravagância) quando, para Descartes, se tratava apenas de dizer que a experiência que ele aceita e acolhe não é menos demonstrativa do que aquela que ele exclui. Derrida omite completamente o segundo caráter do sonho (de poder me ocorrer e de me ocorrer, de fato, muitas vezes). Ou talvez Derrida, com sua percepção tão aguda dos textos, o pressinta, pois diz em certo momento que para Descartes o sonho é mais "natural"; apressado, porém, ele não se dá conta de, a um só tempo, tocar o essencial e travesti-lo: Descartes, com certeza, não fala do sonho como alguma coisa "natural e universal"; ele diz que é homem, que, por conseguinte, tem o costume de dormir e de sonhar. E repete muitas vezes o fato de que o sonho é coisa frequente, que se produz amiúde: "Quantas vezes ocorreu-me sonhar, durante a noite, que estava neste lugar", "o que ocorre no sono", "pensando cuidadosamente nisso, lembro-me de ter sido muitas vezes enganado, quando dormia".

Ora, se é importante para Descartes que o sono seja coisa costumeira, não é de modo algum para demonstrar que ele é mais "universal" que a loucura, é para poder levar novamente em conta, mimetizar, fingir, na meditação, a experiência do sonho, é para poder fazer como se nós sonhássemos; é para que a experiência do sonho tome lugar no movimento efetivo efetuado pelo sujeito da meditação. Aí ainda, basta ler Descartes: acontece a mim de sonhar, de sonhar que estou junto do fogo, que estendo a minha mão; eu me aplico a esse pensamento (que é uma lembrança); e a vivacidade dessa lembrança, a forma atual desse pensamento me faz ver (e agora preciso da meditação) "que não há quaisquer indícios concludentes, nem marcas assaz certas por onde se possa distinguir nitidamente a vigília do sono". E essa não distinção não é apenas uma inferência lógica, ela se inscreve realmente e nesse ponto preciso da meditação; ela tem seu efeito imediato no próprio sujeito em vias de meditar; faz com que ele perca, ou quase, a certeza de onde ele estava até então, ele sujeito que medita e fala, em vigília; essa não distinção o coloca realmente na possibilidade de estar em vias de dormir: "me sinto inteiramente pasmado: e meu pasmo é tal que é quase capaz de me persuadir de que estou dormindo".

Essa frase não é uma cláusula de estilo: ela não é nem "retórica" nem "pedagógica". Por um lado, permite todo o movimento que segue a partir da meditação, que se desdobra na eventualidade do sono. Cumpre ler as frases seguintes como instruções tornadas possíveis pelo "pasmo" que surge no instante de sua produção: "Suponhamos, pois, agora, que estamos adormecidos [...]; e pensemos que talvez nossas mãos, assim como todo o nosso corpo, não são tais como os vemos." Por outro lado, ela corresponde, quase termo a termo, à frase do parágrafo precedente: "Mas quê? São loucos", dizia o primeiro parágrafo; "vejo tão manifestamente [...] que me sinto inteiramente pasmado", diz o segundo; "eu não seria menos extravagante se me guiasse por seus exemplos", diz o parágrafo dos loucos; "meu pasmo é tal que é quase capaz de me persuadir de que estou dormindo" diz, em resposta, o parágrafo do sonho.

É extraordinariamente difícil não entender aqui a simetria das duas frases e não reconhecer que a loucura desempenha o papel da possibilidade impossível, antes que o sonho, por sua vez, não apareça como uma possibilidade tão possível, tão imediatamente possível, que já está aqui, agora, no momento em que falo.

4. Para Derrida, a palavra importante do texto é o termo "extravagante", que encontramos para caracterizar tanto a imaginação

dos loucos como a fantasia dos sonhadores. E como os sonhadores são ainda mais extravagantes que os loucos, a loucura se dissolve naturalmente no sonho.

Passarei rapidamente sobre o fato de que a palavra é a mesma em francês, mas não era a mesma no texto latino. Assinalarei apenas que, no parágrafo dos loucos, Descartes emprega para designá-la o termo *dementes*, termo técnico, médico e jurídico, pelo qual se designa uma categoria de pessoas que são estatutariamente incapazes de certo número de atos religiosos, civis ou judiciários; os dementes são desqualificados quando é preciso agir, demandar, falar. Que Descartes tenha empregado esse termo nesse lugar do texto onde o sujeito que medita e fala afirma que ele não é louco, não é, sem dúvida, por acaso. Eu não teria talvez pensado nisso se Derrida não houvesse me auxiliado numa frase que acho muito enigmática: "Não se trata aqui para Descartes de determinar o conceito da loucura, mas de se servir da noção corrente de extravagância para fins jurídicos e metodológicos, para colocar questões de direito concernentes apenas à verdade das ideias." Sim, Derrida tem razão em observar a conotação jurídica do termo, mas se equivoca ao não notar que o termo jurídico latino não é mais empregado quando se trata do sonho; e se equivoca sobretudo ao dizer apressadamente que se trata de uma questão de direito concernente à verdade das ideias, enquanto a questão de direito concerne à qualificação do sujeito que fala. Posso eu validamente fazer-me de louco na progressão de minha meditação, como a qualquer momento eu poderia fazer-me de dormente? Corro o risco de me desqualificar em minha meditação? Será que corro o risco de não mais meditar de forma alguma ou de não fazer senão uma meditação extravagante, em vez de meditar validamente sobre as extravagâncias, no caso de eu me colocar como louco? A resposta está no próprio texto formulado explicitamente e com vigor: "São loucos, e eu não seria menos extravagante se me pautasse em seus exemplos." Se eu me fizesse de louco, eu não seria menos *demens* que eles, não menos desqualificado que eles, não menos fora de toda legitimidade de ato ou de palavra que eles. Ao contrário, se eu me fizer de dormente, se eu supuser que esteja em vias de dormir, continuo a pensar e posso mesmo perceber que as coisas que me são representadas "são como quadros e pinturas".

Mas, a despeito da importância, jurídica com efeito, do termo *demens*, me parece que os termos chave do texto são expressões como "aqui", "agora", "este papel", "junto ao fogo", "estendo esta mão", em suma, todas as expressões que reenviam ao sistema da atualidade do sujeito meditante. Elas designam essas impressões das quais estaríamos tentados, em primeira instância, a não duvidar. São essas mesmas impressões que podemos reencontrar identicamente no sonho. Curiosamente – e Derrida omitiu de observá-lo – Descartes, que fala das inverossimilhanças do sonho, de suas fantasias não menos desmedidas que as da loucura, não dá nesse parágrafo outro exemplo senão o de sonhar que se está "aqui, vestido, junto ao fogo". Mas a razão desse paradoxal exemplo de extravagância onírica se descobre facilmente no parágrafo seguinte, quando se trata, para o meditante, de se fazer de adormecido: ele irá fazer como se esses olhos que ele abre sobre a folha de papel, a mão que ele estende, a cabeça que ele sacode não sejam senão imagens de sonho. A mesma cena é repetida três vezes no curso de três parágrafos: eu estou sentado, tenho os olhos abertos sobre o papel, o fogo está ao lado, eu estendo a mão. A primeira vez ela se dá com a certeza imediata do meditante; a segunda vez, se dá como um sonho que, frequentemente, acaba de se produzir; a terceira vez, ela se dá como certeza imediata do meditante, fingindo, com toda aplicação de seu pensamento, ser um homem em vias de sonhar, de modo que do interior de sua resolução ele se persuade de que é indiferente, para o andamento de sua meditação, saber se está desperto ou prestes a dormir.

Admitindo a leitura de Derrida, não se compreenderia a repetição da cena. Seria preciso, ao contrário, que o exemplo da loucura estivesse aquém em relação aos exemplos de fantasmagoria onírica. Ora, é exatamente o contrário que se passa. Descartes, ao afirmar a grande potência do sonho, não pode dar outros exemplos senão aqueles que vêm duplicar exatamente a situação atual do sujeito em vias de meditar e de falar; e isso, de modo que a experiência do sonho fingido possa vir se alojar exatamente nos referenciais do aqui e do agora. Em contrapartida, os insensatos são caracterizados como aqueles que se tomam por reis, como aqueles que se creem vestidos de ouro ou se imaginam ter um corpo de vidro ou ser um cântaro. Mais ou menos extravagantes do que o sonho, pouco importa, as imagens da loucura que Descartes escolheu, são, diferentemente das do sonho, incompatíveis com o sistema de atualidade que assinala a si mesmo o indivíduo que está prestes a falar. O louco está em outro lugar, em outro momento, com outro corpo e com outras vestimentas. Ele está em outra cena. Aquele que está ao lado do fogo, olhando para o papel, não tem por que se enganar. Descartes trapaceou: se o meditante devia tentar fingir-se de louco, como há pouco fingiu sonhar, cumpriria lhe propor a imagem tentadora de um louco que acredita na sua loucura, que está aqui atualmente sentado ao lado do fogo, olhando para sua folha de papel e se tomando por um homem em vias de meditar sobre um louco sentado aqui e agora, junto ao fogo etc.

O golpe de Descartes se lê facilmente nesse ponto. Ainda que proclamando a grande liberdade do sonho, ele o sujeitou a prender-se à atualidade do sujeito meditante; e ainda que afirmando que a loucura é talvez menos extravagante, ele lhe deu a liberdade de assumir forma o mais distante do sujeito meditante, de maneira que explode no mesmo instante, em uma exclamação, a impossibilidade de fingi-la, da duplicação, da indiferenciação. Mas quê? São loucos... É essa dissimetria entre o sonho e a loucura que permite a Descartes reconstituir mais tarde um semblante de simetria e apresentá-los sucessivamente como dois testes para avaliar a solidez das certezas imediatas.

Como vemos, porém, essa dissimetria nos conteúdos citados como exemplo recupera profundamente uma dissimetria de outro modo importante: aquela que concerne ao sujeito meditante, que se desqualificaria e não poderia meditar se ele assumisse fingir, fazer-se de louco, mas que não perde nada de sua qualificação quando resolve fingir que dorme.

5. Retomemos as duas frases mais características de Derrida a propósito de nossa passagem: "A hipótese da extravagância parece – nesse momento da ordem cartesiana – não receber nenhum tratamento privilegiado e não ser submetida a nenhuma explicação particular"[4], e a hipótese da extravagância é "um exemplo ineficaz e infeliz na ordem pedagógica, pois ele encontra a resistência do não filósofo que não tem a audácia de seguir o filósofo quando este admite que ele bem poderia ser louco no momento em que fala"[5].

Tanto uma como a outra dessas duas frases contêm um erro maior:

- a inexatidão da primeira aparece quando seguimos o movimento da meditação como uma série de resoluções imediatamente postas em ação: "dedicar-me-ei inicialmente", "é da prudência nunca se fiar", "[s]uponhamos, pois, agora". Três resoluções, portanto: a primeira se refere a pôr em dúvida princípios "sobre os quais todas as minhas antigas opiniões estavam apoiadas"; a segunda concerne ao que apreendemos pelos sentidos; a terceira se refere ao sonho. Ora, se há três resoluções, há quatro temas: os princípios das opiniões, os conhecimentos sensíveis, a loucura e o sonho. Ao tema "loucura" não corresponde nenhuma resolução particular;
- a segunda frase de Derrida parece reconhecer em outro lugar essa exclusão, pois ele vê na hipótese de extravagância "um exemplo ineficaz e infeliz". Mas logo acrescenta que é o não filósofo que se recusa a seguir o filósofo, admitindo que ele poderia estar louco. Ora, em nenhuma parte dessa passagem, o "filósofo", digamos, para ser mais exato, o meditante, admite que pudesse estar louco, ao passo que admite que ele se impôs admitir que sonha.

Se relembro essas duas frases de Derrida, não é de modo algum porque elas resumem muito bem a maneira pela qual ele deturpou o texto cartesiano (a ponto de estar prestes a entrar em contradição com ele próprio no seu comentário), mas porque elas permitem colocar uma questão: como um filósofo tão atento quanto Derrida, tão preocupado com o rigor dos textos, pode fazer dessa passagem de Descartes uma leitura tão imprecisa, tão distante, tão pouco ajustada à sua disposição de conjunto, aos seus encadeamentos e às suas simetrias, àquilo que ali está dito?

Parece-me que a razão disso se encontra assinalada pelo próprio Derrida nas duas frases em questão. Em cada uma, com efeito, ele emprega o termo ordem: "nesse momento da ordem cartesiana"[6], e "ordem pedagógica"[7]. Desconsideremos o que há de um tanto estranho em se falar de uma "ordem pedagógica" a propósito do movimento das *Meditações*, a menos que não se dê à palavra "pedagógica" um sentido estrito e forte. Mantenhamos apenas o termo "ordem". Há, com efeito, uma ordem rigorosa nas *Meditações*, e nenhuma frase do texto pode ser destacada impunemente do momento em que ela figura. Mas o que é essa ordem? É uma ordem arquitetural cujos elementos mantidos na sua permanência visível podem ser percorridos em todos os sentidos? É uma ordem espacial que não importa qual olhar anônimo e distante pode envolver de longe sem ser envolvido por ela? Em outros termos, trata-se de uma ordem "arquitetônica"?

Parece-me que a ordem das *Meditações* é de outro tipo. De início, por se tratar não de elementos de uma figura, mas de momentos de uma série; em seguida (ou melhor, ao mesmo tempo), por se tratar de um exercício cuja experiência modifica o sujeito meditante pouco a pouco, e de sujeito de opiniões ele se qualifica em sujeito de certeza. É preciso ler as *Meditações* como uma sequência temporal de transformações que qualificam o sujeito; trata-se de uma série de eventos propostos ao leitor como eventos repetíveis por e para ele. Nessa série em que é produzida como evento a resolução de duvidar, depois aquela de se desconfiar dos sentidos, na qual irá se produzir a decisão de fazer tudo como se a gente dormisse, há um momento em que a loucura é efetivamente encarada, mas como uma eventualidade que não se pode assumir e que não se pode fazer entrar no jogo das transformações qualificadoras (porque ela seria justamente desqualificadora); esse momento passa a ser, por isso mesmo, uma certa maneira de qualificar o sujeito meditante como não podendo ser louco – uma maneira, pois, de transformá-lo por exclusão –, exclusão da loucura eventual. E, uma vez adquirida essa exclusão qualificadora (que me poupa de fingir, de correr o risco da loucura), então, e somente então, a loucura com suas imagens e suas extravagâncias poderá aparecer; uma justificação aparecerá mais tarde: de todo modo, eu não estava muito enganado ao evitar a experiência da loucura uma vez que as imagens que ela me fornece são amiúde menos fantasiosas que aquelas que eu encontro todas as noites quando durmo. Todavia, no instante mesmo em que esse tema aparece, o momento da exclusão já terá passado e a loucura se apresenta, com suas bizarrias, como um objeto do qual se fala e não mais como uma experiência possível para o sujeito. Parece que se perde o essencial do texto cartesiano se na análise não colocarmos em primeiro plano as relações do momento e do sujeito na ordem dos testes.

No momento em que ele estava mais distante da própria letra do texto cartesiano, no momento em que sua leitura era a mais inexata, Derrida – e tal é o sinal de seu rigoroso cuidado – não pode impedir-se de empregar a palavra decisiva de "ordem". É como se ele tivesse se dado conta confusamente que é de fato a ordem que está em questão, que é a ordem que lhe constitui problema – e objeção. Mas ele se apressa imediatamente em atenuar o alcance daquilo que o texto de Descartes o obriga assim a dizer: em um caso, ele fala sem demorar-se, e como que para limitar a ruptura que a palavra promove em seu próprio texto, de "ordem pedagógica"; em outro caso, ele inverte os prós em contras do que se produz nesse momento da ordem que ele detecta: ele nega que a loucura esteja excluída, negação à qual ele voltará duas páginas mais adiante, dizendo que a loucura é um exemplo não mantido por Descartes, porque é "ineficaz e infeliz". Se o termo "ordem" incomoda tanto Derrida a ponto de ele não poder empregá-lo sem desarmá-lo ou confundi-lo, é porque ele o utiliza, a propósito desse momento da loucura, no sentido em que os historiadores da filosofia o empregam quando falam de ordenação, de arquitetura, de estrutura de um sistema. Mas, direis, onde está o erro? Estudos arquitetônicos do sistema cartesiano não foram feitos e não são eles perfeitamente convincentes? Certamente.

É possível encontrar, com efeito, como elementos do sistema todos os momentos da *Meditação*; o teste da dúvida quanto às percepções sensíveis, o teste do sonho e do sono podem ser relidos de dentro do próprio sistema desdobrado, na medida em que são testes positivos pelos quais o sujeito, se qualificando pouco a pouco como sujeito de certezas, está efetivamente passando; o que o sistema dirá sobre o fundamento da certeza sensível, sobre a garantia divina, sobre o funcionamento dos sentidos virá coincidir com aquilo que é revelado no teste de meditação. É por ter fingido sonhar ou crer que todos os seus sentidos o enganam, que o sujeito meditante se torna capaz de uma certeza perfeitamente fundamentada quanto ao funcionamento dos sentidos, das imagens, do cérebro, e à confiança que se lhes é preciso conceder. A verdade sistemática leva em conta o momento do teste. Podemos, pois, decifrá-la a partir da verdade e da ordenação que lhe é própria.

Em compensação, no que concerne à loucura, e só no caso da loucura, não é assim. A loucura não é um teste qualificador do sujeito, é, ao contrário, um teste que exclui. De modo que aquilo que se poderá saber antes da loucura com certeza fundamentada, no interior do sistema, não precisará levar em conta mais uma vez um teste que não ocorreu. No interior do sistema, os mecanismos da loucura têm seu lugar (e justamente bem ao lado dos do sonho); mas o momento da exclusão da loucura não pode mais ser reencontrado a partir daí, pois, para chegar a conhecer de modo válido os mecanismos do cérebro, dos vapores e da demência, é necessário que o sujeito meditante não se exponha a si mesmo à hipótese de estar louco. O momento da exclusão da loucura para o sujeito em busca de verdade está forçosamente oculto do ponto de vista da ordenação arquitetônica do sistema. E, colocando-se nesse ponto de vista, que é legítimo sem dúvida para todos os outros momentos das *Meditações*, Derrida se condenou necessariamente a não ver a exclusão da loucura.

No entanto, se ele tivesse prestado um pouco mais de atenção ao texto do qual fala, teria, sem dúvida, percebido um fato assaz estranho. Nessa Primeira Meditação, Descartes, quando fala dos erros dos sentidos ou do sonho, jamais propõe evidentemente, acerca deles, explicação, ele não os toma senão ao nível de sua eventualidade e de seus efeitos os mais manifestos. É somente no desdobramento das verdades fundamentadas que saberemos por que os olhos podem enganar, por que as imagens podem vir ao espírito durante o sono. Em compensação, a propósito da loucura, Descartes menciona aí, desde os primeiros passos do teste da dúvida, os seus mecanismos ("cérebro de tal modo perturbado e ofuscado pelos negros vapores da bile"): explicação da qual se encontrará mais adiante os princípios gerais; mas ela é dada como se o sistema fizesse de imediato uma irrupção e se pusesse a falar aqui antes mesmo de ser fundamentado. Cumpre ver aí, eu creio, a comprovação de que, "nesse momento da ordem cartesiana", a loucura aparece na sua impossibilidade para o sujeito em vias de meditar; ela surge no elemento do saber constituído como um processo que pode se dar no cérebro dos outros, segundo mecanismos que já se conhecem e que o saber já localizou, definiu e dominou. No instante em que é rejeitado o risco do filósofo louco – ao mesmo tempo para mascarar e para justificar essa recusa – aparece a loucura-mecanismo, a loucura-doença. Um fragmento antecipado do saber vem ocupar o lugar vazio da experiência rejeitada.

Assim, colocando de modo indevido aquilo que ele já sabe no momento em que se testa todo saber, Descartes assinala aquilo que ele mascara e reintroduz de antemão em seu sistema aquilo que é para a sua filosofia ao mesmo tempo condição de existência e pura exterioridade: a recusa em supor realmente que ele é louco. Devido a essa segunda razão, não é possível perceber, de dentro do sistema, a exclusão da loucura. Ela só pode aparecer numa análise do discurso filosófico, não como uma remanescente arquitetural, mas como uma série de acontecimentos. Ora como uma filosofia do vestígio, buscando a tradição e a manutenção da tradição, poderia ser sensível a uma análise do acontecimento? Como uma filosofia tão preocupada em permanecer na interioridade da filosofia poderia reconhecer esse acontecimento exterior, esse acontecimento-limite, essa separação primeva pela qual a resolução de ser filósofo e atingir a verdade exclui a loucura? Como uma filosofia que se coloca sob o signo da origem e da repetição poderia pensar a singularidade do acontecimento? Que estatuto e lugar poderia ela dar ao acontecimento que é efetivamente produzido (mesmo se na escritura de Descartes o pronome pessoal "eu" permite que qualquer um o repita), esse acontecimento que fez com que um homem sentado perto do fogo, de olhos voltados a uma folha de papel, tenha aceitado o risco de sonhar que era um homem dormindo prestes a sonhar que estava perto do fogo, de olhos voltados a uma folha de papel, mas recusou o risco de imaginar seriamente que era um louco imaginando-se estar junto ao fogo, em vias de ler ou de escrever?

Sobre as bordas exteriores da filosofia cartesiana, o acontecimento é ainda tão legível que Derrida, do seio da tradição filosófica que ele assume com tanta profundidade, não pode evitar reconhecer que ele estava a dar voltas ao acaso. Daí, sem dúvida, que ele quisesse dar a esse acontecimento a figura imaginária de um interlocutor fictício, e totalmente exterior, na ingenuidade de seu discurso, à filosofia. Por meio dessa voz que ele sobrepõe ao texto, Derrida garante que o discurso cartesiano esteja fechado a todo acontecimento que seria estranho à grande interioridade da filosofia. E, como mensageiro desse acontecimento insolente, ele imagina um simplório, com suas tolas objeções, que vem bater à porta do discurso filosófico e que se faz expulso sem ter podido entrar.

É exatamente assim pela imagem do interlocutor ingênuo que a filosofia representou para si aquilo que lhe era exterior. Mas onde está a ingenuidade?

IMAGEM: Frans Hals, *As Regentes no Asilo*, pintura, c. 1664.

Notas

ARQUEOLOGIAS DAS SOMBRAS DA RAZÃO

1. *Dits et écrits*, Paris: Gallimard, 2001, p. 189. (Tradução nossa sempre quando se tratar de edição francesa.)
2. Ibidem, p. 187.
3. *Maladie mentale e psychologie*, Paris: PUF, 1996, p. 75.
4. *Dits et écrits*, p. 19.
5. Ibidem, p. 196.
6. Cf. J. Derrida, "Cogito" e "História da Loucura, A Escritura e a Diferença, 4ª ed., São Paulo: Perspectiva, 2009, p. 43.
7. *Dits et écrits*, p. 188. A possibilidade de tal linguagem matinal é o alvo mesmo das críticas de Derrida, e não será um acaso que tais colocações serão cortadas por Foucault nas edições posteriores de seu livro. Pois: "*Toda* nossa linguagem europeia, a linguagem de tudo que participou, de um jeito ou de outro, da aventura da razão ocidental, é a imensa delegação do projeto que Foucault define sob a forma da captura ou de objetivação da loucura." (J. Derrida, op. cit., p. 50). Isso nos lembraria que, diante da Razão: "não podemos apelar contra ela a ninguém menos que ela mesma, só podemos protestar contra ela dentro dela" (ibidem, p. 51).
8. Esse é o sentido de afirmações como: "*Dom Quixote* é a primeira das obras modernas porque vemos aí a razão cruel das identidades e das diferenças zombar incessantemente dos signos e das similitudes, porque a linguagem rompe seu velho parentesco com as coisas para entrar nessa soberania solitária de onde ela só reaparecerá, em seu ser abrupto, como literatura; porque a semelhança entra em uma idade que é para ela a idade da desrazão e da imaginação." (*Les Mots et les choses*, Paris: Gallimard, 1982, p. 63.)
9. *Dits et écrits*, p. 1560.
10. Ibidem, p. 444. Cf. infra, p. 577.
11. Ibidem, p. 446. Cf. infra, p. 579.
12. Ibidem, p. 447. Cf. infra, p. 580.
13. Ibidem, p. 264.
14. Ver, por exemplo, Ernani Chaves; Corações a Nu: Coragem da Verdade, Arte Moderna e Cinismo em Baudelaire, Segundo Foucault, *Viso – Cadernos de Estética Aplicada*, v. VI, n. 11, jan.-jun. 2012. Disponível em: <revista viso.com.br>.
15. Sobre as principais críticas, ver Arthur Still; Irving Velody, *Rewriting the History of Madness: Studies in Foucault's Histoire de la folie,* New York: Routledge, 2014.
16. O *Diagnostic and Statistical Manual of Mental Disorders* (Manual Diagnóstico e Estatístico de Transtornos Mentais), publicado pela Associação Americana de Psiquiatria primeiramente em 1952, visa orientar os profissionais da área, categorizando os diferentes tipos de transtornos mentais e os critérios de sua diagnose. Atualmente em sua quinta revisão, se tornou um guia mundo afora.

PARTE 1
1. STULTIFERA NAVIS

1. Apud p. Collet, *Vie de saint Vincent de Paul*, v. 1, p. 293.
2. Campo podre. (N. da T.)
3. Cf. J. Lebeuf, *Histoire de la ville et de tout la diocèse de Paris*.
4. Apud H. -M. Fay, *Lépreux et cagots du Sud-Ouest*, p. 285.
5. P. Hildenfinger, *Les Léproserie de Reims du xiie ou xviie siècle*, p. 233.
6. N. de La Mare, *Traité de Police*, v. 1, p. 637-639.
7. J.P.M. de B. Valvonnais, *Histoire du Dauphiné*, v. 2, p. 171.
8. Cf. L. Cibrario, *Précis historique des ordres religieux de Saint-Lazare et de Saint-Maurice*.
9. Cf. J.-N.-M. Rocher, *Notice historique sur la maladrerie de Saint-Hilaire-Saint-Mesmin*.
10. J.A.U. Chevalier, *Notice historique sur la maladrerie de Voley- près-Romans*, p. 61.
11. J.M. Hobson, *Some Early and Later Houses of Pity*, p. 12-13.
12. Ch. A. Mercier, *Leper Houses and Medieval Hospitals*, p. 19.
13. R. Virchow, *Archiv zur Geschichte des Aussatzes*, t. xix, p. 71 e 80; t. xx, p. 511.
14. Ritual da Diocese de Viena, impresso sob o Arcebispo Gui de Poissieu, por volta de 1478. Citado por C. Charvet, *Histoire de la sainte église de Vienne*, p. 752.
15. A. Pignot, *L'Hôpital du Midi et ses origines*, p. 10 e 48.
16. Segundo um manuscrito dos *Archives de l'Assistance Publique*, dossiê Petites-Maisons, ficheiro n. 4.
17. Trithemius, *Chronicon Hisangiense*, apud Ulrich von Hutten: *Sur la maladie française et sur les propriétés du bois de gaïnc*, p. 9.
18. A primeira menção à doença venérea na França encontra-se num relatório do Hôtel-Dieu, citado por L. Brièle, *Collection de documents pour servir à l'histoire des hôpitaux de Paris*, v. 3, fasc. 2.
19. Cf. os autos de uma visita ao Hôtel-Dieu, em 1507, citados por A. Pignot, op. cit., p. 125.
20. Segundo R. Golhahn, *Spital and Arzt von Einst bis Jetzt*, p. 110.
21. Jacques de Béthencourt atribui-lhe a precedência sobre qualquer outro medicamento, em seu *Nouveau carême de pénitence et purgatoire d'expiation*, 1527.
22. O livro de Béthencourt, apesar do título, é uma rigorosa obra de medicina.
23. Cf. T. Kirchhoff, *Geschichte der Psychiatrie*.
24. Cf. G.L. Kriegk, *Aerzte, Heilanstalten, Geisteskranke im mittelalterlichen Frankfurt am Main*.
25. Ver as Contas do Hôtel-Dieu, xix, 190 e xx, 346. Citado por E. Coyecque, *L'Hôtel-Dieu de Paris au Moyen Age: Histoire et Documents*, t. 1, p. 109.
26. *Archives hospitalières de Melun*. Fonds Saint-Jacques, E, 14, 67.
27. Cf. A. Joly, *L'Internement des fous sous l'Ancien Régime dans la généralité de Basse-Normandie*.
28. Cf. Eschenburg, *Geschichte unserer Irrenanstalten*; e J.L. von Hess, *Hamburg topographisch, historisch, und politik beschreiben*, 1, p. 344-345.
29. Por exemplo, em 1461, Hamburgo entregou 14 th. e 85 s. a uma mulher que devia ocupar-se de loucos (H.B. Gernet, *Mitteilungen aus alterer Medizin--Geschichte Hamburgs*, p. 79). Em Lübeck, há o testamento de um certo Gerd Sunderberg para "den armen dullen Luden" em 1479. (Apud H. Laehr, *Gedenktage der Psychiatric und ihrer Hülfdisciplinen in allen Ländern*, p. 320.)
30. Há mesmo casos em que se subvencionam substitutos: "Entregue e pago a um homem que foi enviado a Saint-Mathurin de Larchant para fazer a novena da dita irmã Robine, estando doente e com frenesi. viii, s.p." Contas do Hôtel-Dieu, xxiii, E. Coyecque, op. cit.
31. Em Nurembergue, no decorrer dos anos 1377-1378 e 1381-1397, contam-se 37 loucos colocados nas prisões, dos quais dezesseis são estrangeiros provenientes de Regensburg, Weissenburg, Bamberg, Bayreuth, Viena, Hungria. No período seguinte, parece que, por uma razão desconhecida, Nurembergue abandonou seu papel de ponto de encontro e que, pelo contrário, expulsam meticulosamente para fora da cidade os loucos que não são originários da cidade (cf. T. Kirchhoff, op. cit.).
32. Um menino de Nurembergue que tinha levado um louco a uma igreja é punido com três dias de prisão, em 1420 (cf. ibidem).
33. O concílio de Cartago, em 348, havia permitido que se desse a comunhão a um louco, mesmo sem qualquer remissão, contanto que não houvesse nenhuma irreverência. São Tomás expõe a mesma opinião. Cf. J. Pontas, *Dictionnaire des cas de conscience*, 1741, v. I, p. 785.
34. Um homem que lhe havia roubado o casaco é punido com sete dias de prisão. (Cf. T. Kirchhoff, op. cit.)
35. Cf. G.L. Kriegk, op. cit.
36. Esses temas são estranhamente próximos do tema da criança proibida e maldita, encerrada numa barquinha e entregue às ondas que a levam para um outro mundo – mas para esta há, depois, o retorno à verdade.
37. *Tristan et Iseult*, ed. Bossuat, p. 219-222.
38. Cf. entre outros Tauber, *Predigten*, xli.
39. Cf. P. de Lancre, *Tableau de l'inconstance des mauvais anges et démons*.
40. Cf. G. Cheyne, *The English Malady*....

41. Necessário acrescentar que o "lunatismo" não é estranho a esse tema. A lua, cuja influência sobre a loucura foi admitida durante séculos, é o mais aquático dos astros. O parentesco da loucura com o sol e o fogo surgiu bem mais tarde (Nerval, Nietzsche, Artaud).
42. Cf. por exemplo, *Des six manières de fols*; ms. Arsenal 2767.
43. Na *Sottie de Folle Balance*, quatro personagens são "loucos": o fidalgo, o mercador, o lavrador (isto é, toda a sociedade) e a própria Folle Balance.
44. É ainda esse o caso na *Moralité nouvelle des enfants de maintenant* ou na *Moralité nouvelle de Charité*, onde o Louco é uma das doze personagens.
45. Como na *Farce de Tout Mesnage*, onde o Louco imita o médico para curar uma camareira doente por amor.
46. Na *Farce des cris de Paris*, o Louco intervém numa discussão entre dois jovens a fim de lhes dizer o que é o casamento.
47. O Bobo, na *Farce du Gaudisseur*, diz a verdade toda vez que o Gaudisseur se vangloria.
48. Heidelberg, 1480.
49. Estrasburgo, 1489. Esses discursos retomam, num tom sério, os sermões e discursos bufos pronunciados no teatro, como o *Sermon joyeux et de grande value à tous les fous pour leur montrer à sages devenir*.
50. *Moria Rediviva*, 1527; *Elogio da Loucura*, 1509.
51. Cf. por exemplo uma festa dos loucos reproduzida em Bastelaer (*Les Estampes de Brueghel l'Ancien*), ou a *Nasentanz* que se pode ver em Geisberg, *Deutsche Holzschn*, p. 262.
52. Segundo o *Journal d'un Bourgeois de Paris*: "No ano de 1424, fez-se uma dança macabra no cemitério dos Inocentes", apud E. Male, *L'Art religieux de la fin du Moyen Age en France*, p. 363.
53. Neste sentido, a experiência da loucura é uma continuação rigorosa da lepra. O ritual de exclusão do leproso mostrava que ele era, vivo, a própria presença da morte.
54. E. Deschamps, *Oeuvres complètes*, 1, p. 203. (Somos covardes, mesquinhos e indolentes,/Velhos, cobiçosos e maldizentes./Vejo apenas loucas e loucos/O fim se aproxima em verdade/Tudo vai mal.)
55. Cf. infra, Parte II, capítulo 3.
56. Ainda que a *Tentação* de Lisboa não seja uma das últimas obras de Bosch, como acredita Baldass, ela é certamente posterior ao *Malleus Maleficarum*, que data de 1487.
57. É a tese de Desmonts em: "Deux primitifs Hollandais au musée du Louvre", *Gazette des Beaux-Arts*, 1919, p. 1.
58. Como faz Desmonts a respeito de Bosch e Brant; se é fato que o quadro foi pintado poucos anos após a publicação do livro, o qual logo teve considerável sucesso, nada prova que Bosch tenha querido ilustrar o *Narrenschiff, a fortiori* todo o *Narrenschiff*.
59. Cf. E. Male, op. cit., p. 234-237.
60. Cf. C.V. Langlois, *La Connaissance de la nature et du monde au Moyen Age*, p. 243.
61. Na arte antiga, trata-se de figuras grotescas e monstruosas representadas em diversos suportes. Na época romana, os *grylles* são esquecidos por completo. Reaparecem no estilo gótico da Idade Média, notadamente nos baixos-relevos arquiteturais. (N. da E.)
62. É possível que Bosch tenha feito seu autorretrato no rosto da "cabeça com pernas" que figura no centro da *Tentação* de Lisboa. Cf. M. Brion, *Bosch*, p. 40.
63. Na metade do século xv, o *Livre des Tournois* de René d'Anjou constitui ainda um bestiário moral.
64. G. Cardano, *Ma vie*, p. 170.
65. Nos *Proverbes flamands*.
66. É no século xv que se põe outra vez em lugar de honra o velho texto de Beda e a descrição de quinze signos.
67. É necessário observar que a Loucura não aparecia nem na *Psychomachie* de Prudêncio, nem no *Anticlaudianus* de Alain de Lille, nem em Hugues de Saint-Victor. Sua presença constante dataria apenas do século xiii?
68. H. Saint-Victor, *De fructibus carnis et spiritus*. *Patrol*, CLXXVI, col. 997.
69. Erasmo, *Éloge de la folie*, § 9, p. 19.
70. L. Labê, *Débat de folie et d'amour*, p. 98.
71. Ibidem. p. 98-99.
72. Erasmo, op. cit., § 49-55.
73. S. Brant, *Stultifera Navis*, f. 11. (Ó vós doutores, que portam grandes nomes / Voltem-se aos antigos padres, versados na lei / Eles não ponderaram dogmas em reluzentes livros brancos / Mas saciaram seus sedentos corações com arte inata.)
74. Erasmo, op. cit., § 47, p. 101.
75. Ibidem, § 48, p. 102.
76. Ibidem, § 42, p. 89.
77. Prólogo de Jacobi Locher em S. Brant, op. cit., IX.
78. Erasmo, op. cit., § 38, p. 77.
79. Ibidem.
80. P. de Ronsard, *Discours des Misères de ce temps* (Aos céus subiram a Justiça e a Razão/E em seu lugar, infelizmente, impera o banditismo/O ódio, o rancor, o nojo, o sangue e a carnificina).
81. S. Brant, op. cit., canto CXVII, particularmente os versos 21-22 e 57 e 59, que fazem referência precisa ao *Apocalipse*, versículos 13 e 20.
82. J. Sigüenza, *Tercera parte de la Historia de la Orden de S. Geronimo*, p. 837. Citado por C. de Tolnay, *Hieronimus Bosch*, apêndice, p. 76.
83. Mostraremos num outro estudo como a experiência do demoníaco e a redução que dele se fez, do século xvi ao xviii, não deve ser interpretada como uma vitória das teorias humanitárias e médicas sobre o velho universo selvagem das superstições, mas sim como uma retomada, numa

experiência crítica das formas que outrora haviam veiculado as ameaças de aniquilação do mundo.
84. *Vie et mort de Satan le Feu*, p. 17.
85. J. Calvino, *Institution chrétienne*, livro I, capítulo 1, p. 51-52.
86. S. Franck, *Paradoxa*, §§ 57 e 91.
87. Erasmo, op. cit., XXIX, p. 53.
88. O platonismo da Renascença, sobretudo a partir do século XVI, é um platonismo da ironia e da crítica.
89. Johannes Tauler, *Predigten*, XLI, apud M. de Gandillac, *Valeur du temps dans la pédagogie spirituelle de Jean Tauler*, p. 62.
90. J. Calvino, Sermon II sur l'Épître aux Éphésiens, em J. Calvino, *Textes choisis*, p. 73.
91. Erasmo, op. cit., § 65, p. 173.
92. Nicolas de Cues, Le Profane, em M. de Gandillac, *Oeuvres choisies*, p. 220.
93. M. de Montaigne, *Essais*, livro II, capítulo XII, II, p. 188.
94. Erasmo, op. cit., § 30, p. 57.
95. Ibidem, § 2, p. 9.
96. P. Charron, *De la sagesse*, t. I, capítulo XV, I, p. 130.
97. M. de Montaigne, op. cit., p. 256.
98. P. Charron, op. cit., p. 130.
99. Cf., no mesmo sentido, Saint-Évremond, *Sir Politik would be* (ato v, cena II).
100. *Pensées*, n. 414.
101. Georges de Scudéry, poeta e romancista francês da primeira metade do século XVII. (N. da T.)
102. Jean de Rotrou, poeta dramático francês do século XVII, contemporâneo de Corneille, mas sem o brilho deste. (N. da T.)
103. Escritor francês, século XVII, autor de romances e tragédias. (N. da T.)
104. É muito comum no século XVIII, especialmente depois de Rousseau, a ideia de que a leitura de romances ou os espetáculos teatrais levam a pessoa à loucura. Cf. infra, parte II, capítulo 9.
105. Saint-Évremond, *Sir Politik would be*, ato v, cena 2.
106. Cervantes, *Dom Quixote*, parte II, capítulo I.
107. Em *Les Visionnaires* vê-se um Capitão poltrão que se considera um Aquiles, um Poeta empolado, um Amador de versos ignorantes, um Rico imaginário, uma jovem que se crê amada por todos, uma pedante que acredita tudo poder julgar em questão de comédia e uma outra, enfim, que se toma por uma heroína de romance.
108. *Macbeth*, ato v, cena 1.
109. *Macbeth*, ato v, cena 1.
110. Ibidem, ato v, cena v.
111. Cervantes, op. cit., Parte II, capítulo LXXIV, p. 670. ("E um dos indícios pelos quais conjecturaram que ele morria foi ter-se transformado com tanta facilidade de louco em são.") (N. da T.)
112. Ibidem, p. 672. (Jaz aqui o Fidalgo forte/Que a tanto extremo chegou/De valentia, que se adverte/Que a morte não triunfou/Sobre sua vida com sua morte.) (N. da T.)
113. Seria necessário realizar um estudo estrutural das relações entre o sonho e a loucura no teatro do século XVII. O parentesco entre eles era há muito tempo um tema filosófico e médico (cf. parte II, capítulo 8); o sonho, no entanto, parece um pouco mais tardio, como elemento essencial da estrutura dramática. Em todo caso, seu sentido é outro, uma vez que a realidade que o habita não é a da reconciliação, mas sim a do desfecho trágico. Seu *trompe-l'oeil* desenha a perspectiva verdadeira do drama, e não induz em *erro* como a loucura que, na ironia de sua aparente desordem, indica uma falsa conclusão.
114. Cf. G. de Scudéry, *La Comédia des comédiens*.
115. T. Garzoni, *L'hospedale de' pazzi incurabili*. Cf. Charles de Beys, *L'Ospital des Fous* (1635) retomado e modificado em 1653 sob o título *Les Illustres fous*.
116. F. Colletet, *Le Tracas de Paris*. (Percebo, nesta avenida/Um inocente seguido pelas crianças./... Admiro também este pobre diabo/Este pobre louco; que pretende fazer/Com tantos farrapos?.../Vi essas loucas rudes/Cantando injúrias nas ruas...)
117. Cf. J. Péleus, *La Deffence du Prince des Sots; Plaidoyer sur la Principauté des Sots*. Ainda: *Surprise et fustigation d'Angoulevent par l'archiprêtre des poispillés*, 1603. *Guirlande et réponse d'Angoulevent*.
118. *Intitulation et Recueil de toutes les oeuvres que* (sic) *Bernard de Bluel d'Arbères, comte de permission*, 1601-1602, 2 v.
119. Mathurin Régnier, *Satire VI*, verso 72.
120. Brascambille (*Paradoxes*, 1622, p. 45). Cf. uma outra indicação em Desmarin, *Défense du poème épique*, p. 73.
121. M. Regnier, *Satire XIV*, versos 7-10. (Centenas de vezes peguei a lanterna/Procurando em plena luz do dia...)

2. A GRANDE INTERNAÇÃO

1. R. Descartes, *Méditations*, 1, *Oeuvres*, p. 268.
2. Ibidem.
3. Ibidem.
4. M. de Montaigne, *Essais*, livro I, capítulo XXVI, p. 231-232.
5. Ibidem, p. 236.
6. J.E.D. Esquirol, *Des Établissements consacrés aux aliénés en France*, em idem, *Des Maladies mentales*, t. II, p. 134.
7. Literalmente, mina de salitre: hospício de mulheres em Paris. (N. da T.)
8. Cf. L. Boucher, *La Salpêtrière*.
9. Cf. p. Bru, *Histoire de Bicêtre*.
10. Édito de 1656, art. IV. Mais tarde acrescentam-se o Saint-Esprit e os Enfants-Trouvés, e exclui-se a Savonnerie.

11. Ibidem, Art. XI.
12. Ibidem, Art. XIII.
13. Ibidem, Art. XII.
14. Ibidem, Art. VI.
15. O projeto apresentado a Ana da Áustria estava assinado por Pomponne de Bellièvre.
16. Relatório de La Rochefoucauld em nome do Comitê de Mendicidade da Assembleia Constituinte (*Procès-verbaux de l'Assemblée nationale*, t. XXI).
17. Cf. *Statuts et règlements de l'hôpital général de la Charité et Aumône générale de Lyon*, 1742.
18. *Ordonnances de Monseigneur l'archevêque de Tours*, 1681. Cf. R. Mercier, *Le Monde médical de Touraine sous la Révolution*.
19. Aix, Albi, Angers, Arles, Blois, Cambrai, Clermont, Dijon, Le Havre, Le Mans, Lille, Limoges, Lyon, Mâcon, Martigues, Montpellier, Moulins, Nantes, Nîmes, Orléans, Pau, Poitiers, Reims, Rouen, Saintes, Saumur, Sedan, Strasbourg, Saint-Servan, Saint-Nicolas (Nancy), Toulouse, Tours. Cf. J.E.D. Esquirol, op. cit., t. II, p. 157.
20. A carta pastoral do arcebispo de Tours, citada mais acima, mostra que a Igreja resiste a essa exclusão e reivindica a honra de haver inspirado todo o movimento e de ter proposto seus primeiros modelos.
21. Cf. J.E.D. Esquirol, op. cit., t. II.
22. Cf. H. Bonnafous-Sérieux, *La Charité de Senlis*.
23. Cf. R. Tardif, *Une Maison d'aliénés et de correctionnaires sous l'ancien régime au XVIIIe siècle: histoire de la Charité de Cháteau-Thieery*.
24. O Hospital de Romans foi construído com os materiais da demolição do leprosário de Voley. Cf. J.-A.U. Chevalier, *Notice historique sur la maladrerie de Voley-près-Romans*, p. 62; e peças justificativas, n. 64.
25. É o caso da Salpêtrière, onde as "irmãs" devem ser recrutadas entre as "moças ou jovens viúvas, sem filhos e sem problemas de negócios".
26. Em Orléans, o *bureau* compreende "o senhor bispo, o tenente geral, quinze pessoas, a saber, três eclesiásticos e doze habitantes principais, tanto oficiais quanto bons burgueses e mercadores". Fr. Ravaisson-Mollien, *Règlements et statuts de l'Hôpital général d'Orléans*, p. 8-9.
27. Respostas às perguntas feitas pelo departamento dos hospitais a respeito da Salpétrière, 1790. Arch. nat., F 15, 1861.
28. É o caso de Saint-Lazare.
29. 1693-1695. Cf. supra, capítulo 1.
30. Por exemplo, a Caridade de Romans foi criada pelo Dispensário Geral, mais tarde cedida aos irmãos Saint-Jean de Dieu, e finalmente ligada ao Hospital Geral em 1740.
31. Tem-se um bom exemplo disso na fundação de Saint-Lazare. Cf. P. Collet, *Vie de saint Vincent de Paul*, v. 1, p. 292-313.
32. Em todo caso, o regulamento foi publicado em 1622.
33. Cf. H.B. Wagnitz, *Historische Nachrichten and Bemerkungen Zuchthäuser in Deutschland*.
34. G. Nicholls, *History of the English Poor Law*, t. I, p. 167-169.
35. 39 Elizabeth I, capítulo V.
36. G. Nicholls, op. cit., p. 228.
37. J. Howard, *État des prisons, hôpitaux et maisons de force*, v. 1, p. 17.
38. G. Nicholls, *History of the Scotch Poor Law*, p. 85-87.
39. Se bem que um ato de 1624 (21 James I, c. 1) preveja a criação de *working-houses*.
40. G. Nicholls, *History of the English Poor Law*, t. I, p. 353.
41. Idem, *History of the Irish Poor Law*, p. 35-38.
42. Segundo a Declaração de 12 de junho de 1662, os diretores do Hospital de Paris "alojam e alimentam, nas cinco casas do dito hospital, mais de 6.000 pessoas"; citado em L. Lallemand, *Histoire de la Charité*, t. IV, p. 262. A população de Paris nessa época superava o meio milhão. Essa proporção mantém-se mais ou menos constante durante todo o período clássico para a área geográfica que estamos estudando.
43. J. Calvino, *Institution de la religion chrétienne*, livro 1, capítulo XVI, p. 225.
44. Ibidem, p. 229.
45. Ibidem, p. 231.
46. Confissão de Augsburgo.
47. J. Calvino, *Justifications, Institution de la religion chrétienne*, livro III, capítulo XII, nota 4.
48. Idem, *Catéchisme de Genère, Institution de la religion chrétienne*, livro VI, p. 49.
49. J. Janssen, *Geschichte des deutschen Volkes seit dem Ausgang des Mittelalters*, III *Allgemeine Zustände des deutschen Volkes bis 1555*, p. 46.
50. H. Laehr, *Gedenktage der Psychiatrie...*, p. 259.
51. Ibidem, p. 320.
52. Elizabeth I, capítulo 3. G. Nicholls, *History of the English Poor Law*, t. I, p. 169.
53. *Settlement Act*: o texto legislativo mais importante referente aos pobres na Inglaterra do século XVII.
54. Publicado seis anos depois da morte do autor, em 1683, e reproduzido em R. Burns, *History of the Poor Law*.
55. Sessio XXIII. (O pobre deve ser nutrido pelo exemplo das boas obras e todo aquele digno de piedade deve ser tratado com atenção paternal.)
56. Influência quase certa de Vives sobre a legislação elisabetana. Ele lecionara no Corpus Christi College de Oxford, onde escreveu o seu *De Subventione*. Da pobreza deu a seguinte definição, ligada a uma mística da miséria mas também a uma virtual política da assistência: "não são pobres apenas aqueles que não têm dinheiro, mas todo aquele que não tem a força do corpo, ou a saúde, ou o espírito e o juízo" (J.-L. Vives, *L'Aumônerie*, trad. francesa, p. 162).

57. Apud Foster Watson, *J.L. Vives*.
58. Cf. J. de Medina, *De la Orden que en Algunos Pueblos de España Se Ha Puesto en la Limosna Para Remedio de los Verdaderos Pobres*.
59. Cf. *Discursos del Ampro de los Legitimos Pobres*.
60. Apud L. Lallemand, op. cit., t. IV, p. 15, nota 27.
61. Esse pedido de arbitragem tinha sido feito pela municipalidade de Ypres, que acabava de proibir a mendicidade e todas as formas privadas da caridade. B.N.R. 36-215, citado in L. Lallemand, op. cit., t. IV, p. 25.
62. Carta de março de 1657 em Saint Vincent de Paul, *Correspondance, Entretiens, Documents*, v. VI, p. 245.
63. Carta pastoral de 10 de julho de 1670, op. cit.
64. "É aqui que se deve misturar a Serpente com a Pomba, e não abrir tanto espaço à simplicidade que a Prudência não possa ser ouvida. É ela que nos dirá a diferença entre os cordeiros e os bodes" (J.-P. Camus, *De la mendicité légitime des pauvres*, p. 9-10). O mesmo autor explica que o ato de caridade não é indiferente, em sua significação espiritual, ao valor moral daquele sobre o qual é aplicado: "Sendo necessária a relação entre a Esmola e o Mendigo, aquela só pode ser verdadeira se este mendigar com justiça e verdade." (Ibidem.)
65. Cf. D. Guevarre, *La Mendicità provenuta*.
66. Na Salpêtrière ou em Bicêtre, colocam-se os loucos entre os "pobres bons" (na Salpêtrière, é o conjunto da Madeleine) ou entre os "pobres maus" (a Correção ou a Recuperação).
67. Apud L. Lallemand, op. cit., t. IV, p. 216-226.
68. Somos nós que encaramos os "possuídos" como loucos (o que é um postulado) e que supomos que todos os loucos da Idade Média eram tratados como possuídos (o que é um erro). Esse erro e esse postulado encontram-se em inúmeros autores, como Zilvoorg.
69. *Tristan et Iseult*, p. 220.
70. Voltaire, *Oeuvres complètes*, XXIII, p. 377.
71. De um ponto de vista espiritual, a miséria, ao final do século XVI e no começo do XVII, é sentida como uma ameaça do Apocalipse. "Um dos sinais mais evidentes do próximo advento do Filho de Deus e da consumação dos séculos é o extremo de miséria espiritual e temporal a que o mundo se vê reduzido. É agora que os dias são maus... que segundo a multidão de erros, as misérias se multiplicaram, sendo as penas as sombras inseparáveis das culpas." (J.-P. Camus, op. cit., p. 3-4).
72. Cf. N. de La Mare, *Traité de police*.
73. Cf. T. Platter *Description de Paris*, 1559, publicada em sua *Mémoires de la société de l'Histoire de Paris*, 1899.
74. Medidas semelhantes nas províncias: Grenoble, por exemplo, tem seu "caça-mendigo", encarregado de percorrer as ruas e escorraçar os vagabundos.
75. Em particular, os operários do papel e da gráfica; cf. por exemplo, o texto dos Arquivos departamentais do Hérault, publicado por G. Martin, *La Grande industrie sous Louis XIV*, p. 89, nota 3.
76. Segundo Earl Hamilton, em *American Treasure and the price revolution in Spain*, as dificuldades da Europa no começo do século XVII se deviam a uma parada na produção das minas das Américas.
77. I. James I, capítulo VI: os juízes de paz fixarão os salários *for any labourers, weavers, spinners and workmen and workwomen whatsoever, either working by the day, week, month or year*. Cf. G. Nicholls, *History of the English Poor Law*, t. I, p. 209.
78. Citado em ibidem, p. 245.
79. Ibidem, p. 212.
80. F.M. Eden, *The State of the Poor*, v. I, p. 160.
81. E.M. Leonard, *The Early History of English Poor Relief*, p. 270.
82. R.L. d'Argenson, *Journal et mémoires*, v. 6, p. 80 (30 nov. 1749).
83. E em condições bem características: "A fome provocou a existência de vários barcos cheios de uma multidão de pobres que as províncias vizinhas não tinham condições de alimentar." As grandes famílias industriais, sobretudo os Halincourt, fazem doações (*Statuts et règlements de l'Hôpital général de la Charité et Aumône générale de Lyon*, 1742, p. VII e VIII).
84. J. Howard, op. cit., v. 1, p. 154 e 155.
85. Ibidem, p. 136-206.
86. Apud G. Nicholls, *History of the English Poor Law*, t. I, p. 353.
87. Assim é que a *workhouse* de Worcester deve comprometer-se a exportar para longe todas as roupas ali fabricadas e que não são usadas pelos pensionistas.
88. Apud G. Nicholls, *History of the English Poor Law*, t. I, p. 367.
89. J. Howard, op. cit., v. 1, p. 8.
90. Ele aconselha à abadia de Jumièges que ofereça, aos seus infelizes, lãs que poderiam fiar: "As manufaturas de lãs e meias podem fornecer um meio admirável para fazer os vagabundos trabalharem." (G. Martin, op. cit., p. 225, nota 4).
91. Apud L. Lallemand, op. cit., t. IV, p. 539.
92. Forot, op. cit., p. 16-17.
93. Cf. L. Lallemand, op. cit., t. IV, p. 544, nota 18.
94. Um arquiteto, Germain Boffrand, projetou, em 1733, um poço imenso, que logo se revelou inútil. Mas continuou-se com as obras para ocupar os prisioneiros.
95. L.-M. Musquinet de La Pagne, *Bicêtre réformé*, p. 22.
96. Como na Inglaterra, houve conflitos desse tipo na França; em Troyes, por exemplo, um processo entre "os mestres e comunidades de barreteiros" e os administradores dos hospitais (*Archives du département de l'Aube*).
97. J.B. Bossuet, *Élévations sur les mystères*, VIª semana, 12ª elevação. (J.B. Bossuet, *Textes choisis*, por H. Bremond, v. III, p. 285).
98. *Sermon 155 sur le Deutéronome*, 12 mai. 1556.

99. J.B. Bossuet, op. cit., p. 285.
100. J. Calvino, *Sermon 49 sur le Deutéronome*, 3 jul. 1555.
101. "Queremos que Deus sirva a nossos loucos apetites e que ele fique como que sujeito a nós." (Ibidem.)
102. J. Huizinga, *Le Déclin du Moyen Age*, p. 35.
103. L. Bourdaloue, *Dimanche de la Septuagèsime, Oeuvres*, t. I, p. 346.
104. Tem-se um exemplo muito característico disso nos problemas que se apresentaram na casa de internamento de Brunswick. Cf. infra, parte III, capítulo 12.
105. Cf. G. Nicholls, *History of the English Poor Law*, t. I, p. 352.
106. Regulamento do Hospital Geral. Art. XII e XIII.
107. Apud *Histoire de l'Hôpital général*, brochura anônima, Paris, 1676.
108. Arsenal, ms. 2566, fólios 54-70.
109. Cf. J.-J. Rousseau, *Discours sur les sciences et les arts*.
110. J. Howard, op. cit., v. 1, p. 157.
111. Ibidem, v. 2, p. 382-401.
112. Sermão citado por p. Collet, op. cit.
113. Cf. R. Tardif, op. cit., p. 22.
114. J. Howard, op. cit., v. 1, p. 203.
115. N. de La Mare, op. cit., v. 1, p. 287-288.

3. O MUNDO CORRECIONAL

1. O iniciador dessa interpretação foi Sérieux (cf. entre outros p. Sérieux; L. Libert, *Le Régime des aliénés en France au XVIIIe siècle*) O espírito desses trabalhos foi retomado por Philipe Chatelain (*Le Régime des aliénés et des anormaux aux XVIIe e XVIIIe siècles*), Marthe Henry (*La Salpêtrière sous l'Ancien Régime*), Jacques Vié (*Les Aliénés et correctionnaires à Saint-Lazare aux XVIIe et XVIIIe siècles*), Héléne Bonnafous-Sérieux (*La Charité de Senlis...*), René Tardif (*Une Maison d'aliénés et de correctionnaires sous l'ancien régime au XVIIIe siècle*). Tratava-se, aproveitando os trabalhos de Funck-Brentano, de "reabilitar o internamento sob o Antigo Regime e demolir o mito da Revolução que libertara os loucos, mito instituído por Pinel e Esquirol, ainda vivo ao final do século XIX nas obras de Sémelaigue, de Paul Bru, de Louis Boucher, de Êmile Richard".
2. É curioso notar que esse preconceito de método é comum, em toda sua ingenuidade, aos autores de que falamos e à maioria dos marxistas que se referem à história das ciências.
3. M. Henry, op. cit., *Cassino*.
4. P. Bru, *Histoire de Bicêtre*, p. 25-26.
5. J. Howard, op. cit., v. 1, p. 169-170.
6. Cf. Apêndice: *État des personnes détenues à Saint-Lazare e Tableau des ordres du roi pour l'incarcération à l'Hôpital général*. (Por sugestão do Autor, os apêndices não foram traduzidos.) (N. da T.)
7. Deliberação do Hospital Geral. *Histoire de l'Hôpital général*.
8. Thierry de Héry, *La Méthode curative de la maladie vénérienne*, p 3-4.
9. Aos quais se deve acrescentar o Hôpital du Midi. Cf. A. Pignot, *L'Hôpital du Midi et ses origines*.
10. Cf. *Histoire de l'Hôpital général*.
11. J.B. Bossuet, *Traité de la concupiscence*, capítulo V, em *Bossuet: Textes choisis*, p. 183.
12. Em particular sob a forma dos sedativos morais de Joseph Guislain.
13. *État abrégé de la dépense annuelle des Petites-Maisons*. "As casinhas contêm quinhentas pessoas pobres e caducas, 120 doentes pobres da tinha, cem doentes pobres de varíola, oitenta pobres loucos insensatos." Feito a 17 de fevereiro de 1664, pelo Monsenhor de Harlay (B.N., ms. 18606).
14. P. Pinel, *Traité médico-philosophique*, p. 207.
15. Arsenal, ms. 10918, fólio 173.
16. Houve ainda algumas condenações desse gênero: pode-se ler nas Memórias do marquês d'Argenson: "Dois rufiões foram queimados, estes dias, por sodomia." (*Journal et Mémoires*, v. 6, p. 227).
17. *Dictionnaire philosophique* (*Oeuvres complètes*), t. XVII, p. 183, nota 1.
18. Catorze dossiês do Arsenal – ou seja, cerca de quatro mil casos – destinam-se a essas medidas policiais de ordem menor; estão nas cotas n. 10254-10267.
19. Cf. A. Chauveau; F. Helie, *Théorie du Code penal*, t. IV, n. 1507.
20. Nos processos do século XV, a acusação de sodomia é sempre acompanhada pela de heresia (a heresia por excelência, o catarismo). Cf. o processo de Gilles de Rais. Encontra-se a mesma acusação nos processos por feitiçaria. Cf. p. de Lancre, *Tableau de l'inconstance des mauvais anges et démons*.
21. No caso da mulher Drouet e da Sra. de Parson tem-se um exemplo típico desse caráter agravante da homossexualidade com relação à sodomia. Arsenal, ms. 11183.
22. Esse nivelamento é manifestado pelo fato de que a sodomia é colocada, pelo ordenamento de 1670, entre os "casos reais", o que não é indício de sua gravidade mas da vontade que se tem de retirá-la da apreciação dos Parlamentos, que ainda manifestavam a tendência de aplicar as velhas regras do direito medieval.
23. N. de La Mare, *Traité de Police*, v. 1, p. 527.
24. A partir de 1715, pode-se apelar para o Parlamento das sentenças do tenente de polícia; mas essa possibilidade foi sempre muito teórica.
25. Por exemplo, interna-se uma tal Loriot porque "o infeliz Chartier quase abandonou sua mulher, sua família e seu dever a fim de se entregar

inteiramente a essa infeliz criatura que já lhe custou a maior parte de seus bens". (R.L. d'Argenson, *Notes de René d'Argenson*, p. 3).
26. O irmão do bispo de Chartres é internado em Saint-Lazare: "Seu espírito era de um caráter tão baixo, e havia nascido com inclinações tão indignas de seu nascimento, que se podia esperar pelo pior. Ele queria, diz-se, casar com a ama do senhor seu irmão." (B.N., Clairambault, 986).
27. Mulheres que, no século XVII, adotaram uma atitude nova e refinada em relação aos sentimentos e uma linguagem instruída. (N. da E.)
28. Saint-Évremond, *Le Cercle*, in *Oeuvres*, t. II, p. 86.
29. Molière, *Les Précieuser ridicules*, cena v.
30. J.B. Bossuet, *Traité de la concupiscence*, capítulo IV (textos escolhidos por Henri Bremond, t. III, p. 180).
31. *Le Bourgeois gentilhomme*, ato III, cena 3, e ato IV, cena 4.
32. H. de Balzac, *L'Interdiction. La Comédie humaine*, t. VII, p. 135s.
33. Um lugar de internamento entre tantos outros: "Todos os parentes do dito Noel Robert Huet... têm a honra de humildemente representar à Vossa Alteza o fato de que têm a desgraça de ter por parente ao dito Huet, que nunca valeu nada, nem nunca quis fazer coisa alguma, entregando-se à devassidão, frequentando más companhias que poderiam levar à desonra da família e de sua irmã, que ainda não se casou." (Arsenal, ms. 11617. f. 101).
34. Apud F. Piétri, *La Réforme de l'État au XVIIIe siècle*, p. 263.
35. Circular de Breteuil. Apud F. Funck-Brentano, *Les Lettres de cachet*.
36. Arsenal, ms. 10135.
37. Ordenança de 10 de novembro de 1617. N. de La Mare, op. cit., v. 1, p. 549-550.
38. Cf. R. Pintard, *Le Libertinage érudit...*, p. 20-22.
39. Uma ordenança de 7 de setembro de 1651, renovada em 30 de julho de 1666, determina novamente a hierarquia das penas que, conforme o número de reincidências, vai da golilha à fogueira.
40. O caso do cavalheiro de Barre deve ser considerado como exceção; o escândalo que provocou o prova.
41. B.N., Clairambault, 986.
42. Nos costumes da Bretanha: "Se alguém se matar por vontade própria, deve ser pendurado pelos pés e arrastado como se fosse um assassino."
43. Cf. C. le Brun de La Rochette, *Les Procès civils et criminels*. Cf. E. Locard, *La Médecine judiciaire en France au XVIIe siècle*, p. 262-266.
44. Ordenança de 1670. Título XXII, art. I.
45. "A menos que tenha executado seu intento e realizado sua vontade por impaciência com sua dor, doença violenta, desespero ou súbito furor." Cf. C. le Brun de La Rochette, op. cit.
46. O mesmo acontece com os mortos: "Não mais se arrasta sobre a caniçada aqueles que leis ineptas perseguiam após a morte. Num espetáculo aliás horrível e repugnante, que podia ter consequências perigosas para uma cidade povoada de mulheres grávidas." (L.-S. Mercier, *Tableau de Paris*, v. 3, p. 195).
47. Cf. J.C.F.A. Heinroth, *Lehrbuch der Störungen des Seelenlebens*.
48. Cf. J.L. Casper, *Charakteristik der französischen Medizin*.
49. Reservamos esse problema para um trabalho posterior.
50. N. de La Mare, op. cit., v. 1, p. 562.
51. Alguns exemplos. Feitiçaria: em 1706 transfere-se da Bastilha para a Salpêtrière a viúva de Matte "como falsa feiticeira, que sustentava suas adivinhações ridículas com sacrilégios abomináveis". No ano seguinte, ela fica doente e "esperamos que sua morte logo purgará o público" (Fr. Ravaisson-Mollien, *Archives de la Bastille*, t. XI, p. 168). Alquimistas: "O sr. Aulmont, o jovem, levou (à Bastilha) a Lamy, que só hoje pôde ser encontrada, sendo 1 entre 5, 3 dos quais já foram presos e enviados a Bicêtre, e as mulheres ao Hospital Geral, por segredos de metais." (*Journal de Du Junca* apud Fr. Ravaisson-Mollien, op. cit., t. XI, p. 165). Ou ainda Marie Magnan, que trabalha em "destilações e congelamentos de mercúrio a fim de fazer ouro" (Salpêtrière, *Archives préfectorales de police* Br. 191). Mágicos: a dita Mailly enviada a Salpêtrière por ter composto um filtro do amor "para uma mulher viúva cismada por um jovem". M.R. de Voyer d'Argenson, *Notes de René d'Argenson*, p. 88).
52. N. de La Mare, op. cit., p. 562.
53. "Por uma sequência funesta de compromissos, aqueles que mais se entregaram à conduta desses sedutores teriam sido levados ao extremo criminoso de acrescentar o malefício e o veneno às impiedades e aos sacrilégios." Ibidem.
54. *Insensé*: jogo de palavras entre sentido, sem sentido e insano. (N. da T.)
55. Um manuscrito desse texto encontra-se na Biblioteca do Arsenal, ms. 10515.
56. B.N. Fonds Clairambault, 986.
57. Cf. F. Lachévre, *Mélanges*, p. 60-81.
58. J. de La Bruyère, *Les Caractères*, capítulo XVI, parte II, p. 322.
59. F. La Mothe Le Vayer, *Dialogues d'Orasius Tubero*, v. 1, p. 5.
60. D.A.F. de Sade, *Justine*, v. 7, p. 37.
61. Ibidem, p. 17.
62. Tem-se um exemplo de internamento por libertinagem no célebre caso do abade de Monterif: "Ele é muito suntuoso em coches, cavalos, comida, bilhetes de loteria, prédios, o que o fez contrair setenta mil libras de dívida... Gosta muito do confessionário e apaixona-se pela orientação

das mulheres, a ponto de provocar suspeitas em alguns maridos... É o homem mais processado, tem vários procuradores nos tribunais... Infelizmente isso é o bastante para evidenciar o desarranjo geral de seu espírito, com os miolos inteiramente virados." Arsenal, ms. 11811. Cf. também 11498, 11537, 11765, 12010, 12499.

4. EXPERIÊNCIAS DA LOUCURA

1. É a proporção que se constata, de modo bem regular, do fim do século XVII até meados do XVIII, segundo os quadros das ordens do rei para o encarceramento no Hospital Geral.
2. Cf. M. Fosseyeux, *L'Hôtel-Dieu à Paris au XVIIe et au XVIIIe siècle*.
3. Encontra-se menção a isso na contabilidade: "Por ter feito os alicerces de um quarto fechado e os cavaletes para o leito do quarto, e por ter feito duas janelas no dito quarto para ver e dar, XII, spa". Contas do Hôtel-Dieu, xx, 346. Em E. Coyecque, *L'Hôtel-Dieu de Paris*, p. 209, nota 1.
4. J.-R. Tenon, *Mémoires sur les hôpitaux de Paris*, 4e. mémoire, p. 215.
5. D.H. Tuke, *Chapters on the history of the Insane*, p. 67.
6. Num comunicado de 1675, os diretores de Bethleem pedem que não se confundam "os doentes mantidos no Hospital para serem tratados" com os que são apenas "mendigos e vagabundos".
7. D.H. Tuke, op. cit., p. 79-80.
8. O primeiro desses médicos foi Raymond Finot, depois Fermelhuis, até 1725. A seguir, Epy (1725-1762), Gaulard (1762-1782) e finalmente Philip (1782-1792). No decorrer do século XVIII, foram auxiliados por assistentes. Cf. p. Delaunay, *Le Monde medical parisien au XVIIIe siècle*, p. 72-73. Em Bicêtre, ao final do século XVIII, havia um cirurgião estagiário que visitava a enfermaria uma vez por dia, dois colegas e alguns alunos (*Mémoires de p. Richard*, ms. da Biblioteca da Cidade de Paris, f. 23).
9. J.-M. Audin-Rouvière, *Essai sur la topographie physique et médicale de Paris*, p. 105-107.
10. Título XIII, em F.-A. Isambert, *Recueil general des anciennes lois françaises*, 10, 8, p. 393.
11. Toda a cidade de Axminster, no Devonshire, teria sido contaminada desse modo no século XVIII.
12. J. Howard, op. cit., v. 1, p. 14.
13. Caso de Claude Rémy. Arsenal, ms. 12685.
14. É apenas ao final do século XVIII que se verá aparecer a fórmula "tratado e medicamentado como os outros insanos". Ordem de 1784 (caso Louis Bourgeois): "Transferido das prisões da Conciergerie em virtude de um despacho do Parlamento para ser levado à casa de força do castelo de Bicêtre para ser ali detido, alimentado, tratado e medicamentado como os outros insanos."
15. Arsenal, ms. 11396, f. 40 e 41.
16. Arsenal, ms. 12686.
17. Cf. D.H. Tuke, op. cit., p. 117: esses números provavelmente eram bem mais elevados, pois algumas semanas após o sr. Andrew Halliday conta 112 loucos internados em Norfolk, lá onde a comissão encontrara apenas 42.
18. J. Howard, op. cit., v. 1, p. 19.
19. J.E.D. Esquirol, Des Établissements consacrés aux aliénés en France, *Des Maladies mentales*, t. II, p. 138.
20. Ibidem, p. 137.
21. Estas observações estão nos *Tableaux des ordres du roi pour l'incarcération à l'Hôpital general*; e nos *Etats des personnes détenues par ordre du roi à Charenton et à Saint-Lazare*, Arsenal.
22. Tem-se um exemplo desse modo de proceder em H. Bonnafous-Sérieux, op. cit.
23. Cf. *Journal of Mental Science*, t. x, p. 256.
24. Cf. *Journal of Psychological Medecine*, 1850, p. 426. Mas uma opinião contrária é sustentada por J.B. Ullersperger, *Die Geschichte der Psychologie und Psychiatrie in Spanien*.
25. F.M. Sandwith, The Cairo Lunatic Asylum, *Journal of Mental Science*, XXXIV, p. 473-474.
26. O rei da Espanha, e depois o papa, deram a autorização para isso a 26 de fevereiro de 1410. Cf. H. Laehr, *Gedenktage der Psychiatric...*, p. 417.
27. P. Pinel, op. cit., p. 238-239.
28. Como o de St. Gergen. Cf. T. Kirchhoff, *Deutsche Irrenärzte*, p. 24.
29. H. Laehr, op. cit.
30. R. von Krafft-Ebing, *Lehrbuch der Psychiatrie...*, v. 1, p. 45. Anm.
31. Observado no livro do arquiteto Tucker: *Pey der spitallpruck das narrhewslein gegen dem Karll Holtzschmer uber*. Cf. T. Kirchhoff, op. cit., p. 14.
32. T. Kirchhoff, op. cit., p. 20.
33. Cf. Beneke, op. cit.
34. Cf. J.E.D. Esquirol, Mémoire historique et statistique sur la Maison Royale de Charenton, *Des maladies mentales*, t. II, p. 204 e 208.
35. Cf. p. Collet, *Vie de saint Vincent de Paul*, v. 1, p. 310-312: "Sentia por eles a ternura que uma mãe tem pelo filho."
36. B.N. Coll, "Joly de Fleury", ms. 1309.
37. Apud J. Vié, op. cit.
38. *Une relation sommaire et fidèle de l'affreuse prison de Saint-Lazare*, col. Joly de Fleury, 1415. Do

63. Arsenal, ms. 12692.
64. Pode-se descrever as linhas gerais da existência correcional a partir de biografias como a de Henri-Louis de Loménie (cf. E. Jacobé, *Un Internement sous le Grand Roi*) ou a do abade Blache, cujo dossiê está no Arsenal, ms. 10526: cf. 10588, 10592, 10599, 10614.

mesmo modo, as *Petites-Maisons* tornaram-se lugar de internamento após terem sido lugar de hospitalização, como o demonstra este texto do fim do século XVI: "São ainda recebidos no dito hospital pobres alienados de seus bens e de seu espírito e que percorrem as ruas como loucos e insanos, vários dos quais, com o tempo e o tratamento que lhes é dispensado, retornam ao bom senso e à saúde." Texto citado por A. Fontanon, *Edits et ordonnances des rois de France,* t. I, p. 921.
39. H. Bonnafous-Sérieux, op. cit., p. 20.
40. N. Ward, *The London Spy,* p. 61.
41. Apud D.H. Tuke, op. cit., p. 9, 90.
42. Protomédico em Roma, Paolo Zacchias (1584-1659) frequentemente foi consultado pelo tribunal da Rota com relação a peritagens referentes a assuntos civis e religiosos. De 1624 a 1650 publicou suas *Quaestiones medico-legales.*
43. Cf. *Von der Macht des Cemiiths durch den biossen Vorsatz seiner krankhaften Cefühlen Meister sein.*
44. Cf. J.C.F.A. Heinroth, op. cit.; Cf. É. Régnault, *Du Degré de compétence des médecins...*
45. P. Zacchias, *Quaestione medico-legales,* v. 2, título I.
46. Cf. J.-P. Falret, *Des Maladies mentales et les asiles d'aliénés,* p. 155.
47. *Formalités à remplir pour l'admission des insensés à Bicêtre* (documento citado por É. Richard, *Histoire de l'hôpital de Bicêtre*).
48. Neste caso, encontram-se nos registros do Hospital de Paris menções desta espécie: "Transferido das prisões da Conciergerie em virtude de despacho do Parlamento para ser conduzido..."
49. Essa ordenação foi completada em 1692 por outra que prevê dois *experts* em toda cidade com tribunal, bispo, presídio ou bailiado principal: nos outros burgos haverá apenas um.

50. Ofício que uma ordenação de 1699 decide generalizar "em cada uma das cidades e lugares de nosso reino onde seu estabelecimento se fizer necessário".
51. Cf. por exemplo a carta de Bertin a La Michodière, a respeito de uma tal Rodeval (Arch. Seine-Maritime C 52); e a carta do subdelegado de Saint-Venant a respeito do senhor Roux (Arch. Pas-de-Calais, 709, f. 165).
52. "Suas providências nunca seriam em demasia a respeito dos seguintes pontos: primeiro, que os memoriais estejam assinados pelos parentes paternos e maternos mais próximos; segundo, anotar aqueles que não assinarem e as razões que os impediram de fazê-lo, tudo isso independentemente da verificação exata do exposto." Apud A. Joly, *Lettres de cachet dans la généralité de Caen au XVIIIe siècle.*
53. Cf. o caso Lecomte: Arquivos Aisne, C 677.
54. Cf. Memorial a respeito de Louis François Soucanye de Moreuil, Arsenal, ms. 12684.
55. Cf., por exemplo, o atestado citado por E. Locard, op. cit., p. 172.
56. Cf. o verbete "*Interdit*" do *Dictionnaire de droit et de pratique,* de CL.-J. de Ferriere, t. II, p. 48-50.
57. P. Zacchias, op. cit., v. 2, título I, questão 7, p. 127-128.
58. Apud H. Bonnafous-Sérieux, op. cit., p. 40.
59. Arsenal, ms. 10928.
60. Citado por J. Devaux, *L'Art de faire des rapports en chirurgie,* p. 435.
61. É verdade que Breteuil acrescenta: "A menos que as famílias não tenham realmente condição para arcar com os custos do processo de interdição. Mas, nesse caso, é necessário que a denúncia seja notória e constatada através de depoimentos bem precisos."

5. OS INSENSATOS

1. B.N. Fonds Clairambault, 986.
2. Cf. carta a Fouché, citada atrás, capítulo 3, p. 109.
3. *Notes de René d'Argenson,* p. 111-112.
4. Fr. Ravaisson-Mollien, *Archives de la Bastille,* t. XI, p. 243.
5. Ibidem, p. 199.
6. CL.-J. Ferriere, *Dictionnaire de droit et de pratique,* verbete "Loucura", t. I, p. 611. Cf. o título XXVIII, art. I, da ordenação original de 1670: "O furioso ou insano, como não tem nenhuma vontade, não deve ser punido, pois já o é por sua loucura."
7. Arsenal, ms. 12707.
8. *Notes de René d'Argenson,* p. 93.
9. CL.- J. Ferriere, op. cit., verbete "Loucura", t. I, p. 611. (Grifo nosso.)
10. Fr. Ravaisson-Mollien, op. cit., , t. XIII, p. 438.
11. Ibidem, p. 66-67.
12. CL.-J. Ferriere, op. cit. verbete "Loucura", p. 611.

13. *Bibliothèque de droit français,* verbete "Furiosus".
14. *Discours de la Méthode,* parte IV, p. 147.
15. *Premure méditation,* p. 272.
16. *Traité de la Réforme de l'entendement,* trad. Charles Appuhn, *Oeuvres de Spinoza,* t. I, p. 228-229.
17. Art. 41 do auto de acusação, trad. francesa citada por Hernandez, *Le Procès inquisitorial de Gilles de Rais.*
18. Sexta sessão do processo, em G. Bataille, *Procès de Gilles de Rais,* p. 232.
19. Fr. Ravaisson-Mollien, op. cit., , t. XIII, p. 161-162.
20. B.N. Fonds Clairambault, 986.
21. Apud F. Pietri, *La Réforme de l'État au XVIIIe siècle,* p. 257.
22. B.N., Fonds Clairambault, 986.
23. Mais tarde, e sem dúvida sob a influência da prática relativa aos loucos, mostrou-se também os doentes venéreos. O padre Richard, em suas

Mémoires, relata a visita que lhe fez o príncipe de Condé com o duque d'Enghien, a fim de "inspirar-lhe o horror pelo vício" (*folio* 25).

24. Ned Ward, em *London Spy*, cita a cifra de dois pence. Não é impossível que, no decorrer do século XVIII, o preço da entrada tenha baixado.
25. "Antigamente todo mundo era admitido a visitar Bicêtre, e quando havia bom tempo viam-se chegar pelo menos duas mil pessoas por dia. Com o dinheiro na mão, era-se levado por um guia para a divisão dos insanos." (*Mémoires de Pére Richard*, op. cit., f. 61). Visitava-se um padre irlandês "que dormia na palha", um capitão de navio que ficava furioso vendo homens, "pois tinha sido a injustiça dos homens que o havia tornado louco" um jovem "que cantava de modo encantador" (Ibidem).
26. H.-G.R. Mirabeau, *Observations d'un voyageur anglais*, p. 213, nota 1.
27. Cf. supra, capítulo 1.
28. J.E.D. Esquirol, Mémoire historique et statistique de la Maison Royale de Charenton, *Des maladies mentales*, t. II, p. 222.
29. Ibidem.
30. B. Pascal, *Pensées*, n. 339.
31. D.H. Tuke, *Chapters on the history of the Insane*, p. 151.
32. Chamava-se Norris; morreu um ano após ser libertado.
33. Cf. F. Coguel, *La Vie parisienne sous Louis XVI*.
34. J.E.D. Esquirol, *Des maladies mentales*, t. II, p. 481.
35. F.-E. Fodéré, *Traité du délire appliqué à la médecine, à la morale, à la législation*, t. I, p. 190-191.
36. Esse relacionamento moral que se estabelece no próprio homem com sua animalidade, não como poder de metamorfose mas como limite de sua natureza, vem bem expresso num texto de Mathurin Le Picard: "Pela rapacidade é um lobo, pela sutileza um leão, pela fraude e engodo uma raposa, pela hipocrisia um macaco, pela inveja um urso, pela vingança um tigre, pela maledicência, pelas blasfêmias e detrações um cão, uma serpente que vive de terra pela avareza, camaleão pela inconstância, pantera pela heresia, basilisco pela lascívia dos olhos, dragão que sempre arde de sede pela bebedeira, um porco pela luxúria." *Le Fouet des Paillards*, p. 175.
37. O mês de Nivoso (de *nivosus*, nevado) ia de 21 de dezembro a 19 de janeiro; era o quarto mês do calendário republicano na França. (N. da T.)
38. P. Pinel, *Traité médico-philosophique*, t. 1, p. 60-61.
39. Pode-se citar, como outra expressão desse mesmo tema, o regime alimentar a que eram submetidos os insanos de Bicêtre (em Saint-Prix): "Seis quartos de pão cinza por dia, a sopa posta no pão; um quarto de carne aos domingos, terças e quintas; um terço de litro de ervilha ou favas às segundas e sextas; uma onça de manteiga às quartas; uma onça de queijo aos sábados." Arquivos de Bicêtre, Regulamento de 1781, capítulo v, art. 6.
40. P. Pinel, op. cit., p. 312.
41. Ibidem.
42. Quem se der ao trabalho de estudar a noção de natureza em Sade e suas relações com a filosofia do século XVIII encontrará um movimento desse tipo levado a seu grau de pureza mais extremo.
43. J.-B. Bossuet, *Panégyrique de saint Bernard*, Preâmbulo, *Oeuvres complètes*, t. 1, p. 622.
44. Sermão citado por L. Abelly, *Vie du vénérable Vincent de Paul*, v. 1, p. 199.
45. Ibidem, p. 198. São Vicente de Paula alude aqui ao texto de São Paulo (I. Cor., I, 23): *Judaeis quidem scandalum, Gentibus autem stultitiam*.
46. *Correspondence de Saint Vincent de Paul*, t. v, p. 146.

PARTE 2
INTRODUÇÃO

1. M. Régnier, *Satire* XIV. *Oeuvres complètes*, v. 9.
2. Ibidem, v. 13-14. (Aqueles que para viajar embarcam sobre as águas/Veem andar a terra e não sua nau.)
3. Ibidem, v. 7-8. (Quanto mais me limo e mais me aplaino/Creio que a meu ver todo mundo desatina.)
4. Diálogo filosófico de Denis Diderot, publicado pela Ed. Perspectiva (2006).
5. W. Blake, *Le Mariage du ciel et de l'enfer*, p. 24.
6. Ibidem, p. 20.
7. M. Régnier, op. cit., v. 155.

6. O LOUCO NO JARDIM DAS ESPÉCIES

1. *Pygmalion, prince de Tyr*. Prólogo. *Oeuvres de Fontenelle*, v. 4, p. 472. (Meu domínio se firma cada vez mais/Os homens de agora são mais loucos que seus pais;/ Seus filhos levarão a palma/Os netos terão mais quimeras/Que seus extravagantes avós.)
2. P. Bayle apud J. Delvolvé, *Essai sur Pierre Bayle*, p. 104.
3. B. de Fontenelle, Diálogo IV, *Dialogues des morts modernes. Oeuvres*, v. 1, p. 278.
4. Cf. Bernard de Mandeville, em *La Fable des abeilles*, e Montesquieu, a respeito da loucura da honra entre os nobres (*Esprit des lois*, livro III, capítulo VII).
5. *Histoire de l'Académie des sciences*. Ano 1709, ed. 1733, p. 11-13, *Sur le délire mélancolique*.
6. B. de Fontenelle, Diálogo IV, *Dialogues des morts modernes. Oeuvres*, v. 1, p. 278. Do mesmo modo, a respeito da liberdade, Fontenelle explica que os loucos não são nem mais nem menos determinados

que os outros. Se é possível resistir a uma disposição moderada do cérebro, deve ser possível resistir a uma disposição mais forte: "Deveria ser possível ter muito espírito apesar de uma tendência medíocre para a estupidez." Ou, ao contrário, se não é possível resistir a uma disposição violenta, uma disposição fraca é igualmente determinante (*Traité de la liberté de l'âme*, atribuído a Fontenelle na edição Depping, III, p. 611-612).

7. F. Boissier de Sauvages, *Nosologie méthodique*, v. 7, p. 33.
8. Ibidem.
9. Voltaire, *Dictionnaire philosophique*, verbete "Loucura", t. I, p. 286.
10. F. Boissier de Sauvages, op. cit., v. 7, p. 34.
11. Voltaire, op. cit., art. Loucura, p. 285.
12. Cícero, *Tusculanes*, livro III, I, 1. (Trad. Humbert.)
13. Ibidem, IV, 8.
14. Ibidem, III, 5.
15. Ibidem, V, 11.
16. Ibidem.
17. Nessas mesmas *Tusculanes* constata-se um esforço de superar a oposição *furor-insania* numa mesma citação moral: "Uma alma robusta não pode ser atacada pela doença, enquanto o corpo pode; mas o corpo pode ficar doente sem que tenhamos qualquer culpa por isso, enquanto o mesmo não acontece com a alma, cujas doenças e paixões, todas, têm por causa o desprezo da razão." (Ibidem, livro IV XIV, 31.)
18. *Encyclopédie*, art. "Loucura".
19. Cf. F. Plater, *Praxeos medicae Ires tomi*.
20. F. Boissier de Sauvages, op. cit., v. 1, p. 159.
21. Ibidem, p. 160.
22. Ibidem, p. 159.
23. Ibidem, p. 129.
24. Ibidem, p. 160.
25. T. Willis, *De morbis convulsiris, Opera omnia*, v. 1, p. 451.
26. F. Boissier de Sauvages, op. cit., v. 1, p. 121-122.
27. Cf. também T. Sydenham, Dissertation sus la petite vérole, *Médecine pratique*, p. 390.
28. F. Boissier de Sauvages, op. cit., v. 1, p. 91-92; cf. também A. Pitcairn, *The Whole Works*, p. 9-10.
29. T. Sydenham, Prefácio, op. cit., p. 121.
30. D. Gaubius, *Institutiones pathologiae medicinales*, apud F. Boissier de Sauvages op. cit.
31. As *Nouvelles classes des maladies* datam de 1731 ou 1733. A respeito, cf. F. Berg, *Linné et Sauvages*.
32. T. Sydenham apud F. Boissier de Sauvages, op. cit., v. 1, p. 124-125.
33. Ibidem.
34. K. Linné, *Lettre à Boissier de Sauvages* apud Berg, op. cit.
35. Esse problema parece ser a réplica de um outro com que nos deparamos na primeira parte, quando se tratava de explicar como a hospitalização dos loucos pôde coincidir com seu internamento. Esse é apenas um dos inúmeros exemplos de analogias estruturais entre o domínio explorado a partir das práticas e aquele que se esboça através das especulações científicas ou teóricas. Um pouco por toda parte, a experiência da loucura é singularmente dissociada de si mesma e contraditória; mas nosso trabalho consiste em procurar, apenas na profundidade da experiência, o fundamento da unidade e de sua dissociação.
36. Paracelso, *Sämtliche Werke*, v. 2, p. 391s.
37. Th. Arnold, *Observations on the Nature, Kinds, Causes and Preventions of Insanity, Lunacy and Madness*, t. I e II, 1786.
38. L. Vitet, *Matière médicale réformée ou pharmacopée médico-chirurgicale*; p. Pinel, *Dictionnaire des Sciences médicales*, t. XXXVI, p. 220.
39. F. Boissier de Sauvages, op. cit., v. 7, p. 43 (cf. também v. 1, p. 366).
40. Ibidem, v. 7, p. 191.
41. Ibidem, p. 1.
42. Ibidem, p. 305-334.
43. T. Willis, op. cit., v. 2, p. 255.
44. Ibidem, p. 269-270.
45. Cf. p. Pinel, *Nosographie philosophique*.
46. Cf. J.E.D. Esquirol, *Des maladies mentales*.
47. W. Cullen, *Institutions de médecine pratique*, v. 2, p. 61.
48. D. de La Roche, Prefácio, *Analyse des fonctions du système nerveux*, I, p. VIII.
49. J. Viridet, *Dissertation sur les vapeurs qui nous arrivent*, p. 32.
50. E.-P. Ch. de Beauchêne, *De l'influence des affections de l'âme...*, p. 65-182 e p. 221-223.
51. J.-B. Pressavin, *Nouveau Traité des vapeurs: ou nouveau traité des maladies des nerfs*, p. 7-31.

7. A TRANSCENDÊNCIA DO DELÍRIO

1. Voltaire, *Dictionnaire philosophique*, verbete "Loucura", t. I, p. 285.
2. J. de Saint-Beuve, *Resolution de plusieurs cas de conscience...*, p. 65. É essa a regra que se aplica também aos surdos-mudos.
3. Cf. decreto do Parlamento de Paris de 30 de agosto de 1711. Citado em L. Parturier, *L'Assistance à Paris sous l'Ancien Régime et sous la Résolution*, p. 159, nota 1.
4. *L'Ame matérielle*, ou novo sistema sobre os princípios dos antigos e modernos filósofos que sustentam sua imaterialidade. Arsenal, ms. 2239, p. 139.
5. Ibidem.
6. Voltaire, op. cit., p. 286.
7. Por exemplo, os colaboradores do *Dictionnaire de James*.

8. F. Boissier de Sauvages, *Nosologie méthodique*, v. 7, p. 130, 141 e p. 14-15.
9. Voltaire, op. cit., p. 286.
10. S.A.A.D. Tissot, *Avis aux gens de lettres et aux personnes sédentaires sur leur santé*, p. 1-3.
11. Supondo-se, evidentemente, que tenham lido Diemerbroek.
12. P. Zacchias, *Quaestiones medico-legales*, v. II, tit. I, q. II, p. 114. No respeito à implicação entre corpo e alma na loucura, as definições propostas pelos outros autores são do mesmo estilo. Willis: "Afecções do cérebro nas quais são lesadas a razão e as outras funções da alma." (*Opera omnia*, v. 2, p. 227). A.-C. Lorry: "*Corporis aegrotantis conditio illa in qua judicia a sensibus orienda nullatenus aut sibi inter se aut rei representatae responsant*", (*De Melancholia et morbis melancholics*, v. 1, p. 3).
13. T. Willis, op. cit., v. 2, p. 255-257.
14. Em geral, os espíritos animais pertencem ao domínio do imperceptível. Ijsbrand van Diemerbroek (*Anatomia*, livro 8, capítulo 1 de *Opera omnia anatomica et medica*) estabelece sua invisibilidade, contra Caspar Bartholin, que afirmava tê-los visto (*Institutions anatomiques*, livro 3, capítulo 1). Albrecht von Haller (*Elements de physiologie*, t. IV, p. 371) afirmava que eram insípidos, contra Jean Pascal, que os havia experimentado e os considerava ácidos (*La Nouvelle découverte et les admirable effets des ferments dans le corps humain*).
15. T. Sydenham, Dissertation sur l'affection hystérique, *Médecine pratique*, p. 407.
16. T. Sydenham, op. cit., nota.
17. Haveria todo um estudo a ser feito sobre o que é *ver* na medicina do século XVIII. É característico que na *Encyclopédie* o verbete fisiológico destinado aos nervos, assinado pelo cavaleiro de Jaucourt, critica a teoria das tensões, aceita como princípio de explicação pela maioria dos verbetes de patologia (cf. o verbete "Demência").
18. P. Pomme, *Traite des affections vaporeuses des deux sexes*, p. 94.
19. Th. Bonet, *Sepulchretum anatomicum*, v. 1, seção VIII, p. 205 e s. e seção IX, p. 221 e s. Do mesmo modo, Joseph Lieutaud viu, entre os melancólicos, "a maioria dos vasos do cérebro cheios de sangue escuro e espesso e água nos ventrículos; em alguns, o coração estava seco e sem sangue" (*Traité de médecine pratique*, v. 1, p. 201-203).
20. Novas observações sobre as causas físicas da loucura, lidas na última assembleia da Academia Real da Prússia (*Gazette salutaire*, 31, 2 ago. 1764).
21. Apud W. Cullen, *Institutions de médecine pratique*, v. 2, p. 295.
22. Ibidem, p. 292-296.
23. M. Ettmüller, *Pratique de médecine spéciale*, p. 437s.
24. R. Whytt, *Traité des maladies nerveuses*, v. 1, p. 257.
25. *Encyclopédie*, verbete "Mania".
26. Anônimo, *Observations de médecine sur la maladie appelée convulsion*, p. 31.
27. Cf. S.A.A.D. Tissot, *Traité des nerfs et de leurs maladies*, t. II, parte 1, p. 29-30: "A verdadeira pátria da delicadeza do gênero nervoso está entre os 45 e 55 graus de latitude."
28. Artigo anônimo da *Gazette salutaire*, 40, 6 out. 1768.
29. Cf. J. Daquin, *Philosophie de la folie*, p. 24-25.
30. J.-F. Dufour, *Essai sur ler opérations de l'entendement et sur les maladies que le derangent*, p. 361-362.
31. Black, *On Insanity* apud A. Matthey, *Nouvelles recherches sur les maladies de l'espirit*, p. 365.
32. Apud J.E.D. Esquirol, op. cit., t. II, p. 219.
33. Na mesma época, J. Dumoulin, no *Nouveau traité du rhumatisme et des vapeurs*, critica a ideia de uma influência da Lua sobre a periodicidade das convulsões, p. 209.
34. R. Mead, *A Treatise concerning the influence of the sun and the moon*.
35. Op. cit.
36. F. Leuret; J.E.F. Mitivé, *De la fréquence de pouls chez les aliénés*.
37. J. Guislain, *Traité des phrénopathies*, p. 46.
38. J. Daquin, op. cit., p. 82, 91; cf. também G. Toaldo, *Essai météorologique*.
39. F. Boissier de Sauvages, op. cit., v. 7, p. 12.
40. F. Bayle; H. Grangeon, *Relation de l'état de quelques personaes prétendues possédées*, p. 26-27.
41. N. Malebranche, *De la recherche de la vérité*, V, capítulo 3, p. 89.
42. F. Boissier de Sauvages, op. cit., v. 8, p. 291.
43. R. Whytt, op. cit., v. 2, p. 288-289.
44. Ibidem, p. 291. O tema do movimento excessivo que conduz à imobilidade e à morte é muito frequente na medicina clássica. Cf. vários exemplos em *De temple d'Esculape*, t. III, p. 79-85; e N. Pechlin, *Observations médicales*, livro III, obs. 23. O caso do chanceler Bacon, que era acometido de síncope toda vez que via um eclipse da Lua, era um dos lugares-comuns da medicina.
45. G.M. Lancisi, *De nativis Romani coeli qualitatibus*, capítulo XVII.
46. Cf. entre outros S.A.A.D. Tissot, *Essai sur la santé des gens du monde*, p. 30-31.
47. F. Boissier de Sauvages, op. cit., v. 8, p. 21-22.
48. J.-F. Dufour (op. cit., p. 366-367) admite, com a *Encyclopédie*, que o furor não passa de uma gradação da mania.
49. De La Rive. Sobre um estabelecimento para a cura dos alienados. *Bibliothèque Britannique*, t. VIII, p. 304.
50. *Encyclopédie*, verbete "Mania".
51. *L'Ame matérielle*, p. 169.
52. P. Zacchias, op. cit., livro II, título 1, questão 4, p. 119.

53. F. Boissier de Sauvages, op. cit., v. 7, p. 15.
54. Ibidem, p. 20.
55. Cf. J. Daquin, op. cit., p. 30.
56. P. Zacchias, op. cit., livro II, título I, questão 4, p. 120.
57. I. Diemerbroek, *Disputationes practicae de morbis capitis, Historia, Opera omnia anatomica et medica*, livro 3, p. 4-5.
58. J.-D.-T. Bienville, *De la nymphomanie*, p. 140-153.
59. R. James, *Dictionnaire universel de médecine*, v. 3, p. 977.
60. Ibidem.
61. Sauvages considera ainda que a histeria não é uma vesânia, mas uma "doença caracterizada por acessos de convulsões gerais ou particulares, externas ou internas"; em compensação classifica entre as vesânias o desassossego, o disparate e a vertigem.
62. A. Du Laurens, *Discours de la conservation de la vue, des maladies mélancoliques, des catarrhes, de la vieillesse, Oeuvres*, p. 29.
63. P. Zacchias, op. cit., livro I, tit. II, questão 4, p. 118.
64. Ibidem.
65. Por exemplo, cf. Jean-François Dufour: "Considero como gênero de todas essas doenças o erro do entendimento que julga mal *durante a vigília* coisas sobre as quais todos pensam do mesmo modo." (Op. cit., p. 355). Ou Willian Cullen: "Penso que o delírio pode ser definido como um juízo falso e enganador de uma pessoa acordada sobre coisas que se apresentam frequentemente na vida." (Op. cit, v. 2, p. 286). (O grifo é meu.)
66. Pitcairn apud F. Boissier de Sauvages, op. cit., v. 7, p. 33 e 301, cf. I. Kant, *Anthropologie*.
67. P. Zacchias, op. cit., p. 118.
68. *Encyclopédie*, verbete "Loucura".
69. F. Boissier de Sauvages, op. cit., v. 7, p. 33.
70. P. Zacchias, op. cit., p. 118.
71. *Encyclopédie*, verbete "Loucura".
72. Considerando no sentido que Nicolle atribuía a essa palavra, quando se perguntava se o coração tinha um papel "em todos os ofuscamentos do espírito" (*Essais*, 8, Parte II, p. 77).
73. Tema cartesiano frequentemente retomado por Malebranche: nada pensar é não pensar; nada ver é não ver.
74. Seria preciso acrescentar Andrômaca, viúva e desposada, e novamente viúva, em sua roupa de luto e vestimenta de festa que acabam por confundir-se e dizer a mesma coisa; e o clarão de seu reinado na noite de sua escravidão.
75. Nesse sentido, uma definição da loucura como a proposta por Dufour (e, no essencial, ela não difere das que lhe são contemporâneas) pode passar por uma *teoria* do internamento, pois designa a loucura como um erro onírico, um duplo não ser imediatamente sensível na diferença com a universalidade dos homens: "Erro do entendimento que julga mal, no estado de vigília, coisas sobre as quais todos pensam do mesmo modo" (*Essai...*, p. 355).
76. Cf., por exemplo, anotações como esta, a respeito de um louco internado em Saint-Lazare havia 17 anos: "Sua saúde debilitou-se muito, pode-se esperar que logo morrerá." (B.N. Clairambault, 986, f. 113).

8. FIGURAS DA LOUCURA

1. C.G. Porée, *Examen de la prétendue possession des filles de la paroisse de Landes*, p. 14.
2. T. Willis, *Opera omnia*, v. 2, p. 227.
3. Ibidem, p. 265.
4. Ibidem, p. 266-267.
5. Ibidem.
6. J.-F. Dufour, *Essai sur les operations de l'entendement et sur les maladies que le derangent*, p. 358-359.
7. W. Cullen, *Institutions de médecine pratique*, p. 143.
8. C.-L. Andry, *Apologie pour Monsieur Duncan*, p. 113-115.
9. FEM, *De la nature et du siège de la phrénésie et de la paraphrénesie*. Tese defendida em Göttingen sob a presidência de M. Schroder, resenha na *Gazette salutaire*, n. 13, 27 mar. 1766.
10. R. James, *Dictionnaire universel de médecine*, v. 5, p. 547.
11. W. Cullen, op. cit., p. 142.
12. Ibidem, p. 145.
13. R. James, op. cit., p. 547.
14. Cf. por exemplo: "Relatei a monsenhor o duque de Orléans aquilo que o senhor me deu a honra de dizer a respeito do estado de imbecilidade e de demência em que o senhor encontrou a chamada Dardelle." *Arquivos da Bastilha*. Arsenal, 10808, f. 137.
15. T. Willis, op. cit., v. 2, p. 265.
16. J.-F. Dufour, op. cit., p. 357.
17. Ibidem, p. 359.
18. F. Boissier de Sauvages, op. cit., 7, p. 334-335.
19. Durante muito tempo, na prática, se considerará a imbecilidade como uma mistura de loucura e enfermidade sensorial. Uma ordem de 11 de abril de 1819 prescreve à Superiora da Salpêtrière que receba Marie Fichet, conforme relatórios assinados pelos médicos e cirurgiões, "que constatam que a dita Fichet nasceu surda-muda e demente". (B.N. Col. "Joly de Fleury", ms. 1235, f. 89).
20. Artigo anônimo publicado na *Gazette de médecine*, III, n. 12, quarta-feira, 10 fev. 1762, p. 89-92.
21. P. Pinel, *Nosographie philosophique*, v. 3, p. 130.
22. J. Weyer, *De praestigiis daemonum*, p. 222.
23. T. Sydenham, Dissertation sur l'affection hystérique. *Médecine pratique*, p. 399.
24. J. Weyer, op. cit., p. 222.
25. Cf. H. Boerhaave, *Aphorisme*.

26. Cf. J.-F. Dufour, op. cit.
27. J. Fernel, *Physiologia, em Universa medica*, p. 121.
28. A razão desse debate foi o problema de saber se se podia assimilar os possuídos aos melancólicos. Seus protagonistas, na França, foram Duncan e La Mesnardière.
29. C.-L. Andry, op. cit., p. 63.
30. Ibidem, p. 93-94.
31. H.J.P. de La Mesnardière, *Traité de la mélancolie...*, p. 10.
32. C.-L. Andry, op. cit., p. 85-86.
33. T. Willis, op. cit., v. 2, p. 238-239.
34. Ibidem, p. 242.
35. Ibidem.
36. Ibidem, p. 240.
37. R. James, *Dictionnaire universel de médecine*, verbete "Mania", v. 6, p. 1125.
38. "Um soldado tornou-se melancólico em virtude da recusa manifestada pelos pais de uma moça de quem gostava muito. Conduzia-se como um sonhador, queixava-se de uma forte dor de cabeça e de um peso contínuo nessa parte. Emagreceu a olhos vistos; seu rosto empalideceu; estava tão fraco que soltava seus excrementos sem se aperceber... Não delirava, embora o doente não desse respostas positivas e parecesse estar sempre absorto. Nunca pedia para comer ou beber." (Observation de Musell, *Gazette salutaire*, 17 mar. 1763).
39. R. James, op. cit., v. 4, verbete "Melancolia", p. 1215.
40. Ibidem, p. 1214.
41. *Encyclopédie*, verbete "Mania".
42. Th. Bonet, *Sepulchretum anatomicum*, p. 205.
43. A. von Haller, *Elements de physiologie*, livro XVII, sec. I, § 17, t. V, p. 571-574.
44. J.-F. Dufour, op. cit., p. 370-371.
45. *Encyclopédie*, verbete "Mania".
46. A mesma ideia encontra-se ainda em Daquin (*op. cit.*, p. 67-68) e em Pinel. Ela fazia parte, igualmente, das práticas do internamento. Num registro de Saint-Lazare, a respeito de Antoine de la Haye Monbault: "O frio, por mais rigoroso que seja, não tem nenhum efeito sobre ele." (B.N., Clairambault, 986, p. 117).
47. *Encyclopidie*, verbete "Mania".
48. Montchau. Observação enviada à *Gazette salutaire*, n. 5, 3 fev. 1763.
49. De La Rive, Sur un établissement pour la guérison des aliénés, *Bibliothèque britannique*, 8, p. 304.
50. T. Willis, op. cit, v. 2, p. 255.
51. Ibidem.
52. Por exemplo, d'Aumont no verbete "Melancolia" da *Encyclopédie*.
53. T. Sydenham, op. cit., p. 629.
54. J. Lieutaud, *Précis de la médecine pratique*, p. 204.
55. J.-F. Dufour, op. cit., p. 369.
56. H. Boerhaave, op. cit., 1118 e 1119; G. van Swieten, *Commentaria*, t. III, p. 519-520.
57. F. Hoffmann, *Medicina rationalis systematica*, t. IV, p. 188s.
58. Cf. L. Spengler, *Briefe, welche einige Erfahrungen. der elektriscken Wirkung in Krankkeiten enthalten*.
59. W. Cullen, op. cit., v. 2, p. 315.
60. Ibidem.
61. Ibidem, p. 323.
62. W. Cullen, op. cit., p. 128 e 272.
63. F. Boissier de Sauvages, op. cit. A histeria é situada na classe IV (espasmos) e a hipocondria na classe VII (vesânias).
64. C. von Linné, *Genera morborum*. A hipocondria pertence à categoria "imaginária" das doenças mentais, a epilepsia à categoria "tônica" das doenças convulsivas.
65. Cf. a polêmica com N. Highmore, *Exercitationes duae, prior de passione hysterica, altera de affectione hypochondriaca*, e *De passione hysterica, responsio epistolaris ad Willisium*.
66. R. Whytt, *Traité des maladies nerveuses*, v. 2, p. 1-132. Cf. uma enumeração desse gênero em C. Revillon, *Recherches sur la cause des affections hypocondriaques*, p. 5-6.
67. T. Willis, op. cit., v. 1; *De Morbis convulsivis*, p. 529.
68. J. Lieutaud, op. cit., 2. ed., 1761, p. 127.
69. J. Raulin, *Traité des affections vaporeuses*, discurso preliminar, p. XX.
70. J. Ferrand, *De la maladie d'amour ou mélancolie érotique*, p. 164.
71. N. Chesneau, *Observationum medicarum libri quinque*, livro 3, capítulo XIV.
72. T. de Murillo y Velarde, *Novissima hypochondriacae melancholiae curatio*, capítulo IX, p. 88s.
73. M. Flemyng, *Neuropathia sive de morbis hypochondriacis et hystericis*, p. L-LI.
74. G.E. Stahl, *Theoria medica vera, de malo hypochondriaco*, p. 447s.
75. G. van Swieten, op. cit., t. I, p. 22s.
76. Lange, *Traité des vapeurs*, p. 41-60.
77. *Dissertatio de malo hypochondriaco*, in *Pratique de médecine spéciale*, p. 571.
78. J. Viridet, *Dissertation sur les vapeurs*, p. 50-62.
79. J. Liébault, *Trois livres des maladies des femmes*, p. 380.
80. C. Piso, *Observationes*, 1618, reeditadas em 1733 por H. Boerhaave, sec. II, 6 2, capítulo VII, p. 144.
81. T. Willis, De affectionibus hystericis, op. cit., v. 1, p. 635.
82. Idem, De morbis convulsivis, op. cit., v. 1, p. 536.
83. Pinel classifica a histeria entre as neuroses da geração (*Nosographie philosophique*).
84. G.E. Stahl, op. cit., p. 453.
85. Hoffmann, *Medicina rationalis systematica*, t. IV, *pars tertia*, p. 410.
86. N. Highmore, op. cit.
87. T. Sydenham, Dissertation sur l'affection hystérique, *Médecine pratique*, p. 400-401.
88. Ibidem, p. 395-396.

89. Ibidem, p. 394.
90. Ibidem.
91. J.-B. Pressavin, *Nouveau traité des vapeurs*, p. 2-3.
92. Ibidem, p. 3.
93. S.A.A.D. Tissot, *Traité des nerfs et de leurs meladies*, t. I, parte II, p. 99-100.
94. Ibidem, p. 270-292.
95. R. Whytt, op. cit., v. 1, p. 24.
96. Ibidem, p. 23.
97. Idem, p. 51.
98. Idem, p. 50.
99. Ibidem, p. 126-127.
100. Ibidem, p. 47.
101. Ibidem, p. 166-167.
102. S.A.A.D. Tissot, op. cit., t. I, parte II, p. 274.
103. Ibidem, p. 302.
104. Ibidem, p. 278-279.
105. Ibidem, p. 302-303.
106. Isto é, o ar, os alimentos e as bebidas, o sono e a vigília, o repouso e o movimento, as excreções e as retenções, as paixões. Cf. entre outros, S.A.A.D. Tissot, op. cit., II, I, p. 3-4.
107. Cf. S.A.A.D. Tissot, *Essai sur les maladies des gens du monde*.
108. J.-B. Pressavin, op. cit., p. 15-55, 222-224.
109. Ibidem, p. 65.
110. L.-S. Mercier, *Tableaux de Paris*, v. 3, p. 199.
111. Cf. F.J.V. Broussais, *De l'irritation et de la folie*.

9. MÉDICOS E DOENTES

1. R. Whytt, *Traité des maladies nerveuses*, v. 2, p. 168-174.
2. P. Hecquet, *Réflexion sur l'usage de l'opium, des calmants et des narcotiques*, p. 11.
3. Ibidem, p. 32-33.
4. Ibidem, p. 84.
5. Ibidem, p. 86.
6. Ibidem, p. 87.
7. Ibidem, p. 87-88.
8. Faz-se a crítica em nome dos mesmos princípios que sua apologia. O *Dictionnaire* de James estabelece que o ópio precipita a Mania: "A razão desse efeito é que esse medicamento abunda em um certo enxofre volátil muito inimigo da natureza." (*Dictionnaire des sciences médicales*)
9. J. Renou, *Oeuvres pharmaceutiques*, p. 405.
10. Ibidem, p. 406-413. Bem antes, Albert de Bollsdat já dissera da crisólida que ela "faz adquirir sapiência e espanta a loucura", e que Barthélemy (*De proprietatibus rerum*) atribuía ao topázio a faculdade de eliminar o frenesi.
11. N. Lemery, *Dictionnaire universel des drogues simples*, p. 821. Cf. também Mme de Sévigné, *Oeuvres*, t. VII, p. 411.
12. N. Lemery, op. cit., verbete "Homo", p. 429. Cf. também Moyse Charas, *Pharmacopée royale*, p. 771: "Pode-se dizer que não existe parte alguma, nem excremento nem coisa supérflua, no homem e na mulher, que a química não possa preparar para a cura ou alívio da maioria dos males aos quais ambos estão sujeitos."
13. N. Lemery, op. cit., verbete "Homo", p. 430.
14. Buchoz, *Lettres périodiques curieuses*, 2 e 3. Resenha na *Gazette salutaire*, XX e XXI, 18 e 25 maio 1769.
15. Cf. R. Mercier, *Le Monde médical de Touraine sous la Révolution*, p. 206.
16. N.. Lemery, *Pharmacopée universelle*, p. 124; p. 359 e 752.
17. Buchoz, op. cit.
18. Mme De Sévigné, Carta de 8 jul. 1685, op. cit., t. VII, p. 421.
19. J.-D.T. Bienville, *De la Nymphomanie*, p. 171-172.
20. J. Lemery, op. cit.
21. R. Whytt, op.cit., v. 2, p. 309.
22. J.E. Gilibert, *L'Anarchie médicinale*, 2, p. 3-4.
23. Mme De Sévigné servia-se muito dela, achando-a "boa contra a tristeza" (cf. cartas de 16 e 20.10.1675, op. cit., 4, p. 186 e 193). A receita é citada por Mme Fouquet, *Recueil de remédes faciles et domestiques*, p. 381.
24. Lange, *Traité des vapeurs*, p. 243-245.
25. T. Sydenham, Dissertation sur l'affection hystérique, *Médecine pratique*, p. 571.
26. R. Whytt, op. cit., v. 2, p. 149.
27. H. Laehr, *Gedenktage der Psychiatric...*, p. 316.
28. Gregory Zilboorg apud F. Alexander; S.T. Selesnick, *The History of Psychiatry*, p. 275-276. Michael Ettmüller recomendava vivamente a transfusão nos casos de delírio melancólico (*Chirurgia transfusoria*, 1682).
29. A transfusão é ainda citada como remédio para a loucura por Pierre Dionis, *Cours d'opération de chirurgie* (Demonstração 8, p. 408) e Manjet, *Bibliothéque médico-pratique*, 3, Livro IX, p. 334s.
30. Lange, op. cit., p. 251.
31. J. Lieutaud, *Précis de médecine pratique*, p. 620-621.
32. S. Fallowes, *The Best Method for the Cure of Lunatics...*, apud Tuke, *Chapters on the History of the Insane*, p. 93-94.
33. Doublet, Traitement qu'il faut administrer dans les différentes espèces de folie. Em Instruction de F. Doublet; J. Colombier; *Journal de médecine*, jul. 1785.
34. O *Dictionnaire* de James propõe esta genealogia das diversas alienações: "A mania origina-se geralmente da melancolia, a melancolia das afecções hipocondríacas e as afecções hipocondríacas dos sucos impuros e viciados que circulam languidamente nos intestinos..." (*Dictionnaire universel de médecine*, verbete "Mania", v. 4, p. 1126).

35. M. Thirion, *De l'usage et de l'abus du café*. Tese submetida em Pont-à-Mousson, 1763. Cf. resenha in *Gazette salutaire*, n. 37, 15 sept. 1763.
36. Consultation de La Closure. Arsenal, ms. 4528, f. 119.
37. R. Whytt, op. cit., 2, p. 145.
38. Ibidem.
39. J. Raulin, *Traité des affections vaporeuses du sexe*, p. 339.
40. S.A.A.D Tissot, *Avis aux gens de lettres et aux personnes sédentaires sur leur santé*, p. 76.
41. Muzzell, observações citadas na *Gazette salutaire* de 17 mar. 1763.
42. R. Whytt, op. cit., p. 364.
43. J. Raulin, op. cit., p. 340.
44. F.H. Muzell, *Medizin und Chirurgie*, t. II, p. 54-60.
45. *Gazette de médecine*, 14 out. 1761, n. 23, 2, p. 215-216.
46. S.A.A.D. Tissot, op. cit., p. 90.
47. Aurelianus, *De morbis acutis*, I, 11. Asclepíades utilizava bastante os banhos contra as doenças do espírito. Segundo Plínio, ele teria inventado centenas de formas diversas de banhos. Plínio, *Histoire naturelle*, livro XXVI.
48. Sylvius, *Opera medica*, 1680, *De methodo medendi*, livro I, capítulo XIV.
49. J.-J. Menuret, *Mémoires de l'Académie royale des sciences*, *Histoire*, p. 56.
50. Cf. F. Doublet, op. cit.
51. Cheyne, *De infirmarum sanitate tueada* apud A. Rostaing, *Réflexions sur les affections vaporeuses*, p. 73-74.
52. Barthelémy-Camille Boissieu, *Mémoire sur les méthodes rafraîchissantes et échauffantes*, p. 37-55.
53. Darut, *Les Bains froids sont-ils plus propres à conserver la santé que les bains chauds?* Tese 1763. (*Gazette salutaire*, n. 47).
54. Cf. E.-P. Ch. Beauchêne, *De l'influence des affections de l'âme...*, p. 13.
55. J.-B. Pressavin, *Nouveau traité des vapeurs*. Preliminar não paginada. Também S.A.AD. Tissot: "É do bule de chá que decorre a maioria das doenças." Op. cit., p. 85.
56. A. Rostaing, op. cit., p. 75.
57. Hoffmann, *Ópera*, 2, seção II, § 5. Cf. também N. Chambon De Montaux, *Les Bains froids dessèchent les solides*, *Des maladies des femmes*, v. 2, p. 469.
58. P. Pomme, *Traité des affections vaporeuses des deux sexes*, p. 20-21.
59. L. Chalmers, *Journal de médecine*, p. 388.
60. P. Pomme, op. cit., p. 58.
61. P. Pinel, *Traité médico-philosophique...*, p. 324.
62. J.E.D. Esquirol, *Des maladies mentales*, t. II, p. 225.
63. M. Burette, *Mémoire pour servir à l'histoire de la course chez les Anciens*, *Mémoires de l'Académie des Belles-Lettres*, t. III, p. 285.
64. T. Sydenham, *Dissertation sur l'affection hystérique*, op. cit., p. 425.
65. Segundo J. Lieutaud, o tratamento da melancolia não depende da medicina, mas "da dissipação e do exercício" (*Précis de médecine pratique*, p. 203). Sauvages recomenda os passeios a cavalo por causa da variedade das imagens (*Nosologie*, VIII, p. 30).
66. Les Camus, *Médecine pratique* apud p. Pomme, *Nouveau recueil de pièces*, p. 7.
67. N. Chambon De Montaux, op. cit., v. 2, p. 477-478.
68. W. Cullen, *Institutions de médecine pratique*, v. 2, p. 317. É sobre essa ideia que repousam as técnicas da cura pelo trabalho, que começam a justificar, no século XVIII, a existência, aliás já anterior a essa data, de oficinas nos hospitais.
69. Discute-se se o inventor da máquina giratória é Maupertuis, Darwin ou o dinamarquês Katzenstein.
70. J.-M. Cox, *Practical observations on insanity*, p. 49s.
71. Cf. J.E.D. Esquirol, op. cit., 2, p. 225.
72. J.-D.-T. Bienville, op. cit., p. 136.
73. E.-P. Ch. Beauchêne, op. cit., p. 28-29.
74. J. Schenck, *Observationes*, p. 128.
75. W. Albrecht, *De effectu musicae*, p 314.
76. *Histoire de l'Académie royale des sciences*, 1707, p. 7 e 1708, p. 22. Cf. também J.L. Royer, *De vi soni et musicae in corpus humanum* (tese Montpellier). Desbonnets, *Effets de la musique dans les maladies nerveuses* (*Journal de médecine*, LIX, p. 556); J.L. Roger, *Traité des effets de la musique sur le corps humain*.
77. I. van Diemerbroek, *De peste*, t. IV.
78. Porta, *De magia naturali* (citado em *Encyclopédie*, verbete "Música"). Xenócrates já utilizara flautas de helébobo para os alienados, e flautas de madeira de choupo contra a ciática; cf. J.L. Roger, op. cit.
79. *Encyclopédie*, verbete "Música". Cf. S.A.A.D. Tissot, *Traité des nerfs...*, t. II, p. 418-419, para quem a música é um dos medicamentos "mais primitivos, pois tem seu modelo perfeito no canto dos pássaros".
80. Crichton, *On Mental Diseases* apud E. Régnault, *Du degré de compétence des médecins...*, p. 187-188.
81. W. Cullen, op. cit., v. 2, p. 307.
82. S.A.A.D. Tissot, *Traité des nerfs...*, t. II.
83. F.C.G. Scheidenmantel, *Die Leidenschaften als Heilmittel betrachtet*. Citado em M. Neuburger; J. Pagel, *Handbuch der Geschichte der Medizin*, III, p. 610.
84. Joseph Guislain apresenta a seguinte lista dos sedativos morais: o sentimento de dependência, as ameaças, a fala severa, os ataques ao amor-próprio, o isolamento, a reclusão, as punições (como a cadeira giratória, a ducha brutal, a cadeira de repressão de Rush) e às vezes a fome e a sede. *Traité des phrénopathies*, p. 405-433.
85. F. Leuret, *Fragments psychologiques sur la folie*, cf. "Un Exemple typique", p. 308-321.
86. F. Boissier de Sauvages, op. cit., v. 7, p. 39.
87. J.-D.T. Bienville, op. cit., p. 140-153.
88. *Histoire de l'Académie des sciences*, 1752. Relação lida por Lieutaud.

NOTAS 643

89. Apud R. Whytt, op. cit., 1, p. 296.
90. T. Willis, *Opera omnia*, v. 2, p. 261.
91. F. Boissier de Sauvages, op. cit., v. 7, p. 28.
92. S.A.A.D. Tissot, *Avis aux gens de lettres et aux personnes sédentaires sur leur santé*, p. 117.
93. P. Pinel, op. cit., p. 222.
94. Hulshorff, Discours sur les penchants, lido na Academia de Berlim apud *Gazette salutaire*, n. 33, 17 ago. 1769.
95. Z. Lusitanus, *Praxis medica admiranda*, obs. 45, p. 43-44.
96. Discours sur les penchants, por M. Hulshorff, lido na Academia de Berlim. Extratos apud *Gazette salutaire*, n. 33, 17 ago. 1769.
97. Hic omnioarius morbus ingenio et astutia curandus est (Z. Lusitanus, op. cit., p. 43).
98. *Encyclopédie*, verbete "Melancolia".
99. Ibidem.
100. *Gazette salutaire*, n. 33, 17 ago. 1769.
101. H.B. de Saint-Pierre, *Préambule de l'Arcadie*, *Oeuvres*, v. 7, p. 11-14.
102. S.A.A.D. Tissot, *Traité sur les maladies des gens de lettres*, p. 90-94.
103. Apud J.E.D. Esquirol, op. cit., 2, p. 294.
104. P. Pinel, op. cit., p. 238-239.
105. Ibidem.

PARTE 3
INTRODUÇÃO

1. *Le Neveu de Rameau*, D. Diderot, *Oeuvres*, p. 435.
2. Ibidem, p. 468.
3. Ibidem, p. 437.
4. Ibidem, p. 468.
5. Ibidem, p. 468.
6. Ibidem, p. 426-427.
7. Ibidem, p. 431.
8. Ibidem, p. 433.
9. O interesse, no *Sobrinho de Rameau*, indica justamente essa pressão do ser e essa ausência de mediação. Encontra-se o mesmo movimento de pensamento em Sade; sob uma aparente proximidade, é o contrário da filosofia do "interesse" (mediação em direção à verdade e à razão), que se encontrará normalmente no século XVIII.
10. Diderot, op. cit.,, p. 500.
11. Ibidem, p. 501.
12. Ibidem, p. 485-486.
13. Ibidem, p. 486.

10. O GRANDE MEDO

1. J.S. Mercier, *Tableaux de Paris*, v. 1, p. 233-234.
2. Ibidem, p. 235-236.
3. Encontra-se frequentemente essa menção nos livros dos internamentos.
4. Carta a sua mulher apud G. Lély, *Vie du narquis de Sade*, t. 1, p. 105.
5. J.S. Mercier, op. cit., t. VIII, p. 1.
6. Ibidem, p. 2.
7. L.-M. Musquinet De La Pagne, *Bicêtre réformé*, p. 16.
8. Esse tema está ligado aos problemas de química e higiene colocados pela respiração, tal como se estuda nessa mesma época. Cf. S. Hales, *A Description of Ventilators*. A.L. Lavoisier, *Altérations qu'éprouve l'air respiré*, [1785], *Oeuvres*, [1862], t. II, p. 676-687.
9. Uma cópia manuscrita desse relatório encontra-se na B.N., col. "Joly de Fleury", 1235, f. 120.
10. Ibidem, f. 123. O conjunto do caso ocupa os fólios 117-126; sobre a "febre das prisões" e o contágio que ameaça as cidades, cf. J. Howard, *État des prisons*, v. 1, Introdução, p. 3.
11. "Eu sabia, como todo mundo, que Bicêtre era ao mesmo tempo um hospital e uma prisão, mas ignorava que o hospital tivesse sido construído para engendrar doenças, e a prisão para engendrar crimes." (H.-G. de R. Mirabeau, *Observations d'un voyageur anglais*, p. 6).
12. Cf. Hanway, Réflexions sur l'aération (*Gazette salutaire*, 25 sept. e 9 oct. 1766, n. 39 e 41); C.L. Genneté, *Purification de l'air dans les hôpitaux*... A Academia de Lyon havia posto em concurso, em 1762, o seguinte tema: "Qual é a qualidade perniciosa que o ar contrai nos hospitais e nas prisões, e qual seria a melhor maneira de remediar isso?" De um modo geral, cf. C.P. Coqueau, *Essai sur l'établissement des hôpitaux dans les grandes villes*.
13. Abade F. Desmonceaux, *De la bienfaisance nationale*, p. 14.
14. H.-G. de R. Mirabeau, op. cit., p. 14.
15. Relatório feito em nome do Comitê de Mendicância, Assembleia Nacional, *Procès-Verbal*, t. XLIV, p. 80-81.
16. Cf. parte II, capítulo 5.
17. J. Raulin, Prefácio, *Traité des affections vaporeuses du sexe*.
18. S.A.A.D. Tissot, Prefácio, *Traité des nerfs et de leurs maladies*, t. 1, p. III-IV.
19. A. Matthey, *Nouvelles recherches sur les maladies de l'esprit*, parte 1, p. 65.
20. No evolucionismo do século XIX, a loucura é bem um retorno, mas ao longo de um *caminho* cronológico; não é uma *derrota* absoluta do tempo. Trata-se de um tempo que voltou, e não, rigorosamente, de uma repetição. Por sua vez,

a psicanálise, que tentou enfrentar outra vez a loucura e o desatino, viu-se colocada diante desse problema do tempo; fixação, instinto de morte, inconsciente coletivo, arquétipo delimitam, com maior ou menor felicidade, a heterogeneidade de duas estruturas temporais: a que é própria à experiência do Desatino e ao saber por ele envolvido, e a que é própria ao conhecimento da loucura e à ciência que ela autoriza.

21. Cf. supra, parte II, capítulo 3.
22. G. Cheyne, *Méthode naturelle de guérir les maladies du corps...* Neste ponto, ele discorda de Montesquieu, *Esprit des lois*, parte III, livro XIV, capítulo 2, t. II, p. 474-477.
23. J.A. Venel, *Essai sur la santé et l'iducation midicinale des filies destinies au manage*, p. 135-136.
24. C.L. Montesquieu, *Causes qui peuvent affecter les esprits et lei caracteres, Oeuvres completes*, t. II, p. 39-40.
25. G.-L.L. Buffon, *Histoire naturelle de l'Homme, Oeuvres completes*, t. III, p. 319-320.
26. F. Boissier de Sauvages fala de "Melancolia anglica ou toedium vitae", op. cit., v. 7, p. 366.
27. C.L. Montesquieu, op. cit., parte III, livro XIV, capítulo XII, t. II, p. 485-486.
28. Cf. G. Cheyne, *The English Malady*.
29. J.G. Spurzheim, *Observations sue la folie*, p. 193-196.
30. Ibidem.
31. *Encyclopédie*, verbete "Melancolia".
32. P. Pinel, *Traité médico-philosophique*, p. 268.
33. Ibidem, p. 291, nota 1.
34. Ibidem.
35. J.C.W. Moehsen, *Geschichte der Wissenschaften in der mark Brandenburg*, p. 503.
36. S.A.A.D. Tissot, *Avis aux gens de lettres et aux personnes sédentaires sur leur santé*, p. 24.
37. J.-B. Pressavin, *Nouveau traité des vapeurs*, p. 222-224.
38. S.A.A.D. Tissot, *Traité des nerfs...*, t. II, p. 442.
39. E.-P. Ch. de Beauchêne, *De l'influence des affections de l'âme...*, p. 31.
40. Ibidem, p. 33.
41. Ibidem, p. 37-38.
42. *Causes physiques et morales des maux de nerfs*, Gazette salutaire, n. 40 de 6 oct. 1768. Artigo anônimo.
43. Neste ponto, as análises médicas se afastam dos conceitos de Buffon. Para ele, as forças penetrantes agrupavam igualmente aquilo que pertence à natureza (o ar, o céu) e aquilo que dela se afasta (sociedade, epidemias).
44. J.-J. Rousseau, *Discours sur l'origine de l'inégalité, Oeuvres*, t. I, p. 553.
45. E.-P. Ch. Beauchêne, op. cit., p. 39-40.
46. A loucura dos animais é concebida quer como um efeito da domesticação e da vida em sociedade (melancolia dos cães privados de seus donos), quer como a lesão de uma faculdade superior quase humana (Cf. Observation d'un chien imbecile par absence totale de *sensorium commune*. *Gazette de médecine*, t. III, n. 13, 10 févr. 1762, p. 89-92).
47. B. Rush, *Medical Inquiries and Observations*, v. 1, p. 19.
48. Apud J.G. Spurzheim, op. cit., p. 183.
49. Num texto de Joseph Raulin há uma curiosa análise do aparecimento da loucura com a passagem do consumo animal para um meio alimentar humano: "Os homens afastaram-se desta vida simples à medida que deram ouvidos a suas paixões; sem perceber, fizeram descobertas perniciosas de alimentos adequados para a adulação do paladar; adotaram-nos; as fatais descobertas aos poucos se multiplicaram; seu uso aumentou as paixões, as paixões exigiram excessos, umas e outros introduziram o luxo, e a descoberta das Grandes Índias forneceram os meios próprios para alimentar esse luxo e levá-lo ao ponto em que se encontra neste século. A primeira data das doenças é quase a mesma que a da mudança da mistura de pratos e dos excessos que com eles se cometeram" (op. cit., p. 60-61).
50. A. Matthey, op. cit., p. 67.
51. *Causes physiques et morales des maladies de nerfs*, Gazette salutaire, 6 oct. 1768.
52. "A matéria viva desce gradativamente de seu tipo elevado para tipos cada vez mais inferiores, o último dos quais é uma volta ao estado inorgânico." Boekel, verbete "Degenerescência" do *Nouveau dictionnaire de medicine et de chirurgie pratiques*, de Sigismond Jaccoud.
53. "Sempre se encontrarão indivíduos que terão escapado à alteração hereditária e, utilizando-se exclusivamente destes para a perpetuação da espécie, far-se-á com que esta inverta a correnteza fatal." Prosper Lucas, *Traité physiologique et philosophique de l'hérédité naturelle*.
54. "A existência de um tipo primitivo que o espírito humano se compraz em constituir em seu pensamento como a obra-prima e o resumo da criação é um fato tão conforme a nossas crenças que a ideia de uma degenerescência de nossa natureza é inseparável da ideia de um desvio desse tipo primitivo que encerrava em si mesmo os elementos da continuidade da espécie." B.A. Morel, *Traité des dégénérescenses physiques, intellectuelles et morales de l'espéce humaine...*, p. 1-2.
55. Cf. B.A. Morel, op. cit., p. 50 s., o quadro da luta entre o indivíduo "e a natureza factícia que lhe impõe a condição social na qual decorre sua existência".
56. *Causes physiques et morales des maux de nerfs*, Gazette salutaire, 6 oct. 1768, n. 40.
57. Buffon também fala de degeneração, no sentido quer de um enfraquecimento geral da natureza (op. cit., p. 120-121), quer de indivíduos que degeneram de sua espécie (ibidem, p. 311).

58. A biologia positivista, de estrita obediência, é com efeito preformacionista; o positivismo impregnado de evolucionismo surge bem depois.
59. Michea, verbete "Demonomania" do *Dictionnaire* de S. Jaccoud, t. XI, p. 125.
60. P. Pinel, op. cit., Introdução, p. XXII.
61. Ibidem, p. XXX.
62. J.E.D. Esquirol, *Des maladies mentales*, t. II, p. 302.
63. B.A. Morel, op. cit., p. 50.
64. *Essai sur les maladies des gens du monde*, p. 11-12.

11. A NOVA DIVISÃO

1. La Rochefoucauld-Liancourt, Relatório para o Comitê de Mendicância, *Atas da Assembleia Nacional*, XLIV, p. 85.
2. Ibidem, p. 38. No entanto, a *Gazette nationale* de 21 déc. 1789, n. 121, dá o número de 4094. Essas variações frequentemente se devem ao fato de integrar-se ou não o número dos empregados, muitos dos quais são ao mesmo tempo internos. (Em Bicêtre, em 1789, 435 internos eram utilizados em trabalhos menores e indicados como empregados nos registros.)
3. H. Bonnafous-Sérieux, *La Charité de Senlis...*, p. 23.
4. R. Tardif, *Une Maison d'aliénés et de correctionnaires sous l'ancien régime au XVIIIe siècle*, p. 26.
5. Levantamento feito por Tristan, contador de Bicêtre, B.N. col. "Joly de Fleury", 1235, f. 238.
6. Ordem de prisão ou de internação emitida pelo rei. (N. da T.)
7. Uma vez que esses lugares são os reservados às mulheres com mente infantil, às fracas de espírito, às loucas a intervalos e às loucas violentas.
8. *Gazette nationals*, 21 déc. 1789, n. 121.
9. *Réglement de l'hôpital des insensés de la ville d'Aix*, (Aix 1695). Art. XVII: "Serão recebidos os loucos nativos da cidade ou nela domiciliados há cinco anos". Art. XVIII: "Serão recebidos apenas indivíduos que podem causar desordem pública se não forem internados". Art. XXVII: "Os simples tolos, inocentes e imbecis não serão admitidos."
10. Cf. J.-R. Tenon, *Papiers sur les hôpitaux*, II, f. 228-229.
11. Cf. lista completa no Apêndice.
12. O contador de Bicêtre escreve a Joly de Fleury, a 1º abr. 1746, a respeito de um imbecil: "Enquanto ele estiver nesse estado não se pode esperar que venha a recobrar seu espírito são, pelo contrário: miséria assim (a de Bicêtre) é antes capaz de fortalecer sua imbecilidade, tornando-a incurável; nas Petites-Maisons, estando melhor alojado e alimentado, ela teria mais esperanças". B.N. col. "Joly de Fleury", 1238, f. 60.
13. H. Laehr, *Gedenktage den Psychiatrie...*, p. 344.
14. Cf. p. Sérieux, Notice historique sur le developpement de l'assistance des aliénés en Allemagne, *Archives de neurologie*, nov. 1895, t. II, p. 353s.
15. H. Laehr, op. cit., p. 115.
16. D.H. Tuke, *Chapters on the History of the Insane*, Apêndice C, p. 514.
17. J.-R. Tenon, Journal d'Observations sur les principaux hôpitaux et prisons d'Anelrterre, *Papiers sur les hôpitaux*, III, f. 11-16.
18. Ibidem.
19. Uma exceção, no entanto, mas ela mostra por si só seu caráter experimental. O duque de Brunswick publica, em 1749, um édito no qual se afirma: "Há exemplos que mostram que pela intervenção da medicina e por outros meios úteis conseguiu-se curar alienados." Portanto, um médico deverá visitar duas vezes por semana os loucos dos hospitais da cidade, e receberá uma gratificação de cinco *thalers* por cura (P. Serieux, op. cit.).
20. Durante uma longa parte do século XIX, a psiquiatria dos asilos consistiu essencialmente num trabalho de especificação. Cf. por exemplo a inesgotável análise das monomanias.
21. Por exemplo, Mathurin Milan, admitido em Charenton em 31 ago. 1707: "Sua loucura consistiu sempre em ocultar-se de sua família, de levar em Paris e no interior uma vida obscura, ter processos, praticar a usura, passear seu pobre espírito por caminhos desconhecidos e de acreditar-se capaz dos maiores feitos." B.N., Fonds Clairambault, 985, p. 403.
22. Clairambault, 985, p. 349. Cf. também Pierre Dugnet: "Sua loucura continua, e é mais imbecilidade do que furor." Ibidem, p. 134. Ou Michel Ambroise de Lantivy: "Sua loucura parece mais desarranjo e imbecilidade do que obstinação e furor." Clairambault, 986, p. 104.
23. Notas de R. d'Argenson, p. 93. Cf. igualmente: "O denominado l'Amoureux é uma espécie de furioso capaz de matar seus pais e vingar-se ao preço de sua morte. Participou de todas as rebeliões que ocorreram no hospital e representou importante papel naquela em que, infelizmente, o brigadeiro dos arqueiros foi morto." ibidem, p. 66.
24. J.-R. Tenon, Projet du rapport sur les hôpitaux civils, op. cit., II, f. 228.
25. B.N. Joly de Fleury, ms. 1301, f. 310.
26. B.N. Clairambault, ms. 985, p. 128.
27. Ibidem, p. 384.
28. Ibidem, p. 1.
29. Ibidem, p. 38-39.
30. Ibidem, p. 129.
31. Ibidem, p. 377 e 406.
32. Ibidem, p. 347. Deve-se observar que estas anotações são encontradas apenas em Charenton, casa mantida pela irmandade São João de Deus, i.e.,

por uma ordem hospitaleira que pretendia exercer a medicina.
33. É evidente que não se trata de inscrever-se no debate entre os hagiógrafos de Pinel – como Sémelaigne – e os que tentam reduzir sua originalidade atribuindo ao internamento clássico todas as intenções humanitárias do século XIX, como Sérieux e Libert. Não se trata, para nós, de um problema de influência individual, mas de estruturação histórica – estrutura da experiência que uma cultura pode ter da loucura. A polêmica entre Sérieux e Sémelaigne é um assunto político e também familiar. Sémelaigne, aliado dos descendentes de Pinel, é um radical. Em toda essa discussão não há vestígio algum de conceitos.
34. J.E.D. Esquirol, *Des Maladies mentales*, t. II, p. 138.
35. Cf. S. Tuke, *Description of the Retreat*; D.H. Tuke, *Chapters on the History of the Insane*.
36. Apud J.E.D. Esquirol, op. cit., p. 134-135.
37. Ibidem, p. 135.
38. Mirabeau, *Des lettres de cachet*, capítulo XI, *Oeuvres*, 1, p. 269.
39. Arsenal, ms. 11168. Cf. Fr. Ravaisson-Mollien, *Archives de la Bastille*, v. 14, p. 275.
40. T. Kirchhoff, *Geschichte der Psychiatrie*, p. 110-111.
41. Bourges de Longchamp, Arsenal, ms. 11496.
42. Apud H. Bonnafous-Sérieux, *La Charité de Senlis...*, p. 221.
43. La Rochefoucauld-Liancourt, Rapport au Comité de mendicité, op. cit., p. 47.
44. H. Mirabeau, op. cit., p. 264.
45. V. Mirabeau, *L'Ami des hommes...*, v. 2, p. 414s.
46. Ibidem, p. 264.
47. *Histoire de France*, p. 293-294. Os fatos são inexatos. Mirabeau esteve internado em Vincennes de 8 de junho de 1777 a 13 de dezembro de 1780. Sade esteve lá de 15 de fevereiro de 1777 a 29 de fevereiro de 1784, com uma interrupção de trinta e nove dias em 1778. Aliás, só deixou Vincennes para ir para a Bastilha.
48. Cf. Arsenal, ms. 12685 e 12686 para Bicêtre e 12692-12695 para Salpêtrière.
49. Sobretudo as cometidas pelas companhias especiais encarregadas de recrutar os colonos, "Os bandoleiros do Mississipi". Cf. descrição detalhada em E. Levasseur, *Recherches historiques sur le système de Law*.
50. "Procuravam-se então jovens que estivessem dispostos a ir voluntariamente para a colônia." *Manon Lescaut*, col. "Cri de la France", p. 175.
51. O controlador geral Laverdy ordena a divisão das comunais pela Declaração Real de 5.7.1770. Cf. p. Sagnac, *La Formation de la société française moderne*, p. 256s. O fenômeno foi mais sensível na Inglaterra que na França; os Landlords obtêm facilmente o direito de envolvimento, enquanto na França os intendentes opuseram-se a isso.
52. Cf. E. Labrousse, *La Crise de l'économie française à la fin de l'Ancien Regime*.
53. A.-M. Arnould dá as seguintes cifras para o volume das trocas com o exterior: para o período 1740-1748, 430, 1 milhão de libras; para o período 1749-1755, 616, 7; só a exportação aumentou em 103 milhões de libras (*De la balance du commerce et des relations commerciales extérieures de la France*, Paris, ano 3, 2. ed.).
54. R.L. d'Argenson, *Journal et Mémoires...*, v. 6, p. 228, 19 juil. 1750.
55. Ibidem, p. 80, 30 nov. 1749.
56. Ibidem, p. 202-203, 26 maio 1750.
57. Ibidem, p. 228, 19 juil. 1750.
58. O total das exportações para o período 1749-1755 fora de 341, 2 milhões de libras; para o período, 1756-1763, é de 148, 9 milhões. Cf. A.-M. Arnould, op. cit.
59. Ibidem.
60. O total das exportações para o ano de 1748 fora de 11.142.202 libras; em 1760, 14.693.270. Cf. G. Nicholls, *History of the English Poor Laws*, v. 2, p. 54.
61. Uma comissão tinha sido criada no ano anterior para estudar os meios de eliminar a mendicância. Foi ela que redigiu a ordenação de 1764.
62. Art. 1 do Título do Regulamento do Depósito de Lyon 1783, apud L. Lallemand, *Histoire de la Charité*, t. IV, p. 278.
63. L.-S. Mercier, *Tableau de Paris*, v. 9, p. 120.
64. Cf. p. Sérieux, "Le Quartier d'aliénés du dépôt de Soissons" (*Bulletin de la Société historique de Soissons*, 1934, t. 5, p. 127). "O depósito de Soissons é com certeza um dos mais belos estabelecimentos, e dos melhores que há na França." (Abbé de Récalde, *Traité sur les abus qui subsistent dans les hôpitaux du Royaume*, p. 110).
65. Conhecido pelo nome de *Gilbert's Act*.
66. J.P.B. de Warville, *Théorie des lois criminelles*, v. 1, p. 79.
67. *Encyclopédie*, verbete "Hôpital".
68. Ibidem; e Abbé de Récalde, Preface, p. II-III.
69. V.R. de Mirabeau, *L'Ami des hommes...*, v. 1, p. 22.
70. A.-R.J. Turgot, "Éloge de Gournay", *Oeuvres*, v. 1, p. 607.
71. Cf. Idem, "Lettre à David Hume", 25 mars 1767, op. cit., v. 2, p. 658-665.
72. Josias Tucker, *Questions importantes sur le commerce*, traduzido por A.-R.J. Turgot, op. cit., v. 1, p. 442-470.
73. A.-R.J. Turgot, verbete "Fundação" da *Encyclopédie*, op. cit., v. 1, p. 584-593.
74. Cf. idem, "Lettre à Trudaine sur le Limousin", op. cit., v. 2, p. 478-495.
75. Ibidem.
76. Verbete "Fundação" da *Encyclopédie*.
77. Cf. alguns textos como Savarin, *Le Cri de l'humanité aux États generaux*; J. Marsillac, *Hôpitaux remplacés par des sociétés physiques*; C.P. Coqueau,

NOTAS

Essai sur l'établissement des hôpitaux dans les grandes vines; Abbé de Récalde, Traité sur les abus qui subsistent dans les hôpitaux...; J.-F. Lambert, Précis des vues générales en faveur de ceux qui n'ont rien...; E inúmeros escritos anônimos como: Impôt general désiré par tous les ordres de l'Etat, et présenté à l'Auguste Assemblée nationale: suivi d'un moyen patriotique d'extirper la mendicité; Plaidoyer pour l'héritage du pauvre. Em 1777, a Academia de Châlons-sur-Marne havia proposto a premiação de estudos sobre "as causas da mendicância e os meios de extirpá-la". Mais de cem ensaios foram enviados. A Academia publicou um resumo deles, onde os meios de suprimir ou impedir a mendicância são indicados da seguinte maneira: mandar os mendigos de volta para suas comunidades, onde terão de trabalhar; suprimir a esmola pública; diminuir o número dos hospitais; reformar os que forem conservados; estabelecer montepios; fundar oficinas, reduzir o número das festas, abrir casas de força "para os que perturbarem a harmonia da sociedade". J.P.B. de Warville, op. cit., v. 1, p. 261 nota 123.
78. C.P. Coqueau, op. cit., p. 23-24.
79. Ibidem, p. 7.
80. Ibidem.
81. Ibidem.
82. Abade F. Desmonceaux, De la bienfaisance nationale, p. 7-8.
83. Récalde pede a criação de uma comissão "para a reforma geral dos hospitais"; depois, "uma comissão permanente, revestida da autoridade do rei, dedicada a manter continuamente a ordem e a equidade no emprego dos dinheiros destinados aos Pobres" (op. cit., p. 129). Cf. C. Chevalier, Description des avantages d'une maison de santé; J. Dulaurent, Essai sur les établissements nécessaires et les moins dispendieux pour rendre le service dans les hôpitaux vraiment utile à l'humanité, 1787.
84. P.-S. Dupont de Nemours, Idées sur les secours à donne aux pauvres malades dane une grande ville, p. 10-11.
85. Dupont de Nemours, op. cit., p. 10-11.
86. Ibidem, p. 113.
87. A pedido de Turgot, Brienne realiza uma pesquisa na região de Toulouse. Suas conclusões são redigidas em 1775 e lidas em Montigny. Ele recomenda o socorro a domicílio, mas também a criação de hospícios para certas categorias como a dos loucos. B.N. Fonds français, 8129, f. 244-287.
88. G. Nicholls, History of the English Poor Laws, v. 2, p. 115-116.
89. F.M. Eden, The State of the Poor, v. 1, p. 373.
90. La Rochefoucauld-Liancourt (Atas da Assembleia Naciona, t. XLIV, p. 94-95).

12 DO BOM USO DA LIBERDADE

1. Circular aos intendentes, março de 1784, apud F. Funck-Brentano, Les Lettres de cachet à Paris, p. XLII.
2. O duque de Liancourt, o cura de Sergy, o cura de Cretot, deputados; Montlinot e Thouret, "agregados externos aos trabalhos da Comissão". Cf. Relatório para a Comissão de Mendicância, op. cit., p. 4.
3. Ibidem, p. 47.
4. Ibidem, p. 78. Resumindo esses trabalhos ao final da Constituinte, a Comissão pede a criação "de dois hospitais destinados à cura da loucura". Cf. A. Tuetey, L'Assistance publique à Paris pendant la Revolution, v. 1, Introdução, p. xv.
5. Art. IV do decreto.
6. Cf. Moniteur de 3 abr. 1790.
7. Inúmeras discussões para saber o que fazer com os loucos nos hospitais. Por exemplo, no hospício de Toulouse, o ministro da polícia recusa, por razões de segurança, uma libertação que o ministro do interior concede em virtude da miséria do hospital e dos "cuidados demasiado caros e penosos que devem ser dados". Arquivos nacionais, F 15, 339.
8. Título XI, art. 3.
9. Essas disposições encontram-se ainda no código penal. Portalis refere-se a elas numa circular de 30 frutidor, ano XII, 17 sept. 1804.
10. Carta do ministro do interior, 5 mai. 1791, ao sr. Chalan, procurador geral, síndico do departamento de Seine-et-Oise. Peça manuscrita, apud L. Lallemand, Histoire de la Charité, t. IV, 2, p. 7, nota 14.
11. Cf. L. Pignot, L'Hôpital du Midi et ses origines, p. 92-93.
12. Relatório do comissário do governo Antoine Nodier junto aos tribunais, 4 germinal, ano VIII, apud L. Pingaud, Jean de Bry, p. 194.
13. Segundo as Mémoires du Père Richard, um dia teriam sido levados quatrocentos presos políticos para Bicêtre (f. 49-50).
14. Pinel, que assumirá suas funções em Bicêtre em 11 de setembro de 1793, tinha sido nomeado para Salpêtrière em 13 de maio de 1795 (24 floreal, ano III).
15. Carta de Létourneau, ecônomo da Casa dos Pobres de Bicêtre, aos cidadãos. Osmond e Grand Pré apud A. Tuetey, op. cit., v. 3, p. 360-362.
16. La Rochefoucauld-Liancourt, op. cit., p. 95. (Grifo do autor.)
17. J.P.B. de Warville, Théorie des lois criminelles, p. 183-185. Deve-se ressaltar que Sade escreveu ou projetou escrever "uma dissertação sobre a pena de morte, seguida de um projeto sobre o emprego dos criminosos para conservá-los úteis ao Estado". (Portefeuille d'un homme de lettres, apud G. Lély, Vie du marquis de Sade, t. II, p. 343).

18. Musquinet de La Pagne, *Bicêtre réformé: Établissement d'une maison de discipline*, p. 10-11.
19. Ibidem, p. 26.
20. Ibidem, p. 27.
21. Ibidem, p. 11.
22. Não se deve esquecer que Musquinet estivera internado em Bicêtre sob o Antigo Regime, que foi condenado e novamente preso sob a Revolução – considerado ora louco, ora criminoso.
23. Instrução impressa por ordem e às custas do governo a respeito do modo de governar e tratar os insensatos. (N. da T.)
24. *Journal de médecine*, août 1785, p. 529-583.
25. Cf. Sérieux e Libert, "L'Assistance et le traitement des maladies mentales au temps de Louis XVI", *Chronique médicale*, 15 juil. a 1 août 1914.
26. J.-R. Tenon, *Mémoires sur les hôpitaux de Paris*, Memória 4, p. 212.
27. Idem, *Projet de rapport au nom du comité des secours*, ms. B.N., f. 232.
28. Ibidem, f. 232. Cf., no mesmo sentido, as *Mémoires sur les hôpitaux*, Memória 4, p. 216.
29. Ibidem.
30. 1791. Relatório dirigido ao departamento de Paris por um de seus membros a respeito do estado das loucas em Salpêtrière e adoção de um projeto de regulamento sobre a admissão dos loucos. Esse texto é citado *in extenso*, sem o nome do autor, por A. Tuetey, op. cit., v. 3, p. 489-506. É em grande parte retomado nas *Vues sur les secours publics*.
31. *Vues sur les secours publics* em P.J.G. Cabanis, *Oeuvres philosophiques*, Parte II, p. 49.
32. Ibidem, p. 51.
33. Ibidem, p. 58.
34. Jacques-René Tenon apreciava bastante essa espécie de camisa, da qual vira uma em Saint-Luke: "Se se teme que o louco venha a ferir-se ou prejudicar aos demais, prendem-se seus braços com a ajuda de mangas longas amarradas atrás das costas." *Projet de rapport au nom du comiti des secours*, f. 232.
35. Cabanis, Relatório dirigido ao departamento de Paris por um de seus membros a respeito do estado das loucas detidas na Salpêtrière (apud A. Tuetey, op. cit., v. 3, p. 492-493).
36. N.-T. Des Essarts, *Dictionnaire universel de police*, t. VIII, p. 526.
37. Os decretos de 21 maio e 7 jun. 1790 substituem os setenta distritos por 48 seções.
38. Apud A. Joly, *Les Lettres de cachet dans la généralité de Caen au XVIII siècle*, p. 18, nota 1.
39. O texto de Bertin, citado mais acima, especifica, a respeito das precauções a tomar: "Tudo isso independentemente da verificação exata da exposição."
40. Cf. a prestação de contas do ministro da Justiça ao Legislativo. *Archives parlementaires*, supl. à sessão de 20 maio 1792, XLIII, p. 613. De 11 dez. 1790 a 1 maio 1792, o tribunal de Saint-Germain-en-Laye homologou apenas 45 julgamentos de família.
41. Cf. supra, parte I, capítulo 4.
42. Ibidem, capítulo 5.
43. J.P.B. de Warville, op. cit., v. 1, p. 101.
44. Ibidem, p. 49-50.
45. Ibidem, p. 114.
46. Ibidem, p. 50.
47. A 30 de agosto de 1791, uma mulher é condenada por um crime sexual "a ser conduzida, pelo executor da alta justiça, a todos os lugares e cruzamentos, especialmente à prata do Palais--Royal, montada num asno, o rosto virado para a cauda do animal, um chapéu de palha sobre a cabeça com um cartaz na frente e nas costas com as seguintes palavras: 'Mulher corruptora da juventude', batida e fustigada, nua, por vergastadas, marcada com um ferro quente na forma da flor-de-lis". *Gazette des tribunaux*, 1, n. 18, p. 284. Cf. ibidem, 2, n. 36, p. 145.
48. B.N. Col. "Joly de Fleury", 1246, f. 132-166.
49. N.-F. Bellart, *Oeuvres*, v. 1, p. 103.
50. Ibidem.
51. Ibidem, p. 76-77.
52. Ibidem, p. 97.
53. Ibidem, p. 103.
54. Ibidem, p. 90.
55. Ibidem, p. 90-91.

13. NASCIMENTO DO ASILO

1. Delarive. Carta dirigida aos redatores da *Bibliothèque britannique* a respeito de um novo estabelecimento para a cura dos alienados. Esse texto apareceu na *Bibliothèque britannique* e depois em brochura separada. A visita de Delarive ao Retiro data de 1798.
2. S. Pinel. *Traité complet du régime sanitaire des aliénés*, p. 56.
3. Cf. supra, Parte 3, capítulo 11.
4. Voltaire, *Lettres philosophiques*, 1, p. 17.
5. 33. GEORGE III, capítulo V, "For the encouragement and Relief of Friendly Societies".
6. 35. GEORGE III, capítulo III. A respeito dessa supressão do *Settlement Act*, cf. G. NICHOLLS, *History of the English Poor*, p. 112-113.
7. W. Sewel, *The History of the Rise, Increases and Progress of Christian People Quakers*, p. 28.
8. Ibidem, p. 233.
9. Voltaire, op. cit., p. 16.
10. O mesmo ocorre com relação aos místicos protestantes do final do século XVII e aos últimos jansenistas.
11. S. Tuke, *Description of the Retreat*, p. 22-23.
12. Apud A. Tuetey, op. cit., v. 3, p. 369.

13. É na pensão Vernet, na rua Sersandoni, que Pinel e Boyer haviam encontrado um refúgio para Condorcet, quando sua prisão foi decretada em 8 de julho de 1793.
14. Dupuytren, *Notice sur Philippe Pinel*. Extraído do *Journal des Débats* de 7 nov. 1826, p. 8. É provável que Dupuytren aluda ao Abade Fournier, que havia protestado no púlpito contra a execução de Luís XVI e que, após ter sido internado em Bicêtre como "atacado de demência", torna-se capelão de Napoleão e depois bispo de Montpellier.
15. Cf. por exemplo a portaria da Comissão de Segurança Geral ordenando a transferência para Bicêtre de um alienado que não pode ser conservado no grande hospício da humanidade. A. Tuetey, op. cit., v. 3, p. 427-428.
16. Carta de Piersin à Comissão das Administrações Civis de 19 frimário, ano 3, A. Tuetey, op. cit., v. 3, p 172.
17. Segundo Piersin, em 10 frimário ano 3 havia 207 loucos em Bicêtre. A. Tuetey, op. cit., v. 3 p. 370.
18. Pinel fora redator da *Gazette de Santé* antes da Revolução. Havia escrito vários artigos referentes às doenças do espírito, especialmente em 1787: "Os acessos de melancolia não são mais frequentes, dando mais razão para receios, durante os primeiros meses do inverno?" Em 1789: "Observações sobre o regime moral mais adequado para o restabelecimento, em certos casos, da razão perdida pelos maníacos." Em *La Médecine éclairée par les Sciences physiques*, havia publicado um artigo "sobre uma espécie particular de melancolia que leva ao suicídio" (1791).
19. *Gazette nationale*, 12 déc. 1789.
20. Apud R. Sémelaigne, *Philippe Pinel et son oeuvre*, p. 108-109.
21. Cf. toda a correspondência de Létourneau com a Comissão dos Trabalhos Públicos, apud A. Tuetey, op. cit., v. 3, p. 397-476.
22. Em sua preocupação de fazer de Pinel uma vítima do Terror, Dupuytren relata que ele "foi preso e quase levado ao Tribunal Revolucionário; felizmente conseguiu-se fazer sentir a necessidade dos cuidados que ele dispensava aos pobres de Bicêtre, e sua liberdade foi concedida". Dupuytren, op. cit., p. 9.
23. Relatório feito à Sociedade dos Amigos em 5 de abril de 1973, apud S. Tuke, op. cit., p. 36.
24. Ibidem, p. 93-95.
25. Ibidem, p. 129-130.
26. Ibidem, p. 137, nota.
27. Ibidem, p. 137, nota.
28. A partir do século XVII, os Quacres frequentemente praticaram o sistema das sociedades por ações. Cada um dos que subscreviam, para o *Retiro*, uma soma de pelo menos vinte libras recebia um juro anual de 5%. Por outro lado, o *Retiro* parece ter sido uma excelente empresa comercial. Estes são os lucros realizados nos primeiros anos: junho de 1798: 268 libras; 1799: 245; 1800: 800; 1801: 145; 1802: 45; 1803: 258; 1804: 449; 1805: 521. Cf. ibidem, p. 72-75.
29. Ibidem, p. 178.
30. Com efeito, somente um membro da Comuna podia ser designado para inspecionar um hospital. Ora, Couthon nunca fez parte dessa assembleia. Cf. E. Richard, *Histoire de l'Hôspital de Bicêtre...*, p. 113, nota.
31. S. Pinel, op. cit., p. 56-63.
32. G.W.F. Hegel, *Encyclopédie des Sciences philosophiques*, § 408, nota.
33. S. Tuke, op. cit., p. 50.
34. Ibidem, p. 23.
35. Ibidem, p. 121.
36. Ibidem, p. 23.
37. Ibidem, p. 141.
38. Ibidem, p. 146-147.
39. Ibidem, p. 156.
40. Ibidem, p. 183.
41. Ibidem, p. 157.
42. Ibidem, p. 178.
43. Inúmeras coações físicas ainda eram utilizadas no *Retiro*. Para forçar os doentes a comer, Tuke recomenda o uso de uma simples chave introduzida à força entre as mandíbulas e que é girada à vontade. Ele observa que assim é menor o risco de quebrar os dentes dos doentes. Ibidem, p. 170.
44. Ibidem, p. 172-173.
45. Delarive, op. cit., p. 30.
46. P. Pinel, *Traité médico-philosophique*, p. 265.
47. Ibidem, p. 458.
48. O conjunto das estatísticas estabelecidas por Pinel está em idem, p. 427-437.
49. Ibidem, p. 268.
50. Ibidem, p. 116-117.
51. Ibidem, p. 270-271.
52. Ibidem, p. 141.
53. Ibidem, p. 417.
54. Ibidem, p. 122-123.
55. Ibidem, p. 237.
56. Ibidem, p. 29-30.
57. Pinel sempre privilegiou a ordem da legislação em detrimento do progresso do conhecimento. Numa carta a seu irmão de 1º de janeiro de 1779: "Se dermos uma olhada nas legislações que floresceram sobre o mundo, veremos que, na instituição da sociedade, cada uma delas precedeu a luz das ciências e das artes, que pressupõem um povo policiado e conduzido, pelas circunstâncias e pelo curso do tempo, a essa autoridade que faz surgir o germe das letras... Não se pode dizer que os ingleses devem sua legislação ao estado florescente das ciências e das artes, pois ela as precedeu de vários séculos. Quando esses orgulhosos insulares se distinguiram por seu gênio e talento, sua legislação era o que podia ser". Em R. Sémelaigne, *Aliénistes et philanthropes*, p. 19-20.

58. P. Pinel, *Traité complet du régime sanitaire des aliénés*, p. 63.
59. Apud R. Sémelaigne, *Aliénistes et philanthropes*, Apêndice, p. 502.
60. S. Pinel, op. cit., p. 256.
61. Cf Parte II, capítulo 9.
62. P. Pinel, op. cit., p. 207-208.
63. Cf. supra, Parte II, capítulo 9.
64. P. Pinel, op. cit., p. 205.
65. Ibidem.
66. Ibidem, p. 206.
67. Ibidem, p. 291, nota 1.
68. Regulamento do *Retiro*, seção III, art. 5, apud S. Tuke, op. cit., p 89-90.
69. "A admissão dos loucos ou insensatos nos estabelecimentos que lhes são ou serão destinados em toda a área do departamento de Paris será feita mediante relatório de um médico e de um cirurgião legalmente reconhecidos". *Projet de Règlement sur l'admission des insensés*, adotado pelo departamento de Paris, apud A. Tuetey, op. cit., v. 3, p. 500.
70. Langermann e Kant, com o mesmo espírito, preferiam que esse papel essencial fosse exercido por um "filósofo". Isso não está em oposição, pelo contrário, com o que pensavam Tuke e Pinel.
71. Cf. o que Pinel diz de Pussin e de sua mulher, por ele transformados em seus assistentes na Salpêtrière. R. Sémelaigne, *Aliénistes et philanthropes*, Apêndice, p. 502.
72. P. Pinel, op. cit., p. 292-293.
73. S. Tuke, op. cit., p. 110-111.
74. Ibidem, p. 115.
75. J. Haslam, *Observations on Insanity with Practical Remarks on this Disease*, apud p. Pinel, op. cit., p. 253-254.
76. Essas estruturas ainda persistem na psiquiatria não psicanalítica e, sob muitos aspectos ainda, na própria psicanálise.

14. O CÍRCULO ANTROPOLÓGICO

1. F. Boissier de Sauvages, *Nosologie méthodique*, v. 7, p. 4.
2. Ibidem, p. 4.
3. L. Abelly, *Vie de saint Vincent de Paul*, II, capítulo XIII.
4. Trouxler, *Blicke in Wesen des Menschen*, apud A. Béguin, *L'Ame romantique et le rêve*, p. 93.
5. Holderlin, *Hyperion*, apud ibidem, p. 162).
6. G. de Nerval, *Aurélia*, p. 25.
7. Hoffmann apud A. Béguin, op. cit., p. 297.
8. Pinel apud sem referência Sémelaigne: *Philippe Pinel et son oeuvre*, p. 106.
9. A. Matthey, op. cit., p. 67.
10. J.G. Spurzheim, *Observation sur la folie*, p. 141-142.
11. Hegel, op. cit., § 408 Zusatz.
12. Ibidem.
13. Cf. F. Leuret, *Du Traitement moral de la folie*.
14. P. Pinel, *Traité médico-philosophique*, p. 214.
15. Diante da paralisia geral, a histeria é a "má loucura": não há falta determinável, nem determinação orgânica, nem comunicação possível. A dualidade paralisia geral-histeria marca os extremos do domínio da experiência psiquiátrica do século XX, o eterno objeto de uma dupla e constante preocupação. Seria possível mostrar, dever-se-á mostrar que as explicações da histeria sempre foram, até Freud (excluído ele), tomadas de empréstimo ao modelo da paralisia geral, mas desse modelo depurado, psicologizado, tornado transparente.
16. P. Pinel, op. cit., p. 156.
17. J. Esquirol, *Des Maladies mentales*, t. II, p. 335.
18. Ainda em 1893, a Medico-Psychological Association dedicará seu XXXV Congresso anual aos problemas da "Moral Insanity".
19. U. Trélat, *La Folie lucide*, Preliminar, p. x.
20. Cf. supra, Parte II, capítulo 9.
21. Vários desses casos suscitaram uma imensa literatura médica e jurídica: Léger, que devorou o coração de uma moça; Papavoine, que estrangulou duas crianças na presença da mãe delas, que ele via pela primeira vez na vida; Henriette Cornier, que cortou a cabeça de uma criança que lhe era totalmente estranha. Na Inglaterra, o caso Bowler; na Alemanha, o caso Sievert.
22. Cf. É. Régnault, *Du Degré de competence des médecins...*; E.E. Fodere, *Essai médico-légal...*; C.C.H. Marc, *De la folie*, 1840; cf. ainda A. Chauveau; F. Helie, *Théorie du code penal*. E toda uma série de comunicações de Voisin à Academia de Medicina (*Sur le sentiment du juste*, 1842, *Sur la peini de morte*, 1848).
23. J. Esquirol, De la monomanie homicide, op. cit., capítulo 2.
24. O que levava Elias Régnault a dizer: "Na monomania homicida, o que se tem é apenas a vontade de matar que prevalece sobre a vontade de obedecer às leis." (op. cit., p. 39). Um magistrado dizia a Marc: "Se a monomania é uma doença, quando ela conduz a crimes é preciso levá-la para a praça de Grève." (op. cit., 1, p. 226).
25. Dupin, que havia compreendido a urgência e o perigo do problema, dizia da monomania que ela poderia ser "muito cômoda para subtrair os culpados à severidade das leis ou para privar os cidadãos de sua liberdade. Quando não se puder dizer 'ele é culpado', se dirá 'ele é louco'. E veremos Charenton substituir a Bastilha". Apud R. Sémelaigne, *Aliénistes et philanthropes*, Apêndice. p. 455.

26. A mania, uma das formas patológicas mais sólidas do século XVIII, perde muito de sua importância. Pinel contava ainda mais de 60% de mulheres maníacas na Salpêtrière entre 1801 e 1805 (624 em 10.002); Esquirol, em Charenton, de 1815 a 1826, conta 545 maníacas em 1557 (35%); Calmeil, no mesmo hospital, entre 1856 e 1866, observa apenas 25% (624 em 2.524). Na mesma época, na Salpêtrière e em Bicêtre, Marcé diagnostica 779 em 5.481 (14%) e um pouco mais tarde Achille Foville conta apenas 7% em Charenton.
27. *Cent vingt journées de Sodome* apud M. Blanchot, *Lautréamont et Sade*, p. 235.
28. Apud M. Blanchot, op. cit., p. 225.
29. A infâmia deve poder chegar ao ponto de "desmembrar a natureza e deslocar o universo" (*Cent vingt journées*, Paris, 1935, t. II, p. 369).
30. Essa coesão imposta aos *socii* consiste com efeito em não admitir entre si a validade do direito de morte, que podem exercer sobre os outros, reconhecendo-se entre eles um direito absoluto de livre disposição; todos devem *pertencer* a todos.
31. Cf. o episódio do vulcão ao final de *Juliette*, v. 6, p. 31-33.
32. "Dir-se-ia que a natureza, entediada com suas próprias obras, estava prestes a confundir todos os elementos para coagi-los a novas formas." Ibidem, p. 270.

APÊNDICES
A LOUCURA, AUSÊNCIA DE OBRA

1. Tradução J. Guisburg. Artigo publicado em maio de 1964 na revista La Table Ronde.
2. Cartão recortado que posto sobre outro escrito oculta certos caracteres e deixa ver outros. (N. da T.)
3. Paris: Jean-Jacques Pauvert, 1963.

MEU CORPO, ESTE PAPEL, ESTE FOGO

1. Tradução de J. Guinsburg. Este ensaio foi publicado como apêndice na segunda edição francesa de História da Loucura (Mon corps, ce papier, ce feu, Histoire de la folie, Paris: Gallimard, 1972, Appendice II, p. 583-603). À época, Foucault já havia publicado uma primeira versão dele (a seguir, como terceiro apêndice desta edição) na revista japonesa Paideia.
2. *A loucura, tema ou índice*: o que é significativo é que Descartes, no fundo, não fala nunca da própria loucura nesse texto. Esta não é seu tema. Ele a trata como índice para uma questão de direito e de valor epistemológico. Talvez aí esteja, poderíamos dizer, o signo de uma exclusão profunda. Mas esse silêncio sobre a própria loucura significa simultaneamente o contrário da exclusão, visto que *não se trata da loucura* nesse texto, ela não está em questão, mesmo se fosse para excluí-la. Não é nas *Meditações* que Descartes fala da própria loucura.
3. J. Derrida, *A Escritura e a Diferença*, 4. ed., São Paulo: Perspectiva, 2009, p. 71-72. (A nota original remete à L'Écriture et la différence, Paris: Seuil, 1967, p. 61-97.)
4. Emprego por divertimento, comodidade e fidelidade a Derrida esse termo de parágrafo. Derrida com efeito diz de uma maneira idealizada e agradável: "Descarte vai ao ponto." Sabe-se que não é nada disso.
5. Cito Derrida. Sabe-se que no texto de Descartes essas coisas, das quais é tão difícil de duvidar, não são caracterizadas por sua "natureza", mas por sua proximidade e sua vivacidade. Por sua relação com o sujeito meditante.

RESPOSTA A DERRIDA

1. Tradução de Gita K. Guinsburg. Publicado com o título "Derrida e no Kaino", na revista japonesa *Paideia* (Tokio, fev. 1972, p. 131-147). Em 26 de agosto de 1971, o diretor de *Paideia*, Mikitaka Nakano, propôs a Michel Foucault a realização de uma edição especial dedicada às ligações entre seu trabalho filosófico e sua relação com a literatura. Constariam dessa edição:"Le Discours de Foucault et l'écriture de Derrida"(Y. Miyakawa); "La Littérature chez le philosophe Foucault" (K. Toyosahi); "Sur L'Ordre du discours" (Y. Nakamura); "Cogito et Histoire de la folie"(J. Derrida); "L'Athéisme et l'écriture: L'humanisme et le cri" (M. Blanchot); além dos ensaios "Revenir à l'histoire", "Nietzsche, Freud et Marx", "Theatrum philosophicum" e "Préface à la Grammaire de Port-Royal", do próprio Foucault. Em sua resposta de 24 de setembro, Foucault propõe substituir o texto sobre Nietzsche por "Nietzsche, Freud e Marx", e o prefácio à gramática de Port-Royal por "uma resposta que deseja fazer a Derrida". Outra versão deste texto seria acrescentada à reedição de *História da Loucura* pela Gallimard em 1972, sob o título "Meu Corpo, Este Papel, Este Fogo" e também figura nestes Apêndices.

2. "Cogito et Histoire de la folie" foi o título da palestra proferida por Jacques Derrida, em 4 de março de 1963, no Collège Philosophique, de Paris, e publicada em *L'Écriture et la Différence*, Paris: Threshold, 1967 (trad. bras.: *A Escritura e a Diferença*, 4a edição revista, São Paulo: Perspectiva, 2009). São extraídas da tradução brasileira dessa obra todas as citações do artigo de Derrida mencionado aqui por Foucault.

3. "Mas, ainda que os sentidos nos enganem às vezes, no que se refere às coisas pouco sensíveis e muito distantes, encontramos talvez muitas outras das quais não se pode razoavelmente duvidar, embora as conhecêssemos por intermédio deles: por exemplo, que eu esteja aqui, sentado junto ao fogo, vestido com um chambre, tendo este papel entre as mãos e outras coisas desta natureza. E como poderia eu negar que estas mãos e este corpo sejam meus? A não ser talvez que eu me compare a esses insensatos, cujo cérebro está de tal modo perturbado e ofuscado pelos negros vapores da bile que constantemente asseguram que são reis quando são muito pobres; que estão vestidos de ouro e de púrpura quando estão inteiramente nus; ou imaginam ser cântaros ou ter um corpo de vidro. Mas quê? São loucos e eu não seria menos extravagante se me guiasse por seus exemplos." Esse e os demais trecho de *Meditações* citados aqui por Foucault, encontram-se em *Descartes, Obras Escolhidas*, São Paulo: Perspectiva, 2010, p. 136-137.

4. *A Escritura e a Diferença*, p. 70.
5. Ibidem, p. 72.
6. J. Derrida, op. cit., p. 70.
7. Ibidem, p. 72.

Bibliografia

Estudos Gerais

BERNIER, Jean. *Histoire chronologique de la médecine et des médecins.* Paris: [s.n.], 1717.
BRETT, George Sidney. *A History of Psychology.* London: George Allen & Unwin, 1912.
FLEMMING, C. *Geschichte der Psychiatrie.* Leipzig: [s.n.], 1859.
KIRCHHOFF, Theodor. *Deutsche Irrenärzte: Einzelbilder ihres Lebens und Wirkens.* Berin: Julius Springer, 1921.
_____. *Geschichte der Psychiatrie.* Leipzig: F. Deuticke, 1912.
LE CLERC, Daniel. *Histoire de la médecine.* Amsterdam: [s.n.], 1723.
NEUBURGER, Max; PAGEL, Julius. *Handbuch der Geschichte der Medizin.* Jena: G. Fischer, 1902.

Primeira Parte

ABELLY, Louis. *Vie du vénérable Vincent de Paul.* Paris: Lambert, 1664.
ADNES, André. *Shakespeare et la folie.* Paris: Maloine, 1935.
ALBOIZE DE PUJOL, Jules-Édouard; MAQUET, Auguste. *Histoire des prisons de Paris.* Paris: [s.n.], 1846, 8 v.
ARNOULD, Ambroise-Marie. *De la balance du commerce et des relations commerciales extérieures de la France.* Paris: Buisson, 1791.
BASTELAER, René van. *Les Estampes de Brueghel l'Ancien.* Bruxelles: G. Van Oest, 1908.
BERGHÄUSER, Wilhelm. *Die Darstellung des Wahnsinns im englischen Drama bis zum Ende des 18 ten Jahrhunderts.* Frankfurt: [s.n.], 1863.
BIZARD, Léon; CHAPON, Jane. *Histoire de la prison de Saint-Lazare du Moyen Age à nos jours.* Paris: [s.n.], 1925.

BLÉGNY, Monsieur de. *La Doctrine des rapports de chirurgie*. Lyon: [s.n.], 1684.
BOISLISLE, A. de. *Lettres de Monsieur de Maréville, lieutenant général de police au ministre Maurepas*. Paris: [s.n.], 1896.
BONNAFOUS-SÉRIEUX, Hélène. *La Charité de Senlis d'après des documents em grande partie inédits: une maison d'aliénés et de correctionnaires au 18e siècle*. Paris: PUF, 1936.
BOUCHER, Louis. *La Salpêtrière: son histoire de 1656 à 1790, ses origines et son fonctionnement*. Paris: Impr. De la Societé de Typographie, 1883.
BRIÈLE, Léon. *Collection de documents pour servir à l'histoire des hôpitaux de Paris*. Paris: Imprimerie Nationale, 1881-1887, 4 v.
BRU, Paul. *Histoire de Bicêtre (hospice – prison – asile) d'après des documents historique*. Paris: Aux bureaux du progrès, Lecrosnier et Babé, 1890.
BRUN DE LA ROCHETTE, Claude. *Les Procès civils et criminels*. Rouen: [s.n.], 1663.
BRUNET, E. *La Charité paroissiale à Paris sous l'Ancien Régime et sous la Révolution*. Paris: [s.n.], 1897.
BURDETT, Henry C. *Hospitals and Asylums of the World*. London: Churchill, 1891
BURNS, Richard. *History of the Poor Law*. London: [s.n.], 1764.
CAMUS, Jean-Pierre. *De la mendicité légitime des pauvres*. Douai: Veuve M. Vion, 1634.
CHASSAIGNE, Marc. *La Lieutenance de police à Paris*. Paris: [s.n.], 1906.
CHATELAIN, Philipe. *Le Régime des aliénés et des anormaux au XVIIe et au XVIIIe siècles*. Paris: Jouve, 1921.
CHEVALIER, Jean-André Ulysse. *Notice historique sur la maladrerie de Voley-près-Romans*. Romans: H. Rosier, 1870.
COLLET, Pierre. *Vie de saint Vincent de Paul*. Paris: Demonville, 1818, 3 v.
COSTE, P. *Les Détenus de Saint-Lazare aux XVIIe et XVIIIe siècles*. *Revue des Études historiques*, 1926.
D'ARGENSON, René Louis. *Journal et Mémoires du Marquis d'Argenson*. Paris: Renouard, 1867, 9 v.
D'ARGENSON, Marc René de Voyer. *Notes de René d'Argenson*. Paris: E. Voitelain, 1866.
DE LA MARE, Nicholas. *Traité de Police*. Paris: Chez M. Brunet, 1738, 4 v.
DELANNOY, A. *Note historique sur les hôpitaux de Tournay*. 1880.
DELAUNAY, Paul. *Le Monde médical parisien au XVIIIe siècle*. Paris: Rousset, 1906.
DEVAUX, Jean. *L'Art de faire des rapports en chirurgie*. Paris: L. D'Houry, 1703.
EDEN, Frederic Morton. *The State of the Poor: A History of the Labouring Classes in England, With Parochial Reports*. London: [s.n.], 1797, 2 v.
ESCHENBURG. *Geschichte unserer Irrenanstalten*. Lubeck, 1844.
ESQUIROL, Jean Étienne Dominique. *Mémoire historique et statistique sur la Maison Royale de Charenton (1824)*. In: *Des maladies mentales*, t. II. Paris: Baillière, 1838.
_____. *Des Établissements consacrés aux aliénés en France et des moyens de les améliorer: mémoire présenté au ministre de l'Intérieur, en septembre 1818*.
FALRET, Jean-Pierre. *Des Maladies mentales et les asiles d'aliénés: leçons cliniques et considérations générales*. Paris: Corbeil, 1864.
FAY, Henri-Marcel. *Lépreux et cagots du Sud-Ouest*. Paris: Honoré Champion, 1910.
FERRIÈRE, Claude-Joseph de. *Dictionnaire de droit et de pratique: contenant l'explication des termes de droit, d'oedonnances, de coutumes & de pratique, avec les jurisdictions de France*. Paris: Brunet, 1769.

FONTANON, Antoine. *Edits et ordonnances des rois de France*. Paris: Claude Morel, 1611.
FOSSEYEUX, Marcel. *L'Hôtel-dieu à Paris au XVIIe et au XVIIIe siècle*. Paris: Berger-Levrault, 1912.
FREGUIER, Honoré Antoine. *Histoire de l'administration de la police à Paris depuis Philippe-Auguste jusqu'aux États généraux de 1789*. Paris: Guillaumin, 1850, 2 v.
FUNCK-BRENTANO, Frantz. *Les Lettres de cachet à Paris*. Paris: Imprimerie Nationale, 1903.
GARZONI, Tommaso. *L'hospedale de' pazzi incurabili*. Ferrare: [s.n.], 1586.
GENDRY, René. *Les Moyens de bien rapporter à justice les indispositions et changements qui arrivent à la santé des hommes: Ensemble un traité des mammelles et de leurs maladies*. Angers: Pierre Avril, 1650.
GERNET, H.B. *Mitteilungen aus alterer Medizin-Geschichte Hamburgs*. Hamburg, 1882.
GOLHAHN, Richard. *Spital and Arzt von Einst bis Jetzt*. Stuttgart: Ferdinand Enke, 1940.
GUEVARRE, Dom. *La Mendicità provenuta*. Aix: [s.n.], 1693.
HENRY, Marthe. *La Salpêtrière sous l'Ancien Régime*. Paris: [s.n.], 1922.
HILDENFINGER, Paul. *Les Léproseries de Reims du XIIe au XVIIe siècle*. Reims: Michaud, 1906.
_____. *Histoire de l'Hôpital general*. An., Paris: [s.n.], 1676.
_____. *Hôpital général (L')*. An., Paris: [s.n.], 1682.
HOWARD, John. *État des prisons, hôpitaux et maisons de force*. Paris: Lagrange, 1788, 2 v.
_____. *Institutions et règlements de Charité aux XVIe et XVIIe sieclès*. Reimpresso por Biencourt. Paris: [s.n.], 1903.
ISAMBERT, François André. *Recueil general des anciennes lois françaises: depuis l'an 420 jusqu'à la Révolution de 1789*. Paris: Plon frères, 1821-1833.
JACOBÉ, Émile. *Un internement sous le Grand Roi: H. Loménie de Brienne*. Paris: [s.n.], 1929.
JOLY, ARISTIDE. *L'Internement des fous sous l'Ancien Régime dans la généralité de Basse-Normandie*. Caen: [s.n.], 1868.
KRAFFT-EBING, Richard von. *Lehrbuch der Psychiatrie auf klinischer Grundlage*. Sttutgart: [s.n.], 1879, 3 v.
KRIEGK, Georg Ludwig. *Aerzte, Heilanstalten, Geisteskranke im mittelalterlichen Frankfurt am Main*. Frankfurt, [s.n.], 1863.
LALLEMAND, Léon. *Histoire de la Charité*. Paris: Picard et fils, 1902-1912, 5 t.
LANGLOIS, Charles Victor. *La Connaissance de la nature et du monde au Moyen Age*. Paris: Hachette, 1911.
LAUTARD, J.-B. *La Maison de fous de Marseille*. Marseille, 1840.
LEGIER DESGRANGES, Henry. *Hospitaliers d'autrefois: Hôpital général de Paris, 1656-1790*. Paris: Hachette, 1952.
LEGRAND, L. Les Maisons-Dieu et léproseries du diocèse de Paris au milieu du XIVe siècle. *Mémoires de la société d'histoire de Paris*, 1897, t. XXIV e 1898, t. XXV.
LEONARD, Ellen Marianne. *The Early Story of English Poor Relief*. Cambridge: The University Press, 1900.
LOCARD, Edmond. *La Médecine judiciaire en France au XVIIe siècle*. Lyon: Storck, 1902.
LOUIS. Questions de jurisprudence du suicide. *Journal de médecine*, t. XIX, p. 442.
LOYAC, J. de. *Le Triomphe de la Charité ou la vie du bienheureux Jean de Dieu*. Paris: [s.n.], 1661.
MUYART DE VOUGLANS, Pierre François. *Les Lois criminelles de France dans leur ordre naturel*. Paris: Barois, 1781, 2 v.

NICHOLLS, George. *History of the English Poor Law*. London/New York: King & Son/Putnam's Sons, 1898, 2 v.

_____. *History of the Irish Poor Law*. London: J. Murray, 1856.

_____. *History of the Scotch Poor Law*. London: J. Murray, 1856.

O'DONOGHUE, Edward Geoffrey. *The Story of Bethlehem Hospital from Its Foundation in 1247.* New York: Dutton, 1915.

PARTURIER, Louis. *L'Assistance à Paris sous l'Ancien Régime et pendant la Révolution: Étude sur les diverses institutions don't la réuniona formé l'Administration générale de l'Assistance Publique à Paris*. Paris: L. Larose, 1897.

PAULTRE, Christian. *De la répression de la mendicité et du vagabondage en France sous l'Ancien Régime*. Paris: L. Larose e L. Tenin, 1906.

PETIT. Consultation médico-légale sur un homme qui s'était pendu. *Journal de médecine*, t. XXVII, p. 515.

PEUCHET. *Collections de lois, ordonnances et règlements de police depuis le XIIIe jusqu'au XVIIIe siècle*. Paris, 1818-1819, 2. série.

PIGNOT, Albert. *L'Hôpital du Midi et ses origines*. Paris: O. Doin, 1885.

PINEL, Philippe. *Traité médico-philosophique su l'aliénation mentale*. Paris: Brosson, 1809.

PINTARD, René. *Le Libertinage érudit dans la première moitié du XVIIe siècle*. Paris: Boivin, 1943.

PONTAS, Jean. *Dictionnaire des cas de conscience*. Paris: Sevestre, 1741.

RAVAISSON-MOLLIEN, François. *Archives de la Bastille*. Paris: Durand & Pedone--Lauriel, 1866-1904, 19 v.

RÈGLEMENT *de l'hôpital des insensés de la ville d'Aix*. Aix, 1695.

RÈGLEMENTS *et statuts de l'Hôpital général d'Orléans*. Orleans, 1692.

RÉGNAULT, Élias. *Du Degré de compétence des médecins dans le questions judiciaires relatives aux aliénations mentales, et des théories physiologiques sur la monomanie homicide*. Paris: [s.n.], 1828.

ROCHER, Jacques-Napoléon-Michel. *Notice historique sur la maladrerie de Saint-Hilaire-Saint-Mesmin*. Orleans: Imp. de G. Jacob, 1866.

AUDIN-ROUVIÈRE, Joseph-Marie *Essai sur la topographie physique et médicale de Paris ou Dissertation sur les substances qui peuvent influer sur la santé des habitans de cette cité*, Paris: [s.n.], 1793.

SAINTE-BEUVE, J. *Résolution de quelques cas de conscience*. Paris: [s.n.], 1680.

SÉRIEUX, Paul. *L'Internement par ordre de justice des aliénés et des correctionnaires dous l'Ancien régime d'après des documents inédits*. Paris: Librairie du Recueil Sirey, 1932.

SÉRIEUX, Paul; LIBERT, Lucien. *Le Régime des aliénés en France au XVIIIe siècle*. Paris: Masson, 1914.

SÉRIEUX, Paul; TRÉNEL, Marc. *L'Internement des aliénés par voie judiciaire*. Paris: Librairie du Recueil Sirey, 1931.

SPINOZA, Baruch. *Traité de la reforme de l'entendement. Oeuvres de Spinoza*. Trad. Charles Appuhn. Paris: Garnier Frères, 1929.

STATUTS *et règlements de l'Hôpital général de Charité de Lyon*. Lyon, 1742.

TUKE, Daniel Hack. *Chapters on the History of the Insane*. London: Kegan Paul & Co., 1882.

ULLERSPERGER, Johann Baptist. *Die Geschichte der Psychologie und Psychiatrie in Spanien*. Würzburg: A. Stuber's Buchhandlung, 1871.

VERDIER, Jean. *La Jurisprudence de la médecine en France*. Alençon: Melassis, 1763, 2 v.

VIÉ, Jacques. *Les Aliénés et correctionnaires à Saint-Lazare aux XVIIe et XVIIIe siècles.* Paris: F. Alcan, 1930.

VIVES, Juan-Luis. *L'Aumônerie.* Lyon: J. Stratius, 1583.

VINCENT DE PAUL, Saint. *Correspondance, Entretiens, Documents.* Paris: Librairie Lecoffre, 1920-1924, 12 v.

Segunda Parte

ALEXANDER, Franz; SELESNICK, Sheldon T. *The History of Psychiatry.* New York: New American Library, 1968.

ANDRY, Charles Louis François. *Recherches sur la mélancolie.* Paris: Impr. de Monsieur, 1785.

_____. *Apologie pour Monsieur Duncan Docteur en medecine: Contre le traitte de la melancholie. (An.)*

ARNOLD, Thomas. *Observations on the Nature, Kinds, Causes and Preventions of Insanity, Lunacy and Madness.* Leicester: [s.n.], 1782-1786, 2 v.

_____. *Observations on the Management of the Insane.* London: [s.n.], 1792.

BAGLIVI, Giorgio. *Tractatus de fibra motrice et morbosa.* Pérouse, 1700.

BARTHOLIN, Caspar. *Institutions anatomiques.* Paris: Hénault, 11647.

BAYLE, F.; GRANGEON, H. *Relation de l'état de quelques personnes prétendues possédées.* Toulouse, 1682.

BEAUCHÊNE, Edme-Pierre Chauvot de. *De l'influence des affections de l'âme dans les maladies nerveuses des femmes.* Amsterdam/Paris: Mequignon, 1783.

BIENVILLE, J.-D.T. *De la Nymphomanie.* Amsterdam: Marc-Michel Rey, 1778.

BOERHAAVE, Herman. *Aphorismes.* Paris: Huart, 1745.

BLACKMORE, Richard. *A Treatise of the Spleen and Vapours.* London: J. Pemberton, 1726.

BOISSIER DE SAUVAGES, François. *Nosologie méthodique.* Lyon: [s.n.], 1772, 10 v.

BOISSIEU, B.-C. *Mémoire sur les méthodes rafraîchissante et échauffante.* Dijon: Impr. de Causse, 1772.

BONET, Théophile. *Sepulchretum anatomicum.* Paris: [s.n.], 1700, 3 v.

BRISSEAU, Pierre. *Traité des mouvements sympathiques.* Paris: Impr. de E. de La Roche, 1692.

CHAMBON DE MONTAUX, Nicolas. *Des maladies des femmes.* Paris: [s.n.], 1784, 2 v.

_____. *Des maladies des filles.* Paris: [s.n.], 1785, 2 v.

CHESNEAU, Nicolas. *Observationum medicarum libri quinque.* Paris: [s.n.], 1672.

CHEYNE, George. *The English Malady, or a Treatise on Nervous Diseases of all Kinds.* London: [s.n.], 1733.

_____. *Méthode naturelle de guérir les maladies du corps et les dérèglements de l'esprit.* Paris: J.F. Quillau, 1749, 2 v.

COX, Joseph Mason. *Practical observations on insanity.* London: Baldwin, 1804.

CRUGERI, Joannis. *Casus medicus de morbo litteratorum.* Zittaviae: [s.n.], 1703.

CULLEN, William. *Institutions de médecine pratique.* Paris: P.-J. Duplain, 1785, 2 v.

DAQUIN, Joseph. *Philosophie de la folie.* Paris: Née de la Rochelle, 1792.

DIEMERBROEK, Ijsbrand van. *Opera omnia anatomica et medica.* Utrecht, 1685.

DIONIS, Pierre. *Dissertation sur la mort subite.* Paris: Laurent d'Houry, 1710.

DUFOUR, Jean-François. *Essai sur les opérations de l'entendement et sur les maladies que le dérangent.* Amsterdam/Paris: Merlin, 1770.

DUMOULIN, Jacques. *Nouveau Traité du rhumatisme et des vapeurs.* Paris: Laurent d'Houry, 1710.

ETTMÜLLER, Michael. *Opera medica*. Frankfurt: Imp. Joannis Davidis Zunneri, 1696.

FALLOWES, S. *The Best Method for the Cure of Lunatics with Some Accounts of the Incomparable Oleum Cephalicum*. London: [s.n.], 1705.

FAUCETT, H. *Ueber Melancholie*. Leipzig: [s.n.], 1785.

FERNEL, Jean. *Universa Medica*. Frankfurt: Marnius & Aubrius, 1607.

FERRAND, Jacques. *De la maladie d'amour ou mélancolie érotique*. Paris: Denis Moreau, 1623.

FLEMYNG, Malcolm. *Neuropathia sive de morbis hypochondriacis et hystericis*. Amsterdam: H. Boussiere, 1741.

FORESTUS, P. *Observationes et curationes*. Rotterdam: [s.n.], 1653, 3 v.

FOUQUET, Marie de Maupeon. *Recueil de remèdes faciles et domestiques*. Paris: E. Michallet, 1678.

FRIEDREICH, N. *Historisch-kritische Darstellung der Theorien über das Wesen und den Stiz der psychischen Krankheiten*. [s.l.]: [s.n.], 1836.

GAUBIUS, Hieronymus David. *Institutiones pathologiae medicinales*. Leyde: [s.n], 1758.

HALLER, Albrecht von. *Éléments de physiologie*. Paris: Guillyn, 1769.

HASLAM, John. *Observations on Insanity*. London: Rivington, 1794.

HECQUET, Philippe. *Réflexion sur l'usage de l'opium, des calmants, des narcotiques*. Paris: [s.n.], 1726.

HIGHMORE, Nathaniel. *Exercitationes duae, prior de passione hysterica, altera de affectione hypochondriaca*. Oxford: [s.n.], 1660.

____. *De passione hysterica, responsio epistolaris ad Willisium*. London: [s.n.], 1670.

HOFFMANN, Friedrich. *Medicina rationalis systematica*. Francofurt/Moenum: Varrentrapp, 1739.

____. *Dissertationes medicae selectiores*. Halle: [s.n.], 1702.

____. *De motuum convulsivorum vera sede et indole*. Halle: [s.n.], 1733.

____. *De morbi hysterica vera indole*. Halle: [s.n.], 1733.

____. *De affectu spasmodico-hypochondriaco-inveterato*. Halle: [s.n.], 1734.

HUNAULD, Pierre. *Dissertation sur les vapeurs et les pertes du sang*. Paris: [s.n.], 1716.

JAMES, Robert. *Dictionnaire universel de médecine*. Paris: Briasson, 1746-1748, 6 v.

JONSTON, D. *Idée universelle de la médecine*. Paris: [s.n.], 1644.

LA CAZE, Louis. *Idée de l'homme physique et moral*. Paris: H.-L. Guérin e L.F. Delatour, 1755.

LA MESNARDIÈRE, Hippolyte Jules Pilet de. *Traité de la mélancolie sçavoir si ele est la cause des effets que l'on remarque dans les possédées de Loudun*. [s.l]: [s.n.], 1635.

LANCISIUS, Joannes Maria. *Opera quae hactenus prodierunt omnia*. Genevae: Cramer, 1748, 2 v.

LANGE. *Traité des vapeurs*. Paris: [s.n.], 1689.

LAURENS, André Du. *Oeuvres*. Rouen: Jean Berthelin, 1660.

LE CAMUS, Antoine. *La Médecine de l'esprit*. Paris: Ganeau, 1769, 2 v.

LE CLERC, Nicolas-Gabriel. *Histoire naturelle de l'homme dans l'état de maladie*. Paris: Lacombe, 1767. 2 v.

LEMERY, Nicolas. *Dictionnaire universel des drogues*. Paris: [s.n.], 1759.

LIÉBAULT, Jean. *Trois livres sur les maladies des femmes*. Paris: [s.n.], 1649.

LIEUTAUD, Joseph. *Précis de la médecine pratique*. Paris: Vincent, 1759, 2 v.

LINNÉ, Carl von. *Genera morborum*. Upsala: [s.n.], 1763.

LORRY, Anne-Charles. *De melancholia et morbis melancholicis*. Paris: Cavelier, 1765. 2 v.

MEAD, Richard. *A Treatise concerning the influence of the sun and the moon*. London: J. Brindley, 1748.

MECKEL, J.-F. *Recherches anatomo-physiologiques sur les causes de la folie*. Mémoire académique, Berlim, 1764, v. XX.

MORGAGNI, Giambattista. *De sedibus et causis morborum*. Venetiis: Typographia Remondiniana, 1761, 2 v.

MOURRE, M. *Observations sur les insensés*. Toulon: [s.n.], 1791.

MURILLO Y VELARDE, Tomás de. *Novissima hypochondriacae melancoliae curatio*. Lugduni: [s.n.], 1672.

PASCAL, Jean. *La Nouvelle découverte et les admirable effets des ferments dans le corps humain*. Paris: Couterot, 1681

PERFECT, William. *Methods of Cure in Some Particular Cases of Insanity*. Rochester: T. Fisher, 1778.

LA PHILOSOPHIE *des vapeurs, ou lettres raisonnées d'une jolie femme sur l'usage des symptômes vaporeux*. Lausanne, 1774.

PINEL, Philippe. *Nosographie philosophique*. Paris: [s.n.], 1798, 2 v.

PISO, Carolus. *Selectiorium observationum et consiliorum liber singularis*. Lugdunum: [s.n.], 1650.

PITCAIRN, Archibald. *The Whole Works*. London: E. Curll, 1727.

PLATER, Felix. *Praxeos medicae*. Basileae: [s.n.], 1625, 3 t.

POMME, Pierre. *Traité des affections vaporeuses des deux sexes*. Paris: Cussac, 1760.

PORÉE, Charles Gabriel. *Examen de la prétendue possession des filles de la paroisse de Laudes*. Antioche: Héritiersm de la Bonne Foi, 1737.

PRESSAVIN, Jean-Bapteiste. *Nouveau Traité des vapeurs: ou nouveau traité des maladies des Nerfs*. Lyon: [s.n.], 1770.

RAULIN, Joseph. *Traité des affections vaporeuses du sexe*. Paris: Jean-Thomas Hésissant, 1758.

RENOU, Jean de. *OEuvres pharmaceutiques*. Lyon: Nicolas Gay, 1638.

REVILLON, Claude. *Recherches sur la cause des affections hypochondriaques*. Paris: Hérissant, 1779.

ROCHE, Daniel de La. *Analyse des fonctions du système nerveux*. Genève: Du Villar fils & Nouffer, 1778.

ROSTAING, A. *Réflexions sur les affections vaporeuses*. Amsterdam/Paris: Vincent, 1768.

SAINT-BEUVE, Jacques de. *Resolution de plusieurs cas de conscience touchant la morale et la discipline de l'église*. Paris: Desprez, 1689.

SCHEIDENMANTEL, Friedrich Christian Gottlieb. *Die Leidenschaften als Heilmittel betrachtet*. Hildburgh: Johann Gottfried Hanisch, 1787.

SCHENKIUS A GRAFENBERG, J. *Observationes medicorum variorum libri VII*. Frankfurt: [s.n.], 1665.

SCHWARZ, Aloyse. *Dissertation sur les dangers de l'onanisme et les maladies qui en résultent*. Strasbourg: [s.n.], 1815.

SPENGLER, Lorenz. *Briefe, welche einige Erfahrungen der elektrischen Wirkung in Krankheiten enthalten*. Copenhagen: Rothen, 1754.

STAHL, Georg Ernst. *Dissertatio inauguralis medica de spasmis*. Halle: Henckel, 1702.

____. *Theoria medica vera, de malo hypochondriaco*. Halle: Orphanotrophei, 1708, 2 v.

SWIETEN, Gerard van. *Commentaria Boerhaavi Aphorismos*. Venetiis: Pasquali, 1753.

SYDENHAM, Thomas. *Médecine pratique*. Paris: Théophille Barrois, 1784.
TISSOT, Samuel Auguste André David. *Avis aux gens de lettres et aux personnes sédentaires sur leur santé*. Paris: Hérissant, 1767.
_____. *Essai sur la santé des gens du monde*. Lausanne: F. Grasset, 1770.
_____. *Traité des nerfs et de leurs maladies*. Paris: P.F. Didot, 1778-1780.
VENEL, Jean André. *Essai sur la santé et l'éducation médicinale des filles destinées au mariage*. Yverdon: [s.n.], 1776.
VIEUSSENS, Raymond de. *Traité nouveau des liqueurs du corps humain*. Toulouse: [s.n.], 1715.
VIRIDET, Jean. *Dissertation sur les vapeurs qui nous arrivent*. Yverdon: [s.n.], 1726.
WHYTT, Robert. *Traité des maladies nerveuses*. Paris: Théophile Barrois, 1977, 2 v.
WEICKARD, Melchior Adam. *Der philosophische Arzt*. Frankfurt: Andreae, 1790, 3 v.
WILLIS, Thomas. *Opera omnia*. Lugduni: Joannis Antonii Huguetan, & Soc., 1681, 2 v.
ZACCHIAS, Paolo. *Quaestiones medico-legales*. Avignon: [s.n.], 1600-1661, 2 v.
ZACUTUS LUSITANUS, Abraham. *Opera omnia*. Lyon: [s.n.], 1657, 2 v.
ZILBOORG, Gregory. *The Medical Man and the Witch During the Renaissance*. Baltimore: The Johns Holpkins Press, 1935.

Terceira Parte

ABELLY, Louis. *Vie de S. Vincent de Paul*. Paris: Lebel, 1823.
ALLETZ, Pons-Augustin. *Tableau de l'humanité et de la bienfaisance*. Paris: [s.n.], 1769.
ARIÈS, Philippe. *L'Enfant et la vie familiale sous l'Ancien Régime*. Paris: Plon, 1960.
BAUDEAU, Nicolas. *Idées d'un citoyen sur les besoins, les droits et les devoirs des vrais pauvres*. Paris: Barthelemi Hochereau, 1765.
BELLART, Nicolas-François. *Oeuvres*. Paris: Brière, 1827, 6 v.
BIXLER, Elizabeth. *A Forerunner of Psychiatric Nursing: Pussin* (*Annals of Medical History*, 1936, p. 518).
BLOCH, Camille. *L'Assistance et l'État à la veille de la Révolution*. Paris: [s.n.], 1908.
WARVILLE, Jacques Pierre Brissot de. *Théorie des lois criminelles*. Neuchatel: [s.n.], 1781, 2 v.
CABANIS, Pierre Jean Georges. *Oeuvres philosophiques*. Paris: PUF, 1956, 2 v.
CLAVAREAU, Nic Marie. *Mémoires sur les hôpitaux civils de Paris*. Paris: [s.n.], 1805.
COQUEAU, Claude Philibert. *Essai sur l'établissement des hôpitaux dans les grandes villes*. Paris: Ph.-D. Pierres, 1787.
DAIGNAN, G. *Réflexions sur la Hollande, où l'on considère principalement les hôpitaux*. Paris: [s.n.], 1778.
DES ESSARTS, Nicolas-Toussaint. *Dictionnaire universel de police*. Paris: [s.n.], 1786.
DESMONCEAUX, Abade François. *De la bienfaisance nationale*. Paris: [s.n.], 1789.
DÉTAILS sur l'établissement du Docteur Willis pour la guérison des aliénés. *Bibliothèque britannique*, t. I, p. 759.
DOUBLET, François. *Rapport sur l'état actuel des prisons de Paris*. Paris: [s.n.], 1791.
DOUBLET, François; COLOMBIER, J. Instruction sur la manière de gouverner et de traiter les insensés. *Journal de Médecine*, ago. 1785, p. 529.
DULAURENT, J. *Essai sur les établissements nécessaires et les moins dispendieux pour rendre le service dans les hôpitaux vraiment utile à l'humanité*. Paris: [s.n.], 1787.

DUPONT DE NEMOURS, Pierre,-Samuel. *Idées sur les secours à donner aux pauvres malades dans une grande ville*. Philadelphie/Paris: Montard, 1786.

DREYFUS, Ferdinand. *L'Assistance sous la Législative et la Convention (1791-1795)*. Paris: Société nouvelle de librairie et d''dition, 1905.

ESSARTS, Nicolas-Toussaint des. *Dictionnaire universel de police*. Paris: Moutard, 1785-1787, 7 v.

FRANCKE, A.-H. Précis historique sur la vie des établissements de bienfaisance. *Recueil de mémoires sur les établissements d'humanité*, n. 39, Paris, 1804.

GENNETÉ, Claude Léopold. *Purification de l'air dans les hôpitaux, les prisons, et les vaisseaux de mer*. Nancy: [s.n.], 1767.

GENIL-PERRIN, G. La psychiatric dans l'oeuvre de Cabanis, *Revue de psychiatrie*, oct. 1910.

GRUNER, J.-C. Essai sur les vices et les améliorations des établissements de sûreté publique. *Recueil de mémoires sur les établissements d'humanité*, n. 39, Paris, 1804.

HALES, Stephen. *A Description of Ventilators*. London: [s.n.], 1743.

IMBERT, Jean. *Le Droit hospitalier de la Révolution et de l'Empire*. Paris: Université de la Sarre, 1954.

IMPÔT *general désiré par tous les ordres de l'Etat, et présenté à l'Auguste Assembée nationale: suivi d'un moyen patriotique d'extirper la mendicité*. Paris: Firmin Didot, 1789

JACCOUD, Sigismond et al. *Nouveau dictionnaire de medicine et de chirurgie pratiques*. Paris: J.-B. Baillière, 1887-1890.

LAEHR, Heinrich. *Gedenktage der Psychiatrie und ihrer Hülfdisciplinen in allen Ländern*. Berlin: G. Reimer, 1887.

LAMBERT, Jean-François. *Précis des vues générales en faveur de ceux qui n'ont rien, pour les mettre sous la sauve-garde de la bienfaisance publique et de la constitution de l'état*. Paris/Lons-le-Saunier: Varin, 1789.

MAC AULIFFE, Léon. *La Révolution et les hôpitaux*. Paris: [s.n.], 1901.

MARSILLAC, Jean. *Les Hôpitaux remplacés par des sociétés civiques*. Paris: Imprimerie de la Loterie Nationale, 1792.

MATTHEY, André. *Nouvelles recherches sur les maladies de l'esprit*. Paris: Paschoud, 1816.

MIRABEAU, Honoré-Gabriel de Riqueti. *Observations d'un voyageur anglais*. [s.l.]: [s.n.], 1788.

MIRABEAU, Victor Riqueti de. *L'Ami des hommes, ou traité de la population*. [s.l.]: [s.n.], 1758, 6 v.

MOEHSEN, Johann Carl Wilhelm. *Geschichte des Wissenschaf ten in der Mark Brandeburg*. Berlin/Leipzig: Decker, 1781.

MOHEAU. *Recherches sur la population de la France*. Paris: Moutard, 1778.

MOREL, Bénédict Auguste. *Traité des dégénérescences physiques, intellectuelles et morales de l'espéce humaine et des causes qui produisent ces variétés maldives*. Paris: J.B. Baillière, 1857.

MUSQUINET DE LA PAGNE, Louis-Michel. *Bicêtre réformé: Établissement d'une Maison de discpline*. Paris: [s.n.], 1790.

MERCIER, Louis-Sébastien. *Tableau de Paris*. Amsterdam: [s.n.], 1782-1788, 12 v.

PINEL, Scipion. *Traité complet du régime sanitaire des aliénés*. Paris: Mauprivez, 1836.

PLAIDOYER *pour l'héritage du pauvre, à faire valoir pardevant les représentants de la nation*. Paris: Gélé, 1790.

PRÉCIS *de vues générales en faveur de ceux qui n'ont rien.* Lons-le-Saulnier: [s.n.], 1789.

RAPPORTS *du comité de mendicité. Procès-verbaux de l'Assemblée nationale.* 1790, t. XXI, XXII, XLIV.

RÉCALDE, Abbé de. *Traité sur les abus qui subsistent dans les hôpitaux du royaume.* Saint-Quentin/Paris: François-Théodore Hautoy/T. Barrois, 1786.

RÉGNAULT, Elias. *Du Degré de compétence des médecins dans les questions judiciaires relatives aux aliénations mentales et des théories physiologiques sur la monomanie.* Paris: Warée, 1828.

RIVE, G. de la. Lettre sur un nouvel établissement pour la guérison des aliénés. *Bibliothèque britannique,* t. VIII, p. 308.

ROBIN, Charles-César. *Du Traitement des insensés dans l'hôpital de Bethléem: Suivi d'observations sur les insensés de Bicêtre et de Salpêtrière.* Amsterdam: [s.n.], 1787.

RUMFORD. Principes fondamentaux pour le soulagement des pauvres. *Bibliothèque britannique,* t. I, p. 499 e t. II, p. 137.

RUSH, Benjamin. *Medical inquiries and Observations.* Philadelphia: Carey, Hopkins and Earle, 1809, 4 v.

SAVARIN. *Le Cri de l'humanité aux États genéraux.* Paris: De l'Imprimerie de Seguy-Thiboust, Place Cambrai, 1789.

SÉMELAIGNE, René. *Philippe Pinel et son oeuvre.* Paris: [s.n.], 1927.

____. *Aliénistes et philanthropes.* Paris: Steinheil, 1912.

SPURZHEIM, Johann Gaspar. *Observations sur la folie.* Paris: Treuttel et würtz, 1818.

TABLE *alphabétique, chronologique et analytique des règlements relatifs à l'administration générale des hôpitaux, hospices, enfants-trouvés et secours de la ville de Paris.* Paris: Huzard, 1815.

TENON, Jacques-René. *Mémoires sur les hôpitaux de Paris.* Paris: Imprimerie de PH.-D. Pierres, 1788.

TUETEY, Alexandre. *L'Assistance publique à Paris pendant la Révolution.* Paris: Impr. Nationale, 1895-1897, 4 v.

TUKE, Samuel. *Description of the Retreat: An Institution Near York For Insane Persons of the Society of Friends.* York: Alexander, 1813.

TURGOT, Anne-Robert Jacques. *Oeuvres.* Paris: Alcan, 1913-1919, 5 v.

VOLTAIRE. *Lettres philosophiques.* Paris: Droz, 1937.

WAGNITZ, Heinrich Balthasar. *Historische Nachrichten und Bemerkungen Zuchthaüser in Deutschland.* Halle: Gebauer, 1791-1792, 2 v.

WOOD. Quelques détails sur la maison d'industrie de Shrewsbury. *Bibliothèque britannique,* t. VIII, p. 273.

Uma bibliografia completa dos textos médicos consagrados às doenças do espírito do século XV ao século XVIII é dada por

LAEHR, Heinrich. *Die Literatur der Psychiatrie von 1459 bis 1799,* Berlim: [s.n.], 1900, 4 v.

Sob o título *Gedenktage der Psychiatric* (Berlim, 1893), o mesmo autor publicou uma cronologia em forma de calendário na qual, no entanto, não se pode confiar inteiramente.

Este livro foi impresso na cidade de Barueri,
nas oficinas da Gráfica Printi,
para a Editora Perspectiva.